W9-CIR-196

Motivo de la cubierta de la edición rústica:
Alonso Sánchez Coello: *Felipe II.* Museo del Prado, Madrid.

HISTORIA DE ESPAÑA

HISTORIA DE ESPAÑA

Dirigida por el profesor
Manuel Tuñón de Lara
Catedrático de la Universidad de Pau (Francia)

TOMO V

EL DIRECTOR

MANUEL TUÑÓN DE LARA, doctor de Estado en Letras y catedrático de la Universidad de Pau (Francia). Director del Centro de Investigaciones Hispánicas de la misma y del Centro de documentación de Historia Contemporánea de España de las Universidades de Burdeos y Pau. Consultor de la Historia del desarrollo científico y cultura de la Humanidad de la UNESCO. Entre sus obras destacan: *La España del siglo XIX, La España del siglo XX. Historia y realidad del Poder. Medio siglo de cultura española, 1885-1936. El movimiento obrero en la historia de España, Metodología de la historia social, La Segunda República, Luchas obreras y campesinas en Andalucía.*

LOS AUTORES:

JEAN-PAUL LE FLEM fue miembro de la sección científica y secretario general de la Casa Velázquez. Actualmente es Maître Assistant de Historia Moderna en la Universidad de París IV-Sorbonne. Ha publicado diversos trabajos sobre temas socio-económicos de los siglos XVI y XVII. *Las cuentas de la Mesta (1510-1709); Cáceres, Trujillo y Plasencia en la segunda mitad del siglo XVI; Un censo de moriscos y su provincia en 1594; Vraies et fausses splendurs de l'industrie textile ségovienne (1460-1650).* En colaboración con Gonzalo Anés Álvarez: *Las crisis del siglo XVII: producción agrícola, precios e ingresos en tierras de Segovia.* Edición de *Restauración de la Abundancia de España de Miguel Caxa de Leruela.* Sus investigaciones se centran sobre Segovia y la Mesta en los siglos XVI y XVII.

JOSEPH PÉREZ, Presidente de la Universidad de Bordeaux III y Director de la Casa de los Países Ibéricos de Bordeaux (Francia), ha publicado diversos libros sobre temas de historia española e hispanoamericana: *L'Espagne des Rois Catholiques; L'Espagne du XVIe siècle; La Révolution des «Comunidades» de Castille; Los movimientos precursores de la emancipación en Hispanoamérica.* Sus investigaciones se centran sobre España y su imperio en la época moderna.

JEAN-MARC PELORSON, catedrático de lengua y literatura española en la Universidad de Poitiers, ha publicado diversos trabajos sobre aspectos literarios e ideológicos de la España del Siglo de Oro: artículos en el *Bulletin Hispanique, Cervantes,* y ha terminado recientemente una tesis doctoral sobre los letrados juristas castellanos en la época de Felipe III; investigaciones en torno a su importancia y funciones en la sociedad, la cultura y el Estado.

JOSÉ M.ª LÓPEZ PIÑERO, catedrático de Historia de la Medicina en la Universidad de Valencia, ha publicado diversos libros, entre los cuales destacan *El arte de navegar en la España del Renacimiento* y *Ciencia y Técnica en la sociedad española de los siglos XVI y XVII.* Encabeza actualmente un equipo de investigadores nacionales y extranjeros dedicados al estudio sobre la ciencia en la España moderna.

JANINE FAYARD, catedrática de Historia Moderna de la Universidad de Dijon, es autora, entre otros trabajos, de la obra *Les membres du conseil de Castille à l'époque moderne (1621-1746),* Ginebra-París, 1979 (ed. esp.: *Los miembros del Consejo de Castilla en la España de 1621-1746,* Madrid, 1982). También merece citarse su colaboración en *Louis XIV and Europe*, obra dirigida por Ragnhild Hatton, Londres, 1976.

LA FRUSTRACIÓN DE UN IMPERIO

(1476-1714)

por

Jean-Paul Le Flem

Joseph Pérez

Jean-Marc Pelorson

José M.ª López Piñero

Janine Fayard

EDITORIAL LABOR, S.A.

Coordinación general de la obra:

Dra. M.ª Carmen García-Nieto París
Profesora adjunta de Historia de España,
Universidad Complutense de Madrid

1.ª edición, 15.ª reimpresión: 1993

Escoles Pies, 103 - 08017 Barcelona
Grupo Telepublicaciones
Depósito legal: Z. 2072-1993
ISBN 84-335-9425-7 (rústica, tomo V)
ISBN 84-335-9420-6 (rústica, obra completa)
ISBN 84-335-9436-2 (ilustrada, tomo V)
ISBN 84-335-9431-1 (ilustrada, obra completa)
Printed in Spain - Impreso en España
Fotocomposición: Tecfa - Almogàvers, 189 - 08018 Barcelona
Impreso en Venus Industrias Gráficas, S.L.
Carretera de Castellón, km. 4,800. Zaragoza

PRIMERA PARTE

LOS ASPECTOS ECONÓMICOS DE LA ESPAÑA MODERNA

por

Jean-Paul Le Flem

PREÁMBULO

Precisiones conceptuales

1492 es un año fundamental para la historia de España, no solo en sentido político e ideológico, sino también en su dimensión económica. La distinción entre estas tres áreas es ficticia, pues en la coyuntura de este año, la imbricación es muy fuerte: el espíritu de cruzada, el deseo de conquistar nuevos mercados, el impulso por crear un imperio, representan tres aspectos de una voluntad global de expansión.

Pero volvamos al terreno económico. A partir de 1492, los reinos de España tendrán que asumir la gestión de nuevos espacios, y el acatamiento de nuevos ritmos temporales, con una aceleración exponencial según se ve en el siglo XVI.

LOS ESPACIOS. Con la reconquista del reino de Granada, queda acabada la «Cruzada» de siete siglos y quedan integradas en la monarquía castellano-aragonesa nuevas potencialidades económicas, positivas y negativas a la vez.

El problema morisco será un parámetro tanto político como económico de la historia española hasta el dramático desenlace de los años 1609-1610, con unas huellas muy difíciles de borrar. La ocupación de la costa sur, entre Estepona y Águilas, aumenta las facilidades de navegación y las posibilidades de una política hegemónica en el mar Mediterráneo, con la responsabilidad de asegurar el tráfico marítimo contra el peligro turco.

Pero la gran novedad es el descubrimiento global del espacio atlántico a partir de Sevilla, y algunos decenios más tarde, el Pacífico gracias al enlace frágil del «Galeón de Manila». Los metales preciosos, oro y plata, del Nuevo Mundo contribuyen a agilizar los intercambios de bienes, y a fomentar el cáncer de los tiempos modernos: la *inflación*.

Las plantas desconocidas hasta la fecha por los europeos, patatas, tomates y tabaco, se insertarán poco a poco en la agricultura de la Península y de Europa occidental. Al revés, la vid, el caballo, los bóvidos cruzan el Atlántico.

Con el matrimonio de Juana la Loca, el espacio de Europa central —espacio «Habsburgo»— tendrá un peso directo en tiempo de Carlos V, discontinuo después, pero siempre fuerte hasta la llegada de los Borbones a Madrid. Es el escenario privilegiado de las andanzas del Tercio español hacia Flandes; o de las tropas germánicas católicas, fieles a la casa de Austria. Los ducados de oro y reales de plata manipulados por los asentistas alemanes o genoveses se despilfarran en beneficio de los no españoles según el ritmo anual de las ferias de Medina del Campo o Plasencia y el apremio de la coyuntura bélica.

En 1580, Felipe II, en virtud de lazos familiares, aprovecha la crisis dinástica en Portugal para unir el imperio luso al imperio español. Pero las crisis del siglo XVII y el sentido nacional obligarán a Felipe IV a renunciar al área portuguesa.

RITMOS TEMPORALES. El campesino y también el ciudadano, en tiempo del rey Enrique IV vivían al ritmo de las estaciones. La percepción del tiempo era reducida. Algunos meses para los mercaderes, de una feria a otra; un semestre para los ganaderos mesteños, entre los invernaderos y los agostaderos; un año a lo mejor para los navegantes y traficantes en el mar Mediterráneo. En las altas esferas de la administración, para los arrendadores mayores de rentas y los diezmeros, se podía llegar a una previsión anual: de una cosecha en espera de la otra, sobre todo si la primera resultó insuficiente; del rendimiento de un impuesto con su «prometido». Sin embrgo, al incorporarse el espacio americano tanto en su vertiente atlántica como en la pacífica, la administración real tuvo que prever un plazo de dos años y aun de tres, para sacar unas conclusiones económicas de los éxitos o fracasos de la «Carrera de Indias». En las orillas del Guadalquivir, los mercaderes y los funcionarios de la Casa de Contratación esperaban las remesas de Indias para regular sus actividades. De todas formas, la obligación de adaptarse a los nuevos espacios, a los nuevos ritmos de tiempo, es decir a la gestión de un imperio, llevó a la elaboración de un material estadístico, conservado en los magníficos archivos de Simancas y de Indias, fuentes primordiales con el de la Corona de Aragón, para estudiar la historia española, y también la de Europa.

A principios del siglo XVI, los reinos que competían con España, Francia e Inglaterra se vieron involucrados en luchas nobiliarias y conflictos dinásticos, característicos del siglo XV, que les impidieron sobrepasar su espacio geopolítico, como lo hicieron sus rivales español y portugués. Aquí está la importancia del Tratado de Tordesillas: saber partir el mundo, delimitar prospectivamente las áreas de influencia: una lección muy actual.

En los siglos XVI y XVII, la «economía política» española tendrá que asumir dos estrategias relacionadas entre sí: una marítima —el dominio del mar Mediterráneo frente al peligro turco, y del océano Atlántico ante la competencia despiadada de franceses, ingleses y holandeses; dos hechos históricos trascendentales lo atestigüan: Lepanto y el desastre de la Armada Invencible—; otra terrestre —el control de las vías continentales de Europa central, a pesar de la férrea oposición de la monarquía francesa por conservar el acceso al polo económico de Flandes, adonde se exportan los cueros y lanas españoles, con el trasfondo de las luchas religiosas, manejadas por la «diáspora» de los conversos y marranos desde Nantes y Bayona hasta Amberes.

Para hacer la síntesis, tan difícil, de la evolución económica había que elegir entre dos enfoques, cada uno con sus pros y sus contras: elaborar una visión global de los siglos XVI y XVII por grandes temas, o contrastar ambos siglos en todas sus variables. Elegimos el segundo por razones obvias. El siglo XVI, hasta hace poco, fue el campo predilecto de la historiografía española. Su despegue económico, violento y drástico como los conquistadores, alentaba muchas ilusiones. Está bastante bien estudiado. La bibliografía es abundantísima. Sin embargo, con la excepción de la literatura y las bellas artes, el apasionante siglo XVII, víctima de la «leyenda negra», sigue en la sombra. Los historiadores lo abandonaron por la «Ilustración» y la edad contemporánea. La sociedad del siglo XVII, los arbitristas, el Conde-duque han suscitado valiosas obras pioneras [46; 47; 52, 172]*, pero en los estudios recientes escasean las investigaciones sobre los años clave, a nuestro parecer, de 1650-1680. El reinado de Carlos II es, todavía, el campo privilegiado de las hipótesis, mucho más que de las conclusiones tangibles. Así pues, no podíamos elegir esta problemática de la decadencia para unos, de los reajustes para otros. Además, la coyuntura intelectual reciente estimula el estudio de las regiones, aun de los regionalismos, y sus vicisitudes; en este sentido, el siglo XVII no tiene un tono muy diferente del siglo XVI. Basta evocar las «Comunidades» de Castilla, las «Germanías» de Valencia, de los años 1520-1521, y las sublevaciones de catalanes y portugueses en 1640, sin olvidar los acontecimientos que siguieron a la caída del «Privado» Antonio Pérez en Aragón, a fines del siglo XVI.

Con el CRECIMIENTO INACABADO del siglo XVI contrasta el ESTANCAMIENTO SUPERADO del siglo XVII.

Las variables elegidas, no exhaustivas, son población, ecología y agricultura, industria, comercio interior y exterior, precios y salarios, moneda, circuitos monetarios y red bancaria, peso de la hacienda y su coacción tributaria sobre los demás factores económicos.

* Los números entre corchetes remiten a la bibliografía. (N. del E.)

Las fuentes son conocidas de todos los investigadores, pero su explotación es desigual. De todas formas, los fondos archivísticos españoles son de una riqueza prodigiosa, excesiva a veces por la ingente acumulación de material. Hasta la fecha, se han utilizado las series del Archivo de la Corona de Aragón, Archivo Real de Valencia, Archivo General de Simancas, Archivo Histórico Nacional de Madrid, Archivo de Indias de Sevilla. Ahora se descubren los libros de acuerdos municipales, los libros de tazmias, y sobre todo los protocolos notariales, cuya explotación es todavía difícil, pero existen fundadas esperanzas de solución gracias a la ayuda que prestan a las ciencias humanas los recursos de la informática.

Cuando sea preciso, y según los temas tratados, señalaremos las fuentes más especializadas. Antes de emprender, mejor dicho, intentar este largo camino a través de los aspectos económicos de la España moderna, es imprescindible subrayar nuestra deuda a las obras pioneras y fundamentales para España, de Ramón Carande, Jaime Vicens Vives, Antonio Domínguez Ortiz, Gonzalo Anés, Felipe Ruiz Martín, Jordi Nadal, Modesto Ulloa y de nuestros jóvenes compañeros de Segovia, Ángel García Sanz y Vicente Pérez Moreda; para Francia, de Henri Lapeyre, Roland Mousnier, Fernand Braudel, Pierre Chaunu, Pierre Vilar, Joseph Pérez y Bartolomé Bennassar.

CAPÍTULO PRIMERO

El siglo XVI, un crecimiento inacabado. El tiempo de las ilusiones

Para asegurar y administrar su imperio, la monarquía española necesitó, cada año, más hombres para gobernar, gestionar, guerrear y traficar. La historia fue un reto demográfico a los Reyes Católicos y a sus sucesores. Por eso, la variable demográfica es una de las claves para entender la España moderna y su economía.

1. LA POBLACIÓN

Es muy difícil tener un conocimiento seguro de la población de España en el siglo XVI; no obstante, las fuentes fiscales y tributarias representan un esfuerzo, a veces acertado, de aproximación a la realidad.

La primera evaluación, con fines de alistamiento militar, la hizo en 1482 el contador Alonso de Quintanilla [20, I, 57; 32, 599-601]. Afirma:

> Yo he contado, muy ciertamente, el número de las vecindades de sus reinos de Castilla e de León, e Toledo, e Murcia y Andalucía, sin lo que hay en Granada, y parece haber en ellos un cuento e quinientos mil vecinos, de los cuales podian ser de tierras solariegas, de caballeros e otras personas legas, doscientos cincuenta mil vecinos; así que quedaría en lo realengo e abadengo, e órdenes, e behetrias, un millón doscientos cincuenta mil vecinos.

Si se aplica el coeficiente 5 al factor vecino,[1] los castellanos serían 7,5 millones, y si se aplica el coeficiente 4, serían seis millones. Las investigaciones recientes llevan a estimar como muy exageradas ambas cifras. En el siglo XVI, varios censos incompletos fueron elaborados, pero cada vez con más precisión en los empadronamientos por igualar los cargos fiscales. El de 1530 no permite una estimación global de la población [20, I, 59], pero proporciona sobre las ciudades castellanas estimaciones que se pueden comparar con los censos posteriores al año 1590. El censo de 1541,[2] que servirá de base al de 1590, tiene la ventaja de incluir los vecinos pecheros y los exentos. En cuanto al ya citado de 1590, publicado por Tomás González [81], y que fue hasta hace poco la biblia de los historiadores de la población castellana del siglo XVI, es objeto de críticas muy agudas [50, 361-386]; sin embargo, se pueden aceptar sus datos como orden de magnitud.

Para los otros reinos se dispone de varios empadronamientos realizados en el siglo XVI, y a principios del XVII. Así, los censos de 1495 y 1603 en Aragón, de 1510 en Valencia, el «fogatge» de Cataluña en 1553 [173, I, 523 ss.], o el empadronamiento de Navarra del mismo año. Según dichas fuentes, Carande [20, I, 67] llega al repartimiento siguiente de los habitantes para los años 1550.

Castilla:	6 271 665	(1541)
Canarias:	38 705	(1587)
Cataluña:	322 740	(1553)
Valencia:	272 775	(1510)
Navarra:	154 165	(1553)
Aragón:	354 920	(1603)
TOTAL	7 414 970	

Ruiz Almansa [146] trató de sintetizar el estado demográfico hacia 1600, relacionando población y territorio:

	Km²	%	Habitantes	%	Habitantes por km²
Corona de Castilla	378 000	65,2	8 304 000	73,2	22,0
Corona de Aragón	100 000	17,2	1 358 000	12,0	13,6
Reino de Navarra	12 000	2,1	185 000	1,6	15,4
Reino de Portugal	90 000	15,5	1 500 000	13,2	16,7
Total peninsular	580 000	100,0	11 347 000	100,0	19,6

Para matizar las variedades regionales, estos datos se pueden desglosar así:

CORONA DE CASTILLA					
	Km²	%	Habitantes	%	Habitantes por Km²
Zona norte (Vascongadas, Santander, Asturias y Galicia)	53 000	14,0	1 452 000	17,5	22,0
Zona central (Castilla, León, Aragón, Guadalajara, Toledo y Madrid)	135 000	35,7	3 510 000	42,2	26,0

	Km²	%	Habitantes	%	Habitantes por Km²
Zona intermedia (Mancha y Extremadura)	90 000	23,8	1 434 000	17,3	15,9
Zona meridional (Andalucía y Murcia)	100 000	26,5	1 908 000	23,0	19,1
TOTAL	378 000	100,0	8 304 000	100,0	22,0

CORONA DE ARAGÓN

	Km²	%	Habitantes	%	Habitantes por km²
Reino de Aragón	47 083	46,0	399 000	29,4	8
Principado de Cataluña	32 154	31,3	374 500	27,6	12
Reino de Valencia	23 222	22,6	583 000	42,9	30
TOTAL	102 459	100,0	1 357 600	100,0	13

Dos mapas (I y II), interpretativos de los censos de 1541 y 1591 respectivamente [27], demuestran claramente la existencia de fuertes densidades (superiores a 20 h./km^2) en el centro de la Península (provincias de Valladolid, Palencia, Segovia y Ávila). El segundo mapa, más matizado, revela un fuerte crecimiento de población en las provincias de Toledo, Cuenca y Guadalajara, es decir un reajuste del equilibrio demográfico hacia el centro de las mesetas, y otro crecimiento en la zona cantábrica. En el sur, si las provincias de Andalucía occidental y Extremadura registran un crecimiento real, pero menos fuerte, Granada y Murcia quedan en un estancamiento de menos de 10 h./km^2. En cuanto a Cataluña, la densidad no llega a 11 h./km^2 [173, I, 525-526]. Según el censo de 1553, las cifras máximas se encuentran en la parte media. La «costa» escasea en hombres como consecuencia del peligro de los corsarios. El caso valenciano se parece mucho al catalán, hasta 1550, porque después, y sobre todo a partir de los años 1570, la irrupción de los granadinos [3] cambia fuertemente la fisionomía demográfica del reino [31, 41].

En el siglo XVI, uno de los rasgos fundamentales del reparto de la población es su concentración, relativamente fuerte para la época —teniendo en cuenta las necesidades de abastecimientos en géneros y agua—, en las ciudades. Si no hay nuevas creaciones urbanas, el tejido se fortalece. Por eso nos parece interesante, utilizando los datos de 1530 y 1594, sintetizar en un cuadro el crecimiento y descenso de la población urbana en tiempo de Carlos V y Felipe II, por grandes regiones. En la categoría *a*) se agrupan las ciudades con saldo positivo, y en la categoría *b*) las de saldo negativo [20, I, 60]. En los casos en que hemos dispuesto del dato, se ha intercalado la cifra de 1560.

Población de Castilla en 1541 **I**

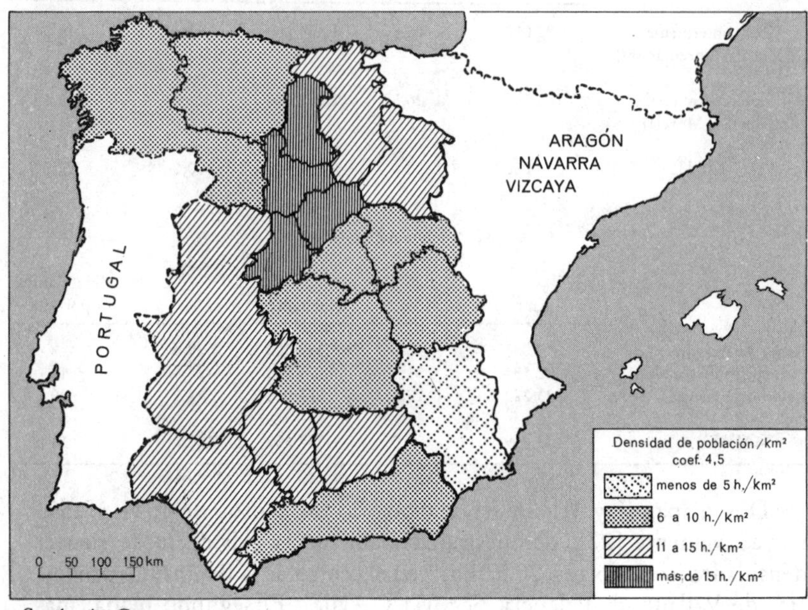

Según A. Castillo

Población de Castilla en 1591 **II**

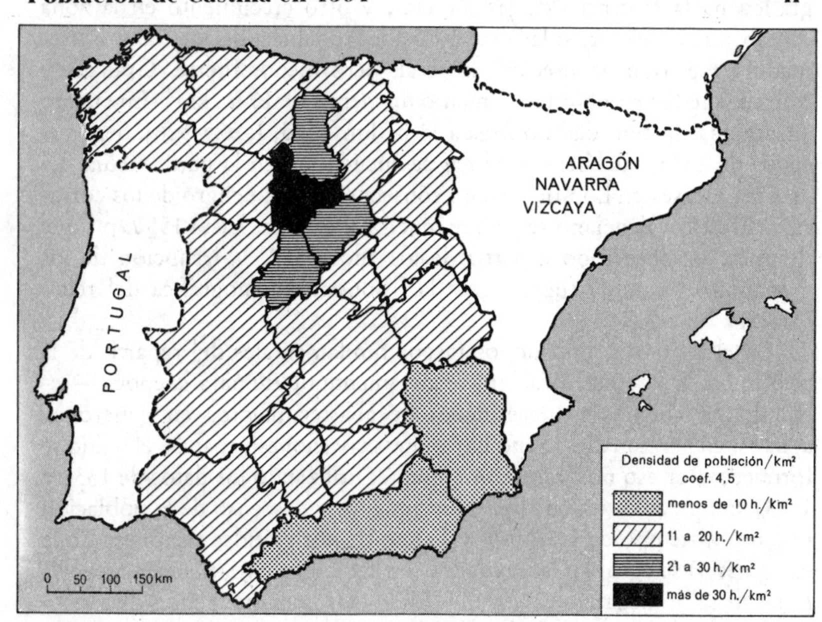

Según A. Castillo

ASTURIAS y GALICIA

		1530	1560	1594
b)	Santiago*	5 380		4 720
	Orense*	5 290		3 500
	Vigo*	3 805		2 480
	La Coruña*	3 005		2 255
	Betanzos	2 850		2 750

*Véase nota 4.

LEÓN y CASTILLA LA VIEJA

		1530	1560	1594
a)	Valladolid	38 100	33 220	40 560*
	Segovia	15 020	22 045	27 040
	Salamanca	13 110	25 235	24 765
	Burgos	8 600	21 735	13 325
	Ávila	9 185	15 775	14 130
	Toro	7 605		11 570
	Palencia	7 500	9 098	10 218**
	Ciudad Rodrigo	5 415		10 045
	Zamora	4 755		9 475
	León (1555) [59]	4 550	4 985	4 880
	Soria	4 040	7 095	5 395
b)	Medina del Campo	20 680	15 800 [8,476]	13 800
	Medina de Río Seco	11 310		10 030

*Véase nota 5.
**Véase nota 6.

CASTILLA LA NUEVA y REINO DE MURCIA

		1530	1560	1594
a)	Toledo	31 930	53 225	54 665
	Murcia	13 560	14 675[40,22 ss.]	16 850
	Alcalá de Henares	8 180		12 725
	Talavera de la Reina	6 035	8 220[84, 95]	10 175
	Madrid	4 060	14 675*	37 500
	Guadalajara	3 880	11 115	9 500
b)	Alcázar de San Juan	19 995		10 285
	Cuenca		17 683*	14 010

*Véase nota 7.

EXTREMADURA

		1530	1560	1594
a)	Cáceres		7 495	8 530
b)	Plasencia		10 350[104, 254]	6 510*
	Trujillo		7 875	7 500

*Véase nota 8.

ANDALUCÍA

		1530	1560	1594
a)	Sevilla	45 395	184 786*	138 996*
	Jaén	23 125		27 965
	Baeza	14 265		25 860
	Úbeda	14 100		23 150
	Cartagena	2 635		5 195
b)	Córdoba	33 060	44 660	31 285

*Véase nota 9.

Al examinar este cuadro estadístico, son evidentes las conclusiones siguientes: un crecimiento de la población urbana entre los años treinta y noventa del siglo XVI. En la primera mitad de dicho siglo, las ciudades mayores rebasan los 10 000 habitantes, en la segunda mitad, los 20 000, y son pocas las ciudades que superan los 30 000.

Hay que destacar el auge de tres ciudades, por diferentes razones: Sevilla como emporio del imperio atlántico, Valladolid como capital de la Corte, y Madrid, su sucesora. Ninguna de las ciudades industriales mayores como Cuenca, Segovia, etc., llegan a 40 000 moradores.[10]

Cuando disponemos de las cifras elaboradas a partir de los censos de 1561, se constata que, en el caso de ciudades medianas, el total vecinal de dicho año es superior al de los años 1591-1594, lo que induce a preguntarnos sobre la modulación del crecimiento demográfico del siglo XVI.

1.1. El movimiento demográfico global

Los censos de 1530 a 1550, y de 1591-1594, no matizan bastante la evolución de la población. Es necesario, pues, acudir a otras fuentes. Las investigaciones más recientes han puesto de relieve el valor de las series archivísticas siguientes, no solo por los aspectos demográficos sino también por los económicos, y en conjunto todos los de una historia global.

a) El fondo de Simancas de los *Expedientes de Hacienda* proporciona una información valiosa, y a veces precisa, sobre la situación del reino de Castilla en 1560, y con una retrospectiva sobre los años 1530 en las áreas demográfica, económica y jurídica. A la encuesta de 1560 se juntan, en ciertos casos, otras de los años 1580-1586.

b) Del mismo tipo son las *Relaciones topográficas* ordenadas por Felipe II en 1575, y completadas en 1578 por un segundo interrogatorio. Desgraciadamente, estas relaciones cubren solo el área manchega.[11]

c) Interesantísima fuente son las relaciones mandadas por los corregidores y justicias con motivo del repartimiento de moriscos, desde diciembre de 1570 a julio de 1571, y que se conservan en la sección «Cámara de Castilla» del Archivo General de Simancas.[12]

d) En fin, los libros sacramentales en los archivos parroquiales. Los libros de bautismos empiezan, en contadísimos casos, antes de los años cincuenta del siglo XVI. Para matrimonios y defunciones, las series son más tardías. Esta fuente puede completarse con los registros de deliberación municipales donde se conservan testimonios cualitativos sobre la población, y a veces unos padrones de vecinos.

Uno de los rasgos más significativos de la demografía española en el siglo XVI es la importancia de las corrientes migratorias. Los historiadores suelen clasificarlas tajantemente, demasiado quizá, en internas y externas [171, 303].

Hay que insistir, creemos, en el papel de las «minorías confesionales», judíos, conversos y moriscos, como factor fundamental en los movimientos de redistribución de la población.

De todas formas, es muy difícil proporcionar una estadística precisa de los heterodoxos. Huyen a escondidas, cuando pueden, o se mezclan, con toda discreción, con los cristianos viejos. Las cifras que damos a continuación son hipotéticas, sin más. Hacen falta todavía investigaciones seriales de tipo genealógico en los protocolos notariales, o en los archivos eclesiásticos. Bajo los Reyes Católicos se computan 200 000 judíos, de los cuales debieron emigrar las 3/4 partes hacia Alejandría, Constantinopla y Salónica. Sin embargo, los que optaron por la conversión constituyeron fuertes núcleos en Cataluña, y en las islas Baleares, donde se tipifican como «chuetas» [158]. En cuanto a los descendientes de los 130 000 [171, 302] conversos de principios del siglo XV, es muy difícil hacer una evaluación de los que eligieron el exilio como consecuencia de los decretos de 1492. ¿Son 200 000? Aceptamos con muchas reservas las evaluaciones de J. Vicens Vives. En Segovia, por ejemplo, los cabezas de familia de la judería se marcharon, pero dejando detrás miembros del linaje, que cambian de apellido, y recobran así del cabildo y en censo sus casas.

Los moriscos serán un millón, más o menos. La cifra de 235 000 para la Corona de Aragón nos parece razonable, como los 200 000 de Castilla. Si 300 000 de los 500 000 del reino de Granada emigraron a «Ifriqiya», quedan 400 000 en Castilla: cifra techo.

Después de la pragmática de Felipe II en 1566 sobre la integración de los moriscos en la comunidad cristiana, se produce el levantamiento de las Alpujarras en 1568, que tendrá como consecuencia una política de dispersión de los irreductibles a través de Castilla, prodromo de la expulsión de 1609 [49, 35-52; 93]. B. Vincent, con toda verosimilitud, estima en 80 000 el número de expulsados [179, 397-398]: la mayoría se trasladó a Castilla, pero unos grupos difíciles de cuantificar se refugiarían en los reinos de Valencia y Aragón, donde reforzaron las minorías de sus correligionarios, bien arraigadas, gracias a una protección señorial con fines económicos.[13]

El segundo tipo de migraciones internas resulta de una sobrecarga demográfica que empuja a los elementos más dinámicos o más apremiados por la pobreza a buscar auxilio en comarcas de menor vitalidad demográfica o de intensa emigración. Es el caso de la España norteña: Galicia, Asturias y Vascongadas; o en la región central, de ciertos pueblos de La Mancha. Así pues, los padrones los caracterizan como asturianos, gallegos, vizcaínos, guipuzcoanos, o manchegos [102, 288]. Falta todavía una investigación sistemática de los libros parroquiales para cuantificar esta migración, que constituye un factor constante de la demografía del Siglo de Oro. Madrid, hecha corte después de 1560, con algunos eclipses, atrae a esta población periférica. En los registros parroquiales de Segovia se percibe claramente esta trashumancia humana.

Las migraciones externas tienen dos aspectos: la inmigración de extranjeros, sobre todo de Europa, y la emigración a Indias y a Flandes. Uno de los fenómenos demográficos más importantes es la inmigración en Cataluña de los franceses [123, 77-96]. Vienen a llenar «el vacío humano abierto por la peste negra en el siglo XIV, y ahondado por la crisis económica del siglo XV» [122, 73]. Son oriundos de las provincias del sur, pero también del Macizo Central, con más precisión de la provincia «Auvergne». Hay que añadir que encontramos a estos «auvergnats» en toda la península Ibérica. Según Nadal y Giralt, «en tiempos de Felipe II, la quinta parte de los hombres de Cataluña había nacido al otro lado de los Pirineos» [122, 78; 123, 79-82]. Por ejemplo, durante los años 1576-1625, se celebraron en la parroquia de Sant Just de Barcelona 1225 matrimonios con 283 varones franceses, o sea una proporción de 23,1 %.

La inmigración de los flamencos e italianos, que los documentos suelen llamar «ginoveses», tiene poca importancia en número, pero sí en peso económico, como algunos alemanes alrededor de los hermanos Fugger —los «Fúcares»— o los Welser.

Sin embargo, y como consecuencia de la política imperial, era preciso para los españoles afirmar su presencia en el reino de Nápoles, en el Imperio Germánico y, según avanza el siglo, en Flandes y sobre todo en las Indias. Pero los historiadores, hasta la fecha, no nos han dado resultados satisfactorios sobre este aspecto fundamental para entender las vicisitudes de la historia demográfica española. Tenemos que contentarnos con hipótesis provisionales.

A Nápoles se trasladaban solo algunos funcionarios. Pero Alemania y, desde 1567, Flandes acogerían el vaivén de los Tercios, cuyos efectivos no sobrepasaban anualmente los 10 000 individuos. Podemos adelantar la cifra razonable de 60 000 emigrantes definitivos para los 30 últimos años del siglo XVI, con un promedio de 2000 por año [126; 139 bis, 83-87].

Queda un problema básico y difícil: el de los emigrantes a Indias. Los historiadores más expertos, Pierre Chaunu y Jordi Nadal, formulan hipótesis y aproximaciones. Los archivos provinciales que hemos visitado son pobres en datos. En Segovia, por ejemplo, hay que espigar los archivos notariales para enterarse del peso de los Arias Dávila y sus secuaces segovianos en la conquista y colonización de América Central, especialmente de Nicaragua. El total de 200 000 europeos en Indias, propuesto por P. Chaunu [41, VIII, 2 ss; 42, 215] en 1600 parece

Participación controlada de las provincias españolas en la emigración a América **III**

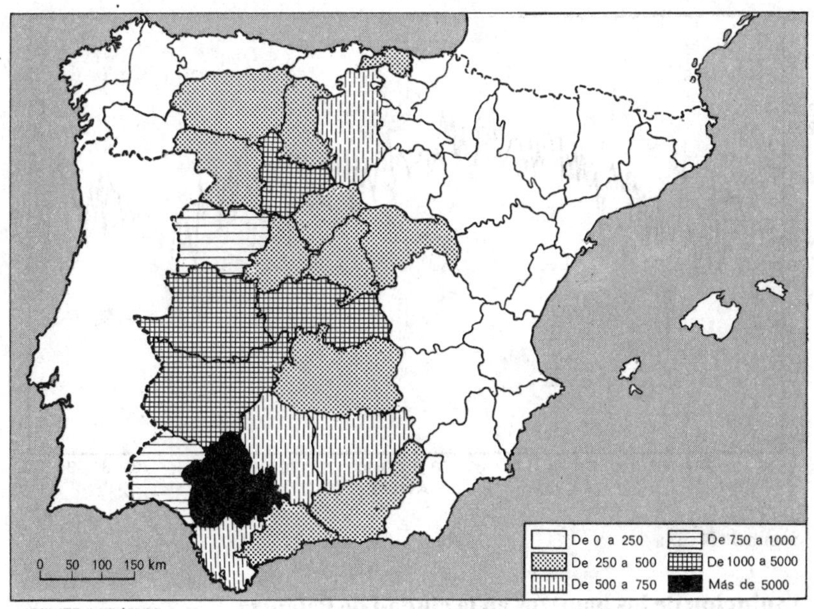

Según J. NADAL

verosímil. Supone la marcha anual de tres o cuatro centenares de emigrantes antes de 1550, y de dos a tres mil después. Cualitativamente, la información es mejor. A partir del repertorio de 26 693 emigrantes entre 1493 y 1559 constituido por Peter Boyd-Bowmann, el mapa III, esbozado por Nadal, es muy significativo. En los primeros 60 años del siglo XVI Andalucía, Castilla la Vieja, Extremadura, Castilla la Nueva, León, las Vascongadas, en orden decreciente, son los focos mayores de migración a Indias. La parte oriental de la Península aportó menos pobladores a Indias, lo que no significa su falta de peso económico.

Además, la migración no fue siempre definitiva; todavía queda por establecer una aproximación estadística de los «Peruleros» que volvieron a sus patrias chicas e invertirían sus ganancias «indianas» en lujosos palacios, como en Cáceres o Trujillo. ¡Quizá fueran nuevos incentivos para nuevas olas de conquistadores!

Las pandemias, las «pestes» —como decían los contemporáneos de Carlos V y Felipe II— tuvieron un papel importante en las variaciones cuantitativas de la población, especialmente en la segunda mitad del siglo XVI. Para Cataluña, Nadal y Giralt han elaborado una recapitula-

Evolución de los bautizos en la parroquia de Sant Feliu de Guixols (Gerona) IV

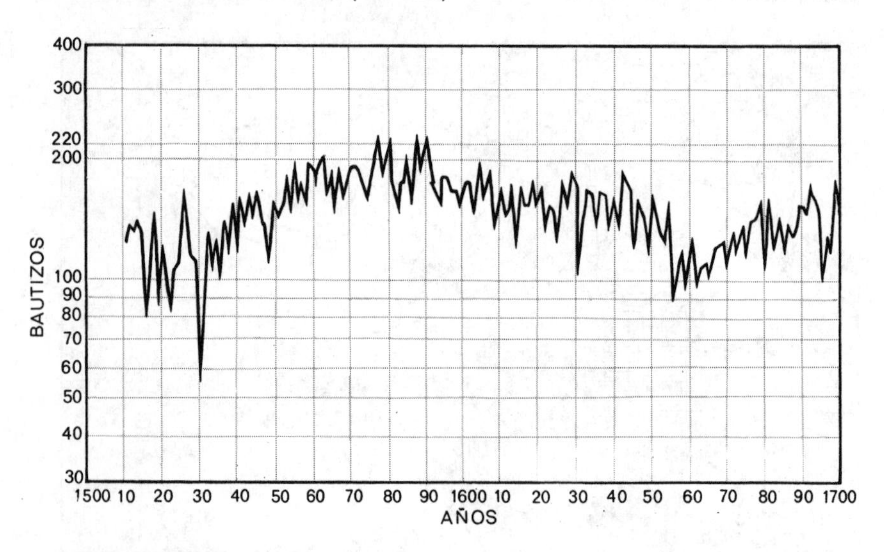

Según J. Nadal

Evolución de los bautizos en la ciudad de Palencia V

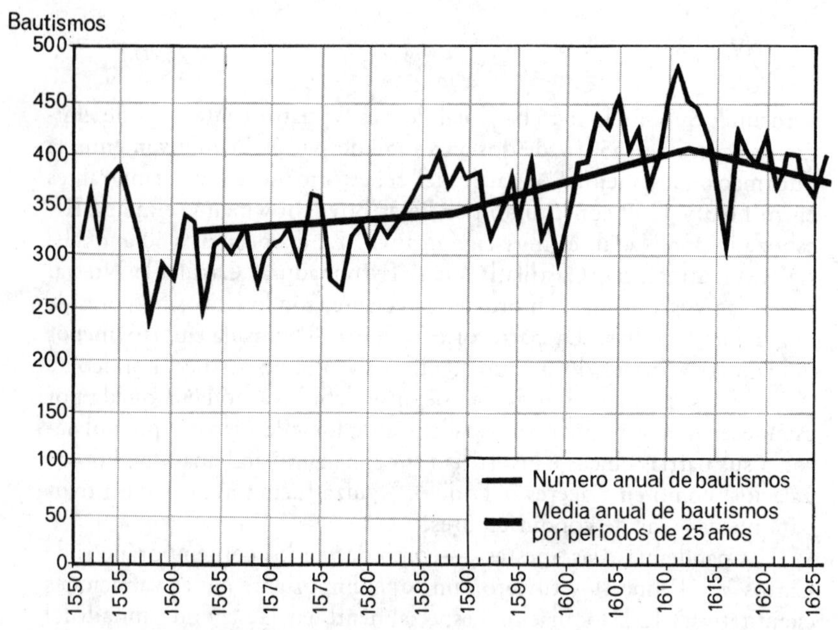

Según Guillermo Herrero Martínez de Azcoitia

ción de las «criees» en Barcelona en previsión de epidemias [123, 27-28]. Basta leer la *Epidemiología española* del licenciado Joaquín de Villalba para percatarse de que esta amenaza es constante [178]; no todas las «pestes» son bubónicas, a veces son de garrotillo, a veces de viruelas. La peste de 1589-1590 será una de las más mortíferas del siglo XVI antes de la pandemia castellana (1598-1600) que cierra el siglo.[14]

Ahora, con algunas muestras sacadas de los registros parroquiales de bautismos, podemos esbozar la tendencia del movimiento de población del siglo XVI: un fuerte crecimiento desde las «Comunidades» hasta los años 1560; después, un frenazo, más o menos fuerte, según las comarcas y regiones; al borde del año 1600, la tendencia general es de reflujo.

El caso de la parroquia de Sant Feliu de Gerona nos parece ejemplar [122, 22] (gráfico IV), como para Castilla la Vieja, aunque menos marcado, el de Palencia [90, 36 desplegable] (gráfico V). Salamanca presenta un caso de etancamiento preçoz [57, 287]. Más al sur, las parroquias de Córdoba siguen el mismo ritmo [64, 21]. En Cáceres, a pesar del dinamismo de la parroquia de San Clemente, la tendencia bautismal cambia de signo para el conjunto de las parroquias en los años 1580-1590 [86, 106] (gráfico VI). Los bautismos de Murcia capital crecen hasta los años 1595 [40, 22 desp.]. Solo hemos examinado unos casos de demografía urbana. Es preciso ahora indagar la evolución de unos conjuntos donde pesa la demografía rural, teniendo en cuenta que los estudios de este tipo son pocos. Sin embargo, tres ejemplos parecen significativos.

En la Tierra de Campos vallisoletana, el flujo de los bautismos se detiene en los años 1570 [9, 176-177]. Para la provincia de Segovia, Ángel García Sanz [69, 44-84] acaba de revelar, entre otros, los movimientos de la población durante la larga duración del Antiguo Régimen. A pesar de algunos núcleos de resistencia (pueblos de vocación pastoril mesteña, y no siempre, o de tierras más fértiles como alrededor de Carbonero el Mayor), a partir de los años 1570 el mundo rural pierde peso respecto al número de los hombres. Claro está que la provincia de Segovia sigue más o menos el modelo vallisoletano. En La Mancha, y según las *Relaciones topográficas* de Felipe II, Noël Salomon [154, 29-46] computa, para los años 1575-1578, sobre un total de 370 pueblos, 234 en aumento, 37 en estancamiento y 99 en decadencia de población. No hay que olvidar tampoco que el levantamiento morisco inicia la despoblación del reino de Granada [49]. En resumen, en la península Ibérica hubo un fuerte aumento de población hasta los años 1560-1570, que cambió en estancamiento a fines del siglo XVI. Se puede argüir que fue por las migraciones de los moriscos, de los pasajeros a Indias, de las pestes que siembran la muerte en los estratos sociales más débiles: estos argumentos valen, no cabe duda. Pero queda planteado un problema fundamental, el problema de la tierra, como tan brillantemente lo enfocó Carmelo Viñas y Mey en una obra pionera [182]. Este empuje,

Evolución comparada de los bautizos en algunas parroquias de Talavera de la Reina

VI

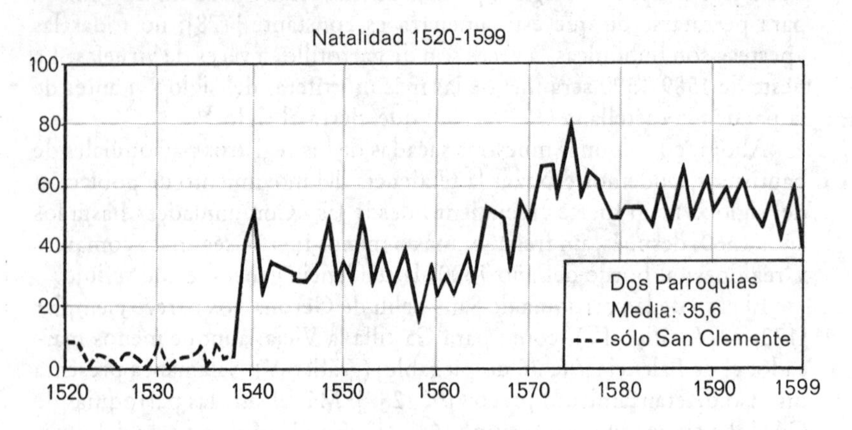

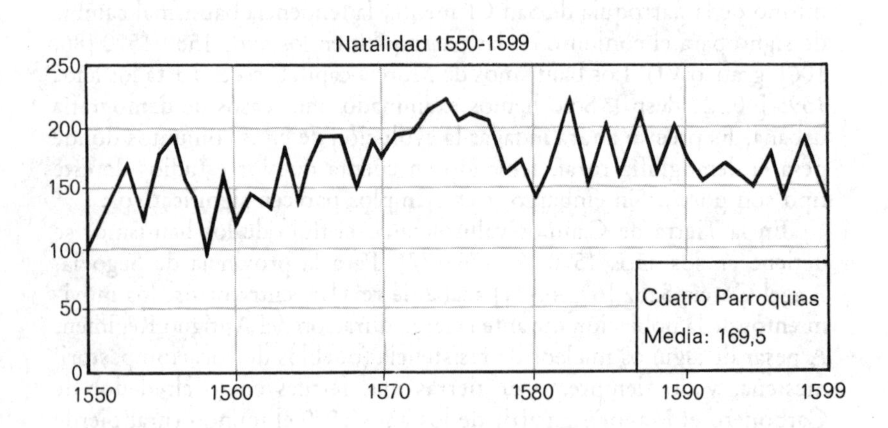

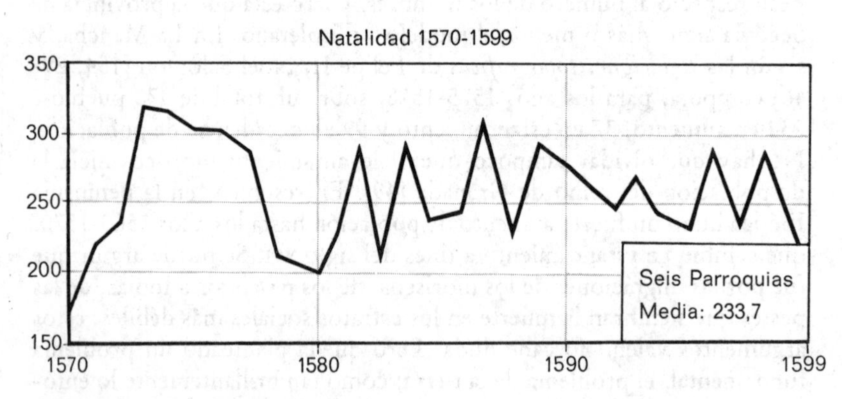

Según M. C. Martín Muñoz

probablemente sobrecarga demográfica, ¿podía aguantarlo el campo, tenía capacidad de nutrición suficiente? ¿Tenía la agricultura un nivel adecuado para responder al reto del aumento de población?

2. EL MUNDO RURAL: AGRICULTURA Y GANADERÍA

El campo tiene una primacía indudable en la economía del Siglo de Oro. Los habitantes de las ciudades tienen vínculos privilegiados con el mundo agrario, tanto por los abastecimientos en frutos de la tierra como por las rentas de sus haciendas.

Los títulos y asentistas mayores representan un papel relevante en la agricultura y la ganadería. Los mayorazgos se fundan básicamente en la propiedad de la tierra, directamente con las fincas rurales, indirectamente con los censos hipotecados sobre los predios rústicos. Además, la iglesia, y no pocos legos, perciben diezmos sobre los productos de la agricultura o de la ganadería. *Las fuentes* para explorar el tema son abundantes, diversas y de una precisión asombrosa, durante el siglo XVI, en cuanto al valor estadístico, llevando, muchas veces, ventaja a los otros reinos de Europa en esta era «preestadística».

Para el reino de Castilla, es imprescindible la consulta de las *Relaciones topográficas* realizadas en tiempos de Felipe II, y la valiosa serie de Simancas de «Expedientes de Hacienda», precursores del Catastro de Ensenada para el siglo XVIII. Para Cataluña, Pierre Vilar estableció un catálogo casi exhaustivo de las fuentes manuscritas e impresas. Eugenio Ciscar Pallarés acaba de hacer lo mismo para el reino de Valencia. Para la Península, hay que subrayar la relativa homogeneidad de las fuentes: libros de tazmias o de cuentas de los archivos parroquiales, conventuales y capitulares, libros de acuerdos de los ayuntamientos, testigos excelsos, no pocas veces, de la coyuntura agraria, y, sobre todo, protocolos notariales, que, por su riqueza, tienen solo el defecto de agotar la paciencia y el tiempo de los investigadores. Muchos archivos bien conservados de casas nobiliarias, completan la documentación de nivel estatal, provincial o comarcal y permiten seguir la evolución de unas fincas ejemplares. A todas estas fuentes hay que añadir las *Memorias políticas y económicas sobre los frutos, comercio, fábricas y minas de España* de Eugenio Larruga, que esperan todavía una explotación sistemática por parte de los historiadores.

2.1. EL PAISAJE

Los pueblos españoles conservan todavía muchos vestigios de su pasado. Hace unos veinte años, se podía presenciar la trilla con instrumentos y maneras propios de la Edad Moderna. Pero si el hábitat, la herramienta, el folklore rural se conservaron casi intactos hasta hace pocos años, la capa vegetal sufrió cambios significativos durante los siglos XVI y XVII. Por eso, es preciso esbozar el paisaje rural en los años 1500. Problema arduo para los historiadores, pues las descripciones escasean. Los viajeros, tan prolijos al evocar las ciudades, con sus monumentos, comitivas reales y principescas para las recepciones solemnes y fiestas urbanas, adolecen de miopía cuando se trata de dar una visión concreta del panorama agrario. En el *Quijote*, Cervantes se contenta con una descripción imprecisa del terreno. Abundan los tópicos como «tierras feraces» o «soledades inhóspitas». También en sus relatos de viajes por España, las personalidades extranjeras, generalmente cultas, nos proporcionan una información pobre. Por suerte, hay algunas excepciones, entre ellas la del médico Jerónimo Münzer. Con él y algunos otros, vamos a intentar reconstruir el mosaico de los paisajes ibéricos en el siglo XVI.

Queda asombrado el alemán delante del espectáculo de las «huertas», muchas veces obra de los moriscos; es una constante en la temática de los viajeros del siglo XVI. Cerca de Perpiñán, evoca

> una huerta que medía 232 pasos de lado [...] y en sus cuadros producíanse todas las frutas que suelen darse en esta tierra [...] en el mes de septiembre, que el que corría a la sazón, estaban en su fuerza los naranjos, los granados, las parras, los higueros, los almendros, los nísperos, los melocotoneros...

Asimismo, saliendo de Barcelona por la puerta de San Antonio hacia el occidente, y en dirección al mar

> no se ve otra cosa que huertos, campos y numerosísimos parajes plantados de granados, limoneros, nísperos, naranjos, palmeras, alcachofas, pinos, viñas y melocotoneros...

Camino de Valencia, cruza el Ebro en el lugar de Ginestar, río que compara al Danubio en las proximidades de Ratisbona. Apunta que

> en ambas riberas hay varios lugares de moros, gentes toleradas por los Reyes en atención a su laboriosidad y pericia para los trabajos agrícolas [...] Los márgenes del Ebro son muy fecundos en olivos y algarrobos.

Acercándose a Valencia, descubre llanuras fértiles con sus norias y, como la mayoría de los viajeros, Jerónimo Münzer se entusiasma delante del espectáculo de la huerta valenciana.

> Toda esta llanura riégase con el agua de los ríos que proceden de los montes, conducida por numerosas acequias: es feracísima en olivos, granados, limoneros; cidros y demás árboles frutales...

Un poco más adelante, en su relato, vuelve sobre esta abundancia de productos agrícolas: la caña de azúcar, la morera que nutre los gusanos productores de seda, la grana con sus «hojas pequeñas, crespas y espinosas» para teñir las lanas de precio, la vid, los higos, el arroz, el romero que hace la miel tan sabrosa, el esparto, el azafrán, con su variedad silvestre llamada cártamo, el anís, el hinojo, el comino, o sea toda una sinfonía exuberante de olores y colores.

Siguiendo más al sur, Münzer reduce sus notas al tratarse de comarcas menos fértiles. Señala de paso las llanuras fértiles, abundantes en varios frutos, alrededor de Alcira. De Játiva a Alicante, el terreno le llama la atención: es montañoso «con mucha vegetación, en el que se dan la grana, el comino, el esparto y el anís.» Tiene curiosidad por la uva con la cual los moros elaboran las pasas.

La «llanura es estéril» entre Alicante y Elche, cuya comarca, por contraste, «es sumamente fecunda en aceite»; el autor añade: «en ningún otro lugar he visto tantas palmeras como en ella». También le parece muy fecunda y de mucho regadío la tierra de Orihuela, y muy fértiles las llanuras alrededor de Murcia.

En Lorca, admira la huerta, que tiene

> tal disposición que puede regarse toda con un río no muy caudaloso. Allí abundan las frutas de primera calidad y muy aromáticas. Las peras que vimos en los árboles eran de un tamaño que excedía de lo común...

Ahora, cruzando la frontera entre Castilla y el reino de Granada, Jerónimo Münzer distingue los montes altos, ásperos y estériles y las vegas, con sus acequias, a veces abandonadas por los sarracenos como consecuencia de la Reconquista. Al llegar a Almería, goza del paisaje:

> Nos amaneció en un risueño valle regado por un riachuelo a cuyas orillas extiéndense frondosas huertas y verdes campos donde crecen la palmera, el olivo, el almendro, la higuera, haciéndonos la ilusión de que caminábamos por el Paraíso...

Alrededor de Guadix no se encuentran «los frutos propios de la costa como el limonero, el naranjo y el olivo; pero sí el nogal, el almendro, la higuera, el manzano, el peral...» Pero después de la huerta valenciana, la llanura de Granada le asombra por su riqueza

> de suelo tan fecundo que produce dos cosechas al año. Se dan en él, la zanahoria, el nabo, el ajo, la lenteja, el panizo, el haba, la aceituna [...] y como no nieva nunca es feracísimo en muchos géneros de árboles, especialmente en membrillos, higueras, almendros, granados, naranjos y cidros. Hay fruta casi todo el año, porque en el mes de abril cosechan cerezas y alcachofas; en mayo peras y manzanas de varias clases; en junio uvas, que duran hasta noviembre.

Observa que las frutas maduran más pronto que en los valles más sombríos. Münzer canta casi un himno a la horticultura de los moros. Se dirige entonces hacia Vélez-Málaga cuyo campo «es muy fértil en aceite, higos, almendras, grana...». Cerca de Málaga, se interesa por el áloe, y después cruza la sierra de Ronda, el campo de Osuna para llegar a Sevilla, sin interés, aparentemente, para los paisajes. El campo hispalense «produce en abundancia prodigiosa toda clase de frutos, especialmente aceite y excelente vino». Al oeste de Sevilla, hacia la frontera de Portugal, observa solo en la planicie «granjas y olivares».

Después de recorrer del sur al norte Portugal, vuelve a España por Galicia. Alrededor de Santiago de Compostela, afirma: «el campo es fértil y en la población abundan las huertas plantadas de limoneros, naranjos, manzanos, ceruelos y otros varios árboles frutales». Señala de paso que muchos han abandonado el cultivo de la tierra para explotar a los peregrinos. La crianza de los puercos le parece una característica fundamental de la vida rural. De Santiago a Villafranca del Bierzo, la «comarca es fértil, aunque montuosa y poco poblada»; tiene «una hermosa llanura poblada de viñedos». Entre Benavente y Zamora «el campo numanticio» feraz y placentero produce muy buenos trigos y vinos, y otros frutos, como el llano salmantino.

Después de cruzar la sierra de Gredos, encuentra, antes de llegar a Puente del Arzobispo, un «feracísimo valle plantado de viñedos, olivares y grandes castaños». Al fin de la vertiente meridional de la Sierra de Guadalupe «crecen viñedos, olivares, naranjos, mirtos, limoneros, codros...». Pero a pesar del aceite, del vino, de los granos, cuentan mucho en las rentas de Guadalupe los ganados: «4000 vacas y muchos miles de ovejas», según Münzer.

Muy escaso de informaciones agrarias entre Guadalupe y Toledo, encuentra solo la llanura de Talavera «fértil en vino, aceite y otros productos...» y para llegar a Madrid, camina por una planicie «en la que abundan las viñas y los sembrados...»

Apunta nuestro autor pocas observaciones entre Madrid y Calatayud, donde encuentra, otra vez, el talento hortícola de los moros. Aquí abunda el terreno «en cereales, azafrán de inmejorable calidad, pilino oloroso, y otros varios frutos porque la tierra es feracísima y bien regada por el Jalón» en cuyas riberas «se recoge inmensa cantidad de aceite (la ribera está cuajada de olivares), de trigo, de azafrán, de gualda...».

De Calatayud a Zaragoza los parajes montuosos y estériles se mezclan con los valles —oasis de muchos olivares. Dicho contraste resulta ampliado en el campo zaragozano entre tierras de secano y tierras de regadío:

Los alrededores de Zaragoza son por lo general áridos y estériles, con excepción de las tierras de regadío, pues las lluvias escasean de tal modo que cuando estuvimos en la ciudad, llevaban nueve meses sin ver el agua. La suerte agrícola viene de 4 ríos: el Ebro, el Jalón, el Giloca y el Gállego.

En la cuenca del Ebro «se cría mucho ganado», en la del Jalón «se produce gran cantidad de trigo». Las de los dos ríos menores «rinden pingües cosechas de vino y aceite...» Münzer destaca la producción de azafrán y de lana en primer lugar, en segundo la de cera y de miel. «En parajes secos crecen el romero y otras plantas.» A su llegada puede ver «en los árboles, almendras y albaricoques tempranos».

Dejando Zaragoza para Pamplona, insiste siempre sobre los riegos facilitados por el valle del Ebro. El llano de Pamplona «abunda en viñas y cereales, pero en él no se ven olivares, porque hállase ya en la vecindad de los Pirineos...». Abandona el reino de Navarra por la «medrosa selva» de Roncesvalles para llegar a la tierra de Gascuña...

Se nos puede objetar el valor del testimonio de un solo viajero, pero los más lúcidos comprueban sus observaciones a lo largo del siglo XVI. Espiguemos algunos ejemplos en las relaciones de otros viajeros y del mismo siglo.

Francisco Guicciardini, en los años 1512-1513, pone de relieve la poca población del reino pero su fertilidad que le permite exportar trigo, vino y aceite, siendo las tierras más feraces las de Andalucía y el reino de Granada.

Lorenzo Vital, ayuda de cámara del emperador, en la primera relación del viaje de Su Señor a España, esboza el paisaje asturiano, a través del cual toma contacto con la Península: «ese país está lleno de altas montañas y valles, y en varios lugares es inhabitable, por los desiertos que allí existen.» Pero

en varios de los valles, hay también tierra fértil y fructuosa, con praderas, jardines, tierra de labor que anualmente produce ampliamente bienes como trigo, avena, centeno, mijo y también buenos vinos y frutas como manzanas, peras, naranjas, granadas, higos, nueces, cerezas, y castañas; y tienen buenos pastos para alimentar su ganado...

En la Tierra de Campos, entre Carrión de los Condes y Tordesillas, le parece obvia la escasez de árboles y de leña. En Revengo de Campos, «las casas y moradas de los habitantes estaban en tierra...; pues por los colores, el país es muy seco, estéril, y no pueden crecer árboles». En Tordesillas, «la leña es muy cara, porque los bosques están lejos, a más de dos jornadas». Al revés, según Andrés Navajero, en 1523, «toda esta tierra de Cataluña es más propia y abundante de árboles, como pinos, y otras especies selváticas, que adecuada a la siembra de trigo...» Pero está de acuerdo con Münzer sobre la esterilidad de la tierra alrededor de Zaragoza cuando uno se aleja del río Ebro. «La tierra junto al río es fértil, hermosa y llena de árboles; pero lo demás es estéril, inculto y desierto». De Zaragoza a Epila «fuimos siempre por tierra muy desierta en que no se encuentra alojamiento ni árbol ninguno; pero está todo lleno de romero y de salvia, por ser tierra muy árida».

Más al sur, el embajador veneciano cruza, antes de llegar a Toledo, un llano que se llama huerta del Rey

> y que se riega todo con norias que son ruedas hidráulicas que sacan el agua del río, por lo cual está lleno de árboles y de muchos frutos y está todo labrado y hecho huertos, de donde se surte la ciudad de hortalizas principalmente cardos, zanahorias y berenjenas, que aquí se gastan mucho.

Si los paisajes alrededor de Talavera y Guadalupe le inspiran descripciones poco precisas, en cambio se encanta ante el espectáculo del campo sevillano. A poca distancia del Guadalquivir «hay unas colinas bellas y fertilísimas, llenas de naranjos, limoneros y cidros...» o «en los collados de esta parte principia un bosque de olivos que tiene más de 30 leguas». Más lejos, «toda la tierra alrededor de Sevilla es muy hermosa y abundante de trigo, vino, aceite... La cebada se recoge en abril, por el calor que allí hace, que verdaderamente es excesivo en el verano.»

Destaca con precisión el papel de la irrigación en la llanura granadina, y se muestra muy prolijo en la enumeración de las frutas de la Vega: «ciruelas de todas clases, melocotones, higos... albérchigos, albaricoques, guindas» (especialmente las guindas garrafales) y, claro está, las granadas, «las uvas singulares de muchas clases, entre otras las zibbies», sin olvidar los olivares. Pero se notan ya algunas casas abandonadas por los moriscos en sus migraciones. Vuelve a Castilla por Jaén, Linares y el puerto de Muladar. Alrededor de Almagro, «la tierra es desierta, estéril y deshabitada». Contrasta la tierra vallisoletana, «abundante de pan, carne y vino», así como la palentina, «escasa de árboles, si bien hay muchas viñas bajas». Sin embargo, en el terreno burgalense, «se cría poco vino y el trigo que se coge no es bastante».

Cerca de Vitoria, el viajero se asombra ante la abundancia de encinas, creyéndola excepcional, mientras que en Andalucía y Extremadura es la nota dominante en todos los bosques que cubren las sierras. Alcornoques, encinas y tilos altísimos acompañan al viajero desde Salvatierra hasta Pamplona.

Llegando a Guipúzcoa, se matiza el paisaje:

> ...en esta tierra no hay vino, y el trigo que se cría es poco [...]; en lugar de viñas se siembran manzanos de que primero hacen almácigas, y cuando ya son grandes los transplantan [...]; con las manzanas hacen un vino que llaman sidra, que es lo que bebe la gente común, y es claro, bueno y blanco, con un dejo agrio...

En sus cartas a Juan Bautista Ramusio, las cuales completan su relación, vuelve sobre los mismos temas y descripciones; la tierra poco poblada de Cataluña, escasa de pan y vino, «muy abundante de árboles de distintas especies, como pinos y otras selváticas, por no ser tierra propia para la siembra del trigo», los cítricos sevillanos, las frutas granadinas, etc.

Unos años después, en 1525, Gaspar Contarini es más sintético: «el territorio universalmente de España, excepto la Andalucía, la cual tenía fama de ser fértil, es muy árido y tiene poca gente con respecto a la grandeza del país».

Muy impreciso queda el portugués Gaspar Barreiros en sus apreciaciones hacia el año 1540.

Madrid es lugar de mucha y buena comarca, de mucho pan, vino, aceite, cazas, frutas y ganado, y por ser de buenos aires, fértil y abastecido de todas las cosas; reside en él muchas veces la corte...

La trilogía pan, vino y ganado caracteriza también el terruño de Alcalá de Henares. El de Sigüenza, abundante en trigo, según el mismo autor, «es seco acerca de frutas y otros refrescos». Con la comarca de Calatayud, volvemos al pan, vino, aceite y frutas; lo mismo con la de Lérida; en las de Barcelona y Tarragona hay que acudir al trigo del campo de Urgel para cosechas deficientes, a pesar de la abundancia en vinos y frutos.

Al empezar el último cuarto del siglo XVI, exactamente en 1573, encontramos primero el testimonio de Leonardo Donato, otro embajador veneciano, quien pone de relieve el equilibrio entre las provincias para el suministro de «los víveres necesarios a la sustentación de la vida», y sobre todo, la relación famosa del arquero Enrique Cock en sus *Anales del año Ochenta y Cinco*, y su *Jornada de Tarazona* de 1592, tan valiosa como la de Münzer para esbozar un balance cualitativo de los paisajes agrarios de la Península. Escribe Cock, en 1585, su diario con motivo de acompañar al rey Felipe II a la sesión de las Cortes de Aragón en Monzón. Es poco prolijo en sus descripciones hasta llegar a Daroca en el reino de Aragón, en la ribera oriental del Giloca; dicho río,

desde su nacimiento hasta el fin no es otra cosa que huertas llenas de todas maneras de frutas y viñas y sembraduras que se riegan con acequias a ambos lados...

Muy cerca, al nordeste, se encuentra Cariñena con «tierra muy fértil de vino, rica de pan, abundante de frutas y olivares». Como Münzer, casi un siglo antes, Cock destaca los contrastes del valle del Ebro. Río abajo, después de Zaragoza, entre Osera y Aguilar,

la tierra casi toda es sin fruto sino es la que está cerca del Ebro, donde hay algunas viñas y huertos. A la mano izquierda del camino, hay montes estériles sin gente de manera que se hallan pocos pueblos en el camino, y los que hay se mantienen con ganados y azafrán...

Al llegar a Fraga, en el límite entre el reino de Aragón y el principado de Cataluña, a orillas del río Segre,

la llanura abunda de acequias, con que se riegan los muy cultivados huertos de los ciudadanos. Entre la mucha diversidad de los frutales es muy usado allí la higuera y la granada (sic).

De Lérida al Monasterio de Poblet, «entre pueblo y pueblo había muchas acequias que regaban sus campos fértiles de trigo». De los ciudadanos barceloneses sabemos que «sus huertos están llenos de naranjas y verduras». Pero, para encontrar suficiente abastecimiento, el séquito del rey tuvo que buscarlo alrededor de Lérida, lo que lleva a Cock hasta la comarca de Balaguer, «que tiene mucha parte del campo estéril que, propiamente, sirve para los ganados». Pero, otra vez, subraya que «el campo más cercano al Segre está lleno de huertos bien cultivados y llenos de fruta». En seguida vuelve para la sesión de las Cortes a Monzón, no lejos del río Cinca, «el cual riega sus huertos y olivares [...] que su ribera es muy abundante de trigo, aceites, vinos y todos frutos».

Después pasa por el campo de Tortosa, que se dedica al cultivo de algarrobas, para llegar en la provincia de Castellón a San Mateo, «de muy buenas aguas, viñas y sembrados muy buenos y fértiles». Más al sur, descubre la industria de los moradores de Sagunto en «sus acequias que riegan todos sus campos y hacen las mieses mucho más fecundas». Pero queda mucho menos impresionado que Münzer por el espectáculo de la huerta valenciana.

En 1592, para acompañar al rey a la «Jornada de Tarazona», toma otro itinerario más al oeste. Marchándose de Madrid, camina por la provincia de Segovia. Después del puerto de Guadarrama, se para en El Espinar, «de poco pan y vino» pero de clara vocación ganadera.

Parece ignorar, como los otros viajeros, la importancia del «Honrado Concejo de la Mesta» que tiene, no pocas veces, sus sesiones de verano en este pueblo, encrucijada de las cañadas leonesa, segoviana y soriana. Sin embargo, la primacía del sector ganadero en el terreno segoviano no le escapa: «la comarca de esta tierra —dice— consiste en dehesas y pastos, por lo cual es abundante en ganados y lanas... Hay alguna sementera aunque rara». El estudio reciente de Ángel García Sanz demuestra que si la actividad cerealística es mínima al pie de la sierra carpetovetónica, representa un papel importante en las llanuras entre Segovia y Valladolid.

El aceite, claro está, «no se cría en esta tierra» pero «los vinos vienen de Medina del Campo, Coca, Cebreros». En el camino de Segovia a Valladolid, Olmedo, famoso por sus rábanos, tiene una tierra llana provista de pan y vino, como Medina del Campo, o Tordesillas

cuya comarca es abundante de todas cosas necesarias a la vida humana, de pan, muchos y buenos vinos [...], y todo género de fruta, si no son naranjas y limones, que no se crían aquí por los fríos.

Los mismos cultivos caracterizan los campos simanquinos y vallisoletanos, con mención especial de «mucho azumaque, frutales de guindas y cerezas en abundancia, etc...». Cerca de Palencia, la villa de Dueñas, asentada en un otero sobre el río Carrión, tiene a la vez en su comarca «muchos bosques y mucho pan con algunos vinos tintos, como más allá Torquemada».

El campo burgalés es un poco diferente: «de harto pan y dehesas para ganados, por lo cual poco o mucho, siempre se conserva aquí el trato de las lanas. Viñas no se ven...». Dejando Burgos, nos acercamos a la Rioja, país vitícola por antonomasia: Nájera y su comarca poblada de infinitos pueblos, famosa por sus frutales y sobre todo sus viñas, que proporcionan tintos muy preciados, como los claretes de Estella.

Con matices, los paisajes se parecen desde Logroño con sus arrabales «de regadío y de infinidad de frutales», Viana y «sus vinos baratos» o la Villa de Los Arcos, Estella, Puente de la Reina, también «de mucho pan, vino y fruta», hasta Pamplona, cuya comarca es un buen resumen de esta variedad de cultivos. En las provincias de Castilla la Vieja y de Navarra visitadas, nuestro autor destaca el papel de complemento de la alimentación que representan la pesca y la caza: ¿indicios de ríos y bosques suficientes para mantener el equilibrio ecológico?

Después de la *Jornada de Tarazona*, Enrique Cock vuelve a Madrid por un camino poco celebrado por los viajeros, y que cruza la provincia de Soria, contrastando con la comarca de Tarazona, fértil en fruta y hortalizas gracias a los regadíos. El territorio de Ágreda «tiene pan y ganados, sobre todo mucha caza». Y Soria aparece mucho más como una capital pastoril, aunque el autor parece ignorar la existencia de la Mesta.

Su trato principal es tratar ganados y lanas, y se saca mucha madera de su serranía, porque tiene abundancia de pastos y montes de pinares y otros árboles. No cría viñas o muy pocas, y el pan no acude con mucha abundancia por ser la comarca arenosa y tierra flaca...

Más al sur, volvemos a paisajes más clásicos de las Castillas con Hita, «de mucho pan y vino», como Alcalá de Henares.

Faltan todavía muchas investigaciones para comprobar las afirmaciones de nuestros viajeros. De estos testimonios hay que destacar los factores constantes y variables, y los que, dentro de cierta permanencia, ofrecen cierto coeficiente de cambio, a veces muy difícil de medir.

Ahora, a pesar de la revolución rural que transformó profundamente el paisaje en los últimos treinta años, con ritmos diferentes en todo el campo español, podemos descubrir muchos vestigios del cuadro en el que los campesinos ibéricos desarrollaron sus actividades en la época moderna.

2.2. EL HABITAT

Al recorrer el campo se advierte que muchos pueblos, muchas aldeas conservan todavía el aspecto que tenían en el siglo XVI. Simplificando, se pueden distinguir dos tipos de habitat, sin olvidar, claro está, otros tipos intermedios: el habitat diseminado, que predomina sobre todo en las regiones periféricas norteñas, y el habitat agrupado en las mesetas.

El *habitat diseminado* queda simbolizado en la Cataluña oriental por las «masías», y en la España atlántica por el «etche» vasco o el «caserío» asturiano y gallego, con sus hórreos, tan bien descritos por Jesús García Fernández.

> Desde Galicia hasta el País Vasco aparece un mismo tipo de poblamiento basado en la pequeña aldea que consta tan sólo de unas decenas de casas y habitantes, y que constituye poblamiento laxo.

Las exigencias del regadío y de la jardinería determinan un habitat disperso en las «huertas» del País Valenciano.

Andalucía occidental presenta un tipo original mixto en la cuenca del Guadalquivir. Ya en el siglo XVI, como remate (sin concluir) de una evolución de los tres siglos anteriores, se entremezclan dos tramas: el habitat agrupado de pueblos o aldeas de dimensiones menores donde viven en chozas los peones que trabajan en la otra trama esparcida de los cortijos cerealísticos y ganaderos o en las haciendas de olivares.

Frente a esto, contrasta la España interior del *habitat agrupado*, perfectamente visible hoy día: pueblos blancos diseminados a orillas del río Ebro en su curso aragonés, pueblos ocres de Castilla la Vieja y León, o de Extremadura, dominados por los campanarios de sus iglesias y, muchas veces, por las torres almenadas de sus castillos, sobre todo en las tierras de las Órdenes Militares, alrededor de Ciudad Real o de Fregenal de la Sierra, por ejemplo. Pueblos blancos generalmente moriscos, encaramados en las laderas abruptas de los collados y sierras, como aparecen cerca de Calatayud, en la trastierra del País Valenciano o en las cordilleras béticas: basta evocar los pueblos granadinos de las Alpujarras, verdaderos nidos de águila que se despueblan después del levantamiento de los años 68-70.

Sin embargo, en el siglo XVI hay que matizar el carácter agrupado de este habitat. La presión demográfica creciente, y, en consecuencia, la necesidad de cultivar tierras marginales facilitan la existencia, alrededor de los pueblos, de pequeñas aldeas satélites. Esto queda patente en La Mancha, como lo ha demostrado Noël Salomon al analizar las *Relaciones topográficas*.

De todas formas, estos tipos de habitat reflejan, más o menos directamente, un equilibrio ecológico basado en varios sistemas de cultivo, que esbozaremos, sabiendo que faltan todavía muchos estudios para poder presentar una geografía retrospectiva fiable con todos sus matices regionales.

2.3. LOS SISTEMAS DE CULTIVO

a) El primer sistema de cultivo, llamado «de año y vez» o «de año y tercio», ha sido muy bien estudiado en sus raíces históricas por Jesús García Fernández y Alain Huetz de Lemps. Este agro-sistema permite repartir las tierras según las exigencias, a veces contradictorias entre agricultura y ganadería. En las campiñas y páramos de Castilla la Vieja, el ciclo corre durante dos años; en la peniplanicie del oeste, en las provincias de Salamanca y de Zamora, durante tres años y más. Asimismo el paisaje de campo abierto predomina en el centro de ambas Castillas, mientras que los terrenos cercados abundan al oeste, sin exclusividad, o al pie de las sierras.

A partir de este esquema fundamental —la alternancia de un año de cultivo cerealístico y un año de barbecho— es preciso analizar todas las variaciones posibles, y medir el peso de la demografía en su evolución durante el siglo XVI.

También hay que tener en cuenta la existencia y el peso, en la economía rural, de los bienes colectivos, llamados «bienes de propios» constituidos por las dehesas boyales, las dehesas para los ganados ovino y caprino, a veces equino, y los montes alto o bajo, reservas indispensables para una sociedad cuyos útiles se fabrican mayormente en madera. A veces, como en la Tierra de Pinares, predomina el monte.

En todas las variaciones del sistema, se destaca el policultivo alrededor de los pueblos para abastecer a los moradores y los ganaderos en recintos cercados: hasta un «echamiento» de piedra a partir del pueblo se encuentran los «herrenes» sembrados de alcacer o marahojo o avena, los huertos, linares, azafranales, pepinares. Estos terrenos cercados aparecen en los documentos como «cortinas» en León y Salamanca, «herreñales» y «aditos» en Castilla.

En el siglo XVI hay que destacar tres rasgos principales en la vida agraria de Castilla y León.

1. La rotación de cultivos por hojas se hace, poco a poco, obligatoria. En Portillo, tierra de Valladolid, las ordenanzas de 1555 explican claramente la necesidad de un equilibrio satisfactorio entre agricultura y ganadería:

...que el año que fuera la una suerte de pan, que no se siembre la otra porque la que fuere sembrada se guarde bien y en las que quedaren los ganados puedan andar libremente y no se harán los daños que cada día se hazen, a causa de sembrarse en muchos pedazos que los pastores no los pueden guardar y los daños de los ganados reciben mucho agravio en no aber orden.

2. *La agrupación de las viñas en pagos,* según Alain Huetz de Lemps,

tiene la inmensa ventaja de facilitar la defensa del viñedo contra las intrusiones de los ganados estantes o trashumantes y de organizar la vigilancia por los municipios.

En la mayoría de los casos, la administración municipal determina la parte de los bienes comunales donde los vecinos tienen que plantar las viñas y los árboles frutales, con cercados, sobre todo si una cañada mesteña bordea o cruza los terrenos cultivados. La necesidad de obtener madera para la calefacción y la fabricación de útiles domésticos y agrarios llevó a las comunidades a imponer en los pagos la mezcla de la vid y de los árboles frutales; hecho que se refleja en las ordenanzas de Toro de 1545; las de Medina del Campo de 1561, que obligan a los propietarios a plantar por aranzada (44 áreas) de viña dos árboles frutales y otros dos para la madera, las de Salamanca de 1567, que imponen en las mismas condiciones seis árboles, o las del gremio de los viñateros vallisoletanos, de 1590, que fijan en tres el número de árboles, almendros, perales, nogales o cualquier otra especie idónea para proporcionar madera, indispensable para luchar contra los rigores invernales.

Sin embargo, se autoriza apacentar en los viñedos en ciertas temporadas: hasta mediados de enero en la tierra de Segovia (ordenanzas de 1514), el primero de enero en la de Sepúlveda, el 31 de enero en la de Ávila; este límite se extiende hasta fines de marzo en Tordesillas o Venialbo (provincia de Zamora).

3. *La «contingentación» de los ganados* es el complemento lógico de los hechos anteriores, en una tendencia de auge demográfico y de falta de tierras.

El número límite varía mucho según la capacidad del terreno. Medina del Campo, con su inmenso viñedo, asigna cincuenta y siete ovejas y dos carneros a cada ganadero. En Venialbo (Zamora) y Valderas (Tierra de Campos) se admite un máximo de trescientas cabezas. Algunos pueblos mejor provistos con montes suficientes para sus ganados, alquilan una parte de los pastos —«las hierbas»— a particulares o municipios vecinos. El Espinar, o Villacastín, por ejemplo, en la provincia de Segovia, muy vinculados, claro está, a los ganaderos mesteños.

Queda planteado el problema de la extensión geográfica de este modelo «de año y vez», fuera de Castilla la Vieja y León. Al analizar las *Relaciones topográficas*, ordenadas por Felipe II, se verifica su existencia en Castilla la Nueva, como lo ha demostrado Noël Salomon, con matices ineludibles: la presencia del olivo en la Alcarria, la extensión de la viña en La Mancha, la prepotencia del ganado ovejuno en los Montes de Toledo o en las sierras de la provincia de Ciudad Real.

En las tierras de las Órdenes Militares, es decir la Extremadura, en el sentido amplio de la palabra, dominan el monte y las «hierbas», invernaderos de los ganados de la Mesta, y en menor grado de la ganadería estante local.

En la Cataluña occidental, fuera de las cuencas de los ríos, está vigente también la rotación bienal, como en los secanos del reino de Valencia, o de Murcia.

En cuanto a la Andalucía occidental, faltan estudios monográficos para llegar a conclusiones precisas. Sin embargo, se puede oponer el sector del olivar, al pie de las sierras, a las campiñas dedicadas a los cultivos cerealísticos alrededor de Sevilla. A pesar de la reagrupación parcelaria —iniciada en el siglo XIV, como lo demostró Antonio Collantes, tanto en las haciendas como en los cortijos—, que tuvo como consecuencia el desarrollo de los latifundios, y la marginalización incipiente de los pueblos, el sistema bienal prevalece con toda probabilidad.

Con este mundo del «secano» contrastan otros dos sistemas de cultivo de la tierra: el atlántico-periférico, y el de las vegas, esparcido por e incluido en las tierras de secano.

b) *El sistema atlántico.* En la Edad Moderna, un solo factor lo diferencia tajantemente del sistema anterior: la humedad del clima. Los «terrazgos» de Galicia, Asturias y Vascongadas practican el «año y vez», pero con originalidad, como consecuencia de la orografía y de la organización del espacio, con un poblamiento laxo en pequeñas aldeas desde Galicia hasta el País Vasco.

El elemento fundamental en el siglo XVI es el terrazgo cerealista, cultivado en pequeñas parcelas en un paisaje de campo abierto y con una organización concejil: es, por ejemplo, el «labradío», visible todavía en Galicia.

Para completar la alimentación de animales y hombres, se necesitaban tierras para plantas forrajeras (alcaceres y nabos) y verduras: las berzas y habas del «conducho» o en sustitución, cuando los períodos de enlace, panizo y castañas. Este sector complementario «de cultivos que ocupaban permanentemente el suelo» se localiza en las tierras que esta-

Organización del terrazgo en la Montaña Cantábrica **VII**

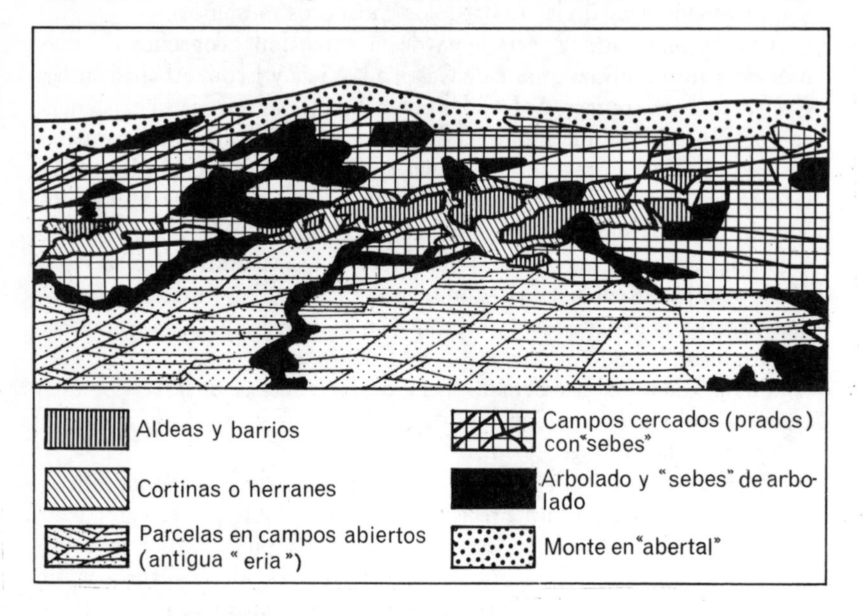

Según Jesús García

ban dentro de la aldea —«exidos, circundados, antezunos, patios»— o en sus alrededores inmediatos —«cortas y cortinas».

De este espacio agrario, los prados —la «pradera»— constituyen el segundo elemento, menor todavía en la época moderna, pues el pan interesa más que el ganado. En la Montaña Cantábrica, se desarrollan en un espacio acotado, «en las tierras peores en el arranque de las laderas». En Galicia, de suelos arenosos, se localizan en los fondos de los valles, más húmedos.

Constituyen el tercer elemento del terrazgo, menor pero fundamental, las parcelas destinadas a castaños —«sotos castañeiros, castañedos y montes castañales». En los períodos de enlace, las castañas sustituyen al pan en la dieta de los labradores. El resultado es un paisaje complejo donde contrastan, en círculos concéntricos a partir del interior de la aldea (gráfico VII), «los exidos, llosas, antuzanos o curros», las «cortinas», las tierras de pan llevar sin cercas, los prados y «sotos castañeiros».

En el sur de Galicia desde los siglos XII y XIII, en las tierras eclesiásticas, crece un viñedo que alcanza su apogeo en el siglo XVI. Sin embargo, en este mismo siglo, este paisaje se modifica a veces y temporalmente, como consecuencia de la presión demográfica, muy fuerte en estos países de emigración. En el monte se utilizan para el cultivo, cada año y alternativamente, en las partes menos accidentadas, unas parcelas: paliativo no siempre eficaz para luchar contra la escasez de pan. Con todo, este sistema de «rozas» o «estivadas» es un complemento obligado para asegurar el abastecimiento en toda la España atlántica, donde aparecen con gran riqueza de vocablos: «searas senaras, sieuras, roturos, novales y labakis (en el País Vasco)».

Es preciso señalar también que el paisaje vasco resulta más fragmentado por una organización individual del terrazgo a partir del «caserío» como unidad de explotación.

Pero la España «seca» es mucho más extensa que la España húmeda. Para superar, cuando es posible, esta escasez de agua, se utiliza un tercer sistema fundado sobre la irrigación.

c) *Huertas, Ortas y Vegas.* El campesino del siglo XVI aprovecha los terrenos donde mana o corre el agua —río, fuente, riachuelo— para cultivar en regadío verduras y frutales. Antes citamos los numerosos testimonios de viajeros sobre este arte de utilizar el agua. En 1571, los corregidores, respondiendo a la encuesta ordenada por Felipe II para repartir los moriscos granadinos rebeldes, insisten sobre la importancia de estas vegas. Lo mismo aparece en las *Relaciones topográficas* de los años 1575-1578. Por ejemplo, en la relación de Alcabón (provincia de Toledo), se señalan

> dos güertas de dos vecinos de este pueblo que se riegan con norias y sacan a mucha costa el agua de pozos, y estas güertas son de hortalizas y algunos árboles como granados, higueras...

Sin embargo, en la España oriental —reino de Aragón, Principado de Cataluña, reino de Valencia, reino de Granada— es donde se encuentran la mayoría de las tierras de regadío en el siglo XVI. Además de las razones climáticas, hay que subrayar el papel de los moriscos, expertos máximos en el regadío y la jardinería. Los viajeros citados más arriba se maravillan, casi todos, ante el espectáculo de la huerta valenciana o la vega granadina. En la cuenca aragonesa del Ebro, muy árida, también se deben a los moriscos los oasis cultivados. Claro está que la emigración forzada de los «granadinos» después del levantamiento de los años 1568-1570 tendrá como consecuencia el deterioro del sistema de riegos en Andalucía oriental. El silencio de las norias y el arreísmo de las acequias acompasan el drama morisco. Volveremos sobre este dato fundamental para entender la historia agraria de los siglos XVI y XVII al producirse la expulsión de 1609.

Esta presencia o ausencia del agua depende de una variable poco estudiada y mal conocida: el clima.

2.4. El problema del clima

Según las relaciones de los viajeros y los testimonios espigados en los archivos, las modalidades climáticas de la España moderna ofrecen una similitud estrecha con las de la época contemporánea. En síntesis, coexiste un tiempo húmedo oceánico en el mundo cantábrico con un tipo continental mediterráneo en la mayoría de las tierras peninsulares, con amplitudes de temperaturas, de humedad y sequía, más acusadas en las altiplanicies delimitadas por los Pirineos y la Cordillera Cantábrica, al norte, y las sierras béticas, al sur.

Faltan todavía (y quizá definitivamente en muchos lugares) los datos seriales científicamente fundados para adelantar las hipótesis de variaciones radicales en los mecanismos climáticos. La existencia de una «pequeña edad glacial» en los siglos XVI y XVII, estudiada por Emmanuel Leroy-Ladurie, en Francia, plantea problemas aún no resueltos en la península Ibérica.

Pero a partir de las mismas fuentes antes citadas, es posible esbozar las pulsaciones pasajeras, no los cambios irreversibles, de algunos microclimas ejemplares, en cuanto a las variables *lluvia* y *temperatura*. No hay que olvidar, no obstante, las variaciones de microclimas locales debidas a desequilibrios o reequilibrios ecológicos; pensemos solo en la intensificación de las «rozas», debida al auge demográfico.

Después de Ignacio Olagüe en su polémica *Decadencia Española*, José María Fontana Tarrats replanteó el tema en una serie de estudios, lamentablemente de difusión restringida. He aquí un balance de sus conclusiones, prudentes y provisionales, ciertamente, pero pioneras.

a) *El Finis Terrae gallego*. El autor ha tratado de poner en correlación unos factores como años de hambre y carestía, de lluvias, de pestes con la corrección de los años sin noticia alguna.

AÑOS	Sin noticias	Hambre Carestía	Lluvias	Pestes
1500-1509	8	0	0	2
1510-1519	6	0	0	4
1520-1529	9	1	0	0
1530-1539	6	0	4	1
1540-1549	8	0	0	1
1550-1559	7	1	1	0
1560-1569	6	1	0	5
1570-1579	0	6	3	10
1580-1589	2	4	2	3
1590-1599	2	3	2	4

De este cuadro —con grandes reservas— se deducen los siguientes rasgos:

1. La falta de noticias dominante en los años comprendidos entre 1500 y 1562, que puede indicar cierta normalidad.

2. El sincronismo relativo entre carestía y brotes de hambre y peste.

3. Un cierto indicio de mayores lluvias en los dos primeros tercios del siglo contrastando con «la densificación de las temporadas del último», según el mismo José María Fontana Tarrats.

En resumen, aparecen los sesenta primeros años del siglo XVI como más fríos probablemente, pero con un equilibrio entre buenas y malas cosechas, con predominio de «tiempos soleados con leves lluvias» propicios a cultivos de vid y agrios —cultivos atestiguados por los viajeros. A partir de 1592 surgen noticias sobre sequías en el sur del Miño y el interior orensano, acompañadas, quizá, por un incremento de las nevadas en las zonas altas, lo cual favorece el establecimiento de neveros, necesarios a la exportación del pescado, a la vez que supone un refuerzo del continentalismo climático, típico del siglo XVII.

b) *El Principado de Cataluña.* «El segle XVI está marcat de descoratjament [...]. Al llarg del segle XVI la sequedat del temps fou repetidament sentida a la Segarra...», afirma un autor catalán utilizado por José María Fontana Tarrats. Al leer la cronología climática del Principado, esbozada por dicho autor, descubrimos muchas diferencias con el mundo atlántico, pero no obstante se dan ciertos sincronismos singulares.

Con datos provisionales e incompletos, en el estado actual de la investigación —insistimos sobre este hecho— se puede establecer el cuadro estadístico siguiente, tomando, como para las Vascongadas, los factores: fríos, pestes, sequías, años encontrados (sequías y lluvias), lluvias.

AÑOS	Fríos	Pestes	Sequías	Años encontrados (sequías + lluvias)	Lluvias
1500-1509	2	6	2	1	1
1510-1519	0	4	2	2	1
1520-1529	0	5	6	1	1
1530-1539	0	3	5	1	0
1540-1549	2	0	5	1	2
1550-1559	0	5	6	1	1
1560-1569	1	4	8	0	1
1570-1579	4	3	1	5	1
1580-1589	5	6	3	3	1
1590-1599	2	5	1	7	1

A partir de este conjunto serrial, imperfecto, se pueden deducir los rasgos siguientes:

En cuanto a los fríos y heladas, hay un contraste evidente entre la primera y la segunda mitad del siglo XVI. Las heladas del Ebro en Tortosa en 1503 y 1506 (se cruza el río andando) parecen una anticipación de la pulsación fría vigente después de 1540: ¿confirmación ibérica de la «pequeña época glacial» que se dio en el norte de Europa desde Groenlandia hasta los Alpes? De todas formas se puede intuir una acentuación del continentalismo del clima catalán.

c) *En el reino de Valencia y la provincia de Murcia*, el clima tiene unos contrastes mayores. Con la excepción de veinticinco años, sin noticias, y quizá normales, sobre todo en la primera mitad del siglo XVI, Fontana Tarrats distingue las tendencias siguientes:

Avenidas e inundaciones violentas, con grave perjuicio inmediato para los cultivos hortofrutícolas y ventaja mediata por el transporte de los aluviones a las llanuras costeras, aparecen en veinticinco años, con predominio en la segunda mitad del siglo XVI. Estos fenómenos hidrológicos no son debidos a años húmedos sino a corrientes de aire supercaliente al chocar con aire más frío, produciendo «torbellinos» agravados por la orografía abrupta levantina. En estos veinticinco años, Valencia soporta once avenidas, Murcia nueve, Orihuela tres; las más violentas fueron las riadas de 1577 en Valencia y Murcia.

Sequías: presentes en veintidós años, con una intensificación a partir de la «dramática fecha», general en toda España, de 1539-1540.

Claro está que el *karst* y las técnicas de regadío permitieron suavizar esta ausencia de agua, muchas veces trágica. Frente a esto, los testimonios contemporáneos apuntan once años de lluvia.

Esta inclemencia climática tiene como consecuencia un cortejo de hambres y malas cosechas —veintidós años (especialmente 1539, 1548, año de «hambre» en Murcia, y 1590)—, de pestes y epidemia —veinticinco años (diecisiete en la segunda mitad del siglo XVI)—. De vez en cuando, las plagas de langostas agravan esta mala situación sanitaria.

Recapitulando, presentamos el siguiente cuadro:

AÑOS	Avenidas-Inundaciones	Sequías
1500-1509	1	1
1510-1519	1	
1520-1529	1	2
1530-1539	1	3
1540-1549	3	2
1550-1559	5	3
1560-1569	3	2
1570-1579	2	4

AÑOS	Avenidas-Inundaciones	Sequías
1580-1589	4	1
1590-1599	4	3

De este cuadro se deduce un contraste entre una cierta normalidad hasta 1539-1540, y una adversidad climatológica crónica en la segunda mitad del siglo XVI. Dejemos, ahora, las provincias periféricas para volver a las mesetas del Centro.

d) *El clima de las Castillas* presenta un interés manifiesto, pues afecta a la parte más poblada, y de más peso político y económico de la Península en el siglo XVI. Por suerte, la información es abundante y permite una comparación esclarecedora, si utilizamos algunos parámetros, con el siglo XV: Fontana Tarrats ha recogido ochenta y seis datos para el siglo XV y 169 para el siglo XVI.

	Años lluviosos	Años de sequía	Fríos	Pestes, epidemias
Siglo XV	27 (31,3 %)	6 (6,9 %)	13 (15,1 %)	27
Siglo XVI	25 (14,7 %)	33 (19,5 %)	21 (12,4 %)	34

	Hambre, malas cosechas	Sin noticias
Siglo XV	9	21
Siglo XVI	49	7

(Se ponderaron los porcentajes en función del número de datos.)

El contraste entre ambos siglos es evidente; pero teniendo en cuenta el carácter no bastante serial de las noticias meteorológicas, hay que ser prudente. Sin embargo, a un siglo XV verde, fértil, húmedo, propicio a la rosa, sucede un siglo XVI seco o menos fértil, hambriento muchas veces después de los años 1550, y cada año más insano —basta evocar las pandemias que acompañan los últimos años del reinado de Felipe II.

El factor «sequía» es fundamental. Las pulsaciones frías con heladas y nieves parecen similares en ambos siglos: la correspondencia con «la pequeña época glacial» es problemática.

Un hecho es cierto: hubo un cambio, no de clima, sino de ritmos climáticos, de tipos de tiempo, en el siglo XVI, probablemente alrededor de los años 1540, con indicios premonitorios, en los años 1502-1508, de grave crisis económica con sus prolongaciones durante las «Comunidades», como lo ha demostrado Joseph Pérez.

En resumen, por encima de todos los matices regionales, el factor «sequía» se hace más apremiante a fines del reinado de Carlos I, contribuye al desequilibrio ecológico en las tierras más pobladas del centro y se refleja en la producción agropecuaria.

2.5. PRODUCCIÓN Y PRODUCTIVIDAD

A través del estado actual de la historiografía, pueden conocerse muy bien los sectores cerealista y de las leguminosas. Gonzalo Anés es uno de los primeros que ha puesto de relieve la utilización de los diezmos eclesiásticos como fuente para estudiar las variaciones de la producción agrícola. Las conclusiones que vamos a presentar son todavía provisionales, pues faltan bastantes análisis regionales para abarcar todo el espacio español.

Sin embargo, para Castilla la Vieja, disponemos del valioso estudio de Ángel García Sanz. A partir de los diezmos cobrados por el Cabildo de Segovia en veintidós localidades representativas de diversos terrenos, el autor calculó las medias anuales por decenio en fanegas. Las cifras son significativas:

Decenios	Trigo	Cebada-centeno avena-algarrobas
1570-79	2198	1740
1580-89	2329	1730
1590-99	1838	1266

La producción, pues, tiende al estancamiento después de los años 1580 para los cereales y leguminosas.

El crecimiento fue constante durante el siglo XVI, pero no por un aumento del rendimiento, sino por la extensión en superficie de los cultivos. Hasta el siglo XVIII, los rendimientos son muy bajos y muy coyunturales; en el caso del trigo de seis a siete fanegas para una sementera en las buenas tierras, de tres a cuatro en las medianas, y en las peores no llegan a tres. También hay que tener en cuenta las sequías que azotan el campo en la segunda mitad del siglo XVI.

Este modelo vale igualmente para la Bureba de Francis Brumont, la isla de Mallorca de José Juan Vidal o la Andalucía occidental de Pierre Ponsot, o el reino de Valencia de Jaime Casey, y con toda probabilidad para La Mancha.

El caso catalán es un poco diferente. Después de la Sentencia de Guadalupe y el restablecimiento de una paz relativa, en el campo, la producción crece en el siglo XVI quizá menos que en Castilla, porque el nivel bajo de la carga demográfica impone un ritmo más lento al crecimiento de las roturaciones, y las repetidas sequías posteriores a los años 1550 impiden un despegue.

Claro está que, después de la rebelión de las Alpujarras, la producción cerealista, como todas las actividades agrarias, se hunde en el reino de Granada; Bernard Vincent ha demostrado cómo los nuevos pobladores, hombres de «secano», no saben adaptarse, o se adaptan mal, a las técnicas agrícolas moriscas, esencialmente las de regadío.

Otro cultivo en expansión durante el siglo XVI: *la vid*. Alain Huetz de Lemps ha establecido una rigurosa geografía histórica de la vid en el noroeste de España. Los viñedos gallegos siguen su tradición medieval de prosperidad. En La Rioja y en Navarra, la vid abandona las tierras altas inhóspitas para conquistar nuevos terrenos en las llanuras o en la parte baja de los valles; pero el saldo es muy positivo.

También son importantes los viñedos alrededor de Miranda de Ebro, en la Tierra de Campos, en la comarca de Medina del Campo, que tiene una clientela a mano con sus ferias, y la proximidad de la corte vallisoletana; en la tierra de Salamanca, y en la ribera del Duero.

En las provincias de Ávila y Segovia, las cepas dejan las tierras altas para ocupar algunas comarcas en las mesetas, incluso en la tierra de Pinares: se especializan en los vinos blancos o «grises».

Las *Relaciones topográficas* atestiguan también en La Mancha la ubicuidad del viñedo en las llanuras. Ya en el siglo XVI, la comarca de Valdepeñas aparece como importante productora de vino, pero no tenía la primacía de hogaño; la superaban los sectores oeste y este de Madrid, y la región toledana.

En Cataluña, Pierre Vilar sugiere un crecimiento del viñedo, mientras en el reino de Valencia la vid representa un papel secundario, por detrás de los cereales o del cultivo de la morera.

En Andalucía occidental, según Antonio Collantes de Terán «el cultivo de la vid, hoy restringido a algunas zonas, se daba prácticamente en todas partes». Las variedades eran numerosísimas, si bien las más preciadas eran la uva «castellana» y la «torrontés». No podemos dejar de mentar las pasas de Lejía o de Celiabín.

El olivar —así lo atestiguan los viajeros— es un elemento importante en el paisaje y la economía agraria de la España del siglo XVI. El rigor climático lo hace desaparecer poco a poco del noroeste. Pero está presente en Cataluña, en el reino de Valencia, y, sobre todo, en el Centro y Andalucía.

En La Mancha, «está lejos de ocupar el lugar que tiene actualmente en Castilla la Nueva. Según las "Relaciones Topográficas", hacia 1575-1580, los olivares quedaban concentrados en la Alcarria (provincia de Guadalajara)». En cuanto a la Andalucía occidental y oriental, está documentado prácticamente en todas las zonas. Con las posibilidades de exportación de aceite a las Indias, o de comercio interior para abastecer de jabón y aceite «industrial» los centros textiles, el olivo se extiende por la cuenca del Guadalquivir, sin llegar al monocultivo. La rebelión morisca en las Alpujarras ciertamente perjudicó su crecimiento.

El cultivo del arroz y de la caña de azúcar son tarea no exclusiva, pero predominante, de los moriscos en el reino de Valencia; según la mercurial de Segovia, hay indicios de su presencia en Andalucía occidental en el siglo XVI.

Para las hortalizas, remitimos a los testimonios de los viajeros y a nuestro análisis hecho más arriba de los sistemas de cultivo. Hasta la fecha, tenemos que contentarnos con unos datos cualitativos. Lo mismo acaece para las plantas industriales. Al espigar los protocolos notariales a las *Relaciones topográficas*, descubrimos en las vegas de ambas Castillas el cáñamo, el lino y a veces el zumaque.

Para la morera, los trabajos de Francisco Chacón Jiménez nos proporcionan una documentación más precisa. La transformación se verifica entre los años 1470-1480, cuando aparece el moreral en las huertas, y los años 1570-1580, momento de fuerte producción sedera. «En medio siglo se ha pasado de unos cultivos medievales, en donde los cereales, la vid y el arroz cubrían grandes extensiones de tierras, a ser la hoja de la morera el producto predominante». En la huerta que circunda y limita la ciudad «con un paisaje cerrado, de abundante arbolado», como lo atestigua Isidro de Lorca en 1568, la primacía corresponde a la morera; y los cuadrilleros de las acequias la tienen en cuenta al repartir el agua. Dos datos parecen significativos: en la huerta murciana, las superficies de moreral representan 43,38 % del terruño en 1560 y 42,82 % en 1590. A principios del siglo XVII, se calcula en 355 500 el número de moreras plantadas. Como consecuencia, el abastecimiento de Murcia en cereales sería muy precario, y las labores pertinentes a la cría del gusano eran tan propias de los moriscos que se daba permiso a los granadinos desterrados, pese a que se prohibía el cambio de residencia, para que emigrasen temporalmente a Murcia a fin de realizar aquellas faenas. Este es un ejemplo de casi monocultivo, muy raro y original en la España moderna, pero que se justifica por una política constante de exportación de las sederías. Volveremos sobre el tema.

Así pues, la agricultura, salvo el caso granadino por razones políticas, vive una tendencia expansiva en el siglo XVI, hasta los años 1580-1590, cuando se agotan las posibilidades de nuevas roturaciones, con el agravio de una serie tremenda de sequías.

2.6. LA GANADERÍA

En este marco, conviene situar la *ganadería*. Un hecho fundamental que caracteriza la actividad ganadera del siglo XVI es su retroceso cuantitativo, con excepciones contadas. Pero sería miopía simplificadora afirmar como conclusión que se estableció una lucha sistemática entre ganaderos y labradores, como lo hace cierta historiografía tendenciosa. Es cierto que la falta de tierra pudo ocasionar algunos conflictos localizados, sobre todo, cuando una cañada mesteña cruzaba las tierras de una comunidad. Pero los sondeos realizados en los archivos de la Mesta no permiten concluir una hostilidad sistemática entre ambas actividades agrarias; hace falta un estudio serial de los años cruciales 1560-1590.

Además, hay que tener en cuenta que los ganaderos, aun mayores —hecho averiguado para los centros principales de la trashumancia merina que son El Espinar y Villacastín, en la provincia de Segovia—, son propietarios de tierras de labrantío, y tienen interés en abastecer a su gente en cereales baratos, y a veces, en las especulaciones sobre el mercado cerealista.

Por otra parte, la carne es un producto esencial, aunque complementario, en la nutrición de los estratos sociales, y los ayuntamientos vigilan con mucho cuidado la evolución de sus precios; y la corambre es un elemento indispensable para la labor de las tenerías, o de los odreros, y la lana para la industria textil. El campo español, aunque más y más cerealista por necesidad, no reniega esta civilización del cuero.

Algunos ejemplos para aclarar este problema fundamental:

Toda la legislación de esta época —aunque no siempre se aplicó, es cierto— refleja una política vacilante para asegurar este equilibrio, muy difícil de conseguir entre labrantío y ganadería.

Lo esencial del material jurídico se encuentra en el libro VII de la *Nueva Recopilación*. El título XXV, «de las Dehesas y Pastos», es muy aleccionador: ante el ímpetu demográfico trata de reservar terrenos para el ganado de labranza y los rebaños de ovinos.

La ley I de 1438 prevé la conservación de las dehesas boyales, la ley II, con el mismo objetivo, prohíbe adehesar por particulares los cortijos, heredamientos y tierras del reino de Granada. La ley III de 1491 revoca la famosa ordenanza de Ávila permitiendo adehesar las heredades de «media yugada» y hacerlas términos redondos. La ley IV de 1551, mero reflejo de la evolución agraria, *para luchar contra la carestía de la carne*, ordena la reducción a pasto común de terrenos públicos y concejiles rotos y destinados a labor, y la restitución de lo ocupado por los particulares. Se ve perfectamente a través de dicha ley la competencia de las tierras de pan llevar.

La ley V de 1552 precisa la precedente: reduce a pastos las dehesas rotas para el ganado ovejuno desde hace ocho años, y 12 años para el vacuno. La ley VI, más restrictiva, prohíbe arrendar dehesas al que no tenga ganados, y permite al que lo tuviera arrendar la hierba que hubiera menester, y una tercia parte más.

La ley VII, también de 1552, expresa esta necesidad de abastecer en carne a la población, ordenando la presencia de seis vacas de cría por cada millar de ganado ovejuno, y la introducción de estas en las dehesas de labor. Por fin, la ley VIII de 1590, muy importante para la acción de Miguel Caxa de Leruela en el siglo XVII, ordena la reducción a pastos de las dehesas rotas después de veinte años continuos y la prohibición de labrarlas.

La legislación tiene otra meta: preservar la crianza de los ganados equino y vacuno para los transportes comerciales y la logística militar.

El título XXIX del mismo libro VII está dedicado a la cría de mulos y caballos. La ley I, repetida tres veces hasta 1499 desde su primera versión de 1462, prohíbe tener garañones del Tajo hacia la parte de Andalucía, y obliga a echar a las yeguas caballos de buena casta. La ley II de 1562 completa la precedente, ampliando el área geográfica entre la cuenca del Tajo y la sierra carpetovetónica. La ley III señala la primacía de Andalucía en la cría de los caballos y prohíbe sacar yeguas de ella para Castilla, salvo para los compradores que tuvieran sementales a los que echar yeguas.

El buey representa un papel fundamental en los transportes de productos pesados o fardos de lana: ¿tanto como, o más que la mula? De todas formas, el título XXVIII del mismo libro VII de la *Nueva Recopilación* se dedica a la protección de la «Real Cabaña de Carretería», repitiendo más o menos las ordenanzas que rigen la Mesta.

La ley I de 1497, repetida en 1516, 1517, 1526 y 1553, afirma, como derecho de los carreteros, el de libertad de andar por todos los términos de los pueblos. La ley III de 1498 da facultad a los carreteros para pacer los bueyes o mulos por los términos permitidos a los vecinos, y la ley IV autoriza a los carreteros a cortar madera de los montes para el reparo de las carretas, sin pagar derechos por los bueyes sueltos que llevan para remudar.

Reemplacemos ahora el campo de la ley por el de los testimonios contemporáneos.

En las *Relaciones topográficas* es universal la presencia del cordero y de la cabra. Rara vez aparece el caballo. De vez en cuando se alude a la falta de animales de carga y de tiro (mulos y bueyes), que se importan de Castilla la Vieja. En La Mancha, las zonas ganaderas privilegiadas se localizaban en la vertiente norte de los Montes de Toledo, en las llanuras manchegas, y en ambas márgenes del Guadiana, los pastos de Santiago y Calatrava, tan vinculados a las actividades mesteñas.

En Murcia, el déficit crónico de carne lleva la ciudad a favorecer a los abastecedores, sin éxito.

Uno de los sectores clave de la ganadería lo constituye la *Mesta*. Para lo esencial, remitimos a la obra maestra de Klein; pero este trabajo fue motivo de algunas interpretaciones erróneas, lo que nos obliga a recalcar los hechos siguientes:

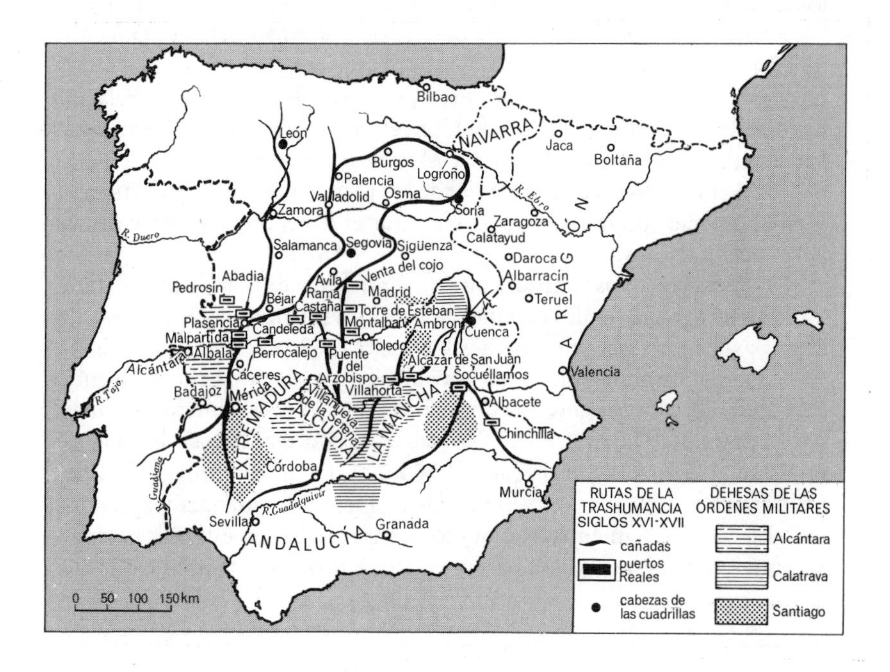

1) La amplitud del fenómeno trashumante perdura durante todo el siglo XVI. Abarca ambas Castillas y Extremadura. Desde el año 1273, las cuatro cabezas de cuadrilla, cada una de ellas conservando cierta autonomía geográfica —León, Segovia, Soria y Cuenca—, se unieron en el Honrado Concejo de la Mesta.

Los agostaderos se extienden por las montañas leonesa y burgalense, por los montes Universales, y también por la sierra Carpetovetónica. Los invernaderos se encuentran en La Mancha (algunos), y, sobre todo, en Extremadura (mapa VIII), especialmente en el valle de Alcudia. Estas «yerbas» son propiedad de las Órdenes Militares, y parecen más preservadas de las roturaciones que las demás tierras.

Hay que subrayar el papel estratégico de Segovia: un examen del mapa pone de relieve su localización como centro del dispositivo y nudo de enlace de las cañadas mayores, al cruzar la cordillera Central.

Pero la Mesta tiene unas ramificaciones que representan probablemente un papel de mestas satélites o secundarias.

Entre las circunscripciones fiscales mesteñas del norte aparece una, llamada «Ribera de Hebro», vinculada a la del obispado de Osma después de 1593. No hay que olvidar que en la Edad Media la asociación de los ganaderos de Zaragoza sirvió de modelo, cuando se creó la Mesta.

Frente a esto, en la provincia de Cádiz, el archivo del ayuntamiento de Ubrique conserva los legajos de un pleito, con fecha inicial de 1557, muy difícil de interpretar ahora, pero que revela la existencia de relaciones conflictivas entre el Honrado Concejo y los labradores ubriqueños. En Sevilla reside un alcalde de la Mesta. ¿Cuál es su papel?... Ya lo hemos dicho, solo un estudio serial de los pleitos mesteños, en el tiempo y en el espacio, podrá confirmar y aclarar el papel de la Mesta y de sus hermanas menores.

2) Los efectivos trashumantes disminuyen durante todo el siglo XVI. Por desgracia, en las cuentas de la Mesta escasean las apreciaciones exactas sobre la trashumancia desde el año 1562.

Podemos esquematizar su evolución de la manera siguiente: 3 000 000 de cabezas antes de las «Comunidades»; el número, después, oscila entre 2 200 000 y 2 700 000 cabezas, con tendencia a la baja. Al iniciarse el siglo XVII, no llegan a 2 000 000. De todas formas, la variación anual es muy fuerte, debido a las incidencias climáticas y epizoóticas. El cuadro siguiente, elaborado a base de las investigaciones más recientes, refleja de manera bastante satisfactoria esta disminución, que no *decadencia*.

Los rebaños de la Mesta
(cifras medias anuales)

Años	N.º de cabezas
1512-1521	2 838 351
1522-1531	2 793 823
1532-1541	2 540 635
1542-1551	2 605 633
1552-1556	2 693 170
1557-1561	1 998 843

Los libros de cuentas del Honrado Concejo, en los años treinta, permiten esbozar una distribución geográfica, la cual revela la supremacía de las ramas occidentales (León y Segovia): en cifras redondas, la cuadrilla de Cuenca cuenta 540 000 merinos; la de Soria, 420 000 enfrente de los 770 000 merinos leoneses y 750 000 segovianos.

Dependen, también, del Honrado Concejo, los rebaños semitrashumantes, calificados, a veces, de riberiegos y estantes. Los valoramos provisionalmente entre 1 000 000 y 1 500 000.

3) La baja de los efectivos no significa, ni mucho menos, la decadencia de la institución mesteña, como lo consideró la historiografía tradicional. Verdad es que la escasez de tierras lleva a muchos rompimientos de pastos comunes y cañadas, y tiene como consecuencia un

recrudecimiento de los conflictos entre labradores y pastores. Sin embargo, no hay que exagerar esta situación agónica; al estudiar los sistemas de cultivo, comprobamos cómo los municipios trataban de imponer una disciplina del uso de la tierra a ambos sectores agrarios, más una ética de coexistencia. Los protocolos notariales, segovianos, sorianos y conquenses señalan, a partir de los años sesenta del siglo XVI, un movimiento de ventas de rebaños merinos de unas trescientas a quinientas cabezas, como máximo, el cual no se puede interpretar hasta la fecha definitivamente.

La evolución ulterior del siglo XVII, sobre la que volveremos, permite adelantar la hipótesis, con toda probabilidad, de una reestructuración de las cabañas, aprovechada por los ganaderos mayores.

El poder mesteño se va concentrando en las manos de algunos prohombres. Es el caso de El Espinar y Villacastín para la cuadrilla segoviana. El hecho puede relacionarse con el cambio de política económica en materia de lana, que analizaremos más adelante: las exigencias de la exportación superaron las del consumo interior.

Estamos de acuerdo, con algún matiz, con el esquema de evolución propuesto por Felipe Ruiz Martín, para el siglo XVI:

a) una primera fase antes de 1526, más «popular», en la que coexisten pastores pobres y medianos con futuros ganaderos mayores.

b) una segunda fase (1526-1578), muy ambigua, cuando los semitrashumantes y riberiegos se incorporan a los «serranos» de larga trashumancia, afirmando la prepotencia de los ganaderos mayores.

c) La tercera fase empieza en los años 1580, con la expulsión paulatina de los estantes, si bien tenemos que matizar este esquema subrayando la importancia, aun minoritaria, de los ganaderos modestos, mano de obra especializada al servicio de los «grandes» ganaderos, y que para sus piaras de 200, 300, 400 o 500 cabezas, utilizan las estructuras de gestión de los rebaños mayores.

2.7. UN PARÁMETRO FUNDAMENTAL: LA TIERRA

De todas formas, tal como lo adelantó Carmelo Viñas y Mey en un libro pionero, y a la luz de nuestro análisis, hay un problema de la *tierra* en el siglo XVI, con su prolongación en el siglo XVII: problema social y problema económico.

Jurídicamente, en la Península, hubo cinco estatutos: la tierra puede ser de realengo, de señorío, o de municipio, o pertenecer a un particular (persona o entidad) y no hay que olvidar la propiedad eclesiástica de mano muerta.

La realidad es tanto más compleja cuanto que las diversas situaciones jurídicas se enmarañan. El caso de las tierras de municipio, estudiado por Daniel E. Vassberg, es muy significativo. Una parte del terreno o «terrazgo» tiene un carácter colectivo y común, pero con orígenes diferentes, y muchas veces mal definidos en el vocabulario administrativo y corriente.

1) Puede proceder de una concesión, más o menos precisa, al municipio; son las «tierras realengas», o cuando de calidad inferior, tierras baldías o tierras baldías realengas. Además, hay ambigüedad sobre la palabra «baldío», que significa una tierra tanto de uso colectivo municipal como de apropiación privada, pero, en realidad, sometida en ambos casos a la «derrota de mieses».

2) Constituyen otra categoría de terreno común las tierras «concejiles» propiedad de la comunidad, y no siempre bien diferenciadas de las tierras baldías realengas. En esta categoría se pueden clasificar también unos terrenos de uso específico, como la «dehesa boyal» reservada al ganado de labrantío o de transporte; el «exido» de multiempleo, como la trilla y el pasto; el «prado» en regadío para proporcionar forraje; la «dehesa», generalmente cercada, con algunos árboles para el pasto, y el «coto», de uso similar, con algunos cultivos. El «monte», mezcla de árboles y maleza, constituye un pasto auxiliar de menor cualidad.

3) El municipio posee también lo que se llama «los propios»: son tierras consideradas como *propiedad privada* de la entidad jurídica *municipio*.

En el siglo XVI, estas distinciones fueron más bien teóricas. Tres competidores están al acecho para adueñarse de estas tierras y utilizarlas en su provecho. Según el empuje demográfico se hace más apremiante, los vecinos y los titulares de señoríos intentan privatizarlas para aumentar su espacio de cultivo o de pasto en un proceso de cercamiento y «adehesamiento».

Los municipios, para financiar su gestión cotidiana de los servicios públicos y pagar los impuestos reales, esencialmente, las alcabalas, y sobre todo, a partir de 1590, la sobrecarga del servicio de millones, intentan ampliar el área de los «propios».

La política imperial obliga a la hacienda real a encontrar nuevos recursos para «tapar» el déficit crónico y las quiebras dramáticas de la segunda mitad del siglo: 1558, 1575, 1596. La gran tentación consistía en ampliar la definición de las tierras realengas, para venderlas a particulares —personas o entidades, incluso los municipios—. Si las ventas de tierras reales fueron tímidas durante el reinado de Carlos V, llegaron en el de Felipe II a representar un papel primordial para reducir —en balde— el desequilibrio de la hacienda real. Algunos datos son muy significativos.

Venta de baldíos comparada con otros ingresos del Tesoro. 1586-1593
(en millares de maravedís).

Años	Baldíos	Oficios	Juros	Almojarifazgo de Indias	Servicio y Montazgo
1586	154 218	36 141	60 498	125 742	18 788
1588	153 862	28 362	42 769	107 097	20 507
1589	90 956	19 824	14 816	51 372	20 507
1590	97 586	27 278	53 247	39 111	20 507
1591	81 084	7 288	14 505	141 134	20 507
1593	41 204	9 946	8 072		24 694

En los años 1586-1593, la venta de los baldíos aparece como uno de los principales ingresos del presupuesto de la corona. (Volveremos detenidamente más adelante sobre el tema al estudiar la estructura de la hacienda real).

Tampoco carece de interés la representación cronológica y geográfica del fenómeno.

Total de las ventas de baldíos. 1550-1600

Años	Importe (en millares de mrs.)	% del total
1550-1559	5 121	0,30
1560-1569	126 651	0,80
1570-1579	406 768	22,00
1580-1589	944 744	51,30
1590-1599	355 809	19,30
Diversos	6 020	0,30
	1.839 095	100,00

La estadística de las ventas por decenios revela un máximo durante los dos decenios 1570-1579 y 1580-1589, en correlación con la quiebra de 1575.

El mapa del repartimiento geográfico (mapa IX) descubre tres zonas de máximas ventas: Andalucía occidental, con las provincias de Jaén, Córdoba, Málaga, seguidas por las de Sevilla y Cádiz; La Mancha, con las provincias de Toledo, Madrid y Guadalajara; Castilla la Vieja, con las provincias de Zamora y Valladolid.

Según Vassberg, se ordenan así las referidas provincias:

Total de las ventas por provincia
(millares de maravedís)

Provincia	Total	% del total
Jaén	317 820	17,55
Córdoba	165 735	9,15
Málaga	158 569	8,67
Zamora	149 239	8,24
Sevilla	138 629	7,65
Valladolid	126 145	6,96
Madrid	118 541	6,55
Toledo	94 599	5,22
Guadalajara	92 359	5,10
Cádiz	79 725	4,40
Segovia	62 824	3,47
Ciudad Real	42 772	2,36
Cuenca	36 869	2,04
Palencia	35 410	1,96
Granada	33 981	1,88
Soria	30 816	1,70
Badajoz	27 121	1,50
Albacete	25 862	1,43
Salamanca	19 632	1,08
Logroño	13 541	0,75
Burgos	9 338	0,52
Murcia	9 023	0,50
Ávila	8 428	0,47
Cáceres	7 730	0,43
León	3 935	0,22
Diversos	1 987	0,00
Total	1 810 641	100,00

Es indudable la preeminencia de las provincias andaluzas, con la excepción de Zamora. Sin embargo, es muy difícil, en el estado presente de las investigaciones, determinar las categorías de tierras compradas, y la sociología de los compradores. Algunas catas indican un fuerte porcentaje de tierras de pan llevar, viñas y olivares, sobre todo de las primeras. Este hecho queda confirmado por las investigaciones de Josefina Gómez Mendoza sobre la «Campiña» del Bajo Henares.

En cuanto a las superficies compradas, predominan las cifras poco relevantes —dos a quince fanegas como máximo—; las ventas más importantes proceden de grupos de vecinos o de municipios.

Resulta muy difícil esbozar la estratificación social de los compradores. En los casos estudiados por Vassberg, se destacan los labradores que tenían dichas tierras ya en propiedad, con títulos más o menos legales.

Sin embargo, hay otras categorías de tierras realengas afectadas por el movimiento de compraventas.

En su clásico y fundamental *Régimen señorial en el siglo XVI*, Alfonso María Guilarte analiza la estrategia de los Austrias hacia las tierras de las

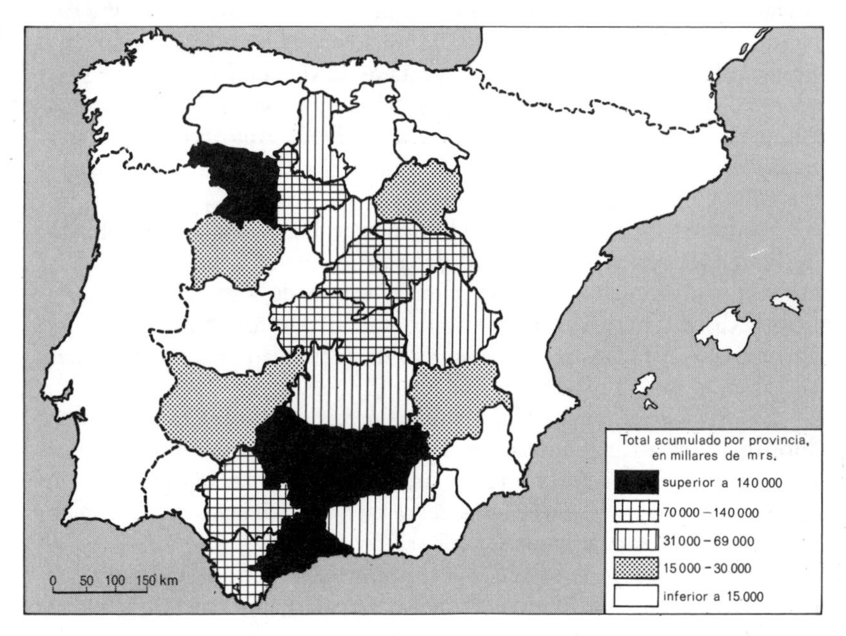

Órdenes Militares, tan codiciadas por los ganaderos de la Mesta. Por varias bulas pontificias, obtienen la desamortización de dichas tierras en provecho de la corona; pero el provecho es aparente.

El peso de la coyuntura, cada año más apremiante —guerra de Alemania, guerra de Flandes, lucha contra Inglaterra, defensa de la carrera de Indias contra los competidores europeos, necesidad de dar compensación a los asentistas, fúcares o genoveses—, obliga a la hacienda real a descubrir nuevos recursos financieros.

Uno de estos, como la venta de baldíos, ya comentada, consiste en la enajenación de las tierras de las Órdenes Militares a título de señorío en beneficio de particulares. Falta todavía un estudio serial del fenómeno; pero se puede adelantar, razonablemente, a partir de algunos documentos, la hipótesis de una compra por unos banqueros extranjeros, a pesar de las prohibiciones legislativas: tratantes y mercaderes como los Bernuy de Burgos, y titulares antiguos o recientes de señoríos, especialmente los beneficiarios de las «donaciones enriqueñas», y por fin ganaderos mayores de la Mesta.

Este progreso de las tierras de señorío en la España del siglo XVI aparece como un hecho fundamental, que será preciso cuantificar en adelante. Ramón Carande, en su magnífico estudio sobre Carlos V y sus banqueros, insiste sobre las desmembraciones de las mesas maestrales. El ejemplo más significativo es la venta de la villa de Pastrana en 1541, solicitada por Ana de la Cerda para su hijo don Gaspar. «Tenía Pastrana 800 vecinos y 100 000 mrs de renta; al fin Doña Ana accede a pagar a razón de 44 000 mrs por millar de renta y 16 000 por vasallo, o sea ¡56 800 000 mrs!

Modesto Ulloa, al estudiar la hacienda real de Castilla en el reinado de Felipe II, destaca la amplitud de este fenómeno y nos proporciona cifras globales, incluyendo exenciones, ventas de lugares, términos y jurisdicciones, pero sin desglosar los varios puestos. Sin embargo, a partir de los datos utilizados se infiere una actividad máxima de ventas en los años 1572-1573-1574 y 1582.

Las *Relaciones topográficas* dan más precisiones sobre el tema, pero confirman los análisis anteriores: la tendencia a la señorialización de la tierra en Castilla la Nueva, mientras que escasean las integraciones al dominio real. Al revés, los títulos del reino aprovechan el déficit crónico de la hacienda para ampliar sus señoríos y mayorazgos.

Alrededor de los años 1580, la situación jurisdiccional de las tierras en las provincias de Madrid, Toledo, Guadalajara, Cuenca, Ciudad Real, Cáceres y Albacete resultaba así: pueblos realengos, 31,2%; de Orden Militar, 16,8 %; de abadengo, 11,9 % y de señorío, 39,8 %. En los años siguientes, el porcentaje de la última categoría tuvo que crecer.

En el reino de Valencia, los estudios de Eugenio Ciscar Pallarés sugieren la misma tendencia, en un ambiente de fuerte arraigo señorial; Andalucía y el reino de Aragón probablemente conocieron la misma evolución.

En Cataluña, gracias a un empuje demográfico menor, la reacción señorial fue más lenta y menos amplia.

Los protocolos notariales de ambas Castillas revelan un movimiento complementario en la propiedad de la tierra después de los años 1570, el cual resulta muy difícil de interpretar ahora por falta de investigación sistemática. Muchos campesinos, dueños de algunas fanegas de tierras de pan llevar, obtienen un préstamo de los propietarios más acomodados —señores, mercaderes, letrados o labradores ricos— a cambio de una renta anual fija valorada en unas fanegas de trigo y cebada, o algunas veces en metálico: es un censo al quitar, pero ¿es fácil de quitarlo?

Para concluir, tenemos que preguntarnos sobre la evolución de la renta y de los derechos señoriales sobre las tierras en el siglo XVI. Solo daremos algunos ejemplos, porque, hasta la fecha, falta un estudio de conjunto, muy difícil de realizar por la multiplicidad de los casos.

En las tierras de Segovia, Ángel García Sanz, al analizar las series diezmales del cabildo catedralicio, observa un crecimiento hasta los años 1570, seguido por un estancamiento de signo negativo a fines del siglo XVI. Los propietarios laicos y rentistas tuvieron la misma evolución, sin duda menos favorable, pues al hacerse los arrendamientos cada nueve o diez años, la elasticidad era menor que en el caso de las recaudaciones diezmales, con la compensación casi constante, para los canónigos, de la subida de los precios. Para el campesino llano, el diezmo representaría la carga tributaria más fuerte y, por contraste, el precio de los arrendamientos en año mediano oscila entre 4 % y 8 % de la cosecha.

Hay que subrayar también la modicidad de los derechos señoriales. En el reino de Valencia, con matices, Eugenio Ciscar Pallarés llega a conclusiones similares. Las rentas de las tierras tienden al estancamiento en el último cuarto del siglo. El «tercio-diezmo» representa la contribución mayor. Si los moriscos pagan más derechos señoriales que los cristianos viejos, si en las comarcas donde se cultiva el azúcar, la presión fiscal se hace más fuerte, por regla general se puede subrayar la modicidad de los derechos señoriales en metálico —el importe, muchas veces no fue actualizado desde el siglo XIV— o en frutos de la tierra. También se nota un adeudamiento general de los titulares de señoríos.

Al contrario, Noël Salomon es más pesimista para los campos de Castilla la Nueva. El autor subraya también la modicidad de los derechos señoriales, pero insiste en la carga que representa para el campesino arrendador la «renta territorial»: entre el tercio y la mitad de la cosecha, 41,8 % en el caso del barbecho trienal, y 27,8 % en el caso del barbecho bienal.

Además, como citamos antes, en ambas Castillas muchos campesinos —a pesar de que ignoramos el porcentaje— darían sus tierras a censo para obtener préstamos.

¿Es real o exagerada la visión presentada a las Cortes de Castilla, el 4 de diciembre de 1593, en un *memorial sobre el alivio de los labradores*?

> [...] por lo qual han venido a tomar fiado lo que siembran y los pocos ganados con que labran, y allende de que las tales personas les llevan precios excessivos por lo que les venden [...], y así son las cosechas cortas, y con ellas no pueden pagar lo que deven y vienen a ser presos, en forma que las cárceles están llenas dellos, y a ser tantos los pleytos de acreedores que hacen que embarazan las más de las audiencias, y los tratantes son tan cautelosos que usan contra esta pobre gente de mil fraudes y cautelas, todas dignas de remedio y de que su Magestad ponga sus piadosos ojos en gente tan necesaria.

Es muy difícil hacer un juicio tajante. Es cierto, y los inventarios de bienes después del fallecimiento en las escrituras notariales lo atestiguan, que campesinos felices y campesinos apurados coexistieron en las diversas regiones de la Península. La situación de los campesinos en las tierras de realengo, parece, sin embargo, más favorable.

3. LA PESCA

El sector haliéutico espera todavía que se haga su historia. Se sitúa entre el campo y la artesanía. Generalmente, son unos campesinos que practican el oficio; y los barcos, las redes, necesitan la ayuda de los oficiales expertos en el trabajo de la madera o del cáñamo.

Este interés ibérico por el pescado se verifica primero en la topografía urbana. Cualquier ciudad y cualquier pueblo importante tienen su calle de las pescaderías, su mesón de la trucha o de la sardina. En su «libro de guisados», cuya impresión castellana, después de una primera versión en catalán, se realiza en Toledo el año 1529, y que tendrá no poco éxito durante el siglo, Ruperto de Nola propone unas recetas con los pescados de mar o de río siguientes: besugo, boga, congrio, eturión, lamprea, merluza, pageles, pulpo, lenguado, acedia, salmón, sardina y trucha. Aunque el ilustre cocinero no los cite, no hay que olvidar las anchoas, los calamares y los mariscos.

Cuando faltan en Segovia el trigo y la cebada, aparecen en la mercurial el bacalao, el atún, la sardina y varios ceciales.

En el mar Mediterráneo, catalanes y valencianos practican la pesca al lamparón. En el estrecho de Gibraltar, a la altura de Zahara de los Atunes y de la Ensenada de Bolonia, desde la antigüedad, siguen funcionando las almadrabas para capturar los atunes. En el siglo XVI, los duques de Medina Sidonia, mediante un canon anual pagado a la hacienda real, lograron casi un monopolio de esta pesca en Andalucía.

En el Cantábrico, y en la costa portuguesa después de la incorporación de 1580, vascos, asturianos, gallegos y lusos se dedican a la pesca de la sardina, la merluza y del bacalao. No se pueden valorar ahora en número las tripulaciones o en cantidad el producto de la pesca. Hay que subrayar un hecho: durante el siglo XVI es muy dura la competencia con los pescadores bretones. Es verdad que los marineros cántabros abandonan su oficio primitivo por los espejismos e ilusiones de la «carrera de Indias».

4. ARTESANÍA E INDUSTRIA

El «sector secundario», según el lenguaje de los economistas, resulta mayormente artesanal, y, a veces, poco diferenciado de los sectores primario (agricultura) y terciario (comercio y transportes). La variedad de los oficios es infinita, aunque con matices regionales.

Utilizando los «expedientes de hacienda», tomamos como ejemplo el caso de Cáceres en 1561, dejando aparte la pañería. Se puede distinguir el ramo del «cuero», con tres alabarderos, un bolsero, un pellitero, un botero, dos guarnicioneros, un sillero, veinticuatro zapateros y cuatro zurradores. En el ramo del «metal y barro» se encuentran dos agujeteros, dos anzoleros, un apeador, dos ballesteros, dos caldereros, cinco cerrajeros, seis herradores, un herrero, siete espaderos, cuatro olleros, tres plateros y un tornero. Pertenecen al ramo «albañilería» seis albañiles, siete caleros, ocho canteros, cuatro carpinteros, y en el de «madera-diversos», un cedacero, un cestero, un entallador, un jabonero y un vidriero.

En todas las ciudades existen estos oficios, a veces con una especialización característica: los odreros en Zamora.

En Sevilla, el padrón de 1561 estudiado por Jean Sentaurens ofrece un abanico más completo y casi exhaustivo de todos los oficios del sector secundario, reagrupados en ocho ramos.

Vestido. Agujetero: 2; bonetero: 2; borceguinero (sic): 2; bordador: 6; botonero: 2; broslador: 2; calcetero: 26; chapinero: 12; cordonera: 1; cordonero: 30; gorrero: 1; guadamecilero: 3; guantera: 1; guantero: 3; hevillero: 15; jubetero: 13; polainero: 1; sastre: 96; sombrerero: 3; toquero: 2; zapatero: 90. Total: 313.

Metal-armas. Arcabucero: 1; armero: 2; ballestero: 3; calderero: 3; cerrajero: 36; clavero: 1; cuchillero: 16; espadero: 11; herrador: 17; herrero: 16; latonero: 1; pesero: 2; puñalero: 1; rejador: 1; tijerero: 1. Total: 112.

Cuero. Albardero: 7; curtidor: 4; frenero: 4; guarnicionero: 11; guarnicionero de espadas: 2; odrero: 3; pellejero: 2; pellitero: 1; sillero: 11; talabartero: 5; vainero: 7; zurrador: 3. Total: 60.

Textil. Cardero: 5; colchero: 5; fustanero: 1; hilador: 2; lencero: 9; sedero: 20; tejedor: 17; tejedora: 1; terciopelero: 5; tintorero: 7; tundidor: 5. Total: 86.

Barro-cestería. Cañaverero: 2; cañero: 1; cedacero: 9; cestero: 2; chamicero: 1; espartero: 7; estopero: 1; ollera: 1; ollero: 17; tinajero: 1. Total: 42.

Albañilería-construcción. Albañil: 38; aserrador: 1; calero: 3; cantero: 5; carpintero: 68; pedrero: 1; tejero: 1; yesero: 3. Total: 120.

Artesanía de lujo. Batihoja: 6; dorador: 11; entallador: 1; espejero: 2; horadador: 2; horadador de aljófar: 1; imaginero: 1; joyera: 2; joyero: 14; monedero: 15; naipero: 12; peinero: 1; pintor: 14; platero: 23; sellador: 1; tapicero: 1; tirador de oro: 1. Total: 108.

Diversos. Alforjero: 2; candelero: 10; carenero: 1; cavador: 1; cerero: 3; empedrador: 1; garrochero: 1; husero: 1; jabonera: 1; obrero: 2; pocero: 5; polvorista: 1; tonelero: 8; tornero: 7; trabajador: 55; trabajadora: 1. Total: 100.

Hemos conservado la clasificación del autor, quizá discutible, para ciertos oficios, pero hay que tener en cuenta las imprecisiones de la nomenclatura documental.

Este cuadro estadístico evidencia el peso del lujo en la actividad del puerto hispalense. La abundancia de los metales preciosos, y el dinero relativamente fácil para los asentistas, tratantes y negociantes mayores, favorecen los gremios del vestido, de la platería y de la construcción.

Según Bartolomé Bennassar, Valladolid, Burgos, Medina del Campo, Salamanca, Segovia —cada una con su especificidad, manifiesta para Segovia en la pañería— presentan un panorama similar que resumimos en el cuadro siguiente:

	Burgos	Segovia	Medina del Campo	Salamanca	Valladolid
Pañería	147	1900	60	109	51
Vestido	227	158	245	310	373
Cuero	287	168	182	330	239
Metal	51	35	50	51	99
Arte y Joyería	74	41	81	103	150
Papel-Libro	22	24	21	61	26

En los pueblos, la artesanía, siempre presente, cubre las necesidades más elementales: algunos oficiales del textil para abastecer a la gente en paños bastos, los imprescindibles herrador, herrero y alfarero.

El taller es la estructura fundamental de este sector secundario: un maestro con media docena de oficiales, que enseñan el arte a dos o tres aprendices sin olvidar los rudimentos de lectura y escritura.

En las ciudades y los pueblos más importantes, una organización gremial, de carácter laboral y religioso a la vez, protege y controla a sus miembros: organiza los exámenes de capacitación en el oficio, vigila la observancia de las ordenanzas gremiales, y en caso de necesidad, subvenciona el entierro de los cofrades. Cada año, en la primera semana de enero, y en una sesión plenaria del ayuntamiento presidida por el corregidor, se eligen los veedores de turno.

En unos pocos ramos, se nota un esbozo de concentración empresarial durante el siglo XVI. Claro está que la unidad fundamental es el taller, pero los alicientes del mercado obligan a los artesanos a reunirse bajo la égida de un mercader o de cualquier entidad adinerada para rentabilizar y comercializar su producción. He aquí algunos ejemplos.

A principios del siglo XVI, el sector textil queda muy «atomizado», tanto en sus estructuras de producción como en su geografía. Está presente en toda la Península, en el campo como en las ciudades y villas: es el ramo mayor de la actividad económica. El estudio del proceso de producción de los paños de lana permitirá entender mejor la evolución durante el siglo.

Después del esquileo, los apartadores separan las diferentes cualidades de lana —basta, añina, fina (varias suertes)—. En la fase siguiente intervienen los cardadores: varones y a veces hembras, y las hilanderas, oficio por excelencia femenino. Es la hora, en seguida, de los tejedores o escasas tejedoras: etapa capital en la elaboración del paño, con sus exigencias de tecnicidad y de experiencia en el trenzado de la cadena y de la trama, con la manipulación de millares de hilos para el urdimbre: 1600, 2200, 2400 hasta 3200 y 3400.

La última fase es el adobo: los tundidores desbarban el paño, los tintoreros lo tiñen si no se utilizó una lana de color, los bataneros lo tupen y con varios vaivenes entre el batán y los tendidos o «tiradores», los percheros y los pelaires lo tratan y cardan hasta que se obtenga la suavidad deseada.

La carda y el hilado estaban siempre repartidos entre el campo y la ciudad en pequeñas unidades de trabajo. Representaban un complemento de sueldo para los campesinos.

A principios del siglo XVI, el sector textil está en crisis. Paulino Iradiel Mugaguren para Cuenca, y el autor de estas líneas para Segovia, lo han demostrado. Los paños no tienen las cualidades de fabricación para resistir la competencia internacional —especialmente la de los paños flamencos, ingleses, italianos y franceses— y satisfacer los deseos de una clientela más exigente. Los mercaderes segovianos y conquenses se quejan del embargo de varios tejidos no conformes a la real ordenanza de 1502 sobre el obraje de los paños. Para redactar las pragmáticas de 1511, repetidas y completadas en 1522 y 1549, el Consejo de Castilla consulta a unos expertos y negociantes de ambas ciudades.

Como la batanería y la tintorería necesitan importantes inversiones, los tintoreros —flor y nata del gremio— y algunos tejedores se convierten en mercaderes —tintoreros y hacedores de paños. Luchan contra los gemios para ocupar un sitio privilegiado en la producción textil. Intentan independizarse de las normas gremiales, y exigen la facultad de intervenir en la elaboración de los paños sin someterse a los exámenes de los veedores, con más o menos éxito.

Según Felipe Ruiz Martín, predomina ahora el *Verlagssystem* o *Domestic System* hasta los años sesenta, en que los mercaderes-hacedores de paños-tintoreros juegan sobre esta polisemia en los protocolos notariales —«dan la materia prima a los artesanos para que en sus diversos domicilios la vayan sucesivamente transformando por un tanto alzado». Después de los años sesenta prevalece, en la parte más dinámica del ramo, el *Factory-System*, en el que, para una eficacia mayor frente al cerrilismo gremial, se trata de integrar las diferentes operaciones en una unidad empresarial, raramente acabada. En los años ochenta, Segovia puede competir con sus 13 000 piezas elaboradas anualmente con Florencia, Venecia, Mantua y Hondschoote. Pero esta tendencia a la contracción provoca el fracaso de los artesanos independientes, lo que explica, en parte, el número de pobres del sector textil en los expedientes de hacienda entre 1560 y 1586.

En Barcelona, la evolución es idéntica, como lo demostraron Valentín Vázquez de Prada y Pedro Molas Ribalta; pero en el Condado tuvieron gran importancia los pelaires o «parayres», hecho destacado en las ordenanzas del 13 de julio de 1599, que afirman: la función de medir (canar), y dar el visto bueno (visurar) a los paños, así como su sellado, competía exclusivamente a los cónsules de los pelaires —*«segons la pericia que tenen de son ofici»*.

La *sedería* es otro ramo mayor de la industria textil. Su peculiaridad procede de su arraigo en las comunidades moriscas. Según Ramón Carande, la cría de capullos se hace en las moreras (moras blancas) y morales (moras negras): «los morales son de dos suertes, unos llevan moras blancas, y estas quieren mucha agua; son los que llaman sicomoros, y, en Castilla, moreras». El mismo autor cita el testimonio muy esclarecedor de un historiador de la renta de la seda a fines del siglo XVIII: «la experiencia ha confirmado la opinión de los antiguos de que en la mayor parte del clima de este reino de Granada prevalecen mejor los morales que, más lentos en criarse, son de incomparable mayor duración y producen seda de más apreciable calidad. Sin embargo, hacia las costas de Almería, y en terrenos templados, se ha introducido y propagado bastante el plantío de moreras, pero en las tierras frías y en las Alpujarras, donde más abunda la cosecha de seda, sólo deben fomentarse los morales, tan numerosos en otros tiempos...»

Los genoveses, agentes de la importación de moreras de Italia, se quejan de «los sericultores moriscos, apegados a lo tradicional, que se opusieron al cultivo de la morera...»

Así pues, el proceso de la producción de la seda tiene los rasgos siguientes:

Se crían los capullos, principalmente, en las Alpujarras, los reinos de Granada, Valencia y Murcia. Hay competencia entre los hilos procedentes de los capullos murcianos y valencianos por una parte, y los procedentes de los capullos de Andalucía oriental, por otra. Los sederos granadinos importan de contrabando aquellos hilos que mezclan con los de su propio reino.

La fase de tejer tiene la misma geografía, con prolongaciones dentro del reino de Castilla: Toledo, Talavera de la Reina y Cuenca. Se encuentran algunos centros secundarios en todas las ciudades pañeras: Segovia, Soria, Ávila, Madrid, etc.

Las investigaciones recientes permiten adelantar la hipótesis de un *Verlagssystem* generalizado, con fuerte implantación urbana (Granada, Valencia, Murcia). Sin embargo, en la etapa de comercialización, en este sector altamente exportador —volveremos sobre este aspecto—, imperan los banqueros italianos, y sobre todo, los genoveses.

La rebelión de las Alpujarras, una vez más, cambia la geografía de la producción. La cría de los capullos decrece en el reino de Granada en beneficio de Aragón, Valencia y Murcia. Los tejedores aumentan en las mismas regiones y en las ciudades castellanas que acogen a los «Granadinos». También Murcia les da un permiso de emigración temporal para efectuar las faenas de la cría de gusanos.

En el área de la *lencería*, el balance es menos positivo. El cultivo del lino y del cáñamo aparece a través de los protocolos notariales en Castilla la Vieja, León y el Cantábrico. Pero el consumo queda muy localizado y no puede competir con la invasión de los artículos denominados «Ruanes, Cambrays u Olandas».

Basta recorrer la Península para admirar las realizaciones arquitectónicas del siglo XVI. Los reyes quisieron sellar su política imperial con unos monumentos significativos, o mejor, emblemáticos. En este caso, ya no se trata de artesanía sino de empresas financiadas por entidades adineradas —corona, cabildos, ayuntamientos, nobles y «peruleros»— capaces de promover una actividad arquitectónica de tipo protocapitalista. Siempre son más de cincuenta oficiales contratados. Del estilo plateresco al triunfo de la sobriedad herreriana, podemos señalar unos jalones-faros. El convento de Santa Cruz en Segovia; la capilla real de Granada en la época de los Reyes Católicos; el famoso palacio de Granada, que quedó a medio hacer a la muerte del emperador; la capilla mayor, tan conflictiva, de la mezquita de Córdoba, y Yuste, símbolo de la espiritualidad oficial y del prestigio de los Jerónimos; la catedral de Segovia, desagravio a la irreverencia comunera, y, como remate, el palacio-convento de El Escorial. La lista no es exhaustiva.

Claro está que estas inversiones en la arquitectura permitieron a muchos artesanos ejercer en condiciones óptimas su oficio, detener, en cierta medida, la evasión del oro y de la plata de Indias al extranjero. Aquí están las cifras para la edificación de El Escorial, proporcionadas por Modesto Ulloa, en ducados:

1573-1576	158 100	1586	273 000
1582	246 000	1587	156 000
1583	224 000	1590	96 000
1585	220 000	1598	96 000

Cáceres constituye otro ejemplo prestigioso de esta afición del siglo a la arquitectura. El centro de la ciudad, barrio señorial casi homogéneo, atestigua la pasión de los ganaderos mesteños, de los conquistadores, de los peruleros y otros aventureros de la conquista de Indias —los Cortés, los Golfin, los Ovando— por imprimir sus escudos —señales de una nobleza verdadera o usurpada— en unos palacios que mezclan la austeridad áspera exterior del románico español, la gracia toscana de las columnas en los patios y la exuberancia tropical de ciertos motivos decorativos.

Toda esta fiebre de construcción supone mucho, muchísimo dinero.

Según algunas evaluaciones provisionales, el sector de la construcción representaba un porcentaje realmente notable del producto nacional bruto: ¿5-7 %?

Tanto en los edificios más humildes como en las casas solariegas se decoran las paredes con lozas vidriadas. Talavera de la Reina, Manises y Sevilla, entre otros lugares, ilustran este arte de la cerámica, de los azulejos, que es muy difícil de contabilizar.

Lo mismo acaece con los curtidos. Todas las ciudades de la Península, en la época moderna, establecen ordenanzas para la labor de los cueros, y para los gremios del ramo como curtidores, pellejeros, silleros y guarnicioneros. Las jaquetillas, los arneses, los guantes de Ocaña y Ciudad Real perfumados con ámbar contribuyen a la fama de los artesanos españoles en Europa, a pesar de la pragmática que prohíbe la exportación de estos productos. Aparecen en los inventarios tras el fallecimiento de los poderosos, y en la decoración de las cortes europeas lucen los cordobanes y guadamecís.

No se puede concluir este panorama artesanal e industrial de la España de Carlos V y Felipe II sin analizar el estado de la *minería* y *metalurgia*.

Es una lástima que este tema haya atraído poco a los historiadores, con algunas excepciones, como Julio Caro Baroja y José Alcalá Zamora; lástima, porque de los metales dependen las armas de puño, la artillería, la moneda, los aperos de la agricultura, un sinnúmero de objetos de la vida cotidiana, etc. A pesar de estas lagunas de la historiografía, y con la ayuda de los trabajos de los autores antes mencionados, intentaremos esbozar los rasgos principales del arte del metal en el siglo XVI.

No abundan los testimonios de los viajeros. El único Andrés Navajero, dice que

> la riqueza de esta tierra [País Vasco] es el hierro y el acero de que hay tanta abundancia que me han dado por cierto que entre Guipúzcoa y Vizcaya se saca de esto al año ochocientos mil ducados.

El mismo autor, hablando de la comarca de Salvatierra, en Álava, evoca «un riachuelo que engrosándose luego mueve varias *ferrerías*» y el río Oria, «muy bueno para templar el hierro; y se templan las lanzas en Alegría y las espadas en Toloseta...»

Se pueden distinguir dos tipos de establecimientos siderúrgicos: «los que obtienen hierro a partir de la vena mineral, y los que se limitan a transformarlo».

En el siglo XVI, las ferrerías vinculadas a los yacimientos, al bosque y a los ríos se reparten así, según José Alcalá Zamora [1; 2]: Cataluña, norte y sur de Aragón, Granada, Cuenca, Molina, León, Orense, y principalmente la faja cantábrica desde Navarra y las provincias vascongadas a Lugo, pasando por Asturias y Santander, con concentraciones máximas en Guipúzcoa y Vizcaya. Al iniciar el siglo XVII, el ascenso de las ferrerías vizcaínas hizo decaer las del norte de Navarra y de Guipúzcoa, como lo demostró Julio Caro Baroja [23], que ha descrito estos talleres modestos que funcionan con una plantilla de cuatro o seis hombres: dos fundidores, un tirador, un desmenuzador de venas y un aprendiz.

En los progresos introducidos en la siderurgia, hay que señalar:

1) A principios del siglo XVI, la aplicación de la energía hidráulica a la mecánica del martinete, lo que permitió a esta pieza de hierro, que alcanzaba los 600-700 kilos, moverse a un ritmo de dos golpes por segundo. Parece que se introduce este ingenio para labrar cobre y luego hierro, por primera vez en Vizcaya: la fecha, 1514, y el agente, el milanés Fabricario.

2) A fines de la centuria, ante las necesidades de la guerra, que obligan a aumentar la producción de hierro para los cañones y los proyectiles, abundan los proyectos para introducir las novedades tecnológicas del norte europeo —los altos hornos, por ejemplo, fruto de lo que John U. Nef llamó la primera revolución industrial—, pero habrá que esperar al siglo XVII para presenciar su realidad. Solo aparece en Berna, cerca de Durango, en 1591, el ingenio inventado por Juan de Herrera para cortar el hierro. A partir de evaluaciones provisionales, se admite en los tiempos de Felipe II una producción de 8000 toneladas por año, de las que 4000 provienen de las 300 ferrerías de Guipúzcoa-Vizcaya. Los adelantos técnicos hubieran proporcionado 11 700 toneladas en 1600.

El avance de esta industria tiene dos causas:

1) La coyuntura militar: ya lo subrayamos. La artillería se vulgariza durante el siglo XVI, tanto en la poliorcética como en la táctica en campo raso, o en el mar. A principios de la centuria se crearon establecimientos de fundición de piezas de bronce en Málaga y Sevilla, siguiendo la fabricación de cañones en hierro batido. Pero el bronce cuesta muy caro, como el hierro de forja, que sirve solo para las piezas menudas. La solución es el alto horno inglés, que permite la fundición de cañones de mayor calibre y, con ello, una réplica drástica a las bocas de fuego de los «mendigos del mar». A pesar de algunos ensayos bajo el reinado de Felipe II, habrá que esperar al siglo XVII.

Los proyectiles, es decir las pelotas de hierro, se fabricaban ya en molde en 1486. Se encuentran fábricas en Medina del Campo en 1496, en Málaga (1503), en Fuenterrabía (ferrería de Orivar, 1513). Con todo, tienen poco rendimiento estos bajos hornos. La escasez de la pelotería llevó a promover la instalación de un establecimiento en Eugui (Navarra), llamando primero a dos expertos alemanes, y después, a cuatro franceses en 1530. Hasta 1630, Eugui será la principal empresa especializada en la fabricación de municiones fundidas para artillería. De todas formas, había que paliar esta crónica insuficiencia en la producción peninsular del material balístico con las fábricas de Milán y Flandes.

2) La coyuntura monetaria. En los últimos años del siglo XVI, con la subida de los precios, el Estado tuvo que enfrentarse con un déficit endémico, que obligó al desarrollo de nuevos signos monetarios, especialmente de la moneda de vellón. En 1582, hecho importantísimo para la historia monetaria española, se funda el «Nuevo Ingenio» de la moneda en Segovia. Con la llegada de especialistas reclutados en el Imperio Germánico, concretamente en Bohemia, país de gran tradición metalúrgica, la nueva maquinaria denominada «de molino» sustituye a los antiguos procesos de acuñación a martillo. Pero la obligación de acuñar 340 000 marcos cada año hizo necesaria una cantidad enorme de cobre. En las Contadurías Mayores de tercera época del Archivo de Simancas, encontramos alusiones a nuevas prospecciones de yacimientos cupríferos en Asturias. ¡Una historia sin hacer, todavía!

Con todo, razonablemente, se puede inferir que la inflación del vellón, esta «peste» monetaria por excelencia del siglo XVII, desarrolló la extracción del cobre. Hay que examinar ahora la relación de los distintos sectores económicos entre sí.

5. LAS RELACIONES COMERCIALES

Tres conjuntos de factores acompasan los intercambios: la moneda —los precios y salarios— las rutas terrestres y marítimas.

5.1. LA MONEDA

Hasta el año 1586, el hecho fundamental fue la ordenación y la estabilidad relativa del sistema monetario, a pesar de las múltiples acuñaciones. El oro representa el papel principal hasta los años sesenta, siendo sustituido entonces por la plata.

Utilizando el libro pionero de Octavio Gil Farrés, nos parecen fundamentales los hechos siguientes:

La ordenación del sistema monetario por los Reyes Católicos es una consecuencia del caos monetario engendrado por el desorden político en los tiempos de Enrique IV.

La primera reforma data de 1475: establece un cuadro de equivalencia monetaria —el enrique castellano vale 435 mrs, la dobla de la banda 335, el florín de Aragón 240, el real de plata 30 y tres blancas —un maravedí— y la creación de la moneda de oro llamada *excelente de la granada*», que vale dos castellanos. Poco después se acuñan piezas de dos y cuatro mrs de vellón, pues se necesita moneda fraccionaria para satisfacer los intercambios corrientes.

La pragmática del 13 de junio 1497 de Medina del Campo tiene mayor importancia. «En el oro se adopta la metrología del ducado aragonés con una unidad que es doble de éste en peso»: es el nuevo excelente de la granada que vale dos ducados; el medio excelente valorado en once reales y un maravedí, o sea 375 mrs, será el *ducado castellano*. El real de plata, a 67 por marco de peso, valdrá en adelante 34 mrs.

Durante el reinado de Carlos V, en el campo monetario, hay que señalar dos acontecimientos:

La introducción del *escudo de oro*. El título superior en metal precioso del ducado llevaba como consecuencia una saca continua por los extranjeros, especialmente hacia Francia e Italia. La reforma consistirá en acuñar una moneda de oro, equivalente en ley y peso a la corona de sol francesa. Aparece el escudo, o corona, en 1534, tasado en 350 maravedís en 1543.

La segunda reforma es más trascendente: el 15 de julio de 1536, el virrey de Nueva España establece la prioridad de un peso de oro de Tepuzque en ocho reales castellanos de plata. No sabemos la fecha exacta de las primeras acuñaciones; pero en 1556, el *real de a ocho* se ha hecho un ingrediente imprescindible de la vida monetaria española.

Bajo el reinado de Felipe II hay que subrayar las pragmáticas de 1566 que prevén nuevas acuñaciones de oro: escudos y *doblones* (dos escudos-las pistoles del extranjero); se cambia la estampa, la ley y la talla del vellón: son los cuartillos (8 1/2 mrs) y los cuartos (4 mrs) y los ochavos (2 mrs), celebrados por la novela picaresca. En el mismo año se tasa el escudo en 400 mrs, y se cotiza el ducado de 1497 en 429 mrs, y el excelente de 1497 en 858.

Otro acontecimiento es la fundación, en 1582, del «Nuevo Ingenio» de Segovia, que empieza a funcionar a partir de 1586, y tiene que laborar 340 000 marcos de vellón cada año a fines de la centuria. Para el vellón, la ceca segoviana tendrá un monopolio casi total frente a las otras en servicio en estas fechas: Burgos, Granada, Toledo, Sevilla, Cuenca, La Coruña, Valladolid, Madrid, Barcelona y Zaragoza.

Cataluña, durante el reinado de Carlos V, sigue bajo el patrón áureo del ducado instaurado por Juan II de Aragón en 1476. Con motivo de la expedición contra Túnez de 1534, se agrupan varias cecas en Barcelona para acuñar los primeros escudos. En vellón se acuñan mallas (1523) y dineros: doblas, menuts y dobles doblas...

En Aragón es notable la implantación de la metrología castellana de la plata a partir de 1518-1519. En cuanto a la moneda de oro, se acuñan ducados y doblones (el ducado aragonés sirvió de modelo al ducado castellano). En el vellón, siguen con las miajas y dineros en moneda jaquesa.

Navarra conserva su originalidad monetaria con los medios cornados en tiempos de Juana y Carlos, y los cornados de vellón en los de Felipe II.

En Valencia hay abundantes emisiones de ducados hasta la introducción del escudo, o corona carolina, en 1544. Pero sigue en circulación el ducado, como lo demuestra un cuadro de equivalencias en 1569, según el cual el ducado equivale a 21 sueldos valencianos, y el castellano, a 27. Bajo Felipe II se emiten nuevos escudos: el escudo llamado *mig doblón*. Se realiza así la verdadera unidad del sistema. A lo largo del siglo continúan las emisiones de reales de plata con un deterioro del título en provecho de la moneda castellana, causando unas maniobras especulativas en las fronteras de ambos reinos.

Para concluir puede decirse que hubo una unificación —y simplificación— del sistema monetario, aunque se conservarían peculiaridades regionales en la moneda de vellón.

Estamos de acuerdo con Modesto Ulloa, cuando en un artículo básico dice: «the two basic coins in the reign of Philip II were the gold escudo and the silver real».

Este interés acrecentado por la moneda provenía de las masas metálicas de oro y plata que llegaban a Sevilla, aprovechadas por la hacienda real, los particulares y los asentistas.

5.2. LAS REMESAS: EL ORO Y LA PLATA DE INDIAS

Después de los trabajos de Haring, Hamilton, Carande, Chaunu y Vilar, el fenómeno queda muy bien descrito, y resumido en el cuadro estadístico siguiente:

Importaciones decenales de oro y plata a España
(en kilogramos)

Decenios	Plata	Oro
1503-1510		4 965
1511-1520		9 153
1521-1530	148	4 889
1531-1540	86 193	14 466
1541-1550	177 573	24 957
1551-1560	303 121	42 620
1561-1570	942 858	11 530
1571-1580	1 118 591	9 429
1581-1590	2 103 027	12 101
1591-1600	2 707 626	19 451

Al analizar estos datos podemos subrayar el máximo de importación de oro en el decenio 1551-1560, y el máximo correspondiente para la

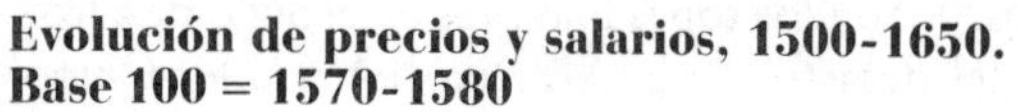

Evolución de precios y salarios, 1500-1650.
Base 100 = 1570-1580

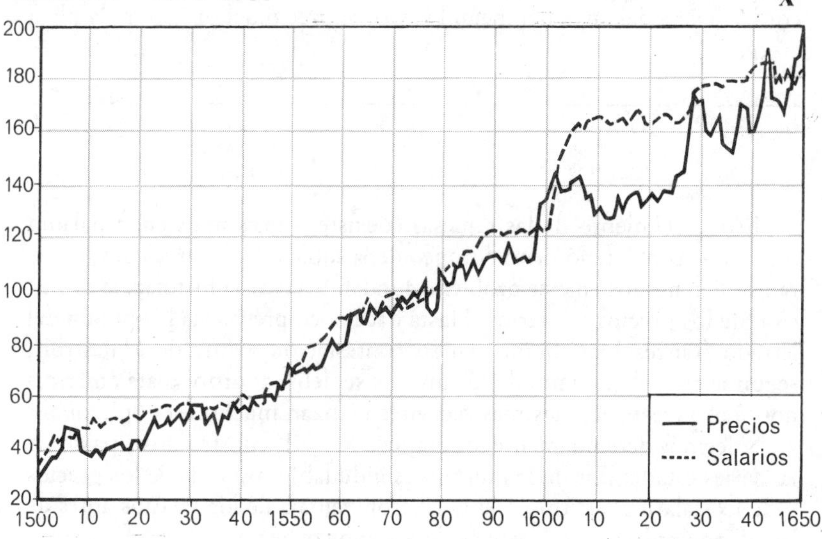

Según Hamilton

Según Hamilton

plata en el decenio 1591-1600. Son los topes mayores en el Siglo de Oro, y para la plata, después del desastre de la Armada Invencible. Como consecuencia del auge del metal blanco, el precio del oro sobre la plata crece.

Años	Relación
1497-1536	10,11 a 1
1537-1565	10,65 a 1
1566-1608	12,12 a 1

Este crecimiento de las remesas coexiste —insistimos en la palabra *coexiste*— con el fenómeno europeo de la subida de los precios. Quisiéramos detenernos en este problema fundamental de la historia: la evolución de los precios y salarios. Hasta hace poco prevalecía la opinión del letrado francés Jean Bodin, en su contestación a Mr. de Malestroit, según la cual el aumento de los precios se debía al oro y plata americanos. Las investigaciones más recientes matizan mucho esta opinión.

Si leemos detenidamente los gráficos X y XI, construidos a partir de las series estadísticas de Hamilton, es indudable la subida de los precios y de los salarios, a ritmo casi igual, con ventaja de los salarios antes de las «Comunidades», y después de los años ochenta.

El uso de la escala semilogarítmica con los mismos datos demuestra un crecimiento de los precios más fuerte en la primera mitad del siglo, es decir, mucho antes de la llegada del flujo metálico a Sevilla. Ramón Carande revela que el rescate de Francisco I en 1526 contaba más que el oro indiano para aliviar las necesidades de la hacienda real.

Antes de 1550, los contemporáneos tuvieron un sentido agudo de esta subida de los precios desde el siglo XV, sin atribuirle causas claras: ¡problema eterno para nosotros que vivimos y padecemos la inflación de 1980! Se puede aducir la escasez de moneda y su deterioro hasta las reformas de los Reyes Católicos, los disturbios del reinado de Enrique IV, las necesidades de la guerra granadina y de la lucha de los Austrias contra la casa de Francia, etc.

El padre Luis Suárez, al estudiar, a partir de un pleito, los bienes saqueados en 1521 por las tropas de Padilla en Torremormojón (Tierra de Campos), ha esbozado una comparación muy sugestiva entre los precios de ciertos productos a mediados del siglo XV y los correspondientes a la época de las Comunidades. Elegimos algunos ejemplos:

	1450	1521
Onza de azafrán	22 mrs	37,5 mrs
Un par de borceguíes de carnero	30 mrs	68 mrs
Mano de papel	7 mrs	22 mrs
Libra de dátiles	6 mrs	25 mrs
Onza de canela	7 mrs	27 mrs
Arroba de lana peladiza	40 mrs	550 mrs (lana refin.)

Teniendo en cuenta las imperfecciones de las fuentes, se deduce que los precios se multiplicaron por dos, cuatro y trece para la lana, materia estratégica.

Esta subida de los precios es un tema fundamental en la reflexión de los teólogos de la famosa escuela de Salamanca. Hay que tener presente que son sacerdotes que escriben manuales de confesores para salvar el alma de sus penitentes. Ahora bien, en su clientela, tienen mercaderes, tratantes, la mayoría católicos fervientes, como los Ruiz de Medina del Campo estudiados por Henri Lapeyre, que ofrecen generosas donaciones a la Iglesia —obras de caridad, fundaciones de misas, retablos— donándolas en sus testamentos para pedir perdón al Señor por sus fraudes y por los errores cometidos en sus negocios. Esto influyó en estos teólogos convirtiéndolos ocasionalmente en economistas para afinar la casuística de la *usura*.

Esta queda prohibida tajantemente, y sus formas más escondidas, como los cambios secos, son claramente condenadas. Sin embargo, poco a poco, la observación de la realidad comercial, con sus prácticas singulares, lleva a alegar la noción de riesgo en los negocios y a formular más o menos claramente una teoría de la balanza de pagos que justifica ciertas modalidades de cambio. Tres autores ilustran ejemplarmente este esfuerzo de clarificación pastoral.

El doctor Sarabia de la Calle, que ofrece su *Instrucción de mercaderes* en 1542, representa la ortodoxia rígida, lo que no le impide manifestar inquietud delante del comportamiento habitual de los hombres de negocios. El título completo de su obra es todo un programa. Creemos muy útil a nuestro propósito su traslado integral, con la ortografía del tiempo:

> Instrucción de mercaderes muy provechosa, en la que se enseña como deuen los mercaderes tractar, y de que manera se han de evitar las usuras de todos los tractos de ventas y compras. Assi a lo contado como alo adelantado: y a lo fiado y de las compras del censo al quitar: y tractos de compañia: y otros muchos contractos. Particularmente se habla del tracto de las lanas. También ay otro tractado de cambios. En qual se tracta de los cambios lícitos y reprouados.

Pero Sarabia conoce muy bien el campo de batalla mercantil, constituido por las ferias de Medina del Campo, y su fervor apostólico no se ilusiona demasiado ante una posible evolución, confesando que «predicó muchas veces contra esta pestilencia de los tratados de las lanas»; y convencido por una larga experiencia de la inutilidad de amonestar a los cambiantes, se resigna: «pues sé lo mucho que en los púlpitos he voceado y en particulares hablas he amonestado, y lo poco o nada que he aprovechado». En las mismas fechas y con la misma óptica se publican *El provechoso tratado de cambios y contrataciones de mercaderes y reprobación de usura* de Cristóbal de Villalón, el *Tratado de los préstamos que pasan entre mercaderes y tratantes y por consiguiente de los logros, cambios, compras adelantadas y ventas al fiado* de fray Luis de Alcalá, y el *Tratado de cuentas* de Diego del Castillo.

La segunda obra se publica en Salamanca a finales de 1556: *El comentario resolutorio de cambios* de Martín de Azpilcueta, el famoso *Doctor Navarro*, jurista y canonista, que estudió el decreto en Tolosa y presenció la subida de los ducados españoles y de los ducados del sol franceses por Francisco I.

Su casuística es apenas más flexible que la de Sarabia de la Calle. Insiste en, y emplea a fondo, los viejos argumentos del «lucrum cesans» y «damnum emergens» para justificar ciertos intereses en los cambios y préstamos. Antes de Jean Bodin, relaciona la subida de los precios con el descubrimiento de Indias: donde hay menos abundancia de plata, los precios son más baratos, como, para nuestro autor, los del pan, del vino y de los paños en Francia.

La tercera obra ejemplar sale a la calle en 1569: *La suma de tratos y contratos* de Tomás de Mercado. Este sevillano cruza el Atlántico, se ordena en el cenobio dominico de México y vuelve a la ciudad hispalense. Presenta, pues, una visión a la vez indiana y sevillana de la situación económica en los años de transición del ciclo de oro al ciclo de la plata, con el bache coyuntural de los años cincuenta hasta el descubrimiento de las minas de azogue de Huancavelica, que facilita la explotación de las minas argentíferas del Potosí.

Como Jean Bodin, establece una jerarquía de los países en cuanto al coste de vida, inversa de la jerarquía de la estima de la moneda. En las Indias, donde los metales abundan, se estima menos la moneda; después, siguen Sevilla, Castilla en España, Flandes, Italia, y Francia. Consecuencia, sobre la que insiste con mucha razón Pierre Vilar: el dinero español se fuga al extranjero, por su capacidad adquisitiva superior a la que tiene en la Península. Al revés, se exportan mercancías con precios altísimos hacia Indias. Mercado es, pues, un buen analista de las causas, de los mecanismos de la carestía. El dominico queda un poco desconcertado por el torbellino de los precios. Como apunta Nicolás Sánchez Albornoz, «su defensa a ultranza de las tasas no siempre casa con su patrocinio igualmente firme de los precios de mercado». Después de Mercado, el pesimismo ante las consecuencias de esta inflación metálica cundirá cada año más: las Cortes de 1588-1593 constatan esta fuga del oro y de la plata. González de Cellorigo, en su famoso memorial de 1600, en la línea del no menos famoso del contador Luis Ortiz de 1558, subraya la contradicción según la cual la abundancia de la moneda no significa ni el apoyo ni la riqueza de los estados.

Las necesidades políticas y económicas del Imperio plantearon un problema constante del transporte y de las vías de comunicación.

5.3. RUTAS Y TRANSPORTES

Los caminos terrestres de la Península son defectuosos por la fuerte erosión debida al clima, según la unanimidad de los testimonios, y en consecuencia, la lentitud es uno de los rasgos mayores de la circulación. Para transportar cuarenta arrobas de lana con un tiro de bueyes, o sea 460 kilos, de la provincia de Guadalajara o de Segovia a los puertos de San Sebastián o Bilbao —unos quinientos kilómetros— se necesita más de un mes —cuarenta días. Estos transportes de larga distancia son un monopolio de la «Real Cabaña de Carreteros», reclutados principalmente en la provincia de Soria —la villa de San Leonardo— o también de Segovia —Yanguas de Eresma, cuyos arrieros aparecen en el Quijote.

Conservamos dos itinerarios del siglo XVI: el *Reportorio de todos los caminos de España*, publicado en 1546 por el valenciano Juan de Villugas, y el *Reportorio de caminos* de Alonso de Meneses, publicado en 1576. El segundo aporta pocas novedades con referencia al primero.

El mapa XII, realizado a partir de la obra de Villugas, ofrece las características siguientes: la implantación mayoritaria de la red en Castilla; el papel orientador de las cuencas del Ebro y del Tajo para las vías transversales oeste-este; el papel de Madrid como nudo de comunicaciones.

Tampoco se puede olvidar, para la elaboración de la lana, la red de cañadas de la Mesta (véase mapa VIII).

En el ámbito mediterráneo, desde Barcelona, Valencia, Denia, Alicante o Cartagena, los itinerarios conducen a los puertos franceses del Languedoc y de Provenza, italianos de Liorna, Génova, Nápoles, de Sicilia, de Malta, de África del Norte —entre otros, los presidios— y a veces, de las «Escalas Levantinas».

La ruta marítima Barcelona-Liorna se prolonga por el camino español militar —«la calzada del tercio»— desde Milán hasta Flandes por los Alpes, la Valtelina, el Franco Condado y Lorena.

En el ámbito atlántico destacan dos caminos:

1) El europeo incluye las relaciones entre Flandes, Amberes, Inglaterra y Bretaña y la costa vasco-santanderina, con la etapa de Dunkerque, cuyo papel primordial se conoce gracias a los trabajos de Jean Dams y René Cabantous, con variaciones desde Andalucía —Sevilla y Cádiz—, y después de 1580, Lisboa. Son derroteros muy precarios, sobre todo en la segunda mitad de la centuria, porque dependen de las relaciones con Francia o Inglaterra. Según los caprichos de la coyuntura, unas rutas terrestres prolongan o sustituyen a los caminos marítimos desde Bayona o San Juan de Luz, La Rochela, Nantes, Ruán hacia los Países Bajos. ¡Una historia apasionante que está por hacer!

2) El camino indiano, que se conoce gracias a la obra monumental de Pierre Chaunu [41] que evoca la epopeya de la carrera de Indias.

Los caminos principales de España, 1530 **XII**

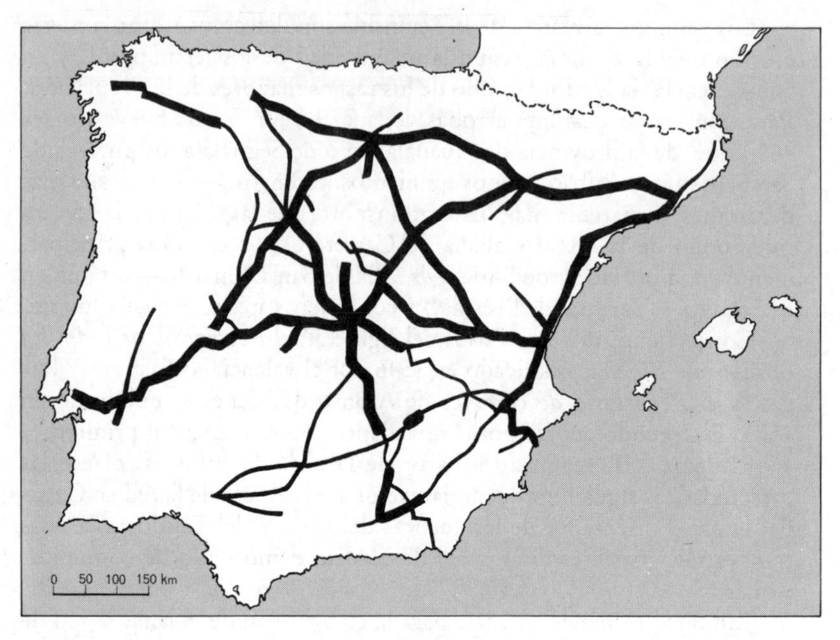

Según Juan de Villugas

Originalmente, la travesía del «charco mayor» se hace en un único convoy. A partir de los años 1563-1566, se diversifican las flotas. En marzo o abril zarpaba la flota para Vera Cruz, máximo emporio de Nueva España; en julio, los «galeones» se arriesgaban hasta el puerto de Nombre de Dios, en el istmo de Panamá. En el mes de febrero siguiente se concentraban ambas flotas en La Habana para regresar a Sevilla en el mes de junio o julio. Los barcos negreros desde Angola, y los «avisos», cuando había una urgencia, cruzaban por su cuenta el Atlántico. Un galeón anual, prolongando esta carretera atlántica, surca el Pacífico hasta Manila en la segunda mitad de la centuria.

A principios del siglo, los barcos no sobrepasaban las cien toneladas; parece que en los años sesenta, el tonelaje por unidad crece hasta las 300 toneladas en el Atlántico. En el Mediterráneo, el tonelaje era menor: es el caso del tráfico valenciano estudiado por Emilia Salvador. Este espacio ingente suscitó varias formas de intercambios.

5.4. El comercio local

Este comercio abarca los intercambios elementales y de primera necesidad con géneros de uso corriente. Los mercados semanales —del miércoles, jueves o viernes— de tradición multisecular jalonan las relaciones comerciales. Los ayuntamientos controlan directamente el mercado, mandando a unos oficiales suyos para apuntar los precios practicados y vigilar, en el caso de los cereales, el respeto de la tasa real, de la cual solo se puede prescindir con consulta previa de los teólogos de la ciudad o de la comarca. Así, para elaborar la mercurial de Segovia —que publicaremos pronto en su integridad— nobles linajes, procuradores del común, es decir de los estratos medios, procuradores de la Tierra, representantes del campesinado, están al acecho de las variaciones de los precios o de los cambios coyunturales de la actividad económica.

Sin embargo, un personaje, ignorado poco más o menos hasta la fecha por los historiadores, registra en sus escrituras diariamente desde los contratos económicos más humildes —algunas varas de paño, unas fanegas de trigo, algunas libras de jabón, etc.— hasta las exportaciones de mucho importe: seda, lana, paños de lujo, armas: es el *escribano*. Este letrado es el intermediario obligado y el testigo indispensable de la vida económica. No es fácil interpretar su actuación, porque escribe unos millares de folios anuales; testigo y actor a la vez, presta dinero, regulariza los contratos comerciales, hace compañía a ganancias y pérdidas; sabe leer, escribir, glosar las leyes: su carácter indispensable suscita odio en los momentos de crisis, como los personajes clave imprescindibles. Con paulatina transición nos lleva a formas más elaboradas, y más conflictivas, de los intercambios.

5.5. El comercio nacional e internacional

Su auge suscitó la creación de instituciones que permitieron al Estado y a los mercaderes y negociantes defender sendos derechos.

En 1503, los Reyes Católicos crearon la Casa de Contratación: organismo a la vez económico y administrativo para vigilar todo el tráfico entre América y España. Con la fundación del Consejo de Indias en 1526, conserva solo su papel económico.

La corona vaciló mucho, antes de imponer el monopolio absoluto de Sevilla en 1573, con la excepción del Juzgado de Indias en Cádiz (creado en 1535), fuente de rivalidad entre ambas ciudades. La política liberal había triunfado con la Ordenanza de Carlos V en 1529, abriendo el comercio americano a nueve puertos de Castilla: La Coruña, Bayona, Avilés, Laredo, Bilbao y San Sebastián para el norte; Cartagena, Málaga y Cádiz para el sur. La instauración de un monopolio estricto se debía a la busca de medidas eficaces para acabar con el contrabando nacional e internacional y controlar rigurosamente el aflujo metálico, sin olvidar las presiones de los medios económicos sevillanos: en vano.

Para la exportación a Flandes o a Indias, los mercaderes se organizaron en compañías con monopolio. El ejemplo lo dio Burgos, cuyo consulado se constituyó en 1494 para controlar la exportación de la lana. Pero Bilbao, el principal puerto de embarque, quiere compartir el privilegio y crea su propio consulado en 1511. En 1513, de acuerdo con Burgos, deja que los laneros burgaleses puedan con libertad despachar los barcos, pero les obliga a reservar la mitad de las expediciones a la matrícula bilbaína. A pesar de los roces entre ambos consulados, en 1564 el puerto de Bilbao tenía un tráfico dos veces superior al de Laredo y ocho veces al de Santander. Este predominio se ejerció hasta el inicio del siglo XVII.

Imitando a los del norte, para defender sus intereses los mercaderes sevillanos obtienen en 1543 la autorización de organizarse en Consulado o «Universidad de los Cargadores de Indias», y de participar en la administración de las flotas. En 1582 reciben la posibilidad de encauzar sus contratos en una lonja, sede actual del Archivo de Indias.

A pesar de estos monopolios, gracias a la corrupción de oficiales, y a los testaferros, los no castellanos podían participar en el jugoso comercio indiano. Los catalanes habían pedido varias veces tener un cónsul en Sevilla para defender sus intereses, muy comprometidos después de los acuerdos de la corona de Francia, en 1528, con Andrea Doria, que daban todas las facilidades a los genoveses para cortar el tráfico en el sentido Barcelona-Liorna, e introducir los paños franceses de Perpiñán o Aviñón, camuflados con paños italianos, en el mercado ibérico. Después de varias denegaciones, utilizaron a los intermediarios castellanos, a través de las ferias de Medina del Campo, para exportar la pañería catalana a Indias, o, más tarde, a ambas Castillas.

Estas entidades mercantiles utilizan en su provecho dos factores: los bancos y las ferias, sin olvidar la personalidad de algunos tratantes ejemplares que orientan el mercado por sus decisiones.

La necesidad de compensar en más o en menos los intercambios comerciales y financieros plantea el problema de los cambios, es decir del *sector bancario*, cuya historia —mejor dicho, epopeya— ha sido evocada magistralmente por Felipe Ruiz Martín [151]. Historia compleja que se puede resumir en los rasgos siguientes:

1) La primera fase, que abarca los años 1455-1551, es testigo de un auge del sistema bancario. Coexisten cambiadores, corredores de cambios —el vocabulario es incierto— públicos y privados. Antes de la expulsión de 1492, los judíos tienen un papel importante en las manipulaciones cambistas. Muchas veces, los mismos hombres cambian las monedas y hacen comercio.

Para los cambiadores públicos, los ayuntamientos exigen fianzas. Al iniciarse el siglo XVI, se encuentran bancos en Santiago de Compostela, Burgos, Aranda de Duero, Valladolid, Segovia, Madrid, Toledo, Córdoba, Baeza, Sevilla y Jerez de la Frontera; fuera de Castilla, en Barcelona y Valencia. En 1499 se prohíbe el oficio a los extranjeros para impedir la exportación de las monedas de mejor calidad.

2) En el desarrollo de la banca castellana influye la llegada de los metales preciosos de Indias; las remesas son copiosas desde 1506 a 1550 —ciclo del oro— y de 1551 a 1640 —ciclo de la plata—, con el bache de los años 1521-1525.

3) Las necesidades de la política imperial, más concretamente, la obligación de pagar en oro a los mercenarios en Alemania, reintroducen en el circuito a los grandes mercaderes alemanes, flamencos, genoveses —los Fúcares, Welser, Bonvisi, Centurione— atraídos (habría que decir cebados) por el oro y la plata americanos de Sevilla.

El mecanismo de los «asientos» es sencillo: los mercaderes extranjeros, agrupados en la mayoría de los casos en verdaderos consorcios por el emperador y, después, el rey prudente, adelantan en plazas financieras de Europa —esencialmente Italia, Flandes, Alemania— unas cantidades de oro que recuperan con premio en oro, o más bien en plata, en la segunda mitad del siglo, en Castilla. Cuando rige la prohibición de exportar los metales, los extranjeros tienen que invertirlos en materias primas y objetos fabricados en España, que es factible mandar fuera del reino. Esto fue un aliciente para la industria castellana, e incluso para la catalana y la valenciana.

4) Pero a partir de los años 1552, y después de 1566, uno detrás del otro los bancos nacionales se derrumban como castillos de naipes. Las razones son múltiples: disminución de las remesas de oro en los años cincuenta, especulaciones excesivas; sin embargo, los motivos principales provienen del peso y del precio de la política imperial, agravados después de 1566 por la rebelión de Flandes.

En torno a este punto hay unanimidad en los historiadores: Carande, Bennassar, Lapeyre y Ruiz Martín. Para financiar tal política, hay que acudir a unos expedientes: el embargo sobre la plata y el oro de los particulares a la llegada de la flota a Sevilla, y sobre todo, la contratación de préstamos, los famosos *asientos*, con intereses al 16 % cerca de los banqueros extranjeros, cuando no responden los nacionales. Después de las horas dramáticas de Mühlberg, los Fúcares dejan el sitio a los genoveses, los cuales van a adueñarse de la economía y de la hacienda de España hasta 1626.

Para liquidar los anticipos, la hacienda real empeña sus futuros ingresos y emite bonos de la deuda pública: los *juros* situados sobre las rentas de la corona. Los genoveses organizan un mercado internacional de estos juros que rentan entre 5 y 10 % anual con vencimiento cada seis meses.

En España también, los juros tendrán éxito con los particulares, que los consideran como un censo público. Así, dejando las inversiones en la industria, o en el campo, los españoles se acostumbran a la solución fácil de «cortar el cupón», como lo afirma Pierre Vilar en un artículo dedicado a la «España del Quijote».

Felipe II intentará reaccionar para deshacerse de las tenazas genovesas. En 1560, trató de convertir la Casa de Contratación en un banco comercial y caja de la deuda pública. Su finalidad, estudiada por Felipe Ruiz Martín, «era encauzar el ahorro que se había esparcido por doquier, aunque singularmente en España, como consecuencia del bienestar manifiesto de mediados del siglo XVI». Se pretendía sustituir los empréstitos de corto plazo y al 16 % por unas obligaciones a largo plazo a 5, 5,5 y 7,4 %. La operación, quizá mal entendida por los funcionarios, fue un fracaso.

En 1575, Felipe II publica, el 1.º de noviembre, un decreto que reduce drásticamente la deuda de la corona con los genoveses: es la clásica quiebra disfrazada de consolidación de la deuda pública. Para obtener dinero, el monarca trata de pactar asientos con banqueros nacionales como el valeroso Simón Ruiz.

Al mismo tiempo, Peter Van Oudegherste presenta al embajador español en Austria un proyecto para resolver el problema acuciante de la deuda pública, el cual será mejorado durante el último cuarto del siglo XVI y discutido, incluso, por las Cortes de 1599-1600. Se trataba de organizar una red de erarios y montes de piedad que funcionasen con autonomía, cada uno en su distrito, con la misión de cobrar los impuestos reales, amortizar, gracias a sus ingresos, la deuda pública y drenar el ahorro local. Volveremos a hablar de este propósito en tiempo del Conde-duque.

Con todo, los genoveses, que tienen partidarios en la corte, contraatacan con éxito. En adelante, aparecen como inexorablemente imprescindibles —a pesar de los esfuerzos de algunos banqueros nacionales como Simón Ruiz—, como lo atestigua el «Medio General» de 1597, que es un pacto de ayuda mutua entre hacienda y genoveses, claro está, en provecho de los últimos.

A fines del siglo XVI, conservan una actividad notable el «Banco Público de Sevilla», administrado tenazmente por la familia Espinosa, y el Banco de Madrid, en manos de los genoveses. Fuera de Castilla y Andalucía, la Taula de Canvi de Barcelona, así como la de Valencia, en un clima de atonía, dan señales de animación; la Tabla de los Comunes Depósitos de Zaragoza no satisface las necesidades locales: hay que contar con el auxilio de los usureros y bancos privados. Los azares de los bancos se reflejan en las *ferias de Medina del Campo*, cuya historia es muy conocida después de los trabajos de Juan Paz y Carlos Espejo, de Henri Lapeyre y Felipe Ruiz Martín [98; 97; 127; 147]. Su creación se remonta probablemente a los primeros decenios del siglo xv; las sesiones se verifican en tres sitios: Medina del Campo, Medina de Río Seco y Villalón. Pero las ferias de Medina del Campo eclipsan las de sus rivales; Villalón celebra las suyas en cuaresma hasta fines de la Semana Santa, y Medina de Río Seco en «Pascuilla» y agosto.

Durante la primera mitad del siglo, la hegemonía de las ferias de Medina es indiscutible: tienen un papel europeo, en relación con las ferias y plazas financieras de Flandes, Alemania, Italia y Francia. Entre otras señales, en los formularios notariales, impresos ahora, algunas cláusulas de los protocolos finales de los contratos se refieren al ritmo de los vencimientos de las diferentes ferias. Los mercaderes de Sevilla, los representantes de los consulados de Burgos o de Bilbao participan como fiadores en la actividad de los banqueros y cambistas admitidos oficialmente a ejercer su oficio. Ahora bien, las sesiones feriales dependen de la llegada de las flotas americanas; los retrasos pueden trastornar la regularidad de los cambios de feria a feria. Las sacudidas financieras de los años cincuenta, ya mencionados, provocan una perturbación, cada año más grave, en el mercado de los cambios, menos sensible en las actividades comerciales. El decreto real del 14 de noviembre de 1560 prevé una regulación concertada con los medios de negocios de las «ferias rezagadas y de los pagamentos diferidos».

En 1566 en Villalón, en 1567 en Medina de Río Seco desaparecen los cambios, perdiendo ambas ferias su papel de mercado económico. En 1571, el alcalde de Medina del Campo expulsa a los negociantes y embarga los libros de los cambistas. Muchos negociantes se trasladan entonces a Madrid, que emerge así como plaza financiera. En los protocolos notariales castellanos y sevillanos puede estudiarse la degradación progresiva de las ferias. Para resolver sus problemas de crédito, los mercaderes utilizan el artificio de tomar dinero en «censos al quitar», llegando en ciertos casos a una escalada de «censos sobre censos».

En los cinco últimos lustros del siglo, la correspondencia de los Ruiz revela crudamente las peripecias de la coyuntura ferial en Medina del Campo: el desorden de los años 1559-1578, subrayado por la quiebra de la hacienda real en 1575. Un ensayo de reforma de los pagos en un sentido más riguroso, sincronizado con remesas abundantes de plata, permite una recuperación progresiva. En 1590, la situación parece sana. Sin embargo, a pesar de la riada de plata, máxima del siglo, en 1594, los retrasos en el regreso de los galeones provocan un movimiento de pánico. Se interrumpe la celebración de las ferias durante cuatro años, hasta 1598. En Francia, los mercados lionés, y de Nantes en un grado menor, se hunden. Para Medina del Campo, no obstante los esfuerzos de los Ruiz y sus compañeros, supone la decadencia inexorable; la tentativa de reanimar las ferias en Burgos durante la presencia de la corte en Valladolid es solo episódica. Después de la reanudación de las ferias medinenses en los años 1604-1606, el regreso definitivo de la corte a Madrid significa el silencio, definitivo también, en las relaciones económicas de las tres villas vallisoletanas. En adelante, el destino financiero español es tributario provisionalmente de las ferias de Piacenza y de la buena voluntad de los genoveses, que se desinteresan en España del tráfico de los géneros para dedicarse exclusivamente a las manipulaciones de dinero y de letras de cambio.

5.6. LAS MERCANCÍAS

Otro aspecto interesante es conocer el tipo de productos, objeto de toda esta estrategia de intercambios. Algunos testimonios de la época son muy esclarecedores.

Marino Cavalli, sucesor de Bernardo Navajero como embajador de la República de Venecia cerca del emperador, describiendo el comercio internacional en los Países Bajos, relata en el año 1551:

> La lana de España toda va a parar a Brujas [...] De España van allí uvas secas, naranjas, aceitunas, vinos por más de 50 000 (ducados) al año, lanas a Brujas por más de 350 000 ducados; de Portugal, especias, azúcares y joyas por 50 000 ducados...

Su sucesor cerca de Felipe II, Leonardo Dato, informa en 1573:

> ...una de las solas cosas [...] que falta en los reinos de España es la tela y la otra lencería de lino [...] casi toda esta se lleva de Flandes y de otros países y muy poca cantidad es aquella misma que en España se tiene [...] Y también en Andalucía es suministrado aceite a Inglaterra para el tejido de los paños y sal a Flandes y a otros países para salar su abundantísimo pescado.

Más lejos:

> De las cosas que de España y otros países se aportan, las *lanas* son siempre una gran parte de la mercancía, porque un año con otro no se sacan menos de veinticinco mil balas.

Con un tono muy crítico, Jean Bodin, en los años setenta, en su contestación a Monsieur de Malestroit resume bastante bien el balance del comercio español:

> ...or est-il que l'Espaignol, qui ne tient vie que de France, estant contraint par force inévitable de prendre ici les bleds, les toiles, les draps, le pastel, le rodon, le papier, les livres, voire la menuiserie et touts ouvrages de main, nous va cherchez au bout du monde l'or et l'argent et les épiceries.

Estas observaciones más bien subjetivas hay que confrontarlas con los testimonios de algunos protagonistas eminentes de este comercio internacional, puestos a la luz por los historiadores. A este respecto, el archivo Ruiz es un testigo ejemplar de las relaciones entre España y los centros económicos o las plazas financieras de Europa.

Valentín Vázquez de Prada ha examinado la correspondencia con el emporio de Amberes, que sustituye a Brujas en la primera mitad del siglo XVI. Entre las exportaciones hacia la península Ibérica encontramos:

1) *Los productos agrícolas.* La cera vinculada a la vida cotidiana y al ceremonial religioso. Los cereales, en tiempos de escasez, más frecuentes a fines de la centuria.

2) *Los productos de la industria textil.* Tejidos de lana: las sargas que incluyen todas las variedades de sayetas, como los bastos anascotes (Honschoote), las bayetas más ligeras, las cariseas (kerseys) exportadas sin teñir y los satantonios o santantones ingleses.

Tejidos de algodón: fustanes para jubones, como los osburques que venían de Alemania del sur, y «cotonias» (telas de algodón de Brujas y Manchester).

Tejidos de lino: las famosas olandas que invaden el mercado español, como los oudenardes o nados, los «coutrays» para mantas y toallas, los buracanes o bocacines de Brujas o Hamburgo. A veces, en los cargamentos aparecen los mitanes de Alemania o los «angeos» franceses.

Tejidos de seda: los rasos muy preciados de Florencia o «falsas» de Brujas, las telillas de seda para los jubones, los saltines (satenes) de Italia y de Brujas y las «tripas», especie de terciopelo que viene de Italia (Génova).

A estas categorías se pueden añadir los hilos de oro y plata milaneses y los tejidos de cáñamo: cañamazas del sureste de Francia o de Bretaña, carpetas utilizadas como arpilleras, hilos de Tournay y Audenarde.

3) *Metales y productos metálicos.* El cobre bruto o en aleación de la cuenca del río Mosa, de Hungría y de Tirol, con el que compite a fines del siglo el cobre sueco de Felm. Los objetos de latón y bronce, las célebres «dinanderías» que transitan por la Península hacia las colonias portuguesas. Cables y quincallería (chatarratería) de hierro y acero.

Armas de Milán, Colonia y Malinas (cañones). El mercurio de Idria, para satisfacer después de 1550 las exigencias americanas para la tecnología de la amalgama.

4) *Productos de lujo.* Los muebles, las tapicerías y los cuadros flamencos, que aparecen como elementos indispensables de decoración de las casas señoriales, y los libros, sin olvidar, para acabar esta lista no exhaustiva, el ámbar gris o las pieles de Moscovia, como las zablas (cibelina).

En las exportaciones hacia la Península, predominan los productos manufacturados y caros.

En el puesto de las exportaciones procedentes de España y Portugal, aparecen:

1) *Las especias, drogas y azúcares*, proporcionados por el imperio portugués y los negociantes de la misma nacionalidad, incluso después de 1580: varias pimientas, jengibre, clavo, canela y nuez moscada. En cuanto al azúcar, proviene de las islas atlánticas —Canarias, Azores, Cabo Verde— y, sobre todo, de Brasil.

2) *Unos productos alimenticios.* La sal, que proviene de la costa suroeste de Francia, de los valles del Sado y de Setúbal en Portugal, o de la bahía de Cádiz. El aceite, en su casi totalidad andaluz, más aún sevillano, para el consumo humano y la fabricación de jabones. El vino de Málaga y Almería. Las frutas del este de la Península: agrios, pasas de Ceclabín y de Lejía, higos, almendras, dátiles, alcaparras y arroz. El azafrán del Bajo Aragón sirve de condimento o de colorante.

3) *Los colorantes*, americanos y orientales, que van a mejorar el colorido de los tejidos: añil, brasil, grana, sin olvidar el azafrán peninsular.

4) *El alumbre*, indispensable mordiente para fijar y avivar los colores de los textiles, llega de Tolfa (Italia) y de Mazarrón (Cartagena).

5) *Las fibras textiles*: el algodón de las vegas valencianas, y, sobre todo, las lanas de los merinos castellanos. Esta materia prima aparece como un producto estratégico en la historia económica española. Ocupa uno de los primeros puestos en las exportaciones, porque muchas veces es mejor negocio sacarla del reino que trabajarla dentro. Los burgaleses lo sabían en tiempos de las Comunidades, y después los ganaderos mayores de la Mesta, especialmente los segovianos.

6) *Los cueros* acaban esta lista no exhaustiva: los guadamecís y cordobanes tienen fama europea y americana.

Otro ejemplo: Según las cartas de los Ruiz a sus agentes comerciales, residentes en Francia, España importa de aquel país las telas (olonas y angeos) para los hombres y las velas de los barcos, y, en caso de escasez, la sal y el trigo, a los cuales se añaden el papel, los naipes y los libros, la mercería, la «chatarratería», y ocasionalmente ¡caballos, lampreas y vidrieras!

En la ruta España-Francia: lana, aceite, colorantes, hierro, sederías de Valencia, Granada o Murcia, cueros, algunos productos alimenticios como azúcares, azafrán, vinos, y de vez en cuando unos escasos paños de Segovia de los tiempos más lujosos, y pedrerías (perlas).

Los estudios de Jean Tanguy sobre el tráfico del puerto de Nantes, y de Étienne Trocmé y Marcel Delafosse sobre el de La Rochela, confirman, con más sobriedad, este balance del comercio internacional español, así como las cartas de los Gomes de Elvas, a partir de Lisboa, publicadas por José Gentil da Silva.

En Valencia, el tráfico registra, aun en invierno, una gran variedad de géneros, gracias a su papel intenso de puerto de tránsito y de cabotaje; cuando aprieta el hambre —un mal crónico— importa los cereales de Provenza y Sicilia.

Al concluir este tema hay que subrayar que, si la industria española, singularmente la textil, conoce una fase de crecimiento hasta los años ochenta, abastece con mucha dificultad el mercado interior —sometido a la presión demográfica—, el de Indias, y exporta poco al mercado europeo. Símbolo de esta realidad, el producto español más cotizado, así en Flandes y en Francia como en Florencia, es la lana merina castellana...

6. LA HACIENDA REAL

Ya hemos insistido sobre la importancia del peso de la política imperial en la hacienda real, y el conjunto de la vida económica, unas veces como freno y otras como aliciente.

Por eso, no es inútil esbozar los rasgos principales de su evolución, tanto más cuanto que la historiografía española, comparada con la de los otros países europeos —a excepción de Italia—, es ciertamente la más abundante y completa sobre el tema, gracias a los trabajos pioneros y ejemplares de don Ramón Carande, seguidos de los estudios de los presupuestos de Miguel A. Ladero Quesada, Modesto Ulloa y Felipe Ruiz Martín.

En tiempo de los Reyes Católicos, concretamente entre 1480 y 1492, la Contaduría Mayor de Cuentas y la Escribanía Mayor de Rentas hacen un esfuerzo gigantesco por introducir «una verdadera corriente de honestidad en la administración», según Ladero Quesada, y para aclarar los varios conceptos del presupuesto.

En las rentas, se distinguen: a) Los impuestos directos: 1) pechos y derechos antiguos, entre los cuales, el pedido forero, la martiniega, las escribanías, los portazgos; 2) la moneda forera pagada cada siete años por los solos pecheros; 3) monedas: derecho otorgado por las Cortes; 4) pedidos y servicios extraordinarios: por guerra, para la Santa Hermandad, por casamiento de infantes; 5) rentas y derechos cobrados a los musulmanes hasta 1501; 6) rentas y derechos especiales sobre los judíos hasta 1492.

b) Impuestos sobre la compra-venta : las célebres alcabalas de 10 %.

c) Aduanas y derechos de tránsito: 1) Diezmo de la Mar (Castilla y Galicia); 2) derechos de cargo y descargo en los portes de la Mar de

Vizcaya; 3) objetos cuyo comercio exterior estaba vedado, y limitación de exportar cereales; 4) diezmos y aduanas de ciertos obispados; 5) servicio y montazgo: sobre la trashumancia de los merinos; 6) almojarifazgos.

d) Impuestos sobre la producción industrial: 1) ferrerías de Vizcaya y Guipúzcoa; 2) derechos de la seda del reino de Granada.

e) Monopolios: 1) regalía de minas; 2) regalía de acuñación de moneda; 3) salinas; 4) jabonerías.

f) Rentas de origen eclesiástico: 1) tercias; 2) diezmos del reino de Granada; 3) productos del patronazgo de los Reyes; 4) derechos de presentación de los prelados; 5) encomiendas de abadengo; 6) cruzada y subsidio; 7) administración de los maestrazgos de las Órdenes Militares.

Las rúbricas testimonian la importancia de las actividades industriales y comerciales.

En el conjunto de los gastos figuran seis conceptos: Casas reales-corte y administración del reino —Tesoreros-compras, desempeños, pago de deudas, préstamos y atrasos— Mercedes, limosnas, obras pías —varios. Esta estructura del presupuesto castellano va a cambiar poco en los reinados siguientes, con la excepción de las remesas de oro y plata, las cuales, claro está, según las cifras, cambian todo el equilibrio. Ya se puede señalar la importancia incipiente de la deuda pública con la emisión de juros.

Algunas cifras, que sacamos de la obra de Ladero Quesada [97], son muy significativas de la evolución de la hacienda para los ingresos ordinarios (en maravedís):

AÑO	Total de Ingresos	Situado	Disponible
1480	94 401 000		49 333 000
1482	155 436 500		89 148 430
1488	188 458 551	54 684 836	125 258 888
1489	189 798 154	64 215 864	125 346 432
1490	189 428 911	57 889 308	114 227 112
1491	211 453 887	68 157 431	130 318 443
1504	317 770 227		
1505	312 188 486		
1510	320 000 000		

A estos totales se deben añadir los ingresos extraordinarios de la moneda forera, o sea 4,6 millones de mrs en 1482 y 5,6 en 1488; la bula de la cruzada predicada en 1484-1485-1486-1487-1488 y 1490-91 y los empréstitos con motivo de la guerra de Granada: más de 100 millones de mrs en 1489, situados en juros al quitar de 10 000 al millar. Así pues, resulta una hacienda modesta en su crecimiento y equilibrada —pero este equilibrio es muy frágil.

Durante el reinado del emperador, el panorama presupuestario cambia rápidamente. Las rúbricas de los ingresos ordinarios siguen iguales, pero el puesto de las remesas de plata y oro es cada año más importante, de tal manera que las otras contribuciones sirven de complemento —un complemento imprescindible, por su situación de privilegio de los juros y con el peso de un déficit crónico que llega hasta la quiebra que cierra el reinado al mismo tiempo que la batalla de San Quintín.

Si admitimos con Ramón Carande que la recaudación de las rentas ordinarias se eleva a 402 500 000 mrs anuales en los años cuarenta, los gastos corrientes representan 770 000 ducados, o sea 288 750 000 mrs, pero con las libranzas y los situados, el déficit llega a 520 000 ducados en 1538 y 865 000 en 1539.

Gracias al mismo autor, se puede analizar el déficit en correlación con las remesas americanas y la deuda exterior.

Durante los años 1520-1556, el emperador toma prestados 28 858 207 ducados y paga en deuda 38 011 170 ducados, que valen 14 254 188 750 mrs. Durante el mismo período, las remesas montan 34 664 896 pesos de 450 mrs, o sea 15 599 203 200 mrs; los asentistas y banqueros han exigido un interés medio de 17,63 % durante el primer tramo 1520-1532, años de aprendizaje; de 21,27 % en el segundo tramo 1533-1542, años culminantes; de 27,86 % en el tercer tramo 1543-1551, años de incertidumbre, y de ¡48,81 %! en el cuarto tramo 1552-1556, años aflictivos, según la terminología, muy acertada, de Carande. Los mil millones de superávit sobre las remesas quedan absorbidos por los anticipios y el peso de la deuda pública interior sobre las rentas ordinarias de Castilla. Para salvar el bache, se acude a los servicios ordinarios y extraordinarios, respectivamente 2 982 millones de mrs y 1200 durante los años 1518-1557, y a los subsidios y bulas de cruzada con la benevolencia de la Santa Sede. A fines de 1556, la deuda del tesoro sumaba ¡6 761 276 ducados o 2 555 468 500 maravedís!

Durante el reinado de Felipe II siguen los mismos impuestos, funcionan los mismos mecanismos, pero se agrava el déficit, a la sombra de las exigencias de los banqueros genoveses.

La situación en 1559, según Modesto Ulloa, es la siguiente. Los ingresos fijos montan 560 millones de mrs y los no fijos 420, o sea un total de recursos de 980 millones. Las remesas de Indias, en 1558, sumaban 241 millones.

En el pasivo, la deuda a largo plazo representa 542 774 361, situados en su mayoría en las rentas ordinarias. En 1560, el total de los gastos ordinarios asciende a 1 400 000 ducados, y se estiman, en 1558, los recursos y gastos fuera de España en 3 176 000 ducados. La deuda total sumaría ahora 25 millones de ducados. La creación de nuevos derechos —puertos de Portugal y nuevo derecho sobre la saca de lanas, más la venta de privilegios (333 663 981 mrs en 1558 y 203 865 848 en 1559)— han sido paliativos insuficientes.

En 1560, Felipe II vive el tremendo drama financiero y es Felipe Ruiz Martín quien ha reconstituido con minuciosidad el presupuesto de la corona. Aquí están los resultados globales en ducados y porcentaje del total.

INGRESOS		Ducados	%
Rentas ordinarias		1 586 839	37,85
Rentas extraordinarias		474 533	11,31
Maestrazgos		191 711	4,57
Gracias: cruzada y subsidio		553 533	13,19
Procedente de Indias		979 800	23,37
Aditamentos		406 000	9,68
	TOTAL	4 192 416	100(99,97)
GASTOS			
Gastos ordinarios, forzosos		1 665 964	39,73
Deuda consolidada		1 468 490	35,02
Descubiertos		205 750	4,90
	TOTAL	3 340 204	79,65
DISPONIBLE		852 212	20,32
DEUDAS			
Atrasos		1 289 000	
Deuda flotante		3 911 000	
	TOTAL	5 200 000	

Cuando la suspensión de pagos en 1584, una evaluación pesimista estima las rentas fijas y no fijas en 5 642 304 ducados; la deuda situada sobre las rentas fijas, en 47 621 366 ducados; lo consignado sobre las rentas no fijas y los maestrazgos, en 16 378 835 ducados. Las deudas llegan a un total de 74 millones de ducados, ¡y no están todas situadas!

Tras el fracaso de la «empresa de Inglaterra» en 1588, para alimentar el tesoro de guerra y luchar contra la inflación incipiente, las Cortes tuvieron que aceptar un nuevo impuesto que tenía la originalidad de abarcar todos los estratos sociales: el «servicio de millones», o sea una contribución de ocho millones de ducados repartidos en 6 años.

A la muerte del rey, los ingresos fijos y no fijos suman 9 731 407 ducados —casi la mitad en concepto de alcabalas y tercias, las cuales absorbía todo el situado; quedaban los no fijos para pagar los gastos y la deuda no situada. En 1599, Ulloa valora el déficit anual mediano en 1 600 000 ducados...

Como conclusión, nos falta esbozar la evolución de la *coyuntura* en el siglo XVI, descrita con minuciosidad por Pierre Chaunu a partir de Sevilla, y cuyos ritmos revelan bastante bien, aunque a veces hay algunas faltas de sincronización, la coyuntura global de la Península.

Es indudable la fase de crecimiento económico y de prosperidad que va de la época de los Reyes Católicos hasta fines de la era carolina, interrumpida por una crisis de adaptación violenta entre el primer decenio del siglo y los años de las Comunidades. Si el tráfico con América sufre un bache en los años cincuenta, debido a la sustitución del ciclo del oro por el ciclo de la plata, sigue el arranque de la producción interior hasta los años setenta y ochenta, según los casos. Pero, ya en los empadronamientos de los años sesenta, la presencia de muchos pobres indica el término de la prosperidad. Después de los años ochenta, todas las curvas tienden a la horizontalidad. El mercado español, como su hacienda, aguanta cada año peor la presión extranjera. Los suntuosos tonelajes de plata americana —esta imagen engañadora— esconden mal la disminución del flete de procedencia europea.

Hemos descrito las luces y las sombras de la economía española durante el siglo XVI. Estos contrastes no deben ocultar la gigantesca aventura espacial en la que se comprometen los reyes de Castilla. Los problemas por resolver no tenían, muchas veces, una solución en su época. Las riadas de oro y plata no impidieron el déficit crónico. En 1554, Thomas Gresham se percataba en Sevilla misma de la fragilidad del sistema, y cuatro años más tarde el contador Luis Ortiz, en su famoso memorial, avisaba de los peligros de una economía meramente monetaria, no fundada sobre una agricultura y una industria prósperas, y proponía unas medidas para remediarla. Era un precursor de los arbitristas...

NOTAS DEL CAPÍTULO PRIMERO

1. Véase *infra* la discusión sobre la cuantificación del factor vecino.
2. Codoin, t. XVII, pp. 521-532.
3. Véase *infra*.
4. Censo de 1557.
5. R. Carande [20] estima la población en dicha fecha en 33 750 habitantes. Damos en el cuadro estadístico la cifra de B. Bennassar [9, 96]. Estas diferencias se deben a la interpretación del coeficiente multiplicador por vecino, y al descubrimiento de nuevas fuentes.
6. Evaluación de Guillermo Herrero Martínez de Azcoitia [90, 34]. R. Carande evalúa la población en 15 315 habitantes, cifra que nos parece un poco sobrevalorada [20].
7. AGS, *Contadurías Generales*, Leg. 2306.
8. Estimación dudosa según AGS, *Contadurías Generales*, Leg. 2310.
9. J. Sentaurens [160, 357] ha adoptado el coeficiente 6 por vecino, verosímil en una ciudad donde la población flotante representaba un papel notable.
10. El caso de Granada es problemático. Probablemente rebasaba los 50 000. Véase A. Domínguez Ortiz y B. Vincent [49]. Ambos autores se muestran muy reservados ante los padrones granadinos de la primera mitad del siglo XVI. El caso barcelonés también es problemático. Según Pierre Vilar [173, I, 527], se adelanta la cifra dudosa de 6392 vecinos-31 660? habitantes en 1553.
11. Noël Salomon utilizó sistemáticamente estas relaciones en su gran libro sobre la vida rural de Castilla en la época de Felipe II [154, 13-20].
12. AGS, *Cámara de Castilla*, Leg. 2159.
13. Cf. [22; 102; 103; 141, 193-218]. Véase *infra* las páginas dedicadas a la expulsión de los moriscos y sus consecuencias para la agricultura.
14. J. Nadal [122, 38] adelanta la cifra de 11 792 muertos. Para la peste de 1598-1600, véase *infra*.

CAPÍTULO II

El siglo XVII, un estancamiento superado. El tiempo de los arbitristas y del vellón

Muchos historiadores todavía se acostumbran a definir el siglo XVII español como el siglo de la decadencia. A pesar de Quevedo, Góngora, Calderón, Tirso, Zurbarán y Velázquez, la leyenda negra es tenaz. Se puede objetar que el mismo Quevedo contribuyó no poco a forjar esta imagen infeliz de los años 1600.

Sin embargo, se teme a España en el siglo XVII. Recuérdese la soberbia Francia de Richelieu y de Luis XIV. Basta evocar el pánico de la población de París, en 1636, el año de *El Cid* de Corneille, cuando las tropas del tercio llegan hasta Corbie, y con qué alivio se celebra la batalla de Rocroi, tan indecisa hasta el final. A pesar de ello, los reyes de Francia no menosprecian las uniones con las Infantas de la casa de Habsburgo.

Una cosa es atravesar crisis profundas, y otra entrar en decadencia. Remitimos a la magnífica meditación de Juan Ignacio Olagüe sobre *La Decadencia Española*.

La España del «siglo de hierro» es como el arte barroco, tan ibérico de espíritu: rebosante de contrastes. En el aspecto económico fue un siglo de un dramatismo tremendo, con su retahíla de pestes, sequías y malas cosechas, pero los contemporáneos, principalmente los arbitristas, tan vituperados por la novela picaresca, tuvieron conciencia de esta adversidad, sacaron experiencia, propusieron remedios y, en ciertos casos, tuvieron una postura de futurólogos. Eso no es decadencia, aun cuando la tendencia económica no era positiva.

Además, se da otra paradoja: la cultura de este siglo ha suscitado un sinnúmero de trabajos, y en cambio la realidad económica es poco conocida. Escasean las investigaciones sobre la segunda mitad de la centuria. Muchos estudiosos detienen sus curvas en 1630.

Esta laguna hará que analicemos algunos hechos —que consideramos como claves—, y que propongamos unos temas muy urgentes a la investigación.

Por otra parte, hay que señalar que hubo cambios profundos entre 1550 y 1650 pero no hubo ruptura entre ambos siglos. Por eso, solo insistiremos en la originalidad económica del siglo de Velázquez y Carlos II en relación con el de Carlos V y Felipe II.

1. EL DRAMA DEMOGRÁFICO

Este, fundamental para entender el siglo de «hierro», tiene dos aspectos. Por una parte, unas *pandemias crónicas* diezman la población; por otra, la *expulsión de los moriscos* trastorna el equilibrio económico de las regiones donde vivían, sobre todo en los reinos de Aragón y de Valencia.

El siglo empieza por una tragedia para Castilla: durante cuatro años (1598-1602) una peste bubónica asoló su territorio: tema de reflexión para Bartolomé Bennassar [9], y más recientemente para Vicente Pérez Moreda [133] en su magnífica meditación sobre la muerte en los siglos XVI y XVII. El mapa XIII y la curva del gráfico XIV ilustran la amplitud del fenómeno. La morbilidad dominante caracteriza la España interior en el siglo XVII. Los brotes mayores de pestes, después de la inicial, se verifican en los años 1616, 1630-1631, con una especial gravedad entre 1648 y 1652, en 1676, 1684 y 1695. Las pestes no son siempre bubónicas como la de 1598-1600; provienen también de la difteria, del «garrotillo» o de las viruelas.

Las pandemias no exceptúan la España periférica. En 1647, la peste bubónica empieza en Valencia y en los años siguientes alcanza a Mallorca, Cataluña, Aragón y ambas Andalucías. Las cifras son impresionantes: 16 789 víctimas para Valencia (hasta abril de 1648) y 13 780 en Córdoba para los años 49 y 50. Las mesetas resultan relativamente protegidas. Veinte años de tregua, y la peste reaparece en Cartagena en 1676, asolando el reino de Murcia y el reino de Granada. En Cataluña, sin la posibilidad de afirmar tajantemente la presencia de la peste, hay recrudecimiento de la mortalidad en los años 1683-1684 y 1694-1695.

Consecuencia: si, en una primera fase, la multiplicación de los matrimonios trata de compensar las defunciones, a partir de los años cuarenta se observa el hundimiento general de las curvas demográficas vitales —matrimonios y bautismos. Aún, los matrimonios entre viudos y viudas, menos fecundos, se multiplican hasta llegar a una casi exclusividad en la estadística demográfica de las bodas.

Es muy difícil evaluar el número de las víctimas. Pero algunos estudios locales permiten adelantar la hipótesis de una disminución de la

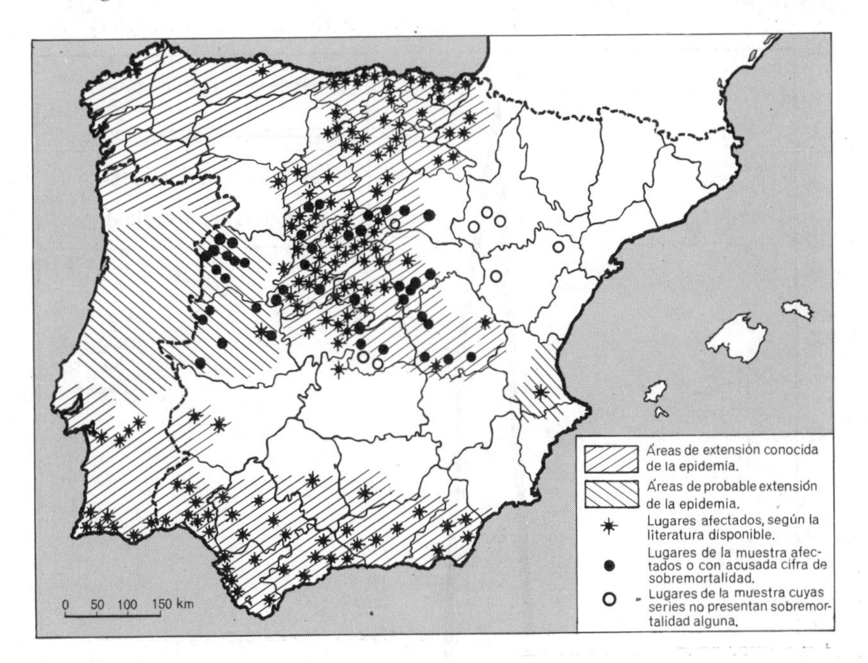

Según Vicente Pérez Moreda

población total española de 7 a 10 % por causa de pandemia en la primera mitad de la centuria. Volveremos sobre el tema, pero el déficit de población es un dato fundamental de los años 1600. Las causas son múltiples. La propagación de las pestes se hace a partir de los puertos: Bilbao en 1598, Valencia en 1647. Pero los virus encuentran un campo favorable para su desarrollo: las malas cosechas cerealísticas acompañadas y acompasadas por la subida de los precios, las sequías prolongadas y agravadas por las «pestes» de langosta —así las llaman en los libros de acuerdos de los ayuntamientos o en los registros sacramentales— que invaden el campo español en 1630 y, sobre todo, en los años 1648-1652.

A fines del primer decenio del siglo, otro hecho de importancia por sus consecuencias demográficas, económicas y culturales es la expulsión de los moriscos. Según las investigaciones más recientes, el reino de Aragón pierde 15,2 % de su población y el de Valencia más de la cuarta parte. Utilizando las cifras de Lapeyre para los moriscos y las evaluaciones de la población de Domínguez Ortiz, tanto el cuadro estadístico de las emigraciones por reino como el mapa de la implantación morisca (mapa XV), revelan y circunscriben la amplitud del fenómeno.

Movimientos demográficos provocados en Chiloeches por la peste de 1599 **XIV**

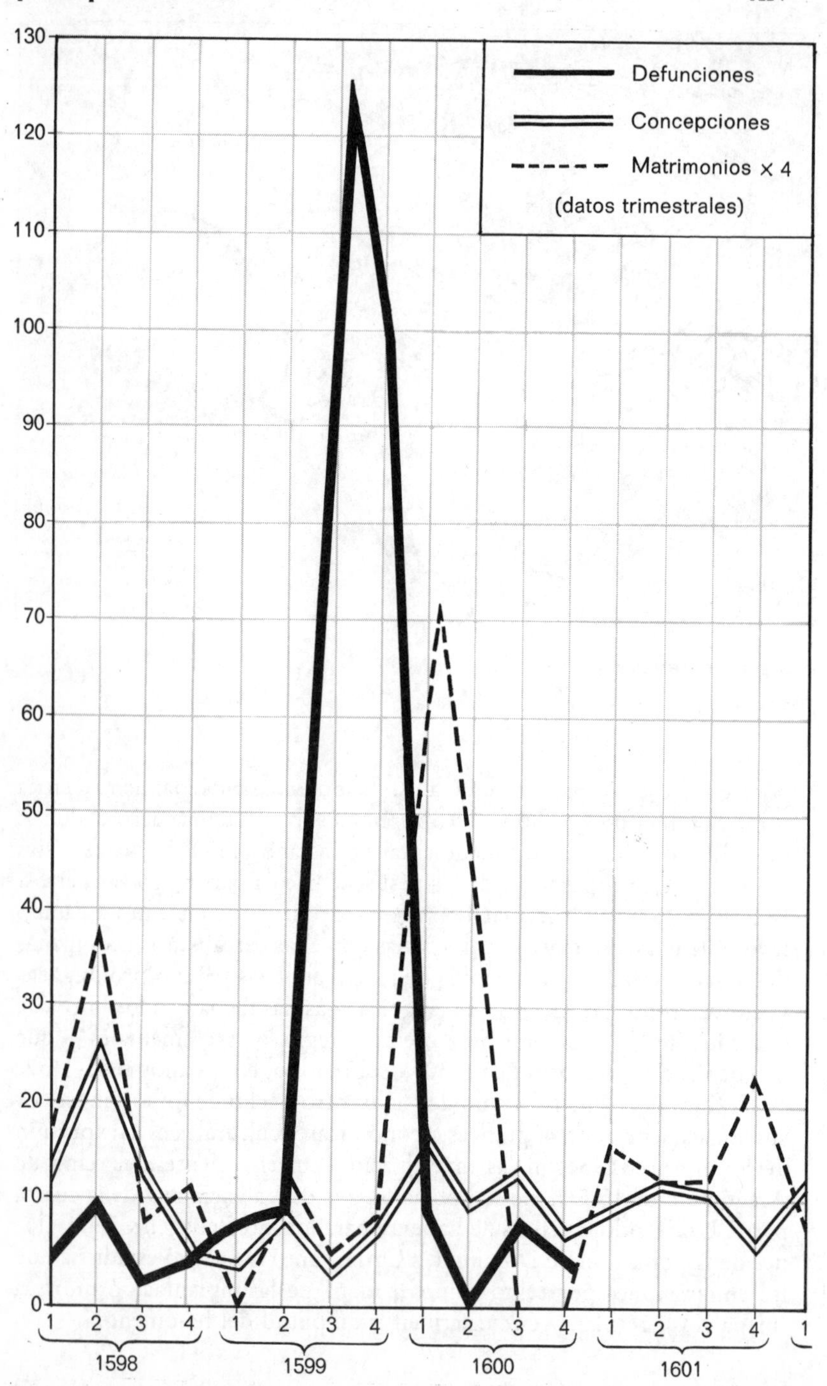

Según Vicente Pérez Moreda

La implantación morisca en vísperas de la expulsión — XV

Según Henri Lapeyre

	Habitantes	Moriscos Número	expulsados %
Castilla, La Mancha, Extremadura	4 120 000	44 625	1,0
Andalucía, Murcia	1 590 000	45 517	2,8
Total Corona de Castilla	6 700 000	88 116	1,3
Valencia	450 000	117 464	26,1
Aragón	400 000	60 818	15,2
Cataluña	450 000	3 716	0,8
Total Corona de Aragón	1 435 000	181 998	12,6
Total de España	8 485 000	272 140	2,2

Acumulando las pandemias y la expulsión, podemos intentar cifrar, aproximadamente, la población de España en los años cincuenta del siglo XVII. En cifras redondeadas, llegamos a la estimación, en vísperas de la peste de 1598, de 8 300 000 habitantes para la corona de Castilla y 1 360 000 para la corona de Aragón, o sea en total 9 960 000. Si admitimos el coeficiente 10 % como tributo de Castilla a las pestes, con los casi 100 000 moriscos expulsados de su territorio, las pérdidas suman un millón de habitantes, es decir, queda una población de 7 300 000. La cifra de 6 700 000 calculada por Domínguez Ortiz nos parece un poco baja. Digamos que la verdad se sitúa alrededor de siete millones.

En cuanto a la corona de Aragón, con los mismos cálculos, pero con un orden inverso en los factores, si quitamos primero los 200 000 moriscos de 1 400 000 habitantes, y 10 % de tasa «pestífera» para los años 48, obtenemos 1,1 millón. España, poco después de la muerte de Quevedo, tiene ocho millones de habitantes, quizá un poco más; ha perdido 1,6 millón de hombres por lo menos.

Algunas monografías permiten medir con precisión el carácter a veces vertiginoso de este «bajón» demográfico. El caso de Sevilla es ejemplar, aun teniendo en cuenta el peso de la crisis económica que favorece las corrientes migratorias hacia Cádiz: 150 000 habitantes en 1597, 108 000 en 1646 y 96 500 en 1693. En el cuadro siguiente ofrecemos otros ejemplares significativos.

Ciudad	Vecinos		
	1594	1646	1694
Burgos	2 665	600	1 881
Valladolid	8 112	3 000	3 637
Toledo	10 933	5 000	
Murcia	3 370	3 960	5 114
Salamanca	4 953	2 965	2 416
Cuenca	3 095	800	1 641
Cádiz	612	1 492	5 191
Segovia	5 548		1 625

Notamos la fuerte baja de la primera mitad del siglo XVII, con un inicio de recuperación a fines de la centuria.

Hay algunas excepciones: el crecimiento continuo por razones económicas favorables —Murcia y Cádiz— o políticas: Madrid, como corte y polo de inmigración, tiene 7500 vecinos en 1594 (40 000 habitantes), para llegar a 150 000 a partir de 1650.

Algunos contemporáneos tuvieron el sentido agudo de este drama demográfico. La repoblación de España es un *leit-motiv* del arbitrista Sancho de Moncada en su *Restauración política de España*, publicada en 1619 [118]. Dedica su segundo discurso a «la población y aumento numeroso de la nación española». Si bien no atribuye una gran importancia a la expulsión de los moriscos, analiza con acierto algunas causas del déficit demográfico.

Digo que España se despuebla en tres maneras. La primera, huyendo la gente, de donde perece, a buscar en qué ganar de comer, como el criado que deja al amo que no le sustenta. La segunda, enfermando y muriendo de hambre y mal pasar, y de no tener con qué curarse, estando usados a regalo. La tercera

Evolución de nacimientos en cuatro ciudades catalanas. Siglo XVII. Base 100 = 1621-1625 **XVI**

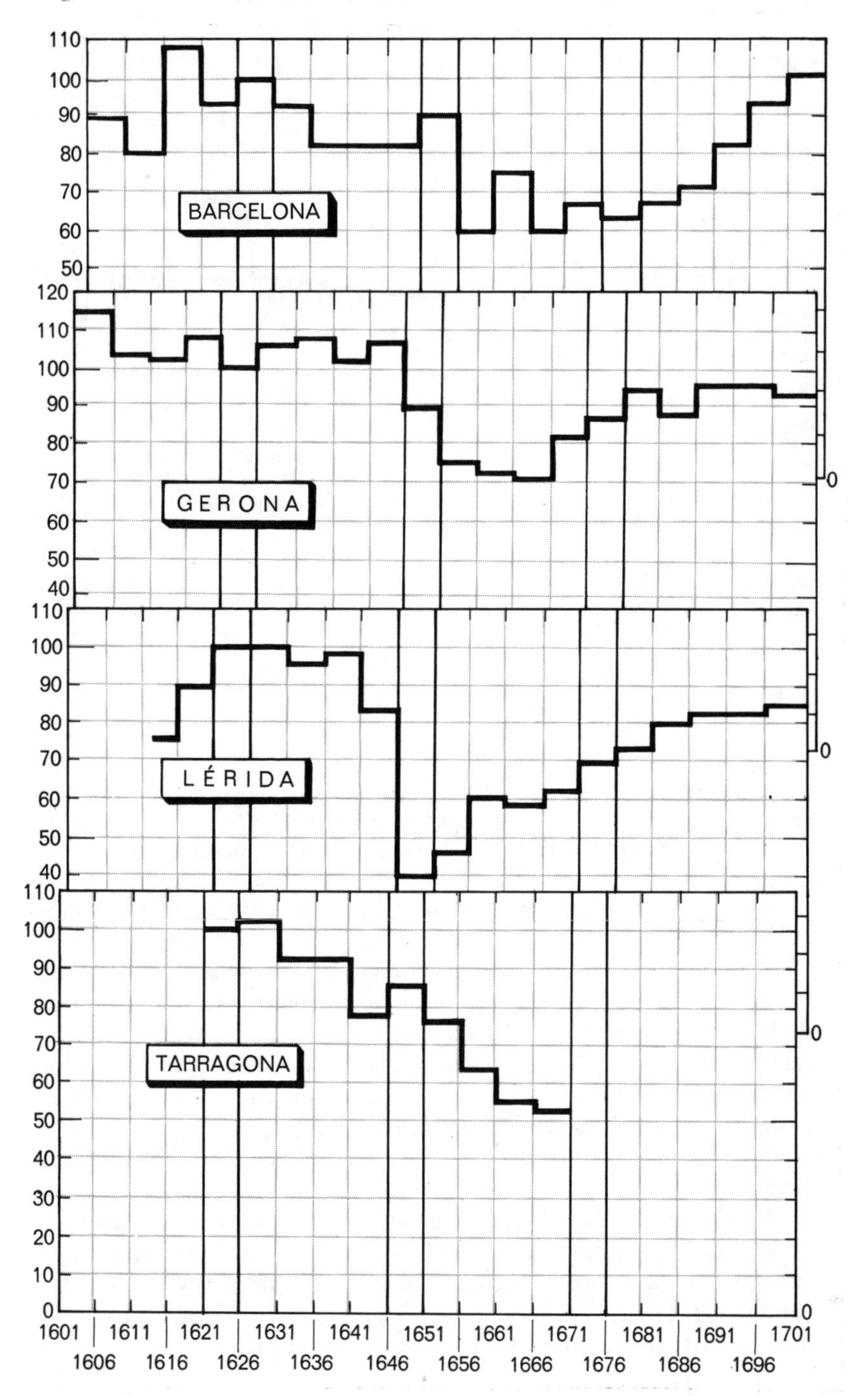

Según Jordi Nadal

Evolución de los nacimientos en Palencia. Siglo XVII

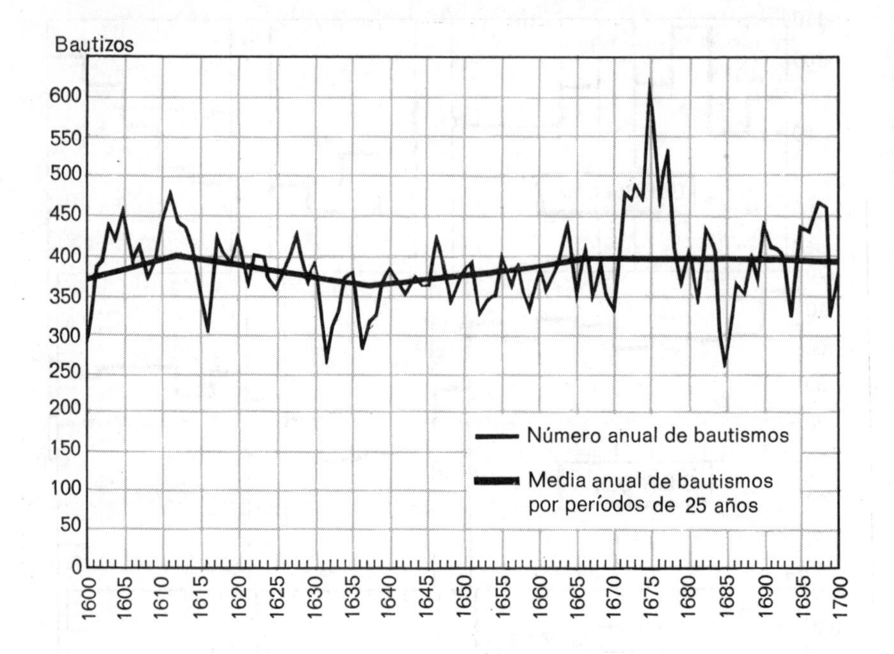

muriendo muchos, y no supliendo la falta de los muertos con sucesión, porque se halla en los libros de las Iglesias que no ha habido los años de 1617 y 1618 la mitad de los casamientos que solía, con que se va agotando la gente...

Los movimientos migratorios no compensan este déficit y no producen un reequilibrio en la ocupación del espacio.

La corriente migratoria francesa hacia Cataluña se agota después de los años veinte. Subsisten una difusa inmigración de auverneses a través de la Península, y otra concentrada de bretones hacia Andalucía, pero representan solo algunos millares de personas. En 1680, el embajador francés Villars estima la colonia de sus paisanos en 70 000 individuos, entre los cuales 16 000 residen en Andalucía.

Los vizcaínos, asturianos y gallegos contribuyen al crecimiento de la corte.

En el reino de Valencia, las migraciones no compensan la expulsión de los moriscos. Jaime Casey ha demostrado que en la mayoría de los casos, los repobladores son los cristianos viejos, antiguos vecinos de los expulsados. Las 23 045 familias moriscas resultan sustituidas por 8 344 familias cristianas en 1646 y 13 044 según el censo de 1692.

Pero en los años ochenta, a veces antes, desaparece poco a poco este pesimismo demográfico. Ya lo habíamos apuntado para las ciudades; en el campo, a pesar de una fuerte mortalidad infantil, las curvas de bautismos crecen otra vez. Es un fenómeno general, pero que parece más vigoroso en Cataluña (gráficos XVI y XVII). Ha sido por fin superado este grave bache demográfico.

2. AGRICULTURA Y GANADERÍA

Antes de examinar la evolución secular de la producción agraria, conviene esbozar, en el estado actual de las invetigaciones todavía incipientes, las tendencias del *clima*. Por suerte, los archivos son más abundantes y más explícitos que para la centuria anterior. Acudimos otra vez a los trabajos de José María Fontana Tarrats [60; 61; 62; 63].

En Castilla y León, una estadística bruta y provisional da los resultados siguientes para los 100 años (190 datos; no hay noticia para 5 años):

Característica de los años					
Lluviosos	De sequía	Ambivalentes (sequía-lluvia)	Fríos	Malas cosechas Hambre	Langostas
15	20	45	28	29	18

Del cuadro se deduce un fuerte carácter continental del clima. Los fríos y sequías predominan, muchas veces acompañados por las irrupciones de langostas, en el primer decenio; en los años treinta —el epistolario de Quevedo rebosa de escenas terribles con muertos de frío y hambre entre su señorío de la Torre de Juan Abad y Villanueva de los Infantes—, en los años 48-52, 83-85 y en el último lustro del siglo. Abundan las rogativas con invocaciones a las vírgenes locales —la Fuencisla de Segovia, por ejemplo—, últimos recursos contra las pestes y hambres.

Sin embargo, a medida que avanza el siglo, las noticias de hambre disminuyen: las cosechas, aun insuficientes, tienen que abastecer a una población menor y quizá mejor adaptada a la penuria.

En el Finisterre gallego, el panorama climatológico aparece así:

Años	Pestes	Hambres	Lluvias	Sequías	Calores	Contra-dictorios
1600-1649	4	12	12	4	5	2
1650-1700	5	9	20	16	2	8

Las lluvias y temporales, superiores a los del siglo XVI, cortan y contrastan con temporadas de sequías que revelan situaciones anticiclónicas. Este carácter contradictorio del clima permite la coexistencia de la vid y del robledo.

En el Principado de Cataluña es notable la riqueza de la información, que llega a detallar las noticias meteorológicas a veces por estación o incluso por mes.

Aquí también, como en toda la Península, los contrastes constituyen el rasgo mayor, pero con originalidad. Al espigar los noticiarios, obtenemos los resultados siguientes:

Años	Sequías	Lluvias	Fríos Nevadas Heladas	Años encontrados	Pestes	Malas cosechas
1600-1649	11	11	22	28	12	19
1650-1700	8	15	9	24	8	9

Las sequías han decrecido mucho en relación con el siglo anterior y son poco generales. En cuanto a las lluvias, la segunda mitad del siglo fue más húmeda, y la primera más fría. Pero la originalidad del clima catalán de este siglo reside en el número de los «años encontrados», con «una contraposición de tiempos entre la Cataluña seca (Ebro, Campo de Tarragona, Segarra y Urgel) y la húmeda del Llobregat, Vich, Gerona y Ampurdán». Barcelona se sitúa entre ambas. Este clima extremista explica el número relativamente abundante de malas cosechas, que tienen, sin embargo, un carácter más bien local o comarcal. Escasean los desastres generales. En resumen, la primera parte del siglo, hasta 1649, está en la línea climatológica hostil del siglo XVI, y la segunda constituye el inicio de los tiempos más propicios del siglo XVIII.

En el reino de Valencia y la provincia de Murcia, los contemporáneos nos han dejado una información abundante que revela, en cuanto al «tiempo», una extensa y profunda pesadilla.

Aquí están las características del siglo:

Años	Sequías	Riadas	Lluvias	Fríos
1600-1649	36	24	24	13
1650-1700	38	24	16	6

La tonalidad es muy similar a la del siglo XVI, pero agravada. Sequías, fríos, riadas muchas veces sincronizadas con las sequías, lluvias en forma de tempestades favorecen la degradación del cuadro agropecuario, y una subalimentación crónica agudizada por las pestes de langostas.

Los sistemas de cultivo no presentan innovaciones. La geografía esbozada para el siglo anterior sigue vigente. Pero la expulsión de los moriscos ha tenido como consecuencia la deterioración de los sistemas de irrigación. Francisco Bertaut, en su diario de viaje, con ocasión de su estancia en España en el año 1659, nota el buen estado, gracias a un cuidado intensivo, de «las acequias o trincheras que los moros hicieron de trecho en trecho en toda la extensión de la vega de Granada» y de las norias en el campo andaluz. Pero fuera de ambas regiones, «siendo raros los obreros, son también muy caros y de ese modo no remedian como hacían los moros la sequedad de la tierra».

El licenciado Bernardo de Cienfuegos, excelente botanista, describiendo en su *Historia de las Plantas* la vega de Tarazona al pie del Moncayo, atestigua en 1628:

> Con esta curiosidad y vigilancia atendían a la labor los Moriscos. Pero después que faltaran, los nuevos pobladores cuidan poco destas advertencias, y si no fuera por ser tierras de regadío que siempre son ciertas, huviera gran falta de pan en aquel Reyno por estar despoblado, falto de labradores, y los que hay poco curiosos...

Así pues, la expulsión de los moriscos significó no solo una decadencia de los riegos sino también de la jardinería, cuyos especialistas eran incontestables. Por otra parte, los paisajes agrarios ibéricos cambian, por la introducción de nuevos cultivos en el ciclo agrario y de nuevos árboles en el monte. El caso de Asturias y Galicia, en este aspecto, es ejemplar. Durante el siglo XVII —es muy difícil precisar ahora la fecha; es un hecho consumado a fines del siglo— el maíz y las patatas adquieren poco a poco el predominio en la explotación de los terrazgos. Al mismo tiempo, el roble —la carba gallega— reduce su área en provecho del castaño y del pinar.

La vid sigue su extensión, iniciada en los siglos anteriores, en la Rioja, en la parte sur de Galicia, cerca de la frontera de Portugal —el viñedo de la costa norte va desapareciendo poco a poco—, en ambas Castillas. Ángel García Sanz nos da unos ejemplos de esta progresión vitícola que a veces llega casi a monocultivo, como en Fuentelcésped, en el noreste de la provincia de Segovia: especialización que tiene consecuencias peligrosas para el abastecimiento de la comarca cuando escasean los granos en el entorno. Además, en las tierras agotadas por la superpoblación del siglo XVI, se acude al cultivo de cereales menos exigentes, como el centeno: Gonzalo Anés lo ha demostrado para las tierras segovianas.

La disminución de la población, sin afectar los sistemas de cultivo, cambia también el paisaje agrario. Se abandonan las tierras marginales, poco productivas, y las no marginales cuando las pestes o las migraciones han creado despoblados. La oligantropía permite, por una menor intensidad de las roturaciones, una reconstitución del humus y el desarrollo del monte, muy deteriorado en el siglo anterior, y de las dehesas: es la hora de la *ganadería.*

Como Sancho de Moncada para la población, Miguel Caxa de Leruela es el arbitrista por excelencia del sector agrario, especialmente de la crianza de los ganados. Con apoyo financiero de las Cortes, el alcalde entregador publica en 1631 en Nápoles su *Restauración de la abundancia de España* [29]. Con lucidez en el análisis más que en las conclusiones y los remedios propuestos, se enfrenta al tema de la crisis agraria. Parte del análisis de una ley de 1604 que excluye los ganados estantes de los privilegios de la Mesta, para esbozar un panorama de la situación económica española cuando acontece la privanza del Conde-duque.

La guerra que esta corona mantiene con Flandes, la Negociación de los Estrangeros, la Ociosidad de los Naturales por el abuso de los censos, juros, vínculos y Mayorazgos, la entrada de Mercaderías estrangeras, la infinidad de monasterios (por la multitud estéril que dicen encierran) la excesiva carga de tributos y la moneda de cobre, que si bien son terribles accidentes bastantes a descomponer la monarquía, y a retirar a España dentro de sus límites; el conflicto de todos juntos no es tan poderoso a reducirla al estado de necesidad, y carestía que padece, ni a perderla, como la falta de ganados...

Tenemos que intentar una explicación de este mal mayor, es decir, la exclusión del sector estante del amparo mesteño. A pesar de todo lo que ha dicho la historiografía tradicional, con una interpretación abusiva de la obra de Julius Klein [96], la Mesta no está en «decadencia» —palabra tópica y cómoda para zafarse del problema— sino en una fase de reestructuración, durante el siglo XVII, que beneficia a los ganaderos mayores, exportadores de lana.

Es verdad que los efectivos de la «Cabaña Real» trashumante oscilan entre 1,5 y 2 millones de cabezas, más abajo del nivel 2, 5-3 millones de la centuria precedente. La gestión de los rebaños, muy eficaz y muy racional, como intentamos probarlo en nuestras investigaciones sobre el ganado lanar de los Ibáñez de Segovia (40 000-50 000 cabezas de merinos), proporciona un rendimiento medio del capital, mal que bien, de 15 a 20 %.

A partir de los años treinta se cotiza la lana de Segovia y de Molina de Aragón, es decir, procedente del corazón de Castilla la Vieja, en la bolsa de Amsterdam. Comentaremos el hecho más a fondo al analizar el comercio exterior.

Los dinámicos ganaderos mesteños se preocupaban mucho por mantener la iniciativa en el mercado de las dehesas —las «yerbas»—: invernaderos en el Valle de Alcudia (provincia de Badajoz), así como los veraneros de los Montes Universales, de la sierra Carpetovetónica o de las sierras de León; estas últimas eran lugar de mayores conflictos entre campesinos autóctonos y pastores segovianos, según una investigación de Vicente Pérez Moreda [131]. Así y todo, los hacendistas segovianos, abandonando más o menos la industria de los paños, concentran en sus manos las actividades de la Mesta. Como las dehesas escasean como consecuencia, en el siglo anterior, de una extensión abusiva pero obligada de las tierras de pan llevar —sobre todo a partir de 1575, según Caxa de Leruela—, aun en las cañadas mismas, los ganaderos llevan una política de recuperación de los terrenos pastoriles, adehesando tierras concejiles y baldíos, transformándolos en cotos privados, chocando con los intereses de una viticultura agresiva —que ellos mismos a veces fomentan— y de los ganaderos de estantes, que luchan por la observancia de la ley del 5 de julio de 1491 (ley 14 Tít. 7 Lib. VII de la *Nueva Recopilación*), revocando la famosa ley de Ávila que consentía a cualquier vecino cercar una dehesa.

La defensa inteligente a la vez de los estantes y de los privilegios de la Mesta por nuestro arbitrista, que tenía un sentido agudo de esta «ruptura ecológica» del equilibrio entre pastoreo y labrantío, llevó a la promulgación de la pragmática del 4 de marzo de 1633 sobre las reglas a observar para la conservación de pastos y dehesas, concretamente la prohibición tajante de cercar las tierras pastoriles comunes. A fines del siglo, ya se habían reincorporado al sistema mesteño muchos ganaderos de estantes.

La disminución de la población permitía volver a un equilibrio entre agricultura y ganadería. La falta de pastos a principios de siglo suponía la escasez de la carne y de la caza. Por eso, Miguel Caxa de Leruela reclama la aplicación de la legislación que prohíbe la matanza precoz de las terneras, de los bueyes y las vacas antes de diez años. Los emblemas de Sebastián de Covarrubias, a pesar de su estilización, nos dan la prueba de la flaqueza de los bueyes castellanos, que contrasta con la opulencia de sus hermanos flamencos.

La lección, nos parece, se entendió. A través de los protocolos notariales de Castilla, se vislumbra después de los años sesenta el desarrollo de la ganadería caballar y vacuna, y el crecimiento del número de estantes y trashumantes, como lo ha demostrado Guy Lemeunier para Murcia [101]. Así pues, el sector ganadero fue muy conflictivo en el siglo XVII, pero superó pronto el reto de la coyuntura.

Las tierras vacías suscitaban la codicia de los titulares de señoríos, especialmente los baldíos y pastos comunes. Hasta ahora, faltan estudios para saber si la política real de la venta de baldíos sigue en esta centuria. Parece verosímil, pero a menor escala. De todas formas, este concepto no aparece en los presupuestos presentados por Antonio Domínguez Ortiz al analizar la hacienda real de Felipe IV [46]. Igualmente, por lo que sabemos gracias a algunos estudios sobre el campo andaluz en los siglos XVIII y XIX —me refiero a las investigaciones de Antonio Miguel Bernal [11; 12]—, la coyuntura oligantrópica benefició al proceso latifundista en el reino de Castilla, particularmente en Extremadura y Andalucía. Pero, insistimos en ello, adelantamos solo hipótesis.

Para completar este panorama del mundo agrario nos falta examinar la evolución de la *producción* y de los *ingresos*. Respecto a la primera, hay un fenómeno general y casi sincrónico en toda la Península: los diezmos de cereales, que indican un estancamiento con tendencia decreciente a partir de los niveles de los años 1590 hasta 1620; una caída brutal hasta llegar a los mínimos seculares, en tiempo de las «pestes de langostas», entre 1648 y 1652. Con altibajos, este nivel se mantiene hasta los años 1670-1680, cuando la tendencia cambia en otro ciclo de crecimiento, aunque bastante modesto. Gonzalo Anés ha estudiado esta evolución en las tierras de Segovia, Ángel García Sanz lo ha confirmado para Castilla la Vieja [69], Pierre Ponsot para la Andalucía occidental con la variante de una recuperación que comienza en 1660 [139], Antonio Eiras Roel para Galicia [50 bis], Luis María Bilbao y Emiliano Fernández de Pinedo [14], para la llanura alavesa —en este caso, el cambio de tendencia no ocurre hasta los años 1710—, Jaime Casey para el reino de Valencia. Con otras fuentes, Pierre Vilar llega a las mismas conclusiones para Cataluña [173]. Los «manifests» y «scrutinis» mallorquines, analizados por Juan José Vidal, indican una recuperación más precoz a partir de 1665.

No se encuentra la misma armonía al estudiar la evolución de los ingresos y rentas. Hay que ser prudente en las afirmaciones porque los estudios sistemáticos sobre el tema todavía escasean, y hay que distinguir los productos.

En Valencia, a pesar de una reacción señorial drástica para compensar las pérdidas ocasionadas por la expulsión de los moriscos, Jaime Casey no vacila en hablar de «la quiebra de los señores» en el siglo XVII en el sector cerealístico, lo mismo que en el sector azucarero por la competencia de los trapiches indianos. Las huertas y, en el valle del Júcar, el cultivo de la morera proporcionan ingresos más boyantes, pero se trata de un espacio limitado.

En la provincia de Segovia, los diezmos llevan a las arcas del cabildo y de la mesa episcopal cantidades de dinero que oscilan al ritmo de los caprichos de las cosechas y de los cambios del vellón. Las deflaciones de 1628 y 1680 provocan una caída momentánea de los ingresos. Pero, en conjunto, se puede hablar apenas de un estancamiento, más bien de una consolidación positiva.

Francis Brumont, al estudiar la contabilidad de la granja de Quintanajuar, perteneciente al monasterio cistercense de Rioseco, a 30 km al norte de Burgos, observa para los ingresos (cereales, lana y queso) un estancamiento hasta 1645, un crecimiento sincrónico de la subida de los precios hasta 1678, una caída hasta 1690, seguida de otro auge [18]. Los beneficios netos aumentan hasta 1668 para disminuir, más rápidamente después de 1678, hasta 1694, y crecer otra vez durante veinte años favorables (1695-1714). Las conclusiones sacadas de esta contabilidad concuerdan bastante bien con la evolución de los ingresos capitulares en Segovia.

Las rentas de la tierra siguen un movimiento análogo en ambos casos, con la misma cronología que para los ingresos.

Las comarcas que se dedican al cultivo intensivo de la vid parecen tener una situación mejor; el ejemplo de Fuentelcésped, en la provincia de Segovia, es muy esclarecedor; los trabajos de Alain Huetz de Lemps sugieren lo mismo para la Rioja [91; 92].

En cuanto al sector oleícola de Andalucía, que dedica en parte su producción a la exportación, el balance tiene que ser muy positivo. Recordemos que el sector ganadero, exportador de lana, cruza sin dificultad, y a veces con pingües beneficios, los años difíciles del siglo XVII, lo que no es el caso de los campesinos modestos de Aragón, que buscan en el bandolerismo —como en la Cataluña de los años 1630-1640— o en las actividades industriales y artesanales, un complemento a recursos insuficientes. Una vez más, es notable el cambio favorable que se produce en los años 1680.

3. ARTESANÍA E INDUSTRIA

En el estado actual de las investigaciones, es muy difícil presentar conclusiones definitivas. Una vez más, tenemos que confesar nuestra ignorancia y adelantar algunas hipótesis a partir de escasos indicios, seguros e irrefutables. Los artesanos tuvieron una conciencia aguda de la crisis económica. La disminución de población repercute en la actividad artesanal e industrial, y además, la competencia de productos extranjeros se añade al coste alto de los salarios y a la estrechez del mercado.

Los gremios de los diferentes ramos, de implantación urbana, adoptan una actitud cerril al defender los privilegios de sus miembros. La lectura de los protocolos notariales, en este sentido, resulta muy sugestiva: los veedores gremiales aplican estrictamente las ordenanzas contra todo intruso y toda innovación. En Barcelona, el gremio de los tejedores se opone a la postura monopolista de los pelaires...

Las ciudades presencian, con impotencia, el hundimiento de la fabricación de los paños de lana: hecho consumado entre 1620 y 1630. Segovia y Cuenca mantienen, mal que bien, el obraje de los paños de lujo, pero la producción masiva desaparece. De vez en cuando, en las escrituras de censo aparecen unas «tenerías» o fábricas de paños en ruinas. Además de las causas económicas antes mencionadas, prevalece el ideal social coloreado de casticismo del ganadero exportador sobre la vocación industrial del «hacedor de paños».

Para evitar el formalismo de los reglamentos gremiales, y aprovechar una mano de obra más barata, la industria de paños se traslada al campo. Claro está que se trata generalmente de una fabricación de paños bastos con carácter artesanal, y que tiene como salida el autoconsumo o las áreas comarcales y, en el mejor de los casos, regionales.

Esta ruralización del sector textil se da también en Cataluña. Los pelaires barceloneses, al perder su preeminencia se quejan de esta competencia campesina: en 1683, afirman

> ...aventse eduhit la fabrica de la pareyreria unicament en diferents vilas y llochs del present Principat de tal manera que los que antes comerciaven ab los parayres de la ciutat comersan hoy ab los parayres de las vilas y llochs.

Sin embargo, a partir del año 1685, en el Principado hay una reactivación del sector textil, así como —hasta ahora se trata solo de indicios— en Navarra, Vascongadas y Galicia. La periferia se despierta, no las mesetas.

Además, el gobierno de Carlos II tuvo conciencia de esta necesaria reactivación. A fines de 1676 se encarga al duque de Villahermosa, gobernador de los Países Bajos, y al embajador español en La Haya, Manuel de Lira, el reclutamiento, en Inglaterra y Holanda, de artesanos, casados o solteros, especialistas en pañerías, conocedores de la fabricación de «albornosses» o «barracans» (especie de chamelote), de los tejidos llamados «Londres» u otros tejidos similares importados del extranjero. Fue un fracaso.

Por decreto real del 29 de enero de 1679, y bajo el impulso del conde de Oropesa, se crea la Junta General de Comercio, organismo precursor del colbertismo español, que se propone restablecer las manufacturas y el comercio, y examinar la protección industrial «a lo francés».

Después de algunas peripecias, habiéndose suspendido la Junta y luego restablecido, en 1682 sigue la política de Villahermosa. Pero los artesanos extranjeros «importados» tienen que soportar el boicot de los gremios. Habrá que esperar el siglo XVIII para obtener resultados satisfactorios. Es el caso, por ejemplo, de los dos armadores flamencos, de Roo y Kiel, venidos de Dunkerque en 1658: en 1675 crean una manufactura privilegiada en Sada (Galicia) para abastecer la armada real en lonas y jarcias. Fue un fracaso en 1682. Intentan una segunda experiencia con un tercer flamenco para introducir la fabricación de «lencerías que llaman de Holanda y Flandes». A pesar de la oposición de los ayuntamientos de Gante y Brujas a la emigración de sus especialistas, y de la guerra de 1695 que paraliza la empresa, en 1713, la mantelería de La Coruña ofrece su producción a la corte, y a partir de ese momento adquiere un nuevo desarrollo...

El sector de la sedería sigue el destino de la pañería de lana a partir de los años 1620 en Valencia y en Toledo, y con buenos recursos para enfrentarse a la competencia internacional. Tiene que hacer frente a la importación de vestidos de seda franceses no obstante las prohibiciones oficiales —la retahíla de leyes sobre el lujo. Sin embargo, a partir de 1670 se nota una reactivación lenta, frenada en algún momento por la devaluación técnica de 1686, que provocó una disminución de las exportaciones levantinas hacia Castilla. Así y todo, parece rebasado el bache, y la industria valenciana de la seda entra, otra vez, en una era de prosperidad, y sirve de modelo a su colega catalana. Afirma Pedro Molas:

> València fou la capdavantera de la indústria de la seda, tant abans com després de l'adveniment dels Borbons. En el segle XVII, velluters i torcedors de seda barcelonesos es proposaven el sistema valencià com un model... [116].

Se advierte igualmente, en la misma época, un resurgir de la actividad en los centros de Toledo, Sevilla y Granada. En esta tormenta del siglo XVII, ¿qué ocurrió con la *metalurgia*? La geografía de su implantación es casi igual a la del siglo XVI para las «herrerías», es decir, con una fuerte ubicación en Navarra y Vascongadas.

La innovación mayor consiste en la aparición de los primeros altos hornos españoles. La Tregua de los Doce Años (1609-1621) había producido una crisis de sobreproducción en los altos hornos de Lieja. Los holandeses trasladaron una parte del personal técnico a Suecia, que se convirtió en el principal exportador de hierro de Europa.

El gobierno madrileño atrae al empresario flamenco Juan Curcio, que, después de enfrentarse con la hostilidad de las herrerías vizcaínas, obtiene un contrato por cédula real del 9 de julio de 1622 para fundiciones de artillería, proyectiles y cubrir la gama de objetos importados hasta la fecha, como escudo de armas, morillos y todo género de herramientas. Edifica dos altos hornos cerca de Santander, a orillas del río Miera en Liérganés. Pero, en 1628, completamente arruinado, tiene que reformar una compañía con el luxemburgués Jorge de Bande, lo que permite la puesta en marcha de los altos hornos.

El dinamismo de Bande y el rebrote de la agresividad española en su política exterior de 1632 a 1639, con las batallas de Nordlingen y Las Dunas, especialmente la demanda de cañones navales, lleva a la erección de dos nuevos altos hornos en 1637, a cinco kilómetros de Liérganés, en la localidad de La Cavada. Pero, después de 1640, la disminución de las compras estatales, y la falta de mercado civil, estabilizan la producción a la tercera parte del nivel que había alcanzado en el cuatrienio máximo de 1637-1640.

El establecimiento de Eugui, gravado por métodos arcaicos y la proximidad de la frontera francesa (cerca de la posición clave de Fuenterrabía), cesó su actividad en 1638. Para sustituirlo se creó en 1640 el quinto alto horno español en el interior del país, en Corduente (Molina de Aragón), dedicado exclusivamente a municiones. Tras unos inicios prometedores, su actividad languidece a partir de 1647 y cesa de fundir en los años 1670: los costes de los transportes de municiones y la falta de un mercado civil explican en buena parte este destino.

En 1689, se reactiva la fábrica de Eugui o de «Los Pirineos» para suministrar anualmente 6000 quintales de municiones, o sea 276 toneladas métricas.

Así y todo, habría que esperar el siglo XVIII para proseguir la experiencia pionera de Liérganés y La Cavada, que proporcionaron a España uno de los mejores hierros europeos.

José Alcalá Zamora ha dado estimaciones de esta producción siderúrgica que revelan la amplitud del esfuerzo industrial en el segundo cuarto de la centuria. En seis años, hasta 1634, Liérganés vendió al estado 232 piezas y 32860 proyectiles; entre 1634 y 1640, 939 cañones, 195 000 balas y 4010 bombas y unas 8500 granadas.

El mismo autor evalúa la producción total de hierro colado en Santander, Navarra y Cuenca (Corduente) durante el siglo XVII en 30 000 toneladas: «4 veces la del siglo anterior y un tercio la del siguiente»: 20 000 para Liérganés y La Cavada, 2-3000 en Corduente, 6-7000 en Eugui. El mismo dramatismo secular, lo encontramos en los intercambios comerciales.

4. LAS RELACIONES COMERCIALES

Dos factores —mejor dos obsesiones para los contemporáneos de Quevedo y Carlos II— las caracterizan: la *inflación del vellón* y el *peso económico de los extranjeros*; dos tipos de pestes más para los arbitristas y el enemigo de estos, Quevedo. Basta evocar algunas páginas de *La hora de todos* o del *Chitón de las taravillas*.

Años	Cantidades en kilogramos	
	Plata	Oro
1601-1610	2 213 631	11 764
1611-1620	2 192 255	8 855
1621-1630	2 145 339	3 889
1631-1640	1 396 759	1 240
1641-1650	1 056 430	1 549
1651-1660	443 256	469

El problema monetario es crucial en la vida económica de la España del siglo XVII. Las facilidades relativas de pago proporcionadas por las remesas metálicas de Indias, y que permitieron a Castilla soportar las exigencias de la política imperial, van agotándose según avanza el siglo. Como lo había notado ya Earl J. Hamilton, la estadística de estas remesas es muy reveladora (véase cuadro adjunto).

De este cuadro se deducen los resultados siguientes. Hasta los años treinta, aunque minoritario, el oro sigue representando un papel notable. El ciclo de la plata alcanza su cúspide en los treinta primeros del siglo, con un promedio mínimo de 200 toneladas anuales. A partir del desastre de Matanzas (1629) se asiste a un hundimiento de los flujos metálicos: en los años cincuenta, 40 toneladas anuales de plata y apenas 50 kilos de oro.

Después de 1660 escasean las estadísticas precisas para España. Es cierto, como lo ha demostrado Michel Morineau apoyándose en informes consulares y noticias de gaceta, que las exportaciones de plata americana aumentan otra vez a fines del siglo; las cifras proporcionadas por Alejandro Humboldt para México lo confirman. Pero es dudoso que este auge beneficie a España, pues los holandeses, los ingleses y los filibusteros —bucaneros galos— se encargan de cortar la carrera de Indias o de asolar las colonias españolas de América Central. El protestante francés Jean-Baptiste Exmelin nos ha dejado en su diario unas descripciones crudas de estas expediciones de piratería entre 1660 y 1690.

Para remediar esta escasez de metales preciosos y financiar las actividades económicas corrientes, se acude a las acuñaciones de vellón —un vellón que pierde poco a poco su aleación de plata para transformarse en cobre puro. La historia monetaria del siglo XVII transcurre entre ambos polos: resellos y acuñaciones de tipo inflacionista o resellos y «consumo» de vellón de tipo deflacionista. Sin presumir, se puede afirmar que, durante el siglo XVII, España ha intentado y probado toda clase de soluciones monetarias para resolver el problema de su inflación.

Recordemos, a fines del siglo XVI y a principios del siguiente, las acuñaciones de vellón en el «Nuevo Ingenio de Moneda» de Segovia, las cuales iniciaban una larga serie de manipulaciones de efectos contradictorios, a veces, y entre los cuales es muy difícil elegir las medidas fundamentales. Vamos a intentarlo, distinguiendo dos fases: antes y después de 1641.

1) El 18 de septiembre de 1603, se ordenó un resello al doble del vellón de cobre puro acuñado en 1599. Esta medida claramente inflacionista produce la baja del vellón que había circulado a la par durante más de cien años. Luego, las Cortes, para conceder el «Servicio de Millones», exigen la cesación de las acuñaciones de vellón: en vano, pues empiezan otra vez en 1617. En 1626, el premio de la plata sobre el vellón llega a 50 %. Se proyecta una compañía financiera para consumir el vellón: sin éxito. Pero en 1628 se toma la drástica medida de una defla-

ción de 50 %, que resulta efímera. En 1634 se dobla el valor de la «calderilla» (vellón acuñado antes de 1599), y con cierta proporción de plata. En 1636 se ordena otro resello para triplicar el valor nominal del cobre. Otra tentativa ambiciosa para consumir el vellón fracasa en 1638; en 1641, una pragmática obliga a los poseedores de piezas de cuatro maravedís, reselladas en 1603, a llevarlas a la ceca más próxima para ser reselladas al doble de su nominal.

2) A partir de 1642 entramos en una segunda fase. Las medidas contradictorias siguen siendo las mismas, pero se multiplican. Es un verdadero baile de «subidas» y «bajas» del vellón hasta 1680. Hemos contado catorce manipulaciones hasta la reforma trascendental de 1680.

Sin embargo, la operación de 1660 merecería un análisis profundizado por parte de los historiadores. Para «consumir» el vellón, este sueño constante de los letrados de la hacienda real durante el siglo XVII, se invita a los vecinos a que lleven su calderilla y vellón de cobre puro a las cecas para reacuñarlos en cincuenta y una piezas de 16 mrs de «vellón rico» ligado a veinte granos de plata por marco (6,95 %). ¿La sobrevaloración de esta nueva moneda, la especulación, entorpecieron la operación? Es muy difícil enjuiciarlo. Total que, a partir de 1664, la inflación se desencadena como una verdadera tormenta, y el premio de la plata sobre la moneda de cobre se hace exorbitante: 75 % a fines de 1661; llega a 150 % en 1664, con períodos cortos de remisión, y a ¡275 %! en febrero de 1680, antes de la «gran deflación».

En cuanto a las monedas de oro y plata, las acuñaciones siguen las normas, con algunas variantes, del siglo anterior. El gigantismo, muy barroco, de los «centenes» de oro y de los «cincuentines» de plata, labrados en los reinados de los Felipes y Carlos II, no deben esconder la invasión de la moneda de cobre.

La hacienda real lucha por eliminar las falsificaciones, numerosas tanto en España como en otros países de Europa, particularmente en Francia, de los reales de a ocho. Este desorden monetario concluye en las reformas, fundamentales para la historia económica de España, de 1680 y 1686.

La reforma de 1680. Hamilton había «husmeado» su importancia. Pero fue Pierre Vilar quien puso énfasis en el carácter drástico que se revela indiscutiblemente en las curvas de precios hamiltonianas o, como lo hemos demostrado con Gonzalo Anés, en las de los precios de la «mercurial segoviana» (véase gráfico XVIII) y en el premio de la plata, que vuelve a 50 % sobre el vellón.

Aquí están las diferentes medidas de la operación. Por la pragmática del 10 de febrero de 1680, se baja a dos maravedís la moneda de molino ligada que corría por valor de ocho mrs. Se admite por el mismo valor la moneda de molino falsa del mismo peso. La moneda falsa que no dé el peso ni la liga, y que es «tan delgada y feble», queda reducida a un

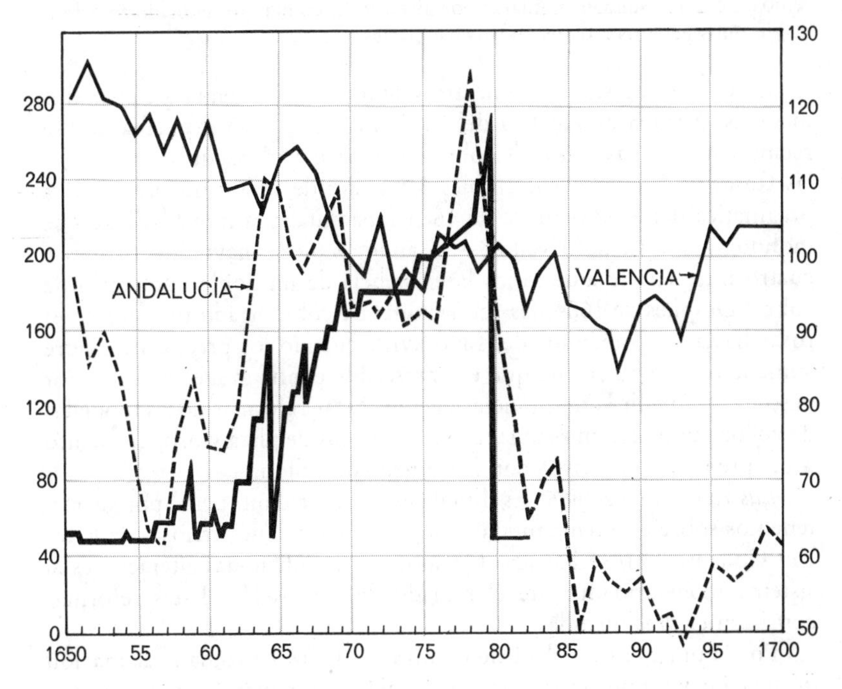

Según las series de HAMILTON

Línea de trazado fuerte: premio de la plata sobre el cobre (índices a la izquierda). Para los precios de Andalucía y Valencia, el índice 100 = 1671-1680. Aparece claramente en Andalucía el carácter drástico de la reforma de 1680, y en Valencia el reflejo de una evolución con pocas sacudidas.

maravedí. A los particulares que traen dicha moneda a las cecas, se les pagará, «para quanto sea posible su perjuicio», su valor facial en moneda de oro y plata, con el premio de 50 %. Al mismo tiempo se acuñan piezas de cobre puro de dos mrs con talla de 38 al marco. Dicha acuñación fue relativamente abundante en Castilla hasta 1695.

Esta manipulación monetaria tiene dos aspectos:

1) Fue posible por la baratura coyuntural del cobre metal. 2) En la práctica —lo hemos averiguado para la ceca segoviana— la devaluación fue más fuerte, alrededor de 80 %. Los oficiales de la ceca se contentaron con pagar el peso de la moneda, ligada o no. Es verdad que las piezas, en su mayoría, se encontraban muy deterioradas.

La operación fue un éxito pero tuvo por consecuencia el enrarecimiento de la moneda. El rey consulta sobre el tema al Consejo de Castilla el 19 de noviembre de 1683, y pone el punto sobre las íes:

...sintiéndose más cada día la gran falta de moneda que se padece en mis reinos, de que resulta el atenuarse por instantes el comercio, reducido a permutas de unos géneros a otros en muchas partes...

La escasez de signos monetarios obliga a la hacienda a tomar dos medidas. Ya una pragmática del 14 de mayo de 1683 mandaba que se recibiesen todas las piezas de cobre que los particulares quisieran traer a las Casas de Moneda, pagándoles 3,5 reales de vellón por libra. Otra pragmática del 8 de octubre de 1684 rehabilitaba la moneda ligada de molino —el verdadero vellón— tasando la pieza mayor de 16 mrs a cuatro mrs. Así se autentifica la existencia de un doble numerario de cobre. Después de 1684, las acuñaciones de cobre ligado fueron numerosas hasta los principios del siglo XVIII, cuando los precios del cobre aumentaron de tal forma que era preferible emitir monedas de menor peso para impedir la desmonetarización. Estas reformas de las monedas de vellón suponían un reajuste de las monedas de plata y oro, en cuanto a sus premios respectivos con la moneda de vellón.

Las reformas de 1686. Es difícil su interpretación, pero, por suerte, tenemos sobre este tema fundamental las aportaciones valiosas de Esteban Collantes y José Patricio Merino, que estudian «las alteraciones al sistema monetario durante el reinado de Carlos II». Estas reformas consisten en tres medidas.

Por la pragmática del 14 de octubre de 1686 se manda la acuñación de una nueva moneda de plata a 84 piezas por marco en vez de 67, valorada en 408 mrs el real de a 8, o sea 51 mrs el real sencillo. Se ordena la estimación de la moneda de plata vieja en relación con la nueva moneda de plata y con el vellón: la pragmática real del 4 de noviembre de 1686 tasa el real de a 8 de plata vieja en 10 reales de plata nueva y 15 reales de vellón, redondeados en 512 mrs para facilitar las divisiones de los submúltiplos. Por fin, se tasa el doblón de oro en cuarenta reales de plata, «con la misma igualdad que corría con 4 reales de a 8 antes de la pragmática del 14 de octubre».

He aquí un resumen de estas nuevas equivalencias:

METAL

Oro: 2 escudos (doblón) = 40 reales de plata nueva y 60 reales de vellón + 8 mrs.

Plata vieja: 1 real de a 8 (escudo) = 10 reales de plata nueva y 15 reales de vellón + 2 mrs.

1 real sencillo = 64 mrs de vellón.

Plata nueva: 1 real de a 8 (peso maría) = 12 reales de vellón o 408 mrs.

1 real de a 2 (peseta) = 3 reales de vellón o 102 mrs.

1 real sencillo (real maría) = 51 mrs.

Cobre: 1 nueva pieza de 2 mrs (ochavo) = 2 mrs.
Carilla de 16 mrs nominales (cuarto) = 4 mrs.
Pieza de cobre de 8 mrs nominales (ochavo) = 2 mrs.
Pieza de cobre de 4 mrs nominales (maravedí) = 1 mr.
Pieza de cobre de 2 mrs (blanca) = 1/2 mr.

Ahora pueden resumirse los rasgos principales de las reformas de 1686. Un aumento del precio del oro de 6,6 %, que tiene como consecuencia una relación plata/oro de 1 a 16,4 —relación que era de 1 a 11 en los tiempos de los Reyes Católicos. Se vuelve a un premio de 50 % para la plata respecto al vellón.

Los historiadores suelen tachar estas medidas de inflacionistas. Sin emplear la palabra, los contemporáneos las percibieron como tales. Nos parecen más bien un «reajuste» del sistema monetario después de la deflación demasiado fuerte de 1680, en cuanto a la masa de especies metálicas circulantes. Cuando se considera la eficacia y la longevidad de estas medidas, es legítimo hablar de «estabilización». En este sentido, estamos de acuerdo con las tesis de Collantes y de Patricio Merino.

En el reino de Navarra, las reformas monetarias se sincronizaron con las castellanas.

Quedan por estudiar dos casos originales: Cataluña y Valencia. Ambas provincias se beneficiaron a causa de su autonomía monetaria.

En Valencia se observa una estabilidad relativa en cuanto a la relación plata/vellón. No hubo, pues, una inflación sensible del vellón. Los precios expresados en plata siguen la coyuntura internacional: una baja rápida entre 1650 y 1670, aflojada hasta 1688 y seguida de una subida hasta 1710.

El caso catalán, estudiado por Pierre Vilar, es muy diferente. El Principado, hasta 1640, mantiene una moneda sana con una circulación de oro un poco sobrevalorado para impedir las exportaciones de metal, y un caudal de plata suficiente para consumir el demasiado vellón.

La tormenta inflacionista, peor que en Castilla, dura veinte años, por la acumulación de las pestes y sublevaciones entre 1640 y 1660. El escudo doble de oro —la dobla—, que vale 58 sueldos en 1640, se cotiza a 320 en 1654. Sin embargo, tan pronto como dentro del mismo año, se eliminan las «monedas negras», y en 1660 la dobla vuelve a 120 sueldos, y luego, a 110: una devaluación de 50 % en cuanto a la base de 1640. Aprovechando esta relativa estabilidad, las autoridades de la ciudad condal acuñan algunas piececitas de plata —las futuras pesetas— cuyo valor intrínseco (valor de la plata contenida) y extrínseco (valor legal) coinciden poco más o menos, con una ligera sobrevaloración del segundo para impedir las exportaciones. Después de estas medidas, el Principado sigue el ritmo valenciano, y aun inglés: baja de los precios hasta 1688 y subida hasta 1710.

Estas alteraciones monetarias pesaron mucho sobre las modalidades del *comercio interior*, poco estudiado hasta la fecha. A partir de los años 1620, en Castilla, los intercambios de la vida cotidiana desaparecen de los protocolos notariales. Y en los años cuarenta, en toda España, los libros de acuerdos de los ayuntamientos atestiguan la amplitud de la crisis. Como la industria, el mercado interior se ruraliza, y ante las fluctuaciones del vellón, sobre todo después de los años cincuenta, el trueque prevalece en las relaciones cotidianas. Los hombres del siglo XVII tuvieron un sentido agudo de la inflación, que describen como otro tipo de peste. Arbitristas y ayuntamientos, a veces conscientes de su impotencia, tratan, si no de resolver, al menos de entender el fenómeno. Las variaciones fuertes (semanales y diarias) de los precios son tales que, para tratar de superar este vértigo oscilatorio, los responsables municipales de la «mercurial de Segovia», a partir de la mitad del siglo, utilizan las medias mensuales.

A partir de los años ochenta, primero en Cataluña, se nota una reactivación del mercado interior; pero la escasez de numerario, después de la deflación de 1680, hace que los contemporáneos de Carlos II sigan con la impresión si no de una subida de los precios, al menos de una carestía endémica.

Conviene ahora examinar la evolución de los salarios en esta coyuntura difícil. Un hecho admitido por todos los testigos de la época es el alto nivel numérico de los salarios, lo que no significa un poder mayor de compra. Claro está que en una tendencia salarial de signo ascendente, las deflaciones de 1628 y 1642 permiten una recuperación positiva pero solo efímera, teniendo en cuenta la inflación galopante de los años 1660-1680. Después de los reajustes de 1680-1686, los salarios parecen consolidarse si no mejorarse. La situación de los asalariados era, sin duda, mejor en el campo gracias al autoconsumo, muy difícil de cifrar, y a las actividades artesanales complementarias. En las ciudades, sobre todo las del interior afectadas por la crisis económica, el poder adquisitivo de los salarios era menor; a nivel igual que el de los sueldos del campo. Sin embargo, en este mercado interior, hay algunos sectores privilegiados. Los pastores de la Mesta, beneficiarios de una política dinámica de exportación de lana, cobran sus sueldos aumentados con unos aguinaldos de varios conceptos en buena moneda, ¡a veces en doblones! La villa de Pedraza (Segovia), lugar de reclutamiento por excelencia de los mayorales de los rebaños mesteños, refleja esta opulencia relativa.

Además, en esta atonía de la actividad urbana, algunas ciudades contribuyen a mantener o restaurar los intercambios.

Hay que evocar primeramente el caso de Madrid, cuya población creciente sobrepasa los 150 000 habitantes en la segunda mitad del siglo. Es muy difícil afirmar si logró crear un mercado regional. David Ringrose no lo cree ni aun en el siglo XVIII, pero se refiere al sector agrícola

[142]. A nosotros nos queda la duda respecto de algunos sectores, como los de la carne o la crianza de los caballos. Pero un hecho es seguro: la atracción de Madrid por la artesanía castellana y manchega, que encuentra en la corte una clientela numerosa.

Dejando por ahora el aspecto internacional, tres puertos son focos de animación del mercado interior por su población abundante, que hay que abastecer, y su papel de cauce para las exportaciones: es el caso de Cádiz, de Barcelona y de Bilbao.

Conviene intentar ahora hacer un balance del *comercio exterior* de España en comparación con el siglo anterior.

Las rutas terrestres o marítimas son las mismas, si bien estas últimas han evolucionado. Sigue activo el cabotaje en el mar Mediterráneo a partir de Cartagena, Valencia y Barcelona y sus relaciones con Provenza, Italia del Norte, reino de Nápoles, o África del Norte.

En el Atlántico, a partir de 1630, pierde su hegemonía el eje oeste-este de la carrera de Indias. Los holandeses, ingleses y franceses han sustituido en gran parte a los españoles en el comercio de productos coloniales. El tráfico norte-sur se desarrolla con Inglaterra, Bretaña y Flandes a partir de Sevilla, Barcelona, Valencia y, sobre todo, Cádiz y Bilbao. En Flandes español, hasta los años sesenta y aun después, el puerto de Dunkerque, como lo demuestran las investigaciones de Jean Dams, sirve de «placa giratoria» para La Mancha, el Norte y el Báltico [43; 44].

En estas rutas, las flotas extranjeras superan en tonelaje a las españolas. Faltan los barcos, y España tiene que aprovechar el flete inglés, holandés y francés, legalmente e incluso ilegalmente en tiempo de guerra. El contrabando representa un papel importante, incluso primordial. Este peso de los extranjeros no solo aparece en las flotas mercantes, sino también en el comercio de los productos en la Península misma, importaciones y exportaciones. Los españoles tenían la impresión, no siempre injustificada, de una intrusión brutal y abusiva de los extranjerros en su comercio exterior, que pondría fin al monopolio. Después del vellón, ya lo dijimos, el extranjero es la segunda obsesión económica de los españoles. Dos testimonios son particularmente aleccionadores.

1) El mismo Tratado de los Pirineos, firmado en 1658, entre Francia y España, es en primer lugar un tratado comercial que Francia utilizará como caballo de Troya, en nombre de la cláusula de la nación más favorecida, para penetrar el mercado español en competencia con ingleses y holandeses. Aprovechando este tratado, los «gabachos» de Saint Malo suelen portarse en Cádiz como en país conquistado, practicando el contrabando, manipulando a testaferros para negociar con Indias o la metrópoli sin pagar los impuestos debidos. Las exacciones llegarán a tal punto que, una vez más, en los años ochenta, el Estado reacciona sin obtener un éxito completo.

2) Estas posturas de los extranjeros —genoveses, marranos de Portugal, ingleses, franceses u holandeses— encontraron un gran eco en los escritos de los arbitristas. Hemos elegido, como ejemplo, el caso de Francisco Martínez de Mata, natural de Motril, cuya vida ofrece muchas sombras. ¿Fue procurador de galeotes y hermano de la tercera orden de penitencia? Se titula siervo de los pobres afligidos, y según Gonzalo Anés, que ha publicado una magnífica edición de sus *Memoriales y Discursos*, aparece como un «rebelde primitivo urbano», quizá agitador social, de todas formas buen conocedor de los problemas económicos de su país, especialmente de Andalucía, alrededor de los años cincuenta-sesenta.

En su discurso quinto, dedica unas líneas donde

> se prueba cómo la pobreza procede del comercio abusado de los extranjeros

y en el discurso sexto demuestra

> cómo el tolerar a los franceses y genoveses, es mayor daño, que el que hacen los millones y otros cargos, aunque fuesen mayores.

Propone quitar

> las sanguijuelas extranjeras, que como esponjas chupan con sus sutiles modos y política que observan a este fin, el oro y la plata que es la sangre manantial del cuerpo de esta Monarquía...

El balance de las exportaciones e importaciones españolas da la razón a nuestro ardiente arbitrista.

Para el primer cuarto del siglo, Álvaro Castillo estableció una lista de las importaciones de Valencia que vamos a resumir [28].

Productos alimenticios. Los «avitualladors» nombrados por el Consell de València, por mediación de síndicos hasta 1611, y luego de mercaderes, gestionan la importación de trigo procedente de Sicilia, Nápoles y Cerdeña. Para los años 1598-1621, en el puerto de Valencia las importaciones de trigo llegaron a un total de 481 076 hectolitros para Sicilia, 79 442 para Nápoles, 246 885 para Cerdeña, mientras en los demás puertos del reino llegaban 213 832 hectolitros de diversas procedencias.

Como complemento de unos abastecimientos de cereales muchas veces insuficientes, se importan, además del atún andaluz o de Denia, las sardinas de Portugal, de Bretaña y normalmente de Inglaterra. Las especias (pimienta, clavo, canela) y el azúcar portugueses llegan a Valencia desde Setúbal, Lisboa, Marsella, Alicante y Denia, los quesos desde Mallorca y Cerdeña, el aceite desde Provenza.

Productos industriales. Las fibras textiles ocupan el primer puesto: el algodón y el lino de Egipto, reexportado por Marsella, para la elaboración de los fustanes y cotoninas y muselinas. La industria textil valenciana necesita también tanates y productos tintóreos: el alumbre de Tolfa llega desde Génova y Liorna. Marsella exporta también a Valencia este otro mordiente producido en Levante: la nuez gala. A principios del siglo XVII, los colorantes de América —cochinilla, palo de Brasil e índigo llamado añil— reducen el papel de las materias tintóreas de Europa. Sin embargo, el pastel del sur de Francia es el preferido de los fabricantes valencianos y se importa desde Marsella, como los colorantes americanos que, a veces, llegan directamente de Portugal.

Los cueros y pieles, procedentes del Atlántico, del mar del Norte y del Báltico ocupan igualmente un puesto importante en el comercio valenciano para la fabricación, entre otros productos, de zapatos y botines —una vieja tradición hasta nuestros días. La presencia de pieles de puerco espín y cueros de Moscovia es episódica. Después de 1604 aparecen en el mercado valenciano las pieles de becerro inglés o irlandés. Hay que señalar también las pieles de cabrito provenzal o de toro berberisco.

Los metales constituyen otro sector clave del tráfico, con altibajos según la coyuntura internacional, pues son considerados como mercancías de guerra. El hierro procede de Cataluña-Rosellón; el acero se importa de Génova, Provenza y Saboya; el estaño utilizado en la fundición de bronce para la artillería, y el plomo para las municiones, llegan de los países nórdicos y, sobre todo, de Inglaterra. El cobre —¿de origen tirolés?— transita por Génova y Provenza, como el alambre.

Por fin, la farmacopea del tiempo exige una gran variedad de drogas despachadas por Marsella y, en menor grado, Génova, y procedentes, casi exclusivamente, de los mercados de Oriente: alcanfor, zarzaparrilla, goma arábiga, sublimado, oropimente, arsénico, agárico, láudano, ruibarbo, sales de amoníaco, trementina, barilla, mástique y tartárico.

Para cerrar esta lista, no se pueden olvidar los productos indispensables para la liturgia de las fiestas religiosas: el incienso de Somalia y Arabia, la cera de África del Norte, que proceden de Berbería o de Marsella. El azufre italiano y siciliano para la pólvora y otros usos se exporta desde Génova y Nápoles.

Las fuentes utilizadas por Álvaro Castillo no le han permitido valorar las exportaciones valencianas: eso no impide citar la importancia del comercio de sederías con el sur de Francia.

El caso de Valencia nos parece ejemplar y permite apuntar algunos rasgos mayores del comercio valenciano antes de 1625: las relaciones privilegiadas con Provenza, Génova e Inglaterra; el papel de tránsito de los puertos de Barcelona, Alicante, Cartagena y Denia. Faltan todavía estudios para valorar hasta 1700 la actividad de los puertos del reino de Valencia.

El caso de Barcelona es más conocido. Su tráfico se desarrolla, a lo largo del siglo, con un bache en 1640, cuando ocurre la rebelión de «los segadores», al revés del de Sevilla. Es probable que la competencia agresiva barcelonesa ocasionara el estancamiento o incluso el declive del puerto de Valencia en la segunda mitad del siglo XVII.

Volvamos al mundo atlántico para analizar las importaciones y exportaciones desde Sevilla y Cádiz en la misma centuria.

Michèle Moret ha puntualizado el papel de Sevilla en sus relaciones con el mundo mediterráneo y la Europa del norte, antes del cambio de *trend* de los años 1630 [119]. El balance es positivo, pero se vislumbran claramente, a pesar de un tráfico impresionante en tonelaje, las señales precursoras del declive. Además, la estructura del comercio es semejante a la del valenciano. Aquí también pesan mucho sobre el comercio los extranjeros.

Respecto a las importaciones encontramos a bordo de los barcos franceses y flamencos el trigo, los paños y las telas de Ruán y la madera de Noruega. En secreto, llegan a Sevilla unas piezas de artillería procedentes de Holanda, así como las jarcias para la marina. Los barcos ingleses traen plomo, estaño y las famosas agujas de Flandes, Alemania y Francia. Entre 1600 y 1658, desde Dunkerque, Jean Dams observa los mismos protagonistas y los mismos productos; la pañería francesa es sustituida en este caso por las pañerías y lencerías flamencas e inglesas.

Pero para los comerciantes extranjeros, ya a comienzos del siglo XVII, se plantea el problema del fletamento de vuelta a España. Desde luego, Europa aprecia mucho los frutos de la tierra andaluza: vinos, aceite, pasas... En los cargamentos se encuentran también las pieles, la lana, los productos tintóreos como el índigo y la cochinilla, las especias como el jengibre, la sal de las salinas del Guadalquivir cuando falta en Bretaña por razones meteorológicas. Pero estas exportaciones no bastan para equilibrar la balanza de pagos. El único remedio consiste en exportar de contrabando la plata a pesar de las prohibiciones oficiales.

En la segunda mitad del siglo XVII, los franceses explotan a fondo las facilidades del Tratado de los Pirineos. Gracias a los trabajos pioneros y no superados de Albert Girard, es posible hacer un balance de las exportaciones e importaciones entre Francia y España que confirma, con matices, las tendencias anteriores [78, 79].

En el capítulo de las importaciones a España, Francia despacha primero sus productos nacionales. Los textiles constituyen una de las partidas más importantes, sobre todo, las telas: de Ruán («fleurets» y «blancards»); de Quintín, de Morlaix; los olones de Lochronan, los noyales; en Flandes, los Cambray. En Cádiz, en 1686, representan más de la mitad del tráfico francés, pero sufren una fuerte competencia alemana a fines del siglo XVII.

A lo largo de la centuria decaen las llegadas de paños de lana de Normandía, Picardía y Bretaña, por los derechos de salida altos y los defectos de fabricación. Solo el Flandes valón en 1668 mantiene sus relaciones tradicionales con la Península, mandando sus «picotes» y «burracanes» de Lille.

Durante todo el siglo, las sederías y los paños de oro y plata tendrán éxito entre la clientela encopetada española, a pesar de las leyes suntuarias y de competidores acérrimos como Génova, seguida por Ginebra y Holanda. Se aprecian sobre todo, según la encuesta del intendente Patoulet realizada en 1686, los terciopelos de Tours, los brocados de seda, oro y plata, los moarés de plata y oro elaborados en Tours y Lyon o los tafetanes estampados y lustrosos de Aviñón.

Tienen gran importancia los artículos de moda, la mercería y las baratijas, especialmente los sombreros de castor y los encajes de Le Puy. En este sector, sin embargo, se nota una retracción después de 1650, debida a la sempiterna competencia holandesa y flamenca.

En cuanto a la industria del papel y de los libros, si la primera conserva sus posiciones, la segunda, ubicada en Lyon, queda vencida ante la agresividad comercial de los impresores holandeses y venecianos.

En una España hambrienta crónicamente, el trigo bretón o provenzal, el bacalao pescado en Terranova, o la sardina del Atlántico y las lampreas de Nantes encuentran fácilmente una clientela. Pero, una vez más, a fines del siglo, los ingleses intentan quitar a los galos esta situación privilegiada, haciendo un enorme esfuerzo por colocar en el mercado español su pescado salado o ahumado.

Francia reexporta también hacia los puertos ibéricos productos coloniales y extranjeros, sobre todo de contrabando, lo que dificulta su estimación. El cacao de las Antillas, los géneros de las Indias Orientales y de los países berberiscos. Aquí están las famosas indianas, las especias y las drogas, la cera de África del Norte. Al amparo de los movimientos de la coyuntura bélica, Francia reexporta bajo su pabellón mercancías extranjeras prohibidas por las aduanas españolas.

Como a principios de siglo, continúa planteándose el problema de los cargamentos hacia Francia para compensar una balanza española de pagos y de cambios tremendamente deficitaria, a pesar de los intensos esfuerzos desarrollados por el gobierno de Carlos II. La solución consiste en la salida de los metales preciosos, a veces con el consentimiento de las autoridades, de contrabando en la mayoría de los casos. Ocupan el segundo puesto los productos procedentes de las Indias: según el mismo informe de Patoulet (1686), los negociantes llevan a Francia 150 000 pesos de cochinilla, entre 20 y 35 000 pesos de índigo, 600 000 pesos de pieles (cifra exagerada que incluye probablemente los curtidos extremeños y andaluces), una pequeña cantidad no estimada de esmeraldas y otras piedras preciosas, 220 000 pesos de vicuña, un poco de palo de campeche y 8-10 000 pesos de quinquina. En el tercer puesto hallamos los géneros alimenticios ibéricos: las frutas de Andalucía —higos, almendras, pasas—, las confituras, el vino de Alicante o de Málaga, las olivas y el aceite.

Para concluir este panorama del comercio internacional español, hay que recordar un tipo de productos que representan un papel importante para compensar el déficit de las importaciones y permiten una presencia no desdeñable en el mercado europeo, especialmente el francés.

Son materias primas. Algunos productos exportados desde los puertos mediterráneos tienen una importancia episódica: el alumbre, la rubia, el azafrán y la barrilla.

Dos productos se destacan y simbolizan la insuficiencia industrial del país a fines del siglo. El hierro de Vizcaya llega a los puertos del Atlántico, entre ellos, Burdeos. Este es un tema que espera ser investigado; nos basamos, pues, solo en unos indicios. Más fundamental es el peso de la lana, de Segovia o de Molina de Aragón, cotizada en la bolsa de Amsterdam desde 1630, y cuya exportación monopoliza Bilbao después de largas luchas con los otros puertos vascos y los negociantes burgaleses. Los fabricantes de paños la mezclan con la lana francesa para aumentar la calidad de sus tejidos. Su precio determina el precio de la lana en el mercado francés, como lo reconoce el intendente del Languedoc, Basville, en julio de 1699, en un informe al Controlador General de Hacienda.

> ...il est constant que ce sont les laynes d'Espagne qui mettent le prix aux laynes de France; or moins les Espagnols auront de moutons, plus leurs laynes seront chères, et, par conséquent, les nostres. Ainsy, je ne vois pas que ce soit un avantage pour la France de les retenir, ne pouvant éviter le contrecoup de cette cherté des laynes d'Espagne, qui nous sont nécessaires pour les manufactures...

En resumen, durante el siglo XVII, el mercado español resulta un campo de batalla donde se enfrentan las ambiciones de Francia, Inglaterra, Holanda y Génova. La corona se da perfectamente cuenta de la intrusión extranjera, y reacciona a partir de los años ochenta. La solución queda en un esfuerzo industrial que empieza también desde los años setenta-ochenta en la periferia, País Vasco y Cataluña, y que dará sus frutos en el siglo siguiente. Cádiz sustituye a Sevilla como emporio, y el nuevo mapa económico que se esboza al borde ya del siglo XVIII queda simbolizado por el dinamismo de los puertos de Bilbao y Barcelona, que recupera su antiguo papel. Los índices de tráfico calculados por Robert Smith para Sevilla y Barcelona revelan este cambio (base 1605-1606 = 100).

La política de la hacienda real evidencia el peso financiero de los asentistas foráneos y explica también esta obsesión del extranjero.

Bajo el reinado de Felipe III siguen imperando los genoveses, y sigue también la política tradicional para remediar el déficit: Medios Generales inaugurados en tiempos de Felipe II, como los de 1603 y 1608 que conceden a los asentistas consignaciones sobre las rentas del Estado, especialmente sobre los «Millones» votados por las Cortes; acuñaciones de vellón y resellos como en 1603; consumo anticipado de los ingresos futuros, ya gravados por las libranzas concedidas a los asentistas, y sobre todo emisiones de juros consolidados del 14 000 al millar al 20 000 desde 1608, es decir una rebaja del interés del 7,1 al 5 %.

Años	Barcelona	Años	Sevilla
1693-1694	132	1621-1625	45
1694-1695	121	1641-1645	27
1695-1696	137	1661-1665	17
1696-1697	172	1681-1685	13
1697-1698	131	1691-1695	23
1698-1699	189	1695-1700	10

Los genoveses se agarran al mercado financiero español, ilusionados sobre las llegadas de plata americana en los años veinte, la afición de una clientela acomodada que atesora el metal y compra los juros como la apetencia de los países del norte para los reales castellanos.

La conservación de la paridad vellón/plata hasta 1628 determina la desaparición de la plata en los intercambios corrientes, averiguando la ley de Gresham. Para encontrar plata, los genoveses suelen negociar los juros en cartera, obtenidos en compensación de los asientos en 20 o 22 % del nominal, o las libranzas a su vencimiento con un descuento de 10 %. Pero si los letrados de Felipe III, estudiados por Jean-Marc Pelorson, tienen todavía interés en comprar los juros, los consejeros de Castilla, a lo largo del siglo XVII —como lo ha demostrado Janine Fayard— prefieren las especulaciones sobre los censos.

A la muerte de Felipe III, el Conde-duque, consciente de la estrategia de repliegue de los genoveses desde las ferias de Plasencia hacia Novi, trata de reaccionar contra su dominio impopular del mercado financiero, sin cortar jamás los indispensables puentes de salvación. En la «Junta de Reformación», se vuelve al proyecto de Peter van Oudegherste sobre los erarios y montes de piedad para reanimar la economía prostrada de Castilla, cuyas medidas esquematizadas eran las siguientes: a partir de 2000 ducados, las fortunas laicas y eclesiásticas tendrán que contribuir a los erarios por la suma de 1/20; en cambio, recibirán censos perpetuos del 3 %. Se prevén unas emisiones de deuda pública en censos al quitar de 5 %, y la recaudación, a razón de 10 %, de los emolumentos eclesiásticos que vacasen. Dos exclusivas incumbirían a los erarios: dar préstamos consignativos y tomar ahorros a interés.

También cada erario recibiría el cargo de pagar los cupones semestrales de juros situados en su distrito y reducir, si no consumir, el vellón gracias a un porcentaje sobre el producto de los diversos impuestos. Se establece un sistema de compensación, casi de *clearing*, entre deudas y créditos de la clientela de los varios erarios. A cada erario se adscribiría un monte de piedad, facilitando, según Felipe Ruiz Martín, sobre prendas o hipotecas seguras unos préstamos a largo o corto plazo, y siempre al 7 %. Todos estos mecanismos financieros dependerían de la intervención de un «Consejo Superior» gubernamental. En resumen, se trataba de organizar un banco público.

La encuesta encargada a los corregidores para obtener los diversos pareceres de los ayuntamientos de las ciudades con voto en Cortes sobre dicho proyecto, desemboca en un «no» mayoritario y revelador de las tensiones sociales.

Ahora, en 1627, se intenta organizar, con la ayuda de los mismos genoveses, las diputaciones para consumir un vellón demasiado abundante, jugando y especulando sobre la inquietud de la clientela y el premio de la plata: en vano. Además, se trata de hacer participar a todos los reinos de la Península en la política de guerra: la «Unión de las Armas», proclamada el 25 de julio de 1626, fracasará después de múltiples negociaciones sin conseguir acabar con la rebelión de los catalanes en 1640.

A pesar del entusiasmo genovés por la plata ibérica, el gobierno de Madrid desconfía poco a poco de su credibilidad y de su crédito, ya mermados por el consabido repliegue de las ferias de Plasencia hacia las de Novi. Después de mucha vacilación, Felipe IV resarce a los acreedores de los genoveses, que facilitaron préstamos entretenidos sobre cambios secos o con «ricorsa», con juros de 20 000 al millar, y a los naturales de estos reinos por sus depósitos, sin y con rédito, a pérdidas o ganancias, con numerario.

Al mismo tiempo, el Conde-duque busca a unos asentistas de sustitución: fueron los judíos portugueses, que, desde el siglo XVI, habían ocupado un lugar discreto pero eficaz en los negocios entre la Península y la Europa del Norte, como lo ha documentado José Gentil da Silva. Utilizan la red de las comunidades marranas establecidas a través de Europa, desde Salónica hasta Amsterdam y Lübeck.

En sus asientos con la corona de Castilla, tienen el cargo de cambiar el vellón para lograr la plata que hace falta en las Provincias Unidas. Recordemos el premio de plata/vellón de 50 % decretado en 1628. Hasta 1647, estarán presentes en los asientos de la monarquía, duramente atacados por la opinión pública; basta evocar las aserciones de Francisco Quevedo en el episodio de la «Isla de los Monopantos», incluso en *La hora de todos*. Después del intermedio marrano, vuelven los genoveses; pero detrás de los bastidores, según la expresión acertada de Felipe Ruiz Martín, están los capitalistas holandeses, ingleses y franceses para sostenerlos a través de la tormenta —aun el caos— inflacionista provocada por el déficit crónico de la hacienda real.

Antonio Domínguez Ortiz ha escudriñado los misterios de las finanzas reales bajo el reinado de Felipe IV. Olivares proyecta un equilibrio del presupuesto en 1623 alrededor de unos gastos corrientes anuales de 4 900 000 ducados, claro está, con la aportación en concepto de «Servicio de Millones» votado por las Cortes de 2 000 000 de ducados. Pero la coyuntura bélica, las exigencias de los asentistas, la disminución trágica de la población tributaria, no permiten el triunfo de este optimismo «hacendista».

El contador, Tomás de Aguilar, ha dado razón del estado de la hacienda real para los veinte primeros años del reinado de Felipe IV: 1621-1640. Las cifras globales son muy significativas:

1) Los ingresos totalizan 237 134 000 ducados, con 90 242 000 procedentes de los servicios del reino, 37 118 000 de las «Tres Gracias» (cruzada, subsidio, etc.), 22 603 000 de las flotas de Indias, 1 500 000 solo de la compra de juros; Aragón, Valencia y Cataluña han contribuido con unos servicios de un total de 2 552 000.

2) Los gastos importan 249 838 000, o sea un déficit medio anual de 635 000 ducados. Las partidas más importantes son las provisiones para asientos y factorías: ¡175 775 000! (casi 3/4 de los gastos), 12 372 000 para la Casa Real, 44 225 000 para la defensa (flotas, tropas y artillería).

En 1650 faltan al presupuesto 13 823 832 escudos de vellón, y en vísperas de la muerte del rey, en 1665, se adeudan, solo a los asentistas, ¡21 616 037 ducados!

Faltan estudios sobre la hacienda real en los tiempos de Carlos II. Sin embargo, se puede esbozar la evolución siguiente a partir de unos indicios. Hasta 1680, probablemente perduró la situación catastrófica anterior. Pero la deflación de 1680, los reajustes monetarios de 1686, el enderezamiento del sector agrícola, las remesas más abundantes de plata americana permitieron, sin duda, un mejoramiento de la hacienda real.

* * *

Hemos tratado de resumir la evolución económica de España, sin olvidar los matices regionales, durante aquellas dos largas centurias, tan cargadas de grandeza y de dramatismo para la Casa de Austria. Si hacemos el balance, es preciso revisar en parte la historiografía tradicional. El siglo XVI tuvo un crecimiento económico muy vigoroso y aguantó el peso enorme de la política imperial en sus dimensiones americana y europea, pero este crecimiento fue incompleto y se vería frenado, sin duda ninguna, en los años ochenta.

El siglo XVII es más desconocido, sobre todo en su segunda mitad. Los años 30-60, años de las amarguras quevedianas, años de pestes y de muertes, fueron épocas temibles y terribles para los contemporáneos, y los cronistas del tiempo no contribuyeron poco al desarrollo de la «leyenda negra». Pero, también, algunas individualidades lúcidas, como los arbitristas, cuyos escritos hemos utilizado ampliamente, supieron establecer el diagnóstico y prever los remedios a largo plazo. A estos espíritus quiméricos, utópicos, como no, se debe la deflación drástica, y por eso ejemplar en la historia europea, de 1680. Los veinte últimos años del siglo XVII resultaron más soportables para los españoles, sobre todo en el campo mejor abastecido. Es tiempo de abandonar los tópicos de cierta historiografía europea, para hablar, con Gonzalo Anés, de los «reajustes económicos» del siglo de hierro, a veces dolorosos, pero con balance final positivo, como se deduce de la obra de Gerónimo de Ustariz.

Las «luces» del siglo XVIII nacen en los años 1680. El concepto de «decadencia» —no definido, o apenas— utilizado tantas veces para explicar despectivamente los tiempos de Góngora, de Gracián, de Velázquez y del «Rey Hechicero» —y que rehusamos totalmente en el caso español— es un camino facilón y tendencioso, que refleja una pereza y una torpeza de mentalidad, para evitar enfrentarse con el «enigma histórico» de España —tal como lo define Claudio Sánchez Albornoz—, enigma muy difícil de descifrar en el siglo XVII a través de los espejismos de la plata y del vellón, pero apasionante.

BIBLIOGRAFÍA

1. ALCALÁ ZAMORA QUEIPO DE LLANO, JOSÉ, «Aportación a la historia de la siderurgia española», en *Moneda y Crédito,* núm. 120, Madrid, 1972.

2. ALCALÁ ZAMORA QUEIPO DE LLANO, JOSÉ, «Producción de hierro y altos hornos en la España anterior a 1850», en «Homenaje a D. José Antonio Rubio Sacristán», en *Moneda y Crédito,* núm. 128, Madrid, 1974.

3. ANÉS Y ÁLVAREZ, GONZALO, *Las crisis agrarias en la España moderna,* Madrid, 1970.

4. ANÉS Y ÁLVAREZ, GONZALO, *Historia de Asturias. Los siglos XVI y XVII,* Oviedo, 1980.

5. ANÉS Y ÁLVAREZ G., y JEAN-PAUL LE FLEM: «Las crisis del siglo XVII: Producción agrícola, precios e ingresos en tierras de Segovia», en *Moneda y Crédito*, núm. 93, Madrid, 1965.

6. AZPILCUETA, MARTÍN DE, «Comentario resolutorio de cambios»; ed. de Alberto Ullastres, José M. Pérez Prendes, Luciano Pereña, en *Corpus Hispanorum de Pace*, Madrid, 1965.

7. BASAS FERNÁNDEZ, MANUEL, *El consulado de Burgos en el siglo XVI,* Madrid, 1963.

8. BENNASSAR, BARTOLOMÉ, «Medina del Campo: un exemple des structures urbaines de l'Espagne au XVIe siècle» en *Revue d'histoire économique et sociale,* t. XXXIX. núm. 4, París, 1961.

9. BENNASSAR, BARTOLOMÉ, *Valladolid au siècle d'or: une ville de Castille et sa campagne au XVIe siècle,* París, 1967.

10. BENNASSAR, BARTOLOMÉ, «Consommation, investissements, mouvements de capitaux en Castille aux XVIe et XVIIe siècles», in *Hommage à Ernest Labrousse,* París, 1974.

11. BERNAL, ANTONIO MIGUEL, *Les campagnes sévillanes aux XIXe-XXe siècles,* Madrid, 1975.

12. BERNAL, ANTONIO MIGUEL, y ANTONIO GARCÍA BAQUERO, *Tres siglos del comercio sevillano. 1598-1868. Cuestiones y problemas,* Sevilla, 1976.

13. BILBAO, LUIS MARÍA: *Vascongadas 1450-1720: un crecimiento económico desigual*, Salamanca, 1976.

14. BILBAO, LUIS MARÍA, y EMILIANO FERNÁNDEZ DE PINEDO, «La evolución del producto agrícola bruto en la llanada alavesa 1611-1813», en *Primeras Jornadas de Metodología,* Santiago, 1975.

15. BRAUDEL, FERNAND, *La Mediterranée et le monde méditerranéen à l'époque de Philippe II,* París, 1966.

16. BRAUDEL, FERNAND, *Civilisation matérielle et capitalisme XVe-XVIIIe s.;* t. I: *Les structures du quotidien*; t. II: *Les jeux de l'échange;* t. III: *Le temps du monde*, París, 1979.

17. Brumont, Francis, y Jean-Pierre Amalric, «Evolución de las estructuras agrarias en la Castilla moderna: el ejemplo de la Bureba, en *Primeras Jornadas de Metodología*, Santiago, 1975.
18. Brumont, Francis: «Comptes d'explotation et histoire économique: l'exemple de la "granja" de Quintanajuar», en *Mélanges Casa Velazquez*, t. XIV, Madrid, 1979.
19. Cabo, Ángel, *Condicionamientos geográficos* en t. I de la *Historia de España*, dirigida por Miguel Artola, Madrid, 1973.
20. Carande, Ramón, *Carlos V y sus banqueros;* t. I: *La vida económica de España en una fase de su hegemonía*, Madrid, 1965; t. II: *La Hacienda Real de Castilla*, Madrid, 1949; t. III: *Los caminos del oro y de la plata*, Madrid, 1967.
21. Cárdenas, Francisco de, *Ensayo sobre la historia de la propiedad territorial en España*, 2 vols., Madrid, 1873.
22. Caro Baroja, Julio, *Los moriscos del reino de Granada. Ensayo de historia social*, Madrid, 1957.
23. Caro Baroja, Julio, *Los vascos*, Madrid, 1971.
24. Caro Baroja, Julio, *Los pueblos de España*, 2 vols., Madrid, 1975.
25. Caro Baroja, Julio, *Los judíos en la España Moderna y Contemporánea*, Madrid, 1978.
26. Casey, James, *The kingdom of Valencia in the seventeenth century*, Cambridge, 1979.
27. Castillo, Álvaro, «Population et "richesse" en Castille durant la seconde moitié du XVIe siècle», en *Annales* (AESC) núm. 4, París, 1965, pp. 719-733.
28. Castillo, Álvaro, *Tráfico marítimo y comercio de importación en Valencia a comienzos del siglo XVII*, Madrid, 1967.
29. Caxa de Leruela, Miguel, *Restauración de la abundancia de España*, ed. de Jean-Paul Le Flem, Madrid, 1975.
30. Cayón, Juan, y Carlos Castán, *Las monedas españolas desde los Reyes Católicos a Juan Carlos I*, Madrid, 1976.
31. Ciscar Pallarés, Eugenio, *Tierra y señorío en el país valenciano (1570-1620)*, Valencia, 1977.
32. Clemencín, Diego, *Elogio de la Reina Católica Doña Isabel*, Madrid, 1821.
33. Cock, Enrique, «Anales del año ochenta y cinco...» y la «Jornada de Tarazona», en *Viajes de extranjeros por España y Portugal*, ed. de Juan García Mercadal, t. I, Madrid, 1952.
34. Colmeiro, Manuel, *Historia de la economía política en España*, ed. de Gonzalo Anés, Madrid, 1965.
35. Collantes, Antonio, «Le latifundium sévillan aux XIVe et XVe siècles», en *Mélanges Casa Velazquez*, t. XII, Madrid, 1976.
36. Collantes, Antonio, «La tierra realenga en Huelva en el siglo XV», en *Huelva en la Andalucía del siglo XV*, Huelva, 1976.
37. Contarino, Gaspar, «Relación de su estancia en España», in *Viajes de extranjeros por España y Portugal*, ed. de Juan García Mercadal, t. I, Madrid, 1952.
38. Contreras, Juan, Marqués de Lozoya, *Historia de las corporaciones de menestrales en Segovia*, Segovia, 1921.
39. Coornaert, Émile, *Un centre industriel d'autrefois: la draperie-sayetterie d'Hondschoote (XIVe-XVIIIe siècles)*, París, 1930.

40. CHACÓN JIMÉNEZ, FRANCISCO, «Caminos, hombres y trigo: los problemas de aprovisionamiento y alimentación en Murcia durante el siglo XVI», en *Anales de la Universidad de Murcia*, vol. XXXIV, Murcia, 1978.
41. CHAUNU, PIERRE, *Séville et l'Atlantique (1504-1650)*, 11 vols., París, 1955-1960.
42. CHAUNU, PIERRE, *Conquête et exploitation du Nouveau Monde*, París, 1969.
43. DAMS, JEAN, *Les actes en espagnol du Magistrat de Dunkerque (1594-1663)*, Dunkerque, 1980.
44. DAMS, JEAN, «Le commerce maritime à Dunkerque à l'époque espagnole», en *Actes du 104° Congrès National des Sociétés Savantes*, París, 1980.
45. DATO, LEONARDO, «Relación de España», en *Viajes de extranjeros por España y Portugal*, ed. de Juan García Mercadal, Madrid, 1952.
46. DOMÍNGUEZ ORTIZ, ANTONIO, *Política y hacienda de Felipe IV*, Madrid, 1960.
47. DOMÍNGUEZ ORTIZ, ANTONIO, *La sociedad española en el siglo XVII*, t. I, Madrid, 1963.
48. DOMÍNGUEZ ORTIZ, ANTONIO, *El antiguo régimen: Los Reyes Católicos y los Austrias*, Madrid, 1973.
49. DOMÍNGUEZ ORTIZ, ANTONIO, y BERNARD VINCENT, *Historia de los Moriscos*, Madrid, 1978.
50. EIRAS ROEL, ANTONIO, «Test de concordancia aplicada a la crítica de vecindarios fiscales de la época preestadística», en *Primeras Jornadas de Metodología*, Santiago, 1975.
50bis. EIRAS ROEL, ANTONIO, «Evolución del producto decimal en Galicia a finales del Antiguo Régimen», en *Primeras Jornadas de Metodología*, Santiago, 1975.
51. ELLIOTT, JOHN H., *La España imperial*, Barcelona, 1965.
52. ELLIOTT, JOHN H., *La rebelión de los catalanes (1598-1640)*, Madrid, 1977.
53. EVERAERT, JEAN, «L'implantation des manufactures textiles flamandes en Espagne à la fin du XVIIe siècle» en *Miscellanea Charles Verlinden*, Gante, 1975.
54. EXMELIN, ALEXANDRE OLIVIER, *Journal de bord*, ed. de Jehan Mousnier, París, 1956.
55. FAYARD, JANINE, *Les Membres du Conseil de Castille à l'époque moderne (1621-1746)*, París-Ginebra, 1979.
56. FERNÁNDEZ, LUIS, «El valor de las cosas en Tierra de Campos en 1521», en *Cuadernos de Investigación histórica*, núm. 1, Madrid, 1977.
57. FERNÁNDEZ ÁLVAREZ, MANUEL, «La demografía de Salamanca en el siglo XVI a través de los fondos parroquiales», en *Primeras Jornadas de Metodología*, Santiago, 1975.
58. FERNÁNDEZ DE PINEDO, EMILIANO, *Crecimiento y transformaciones sociales del País Vasco (1100-1850)*, Madrid, 1974.
59. FERNÁNDEZ VARGAS, VALENTINA, «La población de León en el siglo XVI», en *Estudios de historia social, económica y demográfica de España*, t. III, Madrid, 1968.
60. FONTANA TARRATS, JOSÉ MARÍA, *Historia del clima en Cataluña. Noticias antiguas, medievales, y en especial de los siglos XV, XVI y XVII*, multigrafiado, Madrid, 1976.

61. FONTANA TARRATS, JOSÉ MARÍA, *Entre el cardo y la rosa. Historia del clima en las Mesetas,* multigrafiado, Madrid, 1977.

62. FONTANA TARRATS, JOSÉ MARÍA, *Historia del clima del Finis Terrae Gallego,* multigrafiado, Madrid, 1977.

63. FONTANA TARRATS, JOSÉ MARÍA, *Historia del clima en el litoral mediterráneo: reino de Valencia más provincia de Murcia,* multigrafiado, Javea, 1978.

64. FORTEA PÉREZ, JOSÉ IGNACIO, *Córdoba en el siglo XVI: las bases demográficas y económicas de una expansión urbana,* Salamanca, 1979.

65. GARCÍA FERNÁNDEZ, JESÚS, «Champs ouverts et champs clôturés en Vieille Castille», en *Annales (AESC),* París, 1965.

66. GARCÍA FERNÁNDEZ, JESÚS, *Organización del espacio y economía rural en la España atlántica,* Madrid, 1974.

67. GARCÍA FERNÁNDEZ, JESÚS, *Sociedad y organización tradicional del espacio en Asturias,* Oviedo, 1976.

68. GARCÍA MERCADAL, JUAN, *Viajes de extranjeros por España y Portugal;* t. I, *El siglo XVI,* Madrid, 1952; t. II, *El siglo XVII,* Madrid, 1952.

69. GARCÍA SANZ, ÁNGEL, *Desarrollo y crisis del Antiguo Régimen en Castilla la Vieja: economía y sociedad en tierras de Segovia 1500-1814,* Madrid, 1978.

70. GARCÍA SANZ, ÁNGEL, «La crisis del siglo XVII en el medio rural de Castilla la Vieja; el caso de tierras de Segovia en la economía agraria en la Historia de España», en *La economía agraria en la Historia de España (Fundación March),* Madrid, 1979.

71. GARCÍA SANZ, ÁNGEL, «Bienes y derechos comunales y el proceso de su privatización en Castilla durante los siglos XVI y XVII en El caso de las Tierras de Segovia», en *Hispania,* núm. 144, Madrid, 1980.

72. GARCÍA SANZ, ÁNGEL, y VICENTE PÉREZ MOREDA, «Análisis histórico de una crisis demográfica: Villacastín de 1466 a 1800», en *Estudios Segovianos,* t. XXIV, Segovia, 1972.

73. GAZIER, BERNARD ET MICHÈLE, *Or et Monnaie chez Martín de Azpilcueta,* París, 1978.

74. GENTIL DA SILVA, JOSÉ, *Stratégie des affaires à Lisbonne entre 1595 et 1607. Lettres marchandes des Rodriguez d'Evora et Veiga,* París, 1965.

74bis. GENTIL DA SILVA, JOSÉ, *Marchandises et finances. Lettres de Lisbonne 1563-1578,* París, 1959.

75. GENTIL DA SILVA, JOSÉ, *En Espagne: développement économique, subsistance, déclin,* París, 1965.

76. GIL CRESPO, ADELA, «La mesta de carreteros del reino», en *Associação para o progresso das Ciências. XXIII Congresso Luso-Espanhol,* Coimbra, 1957.

77. GIL FARRÉS, OCTAVIO, *Historia de la moneda española,* Madrid, 1959.

78. GIRARD, ALBERT, *Le commerce français à Séville et Cadix au temps des Habsbourgs. Contribution à l'étude du commerce étranger en Espagne aux XVIe et XVIIe siècles,* París, 1932.

79. GIRARD, ALBERT, *La rivalité commerciale entre Séville et Cadix, jusqu'à la fin du XVIIIe siècle,* París, 1932.

80. GÓMEZ MENDOZA, JOSEFINA, *Agricultura y expansión urbana. La campiña del bajo Henares en la aglomeración de Madrid,* Madrid, 1977.

81. GONZÁLEZ, TOMÁS, *Censo de población de las provincias y partidas de la Corona de Castilla en el siglo XVI,* Madrid, 1829.

82. GONZÁLEZ GÓMEZ, ANTONIO, «Moguer, un señorío medieval en tierras de Huelva», en *Huelva en la Andalucía del siglo XV,* Huelva, 1976.

83. GONZÁLEZ JIMÉNEZ, MANUEL, «Aspectos de la economía rural andaluza en el siglo XV», en *Huelva en la Andalucía del siglo XV*, Huelva, 1976.
84. GONZÁLEZ MUÑOZ, MARÍA DEL CARMEN, *La población de Talavera de la Reina (s. XVI-XX). Estudio socio-demográfico*, Toledo, 1975.
85. GUIARD, TEÓFILO, *Historia del Consulado y Casa de Contratación de Bilbao*, Bilbao, 1917.
86. GUICCIARDINI, FRANCESCO, «Relación de España», en *Viajes de extranjeros por España y Portugal*, ed. de Juan García de Mercadal, Madrid, 1952.
87. HAMILTON, EARL J., *American Treasure and the Price Revolution in Spain. 1501-1650*, Cambridge, Mass., 1934.
88. HAMILTON, EARL J., *War and Prices in Spain. 1651-1800*, Cambridge, Mass., 1947.
89. HAMILTON, EARL J., *El florecimiento del capitalismo y otros ensayos*, trad. de A. Ullastres, Madrid, 1948.
90. HERRERO MARTÍNEZ DE AZCOITIA, GUILLERMO, *La población palentina en los siglos XVI y XVII*, Palencia, 1961.
91. HUETZ DE LEMPS, ALAIN, «Les terroirs de Vieille Castille et Léon: un type de structure agraire», en *Annales (AESC)*, París, 1962.
92. HUETZ DE LEMPS, ALAIN, *Vignoble et vins du Nord-Ouest de l'Espagne*, 2 vols., Burdeos, 1967.
93. HURTADO DE MENDOZA, DIEGO, *La guerra de Granada*, ed. de B. Blanco-González, Madrid, 1970.
94. IRADIEL MURUGARREN, PAULINO, *Evolución de la industria textil castellana en los siglos XII-XVI. Factores de desarrollo, organización y costes de la producción manufacturera en Cuenca*, Salamanca, 1974.
95. JUDERÍAS, JULIÁN, *La leyenda negra*, Madrid, 1974.
96. KLEIN, JULIUS, *The Mesta*, Nueva York, 1919, reimpr. 1964.
97. LADERO QUESADA, M., ÁNGEL, *La Hacienda Real Castellana entre 1480 y 1492*, Valladolid, 1967.
98. LAPEYRE, HENRI, *Simón Ruiz et les «asientos» de Philippe II*, París, 1953.
99. LAPEYRE, HENRI, *Une famille de marchands: les Ruiz. Contribution à l'étude du commerce entre la France et l'Espagne au temps de Philippe II*, París, 1955.
99bis. LAPEYRE, HENRI, *Géographie de l'Espagne morisque*, París, 1959.
100. LAPEYRE, HENRI, «Joan Batista Julia syndic de la Villa de Valence pour l'achat des blés en Sicilie (1592-1595)», en *Studi in Memoria de Federico Melis*, Florencia, 1978.
101. LEMEUNIER, GUY, «Les "Extremeños", ceux qui viennent de loin. Contribution à l'étude de la transhumance ovine dans l'Est Castillan (XVIe-XIXe siècles)», en *Mélanges Casa Velazquez*, t. XIII, Madrid, 1977.
102. LE FLEM, JEAN-PAUL, «Un censo de moriscos de Segovia y su provincia», *Estudios Segovianos* XVI, 1964, pp. 433-464.
103. LE FLEM, JEAN-PAUL, «Les morisques du nord-ouest de l'Espagne en 1594 d'aprés un recensement de l'Inquisition de Valladolid», en *Mélanges Casa Velazquez*, t. I, pp. 223-240, Madrid, 1965.
104. LE FLEM, JEAN-PAUL, «Cáceres, Plasencia y Trujillo en la segunda mitad del siglo XVI», en *Cuadernos de Historia de España*, Buenos Aires, 1967.
105. LE FLEM, JEAN-PAUL, «Las Cuentas de la Mesta», en *Moneda y Crédito*, núm. 121, Madrid, 1972.
105bis. LE FLEM, JEAN-PAUL, «Don Juan Ibáñez de Segovia-Marqués de

Mondéjar y Agropoli: un grand seigneur de la Mesta (2.e moitié du XVIIe siècle)», en *Mélanges Casa Velazquez*, t. XI, Madrid, 1975.

106. LE FLEM, JEAN-PAUL, «Vraies et fausses splendeurs de l'industrie ségovienne (vers 1460-vers 1650)», en *Produzione, commercio e consumo dei panni di lana. Atti della seconda settimana di studio*, Florencia, 1976.

107. LE FLEM, JEAN-PAUL, «Sociedad y precios en el siglo de oro: la mercurial de Segovia (1540-1705)», en *Cuadernos de investigación histórica*, t. I, Madrid, 1977.

108. LE FLEM, JEAN-PAUL, «La ganadería en el siglo de oro. XVI-XVII. Balance y problemática con especial atención a la mesta», en *La economía agraria en la historia de España (Fundación March)*, Madrid, 1979.

109. LOHMANN VILLENA, GUILLERMO, *Les Espinosa: une famille d'hommes d'affaires en Espagne et aux Indes à l'époque de la colonisation*, París, 1968.

110. MADDALENA, A. DE, «L'industria tessile a Mantova nel'500 e all'inizio del'600», en *Studi in onore di Amintore Fanfani*, t. IV, Milano, 1962.

111. MARÍN DE LA SALUD, JORGE, *La moneda navarra y su documentación (1513-1838)*, Madrid, 1975.

112. MARTÍNEZ DE MATA, FRANCISCO, *Memoriales y Discursos*, ed. de Gonzalo Anés, Madrid, 1971.

113. MENESES, ALONSO DE, *Repertorio de caminos*, Alcalá de Henares, 1575.

114. MERCADO, TOMÁS DE, *Suma de tratos y contratos*, ed. de Nicolás Sánchez Albornoz, Madrid, 1977.

115. MERINO, JOSÉ PATRICIO, y ESTEBAN COLLANTES PÉREZ-ARDA, «Alteraciones al sistema monetario de Castilla durante el reinado de Carlos II», en *Cuadernos de Investigación Histórica*, t. I, Madrid, 1977.

116. MOLAS RIBALTA, PEDRO, «La influència de la sederia valenciana a Catalunya al segle XVIII», *Primer congreso de historia del País Valenciano*, vol. III, Valencia, 1976.

117. MOLENAT, JEAN-PIERRE, «Chemins et Ponts du Nord de la Castille aux temps des Rois Catholiques», en *Mélanges Casa Velazquez*, Madrid, 1971, t. VII.

118. MONCADA, SANCHO DE, *Restauración política de España*, ed. de Jean Vilar, Madrid, 1974.

119. MORET, MICHÈLE, *Aspects de la société marchande à Séville au début du XVIIe siècle*, París, 1967.

120. MORINEAU, MICHEL, «D'Amsterdam à Séville. De quelle réalité l'histoire des prix est-elle le miroir?, en *Annales (AESC)*, París, 1968.

121. MÜNZER, JERÓNIMO, «Itinerarium sive peregrinatio per Hispaniam, Franciam, Alemaniam», en *Viajes de extranjeros por España y Portugal*, ed. de Juan García Mercadal, Madrid, 1952.

122. NADAL, JORDI, *Historia de la población española (siglos XVI a XX)*, Barcelona, 1973.

123. NADAL, JORDI, y E. GIRALT, *La population catalane de 1553 à 1717; l'immigration française*, París, 1960.

124. NAVAGERO, ANDRÉS, «Viaje por España», en *Viajes de extranjeros por España y Portugal*, ed. de Juan García Mercadal, Madrid, 1952.

125. PALACIO ATARD, VICENTE, *El comercio de Castilla y el Puerto de Santander en el siglo XVIII. Notas para su estudio*, Madrid, 1960.

126. PARKER, GEOFFREY, *The army of Flanders and the spanish road (1567-1659)*, Cambridge, 1972.

127. PAZ, JULIO, y CARLOS ESPEJO, *Las antiguas ferias de Medina del Campo, su origen, su importancia y causa de su decadencia y extinción*, Valladolid, 1912.
128. PELORSON, JEAN-MARC, *Les letrados juristes castillans sous Philippe III. Recherches sur leur place dans la société, la culture et l'état*, Le Puy, 1980.
129. PÉREZ, JOSEPH, *L'Espagne du XVIe siècle*, París, 1973.
130. PÉREZ, JOSEPH, *La revolución de las comunidades de Castilla (1520-1521)*, Madrid, 1977.
131. PÉREZ MOREDA, VICENTE «La transhumance estivale des merinos de Ségovie: le «pleito de la Montaña», en *Mélanges Casa Velazquez*, t. VII, Madrid, 1971.
132. PÉREZ MOREDA, V., *The Journal «Moneda y Crédito» and its contribution to Spanish Historiography. 1942-1974.*
133. PÉREZ MOREDA, V., *Las crisis de mortalidad en la España interior. Siglos XVI-XIX*, Madrid, 1980.
134. PÉREZ PICAZO, MARÍA TERESA, GUY LEMEUNIER, y FRANCISCO CHACÓN JIMÉNEZ, *Materiales para una historia de Murcia en los tiempos modernos*, Murcia, 1979.
135. PFANDL, LUDWIG, «Itinerarium Hispanicum», in *Revue Hispanique*, t. XLVIII, Burdeos, 1920.
136. PIKE, RUTH, *Aristócratas y comerciantes. La sociedad sevillana en el siglo XVI*, Barcelona, 1978.
137. PONSOT, PIERRE, «En Andalousie occidentale, les fluctuations de la production du blé sous l'Ancien Régime», en *Études Rurales*, núm. 34, París, 1969.
138. PONSOT, PIERRE, «Les morisques, la culture irriguée du blé et le problème de la décadence de l'agriculture espagnole au XVIIe siècle. Un témoignage sur la Vega de Tarazona», en *Málanges Casa Velazquez*, t. VII, Madrid, 1971.
139. PONSOT, PIERRE, y MICHEL DRAIN, «Les paysages agraires de l'Andalousie au début du XVIe siècle d'après l'Itinerario de Hernando Colón», en *Mélanges Casa Velazquez*, t. II, Madrid, 1966.
139bis. QUATREFAGES, RENÉ, *Los Tercios Españoles (1567-1577)*, Madrid, 1979.
140. QUEVEDO, FRANCISCO, *La hora de todos y la fortuna con seso*, ed. de Jean Bourg, Pierre Dupont y Pierre Geneste, Clamecy, 1980.
141. REGLÀ, JOAN, *Estudios sobre los moriscos*, Barcelona, 1974.
142. RINGROSE, DAVID, R., «Madrid et l'Espagne au XVIIIe siècle: l'économie d'une capitale», en *Mélanges Casa Velazquez*, t. XI, Madrid, 1975.
143. RODRÍGUEZ SÁNCHEZ, ÁNGEL, *Cáceres: población y comportamientos demográficos en el siglo XVI*, Cáceres, 1977.
144. ROMANO, RUGGIERO, «A Florence au XVIe siècle: industries textiles et conjonctures», en *Annales (AESC)*, París, 1952.
145. ROMERO DE LECEA Y GARCÍA, CARLOS, *Recuerdos de la antigua industria segoviana.* Segovia, 1897.
146. RUIZ ALMANSA, JUAN, «La población de España en el siglo XVI», en *Revista Internacional de Sociología*. t. III, Madrid, 1943.
147. RUIZ MARTÍN, FELIPE, *Lettres marchandes échangées entre Florence et Medina del Campo*, París, 1965.
148. RUIZ MARTÍN, FELIPE, «Un testimonio literario sobre las manufacturas de paños de Segovia», en *Homenaje al Profesor Alarcón García*, Valladolid, 1965-1967.

149. Ruiz Martín, Felipe, «Un expediente financiero entre 1560 y 1575. La hacienda de Felipe II y la Casa de Contratación de Sevilla», en *Moneda y Crédito*, núm. 92, Madrid, 1965.

150. Ruiz Martín, Felipe, «Rasgos estructurales de Castilla en tiempos de Carlos V», en *Moneda y Crédito*, núm. 96, Madrid, 1966.

151. Ruiz Martín, Felipe, «La Banca en España hasta 1782», en *El Banco de España. Una historia económica*, Madrid, 1970.

152. Ruiz Martín, Felipe, «Pastos y ganados en Castilla-La Mesta (1450-1600)» en *Atti di prima settimana di studio*, Prato, 1969; Florencia, 1974.

153. Ruiz Martín, Felipe, «Crédito y Banca, Comercio y Transportes en la etapa del capitalismo mercantil», en *Primeras Jornadas de Metodología*, Santiago, 1975.

154. Salomon, Noël, *La vida rural castellana en tiempos de Felipe II*, Madrid, 1973.

155. Salvador, Emilia, *La economía valenciana en el siglo XVI (comercio de importación)*, Valencia, 1972.

156. Sarabia de la Calle, Doctor, *Instrucción de mercaderes*, ed. de Pablo Ruiz de Alda, Madrid, 1949.

157. Sardella, Pietro, «L'épanouissement industriel de Venise au XVIe siècle», en *Annales* (AESC), París, 1947.

158. Selke, Angela, *Los chuetas y la inquisición*, Madrid, 1971.

159. Sella, Domenico, «Les mouvements longs de l'industrie lainière à Venise aux XVIe et XVIIe siècles», en *Annales* (AESC) París, 1957.

160. Sentaurens, Jean, «Séville dans la seconde moitié du XVIe siècle: population et structures sociales. Le recensement de 1561», en *Bulletin Hispanique*, t. LXXVII, núms. 3-4, Burdeos, 1975.

161. Tanguy, Jean, *Le commerce du port de Nantes au milieu du XVIe siècle*, París, 1952.

162. Terán, Manuel de, Luis Solé Sabarís, y colaboradores, *Geografía regional de España*, Barcelona, 1968.

163. Trocme, Etienne, y Marcel Delafosse, *Le commerce rochelais de la fin du XVe siècle au début du XVIIe*, París, 1952.

164. Ulloa, Modesto, *La Hacienda Real de Castilla en el reinado de Felipe II*, Roma, 1963.

165. Ulloa, Modesto, «Castilian seignorage and coinage in the reign of Philip II», en *The Journal of European Economic History*, vol. 4, núm. 2, Roma, 1975.

166. Vassberg, David E., «The "tierras baldías": Comunity property and public lands in 16th. century Castile», en *Agricultural History*, vol. LXVIII, University of California, 1974.

167. Vassberg, David E., «The sale of tierras baldías in sixteenth century Castile», en *Journal of Modern History*, vol. 47, Chicago, 1975.

168. Vázquez de Prada, Valentín, «Las antiguas ferrerías de Vizcaya (1450-1800), en *Mélanges en l'honneur de Fernand Braudel*, Toulouse, 1973.

169. Vázquez de Prada, Valentín, *Lettres marchandes d'Anvers*, París s/d.

169bis. Vázquez de Prada, Valentín, *Historia económica y social de España*, vol. III, *Los siglos XVI y XVII,* Madrid, 1978.

170. Vázquez de Prada, Valentín, y Pedro Molas Ribalta, «La industria lanera en Barcelona XVI-XVIII s.», en *Produzione, commercio e consumo dei panni di lana. Atti della «seconda settimana di studio», Prato 1970*, ed. Florencia, 1976.

171. VICENS VIVES, JAIME, *Historia económica de España*. Colaboración de Jorge Nadal Oller, ed. de Barcelona, 1969.

172. VILAR, JEAN, *Literatura y economía: la figura satírica del arbitrista en el siglo de oro*. Madrid, 1973.

173. VILAR, PIERRE, *La Catalogne dans l'Espagne Moderne: recherches sur les fondements économiques des structures nationales*, 3 vols., París, 1962.

174. VILAR, PIERRE, *Crecimiento y desarrollo. Economía e historia. Reflexiones sobre el caso español*, Barcelona, 1964.

175. VILAR, PIERRE, *Le temps des hidalgos in l'Espagne au temps de Philippe II*, París, 1965.

176. VILAR, PIERRE, *Estudios sobre el nacimiento y desarrollo del capitalismo*, contribución con otros autores, Madrid, 1971.

177. VILAR, PIERRE, *Or et monnaie dans l'Histoire*, París, 1974.

178. VILLALBA, JOAQUIM DE, *Epidemiología española o historia cronológica de las pestes, contagios, epidemias y epizootias que han acaecido en España desde la venida de los cartagineses hasta el año 1801*, Madrid, s/d.

179. VINCENT, BERNARD, «Combien de Morisques ont été expulsés du royaume de Grenade?», en *Mélanges Casa Velazquez*, t. VII, Madrid, 1971.

180. VINCENT, BERNARD, «L'Albaicín de Grenade au XVIe siècle (1527-1587), en *Mélanges Casa Velazquez*, t. VII, Madrid, 1971.

181. VINCENT, BERNARD, «Un modèle de décadence: le royaume de Grenade dans le dernier tiers du XVIe siècle», en *Primeras Jornadas de Metodología*, Santiago, 1975.

182. VIÑAS Y MEY, CARMELO, *El problema de la tierra en la España de los siglos XVI y XVII*, Madrid, 1941.

183. VITAL, LORENZO, «Relación del primer viaje de Carlos V a España», en *Viajes de extranjeros por España y Portugal*, ed. de Juan García Mercadal, Madrid, 1952.

184. WEISSER, MICHAEL, «Les marchands de Tolède dans l'économie castillane. 1565-1635», en *Mélanges Casa Velazquez*, t. VII, Madrid, 1981.

SEGUNDA PARTE

ESPAÑA MODERNA (1474-1700) ASPECTOS POLÍTICOS Y SOCIALES

por
Joseph Pérez

Significado del período

En 1474 se inicia el período más brillante de la historia de España, período de expansión y gloria, pero que termina lamentablemente con la extinción de una dinastía y la decadencia de una nación.

Los hitos cronológicos están bien marcados y no hay ningún motivo para rechazar la división tradicional: expansión con los Reyes Católicos, fausto y hegemonía durante el siglo XVI, derrota y agotamiento en el siglo XVII.

Tampoco plantea problemas la unidad del período: los Reyes Católicos transmiten a sus herederos un instrumento eficaz, el Estado castellano, coherente, fuerte, dinámico, que ha echado en Europa y América las bases de un imperio extenso y rico. Carlos V y Felipe II transforman España en potencia hegemónica. Con los Austrias menores se derrumba el inmenso poderío español.

Pero ¿no se desvirtuó la España de los Reyes Católicos al transformarse en el imperio de Carlos V y Felipe II? Mucho se ha debatido el tema en el siglo XIX. Para la historiografía liberal de aquella centuria, los Austrias son los responsables de la decadencia por haber sacrificado España al imperio, por haberla identificado con la ortodoxia más cerrada e intransigente. No faltan argumentos en este sentido; recientemente, Sánchez Albornoz sitúa también a principios del XVI «el corto circuito de la modernidad» en España, pero no todo hay que achacarlo a los Austrias; a fin de cuentas, la Inquisición, por ejemplo, la crearon los Reyes Católicos. De ahí la reacción de uno de los que participaron en la famosa encuesta lanzada por Joaquín Costa, a fines del XIX, en el Ateneo de Madrid, en torno al tema oligarquía y caciquismo. Salvador Canals, abogado y director de la revista *Nuestro Tiempo*, no dudaba en situar en 1474 el punto de partida de todos los males posteriores:

> Nuestra decadencia política es efecto de la degeneración de nuestro pueblo. Para mí, esa degeneración comienza en los Reyes Católicos, en el dominio de Isabel sobre Fernando y en la hegemonía de Castilla sobre Aragón. Allí comenzó nuestra grandeza como Estado, y allí comenzó, simultáneamente, nuestra

decadencia como pueblo. Los que nos ensancharon el cuerpo fueron los mismos que nos achicaron el alma, pues a achicarla equivalía el desnaturalizarla. De entonces acá, desde Carlos I hasta Alfonso XIII, desde Cisneros hasta Sagasta, unos siguieron agrandándonos el cuerpo, otros lo redujeron de tamaño: ninguno se cuidó de volvernos el alma perdida...»

Grandeza del Estado, decadencia del pueblo... Mejor dicho: grandeza del Estado castellano, decadencia de la nación española. Así plantearía yo el problema: los Reyes Católicos iniciaron con su casamiento la creación de la nación española y la labor se interrumpió con ellos. Carlos V y Felipe II, preocupados por los problemas internacionales, descuidaron la política interior; aprovecharon la riqueza, la pujanza de Castilla, como instrumento al servicio de una causa que consideraban superior, pero no intentaron fundir los pueblos de la Península para formar una nación unida, coherente, solidaria. Las glorias, como las armas, fueron castellanas, pero la decadencia fue de toda España. Este sería, a mi modo de ver, el significado general del período que va desde 1474 hasta 1700.

CAPÍTULO PRIMERO

Reyes Católicos (1474-1516)

Hay un mito de los Reyes Católicos, y no es reciente. Ya en 1522, el Almirante de Castilla, que había sido uno de los artífices de la victoria de Carlos V sobre los comuneros, escribía lo siguiente:

> Ellos [los Reyes Católicos] eran sólo reyes de estos reynos, de nuestra lengua, nacidos y criados entre nosotros; conocían a todos, criaban los hijos e hijas en su corte; arraygávase el amor; los que morían en ese servicio pensavan que en ellos dejavan padres a sus hijos. Sabían a quién hacían las mercedes y siempre las hacían a los que más las merecían. Jamás se veían sin rey; andavan por sus reynos, eran conocidos de grandes y pequeños, comunicables con todos. Oyan sin aspereza y respondían con amor que, en verdad, tanto contenta una buena respuesta como una merced. En su mesa y cámara andaban todos. Ellos tenían confiança dellos y ellos dellos. No veían la estrañeza de agora, ni la gente de armas comer los pueblos, que la gente menuda tanto siente [48, V, 94, 95].

La idealización de los Reyes Católicos fue, pues, muy temprana. De los dos soberanos convertidos en héroes míticos, Fernando fue primero el más exaltado hasta el siglo XIX. En la última centuria —¿a partir del *Elogio* de Clemencín, publicado en 1821?— la atención se concentra más bien en Isabel. En fechas más recientes, los trabajos de Vicens Vives han vuelto a destacar el papel del rey de Aragón. De todas formas queda claro que en aquel reinado se inician muchas y grandes cosas. Los Reyes Católicos crean un Estado moderno y fuerte; ¿el Estado español o el estado castellano? Este es el problema.

1. LA GUERRA DE SUCESIÓN (1474-1479)

Enrique IV muere en Madrid, el 12 de diciembre de 1474. Un mensajero lleva la noticia a Segovia, donde reside entonces la princesa doña Isabel, hermana del rey difunto, y el día siguiente, allí en Segovia se hizo un cadalso do vinieron todos los caballeros y regidores y la clerecía de la ciudad y alzaron los pendones reales, diciendo:

—¡Castilla! ¡Castilla! ¡Por el rey don Fernando y por la reina doña Isabel, su mujer, propietaria destos reinos! [167, cap. XXI].

Así fue proclamada doña Isabel reina de Castilla, en una ceremonia improvisada, sin esperar el regreso de su marido don Fernando que estaba entonces en Aragón, en ausencia de los principales dignatarios del alto clero y de la aristocracia, con determinación, rapidez y casi se puede decir precipitación, como si se tratara de no perder tiempo y de poner el reino ante el hecho consumado.

Ya en este primer acto del reinado se nota la energía de la nueva soberana, su voluntad, su sentido político. Y es que, efectivamente, la proclamación de Segovia zanja de una manera unilateral el problema dinástico que estaba pendiente desde hacía diez años, desde que, el 30 de noviembre de 1464, Enrique IV se había visto obligado a desheredar a la infanta doña Juana.

El rey de Castilla, Juan II (1406-1454) había casado dos veces: del primer matrimonio, con María de Aragón, nació un hijo, el futuro rey Enrique IV; del segundo, con Isabel de Portugal, nacieron una hija, la futura reina Isabel, y un hijo, el infante don Alfonso. El testamento de Juan II fijaba así el orden de sucesión al trono:

—don Enrique y los hijos de este;
—don Alfonso y los hijos de este;
—doña Isabel.

Don Enrique subió al trono sin dificultades a la muerte de su padre, en 1454. Él también casó dos veces: primero, con Blanca de Navarra, pero parece que nunca llegó a consumar el matrimonio que, por lo tanto, fue declarado nulo en 1453 por el obispo de Segovia;[1] luego, con doña Juana, hermana del rey Alfonso V de Portugal. En 1462, la reina dio a luz una hija, doña Juana, que las Cortes de Madrid no tuvieron ningún inconveniente en proclamar heredera del reino.

Pronto empiezan, sin embargo, las murmuraciones sobre la impotencia del rey y los devaneos amorosos de la reina; se rumorea cada día más abiertamente que doña Juana no es hija del rey, sino de un magnate, don Beltrán de la Cueva: de ahí el apodo con que la infanta pasa a la historia, la Beltraneja. Los nobles combaten abiertamente el poder real; la campaña culmina con el manifiesto del 28 de septiembre de 1464 en el que se censura al rey por haber abandonado la efectividad del poder en manos de un advenedizo, don Beltrán de la Cueva, padre putativo de la infanta. Enrique IV no está en condiciones de hacer frente a la oposición: en 30 de noviembre deshereda a la infanta doña Juana (pero no la declara ilegítima) y proclama a don Alfonso, su hermano, como su sucesor. El año siguiente, en junio de 1465, los nobles reunidos en Ávila deponen a Enrique IV y proclaman rey a don Alfonso.

Con la muerte de Alfonso, en 1468, empieza el proceso político que va a hacer de doña Isabel la reina de Castilla. Los nobles, reunidos en los Toros de Guisando, en septiembre de 1468, consienten en acatar la autoridad de Enrique IV, pero exigen de él una concesión capital: que desherede por segunda vez a doña Juana y proclame heredera del trono a su hermana doña Isabel. Desde entonces esta se considera como legítima heredera y actúa como tal.

Enrique IV se vio obligado a desheredar a doña Juana, pero siempre se empeñó en considerarla como hija suya legítima, a pesar de los ataques violentísimos de sus adversarios. Ha pasado a la historia con el apodo de *El Impotente*, lo cual no parece totalmente exacto.[2] Por otra parte, conviene advertir que las dudas de los nobles sobre la ilegitimidad de la infanta no fueron inmediatas ni constantes; ellos juraron a doña Juana como heredera en 1462; los mismos que más empeño pusieron en declararla hija ilegítima en 1464 y en 1468, cambiaron de opinión en 1474: entonces defendieron los derechos de la que llamaron despectivamente la Beltraneja contra Isabel...

Siempre es difícil llegar a una conclusión tajante en semejantes problemas; sin embargo, todo parece indicar que doña Juana era efectivamente la hija del rey y que fue víctima de feroces ambiciones políticas.[3] Lo que buscaban los nobles era debilitar el poder real; por ello se apoyaron primero en don Alfonso, luego en doña Isabel: de esta forma esperaban dominar al soberano (o a la soberana) que ellos hubieran instalado en el trono. Doña Isabel sacó ventaja de aquellos cálculos: se sirvió de los nobles para ascender a la categoría de heredera de la corona y ceñirla. Cuando los nobles se dieron cuenta de que habían puesto en el trono una soberana que no estaba dispuesta a compartir el poder, ya era tarde...

De momento, después del 13 de diciembre de 1474, lo que predomina en Castilla es la sorpresa. Algunas ciudades, como Ávila, Valladolid, Tordesillas, Toledo, reconocen a doña Isabel como reina; otras, como Burgos, Zamora y las ciudades andaluzas, prefieren esperar que se aclare la situación. Igual vacilación se nota en el alto clero y la nobleza. El cardenal don Pedro González de Mendoza; el arzobispo de Toledo, don Alfonso Carrillo; el conde de Benavente, el marqués de Santillana, el duque de Alba, el almirante, el condestable, el duque de Alburquerque, don Beltrán de la Cueva, juran a doña Isabel como reina legítima de Castilla. Pero el duque de Arévalo y don Diego López Pacheco, marqués de Villena, «que tenía en su poder a doña Juana, que se llamaba princesa de Castilla» [167, cap. XXI], se niegan a rendir homenaje a la «reina de Sicilia» —así llaman ellos a doña Isabel, esposa de don Fernando, que en aquella época no era más que rey de Sicilia.

Desde el punto de vista diplomático, la situación tampoco es muy clara. La boda, celebrada en 1469, de la que ya se consideraba como heredera de Castilla y del futuro rey de Aragón había suscitado inquietudes en Francia y Portugal, que veían con disgusto constituirse un bloque hegemónico en la Península.

Las hostilidades empiezan en mayo de 1475, cuando tropas portuguesas pasan la frontera castellana. El rey de Portugal, Alfonso V, se casa con su sobrina doña Juana y pretende defender los derechos de aquella princesa a la corona de Castilla. En el mismo momento, los nobles castellanos hostiles a doña Isabel entran francamente en rebeldía. Desde hacía dos meses, el arzobispo Carrillo había mudado de parecer y se había pasado al bando de los partidarios de doña Juana. «En la raíz de su deserción y del conflicto castellano, se encuentran los intereses feudales y la mentalidad medieval, incompatibles con el autoritarismo y la renaciente concepción social del nuevo régimen» [6, 224].

Desde el principio, la guerra de sucesión tiene, pues, un carácter doble de guerra civil y de guerra internacional. El partido de doña Juana cuenta con el apoyo de Portugal. Castilla constituye por su situación geográfica y su empuje económico el eje de la Península. La victoria de uno u otro bando significaría un desplazamiento del peso político de la nueva monarquía hacia el oeste y el Atlántico o hacia el este y el ámbito mediterráneo; lo que está en juego es la formación de un bloque Portugal-Castilla, que vendría a deshacer el bloque Castilla-Aragón en vías de constitución. Francia está a la mira en un principio: una larga tradición de alianza la une con Castilla, pero le preocupa la unión Castilla-Aragón. Precisamente en aquellas fechas Luis XI, rey de Francia, ocupa el Rosellón, que no quiere, como se lo piden los Reyes Católicos, restituir a Juan II, rey de Aragón y padre de don Fernando. Al fin, Francia prefiere aliarse con Portugal, en septiembre de 1475.

En los primeros meses de la campaña, los portugueses se apoderan de parte de Extremadura y de Galicia, ocupan Toro y, durante algunos días, Zamora. Cuentan con una invasión francesa por el norte para obligar a los Reyes Católicos a capitular. Ya en Burgos se alzan pendones por Alfonso V y doña Juana, reyes de Castilla.

La reorganización del ejército castellano y la ayuda de Aragón permiten una contraofensiva de don Fernando por tierras de Burgos, y, sobre todo, de Zamora. A principios de marzo de 1476 se libra la que se ha llamado batalla de Toro, cuando las tropas castellanas derrotan a las portuguesas. La victoria no es completa, ya que doña Juana queda en poder de Alfonso V, pero el trono de Isabel parece definitivamente asegurado. El portugués espera restablecer la situación a su favor con la alianza de Francia; pero la renuncia momentánea de Aragón a sus derechos sobre el Rosellón incita a Luis XI a retirarse del conflicto. Los reyes de Castilla aprovechan estas discusiones diplomáticas para afianzar su poder, reuniendo Cortes en Madrigal (abril de 1476), visitando el reino (viaje a Toledo) y repartiéndose las tareas: don Fernando pacifica la tierra de Zamora, mientras doña Isabel se dirige a Andalucía; los dos soberanos vuelven a reunirse en Sevilla y Córdoba, en el verano de 1477, y allí sientan con los representantes franceses las bases de un acuerdo con Luis XI (1478). En febrero de 1479, don Fernando, que desde hace algunas semanas es ya rey de Aragón por muerte de su padre, derrota a los últimos partidarios de doña Juana en las inmediaciones de Mérida (batalla de Albuera).

El tratado de Alcaçovas (4 de septiembre de 1479) pone fin a la doble guerra, civil e internacional, iniciada después de la muerte de Enrique IV: doña Isabel y don Fernando quedan reconocidos como reyes de Castilla; doña Juana renuncia a sus supuestos derechos y se la obliga a pasar el resto de su vida en un convento de Coimbra (allí muere en 1530); se arreglan los desposorios del infante don Alfonso, hijo del príncipe heredero de Portugal, con la infanta Isabel, hija de los Reyes Católicos; por fin, Castilla acepta la expansión portuguesa en África.

2. LA CREACIÓN DEL ESTADO MODERNO

2.1. LA DOBLE MONARQUÍA Y LA CORONA DE ARAGÓN

Se ha dicho que los Reyes Católicos[4] fundaron la unidad nacional en España. Es un error que conviene desterrar. Lo que se inicia en 1474, con la subida de Isabel al trono de Castilla, y en 1479, con el advenimiento de Fernando al trono de Aragón, es una mera unión personal. Las dos coronas siguen siendo independientes, a pesar de estar reunidas en la persona de sus respectivos soberanos. Las conquistas comunes pasan a integrar una u otra de las coronas; Granada, las Indias, Navarra, forman parte de la corona de Castilla; Nápoles, de la corona de Aragón. Buena prueba de aquella situación es lo que acontece después de la muerte de Isabel, en 1504. Don Fernando, entonces, no es más que rey de Aragón y, como veremos, solo circunstancias particulares —la muerte de Felipe el Hermoso y la incapacidad de doña Juana— le permitieron seguir en la gobernación de Castilla, como simple regente y no como rey. Hay que esperar el advenimiento de Carlos I, heredero de las coronas de Castilla y Aragón a la vez, para que los dos grupos de territorios queden bajo la autoridad de un soberano único, lo cual no implica, ni mucho menos, la unidad nacional. Por esto, al referirnos al Estado de los Reyes Católicos, preferimos hablar de doble monarquía, expresión que se ajusta más a la realidad histórica, al carácter dual del Estado.

La proclamación de Segovia, el 13 de diciembre de 1474, hacía de doña Isabel la «reina y propietaria» de Castilla; a don Fernando solo se le reconocía como su «legítimo marido». Fernando manifestó cierto disgusto por la fórmula, ya que él se consideraba con derechos propios al trono de Castilla, como único heredero varón de la casa de los Trastamaras. La concordia de Segovia, el 15 de enero de 1475, vino a calmar las diferencias entre los dos esposos y a establecer las normas para la gobernación del reino. En ella se fija un punto de derecho:

> Según las leyes y la costumbre usada y guardada en España, estos reinos debía heredar la reina, como hija legítima del rey don Juan, aunque fuese mujer, por cuanto era heredera por derecha línea descendiente de los reyes de Castilla y León, y que no podía pertenecer a ningún otro heredero, aunque fuese varón, si era transversal. Asimismo se determinó que a ella, como a propietaria, pertenecía la gobernación del reino, especialmente en aquellas tres cosas que dicho habemos [esto es: «hacer mercedes», «disponer de las tenencias de las fortalezas» y «administración de la hacienda y patrimonio real»] [167, cap. XXI].

Ahora bien, la aplicación de estos principios matiza considerablemente sus consecuencias prácticas; los reyes quedan asociados en todos los actos del poder: los documentos oficiales están redactados en nombre del rey y de la reina; el sello es uno, con las armas de Castilla y Aragón; del mismo modo, las monedas llevan la efigie y el nombre de los dos soberanos. En vida de doña Isabel, don Fernando fue, pues, rey en Castilla, y no simple príncipe consorte. La cosa no está tan clara en lo que se refiere a la gobernación de Aragón: parece que la reina intervino poco en ella. En Castilla, existe una supremacía de derecho en beneficio de la reina, pero una equiparación de hecho de los dos soberanos en la práctica cotidiana de la gobernación.

Conviene aclarar, de paso, el sentido del lema *Tanto monta* que a fines del siglo XIX ha sido desvirtuado por la adjunción de otro miembro (monta tanto). *Tanto monta* no fue nunca la divisa de los soberanos sino la del solo don Fernando. La forjó Nebrija para acompañar el yugo y el nudo gordiano que figuraban en las armas del rey católico, y su significado queda así perfectamente claro: tanto monta, o sea: lo mismo da cortar el nudo como desatarlo, por alusión a un episodio de la vida de Alejandro Magno: este, al llegar a la villa de Gordión, se encontró con el yugo de un carro atado de una manera muy complicada; según una leyenda, el que sería capaz de desatar el nudo tendría el imperio del mundo; Alejandro lo procuró y, al darse cuenta de la dificultad, resolvió cortar la cuerda con su espada, considerando que el resultado venía a ser el mismo.

En la doble monarquía, las dos coronas no se encuentran exactamente equiparadas; existe un desequilibio indudable a favor de Castilla, una tendencia a la castellanización de la monarquía que irá acentuándose en la próxima centuria. Ello no se debe a la voluntad de los reyes, sino a la relación de fuerzas que existía entonces en la Península. Castilla es mucho más extensa que Aragón, mucho más poblada, ya que conoce un crecimiento y unas densidades demográficas mucho más rápidas: con cuatro millones y medio de habitantes a fines del siglo xv, Castilla deja muy atrás a Aragón, que solo cuenta por las mismas fechas con un millón; Castilla tiene una superficie triple de la de Aragón, pero una población cuádruple. Otro factor contribuye poderosamente a acentuar tal desequilibrio a favor de Castilla, y es el dinamismo de su economía.

Pierre Vilar ha mostrado cómo las dos coronas anduvieron casi siempre —con contadas excepciones, por ejemplo en el siglo XVIII— desacordadas en su ritmo de vida: Castilla sube mientras Aragón se hunde, y viceversa. El reinado de los Reyes Católicos coincide con el inicio de una fase de expansión para Castilla que durará hasta el siglo XVII; en la misma época, la corona de Aragón sufre las consecuencias de las crisis de los siglos XIV y XV y conoce una época de colapso prolongado. En efecto, en la segunda mitad del siglo XV Castilla inicia una fase de prosperidad económica: los rebaños de la Mesta le suministran una lana de excelente calidad muy cotizada en el mercado internacional. En torno al mercado de lana se organiza la vida económica, que gira alrededor de tres centros principales: Medina del Campo, que se convierte en el gran mercado internacional del reino; Burgos, sede del Consulado, o sea de la agrupación de los grandes mercaderes interesados en la exportación; Bilbao, de donde salen los barcos que llevan la lana a los centros de Flandes. El eje comercial Medina-Burgos-Bilbao une a Castilla con la Europa del norte; en Nantes, Ruán, Brujas, Londres, los burgaleses tienen factores importantes y dominan el mercado. En Sevilla, ya antes de la instalación de la Casa de la Contratación y del crecimiento provocado por el mercado americano, existe también otro foco importante para la economía del país; allí son los italianos los que desde hace tiempo son dueños de los negocios más provechosos. Por fin, las ciudades del interior —Segovia, Toledo, Cuenca, entre otras— conocen en la misma época un desarrollo bastante notorio. Todo ello, con los ingresos que supone para el Estado en concepto de impuestos, alcabalas, servicio y montazgo, diezmos, derechos de aduana, etc., contribuye a la prosperidad de Castilla, que se convierte de hecho en el centro de la vida económica de la doble monarquía, en contraste total con el casi completo colapso catalán.

De ahí que la expansión española y el Siglo de Oro sean también eminentemente unos fenómenos castellanos: castellanos fueron en su inmensa mayoría los hombres —políticos, soldados, conquistadores, mercaderes, misioneros, teólogos— que representaron a España en Europa y en el mundo, y en castellano escribieron los escritores que difundieron la cultura española de la época. Sin embargo, el relativo descenso de la corona de Aragón le permitió tal vez conservar mejor que Castilla sus fueros y libertades políticas, y de este modo, la preservó hasta cierto punto de la tendencia a la centralización y al absolutismo que caracterizan el reino vecino.

Hablar de corona de Aragón es ya llegar a cierto punto de abstracción. Lo que existe en realidad son entidades concretas: el reino de Aragón, el reino de Valencia, el principado de Cataluña, las islas Baleares. Cada una de aquellas comunidades políticas y humanas tiene sus rasgos característicos, sus instituciones, su vida económica y cultural propia. Con la doble monarquía de los Reyes Católicos se inicia un proceso de gobierno caracterizado por el absentismo del soberano: un virrey o lugarteniente lo representa en cada uno de los territorios; a partir de 1494 funciona en la corte una institución destinada a regular la administración de los estados, el Consejo de Aragón, organismo consultivo que sirve de lazo entre los distintos reinos y el monarca a través de los virreyes. De una manera general, se puede decir que los estados de la corona de Aragón supieron resistir al creciente autoritarismo de los monarcas, manteniendo una tradición de federalismo y pactismo que contrasta con lo que ocurre por las mismas fechas en Castilla; en los tres estados, las Cortes oponen una tenaz resistencia legal al monarca; en cambio, fracasó la integración económica de la Península, de la que Valencia hubiera podido ser por un momento el instrumento. También en líneas generales, se puede notar el desplazamiento progresivo de la vida económica: dentro del marco de la corona, la hegemonía pasa de Cataluña a Aragón, y después a Valencia, por lo menos hasta finales del siglo XVI y la expulsión de los moriscos.

En Valencia y Aragón, los señores feudales refuerzan sus posiciones frente al campesinado y, sobre todo, a sus vasallos mudéjares y consolidan su poder. Las cosas son algo distintas en Cataluña, que había sido muy afectada por la crisis y la guerra civil de los años 1462-1472. En las Cortes de 1481, don Fernando inicia el *redreç* de la economía (proteccionismo, restauración mercantil, restitución de las propiedades confiscadas durante la guerra civil, mediante compensación a los despojados). El problema de los payeses de remensa quedó resuelto, después de nueva crisis (1484-1485), por la Sentencia arbitral de Guadalupe (1486): el campesinado catalán consiguió la propiedad útil de la tierra, conservando los señores tan solo el dominio jurisdiccional sobre la misma. El gran sindicato remensa (1488-1508) se encargó de aplicar el compromiso y consiguió así restablecer la paz en el campo catalán.

2.2. La corona de Castilla

La guerra de sucesión había puesto de manifiesto la debilidad del poder real en Castilla; urgía restaurar la autoridad de la monarquía, acabar con los desórdenes interiores y los desmanes de la nobleza, reestructurar la vida política y administrativa del reino. En realidad, no todo estaba viciado en la Castilla de aquella época. No se debe dar enteramente crédito a lo que cuentan los cronistas oficiales, interesados en dibujar con tintas negras el reinado anterior para mejor ensalzar la acción reformadora de los reyes. Azcona ha denunciado las exageraciones de tales historiadores al ponderar el estado de anarquía en que se encontraba Castilla cuando murió Enrique IV. La situación era grave, pero distaba mucho de ser desesperada. Lo que hacía falta era restablecer la autoridad de la monarquía en la nación. Buenos testigos de las flaquezas existentes, los reyes procuraron acabar con ellas. Esta fue la tarea que se propusieron tan pronto como tuvieron las manos libres en el pleito sucesorio, aun antes de que terminara la guerra civil.

La Santa Hermandad[5] fue la primera institución planeada por los reyes para garantizar el orden público en el reino. La idea no fue suya; ya en 1473, Enrique IV había favorecido la creación de hermandades generales por parte de los municipios con la misión específica de mantener la seguridad. Las Cortes de Madrigal, en abril de 1476, no hicieron más que recoger la idea y, sobre todo, ponerla en ejecución dotándola de los medios financieros y militares necesarios para que fuese realmente eficaz. Se trataba de luchar contra el bandolerismo en los campos; para ello se decidió que cada lugar de más de cincuenta vecinos nombrase dos alcaldes y armase unos cuadrilleros. Las cuadrillas locales quedaban encargadas de perseguir a los malhechores en el ámbito de su distrito, avisando a la cuadrilla del concejo vecino en cuanto dichos malhechores saliesen del distrito para entrar en el contiguo. De esta forma se les podría perseguir, detener y enjuiciar rápidamente, dándoles el castigo apropiado. La institución se caracterizaba, pues, por su movilidad, su eficacia y la justicia rápida que ejecutaba en los culpables.

En los meses siguientes, se completó el dispositivo. Así se decidió, en Valladolid, a 15 de junio de 1476, instalar un jinete en todo distrito de más de cien vecinos, un hombre de armas si los vecinos pasaban de ciento cincuenta. Por fin, la Junta General de Dueñas, celebrada del 25 de julio al 5 de agosto del mismo año, organizó la hermandad en el plano nacional: el reino quedó dividido en distritos; cada distrito nombraría diputados generales; a las cuadrillas locales, basadas en los concejos, se añadirían capitanías móviles que actuarían en todo el territorio nacional;[6] un Consejo superior, compuesto por el obispo de Córdoba, Alfonso de Burgos y Alonso de Quintanilla, se encargaría de cobrar y repartir los fondos de la institución, que fueron importantes; y se nombró un capitán general, don Alfonso de Aragón, duque de Villahermosa, el propio hermano natural del rey.

La Santa Hermandad había sido fundada con carácter provisional. Sin embargo, la institución fue prorrogada en 1477 y en 1480; hasta se pensó en transformarla en ejército permanente y, de hecho, algunas de sus tropas se emplearon en las operaciones de la guerra de Granada. Pero los concejos protestaban de los gastos crecidos que suponía para ellos el mantenimiento de aquel aparato bélico. Por otra parte, la nobleza siempre había mirado con prevención a la Hermandad, en la que veía una amenaza velada para sus intereses. En 1498 se suprimieron, pues, los organismos centrales; solo quedaron en actividad las cuadrillas locales encargadas de luchar contra los delincuentes; la Santa Hermandad había cumplido su cometido: acabar con el bandolerismo rural, restaurar la seguridad pública en el campo castellano.

La Santa Hermandad no es más que un elemento transitorio de la reorganización del Estado que los Reyes Católicos querían llevar a cabo. Su objetivo, más que instalar un poder absoluto, es dar a la institución monárquica un prestigio y una autoridad que la situaran muy por encima de las demás fuerzas sociales de la nación —nobleza, Iglesia, Cortes... Tres grupos intervienen en las crisis políticas del siglo XV: monarquía, aristocracia, municipio. Durante el reinado de Fernando e Isabel, los dos últimos van a quedar sometidos al primero, de tal modo que no se producirán fenómenos serios de oposición —con la sola excepción de la crisis de las Comunidades— en más de un siglo. Los Reyes Católicos no crean un Estado absoluto, pero sí inauguran un Estado fuerte, un Estado autoritario, en el que el soberano es la fuente del poder y gobierna, no de una manera tiránica o arbitraria, sino sin la colaboración activa de los grupos socio-políticos. Reorganización administrativa, reorganización política, reorganización social, tales son los diversos aspectos de la reforma general emprendida en los primeros años del reinado y desarrollada con determinación y continuidad.

En Valladolid se instala la Chancillería destinada a ser el organismo supremo de justicia del reino. Después de la toma de Granada, otra Chancillería se crea con sede en la antigua capital de los moros y con jurisdicción en los territorios situados al sur de Sierra Morena. Por otra parte, Montalvo recopila los textos jurídicos dispersos para formar un cuerpo legal coherente y cómodo a disposición de los súbditos y de los magistrados.

Mayor resonancia tiene la reorganización llevada a cabo en los concejos. El poder municipal queda definitivamente en manos de una oligarquía urbana hereditaria —la de los regidores o veinticuatros—, no siempre representativa de los intereses económicos locales, sino integrada en la inmensa mayoría de los casos por la pequeña nobleza de los caballeros, que se reserva asimismo los cargos más importantes y lucrativos de la administración comunal —puestos de alcaldes, fieles, veedores y otros oficios municipales—. En las ciudades y villas más importantes, los reyes nombran con carácter permanente funcionarios que gozan de muy amplias facultades —políticas, administrativas, financieras y, sobre todo, judiciales—, capaces, por lo tanto, de intervenir de modo eficaz en cualquier asunto en nombre del poder monárquico. Son los corregidores que los soberanos anteriores ya habían empezado a instalar en ciertas ciudades, pero con carácter excepcional y temporario. El corregidor preside las reuniones del ayuntamiento; nada se hace sin su beneplácito; él vela en todo momento por la defensa de las prerrogativas reales. Ya veremos el papel decisivo que desempeña el corregidor en la elección de los procuradores a Cortes. La reforma municipal acaba con las luchas intestinas de los bandos nobiliarios en las ciudades, pero acaba también con la autonomía de los municipios que, de ahí en adelante, quedan estrechamente sometidos al poder central. Cuidadosamente elegidos en las clases medias del país —caballeros o letrados—, los corregidores fueron los agentes más eficaces de la reorganización del Estado en el sentido exigido por los monarcas. Igual carácter tuvieron otros representantes menos conocidos del poder real fuera de la corte, como los gobernadores y los asistentes, nombrados en circunstancias excepcionales. Los gobernadores disponen de poderes mucho más amplios que los corregidores porque su misión es más delicada: se trata de restablecer la paz y la seguridad en las comarcas que plantean problemas particulares, desde el punto de vista político o social. Así vemos Galicia sometida a la autoridad de un gobernador en el tiempo necesario al restablecimiento del orden público; lo mismo ocurre en el marquesado de Villena:

> Por su situación estratégica (comprendida la vecindad con Aragón), por su condición de auténtico nudo de comunicaciones, por su configuración político-jurídica, el antiguo señorío había sido en repetidas ocasiones [...] factor decisivo de la estabilidad o inestabilidad de Castilla [66, 67].

En palabras de Benjamín González Alonso, corregidores, asistentes y gobernadores son tres variedades de funcionarios reales que responden a objetivos distintos. La misión de los gobernadores es «restablecer y afianzar el orden público, de la misma suerte que los corregidores se conciben antes que nada como jueces y los asistentes como interventores de la organización municipal» [66, 98-99]. Conforme avanzamos en el reinado y se va normalizando la situación política, los corregidores absorben las misiones impartidas a asistentes y gobernadores y acaban siendo los únicos representantes del poder central fuera de la corte, con la sola excepción de Sevilla, que conservará un asistente hasta en épocas muy posteriores.

Las Cortes aprobaron la mayoría de las reformas —no solo administrativas— elaboradas por los reyes y, sin embargo, las Cortes también vieron su influencia considerablemente rebajada. Las Cortes asumen teóricamente la representación del reino frente al soberano; comprenden delegaciones de los tres estamentos de la sociedad: la nobleza, el clero, los procuradores de las ciudades. Como su misión fundamental es la de consentir el servicio, es decir, votar los impuestos necesarios a la vida del Estado, se explica perfectamente que los dos primeros estamentos se desinteresen en ocasiones de las reuniones a las que no pueden faltar los procuradores que, en teoría, llevan la voz de los pecheros. Digo: en teoría, porque de hecho los procuradores a Cortes son nombrados por los ayuntamientos, que casi siempre designan a caballeros, es decir, a privilegiados; la paradoja consiste, pues, en que los impuestos son votados por los que no los tienen que pagar... Pero tampoco asisten a Cortes los representantes de todas las ciudades y villas del reino, mejor dicho, de los reinos (León, Castilla, Toledo, Murcia, Granada, etc.) que componen la corona de Castilla. La tradición ha transformado poco a poco el derecho de representación en Cortes en un privilegio cerrado (tener voz y voto en Cortes) que disfrutan solo diecisiete ciudades (dieciocho a partir de 1492, cuando se incorpora Granada al reino): Burgos, Soria, Segovia, Ávila, Valladolid, León, Salamanca, Zamora, Toro, Toledo, Cuenca, Guadalajara, Madrid, Sevilla, Córdoba, Jaén, Murcia.

Las Cortes hubieran podido constituir una fuerza política capaz de equilibrar el poder real y ejercer cierto control sobre sus actos. A cambio de la concesión del servicio, los procuradores hubieran podido exigir ciertas concesiones, desempeñar una verdadera función legislativa, censurar los abusos de la autoridad. Los Reyes Católicos tuvieron buen cuidado en evitar que la institución menoscabara sus prerrogativas. Como su propósito general era restaurar la autoridad del Estado, no podían consentir en que las Cortes compartieran, de un modo u otro, aquella autoridad; convenía, al contrario, que las Cortes quedaran en toda ocasión sometidas a la monarquía. Este objetivo, los reyes lo consiguieron con tres medios: eliminando de la representación en Cortes los posibles adversarios de su política; vigilando cuidadosamente el desarrollo de las sesiones; disminuyendo el número de reuniones.

Del primer objetivo se encargan los corregidores. Ellos presiden las reuniones de los ayuntamientos; presionan a los regidores para que solo se envíe a Cortes a procuradores adictos a los reyes; presionan también para que no se den a estos procuradores poderes o instrucciones limitadas o condicionales (exigir tal o cual medida antes de votar el servicio). En estas condiciones, los procuradores no constituyen ninguna amenaza para las prerrogativas reales; van dispuestos de antemano a aprobar la voluntad del monarca, a cambio de ligeras concesiones de forma o de reformas no sustanciales.

Las Cortes se reunen solo cuando las convoca el rey y las preside siempre un funcionario nombrado por el monarca. El desarrollo de las sesiones sigue una marcha inmutable: discurso del rey o de su representante, voto del servicio, examen de las peticiones de los procuradores. Esta sucesión impide que los procuradores puedan presionar de una manera eficaz sobre las decisiones del monarca, ya que este ya ha conseguido lo que le interesaba al convocar las Cortes —el voto del servicio— cuando se pasa a examinar las peticiones presentadas por los delegados de las ciudades.

La reunión de las Cortes solo es indispensable en contadas circunstancias: cuando se trata de jurar el nuevo soberano, al heredero y cuando se hace necesario pedir un nuevo servicio. Andando el tiempo, los Reyes Católicos procuran disponer de ingresos importantes por medio de la fiscalidad indirecta (alcabalas, bulas de la Cruzada, etc.). Esto les permite prescindir de las Cortes fuera de los períodos críticos. En todo el reinado solo se conocen cinco reuniones de las Cortes: en 1476, 1479-1480, 1489, 1499 y 1502. Esta es también una manera de restar importancia a las Cortes. Aquella institución se convierte, pues, durante el reinado de los Reyes Católicos, en un instrumento dócil en manos de los soberanos; en ningún momento las Cortes tratarán de oponerse o de mantener una postura independiente frente al poder real.

La amenaza más seria para la monarquía no la representaban, sin embargo, las Cortes sino la aristocracia feudal. Ella había desencadenado las crisis políticas, incluso la más grave, el pleito sucesorio, para satisfacer sus ambiciones de mando y sus intereses económicos. Los Reyes no podían olvidar la responsabilidad de los grandes —el marqués de Villena o el arzobispo Carrillo— en la guerra civil de principios del reinado. El cronista Pulgar recoge bien el pensamiento íntimo de los monarcas al dirigirse así a Carrillo en el discurso fictivo que pone en boca del condestable:

> Sabéis bien, señor, que muerto el rey don Enrique fuestes a Segovia, donde besastes las manos a la reyna, e la recibistes, y jurastes públicamente sobre vn libro misal por vuestra reyna y señora natural a la Reyna, segúnd que todos los más de los perlados y grandes e caualleros del reyno lo fizieron. E agora, señor, si mudáys el propósito diez años continuado por enojo en tres meses avido, querría saber de vos cómo podéys sanear vuestra conçiençia, y guardar vuestra honra, contradiziendo lo que con tantas ynformaçiones sostovistes y tan poco à que jurastes; o qué casos de yngratitud pueden ser éstos que dezís ser cometidos contra vos, dado que muy más graues fuesen de lo que vos recontáys, que pueden quitar a la Reyna el derecho de su subçesión, e absoluer a vos del juramento que le fizistes. *Saluo si pensáys que el derecho de ser o no ser rey de Castilla consiste solamente en tener o no tener a vos contento...*

continúa Pulgar unas líneas adelante:

> Debéis esto mesmo pensar quán grande cosa sería de sofrir que os tengáis por derecho de quitar rey y ponerlo en Castilla, por qualquier voluntad que os viniere [167, 108-109].

No cabe duda que aquí Carrillo es el típico representante del feudalismo que observa con prevención el fortalecimiento del poder real. Para contrarrestar la nobleza, los Reyes Católicos procuraron recuperar parte del patrimonio real embargado por los señores y combatir la excesiva influencia que habían tenido en la vida política del país.

Los Reyes Católicos se encontraron con una situación financiera catastrófica debida a las enajenaciones de juros, impuestos y tierras que sus antecesores habían consentido en beneficio de la nobleza. Fray Hernando de Talavera fue el encargado de llevar a cabo la reorganización. Después de largas y arduas discusiones, las Cortes de Toledo aprobaron el plan presentado: se suprimieron casi la mitad de los juros existentes; se reintegraron al patrimonio real las rentas, impuestos y tierras que se habían otorgado a la nobleza a partir de 1464. Azcona ha comparado la operación con la desamortización llevada a cabo en el siglo XIX.

En el aspecto político, el hecho esencial fue la reorganización del Consejo Real, que, de ahí en adelante, quedó presidido por un prelado e integrado por tres caballeros y ocho o nueve letrados; los miembros de la alta nobleza conservaron el privilegio de asistir a las sesiones con voz consultiva; toda intervención directa en los asuntos políticos les fue prohibida. Así constituido, el Consejo Real se transformó en el organismo principal de gobierno. Los secretarios reales, encargados de preparar las reuniones del Consejo y que eran personas de confianza de los soberanos, vieron su importancia crecer más y más; ellos acabaron de hacer del Consejo Real el instrumento básico en la vida política, contribuyendo de esta forma a desplazar a la nobleza feudal de sus posiciones en el Estado.

Los maestrazgos de las Órdenes Militares habían constituido siempre un arma poderosa en mano de la aristocracia feudal, por los recursos enormes que proporcionaban y por la influencia que daban a sus detentadores; luchas enconadas se producían en torno a ellos. Tampoco quisieron los Reyes Católicos que tales cargos constituyeran en adelante un peligro para el Estado. Don Fernando consiguió que se le eligiera maestre de Santiago, Calatrava y Alcántara; a principios del reinado de Carlos V, en 1524, el papa Adriano VI acabará la evolución iniciada incorporando definitivamente los tres Maestrazgos a la corona.

Todo ello no significa una ofensiva general contra el estamento nobiliario. La nobleza sigue gozando de una riqueza económica considerable; su influencia social es enorme. Los reyes han contribuido incluso a favorecerla, al enajenar ellos también tierras del patrimonio real para recompensar a determinados servidores, como los Cabrera, elevados a la dignidad de condes de Chinchón. En su testamento, doña Isabel siente escrúpulos por cuanto le parece que ha consentido demasiados privilegios a la aristocracia. Las leyes de Toro, en 1505, vienen a consolidar y a perpetuar la fortuna territorial y la influencia social de los nobles al generalizar la institución del mayorazgo. Lo que los Reyes

Católicos quisieron y lograron evitar fue la intromisión de la aristocracia en los asuntos políticos; se acabó el tiempo en que los nobles quitaban y ponían reyes en Castilla. El estamento nobiliario perdió entonces toda influencia determinante en el Estado; quedó subordinado al poder real.

Parecidas observaciones se pueden hacer acerca de la actitud de los Reyes Católicos con respecto al otro estamento privilegiado, el clero. Con respecto al clero, y sobre todo al alto clero, el propósito de los reyes es también evitar que se convierta en un peligro para el Estado, en una fuerza rival. Pero, en este caso, los reyes se encuentran con una circunstancia agravante: los prelados son nombrados por la Santa Sede, es decir, por una autoridad espiritual pero que es al mismo tiempo una potencia extranjera. De ahí el doble aspecto de la política eclesiástica de los Reyes Católicos: luchar contra lo que Azcona llama acertadamente el feudalismo episcopal y defenderse contra las intromisiones extranjeras.

El primer punto no puede extrañarnos. En aquella época nobles y prelados salen muchas veces de las mismas casas y, de todas formas, los obispos, por el mero hecho de serlo, son auténticos señores feudales. En páginas anteriores se ha citado a Carrillo como típico representante de la mentalidad feudal. Pues bien, Carrillo era arzobispo de Toledo y, como tal, gobernaba un territorio muy extenso en el que disponía de poderes administrativos, judiciales, incluso militares, ya que nombraba los regidores, los alcaldes, los escribanos y notarios de los concejos y los alcaides de las fortalezas de su arzobispado; sus rentas eran considerables. En menor escala, los demás obispados del reino se encontraban en semejante situación. Los reyes, lo mismo que habían limitado la potencia de la nobleza, tenían que oponerse al feudalismo episcopal.

En cuanto a las influencias extranjeras, el peligro era doble: que se nombraran en los obispados del reino personas que no fuesen naturales de él y que se exportaran las rentas correspondientes a los beneficios. Reivindicación constante de los Reyes Católicos fue el no consentir que se dieran beneficios eclesiásticos a extranjeros.[7]

Las negociaciones con la Santa Sede para conseguir un control de los nombramientos eclesiásticos, y sobre todo de los obispados, fueron largas, difíciles, marcadas por numerosos conflictos. Ya en 1475, los Reyes Católicos pretenden obtener el régimen de súplica en la designación de los obispos, es decir, algo diferente del derecho de presentación pero que, en sustancia, tiene los mismos efectos prácticos. Los pontífices romanos no están dispuestos a hacer concesiones. En 1478, el papa nombra a un italiano para el obispado de Cuenca, lo cual provoca una amplia protesta por parte de los reyes; otros incidentes se producen en 1482 con motivo de la provisión de los obispados de Salamanca y Sevilla. La insistencia castellana acaba dando resultados positivos: el 15 de mayo de 1486, el papa reconoce a los reyes de España el derecho de patronato sobre los futuros lugares de culto del reino de Granada; en 1508, se les concede de manera explícita el patronato sobre los obispados americanos. Anteriormente se les había dado el mismo privilegio para Granada y las islas Canarias. Estas son las únicas concesiones jurídicas de la Santa Sede en vida de los Reyes Católicos; habrá que esperar el pontificado de Adriano VI y la bula *Eximiae devotionis affectus*, de 23 de septiembre de 1523, para que se conceda a los reyes de España el derecho de patronato y de presentación para todas las iglesias de España. Pero, de hecho, Isabel había conseguido arrancar a la Santa Sede el derecho práctico de suplicación, es decir la posibilidad de intervenir para que se nombrara (o no se nombrara...) tal o cual persona en determinado beneficio.

Los criterios tenidos en cuenta por los Reyes Católicos en la designación de los obispos fueron, según Azcona, los siguientes:

—que fuesen naturales de sus reinos;

—que llevasen vida de honestidad y celibato; se trataba de poner fin a la «era de los bastardos»;

—que saliesen de las clases medias;

—que fuesen letrados; se nota en este sentido una marcada preferencia hacia los egresados del Colegio Mayor de San Bartolomé, en Salamanca.

En conjunto, esta política dio resultados apreciables. Los reyes no pudieron evitar del todo que se nombraran extranjeros o individuos dudosos, pero se puede considerar que de una manera general la calidad intelectual y moral del alto clero tendió a elevarse. Hombres como Talavera, Deza o Cisneros demuestran el alto nivel alcanzado por ciertos obispos, por otra parte servidores leales, aunque nada serviles, de los reyes.

Otro aspecto importante de la política seguida por los reyes en relación con el clero fue su propósito de afirmar las prerrogativas de la corona en todo lo que no fuese estrictamente espiritual. Lucharon así para reducir a proporciones moderadas la jurisdicción civil del clero: impedir que los laicos acudiesen a los jueces eclesiásticos en pleitos que no tenían nada que ver con el derecho canónico; limitar el número excesivo de los clérigos de corona, es decir, de los que habiendo recibido solo las órdenes menores pretendían, sin embargo, gozar de todos los privilegios eclesiásticos. Se trataba, pues, en líneas generales, de someter el clero, como estamento social, a la jurisdicción de la corona.

Trátese de los municipios, de las Cortes, de la nobleza o del clero, la política de los Reyes Católicos se encamina siempre al mismo objetivo: restablecer la autoridad del Estado, hacer de la institución monárquica la fuerza rectora de la vida nacional. El objetivo no es tanto instalar un poder absoluto, sino más bien dar a la monarquía un prestigio y una autoridad muy por encima de las demás fuerzas sociales de la nación.

Esta intención aparece incluso en los detalles de la vida cotidiana en la Corte. Se ha dicho que los reyes, y sobre todo la reina, se preocuparon en extremo de no derrochar el dinero en gastos excesivos —fiestas, trajes, aparato cortesano—; se habla de su sobriedad, de su austeridad. Tal vez esto sea exacto en la vida privada de los monarcas; pero cuando aparecían en público y actuaban como soberanos, siempre procuraron dar a la institución monárquica un lustre tal que revelase a todo el mundo su trascendencia sobre todos los estados sociales. De ello son buenos testigos el confesor de la reina, fray Hernando de Talavera, que en ocasiones se escandalizó del lujo de ciertas ceremonias oficiales, y el cronista Pulgar, que defendió a la reina contra las críticas que se le hacían por ello:

> Era mujer muy ceremoniosa en los vestidos y arreos y en sus estrados y asientos y en el servicio de su persona y quería ser servida de hombres grandes y nobles y con grande acatamiento y humillación. No se lee de ningún rey de los pasados que tan grandes hombres tuviese por oficiales [167, I, 78].
>
> Como quiera que por esta condición le era imputado algún vicio, diciendo ser pompa demasiada, pero entendemos que ninguna ceremonia en esta vida se puede hacer tan por extremo a los reyes que mucho más no requiera el estado real; el cual, así como es uno y superior en los reinos, así debe mucho extremarse y resplandecer sobre los otros estados, pues tiene autoridad divina en las tierras [167].

La intención política parece clara: como las demás medidas de tipo político o administrativo, la reorganización de la corte trata de hacer de la institución monárquica algo que se sitúe fuera de la esfera social común. Así se crean las condiciones para fortalecer el prestigio y la autoridad de la monarquía en los dominios españoles, intención perfectamente lograda y que los inmediatos sucesores de los reyes, Carlos V y Felipe II, supieron mantener y desarrollar hasta convertir al monarca, no tanto en rey absoluto y de derecho divino, sino más bien en la pieza clave del orden social, el árbitro y el juez supremo, superior a todos los intereses partidistas; esta es la figura mítica que recogerá el teatro de Lope de Vega y que creemos empieza a forjarse en las postrimerías del siglo XV.

2.3. POLÍTICA RELIGIOSA

A finales del siglo XV, España expulsa las minorías religiosas que quedaban todavía en su territorio y crea un sistema riguroso de lucha contra las herejías. El establecimiento de la Inquisición, la expulsión de los judíos y la conversión forzosa de los moros son medidas complementarias y forman parte de una política coherente: se trata de instaurar la unidad de fe y de velar por que esta fe quede pura de toda contaminación y desviación. Para España, dicha política supone un cambio radical; se pasa de una actitud de convivencia, de neutralidad y hasta cierto punto de tolerancia hacia las confesiones no cristianas, a una actitud intransigente, rigurosa y de persecución.

¿Se debe este cambio a la voluntad de los reyes? Sí y no. La política de los Reyes Católicos cuenta indudablemente con la adhesión de las masas católicas, profundamente antisemitas desde hacía tiempo, pero hasta entonces la corona había resistido a la presión popular. Sería absurdo pensar que los Reyes Católicos, tan preocupados por restablecer la autoridad del Estado en todos los sectores de la sociedad, hubieran cedido repentinamente ante los prejuicios de las masas católicas. En este caso parece que hubo adecuación entre la voluntad de los soberanos y la inmensa mayoría de sus vasallos.

Digo: los soberanos, en plural. Me parece vano oponer en esta cuestión Fernando e Isabel. Hablando de la expulsión de los judíos, las fuentes israelitas atribuyen la responsabilidad principal al rey de Aragón, que se habría negado a cambiar de criterio, a pesar de las importantes cantidades de metálico que se le habrían ofrecido para ello [6, 645]. Parece indudable que, en este caso como en todos los problemas de singular trascendencia, los soberanos actuaron de común acuerdo; y de común acuerdo aplicaron con la mayor determinación la política que habían planeado.

Lo que parece extraño, a decir verdad, no es tanto la intolerancia con que procede España en aquella ocasión y en aquellas circunstancias, sino la fecha tardía en que se produce el cambio de política. En efecto, hacía mucho tiempo que en los demás países de Europa los judíos habían sido expulsados. Pierre Chaunu insiste acertadamente en este aspecto, que parece fundamental: la España cristiana había sido durante toda la Edad Media la única nación de la cristiandad en la que importantes minorías religiosas habían podido convivir de un modo oficial [45, II, 470]. Es cierto en cuanto se refiere a los musulmanes; es cierto también en lo que se refiere a los judíos: eran más que tolerados; tenían una existencia legal; la vida religiosa era intensa en las aljamas, que gozaban de cierta autonomía, por ejemplo, para enjuiciar a sus correligionarios conforme a sus propios criterios jurídicos. Naturalmente que en ningún momento los judíos fueron equiparados a los cristianos; pero se les consideraba, lo mismo que los cristianos, como vasallos de la corona y se les prometía en este aspecto relativa protección.

La originalidad de España se explica por las condiciones especiales en que se había desarrollado la vida en la Península durante la Edad Media, por el doble fenómeno, tantas veces ponderado por Claudio Sánchez Albornoz, de la reconquista y repoblación del territorio. No bastaba reconquistar el suelo; hacía falta poblarlo y cultivarlo. Los cristianos no tenían interés en que los moros emigrasen; las comunidades judías también eran acogidas en los territorios reconquistados. No se exigía la conversión; solo se deseaba que moros y judíos trabajasen y fuesen vasallos leales de la corona. No hay que exagerar el aspecto religioso de la Reconquista; fue una cruzada, naturalmente, pero fue también una empresa milenaria para restituir a los cristianos un territorio que fue el suyo antaño. Recordemos lo que escribía don Juan Manuel en el siglo XIV:

> Ha guerra entre los cristianos e los moros e habrá, fasta que hayan cobrado los cristianos las tierras que los moros les tienen forzadas; ca cuanto por la ley nin por la secta que ellos tienen, non habría guerra entre ellos [37, 30].

A fines del siglo XV, terminada la Reconquista, cambian las circunstancias que han hecho posible la convivencia entre cristianos, moros y judíos; España, entonces, no hace más que conformarse con la política general de la cristiandad. España hubiera podido mantener su originalidad, formar una especie de puente o de lazo entre Occidente y Oriente, entre Europa y África; no quiso hacerlo; prefirió integrarse completamente en la cristiandad, y para ello, rechazar las dos religiones extrañas que seguían viviendo en su suelo.

El fin de la reconquista territorial da lugar, pues, a otra reconquista, espiritual esta, de España por la cristiandad europea. Esta es una primera causa que explica el viraje de los años 1480-1500. Pero hay otra sobre la que Luis Suárez Fernández ha llamado la atención: el fortalecimiento del Estado, o mejor dicho la creación del Estado moderno, exigía la unidad de fe:

> La Edad Media ha sido tolerante, no con la fe, sino con las varias sociedades cuya convivencia admite en el seno de una misma entidad política. Este hecho es la consecuencia de que Europa haya conservado, hasta mediados del siglo XV, una estructura política insuficiente, basada en principios de relación personal. Se es súbdito de un rey, antes o aparte de la condición de miembro de una determinada comunidad humana. Esto hace posible que los monarcas españoles puedan tener súbditos de tres religiones [...] distintas; no los tratan en pie de igualdad, pero les toleran y les protegen. Todo ello es producto, insistamos, de una inmadurez institucional [201, 205].

Los Reyes Católicos procuran instaurar en todos los sectores su autoridad; en la misma perspectiva no pueden admitir ya la presencia de comunidades judías o moras en sus tierras.

Por fin, la cohesión del cuerpo social exigía o parecía exigir la unidad de fe. El sentimiento nacional no se produce antes del siglo XIX en Europa; antes de aquellas fechas, los pueblos solo se sentían unidos cuando compartían la misma fe, es decir, la misma civilización.

En España más que en otro país europeo, la unidad de fe parece necesaria. La unidad política no existe todavía; Castilla y Aragón constituyen grupos territoriales yuxtapuestos, más bien que unidos. El único lazo de unión es la persona de los soberanos. La unidad de fe es la que va a robustecer la solidaridad entre los vasallos de las dos coronas y los reyes recibirán, para ello, la adhesión popular.[8] Eran, pues, la total reintegración de España a la cristiandad y la cohesión de la doble monarquía las causas profundas que exigían entonces la unidad de fe y la lucha contra el desviacionismo religioso. En el contexto idológico de la época, la fe no es solo una cuestión personal; es también lo que une cada fiel a los demás en el cuerpo social. En una sociedad que se define a sí misma como cristiana, el hereje no comete solo un error individual contra la fe: perturba gravemente la cohesión del cuerpo social y, en este sentido, se le considera como un peligro de subversión [45 bis].

El establecimiento de la Inquisición y la expulsión de los judíos plantean otros problemas graves. Se trata de dos medidas discriminatorias contra ciertos individuos por las opiniones religiosas que tienen ellos o que tuvieron sus padres. Se trata teóricamente de mantener la pureza de la fe católica, de evitar que los cristianos nuevos vuelvan a sus antiguas creencias, de castigar a los herejes y de proteger a los mismos conversos y la sociedad cristiana en general del contagio de la heterodoxia. Pero los conversos, como grupo social, ocupaban tal puesto en la España de la época que nos vemos obligados a examinar otro aspecto del tema.

Conversos y judíos, en la España del siglo XV, constituyen una especie de clase media, una burguesía en vías de formación. De ahí las polémicas en torno a las verdaderas causas que explican la creación del Santo Oficio: ¿se trataba solamente de mantener la pureza de la fe o, por las confiscaciones de bienes, la infamia que recaía sobre los procesados y su familia, de eliminar a grupos sociales que hubieran podido presentar un peligro o una amenaza para los otros grupos o intereses creados?

Estas dudas ya se plantearon desde un principio, por los años 1480.[9] Conversos nada sospechosos, como fray Hernando de Talavera o Hernando del Pulgar, denuncian entonces los abusos de los inquisidores, los métodos que empleaban, el secreto con que procedían, las confiscaciones de bienes... Pero van todavía mucho más lejos en sus críticas; plantean el problema de fondo: la Inquisición establece una discriminación inaceptable entre las varias categorías de heréticos; el Santo Oficio ha sido creado para combatir una sola herejía, la de los judaizantes, un solo grupo de herejes, los que son de origen judío, y de esta forma contradice los principios de universalidad del catolicismo que dicen que no hay más que un rebaño y un pastor. Tal discriminación da más que pensar sobre los propósitos de los que pidieron la creación de la Inquisición; con el pretexto de castigar a los judaizantes, se tiene la impresión de que lo que se busca en realidad es amenazar a todos los cristianos procedentes del judaísmo, sean o no sean judaizantes; desde el momento en que se decide perseguir únicamente a los judaizantes —para eso, en efecto, se había pedido la creación del Santo Oficio; solo más tarde se extenderá la represión a todas las formas de herejía en general—, se hace de todo converso un criminal potencial, sospechoso por el mero hecho de ser converso.[10]

Cuando se piensa en las posiciones importantes que los judíos y los conversos ocupaban en aquella época en el comercio y los negocios, es forzoso reflexionar sobre los motivos de tal discriminación. Ciertos historiadores del siglo XX no han dudado en escribir que tal discriminación era social, más que religiosa. Se trataría en realidad de una auténtica lucha de clases para eliminar una incipiente burguesía que estaba amenazando a la nobleza tradicional. La religión no sería más que un pretexto.

¿Estamos, pues, frente a una oposición entre una burguesía pujante y la nobleza terrateniente? No lo veo tan claro. Convendría, primero, demostrar que la burguesía se identificaba totalmente con los conversos, que los únicos burgueses que había entonces en España eran judíos o conversos. Convendría, luego, demostrar que tales burgueses se oponían a los nobles, lo que no parece cierto en todos los casos. Incluso se puede decir que en muchas ocasiones burgueses y nobles tenían intereses complementarios y no antagónicos. Durante la crisis de las Comunidades, a principios del reinado de Carlos I, la alta burguesía de Burgos, en la que el elemento converso es muy importante, apoyaría a la corona y a la nobleza terrateniente contra los comuneros que representan una capa más modesta de la burguesía; y la cosa no tiene por qué extrañarnos: la nobleza posee el suelo, los pastos y los rebaños que producen una lana muy cotizada en el mercado europeo; los mercaderes de Burgos compran la lana para venderla a los extranjeros. Nobles y burgueses no tienen en este caso intereses antagónicos, sino complementarios. Esta es la situación de 1520; las cosas no habían debido de cambiar mucho en cuarenta años.

Lo que se ha dicho de la gran nobleza terrateniente parece válido también para la pequeña nobleza de los caballeros. Durante el siglo XV, los conversos entraron en numerosos ayuntamientos municipales y se tiene la impresión de que lo hicieron sin encontrar mucha resistencia por parte de los caballeros; los nuevos regidores se unen a los caballeros por lazos múltiples, económicos, familiares [130, 152]. La lucha de clases entre los dos grupos —burgueses conversos y nobles cristianos viejos— no parece, pues, demostrada. La rivalidad opone más bien ricos y pobres, explotadores y explotados, y los explotadores aparecen en muchos casos identificados con los conversos. Philippe Wolff habla de las matanzas de 1391 como de un conflicto social [223 bis]; Julio Valdeón Baruque incluye las manifestaciones de antisemitismo dentro de los conflictos sociales de los siglos XIV y XV; el antisemitismo sirve solo de camuflaje ideológico a odios de clases [212 bis]. Que estamos ante una oposición social más que religiosa, lo prueba el hecho de que, en aquellas crisis, destacados cristianos viejos también fueron amenazados, aunque el golpe principal se descargase sobre los conversos.[11]

Parece, pues, difícil explicar el viraje de los años 1480 por la hostilidad del estamento nobiliario contra los conversos. En cuanto a la corona, no se ve bien el interés material que hubiera tenido en perseguir a conversos y judíos. Pulgar escribe que la reina Isabel se dio perfectamente cuenta de las graves consecuencias que su política religiosa iba a acarrear para el erario real y la economía del país:

> Ella estimava en muy poco la disminuyción de sus rentas, y dezía que todo ynterese pospuesto quería alinpiar su reyno de aquel pecado de eregía [167, çap. CXX].

Es decir, que el interés político de la operación le parecía más importante, porque, como advierte Domínguez Ortiz, «no es destruyendo a los capitalistas como se obtienen saneados impuestos sobre el capital» [53, 37].

La lucha de clases —nobleza contra burguesía incipiente— no parece, pues, constituir una explicación suficiente en el establecimiento de la Inquisición. Los motivos políticos e ideológicos apuntados más arriba debieron de ser muy poderosos: integrar más completamente España en la cristiandad europea; fundir los pueblos de que se componía la doble monarquía en un conjunto coherente mediante la unidad de fe. Por eso Fernando cortó toda oposición y quiso que el Santo Oficio extendiera su jurisdicción a los territorios de la corona de Aragón.

En este sentido se puede afirmar que la creación de la Inquisición, tribunal eclesiástico que funcionaba bajo la autoridad y por la voluntad de los soberanos, tiene indudables caracteres de modernidad —de totalitarismo—, ya que expresa la preocupación del Estado de los Reyes Católicos por controlar de un modo activo la vida y el pensamiento de los súbditos. Por otra parte, la persecución no tocaba solo a heterodoxos, sino también a elementos preburgueses, dadas las posiciones que ocupaban los conversos en la economía y la sociedad. La consecuencia fue que la burguesía en general y el espíritu burgués en España quedaron todavía más debilitados, aunque este no fuera explícitamente el objetivo que se propusieran los reyes. Como dice F. Márquez, «conscientemente o no, la Inquisición tomaba posiciones contra la burguesía ciudadana. Una burguesía pujante, enriquecida, culta... y conversa». [130, 536-537].

La nueva política religiosa tiene dos aspectos complementarios, como se ha dicho: creación de la nueva Inquisición y expulsión de los judíos.

Antes de la llegada al poder de los Reyes Católicos se pensaba ya en crear un tribunal especial para vigilar la fe de los recién convertidos al catolicismo; en 1461, Enrique IV había hecho gestiones en este sentido cerca de la Santa Sede. ¿Nació la idea en los mismos medios conversos? La hipótesis no carece de fundamento; muchos conversos, al pasarse al catolicismo, pusieron gran empeño en combatir el judaísmo y en denunciar los errores de ciertos convertidos; pensemos en Pablo de Santa María, en fray Alonso de Espina, cuyo tratado *Fortalitium fidei contra Judaeos*, redactado en 1458 y publicado en 1487, es un panfleto violentísimo contra los judaizantes. Estas polémicas prepararon el terreno para la creación de la Inquisición.

Se sospechaba que varias conversiones no habían sido sinceras. Se sabía que ciertos cristianos nuevos judaizaban en secreto, es decir, volvían a practicar los ritos de su antigua religión; conversos nada sospechosos lo reconocían y confesaban que el error de unos pocos perjudicaba a todos. Así se llegó poco a poco a la idea de crear un tribunal especial que estaría encargado de examinar las acusaciones contra los judaizantes; de esta forma se daría castigo a los falsos conversos y se salvaría a los demás de la infamia.

A poco de subir al trono, Isabel recibió un informe del prior de los dominicos de Sevilla, fray Alonso de Hojeda, que llamaba la atención sobre el problema y la urgencia de darle una respuesta adecuada. La reina todavía no estaba decidida a actuar con energía, puesto que hombres que gozaban de toda su confianza, como Talavera o el cardenal Mendoza, se mostraban opuestos a la represión; en cambio, parece que Fernando estuvo desde un principio más dispuesto a tomar medidas drásticas.

El problema maduró mucho durante el viaje por tierras andaluzas que la reina realizó en 1477-1478; en Sevilla, Isabel pudo darse cuenta personalmente de lo que era realmente la situación. Antes de terminar el año de 1478, empezaron las negociaciones con Roma, y el 1.° de noviembre el papa Sixto IV firmaba la bula *Exigit sincerae devotionis*, por la que se autorizaba a los Reyes Católicos a nombrar inquisidores en sus reinos. Dos años más tarde, en noviembre de 1480, llegaban los primeros inquisidores de Sevilla. Otros tribunales se instalaron luego en distintas ciudades de las dos coronas, Castilla y Aragón, ya que la Inquisición tenía jurisdicción en todo el ámbito de la doble monarquía. Así empezó a funcionar aquella terrible máquina burocrática contra la herejía que primero dirigió sus golpes contra los judaizantes y que, andando el tiempo, tuvo también a su cargo la represión de todas las formas de heterodoxia —iluminismo, erasmismo, luteranismo, brujería— y de delitos más o menos relacionados con la fe y la moral —desviaciones sexuales, bigamia, etc.—.

La Inquisición solo se ocupaba de los que habían recibido el bautismo; se trataba de facilitar la asimilación de los conversos al condenar severamente a los que judaizaban. Ahora bien, la asimilación total resultaba difícil en la medida en que los conversos seguían en contacto con sus antiguos correligionarios, auténticos judíos que no se habían convertido. La lucha contra los falsos conversos parecía exigir la desaparición del judaísmo en la Península.

Ya en 1476, las Cortes de Madrigal habían reactivado medidas antijudaicas anteriores, que habían caído en desuso; así se había vuelto a obligar a los judíos a llevar señales distintivas en los vestidos. En 1480 se había dispuesto que los judíos tendrían que vivir en barrios especiales; por fin, en 1483, se habían tomado medidas enérgicas contra los judíos de Andalucía, obligándoseles a salir de la provincia y a instalarse en otras comarcas.

Todo ello preparaba el decreto final de 31 de marzo de 1492, en el que se fijaba un plazo de cuatro meses a los judíos para convertirse o salir del reino.

¿Procuraron los Reyes Católicos expulsar a los judíos o acabar con el judaísmo? Luis Suárez Fernández se inclina por el segundo término de la alternativa, y no le faltan razones. En efecto, las autoridades emprendieron una intensa campaña de evangelización, dando lustre especial a ciertas conversiones importantes: el cardenal Mendoza fue el padrino de su médico, Rabi Abraham; los mismos Reyes Católicos aceptaron ser padrinos del rabino Abraham Seneor —que recibió entonces el apellido de Coronel— cuando este se bautizó solemnemente en Guadalupe. Parece evidente que los Reyes Católicos abrigaban la esperanza de que la gran mayoría de los judíos preferirían convertirse y quedarse en España. No fue así: de los doscientos cincuenta o trescientos mil judíos que vivían entonces en los reinos, solo cincuenta mil recibieron el bautismo; los demás escogieron la vía del destierro, en condiciones bastante críticas.

Inquisición y expulsión de los judíos fueron medidas complementarias. Las masas católicas de la Península las recibieron con aplauso, ya que desde hacía años el antisemitismo cundía en ellas. Aquella política suponía inconvenientes graves para el país, dado el papel que conversos y judíos desempeñaban en la economía y la sociedad; a los Reyes Católicos no se les escapaba aquella dimensión del problema, pero decidieron ir adelante por los motivos que hemos expuesto anteriormente: la tradicional tolerancia religiosa de España era ya anacrónica en la Europa cristiana de la época, y la unidad de fe parecía el medio más eficaz de llegar a una unidad nacional que todavía no existía. La actitud con los moros del reino de Granada, recientemente conquistado, fue fundamentalmente la misma.

3. LA EXPANSIÓN ESPAÑOLA

La doble monarquía de los Reyes Católicos desarrolló una acción diplomática dinámica que puede resumirse en unos cuantos ejes esenciales: buenas relaciones con Portugal, rivalidad con Francia en Italia y Navarra, expansión americana.[12] Pero aquella actividad exigía el fin de la Reconquista, la expulsión definitiva del Islam de la Península. Esta fue, en efecto, la primera tarea importante que realizaron los reyes, después de asegurar su trono en la guerra de sucesión.

3.1. La guerra de Granada

En 1492 se cierra un período de la historia de España, el que se había abierto en 711 con la invasión musulmana. Desde el siglo xvi, la Reconquista había marcado una pausa; las crisis económicas, sociales y políticas que conocieron entonces los reinos cristianos les impidieron dedicarse a la empresa secular de la lucha contra el moro. En torno a Granada subsistió así el reino de los Nazaríes, que, además, planteaba pocos problemas a los cristianos; pagaba tributo a los reyes de Castilla, con quienes mantenía relaciones correctas, a pesar de varias escaramuzas localizadas en las fronteras que nunca llegaron a transformarse en hostilidades prolongadas.

Aquella convivencia relativamente pacífica desaparece en 1482. Terminada la guerra de sucesión, reorganizado el Estado, los Reyes Católicos se vuelven contra Granada, uniendo las fuerzas castellanas y aragonesas en la última cruzada de la Península.

Los primeros en reanudar las hostilidades fueron los moros, que, a fines de 1481, ocupan por sorpresa la ciudad fronteriza de Zahara; la nobleza andaluza reacciona y, a 28 de febrero de 1482, se apodera de Alhama. Los Reyes Católicos deciden entonces intervenir enérgicamente y defender Alhama, transformando así lo que hubiera podido ser una de tantas escaramuzas locales en el primer acto de una guerra larga, dura, sangrienta, que se acabaría, diez años más tarde, con la toma de Granada y la desaparición del poder moro en la Península.

La primera campaña, la de 1481-1482, improvisada, no dio resultados positivos; los cristianos intentaron vanamente apoderarse de Loja. La segunda tampoco fue muy brillante; los españoles no lograron ocupar Málaga, pero en cambio capturaron a Boabdil, hijo y rival del sultán Abul Hasán Alí (llamado Muley Hacén en las crónicas de la época), hecho que les permitió intervenir directamente en las querellas intestinas del reino nazarí.

Abul Hasán Alí estaba casado con Aixa, que le había dado dos hijos; 'Abd-Allāh el Zaquir (Boabdil el Chico) y Yūsuf; pero tenía otra esposa, Zoraya, hija de un noble cristiano que se había convertido al Islam; la rivalidad entre las dos mujeres había determinado la expulsión del harén de la primera, Aixa, que se retiró al Albaicín con su hijo Boabdil. Este, después pasó a Guadix y allí logró que se le proclamara sultán; contaba con el apoyo de la poderosa familia de los Abencerrajes, que echaron de Granada a su padre, el sultán Muley Hacén. Este, al que seguirían siendo fieles su hermano El Zagal y los Zegríes, partido rival de los Abencerrajes, no tuvo más remedio que refugiarse en Baza. Los Reyes Católicos lucharon, pues, contra un reino dividido y supieron aprovechar aquellas facciones y rivalidades para adelantar la marcha de la Reconquista.

Astutamente, los soberanos pusieron en libertad a Boabdil, el cual se declaró su vasallo, prometió devolver cuatrocientos cautivos cristianos y pagar un tributo anual. El pacto de Córdoba (28 de agosto de 1483) venía, pues, a reconocer oficialmente la división del territorio granadino en dos reinos, el uno más o menos aliado de los cristianos, que podían concentrar sus ofensivas contra el otro, dirigido por Muley Hacén. No pudieron este año tampoco, ni el siguiente, tomar Málaga, pero en junio de 1484 lograron que se rindiera Alora. De los desastres moros se echó la culpa, en el campo musulmán, a Boabdil, al que se consideraba como traidor, y que tuvo que pedir en Murcia la protección de los cristianos. El Zagal fue quien intentó restaurar las fuerzas musulmanas; lo proclamaron rey en Granada en lugar de su hermano Muley Hacén, que murió poco tiempo después.

Mientras tanto, los Reyes Católicos, que habían hecho grandes preparativos y reunido fuerzas considerables, ponían el cerco ante Ronda, que se rindió en mayo de 1485; victoria que fue seguida por la capitulación pacífica de varias villas y fortalezas de la comarca. En 1486 se puso sitio a Loja, defendida por Boabdil, el cual, olvidando sus promesas, se había reconciliado con El Zagal. Loja fue tomada.

En mayo de 1487 empezó el cerco de Málaga, que se acabó el 18 de agosto por una rendición incondicional, como lo había dispuesto Fernando; los quince mil vecinos de la ciudad fueron reducidos a la condición de esclavos y vendidos como tales [104].

El sitio de Baza, en 1489, fue el más largo de toda la guerra: duró desde el 20 de junio hasta el 4 de diciembre. Pocos días después capituló El Zagal, entregando las ciudades de Almería y Guadix.

Se acercaba el desenlace. Los Reyes Católicos eran dueños de la mayor parte del antiguo reino nazarí. En lo pactado con Boabdil se había dispuesto que, cuando los cristianos tomasen Baza, Guadix y Almería, el rey moro les entregaría dentro de corto plazo la capital, Granada, a cambio de ciertas tierras donde pudiese vivir con su familia. Pero Boabdil se negó a cumplir el acuerdo. Los Reyes Católicos se dispusieron, pues, a reanudar las hostilidades. Tropas numerosas fueron reunidas bajo el mando personal de Fernando; Isabel y la corte llegaron al campamento; se construyó una ciudad militar, Santa Fe, como centro de las operaciones. Todo ello demostraba la determinación de los soberanos de acabar de una vez para siempre con la guerra. Boabdil no tuvo más remedio que negociar. La capitulación fue firmada el 25 de noviembre de 1491; pocas semanas después, el 2 de enero de 1492, los Reyes Católicos entraban solemnemente en la capital.

Así quedó terminada la Reconquista después de una guerra que las crónicas y la literatura han ensalzado mucho, describiendo sus episodios épicos y heroicos, pero que en realidad fue larga y sangrienta. Los trabajos de M. A. Ladero Quesada han arrojado luz definitiva sobre las operaciones militares, la organización administrativa y financiera y otros aspectos técnicos. Más de ochocientos millones de maravedises fueron necesarios para cubrir los gastos de la empresa; para recaudarlos se establecieron impuestos extraordinarios, se pidieron diezmos, subsidios al clero, préstamos a los nobles y a la Iglesia; se empeñó parte del patrimonio real; se reservó a la corona el producto de la bula de la Cruzada, que antes se enviaba a Roma.

La conquista de Granada permitió crear nuevos feudos a beneficio de la nobleza. Del reino recién ganado se encargaron dos personas que tenían la confianza de los reyes: don Íñigo López de Mendoza, conde de Tendilla, como alcalde y capitán general, y fray Hernando de Talavera, confesor de la reina, como arzobispo. El problema principal lo constituían los habitantes, que, en su mayoría, seguían fieles a la religión musulmana. La capitulación les garantizaba la libertad del culto, el uso de su lengua y trajes, la práctica de sus costumbres; se les había prometido también que serían juzgados conforme a sus propias leyes. Talavera emprendió la tarea de convertir a los musulmanes y lo hizo con medios pacíficos y eminentemente apostólicos: evangelización, difusión de catecismos redactados en lengua arábiga, de traducciones de los evangelios, predicaciones, etc. Tales métodos daban resultados alentadores, pero lentos. Con motivo de un viaje de los Reyes Católicos a Granada, Cisneros, que era entonces arzobispo de Toledo y confesor de Isabel, visitó la ciudad en 1499 y se quedó algún tiempo en ella. Cisneros era partidario de procedimientos mucho más enérgicos y eficaces para lograr las conversiones. Efectivamente, durante su estancia, las conversiones fueron mucho más numerosas, pero los métodos empleados provocaron malestar y protestas en la población mora. El Albaicín se amotinó y los rebeldes amenazaron con invadir la ciudad. La represión acarreó la salida hacia África de algunos moradores, pero la casi totalidad de la población granadina —unas cincuenta mil personas— se convirtió al catolicismo.

La noticia de lo ocurrido en el Albaicín produjo una rebelión en la Alpujarra que el rey don Fernando tuvo que ir a sofocar en 1500-1501.

Consecuencia de aquellos acontecimientos fue la pragmática de 11 de febrero de 1502 por la que se obligaba a los moros del antiguo reino a convertirse o a salir de España; la mayoría prefirió la primera solución. Después de algunos tanteos, los Reyes Católicos adoptaron, pues, con los mudéjares de Granada la misma política que con los judíos: exigieron la conversión, o sea la asimilación al cristianismo. Los recién convertidos, conocidos de ahí en adelante como moriscos, no dejarán de plantear serios problemas en el siglo XVI hasta su expulsión definitiva, llevada a cabo a principios del XVII.

3.2. LA RIVALIDAD FRANCO-ESPAÑOLA

Tradicionalmente Castilla y Francia habían mantenido siempre relaciones amistosas. El advenimiento de los Reyes Católicos marca el fin de aquella alianza secular y un cambio radical en la diplomacia española, que se orienta entonces hacia otras direcciones, cultivando la amistad con Portugal y con la casa de Borgoña por medio de lazos matrimoniales. La hija mayor de los reyes, Isabel, casa en 1490 con el príncipe heredero de Portugal, Alfonso, y después de quedar viuda, con el mismo rey Manuel: Isabel murió poco después, y entonces el rey Manuel casó con otra hija de los Reyes Católicos, María. Por otra parte, los reyes casan a otra hija, la princesa doña Juana, con Felipe el Hermoso, heredero de las casas de Borgoña y de Habsburgo.

Este rumbo nuevo en la política extranjera de la doble monarquía se debió principalmente a don Fernando, rey de Aragón, y, como tal, adversario de Francia en muchos aspectos. Tres fueron los puntos de discordia entre Francia y España: Rosellón-Cerdaña, Italia y Navarra.

Aragón no había renunciado a sus derechos sobre el Rosellón y la Cerdaña, que ocupaba Francia. A este motivo se debió precisamente la ruptura formal de la alianza con Francia, que no quedó renovada después de la muerte de Luis XI, en 1483, porque los consejeros del nuevo rey Carlos VIII se negaron a devolver el Rosellón y la Cerdaña a España. Sin embargo, el propio Carlos VIII mudó de parecer al alcanzar la mayoría de edad, en 1492; quería tener las manos libres antes de lanzarse a la empresa italiana, que estaba preparando, y temía posibles ataques españoles en el sur de Francia mientras estuviese más allá de los Alpes. Tras largas discusiones se llegó, en 1493, a un acuerdo (tratado de Barcelona) por el cual Carlos VIII restituía al rey de Aragón el Rosellón y la Cerdaña. En septiembre del mismo año entraban los Reyes Católicos en Perpiñán.

Por el tratado de Barcelona, los reyes de España se habían comprometido a no entrar en ninguna alianza que se estableciera contra Francia, salvo que el papa estuviese metido en ella. Esta cláusula es la que dio lugar a la intervención española en Italia: Fernando consideró que Carlos VIII, que invocaba los derechos de la casa de Anjou, no podía ocupar el reino de Nápoles, que era feudo del papa; por otra parte, la presencia armada de Francia en Nápoles podía amenazar los intereses españoles en Sicilia; en fin, don Fernando pretendía también tener derechos sobre el sur de Italia, tierra tantas veces conquistada por Aragón.

Carlos VIII no hizo caso de las advertencias del rey Católico; pasó a Italia y, casi sin encontrar resistencia, llegó con su ejército hasta Roma y Nápoles, donde entró en febrero de 1495. Mientras tanto, don Fernando convencía al papa, al destronado rey de Nápoles, al emperador, al duque de Milán y a Venecia para formar una liga, la Liga Santa, para lograr la paz entre todas las naciones cristianas y la defensa de los derechos de los estados confederados (mayo de 1495). A España le correspondía el peso principal en la constitución del ejército, cuyo mando se encomendó a un joven general, Gonzalo Fernández de Córdoba, el Gran Capitán. En pocos meses, el Gran Capitán rechazó a los franceses del reino de Nápoles.

Muerto Carlos VIII, su sucesor, Luis XII, declaró su intención de mantenerse en Italia y llegó a un acuerdo con Fernando el Católico sobre la división del reino de Nápoles (tratado de Granada, 1500). En realidad, ninguno de los dos soberanos estaba dispuesto a renunciar a sus pretensiones, de modo que las hostilidades no tardaron en reanudarse, con notoria ventaja de los ejércitos del Gran Capitán (victorias de Ceriñola y de Garellano, en 1503). El tratado de Lyon —1504— puso fin a la guerra. Esta estalló otra vez, en 1511, después de formarse la Santa Liga (entre el Papa, Fernando el Católico y Venecia), cuyo verdadero fin era arrojar a los franceses de Italia. Ya se hizo patente la gran influencia que España ejercía en los asuntos italianos; el reino de Nápoles quedó unido a la corona de Aragón.

La rivalidad franco-española también dio motivo oficial a la incorporación de Navarra al estado español, llevada a cabo en 1512. Aquel reino enclavado entre las dos potencias tenía forzosamente que aliarse con una y, por consiguiente, amenazar a la otra. La incorporación dejó intacta su peculiar organización institucional y fiscal.

En relación con la política italiana del rey católico conviene por fin señalar las expediciones en el norte de África. No se trata, como se podría pensar, de llevar más allá del estrecho de Gibraltar la cruzada contra el moro: ya en 1480, España había renunciado a conquistar el reino de Fez, dejando las manos libres en Marruecos a Portugal, a cambio del reconocimiento por esta última nación de los derechos castellanos sobre las islas Canarias. Las operaciones contra Melilla —ocupada en 1497—, contra Orán (1509) y contra las plazas del norte de África tendían principalmente a atacar las bases de los corsarios berberiscos y a tener segura la ruta de España a Italia por el sur del Mediterráneo. En este aspecto, como en otros importantes, Carlos V no hará más que atenerse a una tradición forjada en tiempo de los Reyes Católicos.

4. LAS REGENCIAS DE DON FERNANDO Y DE CISNEROS (1504-1517)

La muerte de Isabel, en 1504, abre un período de crisis que no se cerrará sino en 1522 con el regreso de Carlos V a España. El equilibrio político y social logrado por los Reyes Católicos parece entonces resquebrajarse y la unión de Castilla y Aragón a punto de romperse.

Por la muerte de Isabel, don Fernando deja de ser rey de Castilla; ya no es más que rey de Aragón. Pero la sucesión de Castilla plantea un grave problema dinástico. Los Reyes Católicos fueron poco agraciados en su descendencia. Su hijo, el infante don Juan, muere en 1497; su nieto Miguel, hijo de la infanta Isabel y del rey Manuel de Portugal, que al nacer, en 1498, había sido jurado heredero de las tres coronas de Castilla, Aragón y Portugal, también muere en 1500. La sucesión pasaba, pues, a otra hija de los Reyes Católicos, doña Juana, casada con Felipe el Hermoso y madre del futuro emperador Carlos V. Pero sobre el estado mental de doña Juana corrían rumores inquietantes. De ahí las cláusulas del testamento otorgado por Isabel la Católica: no queriendo o no pudiendo doña Juana reinar, el gobierno de Castilla recaería en el rey de Aragón, don Fernando, hasta la mayoría de edad del infante don Carlos, hijo primogénito de doña Juana.

Las Cortes de Toro, reunidas en enero de 1505, no pusieron ningún reparo en reconocer a don Fernando como gobernador de Castilla mientras durase la ausencia de doña Juana, proclamada reina, pero que vivía entonces en Flandes. Esta solución no era del agrado de Felipe el Hermoso, que pretendía ejercer solo el poder como rey de Castilla, y parte importante de la nobleza castellana, interesada en recobrar mercedes y algo de la influencia perdida en el Estado, le apoyaba abiertamente. Así se creó una situación conflictiva en Castilla. Don Fernando procuró llegar a un acuerdo con su yerno, pero viendo el negocio empeorarse decidió volver a casarse con una princesa francesa, Germana de Foix, sobrina de Luis XII. La unión de Castilla y Aragón estuvo entonces a punto de deshacerse definitivamente, ya que si el hijo nacido en 1509 de aquel matrimonio hubiera vivido (solo vivió unas horas), las dos coronas habrían quedado separadas otra vez.

Doña Juana y don Felipe desembarcaron en La Coruña en abril de 1506. Pronto se vio claro que Felipe el Hermoso, en torno al cual se había agrupado lo más granado de la nobleza castellana, no estaba dispuesto a compartir el poder con nadie. El rey de Aragón, abandonado por la mayoría de sus antiguos vasallos castellanos, no tuvo más remedio que inclinarse y marcharse a Aragón, primero, y luego a Nápoles, dejando las manos libres a su rival.

El reinado de Felipe el Hermoso fue brevísimo, ya que el rey murió a fines del mismo año de 1506. Por consejo del cardenal Cisneros, los grandes y los otros dignatarios de la corte decidieron entonces escribir a don Fernando para que volviera a hacerse cargo del gobierno. El rey de Aragón accedió a aquella petición, y en julio de 1507 regresaba a Castilla para gobernarla en nombre de su hija doña Juana, que seguía oficialmente reina de Castilla. Entonces empieza el calvario de la infeliz soberana. La hija de los Reyes Católicos queda definitivamente descartada de hecho; se la considera como reina nominal, pero se la juzga incapaz de ejercer efectivamente sus prerrogativas. No podemos detenernos a examinar el drama personal de doña Juana; no se sabe a punto fijo si era verdaderamente loca; lo cierto es que le faltaba la voluntad de gobernar y que sus condiciones de vida acabaron de trastornarle el juicio. La razón de estado exigía que se la apartara del poder, y así lo hizo sin muchos miramientos su propio padre: don Fernando la encerró en el castillo de Tordesillas; su hijo don Carlos la dejó allí y allí vivió recluida, aislada del mundo exterior, hasta su muerte, acaecida en 1555.

Y es que la situación de doña Juana en nada mejoró a la muerte del rey de Aragón, en enero de 1516. Según el testamento de la reina Isabel, le correspondía ahora al hijo mayor de Juana, Carlos de Gante, que a la sazón residía en Flandes, hacerse cargo del gobierno con simple título de regente; así se lo explicó el cardenal Cisneros en nombre del Consejo Real: «por el fallecimiento del Rey Católico, vuestro abuelo, vuestra alteza no ha adquirido más derecho de lo que antes tenía» [189, I, 108-110]. Ahora bien, los consejeros flamencos de don Carlos tenían otras miras; juzgaron más conveniente que Carlos recibiera desde entonces el título de rey: el 14 de marzo de 1516, en Bruselas, don Carlos fue proclamado oficialmente rey de Castilla y Aragón, «juntamente con la católica reina», doña Juana. No hay que andarse con rodeos: la decisión de Bruselas era totalmente ilegal; se trata de un verdadero golpe de estado que Cisneros y el Consejo Real aceptaron para no complicar aún más la difícil situación política de Castilla, pero que causó un profundo malestar en amplios sectores del país.

Los consejeros flamencos de Carlos tenían sus motivos para precipitar las cosas; pensaban en la futura elección imperial y consideraban que un título de rey daría más prestigio a su candidato; querían también asegurar el poder de don Carlos en España. Este, en efecto, vivía en Flandes totalmente apartado de las cosas de España. En cambio, en la Península residía su hermano, el infante don Fernando; en torno a él había ido formándose poco a poco un partido que abrigaba la esperanza de elevarlo un día al poder si, como se suponía, don Carlos se negaba a abandonar los Países Bajos. El mismo rey de Aragón parecía muy bien dispuesto para con su nieto Fernando,y en el testamento otorgado en 1512 le designaba como futuro regente y Maestre de las Órdenes Militares. Aquellas disposiciones no afectaban los derechos del primogénito Carlos pero suponían un peligro para este. Así lo entendieron los consejeros flamencos de Carlos, quienes, en 1515, enviaron a España a Adriano de Utrecht encomendándole velar por los intereses de Carlos. La misión de Adriano dio resultados positivos: pocos días antes de morir, en enero de 1516, el rey de Aragón modificó su testamento para nombrar al cardenal Cisneros como futuro regente del reino, dejando así a salvo los derechos de Carlos.

Desde 1504, pues, falta en Castilla un poder estable e indiscutido. Hasta 1517 se suceden una serie de gobiernos provisionales (reinado de Felipe el Hermoso, primera regencia de Cisneros, regencia del rey de Aragón, segunda regencia de Cisneros). Cada una de aquellas etapas suscita esperanzas, ambiciones, oposiciones. No es sino con la llegada de don Carlos I a España, en noviembre de 1517, cuando Castilla parece salir de la crisis abierta a la muerte de Isabel, aunque esto no quiere decir que en aquel momento queden solucionados todos los problemas. En efecto, las rivalidades de los años 1504-1517 han dejado huellas y rencores que el nuevo rey y sus consejeros no tardarán mucho en descubrir.

Parte de la nobleza castellana intentó en aquellos años sacar ventajas de la coyuntura política. Apoyó a Felipe el Hermoso contra Fernando el Católico y trató así de instituirse en árbitro de la crisis. Durante el breve reinado de aquel monarca, los nobles procuraron hacerse dueños de las principales ciudades y saldar viejas cuentas atrasadas que tenían con el poder real. El duque de Medina Sidonia puso sitio a Gibraltar; el conde de Lemos se apoderó de Ponferrada... La muerte de Felipe el Hermoso y el regreso del rey de Aragón marcaron la vuelta a la normalidad, pero la crisis dejó huellas profundas. Los que más se habían comprometido con Felipe el Hermoso, capitaneados por don Juan Manuel, prefirieron salir del reino y refugiarse en Flandes, donde formaron un partido decidido a tomar su revancha cuando las circunstancias lo permitieran.

La muerte del rey Católico dio motivo a una nueva oleada de indisciplina señorial y de agitación social; Málaga se sublevó contra el almirante de Castilla; don Pedro Girón trató de ocupar por la fuerza el ducado de Medina Sidonia; el priorato de San Juan y otros feudos discutidos (Beleña, Villafrades) dieron lugar también a rivalidades entre clanes opuestos de la nobleza, pretendiendo cada cual zanjar por la fuerza de las armas las cuestiones que pendían ante los tribunales. Por todas partes, la autoridad del Estado se hallaba menospreciada y desacatada.

Ante la gravedad de la situación, el cardenal Cisneros, regente del reino, pensó en crear una fuerza armada permanente, reclutada en las principales ciudades, pero a servicio exclusivo del poder real, a fin de poner coto a los desmanes subversivos y contrarrestar las ambiciones de los nobles. Este fue el origen de la llamada *gente de ordenanza*, proyecto que fracasó ante la decidida oposición de algunas ciudades, entre ellas Valladolid, y sobre todo de la alta nobleza castellana, que se sintió directamente amenazada.[13]

También empezó a deshacerse, en 1504, el equilibrio logrado por los Reyes Católicos entre los diversos grupos económicos de la nación (Corona, nobleza, ganaderos de la Mesta, mercaderes, manufactureros y artesanos), interesados en la explotación de la principal riqueza de Castilla, la lana. La crisis política de 1504 coincidió con una crisis económica que culminó en 1507: las malas cosechas y la carestía engendraron un profundo malestar que agudizó la oposición entre grupos sociales y económicos. Contra el monopolio de hecho de que disfrutaban los mercaderes burgaleses e italianos para la exportación de la lana, protestaron los negociantes del interior (Segovia, Cuenca), mientras que manufactureros y artesanos exigían que se cumpliera con todo rigor una ley de 1462 que reservaba la tercera parte de la producción lanera para la demanda interior. Se tiene la impresión de que el rey de Aragón prestó oídos a aquellas reivindicaciones y de que trató, en parte, de satisfacerlas, provocando de esta forma el descontento del Consulado de Burgos y de la Mesta. Aquellas reivindicaciones aparecen claramente sintetizadas en dos memoriales dirigidos a Cisneros, a principios de 1516, por Pedro de Burgos y Rodrigo de Luján; en ellos, la reflexión económica sobre los problemas castellanos pone de relieve el subdesarrollo a que conduce una política que favorece la exportación de la lana al extranjero: Castilla se convierte así en abastecedora de materia prima y compradora de productos elaborados, dejando en manos extranjeras los beneficios de la transformación y condenándose, a largo plazo, a la dependencia y al subempleo. El gobierno provisional de Cisneros no tenía la autoridad suficiente para cambiar de modo tan radical la política económica orientándola hacia el mercantilismo, pero las discusiones de los años 1504-1517 dejarán huellas y la conmoción de las Comunidades vendrá a darle nuevo impulso.

Por fin, en los años que van de 1504 a 1516 se nota la tendencia, iniciada ya en años anteriores, a la centralización por medio de una burocracia omnipotente y no siempre desinteresada. Son los años en que las conquistas llevadas a cabo en América después de 1492 suscitan la codicia de muchos; los funcionarios reales no son los últimos en querer sacar provecho de los negocios coloniales; los mismos miembros del Consejo Real no siempre dan pruebas de una honestidad inquebrantable. Los Conchillos, Fonseca, Vozmediano, Vargas, Gutiérrez de Madrid, Cobos, etc., aragoneses y conversos muchos de ellos, pero no todos, como se ha dicho, disfrutan entonces de una influencia considerable. El aparato burocrático del Estado da, así, muestras de inmoralidad y provoca el descontento en varios sectores. Todos aquellos aspec-

España en 1512 (después de la incorporación de Navarra) **XIX**

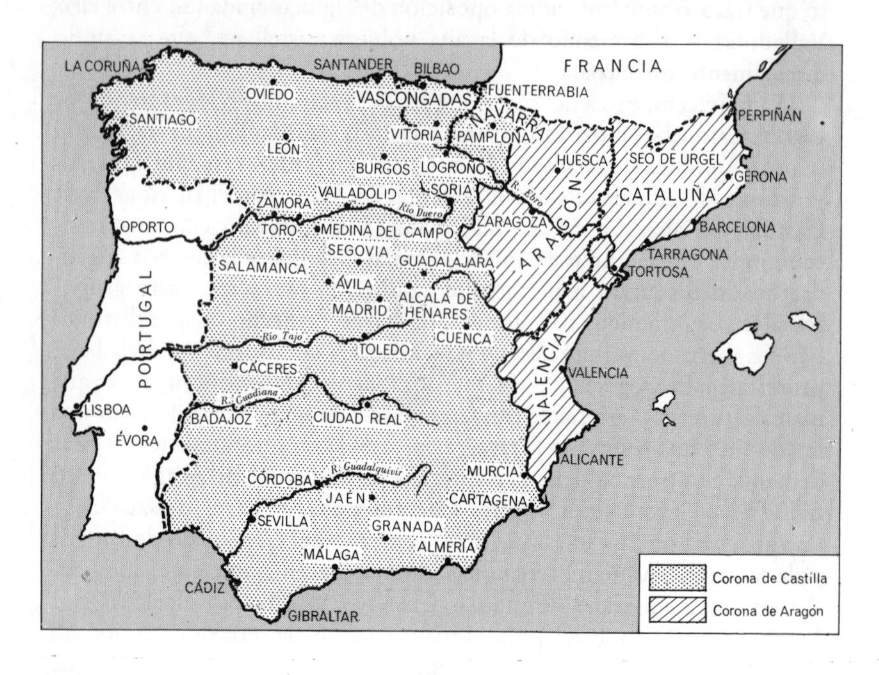

tos de la crisis, más o menos velados mientras dura la regencia del rey de Aragón, vuelven a surgir abiertamente en 1516. Cisneros se dio cuenta del problema e intentó reorganizar seriamente la alta administración; Fonseca y Conchillos se vieron así destituidos de sus cargos. Pero los oficiales despedidos (y otros que temían serlo pronto, como Cobos) se presentaron en Flandes, donde Chievres, que disponía de gran influencia sobre el joven monarca Carlos, les dio buena acogida.

De esta forma se llegó, en 1516-1517, a una fórmula de gobierno sumamente preocupante. En realidad, en aquellos años, existieron dos gobiernos: el uno en Castilla y en torno a Cisneros; el otro en Flandes, bajo la dirección de Chievres. El primero tenía la responsabilidad efectiva de los negocios políticos, pero el segundo podía en cualquier momento rectificar o anular las decisiones tomadas en España. En estas condiciones, el Estado quedaba prácticamente paralizado. Era urgente poner fin a la dicotomía del poder y esto no se podría conseguir sino con la venida del rey don Carlos a España. A estos motivos se debe la iniciativa de algunas ciudades, encabezadas por Burgos, de celebrar una sesión extraordinaria de las Cortes. Creo que la historiografía no se ha fijado en la importancia de aquella tentativa, que es el antecedente inmediato de la Santa Junta de los comuneros: frente a lo que se considera como una situación de crisis, debida a la ausencia del monarca, se llega a la conclusión de que las Cortes pueden y deben hacerse cargo del gobierno. Los proyectos de Burgos, que en junio de 1517 parecían muy avanzados, quedaron frustrados por la noticia oficial de que don Carlos se disponía por fin a venir a España.

El período de las regencias viene, pues, a revelar la fragilidad del equilibrio realizado por los Reyes Católicos. Entonces se desafía la legitimidad; el Estado da la impresión de estar en manos de facciones y de un aparato burocrático. Las diferencias entre mercaderes y manufactureros ponen de relieve la falta de cohesión en la incipiente y embrionaria burguesía de Castilla. Las Cortes, a las que los Reyes Católicos habían quitado toda importancia política, aparecen como una posible solución a los problemas políticos planteados por la carencia del poder real. Este es el panorama de Castilla cuando, en el otoño de 1517, el nuevo rey don Carlos se hace cargo personalmente del poder.

NOTAS DEL CAPITULO PRIMERO

1. La reina «estaba virgen incorrupta como avía nascido», dice el acta de anulación [6, 21].

2. Como escribe Luis Suárez Fernández, la impotencia del rey «no se expresa en ningún documento público, que funde derecho, y sólo en alegatos de propaganda cuyos autores, en la inmensa mayoría de los casos, acabaron abrazando la causa de doña Juana y dando un mentís a sus propias afirmaciones» [6, 31].

3. Esta opinión de los mejores historiadores de nuestro siglo (Azcona, Suárez Fernández, etc.) era ya la de Voltaire; hablando de los Reyes Católicos, escribe: «Ils vivaient ensemble, non comme deux époux dont les biens sont communs sous les ordres du mari, mais comme deux monarques étroitement alliés [...]. La véritable héritière de Castille, Jeanne, ne put résister à leurs forces réunies [...]. Jamais injustice ne fut ni mieux colorée, ni plus heureuse, ni plus justifiée par une conduite hardie et prudente» *(Essai sur les moeurs*, II, 55).

4. Nos conformamos con la tradición llamando siempre a don Fernando y doña Isabel Reyes Católicos; en rigor, los soberanos solo ostentan este dictado a partir de 1494, cuando les fue dado por una bula del papa Alejandro VI, que quería dar a entender así el papel que les estaba reservado en la predicación del Evangelio por las tierras del norte de África y en las recién descubiertas de América.

5. El calificativo de *santa* aplicado a la Hermandad de 1476 no debe dar lugar a confusiones o falsas interpretaciones; se trata de encarecer la obligación de emprender una acción de carácter nacional, muy por encima de los intereses particularistas y localistas, en un momento de crisis o de dificultades graves. En el mismo sentido se hablará, en 1520, de la Santa Junta y de la Santa Comunidad. La connotación semántica que tiene el adjetivo *santa* en aquellas expresiones es la misma que tiene, en la terminología política francesa del siglo XX, la locución *«Union sacrée»* que aparece en los períodos de emergencia (guerras, invasión del territorio, crisis grave); frente al peligro que amenaza a la patria, se invita a los partidos a olvidar sus rivalidades para colaborar con el gobierno y ayudarle a salvar la nación.

6. Como dato anecdótico se puede notar que el gran poeta Jorge Manrique fue designado capitán de la hermandad del reino de Toledo; a fines de 1478 se le encomendó una misión en el territorio del marquesado de Villena [193, 230-231].

7. Después de la muerte de Isabel, la acción diplomática de Castilla no cambia en este aspecto; los embajadores en el Concilio de Letrán, en 1512, llevan como instrucción: «que los extranjeros no tengan beneficios en el reino». [59, 542].

8. «Ce n'est pas la politique seule qui a voulu l'expulsion des hétérodoxes [...], mais le populaire, la masse frénétique» [22, II, 153-155].

9. V. la introducción de F. Márquez a Talavera, *Católica impugnación*.

10. «Algunos de los parientes de los presos e de los condenados notificaron al rey e a la reyna que aquella ynquisición y execución no se hacía en la forma que devía ser fecha por justícia, e que era muy agrauiada, por muchas raçones. Espeçialmente dizían que la bula que se ynpetró del papa sobresta materia comprehendía solamente a los cristianos convertidos a la fe del linaje de los judíos, e no a otros algunos, donde se presumía que el procurador que la ynpetró quiso macular a todos los de aquel linaje, haciendo en aquella bula espeçialidad dellos y no de otros» [167, cap. CXX].

11. V. este texto de Alonso de Palencia: «ninguna persona acomodada dudaba de que aquellos ladrones declararían herejes a cuantos considerasen opulentos» [93, 539].

12. Para la expansión americana, v. el tomo VI de esta colección.

13. «Con esta gente de cavallo y de pie que se ha hecho en el reyno, siéntenlo los Grandes sobremanera en ver al rey poderoso y que no terná dellos necesidad», escribía Cisneros a Diego López de Ayala, en 11 de junio de 1516 [83, I, 455].

CAPÍTULO II

El imperio español (1516-1598)

La muerte del rey Católico en 1516 abre un período nuevo en la historia de España. Por primera vez, las dos coronas de Castilla y Aragón están reunidas en la misma persona, base indispensable para la creación de una nación de nuevo cuño, pero aquella nación es todavía una esperanza en 1516; ¿llegará a cuajar andando el tiempo? Por otra parte, la corona recae en un extranjero que, además de los reinos peninsulares, hereda los señoríos de Flandes, derechos al ducado de Borgoña, aspiraciones al imperio. ¿Podrá España conservar su fisonomía original y su autonomía en el conjunto de territorios que forman los varios estados del futuro Carlos V?

Con la nueva dinastía se abren, pues, esperanzas, pero también interrogantes, nuevas perspectivas en Europa, en el Mediterráneo, en América, mientras subsisten problemas sin resolver en la Península. Es un período de gloria el que empieza con la nueva dinastía, pero gloria ¿de quién? ¿Del monarca o de sus pueblos? El siglo XVI forma un conjunto bastante completo: dos reinados, el de Carlos I (1516-1556), el de Felipe II (1556-1598), pero una misma política, que se continúa con las imprescindibles circunstancias de tiempo y lugar. Por eso es preferible examinarlos sin separarlos artificialmente por barreras cronológicas; se verá mejor así la continuidad de una misma problemática y política.

1. COMUNIDADES Y GERMANÍAS

El cambio de dinastía empieza por una crisis que pone en peligro el trono de Carlos I en los reinos de Castilla y de Valencia. Los dos movimientos de Comunidades y Germanías tienen causas diferentes. Se desarrollaron casi a un mismo tiempo, y, sin embargo, no trataron de establecer entre sí cualquier tipo de conexión. Parece, pues, conveniente dedicarles sendos estudios, como ha venido haciéndolo hasta la fecha la historiografía.

En Castilla, la crisis de las Comunidades se explica por las dificultades acumuladas desde la muerte de Isabel; la actitud de los flamencos que formaban el séquito del rey agrava el malestar.

Los castellanos ponían muchas esperanzas en la llegada del rey. Confiaban que, con ella, acabaría el paréntesis abierto por la muerte de Isabel, y que los problemas de toda clase recibirían entonces la solución adecuada. Los primeros contactos del monarca en tierra española causaron pronto una honda decepción. Don Carlos, que había nacido en Gante, en 1500, había recibido una educación de tipo francés y orientada conforme a los valores de la casa de Borgoña; para casi nada contó para sus maestros y ayos la herencia española. Desde 1509, el señor de Chievres, Guillermo de Croy, se había impuesto como mentor del joven príncipe; le acompañó a España disfrutando de la misma confianza. Cisneros, que por su autoridad y su experiencia hubiera podido contrarrestar en parte la influencia de los flamencos, murió a primeros de noviembre de 1517 sin haber podido entrevistarse con el rey. Chievres quedó, así, dueño absoluto del reino, estableciendo una especie de barrera entre el soberano, que no hablaba castellano, y sus súbditos. Las cortes de Valladolid, reunidas cuando Carlos llevaba solo pocos meses de estancia en Castilla, expresan ya, aunque de forma respetuosa, la decepción profunda del reino. Se recuerda a don Carlos que su madre doña Juana sigue siendo «reina y señora destos reynos»; se protesta contra las salidas exageradas de monedas hacia Flandes, contra las mercedes dadas a extranjeros para oficios y dignidades; se alude, por fin, a la teoría tomista del «contrato callado» entre el rey y los súbditos.[1]

Más que las Cortes, son los frailes los que, en 1518, expresan la auténtica reacción de la nación al censurar duramente los cohechos y los abusos de los flamencos, la demisión de los Grandes, y al exigir la formación de un gobierno más representativo.[2] El rey no hace caso de aquellas advertencias. Marcha a Barcelona, donde le llega, en junio de 1519, la noticia de que ha sido elegido emperador del Sacro Imperio Romano Germánico, como sucesor de su abuelo paterno Maximiliano. Desde aquel momento, todas las preocupaciones del joven César y de sus consejeros giran en torno al imperio: Carlos tiene que presentarse personalmente en Aquisgrán para hacerse cargo de su nueva dignidad; necesita dinero para el viaje y los gastos que ha acarreado la elección. Decide, pues, subir los impuestos indirectos —las alcabalas— suprimiendo los encabezamientos concedidos por Cisneros y confiando el arrendamiento de las mismas «al mejor postor».

El regimiento de Toledo se hace eco de las protestas que surgen por todas partes. El 7 de noviembre de 1519, propone que las ciudades con voz y voto en Cortes examinen la situación creada por la elección imperial y las consecuencias que pueda tener para el reino. Dos puntos merecen destacarse en las iniciativas toledanas:

1. Toledo exige que se guarde «el estilo y orden en el título que hasta ahora se ha tenido», o sea que el regimiento de Toledo solo conoce al rey de Castilla y pretende ignorar completamente al emperador.

2. Caso de que el rey, a pesar de todo, decida marcharse a Alemania, convendrá organizar la regencia «dando a los pueblos la parte que el derecho les da y le dieron los reyes pasados en los semejantes casos». La fórmula carece de fundamento jurídico, pero implica una determinación de intervenir directamente en el gobierno del reino en ausencia del soberano.

A fines del año 1519 se convocan las Cortes, que deberán reunirse en marzo en Santiago. Con motivo de la elección de procuradores, una intensa campaña se desarrolla en las ciudades castellanas y de Salamanca sale un documento, elaborado por frailes y regidores, que constituye un verdadero programa revolucionario. En él se reitera la oposición al imperio: Castilla no tiene por qué someterse al imperio ni contribuir a los gastos del imperio; la marcha del rey plantearía problemas gravísimos y las Comunidades —fórmula poco clara entonces— tendrían que intervenir directamente en el gobierno.

En este clima de oposición, las primeras sesiones de Cortes, a fines de marzo de 1520, en Santiago, no dan ningún resultado concreto; los procuradores no parecen convencidos por el discurso del obispo Mota, que expone lo que se ha llamado la «idea imperial de Carlos V». Hay que suspender las Cortes, que vuelven a reunirse, dos semanas después, en La Coruña. Amenazas, presiones y sobornos permiten obtener una mayoría a favor de un nuevo servicio, y Carlos V embarca, el 20 de mayo, dejando como gobernador-regente a su antiguo maestro, el cardenal Adriano.

La situación es muy preocupante. Toledo ha echado al corregidor y se ha alzado en comunidad. En Burgos, Segovia, Guadalajara, se producen disturbios graves, alborotos, matanzas... Toledo propone la reunión de una junta que, cuando se reúne en Ávila, en agosto, solo cuenta con la participación de cuatro ciudades, pero la tardanza del gobierno en satisfacer las reivindicaciones más populares del movimiento (renunciación al servicio votado en La Coruña, restablecimiento de los encabezamientos) y una tentativa mal organizada de represión, que acaba con el incendio de Medina del Campo, contribuyen a aislar totalmente al cardenal Adriano y al Consejo Real. Juan de Padilla, con tropas de Toledo, Madrid y Salamanca, entra en Tordesillas, donde reside la reina doña Juana. La junta se traslada a Tordesillas y, a fines de septiembre, la integran catorce de las dieciocho ciudades con voz y voto en Cortes.

Desde aquel momento, la Santa Junta se considera como asamblea representativa y gobierno del reino, en nombre de la reina doña Juana.

El mismo éxito de los comuneros y sus pretensiones revolucionarias suscitan inquietudes en varios sectores, sobre todo en la alta burguesía burgalesa y la nobleza, que se ve amenazada por un movimiento antiseñorial. Carlos V aprovecha aquella coyuntura: nombra dos magnates, el condestable y el almirante de Castilla, como corregentes con el cardenal Adriano; da satisfacciones a los moderados y mercaderes. Burgos se aparta entonces de la Junta, mientras en Medina de Rioseco el cardenal Adriano forma un nuevo gobierno y reconstituye un ejército, con el apoyo de la nobleza y de Portugal. El 5 de diciembre de 1520, el ejército imperial desaloja a los comuneros de Tordesillas. La junta, que ha perdido representatividad, pero que se ha radicalizado, organiza desde Valladolid acciones bélicas contra los señoríos de la Tierra de Campos, se apodera en febrero de Torrelobatón, castillo del almirante de Castilla, pero se muestra incapaz de definir una política concreta. Las fuerzas militares de sus adversarios —las que manda el condestable, en Burgos, y las de su hijo, el conde de Haro, concentradas en Tordesillas— se reúnen y, en abril de 1521, aplastan al ejército de las ciudades en Villalar. Tres de los caudillos principales, Padilla, Bravo y Maldonado, son degollados al día siguiente; Toledo resiste hasta febrero de 1522 bajo el mando de doña María Pacheco, la viuda de Padilla, pero acaba por someterse. Carlos V regresa en julio de 1522, manda ejecutar a unos cuantos comuneros presos —entre ellos, don Pedro Maldonado, primo del que había sido degollado en Villalar— y concede un perdón general, del que se exceptúan unas trescientas personas, las más comprometidas en la rebelión.

Estas trescientas personas pertenecían en su mayoría a las capas medias de la sociedad: clérigos, letrados, artesanos, mercaderes, caballeros, pequeños propietarios... Los representantes de la alta aristocracia son muy pocos (el conde de Salvatierra, don Pedro Girón), así como los grandes negociantes. Por otra parte, los exceptuados son casi todos vecinos de las grandes ciudades del centro castellano (Salamanca, Palencia, Zamora, Toro, León, Valladolid, Ávila, Segovia, Medina del Campo, Madrid, Toledo...) Cabe, pues, caracterizar el movimiento comunero desde una perspectiva doble:

—sociológica: expresa las aspiraciones de unas clases medias y urbanas, con exclusión de la nobleza terrateniente y de la gran burguesía ligada al negocio internacional;

—geográfica: se hace eco del descontento del centro castellano, en torno al eje Valladolid-Toledo, con exclusión de Burgos, de Andalucía y de los demás territorios de la corona de Castilla.

En cuanto al significado político de la revolución comunera, la historiografía más reciente ve en ella una tentativa para limitar los poderes de la realeza y de la aristocracia en beneficio de las Cortes, representantes de la nación frente al rey. Se trata, pues, de una revolución moderna, pero de una revolución prematura, ya que intenta asentar la influencia política de una clase, la burguesía, que o no es lo suficientemente fuerte para imponerse —caso general— o, cuando lo es —caso de Burgos—, prefiere la alianza con la aristocracia y la sumisión al poder real.

En Valencia, nobles y plebeyos se oponen desde largo tiempo. La peste del verano de 1519 provoca la salida de los patricios, que buscan refugio en sus tierras; el pueblo menudo de la capital se ve así abandonado, desamparado, expuesto sin defensa a la epidemia y a las incursiones de los corsarios. Los vecinos piden armas para su protección y, a fines del año, un consejo de trece síndicos se hace cargo de la administración municipal. La corte manda al virrey don Diego Hurtado de Mendoza restablecer la normalidad en Valencia, pero los *agermanats* lo echan de la capital y de Játiva y quedan dueños de la situación durante cerca de un año; el 25 de julio de 1521 derrotan el ejército real en Gandía; causan estragos en las tierras de señorío, obligan a los vasallos mudéjares de los nobles a recibir el bautismo. Sin embargo, los señores y el poder real acaban por vencer a la rebelión popular. Valencia se rinde en noviembre de 1521; Játiva y Alcira en septiembre del año siguiente.

Comuneros y *agermanats* son rigurosamente contemporáneos y, sin embargo, no trataron de formar un frente común. ¿Cabe mejor ilustración de la división política de la Península? Castellanos y valencianos tienen el mismo soberano, pero no parecen acordarse de ello; actúan, en este caso como en otros, como si pertenecieran a naciones distintas, lo cual, en rigor, es la pura verdad. Las diferencias entre los dos movimientos rebeldes existen, pero no parecen tan grandes como se ha dicho; tal vez se puedan notar unos caracteres más marcadamente sociales en los *agermanats* y más políticos en los comuneros. Unos y otros se enfrentan con la aristocracia aliada del poder real. El propósito de los comuneros consistía esencialmente en limitar las prerrogativas de la corona, dando más importancia a las Cortes. Ellos vislumbraron con bastante claridad que Castilla iba a ser sacrificada al imperio y que las posibilidades de un desarrollo nacional autónomo, en los aspectos económicos lo mismo que en los políticos, sufrirían graves trastornos con el cambio de dinastía.

Las dos crisis revelan dos características esenciales de la monarquía de los Habsburgos:

—la debilidad de un Estado que no coincide absolutamente con las distintas nacionalidades de que se compone el imperio; Valencia ignora a Castilla, la cual no quiere saber nada de la idea imperial;

—la fuerza social que representa la aristocracia terrateniente, que ha salvado la corona en ambos casos. En la sociedad española del quinientos, los elementos burgueses estarán siempre marginados; nunca podrán contrarrestar la enorme influencia y el prestigio del estamento nobiliario.

2. LA SOCIEDAD ESTAMENTAL

En Villalar como en Valencia, los que han vencido son los nobles, el brazo militar. Ellos han salvado las prerrogativas de la corona. Durante la guerra civil, Carlos V se había visto obligado a confiar el poder interino a dos magnates: el condestable y el almirante de Castilla; se lo retiró al regresar a España en julio de 1522, sin una palabra para agradecerles los servicios prestados. El almirante quedó amargado para el resto de sus días; otra vez se creyó postergado por los letrados del Consejo Real, él y toda su casta. Carlos V no hace en esto más que atenerse a la conducta fijada por los Reyes Católicos: gobernar con los medianos, letrados, frailes, caballeros; confiar a los grandes misiones diplomáticas, mandos militares, pero evitar darles directamente responsabilidades políticas.

Durante todo el siglo vemos así desarrollarse una rivalidad, una competencia, una lucha de influencia entre el brazo militar y los funcionarios, las armas y las letras. Los nobles ven con desgana cómo los letrados dirigen el Estado, pero los letrados envidian el prestigio social de los hidalgos y no piensan sino en alcanzar ellos mismos la hidalguía. Esta es la doble faz de la centuria: la aristocracia tiene la impresión de que se le ha frustrado su victoria en Villalar, pero nunca su prestigio fue tan grande como entonces. Los letrados ocupan puestos importantes en los Consejos y la administración; se enriquecen, compran juros y censos; se avergüenzan de sus orígenes plebeyos y acaban adoptando el modo de vida de los caballeros, su mentalidad, su escala de valores; procuran identificarse con la nobleza. Es un aspecto más de lo que viene llamándose la traición de la burguesía.

Y es que la nobleza ocupa indiscutiblemente el primer lugar en la sociedad. Su potencia económica y su influencia social son considerables, y las leyes de Toro de 1505, al generalizar la institución de los mayorazgos, han consolidado y perpetuado su posición. Posee propiedades inmensas, latifundios, que le proporcionan rentas considerables. La inflación disminuye en parte aquellas ganancias, pero muchos nobles han tenido la precaución de cobrar sus rentas en naturaleza y no en metálico. Y además disponen de otras fuentes de ingresos —los juros, por ejemplo, o actividades comerciales como las del duque de Medina Sidonia en Andalucía.

No todos los nobles disfrutan del mismo prestigio. Existe toda una jerarquía que puede establecerse así:

—en lo alto, los Grandes y títulos (duques, condes, marqueses): unas treinta casas al principio de la centuria, el doble al final. Son los Enríquez, Velasco, Mendoza, Guzmán, Pimentel, Álvarez de Toledo, etc., cuyos apellidos suenan en las crónicas cortesanas;

—luego, los caballeros, entre los cuales podemos distinguir por lo menos tres grupos: 1) los miembros de las Órdenes Militares (Santiago, Calatrava, Alcántara): caballeros, comendadores, dignatarios. El hábito confiere un prestigio muy apetecido; la encomienda constituye una fuente de ingresos nada despreciable; 2) los señores de vasallos, poseedores de señoríos jurisdiccionales y tierras; 3) la oligarquía urbana.

A los que no son ni títulos ni señores de vasallos ni caballeros de alguna orden se les designa como hidalgos. En el siglo XVI, la distinción caballero-hidalgo parece reducirse a una diferencia de fortuna: el noble sin grandes bienes es un hidalgo; en cuanto dispone de tierras asciende a caballero.[3] Comarcas enteras, como la Montaña de Santander o Vizcaya, se consideraban como tierras de hidalgos.

Todas aquellas categorías de nobles gozan de gran prestigio social y privilegios apreciados. Y es que la sociedad del siglo XVI es una sociedad estamental, fundada en el privilegio, y el privilegio esencial es la exención fiscal: el noble no contribuye en los servicios, en los pechos. Todas las diferencias vienen a reducirse a esta: se es hidalgo o pechero. La hidalguía —o sea la exención fiscal— es el signo visible de la nobleza, que permite obtener otras ventajas: honores, prestigio... De ahí el ahínco con que se procura alcanzarla cuando no se tiene por derecho propio o herencia familiar.[4] Existen dos grandes categorías de hidalguía: se es hidalgo de solar conocido cuando el apellido es tan ilustre o la notoriedad tan evidente que no se necesita más averiguaciones; se es hidalgo de ejecutoria cuando la cosa no es tan clara y exige una información judicial.

Había medios ilícitos para ingresar en la categoría de los hidalgos, tales como el soborno de los oficiales municipales encargados de establecer la lista —el padrón— de pecheros. Pero también los había muy legales. Se podía, por ejemplo, comprar una hidalguía; la corona acudió a este procedimiento varias veces para hacer frente al déficit crónico de sus ingresos. Pero este procedimiento tuvo un éxito limitado: comprar la hidalguía por sus dineros tenía sus inconvenientes; se preferían modos menos directos. El principal de ellos era la adquisición de algún señorío, ya que también la corona puso en venta a lo largo de la centuria tierras enajenadas al patrimonio real, a la Iglesia o a las Órdenes Militares. Nobles, burgueses, clérigos... todos los que tienen dinero compran tierras [223].

El resultado de aquel afán de hidalguía fue que la proporción de los hidalgos iría subiendo continuamente. Documentos de 1541 arrojan las cifras siguientes: en el reino de León y en Asturias, los hidalgos eran tan numerosos como los pecheros; en Burgos, una cuarta parte de la población estaba compuesta de hidalgos, proporción que desciende a una séptima parte en Zamora, una octava en Valladolid, una décima en Toro, Ávila, Soria, una duodécimá en Granada, Sevilla, Córdoba, Jaén, Salamanca, Cuenca, Guadalajara, Madrid, Toledo, una decimocuarta en Murcia y Segovia [26, 490- 40 bis, XVII]. La inmensa mayoría de aquellos hidalgos vivía en los centros urbanos; mucho menos numerosos eran los que residían en zonas rurales, y esta minoría ha dado motivo a la imagen del hidalgo pobre tan difundida por la literatura, pero que en realidad no corresponde a los hechos. El caso general es, al contrario, la ecuación que se establece entre hidalguía y riqueza.[5]

Podemos sacar dos conclusiones:

1.° El estamento nobiliario goza de un prestigio considerable en el siglo XVI. Hubo burgueses, entonces, muchos y potentes, pero poco espíritu burgués; casi todos prefirieron, en cuanto pudieron hacerlo, volverse hidalgos. Muchos lo consiguieron, lo cual demuestra cierta movilidad social: la sociedad del XVI es todavía una sociedad abierta, en la que el acceso a las clases privilegiadas no está aún cerrado definitivamente [50, 21 y 320 sq.].

2.° La proporción de hidalgos en la población (unos diez por ciento del conjunto) es importante. Como casi todos ellos son grandes propietarios, letrados ricos, mercaderes adinerados, resulta que los que tienen la riqueza no contribuyen; la carga tributaria pesa sobre todo en el campesinado y los pobres. Esta es, pues, otra de las características de la sociedad estamental del siglo XVI: es una sociedad terriblemente injusta en la repartición del impuesto; ser campesino o pobre es entonces una maldición. La sociedad del Renacimiento, tanto en Francia como en España, ha reforzado los valores nobiliarios y acentuado el desprecio hacia el trabajo manual y las actividades mecánicas [50, 322-330]. De ahí el problema planteado por la oleada creciente de mendigos y vagos que iban de un lugar a otro en busca de alimentos. Esta mano de obra potencial, muchos procuran fijarla, prohibiendo sus errancias a través del país y separando los verdaderos pobres —ancianos, tullidos, enfermos, que debían ser socorridos con limosnas y recogidos en hospitales— de los fingidos a los que había que obligar a ganarse la vida trabajando. Las Cortes, la corona, regimientos como los de Zamora, Salamanca, Valladolid... tomaron medidas en este sentido, a partir de 1545, lo que suscitó una polémica entre Domingo de Soto y fray Juan de Medina, polémica que debía prolongarse hasta fines de siglo con el tratado de Cristóbal Pérez de Herrera.[6]

Pero ¿es que se podía emplear aquella mano de obra. Sí, afirma Carmelo Viñas, quien subraya las muchas y buenas industrias que existían entonces en España, y comenta: «Antes faltan trabajadores que trabajo» [222, 356]. No hay que olvidar, sin embargo, la tendencia de los nobles y ricos a invertir su riqueza en la tierra, en juros, en censos, para vivir de sus rentas, como nobles; los propios mercaderes y empresarios procuraban hacer lo mismo en cuanto habían alcanzado cierto nivel de fortuna. Todo ello debió mermar poco a poco las posibilidades reales de trabajo, lo cual, junto con el poco aprecio que se tenía por las actividades mecánicas, no podía sino aumentar aún más el número de los pobres y vagabundos. En estas condiciones, muchos de los proyectos de reorganización de la asistencia, incluso los más generosos, los de fray Juan de Medina y Cristóbal Pérez de Herrera, no dejan de causar cierto malestar; hasta cierto punto, había mucho de hipocresía en recomendar el trabajo a los pobres cuando el trabajo faltaba y cuando se despreciaba al trabajador; lo que se procuraba con estos proyectos ¿no sería dar buena conciencia a los ricos para que disfrutasen sin escrúpulos de sus fortunas? De ser así, se comprendería la enérgica reacción de un Domingo de Soto al negarse a establecer cualquier distinción entre pobres fingidos o verdaderos, forzosos o profesionales. En una sociedad dominada por el dinero [125 bis] y los valores aristocráticos —lo uno no excluye lo otro—, el nacer pobre era efectivamente un delito.

3. REY Y REINO

La derrota de los comuneros y de los *agermanats* ¿significa el triunfo de la centralización y el absolutismo real? Sí, evidentemente, pero conviene matizar mucho la respuesta. Desde luego, hay que repetir una y otra vez que no se puede hablar en términos generales del poder real; la monarquía no forma un conjunto armónico; entre los varios reinos que la componen existen notables diferencias. La centralización y la tendencia al absolutismo son mucho mayores en Castilla que en la corona de Aragón, pero, así y todo, sería erróneo considerar la primera como un Estado fuertemente centralizado. Después de Villalar, en ningún momento el poder real parece amenazado en el siglo XVI; domina perfectamente la situación. Sin embargo, está muy lejos de administrar directamente la inmensa mayoría del territorio nacional. Lo normal, entonces, es la administración delegada. Podemos distinguir así tres sectores, tres niveles, tres modos de administración:

1. Los señoríos, en el sentido amplio de la palabra, forman un amplio sector mayoritario en el que el rey delega sus poderes y su autoridad a señores, laicos o eclesiásticos: feudos territoriales de la nobleza,[7] tierras de abadengo, de las Órdenes Militares (encomiendas) o religiosas, de los obispos y arzobispos. Conocidísimo es el caso de la mitra de Toledo, que administraba un territorio inmenso en el que detentaba poderes judiciales, administrativos, económicos, nombrando los jueces, escribanos, notarios y demás oficiales subalternos, aproban-

do las elecciones de regidores municipales, llevando tributos, etc. Los señores hacían lo mismo en los límites de su jurisdicción.[8] De esta forma, la mitad, o quizá más, del territorio nacional quedaba fuera de la intervención directa del monarca. Naturalmente, las leyes del reino debían regir en toda la monarquía y los vasallos de los señores podían apelar ante la justicia real contra cualquier juicio sentenciado por los jueces señoriales que les pareciera inicuo. Pero, de hecho, aquella posibilidad resultaba muy teórica. La realidad cotidiana era que los señores en sus jurisdicciones ejercían poderes que correspondían al Estado y que la corona les delegaba.

2. Los mismos territorios de realengo no siempre quedaban directamente sometidos a la autoridad directa del soberano: municipios, concejos, villas, ciudades, en todos estos casos nos encontramos con autoridades delegadas. Los municipios no solo regían en el ámbito de la ciudad, sino también en amplias zonas rurales en torno a ella; en ciertos casos, como el de Valladolid o de Segovia, se trataba de verdaderas comarcas o provincias —la «tierra» de una ciudad— que estaban sometidas a la jurisdicción de una capital que se comportaba como un verdadero señor colectivo con respeto al alfoz o a la tierra circunvecina, como lo ha demostrado Bennassar en el caso de Valladolid. Ahora bien, la autonomía relativa de los grandes concejos era mucho menor que la de los señoríos, ya que la corona estaba representada en aquellos por un alto funcionario, el corregidor, que presidía el ayuntamiento, es decir, la asamblea compuesta por los regidores (o veinticuatros, en Andalucía), que formaban una oligarquía urbana muy cerrada, los jurados o representantes de los barrios, fieles, alcaldes y otros oficios municipales.

La existencia de aquellos dos sectores, el señorial y el municipal, tiene como consecuencia que la mayor parte del territorio nacional queda más o menos fuera de la autoridad directa del soberano, que no hace sino ejercer un control más o menos riguroso en los asuntos locales. En cambio, la corona se reserva enteramente el tercer sector, o sea la política general.

3. Este tercer sector constituye el sector político propiamente dicho, el Estado en el sentido moderno de la palabra: diplomacia, política fiscal, gobierno general del reino. Teóricamente, la corona debe colaborar con las Cortes, que vienen a ser la representación del reino. En realidad, las Cortes quedan reducidas a un papel muy secundario, sobre todo en Castilla después de la derrota de los comuneros. Varias causas han contribuido a este resultado:

—Las Cortes no representan todo el reino, sino solo los municipios de realengo. Carlos V convocó dos veces, en 1527 y en 1538, los tres brazos del reino castellano, es decir el clero y la nobleza al mismo tiempo que los procuradores de las ciudades, pero la experiencia no fue muy satisfactoria. No volvió a repetirla. En cuanto a Felipe II, ni siquiera intentó hacerla.

—Las Cortes no representan la totalidad de las ciudades, sino solo una minoría: dieciocho (Burgos, Soria, Segovia, Ávila, Valladolid, León, Salamanca, Zamora, Toro, Toledo, Cuenca, Guadalajara, Madrid, Sevilla, Córdoba, Jaén, Murcia y Granada). Tener voz y voto en Cortes no es ningún derecho; es un privilegio que defienden con tesón las ciudades que lo poseen.

—En fin, en cada una de las dieciocho ciudades privilegiadas, un grupo muy reducido de electores es el encargado de nombrar a los dos procuradores en Cortes: se trata esencialmente de la oligarquía municipal de los regidores. Además, el corregidor se las arregla siempre para que solo salgan designados como procuradores hombres dispuestos a acatar la voluntad del soberano.

En estas condiciones, las Cortes de Castilla, que, además, se convocan muy de tarde en tarde, no están preparadas para oponerse seriamente al poder real. Siempre conceden los servicios exigidos antes de presentar al rey unas peticiones muy generales que casi nunca se llevan a la práctica. A fines de siglo, el jesuita Mariana censuraba aquella dimisión colectiva de las Cortes castellanas y su casi total falta de representatividad, pero la cosa venía de lejos; la institución ya había perdido mucha vigencia en tiempos de los Reyes Católicos y la crisis de las Comunidades precipitó su decadencia.

La corona tiene, así, una libertad de acción muy grande; ningún poder intermedio se interpone ante ella. Sin embargo, el rey no gobierna solo, sino con la colaboración de unos Consejos especializados: Castilla, Hacienda, Inquisición, etc. Esta es la característica de la administración de los Habsburgos: se trata de una administración colegial. Cada Consejo está compuesto por unas diez o quince personas, en su mayoría letrados y antiguos alumnos de los colegios mayores de Salamanca, Valladolid o Alcalá. Los Consejos examinan los problemas importantes; después de la discusión se hace una relación sumaria, que se presenta al soberano, y este escribe en la margen del documento sus observaciones o sus decisiones. Es el sistema llamado de consultas.

Entre el soberano y los Consejos, el enlace se hace por medio de los secretarios, que acaban ejerciendo un papel de primer plano en la vida política. Muchos de ellos quedan en funciones largo tiempo, a veces toda su vida. Este fue el caso de Francisco de Los Cobos, bajo el reinado de Carlos V, y en el reinado de Felipe II el de Rui Gómez da Silva, príncipe de Éboli, y Gonzalo Pérez, sustituido por su hijo Antonio, que perdió después la confianza del rey. Aquellos hombres, por su presencia continua cerca del soberano, tuvieron una influencia considerable en las altas esferas del poder. En estas condiciones, ¿puede hablarse de luchas políticas, de partidos opuestos, en el siglo XVI? Eso es lo que se viene diciendo, por ejemplo, al referirse a la rivalidad entre el duque de Alba y el príncipe de Éboli en la primera parte del reinado de Felipe II; el primero habría representado una tendencia más dura frente a la conciliadora, encabezada por el segundo, a propósito del conflicto de Flandes. Sin negar el interés de dicho planteamiento ni la importancia que semejantes divergencias pudieran tener, creo, sin embargo, que tanto Carlos V como Felipe II procuraron siempre gobernar personalmente, sin entregar la realidad del poder a tal o cual ministro; oían los pareceres de unos y otros, pero las decisiones importantes las tomaban ellos.

¿Era este poder real un poder absoluto? Nadie ni nada parece capaz de contrarrestar su autoridad; de hecho, el aparato administrativo es relativamente débil, lo cual limita singularmente las posibilidades concretas de intervención. Digamos que se trata de un poder absoluto, pero no arbitrario, y que todavía no ha llevado el absolutismo a su punto de perfección.

4. ESPAÑA Y EUROPA

En la esfera de la política exterior es donde se ve con mayor evidencia la ruptura con la tradición de los Reyes Católicos. Los Austrias no siguen una política nacional, menos aún nacionalista, sino una política dinástica o ideológica. España, y más concretamente Castilla, se limita a sufragar dicha política; ella viene a ser la base del imperio, donde se recoge el dinero necesario y se reclutan los soldados, diplomáticos y funcionarios encargados de llevarla a cabo. Una política verdaderamente nacional habría prestado más atención a los problemas mediterráneos (Italia, norte de África) y probablemente hubiera intervenido de una manera menos directa en los conflictos acarreados en Alemania y la Europa del Norte por la Reforma luterana.

Entre la política desarrollada por Carlos V y la seguida por Felipe II existe una indudable continuidad, pero también caracteres específicos que justifican un examen por separado.

4.1. LA POLÍTICA IMPERIAL

Carlos V tenía formado un alto concepto de sus responsabilidades y deberes como emperador. ¿Cómo concebía el imperio y la política imperial? El tema ha sido muy debatido. En grandes líneas existen dos interpretaciones:

—la tesis alemana, defendida por Peter Rassow, según la cual Carlos V, inspirado por el canciller Gattinara, se proponía realizar la monarquía universal;[9]

—la tesis española, sostenida por Ramón Ménendez Pidal, quien estima que Carlos recogió la tradición política de Fernando e Isabel, compilada por el secretario Pedro de Quintana, y que puede resumirse en el lema: paz entre cristianos y guerra contra infieles.

La polémica ha perdido mucho de su agudeza. Se pueden hacer al respecto dos observaciones:

—No cabe duda de que Carlos V siempre consideró que la dignidad imperial le situaba por encima de las monarquías nacionales y le obligaba a velar por los intereses comunes de la cristiandad frente a los avances turcos en Europa y en el Mediterráneo. Dos religiones universalistas se enfrentaban, lo que entonces equivalía al choque de dos civilizaciones. En los años 1525-1530, la corte imperial vive rodeada de un ambiente mesiánico que parece tener menos vigencia después de la muerte del canciller Gattinara (1530).

—Solo una minoría de españoles, los erasmistas como Alfonso de Valdés, e intelectuales que no parecen muy representativos compartían aquellas aspiraciones mesiánicas y defendían la política imperial. Para los más, incluso altos funcionarios del Estado como Cobos o el duque de Alba, los problemas esenciales eran los de España; los asuntos del imperio les dejaban sin cuidado, como ha demostrado el libro de J. M. Jover [98]. El verso famoso de Hernando de Acuña, «Un monarca, un imperio y una espada», no puede considerarse como la expresión mayoritaria, todo lo contrario.[10]

La política exterior de Carlos V ofrece algunas constantes que merecen destacarse:

1. En primer lugar, se trata de mantener relaciones amistosas con el reino vecino de Portugal. La cosa no presentó dificultades mayores. Ya Portugal había contribuido eficazmente a la victoria sobre los comuneros al suministrar a los gobernadores el apoyo financiero de que carecían casi por completo en el otoño de 1520. El casamiento del emperador con la princesa portuguesa Isabel, en 1526, reforzó los lazos entre las dos coronas, entre las cuales no existían rivalidades candentes. El tratado de Tordesillas (1494) había marcado las zonas de expansión respectivas de España y Portugal en el Atlántico. El único punto de fricción lo constituía la cuestión de las islas Molucas; en 1529, en Zaragoza, Carlos V renunció por parte de España a toda reivindicación sobre el archipiélago, lo cual hizo desaparecer toda competencia entre los dos países.

2. Los avances turcos se dan en dos sectores: Europa central y Mediterráneo occidental. Los turcos ocupan los Balcanes y, después de la batalla de Mohacs (1526), casi todo el territorio de Hungría; asedian Viena en 1529. En este sector, Carlos V se limita a contener la oleada turca sin llegar a pasar a la contraofensiva.

No así en el Mediterráneo, donde Barbarroja, señor de Argel, ame-

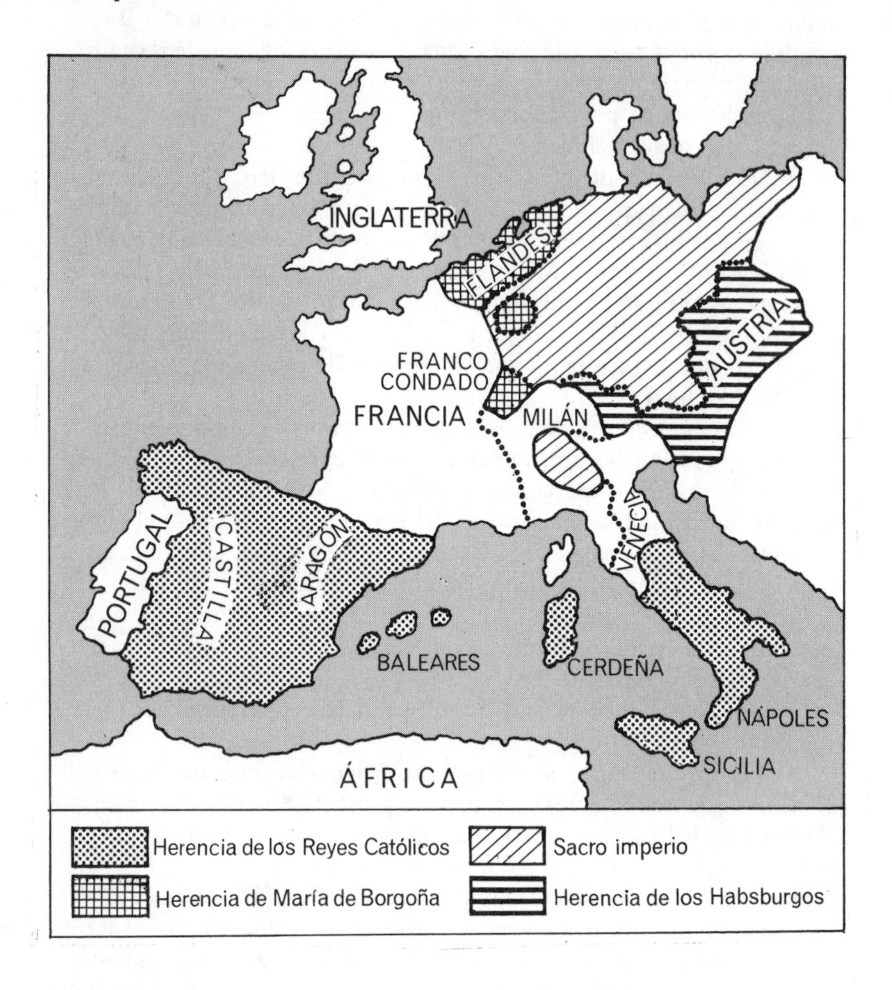

naza las posesiones españolas en Italia y la misma Península. Carlos V dirigió personalmente dos operaciones bélicas, la una lograda sobre Túnez (1535), la otra, que acabó por una retirada y un fracaso, sobre Argel en 1541.

3. En relación con Francia, el reinado había empezado por una tentativa de concordia; fue el tratado de Noyon (1516), negociado bajo la influencia del señor de Chievres, Guillermo de Croy, que prefería mantenerse en paz con el reino vecino mientras Carlos no hubiera asegurado su trono en España. En realidad, tres eran los puntos de fricción entre Carlos V y Francisco I: Navarra, Borgoña, Italia. Francia no había aceptado la solución que Fernando el Católico le había dado al proble-

ma de Navarra en 1512 y seguía apoyando las pretensiones de la destronada casa de Labrit. Por otra parte, Carlos V se consideraba como legítimo heredero del ducado de Borgoña. En fin, la rivalidad francoespañola en Italia no cesaba: España seguía manteniéndose en Sicilia y Nápoles, mientras Francia deseaba instalarse en Milán. Esta situación conflictiva acarreó una serie de guerras entre los dos soberanos, que buscaron apoyo cerca de los demás príncipes de la época (Enrique VIII de Inglaterra, el papa, Génova, Venecia, el sultán Solimán...) y cuya rivalidad ensangrentó repetidas veces las tierras de Europa.

El primer choque se produjo en Navarra. Aprovechándose de la rebelión de las Comunidades que ocupaba a los gobernadores castellanos, los franceses invaden Navarra en mayo de 1521, y casi sin encontrar resistencia, llegan hasta Pamplona, que les abre las puertas, y Estella, que también capitula. Los españoles se hacen fuertes en Logroño y, desde allí, inician una contraofensiva rápida; el general francés, Lesparre, sufre una derrota total en Quirós, cerca de Pamplona (30 de junio de 1521). En pocos días, el ejército español rechaza al enemigo, pero no puede impedir, meses más tarde, la toma de Fuenterrabía (octubre), que no será recuperada hasta septiembre de 1524.

Mientras tanto, los imperiales capitaneados por Antonio de Leiva, los marqueses de Pescara y del Vasto, procurarían echar fuera del Milanesado a los franceses, que su rey Francisco I mandaba personalmente, a partir de 1524. La batalla decisiva se libró en Pavía (febrero de 1525); el rey de Francia, herido, cayó prisionero y fue llevado a Madrid, donde permaneció hasta la paz que se firmó el 14 de enero de 1526. A cambio de su libertad, Francisco I se comprometió a entregar a Carlos V el ducado de Borgoña y a retirarse del Milanesado; pero no cumplió nada de aquellas promesas al verse otra vez en territorio francés.

Se reanudaron las hostilidades en junio de 1526. El episodio más dramático fue el asalto y saco de Roma por las tropas imperiales, mandadas por el condestable de Borbón, en mayo de 1527. La guerra terminó en junio de 1529: por el tratado de Cambray, Carlos V renunció a la Borgoña y Francisco I al ducado de Milán, que fue restituido a Francisco Sforza, feudatario del emperador.

Después de varias peripecias (guerra en 1536-1538 y 1542-1544), se confirmaron aquellas cláusulas en la paz de Crepy (septiembre de 1544).

4. La Reforma planteó a Carlos V un problema gravísimo; se trataba para él de conservar a la vez la unidad religiosa de la cristiandad y la unidad política del imperio. Logró más o menos el segundo propósito, pero fracasó totalmente en el primero. Dos etapas pueden señalarse en la política seguida con respecto a los protestantes alemanes: conciliación hasta 1541, ruptura después de aquella fecha.

A raiz del acto revolucionario de Lutero, Carlos V procura contemporizar, evitar todo ataque directo a los nobles y la guerra civil. La

Dieta de Worms (1521) condenó a Lutero, pero no se hizo nada para aplicar dicha censura. La meta era la reunión de un concilio general para reformar la Iglesia y mantener la unidad religiosa. En la primera Dieta de Spira (1526), se deja libres a los príncipes alemanes respecto a seguir o no las doctrinas luteranas; ellos interpretan aquella actitud conciliadora como una invitación a comportarse conforme a sus intereses materiales, y muchos de ellos empiezan a secularizar los bienes de la Iglesia y apropiárselos. Carlos V reacciona en 1530 y decide aplicar el decreto de Worms contra Lutero; los protestantes se consideran amenazados y forman la llamada Liga de Smalkalda, cuyas preocupaciones eran de tipo político, tanto o más que religioso. La conciliación se reanuda con la paz de Nüremberg (1532); el emperador se compromete a no proceder con fuerza hasta la reunión del concilio.

La última tentativa de conciliación entre las dos confesiones tuvo lugar en Ratisbona (1541); fue un fracaso. Desde aquel momento, Carlos V parece aceptar la ruptura religiosa y procura solo mantener la unidad del imperio. El concilio que se reúne en Trento, en 1545, pero en ausencia de los luteranos, llega demasiado tarde. El emperador emprende sus acciones bélicas contra el elector de Sajonia y sus partidarios, a los que derrota en Mühlberg (1547). La Dieta de Augsburgo (1548) llega a un acuerdo relativo, el llamado *Interim*, pero la traición de Mauricio de Sajonia, que se entiende con Enrique II de Francia, pone otra vez al emperador en dificultad. Así se llega a la Paz de Augsburgo (1555), en que se proclama la libertad religiosa de los estados componentes del imperio.

La amargura que dejó en Carlos V aquel fracaso de sus mayores ilusiones —mantener la unidad religiosa de la Cristiandad frente a los turcos— explica la abdicación del año siguiente. Puede decirse que las responsabilidades imperiales de su soberano obligaron a España a intervenir en asuntos que no le importaban directamente y comprometieron gravemente su desarrollo nacional autónomo. Bien claro lo habían adivinado los comuneros, que, desde un principio, rechazaron rotundamente la política imperial. Lo malo para España fue que, después de Carlos V, su hijo Felipe II se creyó en la obligación de mantenerse en la misma postura.

Epílogo de la rivalidad franco-española abierta desde 1521 fue la guerra que Francia declaró al nuevo rey de España, Felipe II, que lo era también de Inglaterra en aquel entonces por su boda con María Tudor. El hecho bélico más relevante fue la batalla de San Quintín (1557), la única ocasión en que el sucesor de Carlos V participó personalmente en un combate. La paz de Cateau-Cambrésis (1559) cierra medio siglo de contiendas diplomáticas y guerreras e inicia el período de la preponderancia española en Europa.

4.2. La preponderancia española

Al abdicar en 1556, Carlos V dejó a su hijo y sucesor Felipe II todos los territorios que le pertenecían con la sola excepción del imperio. Pero, de hecho, el nuevo rey consideró que estaba obligado a seguir la política europea de su padre y a dar todo su apoyo al emperador [66]. Hubo, pues, una solidaridad dinástica y política entre los varios elementos de la Casa de Austria, cuya cabeza fue Felipe II. Este llegó a identificar estrechamente los intereses de la corona española con los de la religión católica en Europa, pero como ya no tenía la autoridad moral que la dignidad imperial confería a Carlos V, su voluntad de luchar contra la Reforma y a favor de la cristiandad fue muchas veces interpretada como una mera justificación de tipo ideológico para encubrir lo que se consideró a menudo como una manifestación del imperialismo español. El intrincamiento entre ideología y diplomacia fue tal que toda concesión a la herejía pareció equivaler a un retroceso de España y se volvió, por lo tanto, imposible; al revés, todo avance del protestantismo se celebraba entonces como una derrota española. De esta radicalización, patente al mediar el siglo, Felipe II no es totalmente responsable, ya que, como lo subrayó Bataillon, fue una cierta necesidad externa más que una íntima convicción lo que obligó al soberano español a desempeñar el papel de campeón de la Contrarreforma [11, 746].

Felipe II emprende la última cruzada de la cristiandad contra los turcos, que en 1565 habían puesto sitio a Malta, en 1569 habían ocupado Túnez y en 1570-1571 declaran la guerra a Venecia y tratan de conquistar Chipre. Venecia, la Santa Sede y España se unen en la Santa Liga, cuyas fuerzas manda el hijo natural de Carlos V, don Juan de Austria. Los aliados derrotan al turco en Lepanto, el 7 de octubre de 1571, rudo golpe para los Otomanos, que se creían casi invencibles y sufren entonces pérdidas considerables, materiales y humanas. Los turcos emprenden inmediatamente la reconstitución de su armada, firman la paz con Venecia en marzo de 1573, vuelven a reconquistar Túnez (mayo de 1574), que don Juan de Austria había ocupado en octubre del año anterior, y en agosto toman la Goleta, lo que significa la eliminación definitiva de la presencia española en aquella parte de África. Todo ello muestra que Lepanto no fue, para los turcos, una derrota total, pero la victoria cristiana vino a poner fin al clima de euforia que reinaba entre los Otomanos. La guerra no se interrumpe, sobre todo bajo la forma de la piratería, pero el Islam ya no representa un peligro tan serio para el occidente cristiano y, concretamente, para España [117 bis].

Desde 1566, el problema fundamental para Felipe II lo constituye Flandes, un conflicto en el que la ideología y el nacionalismo van íntimamente implicados.

Al principio, el problema parece reducirse a términos políticos relativamente sencillos. Al dejar los Países Bajos para regresar a España, en 1559, Felipe II había confiado el gobierno de aquellas provincias a su tía, Margarita de Parma, asesorada por un consejo en el que la figura más destacada era la de Granvela, que gozaba de la confianza del monarca. La nobleza de la tierra, encabezada por el príncipe de Orange, Guillermo de Nassau, y el conde de Egmont, desconfía de Granvela y hubiera preferido una solución que les hubiera dado más influencia en los asuntos políticos. Felipe II acepta alejar a Granvela, pero se niega a toda concesión en otras reivindicaciones, sobre todo en lo que se refiere a la libertad de cultos, ya que en Flandes la Reforma ha logrado éxitos importantes. En 1556, la minoría calvinista organiza una serie de manifestaciones que culminan con la destrucción de muchas estatuas y el saqueo de varios templos.

Felipe II reacciona de una manera enérgica, enviando a los Países Bajos un ejército mandado por el duque de Alba, que procura acabar con la oposición por medio de una represión implacable. El rey corta también toda tentativa de conciliación al mandar ejecutar a los condes de Egmont y de Horns, que habían venido a España como negociadores.

Desde entonces, la guerra toma un aspecto feroz en el que los motivos religiosos y nacionalistas van muy ligados. Contra el rey de España los rebeldes buscan el apoyo de las potencias protestantes, particularmente de Inglaterra. Se trata de una guerra ideológica, quizá la primera guerra ideológica que han conocido los tiempos modernos; toda concesión a los rebeldes parece implicar una victoria de la herejía y se descarta, por lo tanto. Como todas las guerras ideológicas, aquella fue terrible;[11] la represión hace surgir nuevos focos de descontentos y rebeldes; la lucha se desarrolla por tierra y por mar. Luis de Requesens sustituye, en 1573, al duque de Alba. El nuevo general tampoco está dispuesto a transigir en las cuestiones religiosas. Las tropas, que reciben su soldada de tarde en tarde, se amotinan y saquean Amberes, en 1576. La solidaridad entre los nobles descontentos y los calvinistas se hace aún más estrecha después de aquellos desmanes.

Don Juan de Austria, nombrado gobernador, concluye un armisticio que dura poco. Las hostilidades se reanudan. Alejandro Farnesio intenta, con éxito relativo, apartar a los católicos, numerosos en el sur del país, de los calvinistas. Esta es la solución que acabará imponiéndose; como en casos más recientes de conflictos ideológicos (piénsese en Alemania, en Corea, en Vietnam...), el país quedó finalmente dividido en dos partes.

La guerra de Flandes permite comprender también cómo las relaciones de España con Inglaterra y Francia tomaron un cariz tan negativo. Con Inglaterra, la evolución se desarrolló en tres tiempos:

—Primero, hubo un breve período de unión, cuando el príncipe Felipe, marido de María Tudor, era rey consorte de Inglaterra. Fue el momento en que Carlos V pensó en abdicar y la cosa tiene su importancia: Inglaterra aliada a España por lazos dinásticos podría constituir una garantía para los Países Bajos; de ahí que el emperador dejase a su hijo el gobierno de Flandes, al mismo tiempo que el de los reinos españoles.

—Pero con la muerte de María Tudor y el advenimiento de Isabel, la situación queda trastornada. Los rebeldes flamencos pueden contar con la simpatía activa del nuevo gobierno inglés. Los corsarios ingleses (John Hawkins, Francis Drake...) atacan a los barcos españoles en los mares, aunque las dos naciones estén oficialmente en paz.

—La guerra abierta empieza en 1585. Ya que los rebeldes flamencos hallan en Inglaterra apoyos materiales y financieros, Felipe II decide atacar a los ingleses para mejor aplastar a sus vasallos de los Países Bajos. Se trata de llevar a cabo una invasión de las islas británicas, y para ello se hacen preparativos considerables: una armada de sesenta y cinco navíos, con once mil tripulantes y diecinueve mil soldados. La operación tenía que desarrollarse en dos tiempos: primero, había que embarcar tropas de Alejandro Farnesio, que esperaban a la armada en los Países Bajos; luego, desembarcar el cuerpo expedicionario en Inglaterra. Para ello se necesitaba un buen puerto, pero los rebeldes se las arreglaron para que la primera parte del plan de invasión fracasara; los vientos y la tempestad acabaron de echar a perder la operación (1588).

La guerra de Flandes también envenenó las relaciones con Francia, que, desde la paz de Cateau-Cambrésis, ya no tenía ningún motivo para rivalizar con España en Italia. En los conflictos religiosos que dividieron en aquella época la nación vecina, España siempre apoyó con todas sus fuerzas y su influencia al partido católico, sobre todo cuando se vio claro que un príncipe protestante, Enrique de Borbón, estaba en condiciones de ceñir la corona real. Felipe II trató por todos los medios de oponerse a aquella pretensión, incluso después de la proclamación de Enrique IV como rey de Francia (1594). La guerra no estalló sino en 1595. Acabó a los tres años con el tratado de Vervins (1598).

El conflicto en los Países Bajos determinó, pues, en muchos aspectos casi toda la política extranjera de Felipe II. Se trató primero de aplastar a unos rebeldes, que eran al mismo tiempo herejes; Felipe II —¿a pesar de los teólogos?[12]— se opuso a toda concesión; de ahí el carácter de guerra total que revistió la contienda. Se procuró aislar a los rebeldes del exterior, donde encontraban apoyo y protección; para ello se hizo necesario luchar contra los ingleses y los franceses, quienes, naturalmente, sentían inquietud al ver la extraordinaria potencia concentrada por el rey de España e intentaron mermarla por todos los medios. Hasta cierto punto, la guerra también determinó la política interior al contribuir a debilitar todavía más una situación financiera nada buena desde los tiempos de Carlos V.

5. LA MONARQUÍA CATÓLICA

La España de los Austrias, lo mismo que la de los Reyes Católicos, no tiene unidad política. Es un conjunto de territorios (reinos, condados, principados, señoríos) que conservan su fisonomía propia (sus instituciones, leyes, régimen fiscal, moneda, aduanas, lengua...) y solo tienen una característica común: la de ser gobernados por el mismo soberano, que es al mismo tiempo rey de Castilla, de Aragón, de Valencia, conde de Barcelona, etc. Esta constelación política, ¿cómo designarla? Hablar de España es inadecuado. España, como cuerpo político, no existe; es una mera expresión geográfica, que además, en la época, también incluye a Portugal. Por lo tanto, no se puede hablar de rey de España para referirse a Carlos V o a Felipe II. Los contemporáneos preferían usar de otros têrminos, aludiendo a la dignidad o al título ostentado por el soberano: el imperio, el emperador, en tiempos de Carlos V; a partir de Felipe II, el rey católico, la monarquía católica.

Todos estos territorios han ido agregándose unos a otros por vía de sucesión. Son bienes patrimoniales que el soberano recibe de sus padres y transmite a sus hijos en ciertas condiciones. Tenemos, así, tres grupos de territorios bajo el reinado de Carlos V:

1. Los de la corona de Castilla: reinos castellanos propiamente dichos (Castilla, León, Toledo, Murcia, Córdoba, Sevilla, Granada...) y territorios anejos: reino de Navarra, provincias vascongadas, Indias, donde se crean dos virreinatos: el de Nueva España (Méjico) y el de Perú.
2. Los de la corona de Aragón: reinos de Aragón y Valencia, principado de Cataluña, más los territorios anejos: Baleares, reino de Nápoles, Sicilia.
3. La herencia de los Habsburgos: Flandes, Franco-Condado, dignidad imperial, feudos en Alemania y Austria.

Al abdicar, en 1556, Carlos V divide la herencia en dos partes: a su hermano Fernando cede la dignidad imperial y los estados patrimoniales de los Habsburgos, con la excepción de Flandes y el Franco-Condado; a su hijo Felipe lega las coronas de Castilla y Aragón, más Flandes y el Franco-Condado. Pero conviene notar que, desde su casamiento con María Tudor en 1554, Felipe era ya rey consorte de Inglaterra (donde reside de 1554 a 1556) y lo será hasta la muerte de su esposa, en 1558. Además, Felipe II recoge en 1580, después de varias peripecias jurídicas y una intervención militar, la corona de Portugal.

En efecto, en agosto de 1578, el joven rey de Portugal, don Sebastián, muere en la batalla de Alcazarquivir, al querer reponer en su trono ál rey de Fez, Muley Mohamed. La corona pasa entonces al cardenal infante don Enrique, viejo y enfermo, pero la batalla de la sucesión está

La monarquía de Felipe II en 1580
(después de la incorporación de Portugal) **XXI**

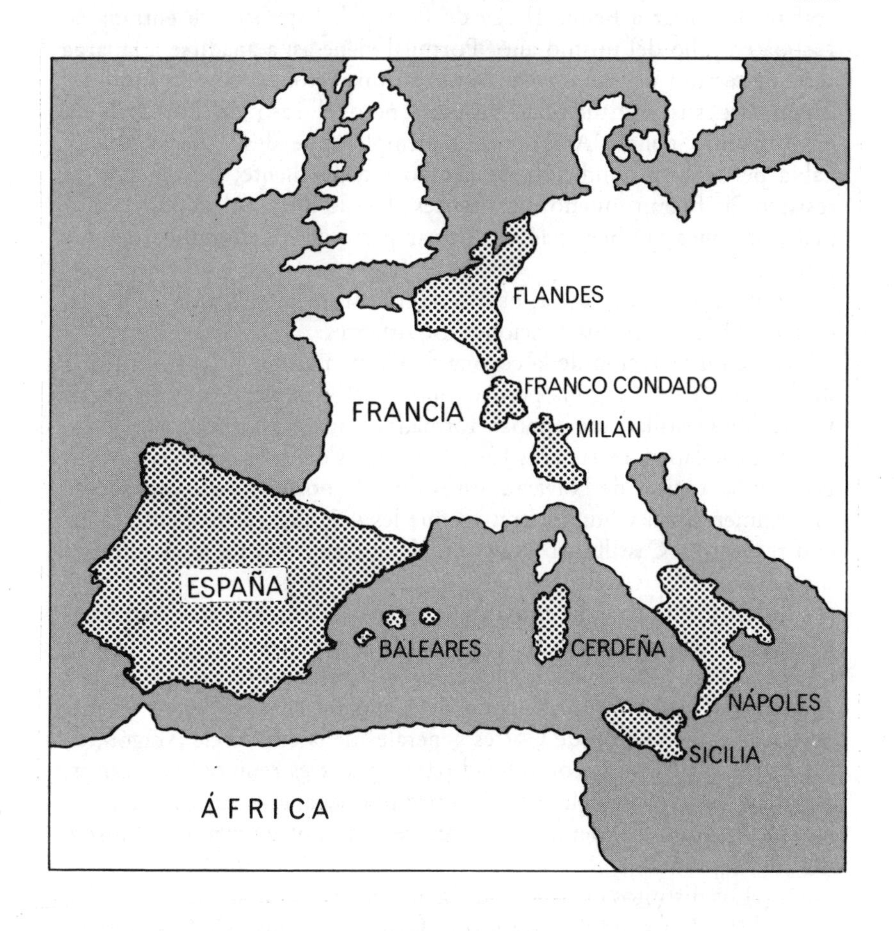

abierta. Tres candidatos pretenden tener derechos a la corona portuguesa:

—Felipe II, por ser hijo de la emperatriz Isabel, segunda hija del rey don Manuel;

—Doña Catalina, duquesa de Braganza;

—Don Antonio, prior de Crato.

Las Cortes portuguesas están divididas: la nobleza y el alto clero parecen inclinarse, en su mayoría, en favor de Felipe II, pero el brazo popular se muestra muy reacio a esta solución.

Cuando muere don Enrique, en enero de 1580, Felipe II considera que sus derechos son evidentes y, para vencer la resistencia de los portugueses, envía a Portugal la armada de don Álvaro de Bazán y un ejército a las órdenes del duque de Alba. Las Cortes de Tomar (abril de 1581) acaban por jurar a Felipe II rey de Portugal. Este hace su entrada en Lisboa en julio del mismo año. Portugal viene así a añadirse a la larga serie de territorios que forman la monarquía católica, conservando naturalmente sus instituciones propias, pero el caso de Portugal era muy distinto del de Aragón, por ejemplo, que desde hacía mucho había perdido su condición de Estado independiente; de ahí que las resistencias fueran mucho más fuertes. Desde luego, el imperio colonial portugués también pasó a formar parte de los dominios del rey católico.

Sobre el imperio de Carlos V y la monarquía católica de Felipe II, conviene hacer tres observaciones importantes:

1. La integración de la corona de Castilla es mucho mayor que la de la corona de Aragón, pero tampoco era completa; al lado de las Cortes de Castilla, que estaban formadas por los procuradores de los reinos castellanos, existen las Juntas generales de las provincias vascongadas y las Cortes de Navarra; estos dos últimos territorios conservan un régimen fiscal y administrativo que les deja una relativa autonomía con respecto a Castilla; en Navarra, el soberano está representado por un virrey.

La corona de Aragón es más heterogénea. Consta de tres territorios principales: el principado de Cataluña y los reinos de Aragón y Valencia, cada uno con sus instituciones peculiares y sus Cortes. Carlos V reunió las Cortes del principado de Cataluña en 1519; pero lo más corriente es la reunión de Cortes generales de la corona de Aragón, en Monzón; es una mera comodidad para evitar tres reuniones sucesivas, pero las tres Cortes deliberan siempre por separado. En cada uno de estos territorios el soberano está representado por un virrey, lo mismo que en Nápoles.

2. Los distintos elementos de la monarquía no se sitúan en un plan de igualdad. Existe un desequilibrio a favor de Castilla debido a motivos históricos, económicos y políticos. Castilla es más extensa en superficie, más poblada; su economía es más fuerte que la de los demás territorios peninsulares, lo cual es la consecuencia del colapso que sufrió Cataluña en el siglo XV y del que tardará dos siglos en reponerse. Por otra parte, ya se ha visto que la integración de Castilla es más avanzada que la de la corona de Aragón; además, después de la derrota de los comuneros, Castilla casi no ofrece resistencia a los soberanos, tratándose sobre todo de problemas tributarios. Por todos estos motivos, el soberano prefiere apoyarse en Castilla, de donde saca los recursos financieros y humanos que exige la política exterior; los demás territorios casi no contribuyen a los gastos comunes.

Elliott ha escrito que los Austrias eran reyes absolutos en Castilla y solo monarcas constitucionales en la corona de Aragón. Convendría matizar la afirmación, pero es evidente que las Cortes de Castilla son mucho más dóciles, mientras las de Cataluña, Aragón y Valencia, compuestas por representantes de los tres brazos —nobleza, clero, ciudadanos— votan unos servicios reducidos, después de largas discusiones y protestas contra los abusos de los funcionarios reales (contrafueros), que hay que satisfacer a los agraviados por medio de compensaciones en dinero. Restados los resarcimientos de los agraviados y el gasto del viaje, poco era lo que le quedaba al rey del servicio otorgado, explicaba en 1573 el embajador veneciano Donato. Así se comprende la tendencia creciente a no reunir con mucha regularidad las Cortes de la corona de Aragón: mientras Carlos V convocó seis sesiones de Cortes generales en Monzón (1528, 1533, 1537, 1542, 1547 y 1552, más las Cortes particulares de Cataluña, en 1519), Felipe II solo lo hizo dos veces, en 1563-1564 y en 1585.

Hay que añadir que, entre las sesiones de Cortes, el monarca —o su representante, el virrey— tenía que contar con instituciones propias de la corona de Aragón, que constituían otros tantos organismos encargados de velar por los fueros: la Real Audiencia que funcionaba junto al virrey de Aragón y que era el supremo organismo judicial del reino; el Justicia, también en Aragón, cuyo cometido era hacer respetar las formas legales de enjuiciamiento para evitar cualquier abuso (por el proceso de manifestación, por ejemplo, el Justicia podía amparar a un reo que se creyera víctima de un tratamiento ilícito, custodiándolo en una cárcel especial).

En Cataluña, el virrey, secundado por dos gobernadores (el uno para los condados de Rosellón y Cerdeña, con sede en Perpiñán, y el otro para el Principado), tenía que contar con la Diputación, delegación permanente de las Cortes, formada por representantes de los tres brazos (seis diputados, dos por cada brazo), que velaba por los intereses de la Generalidad, es decir de la comunidad, en el período entre dos sesiones. Lo mismo que en Aragón, existía una Audiencia catalana, con doble competencia: tribunal de justicia y asesoramiento del virrey en cuestiones políticas y administrativas.

Aquellas instituciones, y más que ellas su aplicación práctica, mermaban fuertemente el poder real, estrictamente limitado por las Constituciones catalanas, por ejemplo: era preciso el consentimiento de las Cortes para crear algún cargo nuevo; todos los cargos tenían que ser ocupados por catalanes, con la sola excepción de la dignidad virreinal, que podía ser dada (y de hecho lo fue muchas veces) a un grande castellano. Las Constituciones ataban al virrey, lo cual explica que Cataluña se gobernara prácticamente en régimen de autonomía local.

Las trabas que los fueros oponían al pleno ejercicio de la regia voluntad se manifestaron en varias ocasiones, sobre todo en relación con el fenómeno del bandolerismo en Cataluña y Valencia, y con motivo de lo que se ha llamado las alteraciones de Aragón.

El bandolerismo fue una plaga que afectó profundamente a las comarcas orientales de la Península y tuvo aspectos muy diversos. Hubo un bandolerismo aristocrático, que se manifestaba por medio de ajustes de cuentas entre grupos rivales y utilizaba milicias de moriscos; existió también un bandolerismo popular, nacido de la presión demográfica y de la miseria; por fin, un bandolerismo morisco, al que hay que añadir la inseguridad provocada en las costas por los corsarios berberiscos. La represión se hallaba muchas veces dificultada por el juridismo y el legalismo, lo cual no impidió, por ejemplo, que el virrey de Valencia, Aytona (1581-1594), procediese con mano dura sin preocuparse demasiado por los fueros, a pesar de todas las protestas [82, 171].

En el caso de las alteraciones de Aragón, también la voluntad regia chocó con la defensa legalista de los fueros. El problema está íntimamente relacionado con la traición de Antonio Pérez, secretario de Estado desde 1567, implicado en el asesinato, ocurrido en 1578, de Juan de Escobedo, secretario de don Juan de Austria, que a la sazón era gobernador de los Países Bajos. Después de largas investigaciones se llegó a la conclusión de que Antonio Pérez había hecho uso de secretos de Estado y traicionado la confianza del rey. Él y su cómplice, doña Ana de Mendoza, princesa de Éboli, viuda del antiguo confidente del monarca Rui Gómez da Silva, fueron detenidos. Pérez logró huir a Zaragoza y, como era natural de Aragón, exigió que se le dieran las garantías forales (derecho de manifestación). Las autoridades aragonesas accedieron a la petición, lo cual irritó profundamente a Felipe II, que veía así escapársele un reo de lesa majestad. Precisamente por aquellas fechas existía cierta tensión entre los aragoneses y el rey; este pensaba incorporar a la corona el condado fronterizo de Ribagorza para evitar cualquier infiltración extranjera por aquella parte. Los aragoneses discutían mucho también para sacar en claro si los virreyes nombrados por el soberano podían ser «extranjeros», es decir castellanos, o tenían que ser aragoneses. Los ánimos estaban, pues, preparados para resistir cualquier tentativa que se considerara como contraria a los fueros.

Antonio Pérez se aprovechó grandemente de aquellas circunstancias. Felipe II creyó hallar la solución acusándole de herejía; de esta forma, Pérez caía bajo la jurisdicción de la Inquisición y podía ser trasladado a Castilla. Mientras se llevaba a Pérez a la cárcel de la Inquisición estalló un tumulto popular que permitió a Pérez escapar y refugiarse en Francia (septiembre de 1591).

El desacato a la autoridad real era grande. Para castigarlo, Felipe II concentró un ejército cuyo mando confió a don Alonso de Vargas. El Justicia, don Juan de Lanuza, protestó contra la entrada inminente de tropas «extranjeras» en Aragón. Felipe II no le hizo caso; los soldados de don Alonso de Vargas entraron en Zaragoza sin encontrar resistencia (noviembre de 1591). Unos días después, Lanuza y otros implicados en la tentativa de rebelión fueron ejecutados. Felipe II aprovechó la coyuntura para modificar ciertos aspectos de la administración foral, rectificaciones que fueron aprobadas por las Cortes de Tarazona, en junio de 1592.

3. Las alteraciones de Aragón ponen de relieve los límites del poder real fuera del territorio castellano, así como los sentimientos de los aragoneses, que consideraban a los castellanos como extranjeros. El poderío de Carlos V y, mucho más, el de Felipe II es impresionante y, sin embargo, llama la atención la falta de coherencia de aquel cuerpo inmenso, formado por varias naciones que no tienen la impresión de pertenecer a una misma comunidad. El lazo lo constituye el monarca, asesorado por los Consejos territoriales: Consejo Real o Consejo de Castilla, Consejo de Indias, Consejo de Aragón, Consejo de Italia (separado del anterior en 1555), Consejo de Flandes, Consejo de Portugal... Existen organismos comunes: el Consejo de Guerra, el Consejo de Estado, pero que están vueltos más bien hacia los asuntos diplomáticos y militares. La gran política, la política exterior, es cosa exclusiva del soberano; a los pueblos solo se les exige que contribuyan con los impuestos. Carlos V trató de interesar a las Cortes castellanas, por lo menos en dos ocasiones (1520 y 1527), en su política exterior; los procuradores no se dejaron convencer, y desde entonces parece que nunca más se les volvió a consultar hasta que, a fines de la centuria, las Cortes de Madrid acabaron inquietándose por las enormes cargas tributarias que suponía la guerra de Flandes. A los otros reinos nunca se trató de interesarlos en los problemas comunes de la monarquía; es más: se tomó la costumbre de pedirles poco dinero para las tareas comunes. Así se acentuó la tendencia, ya iniciada desde la época de los Reyes Católicos, a gobernar desde Castilla. Castellanos eran los tributos, la mayoría de los altos funcionarios, de los ministros e incluso de los virreyes. Castellano acabó siendo el mismo monarca, sobre todo a partir del momento en que la capital de aquel inmenso imperio se fijó definitivamente en Madrid. De Madrid, o de El Escorial, la residencia-monasterio que Felipe II mandó edificar entre 1563 y 1584, salían las órdenes para las varias partes, dispersas en el mundo, del cuerpo político cuya cabeza visible era el rey católico. Castilla se convirtió así en el centro de la confederación y tendió a aparecer como la componente esencial y el modelo, porque menos trabas suponía para el gobierno. Se hubiera podido llegar a una integración más completa. No se hizo. Cuando en el siglo XVII lo intentó el Conde-duque, ya era tarde. En el siglo XVI, en cambio, no parece que Madrid intentara castellanizar los demás territorios; por lo menos en lo que se refiere a Cataluña, Elliott opina que «el

poder de la corona en el Principado fue disminuyendo a lo largo del siglo XVI» [61, 95].

Al referirse a la monarquía de los Austrias, algunas veces se habla de un Estado multinacional; no sé si la expresión es muy exacta. Por cierto, la nación española no existe; pero ¿existe un Estado fuerte? Un Estado castellano, sí, y al lado de este, varios Estados: aragonés, valenciano, catalán, portugués..., con pocos contactos unos con otros. Este fue posiblemente el defecto mayor de la España de los Austrias: daba la impresión de un conjunto territorial gigantesco y, sin embargo, le faltó siempre la cohesión que otras naciones, más reducidas pero más unidas, ofrecían frente al extranjero.

6. LA DEMOCRACIA FRAILUNA

El siglo XVI ve realizarse progresivamente la unidad de fe que los Reyes Católicos habían decidido implantar en España. Limpieza de sangre dirigida contra los descendientes de judíos y moros; represión de las tendencias iluministas o erasmistas; destrucción violenta de los focos protestantes. En todas aquellas circunstancias, la ortodoxia católica se impone con mano dura; recibe el apoyo del Estado, que ha creado con la Inquisición un instrumento terriblemente eficaz. La intolerancia no caracteriza tan solo a España en el siglo XVI; es justo reconocerlo. Pero también conviene señalar que solo en España se llevó a cabo una intolerancia organizada, burocratizada, con un aparato administrativo y una serie de sucursales en las distintas provincias que le conferían una fuerza extraordinaria, al servicio no tanto del catolicismo como de una concepción muy rígida de la ortodoxia que rayaba en el fanatismo.

Ahora bien, sería un error considerar que la Inquisición solo fue un aparato represivo del que usó un grupo minoritario para imponer el catolicismo al pueblo español. La realidad es muy distinta: la Inquisición se ensañó contra grupos minoritarios y buscó el apoyo de la masa para aquella operación, que tenía mucho de demagógico. Se incitó a los fieles a denunciar todo lo que les pareciera manifestar cierto inconformismo: actitudes, creencias, opiniones..., y los fieles no dudaron en hacerlo, colaborando de esta forma a la eliminación de los núcleos originales, fueran o no verdaderamente heterodoxos, llegando a paralizar las iniciativas, la búsqueda de modos nuevos de sentir, pensar o vivir. Fue por parte de las autoridades oficiales del Estado una política deliberada que tendió a propugnar un catolicismo de masas y que, conforme se avanza en el siglo, se hizo más y más cerrada a las innovaciones y a las inquietudes religiosas. Esta tendencia produjo una élite de santos y místicos, pero también favoreció la difusión de una devoción rutinaria en el pueblo cristiano. Así se llegó a cierto nivelamiento religioso, a un igualitarismo riguroso vigilado por un clero más preocupado por la unanimidad en la fe que por la intensidad de la misma, a la democracia frailuna de que hablaba Unamuno.

6.1. Conversos, moriscos y brujas

Contra los descendientes de judíos principalmente, se utilizó el arma poderosa de la limpieza de sangre. Para ingresar en las Órdenes religiosas y militares, en los cabildos catedralicios, en ciertos colegios mayores y ciertas profesiones se exigía una información de limpieza, es decir, la prueba de que no se era hijo o nieto de quemado o reconciliado por la Inquisición. Luego, las discriminaciones se hicieron mucho más duras: cualquier ascendente judío, fuese o no reconciliado, bastaba para infamar a alguien e incapacitarlo para ciertas dignidades u oficios. Los primeros estatutos de limpieza de sangre aparecieron en el siglo XV: en el regimiento de Toledo (1449), en Vizcaya y Guipúzcoa, en el Colegio Mayor de San Bartolomé de Salamanca, imitado luego por el de Santa Cruz de Valladolid (1488), en la Orden de Alcántara (1483), en la de los Jerónimos (1486)...

En el siglo XVI, los estatutos se generalizaron. La Orden de Santiago tuvo el suyo desde 1527, lo mismo que los cabildos catedralicios de Badajoz (1511), Sevilla (1515), Córdoba (1530)... El que fue impuesto en 1547 a la catedral de Toledo por el cardenal Silíceo suscitó una sonada controversia. La Compañía de Jesús se negó durante muchos años a toda discriminación basada en la limpieza de sangre, pero acabó por seguir la corriente en 1593. Llegó a crearse una verdadera psicosis en torno a los problemas planteados por la limpieza de sangre, como lo muestra el famoso *Tizón de la nobleza*, atribuido al cardenal don Francisco de Mendoza y Bobadilla, resentido porque se había negado con tal motivo un hábito a su sobrino, hijo del conde de Chinchón; el *Tizón* revelaba las genealogías de muchas familias nobles en las que no faltaban ascendientes judíos o conversos.

Las discriminaciones contra los conversos, así como la vigilancia de los inquisidores, encontraban su justificación oficial en la opinión según la cual muchas conversiones no habían sido sinceras ni totales; había, pues, que castigar a los herejes —y este era el caso de aquellos judíos que, después de su conversión, volvían a judaizar— y evitar toda contaminación de la fe católica. La existencia de un criptojudaísmo en la Península a lo largo de los siglos XVI y XVII, no se puede negar; investigaciones como las de Revah, Caro Baroja, Angela Selke, no dejan lugar a dudas. Tenemos varios ejemplos de individuos o familias que llevaron vida de católicos aparentemente sinceros mientras estuvieron en España, y que se volvieron judíos en cuanto traspasaron las fronteras y pudieron hacerlo sin temor a la persecución.[13] En el clima de intolerancia de la época, tales hechos debían de alimentar poderosamente la intransigencia de los medios oficiales. Aun sin hablar del criptojudaísmo verdadero, había que contar con el semitismo difuso que la presencia de los conversos mantenía en ciertos sectores universitarios o religiosos.

La limpieza de sangre ha suscitado, sobre todo en nuestros días, una abundante literatura, muchas veces polémica. Lo cierto es que este es un caso clarísimo del acuerdo profundo que existió en la sociedad del siglo XVI entre la mentalidad inquisitorial y el sentir popular. No es fácil enjuiciar correctamente el problema. Espontáneamente, nuestra simpatía va a los perseguidos, a los vencidos, en este caso a los conversos. Pero, para los españoles del siglo XVI, los conversos representaban una categoría odiada por su poder económico, su influencia social, su orgullo. No faltan testimonios de este último punto, desde la frase conocida de Andrés Bernáldez, citada por Américo Castro, que ve en ella un indicio de que el prejuicio de limpieza de sangre pudo ser de origen judío,[14] hasta el comentario de los cristianos viejos de Mallorca al referirse a los conversos de la isla a fines del XVII: «Se tienen por mejores» [192]. Por cierto, fue una reacción de orgullo, inspirada por el espíritu de casta, la que tuvo el deán del cabildo toledano, en 1547, cuando Silíceo quiso imponer su estatuto: «Quedaría excluida mucha parte de la nobleza, mientras que a la gente de baja condición se les abrían las puertas a las mejores prebendas eclesiásticas de España» [51, 47]. En los siglos XV y XVI se produjo una reacción de rechazo contra los conversos por parte de la masa cristiana vieja, que les juzgaba como excesivamente soberbios y dominadores.[15] Fue una reacción que encontró mucha pujanza entre los plebeyos. Baste recordar los ataques que se lanzaron contra el cardenal Silíceo, inspirador del estatuto de Toledo; contra aquel hijo de campesinos humildes se levantaron los linajudos capitulares, orgullosos de su ascendencia, noble o judía, y los canónigos don Pedro y don Álvaro de Mendoza, hijos del duque del Infantado, no fueron los últimos en protestar, junto con los demás privilegiados de la sangre, del dinero y de la cultura [51, 50].

La limpieza de sangre, prejuicio muy enraizado en la sociedad de la época, vino a transformarse poco a poco en una especie particular de nobleza, la de los plebeyos cristianos viejos. J. I. Gutiérrez Nieto ha mostrado cómo evolucionó, andando el tiempo, hasta convertirse, de hecho, en un instrumento anti-hidalguista, después de haber sido en sus orígenes, según el mismo autor, una máquina montada por la nobleza urbana para desprestigiar a la burguesía y las actividades burguesas, presentadas, además de viles, como propias de judíos [93].

La limpieza de sangre también se aplicaba a los descendientes de los moros —los moriscos, como se les llamó—, pero aquella minoría presentó caracteres bastante diferentes de la otra, la de los conversos. Mientras estos últimos son comerciantes, banqueros, médicos, clérigos, es decir, elementos de una burguesía incipiente, los primeros, trátese de antiguos mudéjares de Castilla y Aragón o de descendientes de moros de Valencia y Granada, forman las más de las veces un proletariado rural. Los conversos procuran fundirse en la sociedad cristiana, y eso es precisamente lo que se les reprocha, cuando los moriscos se niegan a toda asimilación, conservando sus vestidos tradicionales, sus costumbres alimenticias, a veces incluso el uso de la lengua arábiga.

Desde el punto de vista religioso, notamos también diferencias importantes. Los moriscos siguen fieles al Islam después de su conversión forzosa, pero no parecen representar un peligro serio de contaminación para la fe católica, dado su aislamiento en la sociedad y su condición más bien humilde y miserable. En cambio, los conversos proceden de la burguesía urbana y tienen un nivel cultural bastante elevado; leen, escriben, viajan, se interesan por las discusiones intelectuales o religiosas y, aun cuando son sinceramente convertidos, llevan a su catolicismo unos matices semíticos que preocupan a los inquisidores. De ahí que el Santo Oficio se haya mostrado mucho menos severo, en conjunto, para los moriscos que para los conversos.

Los conversos, víctimas de una discriminación odiosa, solo encontraron apoyo en una élite intelectual indignada; en cambio, los moriscos estuvieron mucho tiempo protegidos por la aristocracia, actitud que poco tiene que ver con la filantropía y sí mucho con intereses materiales concretos: el morisco, trabajador serio, competente, sobrio, satisfecho con un pobre jornal, era para los señores una mano de obra imprescindible, explotada pero sufrida. De ahí que el odio al morisco fuese más arraigado entre la masa de los cristianos viejos y los clérigos y funcionarios que entre los señores.

A principios del xvi, los musulmanes están presentes, en proporciones variables, en toda España: son los mudéjares dispersos en la corona de Castilla o en Cataluña desde tiempos remotos; grupos mucho más nutridos existen en los señoríos de Aragón y Valencia, y sobre todo, en el reino de Granada, cuya conquista es muy reciente.

Los granadinos son los primeros en sufrir las consecuencias del viraje político de la corona con respecto a las minorías religiosas. Las capitulaciones de 1492 les habían garantizado la libertad del culto musulmán, la posesión de las mezquitas, sus costumbres propias. El primer arzobispo de Granada, fray Hernando de Talavera, esperaba llevarlos poco a poco a la fe cristiana, usando de métodos misioneros, apostólicos, pacíficos. Los resultados parecieron muy lentos a Cisneros, quien visitó Granada en 1499 y procedió de una manera más enérgica. Los musulmanes tuvieron la impresión de que no se respetaban los acuerdos de 1492. El Albaicín, barrio moro de Granada, se sublevó; luego, la Sierra Bermeja. Los reyes enviaron tropas, castigaron duramente a los rebeldes y obligaron a todos los musulmanes a convertirse o a salir del reino (1502). Naturalmente, se convirtieron, pero siguieron siendo moros, planteando así un problema que tardó más de un siglo en recibir una solución, dramática por lo demás.

En Valencia fueron los agermanados los que bautizaron por fuerza a muchos moros que luchaban contra ellos, bajo las órdenes de los señores. Una junta oficial debatió, en 1525, si tales conversiones forzadas eran válidas o no. Se llegó a la conclusión de que sí, y la medida se hizo extensiva a todos los musulmanes de la corona de Aragón.

Desde entonces, el Islam queda aniquilado en España. Ya no hay más que católicos, neófitos a los que se procura instruir en la fe y a los que se dan plazos para que puedan asimilarla debidamente. El último de dichos plazos expira en 1566 para los moriscos de Granada, los más numerosos, los más reacios también. Sometidos a toda clase de vejaciones por los señores, los clérigos, los funcionarios y la masa de los plebeyos cristianos viejos, los moriscos granadinos se sublevan a fines de 1568. Es una rebelión esencialmente rural, que tiene por escenario las montañas y los campos; guerra atroz, por los dos lados, que da muchas inquietudes al gobierno central. Don Juan de Austria es el encargado de terminar con ella y, después de la victoria, de expulsar a los moriscos de la región para repartirlos por toda Castilla, a fin de facilitar la asimilación. 80 000 personas salen en estas condiciones del reino de Granada.

Pero, así y todo, los moriscos siguen formando una masa inasimilada que puede presentar un peligro para el Estado por las complicidades que se suponen con los turcos y los corsarios berberiscos, y con los protestantes franceses también. Se tiene miedo al morisco en Castilla y Aragón, donde parece llevar una vida pacífica y laboriosa, y asimismo en Valencia, donde el peligro es más urgente por el fenómeno inquietante y endémico del bandolerismo. Dos motivos tienen, pues, las autoridades para alarmarse ante el problema morisco: un motivo político para el Consejo de Estado; un motivo religioso para los eclesiásticos, ya que, como lo afirman todos los testimonios, los moriscos siguen tan moros como antes de su conversión. Felipe II dudó a la hora de tomar una determinación drástica. La solución definitiva fue impuesta por su sucesor, Felipe III, aconsejado por el valido duque de Lerma. Entre 1609 y 1614 se llevó a cabo sin miramientos y con singular eficacia la expulsión de los moriscos de España, a pesar de las consecuencias funestas que su marcha podía tener para la economía nacional, sobre todo en Aragón y Valencia. Unos 300 000 moriscos salieron así del territorio nacional a principios del siglo XVII. Tanto o más que religioso, el problema en este caso era cultural: España no pudo o no supo asimilar a los descendientes de los moros; tardó más de un siglo en consumarse aquel fracaso.

Si la Inquisición española actuó con severidad contra todas las posibles desviaciones heterodoxas —judaizantes, alumbrados, erasmistas, luteranos y protestantes de toda clase—, en cambio parece que se mostró mucho más circunspecta en el terreno de la brujería, contrastando su actitud con la terrible represión que se llevó a cabo en los demás países de Europa. La brujería tenía largo arraigo, sobre todo en el campo, desde los tiempos más remotos. Ello se debía a la supervivencia de cultos y ritos paganos, a la ignorancia y a la miseria física y moral de unas poblaciones abandonadas casi por completo a sí mismas: los médicos estaban en los centros urbanos y a ellos solo acudían los ricos y poderosos; los curas rurales, en la inmensa mayoría de los casos, eran casi tan ignorantes como los fieles y hasta el concilio de Trento no se preocuparon mucho por la instrucción religiosa de las almas a ellos encomendadas. Añádase la creencia, hija de las circunstancias y del poco rigor científico de la época, en las fuerzas ocultas que existían en la naturaleza y los astros. Todo ello contribuía a crear un ambiente en el que todo parecía posible, por inverosímil que fuera a primera vista. Se buscaban explicaciones ocultas y misteriosas a las desgracias individuales o colectivas que tanto abundaban entonces: enfermedades, muertes repentinas, calamidades, epidemias y epizootias, etc. Todo esto se achacaba fácilmente a influencias maléficas, al poder que los demonios conferían a las personas que habían pactado con él. No hay que extrañar, pues, la extensión de las supersticiones en unas gentes que no siempre, aun las más cultas, eran capaces de formarse un concepto claro de lo verdadero, de lo verosímil, de lo experimental.

Para España, Julio Caro Baroja es el que ha prestado más atención al tema, estableciendo una distinción entre la hechicería, que presenta caracteres más bien individuales y se desenvuelve en los medios urbanos (la hechicera es especializada en relaciones amorosas; sabe de perfumes, de filtros, de remedios para conciliarse las voluntades o para provocar abortos; es alcahueta...; piénsese en el tipo literario de la Celestina) y la brujería, que tiene un aspecto colectivo y preferentemente rural (aquelarre, culto a los demonios, etc.; piénsese en la novela de Cervantes *El Coloquio de los perros*).

En los siglos XVI y XVII no hubo más brujos (mejor dicho: brujas[16]) que en las épocas anteriores. Lo que pasó es que la represión fue mucho más violenta y que las autoridades civiles y eclesiásticas reaccionaron entonces con un fanatismo y una brutalidad inauditas. A ello contribuyó tal vez el Renacimiento, que, en muchos casos, estableció una ruptura entre la gente culta y las masas analfabetizadas; los humanistas se interesaron por ciertos aspectos de la cultura popular (los refranes, los romances...), pero al mismo tiempo profesaron una aversión profunda hacia el «vulgo necio», sus costumbres bárbaras, sus supersticiones... También conviene notar las circunstancias de la época: las guerras continuas, las crisis provocadas por el alza de precios, el hambre, todo ello causaba terror y angustia. Se tenía miedo a todo y a todos. Fue una especie de terror colectivo que se apoderó de la gente y que llevó a extremos insospechados. Por fin, las Iglesias, tanto las reformadas como la católica, emprendieron entonces, sobre todo a partir de finales del siglo XVI, una campaña intensiva de cristianización de los medios rurales y procuraron desarraigar los restos de paganismo que encontraban por doquier. Así se puede explicar la terrible represión que en toda Europa llevó a la hoguera a miles de brujos y, sobre todo, brujas, hasta finales del XVII. En toda Europa, menos en España. Todos los historiadores que han tratado el tema (Lea, Caro Baroja, Trevor Roper) coinciden: España tuvo sus brujas, como toda Europa, pero fueron mucho menos perseguidas y menos castigadas. Ello se debió, no cabe duda, a la actitud de la Inquisición que, si en otros casos mostró intolerancia y rigor, en este actuó con singular prudencia y escepticismo.

En la Edad Media, la Iglesia vaciló mucho ante el problema de la brujería: hubo autores que creían a pies juntillas en la influencia y los poderes del demonio (santo Tomás era uno de ellos); otros, en cambio, eran de distinto parecer: el canon *Episcopi*, recogido en el Decreto de Graciano, rechazaba el aquelarre y otros fenómenos como sueños e imaginaciones de mujeres ignorantes. Todo cambió a fines del siglo XV. La bula *Summi desiderantes affectibus* del papa Inocencio VIII (1484) daba por auténticos los fenómenos de brujería y los asimilaba a comportamientos heréticos. En 1486, dos inquisidores alemanes, Institor y Sprenger, publicaban el *Malleus maleficarum*, libro en el que se describen minuciosamente las prácticas de las brujas y que iba a convertirse en el manual de todo buen inquisidor en aquella materia.

Ahora bien, si la brujería implicaba delito de herejía, en España le correspondía a la Inquisición conocer de estos casos. Vemos, pues, la Suprema escribir una carta al Consejo Real de Navarra, en 1530, para exigir que los procesos de brujería fuesen examinados, no por la jurisdicción civil, sino por los inquisidores.[17] Desde entonces, la Inquisición se mantiene firme en esta postura. Así pues, mientras en toda Europa los supuestos delitos de brujería son instruidos por juristas, magistrados, hombres de leyes que parecen estar tan convencidos como los acusados de la realidad de los hechos, en España los mismos asuntos son encomendados a unos inquisidores que, desde el principio, confiesan su perplejidad y su escepticismo. «Materia de brujas es muy delicada y se ha de ir en ella con mucho tiento», escribe la Suprema en 1530 a todos los tribunales de España.[18] La Inquisición aconseja averiguar cuidadosamente los crímenes supuestos antes de proceder a cualquier detención: «Si alguna [bruja] confiesa que se halló en la muerte de algunos niños y en destruir campos y heredades, hase de averiguar si los tales niños murieron en aquella sazón y de qué enfermedad, y también si hubo daño en los campos y heredades que dizen que dañaron.»[19] En otra carta importante, de 27 de noviembre de 1538, se les recomienda a los inquisidores «hablar con las personas principales y más entendidas y declararles que el perderse los panes y otros daños que vienen en los frutos los envía Dios por nuestros pecados o por disposición del tiempo, como acontece en otras partes, que no hay sospecha de brujas» [32].

La confesión, por sí sola, no bastaba, según la Suprema, ya que el tormento (o el miedo al tormento) y las preguntas orientadas podían llevar a declarar lo que nunca había pasado. En asuntos de brujería, la Suprema daba por fin a sus agentes la siguiente consigna: «Quanto a los negocios de las brujas, despáchense con toda brevedad conforme a las instrucciones que allá tenéis, teniendo consideración a la dificultad que tiene esta materia, inclinados por la causa siempre más a misericordia que a rigor».[20] Como ha demostrado Caro Baroja, la inmensa mayoría de los inquisidores españoles no creían en las manifestaciones que la credulidad pública achacaba a las brujas.[21] Así se explica la relativa moderación con que la represión se llevó a cabo en España, sobre todo si se la compara con lo que pasaba en el mismo momento en otros países.

6.2. ALUMBRADOS, ERASMISTAS Y LUTERANOS

España no quedó al margen del movimiento europeo de renovación e inquietud religiosa que caracterizó el siglo XVI, pero las tendencias reformadoras presentaron en la Península aspectos peculiares y, en cuanto se perfilaron ideas más o menos tachadas de heterodoxas, la Inquisición actuó como una poderosa fuerza de represión, encontrando así otro terreno de acción. Al Santo Oficio, que había sido expresamente creado para luchar contra la herejía de los judaizantes, fue encomendada la tarea de vigilar los focos heterodoxos de cualquier tipo que se manifestasen. Iluminismo, erasmismo y luteranismo fueron las principales tendencias con que la Inquisición tuvo que enfrentarse, sobre todo en la primera parte de la centuria.

Las primeras denuncias contra los alumbrados aparecen en 1519, pero solo en 1525 se publica por la Inquisición de Toledo el edicto destinado a ahogar el movimiento. El edicto recoge cuarenta y ocho proposiciones atribuidas a varias personas: Isabel de la Cruz, Pedro Ruiz de Alcaraz, María Cazalla, etc. Se trata, pues, de una tendencia, más que de una secta perfectamente organizada y doctrinalmente unida. El mismo edicto lo reconoce al hablar de conventículos y de formas diversas que tomó el movimiento. El iluminismo nace en la Castilla urbana, en los palacios de la aristocracia (el del Almirante de Castilla, en Medina de Rioseco, el de los duques del Infantado en Guadalajara...) y en los salones de la rica burguesía (por ejemplo, el del licenciado Bernaldino, en Valladolid). Muchos conversos figuran como alumbrados, tal vez atraídos por una forma de espiritualidad tan contraria a las prescripciones rigurosas del Levítico. Los alumbrados insisten más en la fe que en las obras, en la libertad del cristiano opuesta a todas las «ataduras» exteriores (ritos, ceremonias, cultos de los santos, imágenes, etc.), en el derecho de los fieles a leer libremente la Biblia sin atenerse a las interpretaciones oficiales de los doctores.

En todos estos aspectos, el iluminismo parece muy acorde con las preocupaciones religiosas de la época. Resulta más difícil caracterizarlo con respecto a las demás corrientes espirituales. Existen contactos con la espiritualidad franciscana, pero también oposiciones tajantes: el franciscanismo de la época (cuya expresión más típica es el *Tercer Abecedario* de Osuna) se muestra comprensivo hacia las visiones, éxtasis, revelaciones que los alumbrados rechazan totalmente. También hay puntos comunes con el erasmismo que empieza a difundirse por España, pero los alumbrados se apartan de Erasmo en la cuestión del libre albedrío. Por fin, tampoco se puede confundir el iluminismo con el luteranismo; este hace de Cristo un mediador, mientras los alumbrados rechazan toda idea de mediación entre Dios y el hombre.

Estamos, pues, ante un movimiento original que presenta tres aspectos: cristianismo interiorizado, negación de la voluntad, antiintelectualismo. El iluminismo es, efectivamente, un cristianismo interior, pero un cristianismo en el que Cristo ocupa un lugar secundario, un cristianismo sin sacramentos ni culto exterior ni ceremonias; todo se reduce a abandonarse a Dios; es la doctrina del dejamiento. Los alumbrados pretenden renunciar a toda voluntad propia y, por consiguiente, son incapaces de pecar. Por fin, ellos sitúan el amor de Dios por encima de la razón. No se llega a Dios por el entendimiento ni por la ciencia sino por el amor. El iluminismo es, pues, esencialmente una forma de misticismo que tuvo bastante resonancia en la España del siglo XVI. Se conocen por lo menos cuatro focos principales:

—el grupo de Castilla la Nueva, que la Inquisición de Toledo persiguió a partir de 1525;

—el grupo de Llerena, descubierto alrededor de 1570, que presenta caracteres mucho más turbios: arrobos seudomísticos, relaciones más que sospechosas entre beatas y clérigos... El auto de fe de 1579 acabó con aquel foco;

—los alumbrados de Córdoba, Jaén, Úbeda, Baeza, en los años 1590, presentan los mismos caracteres;

—los de Sevilla, bajo el reinado de Felipe IV (1623-1627), sin hablar de la doctrina del quietismo desarrollada en la segunda mitad del XVII por Miguel de Molinos, que tuvo cierta influencia en Francia y parece ser el último resplandor de una forma de espiritualidad que tanto arraigo tuvo en España.

Mucha más importancia tuvo en los medios intelectuales e ilustrados la influencia de Erasmo, cuyas obras principales —los *Coloquios*, el *Enquiridión*— se traducen al castellano en los años 1520-1530. Las ideas del humanista holandés gozan entonces de una protección casi oficial: el canciller Gattinara, el secretario Alfonso de Valdés, el mismo emperador, los arzobispos de Toledo y de Sevilla, este último siendo al mismo tiempo inquisidor general, se muestran partidarios entusiastas de sus libros, hasta tal punto que el erasmismo da entonces la impresión de estar a punto de transformarse en la doctrina oficial de España: llamamiento a una reforma de la Iglesia por iniciativa del emperador, cristianismo interior, reforma del clero, son los temas que se comentan más a menudo en ciertos medios intelectuales, sobre todo en la joven Universidad de Alcalá de Henares, en la que se cultiva con afán el humanismo.

Sin embargo, otros medios intelectuales manifiestan cierta inquietud ante ciertos aspectos del erasmismo y empiezan pronto a censurar lo que ellos consideran como ideas sospechosas desde el punto de vista de la ortodoxia católica. Una conferencia reúne en Valladolid, en 1527, a los superiores de las principales órdenes monásticas y teólogos a fin de examinar las obras de Erasmo; cuando los amigos del humanista vieron que no sería tan fácil como ellos lo habían creído conseguir una aprobación oficial, prefirieron suspender las sesiones antes de que se tomara cualquier determinación. Poco a poco, el cerco se iba apretando en torno a los discípulos españoles de Erasmo. Con motivo de la persecución contra los alumbrados, la Inquisición ya había logrado prender a unos cuantos. El proceso de Juan de Vergara, secretario del arzobispo de Toledo, significó un paso más en la campaña contra los erasmistas españoles, coincidiendo con el cambio de clima político en Europa y la muerte de los principales amigos que contaba Erasmo en las altas esferas gubernamentales (Gattinara, Valdés...). Desde entonces, a partir de 1535, el erasmismo ya no goza de la protección oficial de la corona; sigue interesando a los medios religiosos e intelectuales, pero se ve más y más sometido a la vigilancia y la censura de la Inquisición.

La facilidad con que se llevó a cabo en pocos años la dispersión del grupo de los erasmistas españoles, a pesar de las protecciones de que disponían, debe hacernos reflexionar sobre el verdadero arraigo que lograron las doctrinas de Erasmo en la Península. En realidad, solo una minoría selecta abrazó sus ideas; en conjunto, España rechazó el erasmismo [45, II, 556]. No se explicaría de otra forma su rápida eliminación, la cual no impidió, naturalmente, que dejara huellas en varios sectores de la espiritualidad y de la literatura.

Lo mismo puede decirse de los focos protestantes en la Península. Sevilla parece haber sido el más importante. Allí se había reunido un grupo de predicadores reclutados por el cabildo catedralicio, erasmizante lo mismo que el arzobispo Manrique: Juan Gil (el doctor Egidio),

Constantino Ponce de la Fuente y el doctor Francisco de Vargas eran los más destacados. Los tres habían estudiado en Alcalá. Juan Gil fue preso por la Inquisición en 1549; se le acusó de predicar en favor de un cristianismo interior, de proponer interpretaciones personales de la Biblia, y también de bromear sobre las prácticas piadosas del pueblo y las estructuras eclesiásticas. Todo ello no parece alarmar demasiado a los inquisidores, que solo condenan a Juan Gil, en 1552, a una penitencia ligera. Gil muere en 1555. El cabildo nombra en su lugar a Constantino Ponce de la Fuente. Poco después se descubren libros heréticos en Sevilla, al mismo tiempo que focos protestantes en Valladolid. Se vuelve a abrir el proceso de Gil y los inquisidores se dan cuenta de que este había estado en relación con los hermanos Cazalla, los protestantes que se acaba de detener en Valladolid. En Sevilla se llenan las cárceles de presos, pero los más comprometidos han huido al extranjero, en 1557; entre ellos, doce frailes jerónimos de San Isidro del Campo: Cipriano de Valera, Antonio del Corro, Casiodoro de Reina, etc. Casi todos serán quemados en efigie en el auto de fe de 1562, que marca el acta final de la represión sevillana.

Mientras tanto, la Inquisición ha liquidado los focos protestantes de Valladolid con los autos de fe de 1559. ¿Se trataba verdaderamente de luteranismo, en el sentido estricto de la palabra? La cosa no queda muy clara.[22] Lo cierto es que los procesos de Sevilla y Valladolid cambiaron profundamente el clima ideológico en España. Hasta aquellas fechas, la represión no había sido muy violenta; después, la Inquisición se muestra mucho más rigurosa, lo mismo que la actitud de las más altas autoridades, como lo revelan varios acontecimientos, todos ellos ocurridos en el mismo año de 1559: el Índice de libros que publica entonces el Inquisidor general Valdés, mucho más duro que el Índice de Roma; la prohibición a los españoles de ir a estudiar en universidades extranjeras, y también la detención del arzobispo de Toledo, Carranza.

Carranza ha sido, efectivamente, víctima de la profunda modificación que experimenta la política religiosa de España en los años 1557-1559; el *Catecismo* que acaba de publicar en Amberes cae en mal momento. La Inquisición lo pone en su Índice de libros prohibidos y encarcela al autor. El hecho mismo de poner al alcance de todos, en romance, discusiones teológicas parecía sospechoso. No es que Carranza se muestre favorable a los luteranos; ¿quién lo creería tratándose de un predicador tan famoso, de un teólogo que defendió la ortodoxia católica en Trento, en Flandes, en Inglaterra, donde hizo condenar a varios herejes, entre ellos Cranmer? No, Carranza no compone con la herejía, pero expone, explica, discute, en cuestiones tan vidriosas como la oración mental o vocal, la fe, las obras, la lectura de la Biblia... Eso es precisamente lo que sus censores no admiten. Ha pasado la época de la controversia; ahora se exige la lucha sin concesiones, sin matices, contra los enemigos de la fe: «El sistema se sobrepone a la doctrina, el orden a las conciencias [...]. Importa más la seguridad que la verdad, se destierra la manía de pensar y sobre todo de distinguir, de matizar, de perfilar. La verdad es algo monolítico que más necesita ser defendido que expuesto» [205, III, XLVIII]. Tiempos recios, en verdad, en que se hace difícil el libre ejercicio de la discusión: «No se trata realmente de una lucha entre la otodoxia y la herejía, sino entre dos modos de entender y vivir el catolicismo. Los hombres que censuran al arzobispo de Toledo y quienes pueden estar en su línea [...] hablan dos lenguajes, utilizan dos escalas de valores diversas [...]. Si ensalza la fe, se le replica que hacen falta las obras; si afirma que las obras son fruto necesario de la verdadera fe, se le recuerda que la fe puede subsistir sin caridad, y así hasta la saciedad. El diálogo en el gremio de la misma Iglesia se hacía imposible: eran dos modos de ver y hablar que, debiendo ser simplemente complementarios, fueron antagónicos» [205, III, LII, LIII]. Diecisiete años de encarcelamiento sufrió el arzobispo Carranza, en España y luego en Roma, antes de ser condenado a una pena ligera, porque varios pasajes del *Catecismo* estaban redactados con ciertas imprudencias de lenguaje...

La política rigurosa aplicada a partir de los años 1557 se atenúa un tanto con el nombramiento del cardenal Quiroga como Inquisidor general en 1573. La defensa de la fe católica en toda su pureza sigue preocupando a las autoridades, pero las amenazas concretas se han alejado. Ya no existe verdadero peligro protestante en España. La ortodoxia ha triunfado, pero sería un error considerar que la victoria se debió solamente a la intransigencia inquisitorial. Como señala Braudel, ni el erasmismo ni el protestantismo cuajaron en España; fueron injertos extranjeros que pudieron durante algún tiempo seducir a algunas élites pero que no lograron encontrar apoyo en la masa del pueblo [22, II, 270]. De un modo general, añade Braudel, la Reforma no cuajó en España; quedó reducida a círculos minoritarios y, en parte, la misma Iglesia supo realizar las enmiendas oportunas [22, II, 102].

6.3. LA REFORMA CATÓLICA

Desde un principio, Carlos V había puesto muchas esperanzas en un concilio que hubiera permitido evitar la ruptura de la Cristiandad europea y mantener la unidad del imperio, pero chocó con la mala voluntad de los pontífices romanos. Luego fueron las rivalidades con Francia las que impidieron la reunión del concilio. Cuando este inauguró por fin sus sesiones en Trento, en 1545, ya era tarde. Los protestantes se negaron a participar. En estas condiciones, el concilio perdió mucho de su interés, ya que las iglesias protestantes se estaban constituyendo al margen de la catolicidad y que los congregados en Trento solo representaban a los países que aceptaban la autoridad del Pontífice romano. El concilio tuvo, además, varias interrupciones. Se suspendió en 1549; se reanudó en 1551-1552 y, por fin, en 1562, antes de terminar su labor en 1564.

Dadas las circunstacias, la influencia de España y de sus teólogos fue muy importante. Laínez y Salmerón, miembros de la recién fundada Compañía de Jesús, y Domingo de Soto, dominico, fueron los más destacados participantes españoles. Como se ha dicho, el concilio se reunió demasiado tarde como para examinar los puntos de divergencia entre católicos y protestantes. El cisma era ya un hecho consumado. El concilio se limitó, pues, a fijar el dogma católico en sus aspectos fundamentales (la gracia, la fe, los sacramentos, la Misa, papel reservado a la Biblia y a la Tradición, culto de los santos, etc.) y a reformar los vicios más evidentes de la Iglesia, interviniendo en cuestiones disciplinarias: la jerarquía quedó encargada de una misión doctrinal y pastoral relevante; se recomendó que los obispos residiesen en sus diócesis, para mejor ejercer aquellas funciones; al mismo tiempo se adoptaron varias providencias encaminadas a elevar el nivel cultural y moral del bajo clero, atendiendo más cuidadosamente a su formación que, en cada diócesis, se daría en colegios especializados, los seminarios. Así preparados, los curas podrían dedicarse eficazmente a la instrucción religiosa de los fieles por medio de clases destinadas a los niños; los catecismos recogerían en forma abreviada los principales aspectos del dogma, tal como se había fijado en Trento.

Esta reforma, que por varios siglos iba a servir de referencia a la Iglesia católica, fue adoptada sin muchos reparos por España. Una real pragmática de Felipe II (1564) aceptó las conclusiones a que se había llegado y las declaró leyes de los reinos españoles. A decir verdad, las principales disposiciones no constituían para España una gran novedad. Desde principios de siglo, las tendencias reformadoras se habían manifestado con constancia, incluso antes del acto revolucionario de Lutero, y no habían cesado de progresar, a pesar de trabas de toda clase y de la suspicacia que la aparición de núcleos heterodoxos mantenían en torno a todos los intentos de renovación intelectual y espiritual. Tres aspectos merecen ser destacados de manera especial: la reforma de las órdenes religiosas iniciada bajo los auspicios del cardenal Cisneros; la creación de la Compañía de Jesús y la escuela mística española patrocinada por santa Teresa de Jesús.

Cisneros, arzobispo de Toledo, Inquisidor general y gobernador del reino en dos ocasiones, empezó por apoyar las tendencias reformadoras que existían en su propia orden, la de San Francisco, en la que los observantes, partidarios de una aplicación más severa de las reglas, se oponían a los conventuales, que se encontraban a gusto en medio de la relajación general. También bajo el patrocinio de Cisneros se prestó más atención a los problemas específicamente espirituales: oración, contemplación, etc. Las discusiones y las experiencias fueron muy variadas, y algunas de ellas lindaron con la ortodoxia. Piénsese, por ejemplo, en el caso de la famosa beata de Piedrahita, sor María de Santo Domingo, y en sus adeptos, que hacen presagiar lo que será, unos años después, el iluminismo. A Cisneros no parece que le asustaran tales manifestaciones y el «pululeo místico» de que habló Bataillon al caracterizar el ambiente religioso de la época.

Más trascendencia quizá tuvieron las iniciativas del cardenal para elevar el nivel cultural del clero. A semejante intención se debe la fundación de la Universidad de Alcalá de Henares, donde se enseñaba teología, pero no derecho canónico. Las nuevas tendencias humanísticas y críticas encontraron amplia acogida en Alcalá, a cuya diligencia se encargó la preparación de una nueva edición de los dos Testamentos, la Biblia políglota o complutense, a la que Cisneros dio todo su apoyo. La característica esencial de Alcalá fue la apertura a todas las corrientes intelectuales de la época. Cisneros quiso que ninguna escuela teológica gozara de un monopolio cualquiera en Alcalá; insistió para que los estudios teológicos se desarrollasen en un ambiente de libre discusión intelectual. Así es como en Alcalá se enseñaron a un mismo tiempo las «tres vías»: el escotismo, el nominalismo, lo mismo que el tomismo tradicional, con lo cual se procuraba evitar el estancamiento intelectual y la rutina.

A las iniciativas patrocinadas por Cisneros en la Orden franciscana y en Alcalá corresponden las que se llevaron a cabo entre los dominicos y en los centros universitarios de Salamanca y Valladolid. Allí también se daba la oposición entre conventuales y observantes, estos últimos muy tocados por la influencia de Savonarola, que había suscitado tantas polémicas en Italia a fines del siglo XV. Un papel fundamental fue reservado al maestro Francisco de Vitoria. Este había estudiado en París, donde se había enterado de la problemática moderna. A su regreso a España fue, primero, profesor durante unos años en el Colegio San Gregorio de Valladolid; luego pasó a Salamanca, donde sus clases fueron seguidas con entusiasmo por los estudiantes, muchos de los cuales dejarán una obra importante (Domingo de Soto, Melchor Cano, etc.). Vitoria supo llevar a cabo una renovación inteligente del tomismo que le capacitó para enfrentar los problemas más modernos planteados en la época (conquista y colonización de América, relaciones entre el poder civil y el poder eclesiástico, etc.). Bajo la dirección de Vitoria, la escolástica logró así en España asimilarse las mejores aportaciones del humanismo sin renunciar a ser ella misma [157].

En 1540, el papa Paulo III confirmó los estatutos de la Compañía de Jesús que Ignacio de Loyola acababa de fundar y a la que se asignaba una neta finalidad apostólica. La nueva orden religiosa se concebía como una milicia al servicio de la Iglesia y de la fe. A los que querían ingresar en ella se les exigía una fuerte preparación intelectual y espiritual, basada en los *Ejercicios espirituales* redactados por el fundador. Los jesuitas pronunciaban los tres votos clásicos (pobreza, castidad y obediencia), más uno especial: el de obediencia al Pontífice romano. Era una orden moderna, concebida para las necesidades del mundo moderno. Por ello, sus miembros no vestían hábito especial ni rezaban las horas canónicas, todo lo cual no dejó de crear dificultades en los principios. En torno a 1550, por ejemplo, sabemos que el convento jesuita de Córdoba no gozaba de buena fama entre los caballeros y las clases altas: se decía que no admitía sino a judíos. Es verdad que la Compañía de Jesús mostró mucha repugnancia en someterse a los prejuicios de limpieza de sangre, pero acabó siguiendo la corriente.

La Compañía se extendió rápidamente por España, Portugal, Italia, Alemania y las Indias. A todas partes llevaban los jesuitas su espíritu militante, obrando por la propagación de la fe en el Nuevo Mundo y por la recuperación católica en Europa. De sus Universidades (la primera fue la de Gandía, fundada por el duque del mismo nombre, san Francisco de Borja) salieron teólogos y filósofos como Luis de Molina, y sobre todo, Francisco Suárez. En los colegios llevaron a cabo los jesuitas una renovación pedagógica esencial, que se inició en el siglo XVI pero que tuvo gran influjo en los siglos ulteriores.

Otras órdenes religiosas fueron profundamente renovadas, entre ellas la del Carmen, cuya reforma fue iniciada por santa Teresa de Jesús en 1562 para restablecer la regla en su antiguo rigor. Pero tanta o más importancia tuvo santa Teresa como escritora espiritual. En ella y en san Juan de la Cruz vinieron a concentrarse las corrientes místicas que tanto atractivo ejercieron sobre los españoles del siglo XVI, depuradas de sus aspectos sospechosos y tendencias heterodoxas. Se pretende a veces que entre la mística ortodoxa y la heterodoxa las diferencias son mínimas. No es exacto. Si observamos lo que fue el iluminismo y lo que enseñaron santa Teresa y san Juan de la Cruz, reparamos en diferencias fundamentales: 1) para los alumbrados, el mundo exterior cuenta poco; lo que vale es la contemplación, no la acción. No así para los místicos ortodoxos, que nunca separan contemplación y acción (basta pensar en los numerosos viajes de santa Teresa por tierras de España para implantar su reforma, las dificultades materiales que tuvo que vencer, etc.); 2) los alumbrados desconfían de los doctores; ellos pretenden ser solo espirituales. Santa Teresa y san Juan de la Cruz unieron, al contrario y muy íntimamente, la espiritualidad y la reflexión; fueron intelectuales al mismo tiempo que espirituales; 3) en fin, los alumbrados consideran que la vía mística abre paso a unas verdades superiores a las que no puede llegar el vulgo. En cambio, para la mística ortodoxa la verdad es la misma para el santo y para el fiel ordinario; en los arrobos y éxtasis el santo llega a una visión directa de Dios que la mayoría de los fieles solo alcanzarán en la gloria, pero en ambos casos Dios es el mismo; la perfección no es algo reservado a una élite de iniciados, sino que es asequible a todos con la ayuda de la gracia. Ahora bien, entre unas y otras posiciones, las matizaciones son a veces muy sutiles; esto explica la desconfianza con que los inquisidores miraron toda clase de misticismo, lo que acarreó a santa Teresa, y a otros, muchos sinsabores cuando no persecuciones.

NOTAS DEL CAPÍTULO II

1. «En verdad nuestro mercenario es, e por esta causa asaz sus súbditos le dan parte de sus frutos e ganancias suias e le syrven con sus personas todas las veces que son llamados; pues mire vuestra alteza sy es obligado por contrato callado a los tener e guardar justicia» [42 bis, IV, 260-261].

2. «Que de los medianos del reino y no de los grandes se escogiesen personas que entendiesen en la gobernación del reino» [153, 11].

3. Los textos literarios establecen claramente la jerarquía hidalgo-caballero-gran señor; al mismo tiempo esclarecen la ecuación riqueza-nobleza; *cf.* algunas muestras: «el oficial... quiere ser igual con el hidalgo diciendo que no le debe nada, y el hidalgo con el caballero, y el caballero con el gran señor». *(Coloquios satíricos hechos por Antonio de Torquemada* —1553—, N.B.A.E., t. VII, p. 650 *b*); «¡Válame Dios! —dijo la sobrina— ¡que sepa vuestra merced tanto, señor tío, que, si fuese menester, en una necesidad, podría subir en un púlpito [...] y que, con todo esto, dé en una ceguera tan grande [...] que se dé a entender que es valiente, siendo viejo [...] y, sobre todo, que es caballero, no lo siendo, porque aunque lo puedan ser los hidalgos, no lo son los pobres!» (Cervantes, *Quijote,* II, 6). En el *Quijote* se lee también de los padres de Dorotea que «son labradores [...] pero tan ricos, que su riqueza y magnífico trato les va poco a poco adquiriendo nombre de hidalgos y aun de caballeros» [I, 28].

4. De los *Coloquios* de Torquemada citados en la nota anterior sacamos el siguiente ejemplo: «Yo estoy espantado de las confusiones, novedades, desatinos que cada día vemos en el mundo acerca desto de los linajes; pluguiese a Dios que tuviesse yo tantos ducados de renta en su servicio para no vivir pobre, como hoy hay hidalgos, pecheros y villanos que no pechan, que en esto hay algunos que se saben dar tan buena maña, que gozan del privilegio que no tienen, y otros hay tan apocados y tan pobres, que no son bastantes a defender su hidalguía cuando los empadronan y assí la pierden para sí y para sus descendientes. Y assí hemos visto dos hermanos de padre y madre ser el uno hidalgo y pechar el otro, y ser el uno caballero y el otro no alcanzar a ser hidalgo. Algunos de los que son hidalgos no hallan testigos que juren de padre y agüelo como la ley lo manda; otros que no lo son hallan cien testigos falsos que por poco interese juran. Y assí anda todo revuelto...» [p. 661 *b*].

5. *Cf.* [18 bis, 103]. Santa Teresa escribía: «Tengo para mí que honras y dineros casi siempre andan juntos [...-. Por maravilla hay honrado en el mundo si es pobre, antes, aunque lo sea en sí, le tienen en poco» (*Camino de perfección*, II).

6. *Cf.* [11 bis] y la introducción de M. Cavillac a su edición del tratado de Cristóbal Pérez de Herrera, *Amparo de los pobres*, Madrid, 1975 (Clásicos Castellanos, 199).

7. Añádase a esto la influencia que varios señores ejercían sobre ciudades importantes: el condestable en Burgos, el almirante y el conde de Benavente en Valladolid, el duque del Infantado en Guadalajara... Este último caso es el más relevante: los Mendoza ejercieron un verdadero señorío de facto sobre Guadalajara, que teóricamente era de realengo; ellos nombraban alcaides en las fortalezas, escribanos, etc. [91, 98].

8. Para Castillo de Bobadilla, autor de un tratado de administración pública, *Política para corregidores*, los señores de vasallos eran corregidores perpetuos de sus estados y podían delegar su autoridad en un alcalde mayor o gobernador.

9. Ya en el siglo XVIII Voltaire, que por cierto no es sospechoso de simpatizar sistemáticamente con la España imperial, reconocía que la idea de la monarquía universal atribuida a Carlos V carecía de fundamento: «L'idée de la monarchie universelle qu'on attribue à Charles Quint est donc aussi fausse et aussi chimérique que celle qu'on imputa depuis à Louis XIV» (*Essai sur les moeurs*).

10. Francisco Márquez Villanueva ha demostrado que el famoso soneto fue escrito en 1547, después de la batalla de Mühlberg, y que su inspiración debe mucho a fuentes italianas; *cf.* «Giovan Giorgio Trissino y el soneto de Hernando de Acuña a Carlos V», en *Studia hispanica in honorem R. Lapesa*, t. II, Madrid, 1974, pp. 355-371.

11. Desde el campo flamenco se inició una violenta y eficaz campaña de propaganda contra España y su soberano; la *Apología* de Guillermo de Orange describe a Felipe II como un príncipe tiránico, sanguinario, cruel; al pueblo español, como una nación dominada por los frailes y la Inquisición, fanatizada, responsable de las matanzas considerables de indios en América. Este fue históricamente el punto de partida de la leyenda negra antiespañola que tanto crédito encontró en los países anglosajones hasta una fecha muy reciente, y que todavía no ha sido totalmente olvidada.

12. «Los teólogos consultados en un principio (1565) opinaban que, atendiendo a los males que para la Iglesia se seguirían de la rebelión y la guerra inminente, podría el rey sin cargo para su real conciencia permitir a las ciudades de Flandes el libre culto que pedían. Pero Felipe II, separándose de este parecer, juró que nunca permitiría se quebrara la unidad religiosa, pues no quería ser señor de unos herejes que tanto ofendían a Dios» [140, 183].

13. G. Nahon ha publicado en el *Bulletin hispanique*, LXXVI, 1974, el libro de circuncisiones de Samuel Gómez Arias, rabino del pueblo francés de Bidache, cerca de Bayona; todavía en el siglo XVIII, muchos judíos españoles, al pasar la frontera y verse libres de la Inquisición, pedían su admisión a la sinagoga.

14. «Tenían presunción de soberbia que en el mundo no había mejor gente, ni más discreta ni más aguda ni más honrada que ellos» [37, 48].

15. V. lo que escribía un tal Diego Simancas o Velázquez Simancas en un folleto publicado en Amberes, en 1575, *Defensio Statuti toletani*: los estatutos son injustos, no cabe duda; castigan a los hijos por las culpas de los padres o de los abuelos; pero también se excluye a los bastardos de ciertas dignidades; ¿qué culpa tienen ellos? La discriminación contra los conversos acabará por desaparecer, el día en que los conversos pasen desapercibidos en la sociedad: «Sean católicos, quietos, pacíficos, modestos y de buenas costumbres y no pasarán muchos años sin que sean equiparados a los cristianos viejos» [51, 49].

16. Recuérdese la frase de un contemporáneo de Luis XIII de Francia, citada por Michelet: «Para un brujo, diez mil brujas...».

17. Archivo Histórico Nacional, *Inquisición*, lib. 320, fol. 369-370.

18. *Ibid.*, lib. 1231, fol. 108.

19. Carta de la Suprema al inquisidor de Barcelona, en 11 de julio de 1537 (Archivo Histórico Nacional, *Inquisición*, lib. 322, fol. 144-145).

20. Carta de 1539 (*Ibid.*, lib. 322, fol. 230-231).

21. A los hechos y textos citados por Caro Baroja se puede añadir la carta dirigida por el obispo de Vich al rey, en 22 de enero de 1622: todo lo que se dice de brujas no es más que «sueño e ilusiones y no realidad de verdad» [61, 35].

22. *Cf.* [95 bis]. Los que salieron de Sevilla en 1557 se hicieron luteranos en el extranjero, pero no es seguro que lo fuesen antes. La facilidad con que Casiodoro de Reina pasó del calvinismo al luteranismo muestra que su teología no era dogmática, ni mucho menos sistemática; *cf.* [89 bis].

CAPÍTULO III

Los Austrias menores (1598-1700)

«De los cinco Austrias —escribe Gregorio Marañón—, Carlos V inspira entusiasmo; Felipe II, respeto; Felipe III, indiferencia; Felipe IV, simpatía, y Carlos II, lástima» [120, 232].

La dinastía que había empezado a reinar con tanto brillo y tantas esperanzas, pero también con tantas reticencias por parte de los castellanos —recuérdense los faustos de la entrada del joven rey en Valladolid, en 1517, el coronamiento en Aquisgrán y la revuelta de los comuneros—, se arrastra ahora hacia su extinción durante más de un siglo, entre la muerte de Felipe II (1598) y la del lamentable Carlos II (1700), lenta agonía de una familia que es a la par un fracaso para los valores que había querido representar y defender con tesón, con heroísmo, tal vez con fanatismo. Queda en pie la voluntad de desempeñar un papel de primer plano en la política mundial; faltan los medios para llevar a cabo tales intentos y Castilla acaba hundiéndose, agotada, exhausta como la dinastía. La cristiandad —es decir, la comunidad de pueblos que vivían unidos por su adhesión a una misma fe— ha muerto en el siglo XVI con la Reforma, pero es en el siglo XVII cuando se instala un nuevo concepto unificador, el de Europa y de civilización europea, fundado en la secularización y la adopción de otros valores: la confianza en la razón, en la ciencia, en la técnica, como medios que permitan llegar a una convivencia entre las naciones y los hombres y a una vida menos heroica, pero más descansada [4 bis]. Son las ideas de tolerancia, felicidad, progreso material y moral, todas ellas reunidas en el concepto de civilización en el sentido moderno de la palabra, que acabarán imponiéndose en el siglo XVIII pero que ya van fraguándose a lo largo del XVII, conforme va avanzando la centuria y conforme va disminuyendo la influencia española, coincidencia que tiene su importancia: la modernidad, el nuevo equilibrio europeo, el reordenamiento ideológico en torno a valores que poco deben ya a los ideales religiosos, se impusieron poco a poco sin la colaboración de España, contra la voluntad de España, que fue así relegada, a finales de la centuria, a una situación marginal en la Europa que estaba despuntando.

Todo ello, por supuesto, debe ser convenientemente matizado: la decadencia no fue ni total, ni inmediata, ni uniforme.

El retroceso es característico de la Europa mediterránea en su conjunto. El centro de gravitación de la potencia política y económica, de la cultura y de la ciencia, se desplaza lentamente de sur a norte, de este a oeste. Lisboa había sustituido a Venecia como eje del comercio mundial antes de verse destronada, a su vez, por Amberes. El Mediterráneo pierde su preponderancia a favor del Atlántico y del mar del Norte. España, pero también Italia y el imperio otomano, quedan, así, desplazados, relegados a una posición de segundo o tercer plano.

Durante siglos, desde los tiempos de los faraones, de Grecia, de Roma, la civilización se había aclimatado en torno al Mediterráneo; de allí venían las grandes teorías filosóficas o religiosas, las grandes obras literarias o artísticas, las grandes realizaciones materiales. Todo lo demás pertenecía al mundo de los «bárbaros». Todavía en la Edad Media y en el Renacimiento, las dos grandes civilizaciones que se disputaron la preponderancia, la islámica y la cristiana, fueron mediterráneas. Italia era el modelo, el foco cultural, que atraía a artistas, literatos, políticos o simples fieles. El XVI ha sido el último siglo de hegemonía para el Mediterráneo. A partir del siglo XVII, los focos culturales, científicos, políticos y económicos serán casi una exclusividad atlántica y nórdica.[1] ¿Triunfo de las naciones protestantes sobre las católicas? El tema ha sido tratado con amplitud, pero todavía no se ha llegado a conclusiones definitivas [211]. Lo que induce a pensar que no se trata solo de una diferenciación protestantismo-catolicismo es que los pueblos sometidos al Islam también sufrieron, a partir del XVII, la misma postergación y el mismo estancamiento.

¿Decadencia de España o decadencia de Castilla? La monarquía católica reunía varios territorios bajo un mismo cetro, pero el peso principal de la política imperial siempre recayó sobre Castilla; los demás reinos y señoríos no fueron casi afectados ni interesados; protegidos por sus fueros, lograron situarse más o menos al margen de las contiendas ideológicas y militares. Durante el siglo XVII, la monarquía intentó renovarse haciendo que aquellos territorios participasen más en los gastos y la defensa común; como se verá, el intento venía tarde y fracasó; solo se ofreció a los señoríos no castellanos participar en los sacrificios, en una empresa que ya parecía desesperada, mientras que no estuvieron asociados antes en la gloria o en los beneficios de dicha empresa, si los hubo. Así se explica el marasmo que conoció Castilla en cuanto murió Felipe II. Las guerras continuas y los impuestos siempre crecidos habían agotado las capacidades del país. Una serie de pestes y epidemias rompieron el equilibrio demográfico. La producción se estancó. Castilla quedó exhausta, mientras que las regiones periféricas se mantenían más o menos. Los responsables políticos exageraron aquellas oposiciones; tuvieron la impresión, por ejemplo, de que Cataluña era una nación rica al lado de una Castilla desolada, impresión probablemente equivocada, pero que anuncia una transformación profunda en el equilibrio peninsular. Las provincias periféricas no son todavía las más ricas y las más avanzadas, pero las mesetas castellanas han dejado de ser la reserva de hombres y el centro económico que constituyeron desde mediados del siglo XV. Lo que se hunde en el XVII es fundamentalmente Castilla y los valores con que Castilla se había identificado, aunque España entera sufra las consecuencias del retroceso general del Mediterráneo que acabamos de apuntar.

La decadencia, en fin, se hizo por etapas. Domínguez Ortiz destaca, por ejemplo, la siguiente paradoja: en 1636, cuando las tropas españolas derrotan en Corbie al ejército francés y amenazan directamente París, en la capital de Francia se celebra el triunfo alcanzado por el dramaturgo Corneille en su famosa obra *El Cid*, que pone en escena las hazañas de un héroe castellano. El siglo XVII ha sido, para las masas españolas, el siglo del vellón, de la mala moneda, que pierde cada vez más su valor, pero es también, al menos en su primera mitad, el siglo de oro de las letras y de las artes; es la época de Cervantes, Lope, Quevedo, Góngora, Calderón, Velázquez, que pinta a la vez las glorias de las armas españolas con *La rendición de Breda* y la miseria de los borrachos y mendigos que son símbolo de la triste realidad cotidiana.

Se vienen abajo, primero, la economía y la moneda, con las repetidas manipulaciones gubernamentales. En 1640, con las revueltas de Portugal, Cataluña y Andalucía, se derrumba la frágil unidad peninsular que la monarquía había logrado establecer de una manera más o menos teórica. En 1643, la derrota de Rocroi significa el fin del poderío militar que España disfrutaba en Europa desde los días del Gran Capitán. Los tratados de Westfalia, en 1648, marcan el fracaso definitivo de la política ideológica que representaba España desde Carlos V; se establecen las bases de un nuevo equilibrio europeo en que España queda reducida a un papel secundario. Símbolo de aquella serie de desastres, la dinastía se acaba en medio de una farsa grotesca, mientras las potencias extranjeras observan, para tratar de repartirse los destrozos del cuerpo inmenso del imperio.

1. PRIMEROS ASOMOS DE LA DECADENCIA (1598-1643)

La muerte de Felipe II trae como consecuencias más visibles un notable decrecimiento de la influencia personal de los reyes. La institución monárquica sigue respetada y acatada por todos los sectores sociales, pero sus titulares, por falta de talento o de voluntad, renuncian desde entonces a ejercer personalmente el poder, que entregan a privados o validos. Estos no siempre tuvieron las dotes necesarias que les capacitaran para tales responsabilidades; a partir de 1621, sin embargo, Olivares trata de aplicar sus propios criterios políticos para restaurar las fuerzas de España y mantener su hegemonía en Europa. Su caída, a principios de 1643, marca el fin de una primera etapa en la que métodos nuevos e intentos de reformas se ensayaron sin resultados positivos.

1.1. REYES Y VALIDOS

Felipe III tenía veinte años cuando sucedió a su padre. Era bondadoso y devoto, pero nunca manifestó interés por los problemas políticos y entregó la realidad del poder a don Francisco de Sandoval y Rojas, marqués de Denia, que había sido ayo del rey y que pronto fue nombrado duque de Lerma. Lerma no tenía ningún valor intelectual, sí en cambio un apetito voraz de riquezas y honores para sí, su familia y sus amigos, entre los cuales merece destacarse don Rodrigo Calderón, cuya extraordinaria ascensión —llegó a ser marqués de Siete Iglesias— suscitó tantas críticas que acabaron por llevarlo al cadalso. Lerma, que se había hecho conceder el capelo de cardenal, perdió en 1618 la confianza del rey, quien le sustituyó por el duque de Uceda, su propio hijo. Este desempeñó su cargo hasta la muerte del rey, ocurrida en 1621.

El nuevo soberano, Felipe IV, tenía solo dieciséis años. Tampoco mostró mucho interés para las cosas de gobierno. Era muy aficionado a las diversiones: corridas de toros, en que solía tomar parte; comedias, para ver las cuales acudía de incógnito a los corrales de Madrid, además de hacerlas representar con frecuencia en palacio, particularmente en el Buen Retiro, que hizo construir en 1631 y donde, en 1639, se edificó un teatro; caza, que practicaba en los sitios reales de Aranjuez, El Escorial, El Pardo, la Casa de Campo. Era, además, muy mujeriego y sus aventuras galantes fueron numerosas; llegó a tener veintitrés hijos bastardos.

Como se comprende, la política le interesaba poco o nada. Él también se entregó en manos de un valido, el famoso don Gaspar de Guzmán, conde de Olivares y duque de Sanlúcar la Mayor, que pasó a la historia con el título de Conde-Duque.[2] Don Gaspar había vivido en Italia, donde nació en 1587, hasta 1600, fecha en que empezó a estudiar teología en Salamanca; como era un segundón, estaba en efecto destinado a la carrera eclesiástica. Pero la muerte de su hermano le puso en posesión del mayorazgo familiar. Muy pronto don Gaspar tiene ambiciones políticas. En 1611, el duque de Lerma, que está sobre aviso, le nombra embajador en Roma, pensando así apartarlo de la corte. Don Gaspar se niega a aceptar el cargo y, en 1615, entra como gentilhombre al servicio del infante Felipe, heredero de la corona. Cuando este sube al trono, en 1621, el conde de Olivares se encuentra, naturalmente, situado como valido y una de sus primeras decisiones consiste en abrir sendos procesos a sus predecesores en el cargo, Lerma y Uceda, lo mismo que al duque de Osuna, muy favorecido también en el reinado anterior. Lerma fue condenado a una fuerte multa y su dignidad de cardenal le salvó tal vez de la muerte. No fue así para don Rodrigo Calderón, que estaba preso desde 1618 por varios crímenes que se le achacaban. Calderón se había hecho odioso por su soberbia y las riquezas que había acumulado a la sombra de su protector. Condenado a muerte, fue degollado en la Plaza Mayor de Madrid, en medio de gran concurrencia, a la que impresionó por la gran entereza que mostró en aquel trance.

El Conde-duque era a todas luces superior a los privados anteriores. Trabajador incansable, su obra política ha sido siempre muy discutida, pero desde que Cánovas del Castillo, a fines del siglo XIX, destacó algunas de sus cualidades, la historiografía se muestra mucho más comprensiva para él, como se puede ver en el estudio que le consagró Gregorio Marañón y en las estimaciones de un Elliott, por ejemplo. Para todo un sector de la historiografía reciente, Olivares era un hombre de Estado de amplias miras, dinámico, reformista y hostil a las oligarquías tradicionales.

El gran ascendente que el Conde-duque tuvo sobre Felipe IV le permitió permanecer en el poder hasta principios de 1643. Sus veinte años de mando representan la última tentativa frustrada de España para mantener su posición en Europa y evitar la catástrofe.

1.2. CONSEJOS Y JUNTAS

La privanza del duque de Lerma significó un cambio radical con respecto a los métodos de gobierno anteriores. Representó una victoria para la aristocracia latifundista que Carlos V y Felipe II habían procurado siempre tener más o menos apartada de las grandes responsabilidades políticas. Olivares se hizo odioso a los miembros de la aristocracia por la manera áspera y muy personal que mostraba en el ejercicio del poder, pero el proceso de refeudalización siguió, debido a las grandes dificultades del Estado que procuraba vencer vendiendo señoríos y títulos.

El gobierno de la monarquía quedó encomendado a los Consejos, como en el siglo XVI, pero también se inició una tendencia a constituir juntas transitorias, que se formaban para casos especiales y cuyo cometido era asesorar a los consejeros del rey proponiéndoles medios adecuados para tal o cual situación concreta. Una de las primeras juntas fue, en 1618, la Junta de reformación, instituida por Lerma. En los tiempos del Conde-duque llegaron a funcionar numerosas juntas particulares: de Ejecución, de Armadas, de Media Anata, del Papel sellado, de Donativos, de Millones, del Almirantazgo, de la Sal, de Minas, de Presidios, de Poblaciones, de Competencias, de Obras, Bosques, de la Limpieza, de Aposentos, de Expedientes...

Llama la atención el número de juntas destinadas a examinar problemas fiscales. La cosa tiene fácil explicación: el erario real gasta más de lo que cobra y siempre está preocupado por cubrir el importante déficit del Estado. La política exterior sigue siendo ocasión de gastos considerables. Hubo una pausa en las campañas militares durante el reinado de Felipe III —aunque había que mantener las tropas en Italia y Flandes—, pero en los años 1620 España se vio envuelta otra vez en una serie de conflictos que fueron la consecuencia lógica de las orientaciones tomadas en el siglo anterior: presencia en Flandes, solidaridad con los Austrias, pretensiones hegemónicas. En el mismo momento las remesas de plata indiana que llegan a Sevilla no son tan abundantes ni tan regulares como antes. Por fin, la corte exige cantidades cada vez más importantes de dinero para sufragar sus gastos, que experimentan entonces un crecimiento considerable, sobre el que ha llamado la atención Domínguez Ortiz. En este aspecto, conviene distinguir entre el gasto personal de los soberanos y las mercedes concedidas a cortesanos. El presupuesto de la casa real pasó, en tiempos de Felipe III, de 400 000 ducados a más de un millón (1 300 000, más o menos), cuando los ingresos totales de Castilla eran solo de diez millones de ducados [54, 78, 79]. Los salarios y gajes del personal de palacio constituían casi la mitad de aquellos gastos; lo demás se iba en despensa, guardias, capillas, carruajes, limosnas, etc. Los Grandes y nobles fueron también los principales beneficiarios de las mercedes reales. Bajo la dirección del duque de Lerma, la nobleza se vio agraciada con sueldos, raciones, dotes, ayudas de costa, oficios, mercedes de toda clase. Lerma y Rodrigo Calderón no fueron los últimos en aprovecharse de la coyuntura. Las cosas cambiaron un poco con la privanza de Olivares, que procuró moderar algún tanto aquel despilfarro, lo que le mereció la hostilidad de parte de la aristocracia. Pero los gastos de la corte siguieron siendo enormes. Felipe IV gustaba de diversiones de lujo, colecciones, pinturas, fiestas palaciegas, obras como las del Buen Retiro, que se edificó en aquel reinado. Hacia 1630 se habló de restringir los gastos de cocina del rey: «se dispuso que sólo se le sirvieran a la comida diez platos y ocho a la cena, y que, fuera del capón, cocido y gigote, las raciones fueran normales, no dobles. Es de creer que en su mayoría volvieran intactas para aprovechamiento de cocineros y pinches» [54, 84-85].

Aquel lujo y derroche tan espectacular causa sorpresa en nuestros días: en la época, entraba muy bien en la mentalidad y los usos establecidos y quizá escandalizara menos de lo que se cree. Como advierte Domínguez Ortiz, «los contemporáneos no se equivocaban cuando atribuían la ruina de las provincias castellanas a las guerras continuas y desastrosas, no a los despilfarros de la corte, cuya responsabilidad, aunque cierta, era muy limitada» [54, 88-89].

Varios intentos fueron hechos para moderar el lujo y los gastos que no eran propios de la sola corte, sino también de la nobleza y de las clases adineradas; entre ellos hay que contar leyes suntuarias que trataron, por ejemplo, de reducir el número de los coches o de limitar ciertos excesos en la moda. Pero todo ello fue en vano. Para proporcionar ingresos al erario se usaron muchos expedientes, algunos de los cuales no dejaron de repercutir en la administración pública, como, por ejemplo, las ventas de pueblos y cargos a que la corona se prestó en proporciones mucho mayores que antes, y también la concesión del privilegio de tener voz y voto en Cortes que se dio a varias ciudades a cambio de sustanciales cantidades. Galicia, que nunca había tenido representación en las Cortes, la adquirió en 1623 por cien mil ducados; Santiago, Betanzos, La Coruña y Lugo enviaron así, alternativamente, sus procuradores a Cortes. Lo mismo se hizo más tarde con Palencia y Extremadura [54, 104].

Todo ello no era más que un síntoma de la grave crisis que atravesaba España, y particularmente Castilla. Las grandes pestes de fines del siglo anterior (1598-1602), seguidas por otras no menos mortíferas en el transcurso de la centuria (1647-1652; 1677-1686), tuvieron repercusiones dramáticas en la demografía, que ya no volvió a alcanzar los niveles anteriores. Los escritores políticos de la época —González de Cellorigo en su *Memorial* (1600), Sancho de Moncada en su *Restauración política de España* (1619), y Martínez de Mata, hacia 1645— insistieron en el tema de la despoblación y en la necesidad absoluta de remediarla. La despoblación fue a la vez causa y efecto de la crisis general. Los campos quedaron muchas veces sin cultivar, mientras que la población acudía a las ciudades en busca de un alivio relativo, a la sombra de las casas señoriales o a las puertas de los conventos, cuando no iba a engrosar las tropas de mendigos y maleantes. No nos toca hablar aquí de los aspectos económicos de la crisis, que se tratan en otro capítulo, pero sí conviene insistir en sus consecuencias sociales. Se incrementó considerablemente el número de las clases parasitarias e improductivas: nobleza, clero, ociosos y pícaros de toda clase. Mucho se ha comentado el crecimiento del clero en aquel tiempo. Los conventos de frailes y monjas conocieron entonces un éxito impresionante y sirvieron de refugio a centenares de personas, que encontraron allí un medio fácil de mantenerse. Se ha dicho que tal extensión del celibato eclesiástico fue una de las causas del bache demográfico. La realidad es más compleja, como lo subraya Martínez de la Mata, cuyas palabras merecen ser meditadas.

> Cuando ven los menores desamparar a los mayores la carga del matrimonio y que los padres, amigos, vecinos y parientes les dicen que miren lo que hacen antes que se casen, mostrándoles los ejemplos vivos de la grave necesidad que padecen los que están casados por no tener en qué trabajar, desisten de casarse y se quedan celibatos o se hacen frailes o vagamundos y las doncellas perecen por los rincones de hambre y otras se pierden a millares, con grave ofensa de la ley de Dios.

O sea, que la miseria y el paro forzoso empujan a muchos a acogerse a los conventos, contribuyendo así a reforzar el estancamiento de la producción y el descenso demográfico.

En este ambiente de crisis se destaca la figura del arbitrista, observador de la decadencia con ribetes de reformador. Los arbitristas han sido cruelmente zaheridos por la literatura contemporánea; Cervantes en *El Coloquio de los perros*, Quevedo en *La hora de todos* o *El Buscón*; Vélez de Guevara en *El Diablo cojuelo*, son buenos representantes de aquella sátira despiadada contra todos aquellos que pretendían poseer algún secreto, un remedio sencillo y fácil para desempeñar el reino y llenar el erario. El estudio de Jean Vilar muestra que la sátira no es exagerada: hubo, efectivamente, en aquel entonces muchos personajes reales que parecen sacados de la literatura [218 bis]. No todos, sin embargo, eran puros mentecatos: arbitrio fue el papel sellado. Pero la figura ridícula de tantos arbitristas no debe ocultarnos que el arbitrismo constituyó también la primera forma de literatura económica que se conoce. Cellorigo, Sancho de Moncada, Caxa de Leruela, Martínez de Mata, Lope de Deza, Navarrete, ofrecieron en sus escritos una descripción muy lúcida de los males que achacaban España, y sus observaciones merecen ser recogidas con la mayor atención. Contemporáneo de la decadencia, el arbitrismo supo analizar varios de sus aspectos pero se mostró incapaz de contrarrestarla. ¿Quién tuvo la culpa, los hombres, la coyuntura o las estructuras? Quizá todo ello a la vez...

2. LA CRISIS DE LOS AÑOS 1640

La crisis que en los años 1640 —revolución catalana, independencia portuguesa, separatismo andaluz— estuvo casi a punto de hundir la monarquía, fue consecuencia directa de las guerras en que España se vio envuelta y que ya no podía sostener por falta de hombres y de dinero.

El reinado de Felipe III había sido relativamente pacífico. Al morir Felipe II, la guerra continuaba en Flandes, cuyo gobierno había sido encomendado al archiduque Alberto y a su esposa, la infanta Isabel Clara Eugenia. Las tropas españolas sufrieron varias derrotas, siendo la más sonada la de las Dunas (julio de 1600). Para desquitarse, el archiduque emprendió el sitio de Ostende, ciudad cuya importancia estratégica y comercial era considerable. El sitio duró desde 1601 hasta 1604 y llamó la atención a las potencias europeas por su valor simbólico en la lucha de los flamencos contra su antiguo señor, ya que al menos en teoría, el rey Católico había renunciado a sus derechos a favor de la infanta Isabel Clara Eugenia. Fueron los tercios de Ambrosio Spínola los que acabaron por tomar Ostende en septiembre de 1604. Esta fue la última victoria alcanzada en Flandes durante el reinado de Felipe III. Las tropas, mal pagadas y con irregularidad, se amotinaron varias veces, imposibilitando cualquier intento serio de restaurar la autoridad de los gobernadores frente a unas poblaciones hostiles. De hecho, las provincias holandesas del norte se habían independizado. Los dos campos estaban cansados y ansiosos de una paz que les permitiera por lo menos rehacer sus fuerzas. En estas condiciones se entablaron negociaciones que llevaron a una tregua por doce años entre los beligerantes (1609).

En Italia, los ministros de Felipe III pudieron contar con las iniciativas de sus representantes para mantener la hegemonía española. Eran estos el marqués de Villafranca, gobernador de Milán, el marqués de Bedmar, embajador en Venecia, y don Pedro Téllez Girón, duque de Osuna, virrey de Nápoles, cuyo agente en Madrid era Quevedo. El único incidente grave planteado en aquel período fue la llamada Conjuración de Venecia (1618), muy misteriosa por cierto, aunque no totalmente inverosímil: se acusó al duque de Osuna de maquinar una conspiración para destruir el potencial marítimo de Venecia y reducir aquella ciudad a un papel secundario. Las repercusiones diplomáticas fueron varias, pero en conjunto los ministros españoles no desarrollaron una política muy activa y dejaron las cosas seguir su curso, sin emprender cualquier acción enérgica para afirmar sus posiciones.

La especie de indolencia que caracterizó la política española durante las dos primeras décadas del siglo XVII se cambió, a partir de 1620, en activo intervencionismo en los asuntos europeos. Varias causas explican aquella transformación: la nueva coyuntura internacional marcada por el comienzo de la guerra de los Treinta Años en la Europa central y la voluntad de Olivares de hacer frente a lo que él consideraba como las obligaciones de España.

El nuevo cariz tomado por la política española se marcó especialmente con la reanudación de la guerra en Flandes. La tregua firmada en 1609 expiraba en 1621 y no fue renovada. El episodio más famoso fue la rendición de Breda, en 1626, lograda por Ambrosio Spínola después de diez meses de sitio e inmortalizada por el célebre cuadro de Velázquez. Pero luego, las hostilidades continuaron con muchos vaivenes sin que España pudiera forzar la decisión. Más aún: la muerte sin sucesión de la infanta Isabel Clara Eugenia (1633) hizo que las Provincias flamencas fueran otra vez incorporadas a la monarquía católica, que quedó de esta forma más comprometida en las operaciones. Felipe IV nombró, en 1634, a su hermano el cardenal-infante don Fernando, que había sido antes gobernador de Milán, gobernador de los Países Bajos. Este, al ir a tomar posesión de su cargo al frente de un poderoso ejército, logró en Nördlingen una gran victoria sobre los suecos de Gustavo Adolfo y sus aliados, los príncipes protestantes alemanes (septiembre de 1634). Ya en Flandes, el Cardenal-infante contuvo a los holandeses y lanzó una ofensiva contra Francia; llegaron sus tropas hasta Corbie, donde derrotaron a un ejército enemigo (1636) y amenazaron durante unos días con avanzar hasta París, pero tuvieron que retirarse ante la escasez de recursos.

Desde 1620, en efecto, España estaba enfrentada indirectamente con Francia. El problema fundamental para España era mantener abierta la ruta militar que permitía asegurar las comunicaciones entre Lombardía y Flandes. La pequeña región de la Valtelina, situada en el norte de Italia, constituía desde aquel punto de vista un lugar estratégico de primera importancia, ya que formaba el enlace obligado entre las posesiones italianas de la corona y los feudos alemanes de los Habsburgos. España ocupó la Valtelina y, poco después, Spínola instaló guarniciones españolas en el Palatinado, que el emperador Fernando II acababa de arrebatar al elector Federico. Así se concretó la colaboración entre las dos ramas de los Habsburgos, decididos a obrar juntos para restablecer el catolicismo y mantener la influencia de España en los asuntos europeos. Pero los actos bélicos de España (ocupación de la Valtelina y del Palatinado) y su estrecha alianza con el emperador Fernando II no podían dejar indiferente a Francia, que se veía cercada por todas partes por las posesiones de los Austrias. Richelieu, primer ministro francés, declaró oficialmente la guerra en 1635, pero las hostilidades ya habían empezado mucho antes entre las dos naciones. De cualquier forma, España se veía envuelta en una serie de conflictos (con Flandes y con Francia, sobre todo) y obligada a mantener tropas en lugares muy distintos, para lo cual se exigían cada vez más soldados y dineros. La necesidad en que se vio Olivares de conseguir los unos y los otros le llevó a desarrollar en el plano interior una política audaz de integración hispánica que acabó con un desastre casi total.

«Propiamente —escribe Quevedo en su *España defendida* (1609)— España se compone de tres coronas: de Castilla, Aragón y Portugal». Como se sabe, las tres coronas no formaron nunca un cuerpo unido; cada una conservó su fisonomía propia, a pesar de la unión dinástica con las otras. De las tres coronas, Castilla era la que, desde la derrota de los comuneros en 1521, constituía el apoyo principal para la política exterior de la monarquía; de allí salían los hombres y los impuestos que hacían falta a los gobernantes para luchar en Flandes, Italia, Alemania o Francia. Ahora bien, la Castilla del siglo XVII no era la de Carlos V y Felipe II; se hallaba exhausta, arruinada, agobiada después de un siglo de guerras casi continuas. Su población había mermado en proporción alarmante; su economía se venía abajo; las flotas de Indias que llevaban la plata a España llegaban muchas veces tarde, cuando llegaban, y las remesas tampoco eran las de antes. En comparación con Castilla, las coronas de Aragón y Portugal habían conservado su autonomía interna, protegida por sus fueros y leyes, que limitaban considerablemente el poder del rey.

Este fue el punto de partida de Olivares: para llevar a cabo su política hegemónica, se encontró con una Castilla exhausta y unas provincias aparentemente intactas y que se escudaban detrás de sus privilegios para no contribuir como lo podían en los gastos comunes. La Unión de Armas ideada por Olivares consistía, pues, en repartir el peso de la política imperial de una manera más ajustada a las posibilidades de cada provincia, formar un ejército común, abastecido y mantenido por cada provincia a proporción de su población y riqueza. Para ello, Olivares encontraba un obstáculo fuerte: la autonomía de las provincias, que le impedía actuar a su antojo; tenía que vencer aquel obstáculo, llegar a una integración más logada. Así fue como la política imperialista de Olivares le impulsó a realizar un cambio profundo en las estructuras de la monarquía, cuyas instituciones ya no se adecuaban a las circunstancias. Como la situación castellana era la que ofrecía menos resistencias al poder real, Olivares pensó lógicamente en imponer a toda la Península las leyes de Castilla; a modo de compensación, se proponía ofrecer cargos políticos, militares y administrativos a todos los vasallos del rey, terminando con el exclusivismo castellano. Se trataba, en resumidas cuentas, de fundir las varias partes de que se componía la monarquía en una nación unida y coherente, prescindiendo de diferencias que se consideraban arcaicas y atrasadas. Olivares expuso en varias ocasiones sus ideas; pero por primera vez en un memorial secreto destinado a Felipe IV y redactado en 1625:

> Tenga Vuestra Majestad por el negocio más importante de su monarquía el hacerse rey de España; quiero decir, Señor, que no se contente Vuestra Majestad con ser rey de Portugal, de Aragón, de Valencia y conde de Barcelona, sino que trabaje y piense, con consejo mudado y secreto, por reducir estos reinos de que se compone España al estilo y leyes de Castilla, sin ninguna diferencia; que si Vuestra Majestad lo alcanza será el Príncipe más poderoso del mundo [61, 179].

En una consulta de 1632, Olivares volvió a insistir en ello: «En decir españoles se entiende que no hay diferencia de ésta a aquella nación de las que se comprenden en los límites de España» [61, 182-183]. En junio de 1640, cuando aquella política había desencadenado ya la rebelión en Cataluña, el valido pronunció un discurso ante la Junta de ejecución sobre el mismo tema.

El Conde-duque ha propuesto en esta Junta que no puede dejar de decir lo que en otras ocasiones ha representado (...): que una de las cosas que considera en esta monarquía de mayor conveniencia es establecer que en esta Corte no se tengan por extraños a ningún vasallo de Vuestra Majestad de los reinos sujetos a su dominio y comprehendidos en esta monarquía para entrar en las dignidades y oficios a que pudieren ascender, siendo beneméritos [61, 391].

Se trata, pues, de una posición constante, mantenida con tesón a pesar de todos los desengaños, posición que no carecía de lógica ni de fundamento pero que presentaba graves inconvenientes en el momento en que Olivares intentó aplicarla. Primero, aquella idea sometía a leyes uniformes, las de Castilla, a reinos y señoríos que habían disfrutado desde siglo y medio de una autonomía casi total; el cambio era demasiado fuerte como para ser aceptado sin resistencia. Segundo, el propósito de crear una nación unida y solidaria venía demasiado tarde: se proponía a las provincias no castellanas participar en una política que estaba hundiendo a Castilla cuando no se les había dado parte ni en los provechos ni en el prestigio que aquella política reportó a los castellanos, si los hubo.

La Unión de Armas fue propuesta oficialmente en las Cortes que se convocaron en 1626 para los estados de la corona de Aragón. Los dos reinos de Aragón y de Valencia mostraron poco entusiasmo cuando se les propuso contribuir a la formación de un ejército común, pero al fin y al cabo ambos reinos hicieron un esfuerzo y aceptaron votar subsidios para mantener cierto número de soldados durante quince años. Cuando el rey abrió las Cortes de Cataluña, las cosas cambiaron de tono. Los delegados se negaron rotundamente a alterar el orden tradicional que debía regir en las sesiones: primero convenía satisfacer las quejas que el Principado podía presentar contra los funcionarios reales antes de examinar las proposiciones del soberano y sus peticiones de subsidio. Desde 1599 no se habían celebrado Cortes en Cataluña y se habían ido acumulando una serie de problemas que los catalanes pretendían exponer al rey para recibir de él las satisfacciones oportunas. Después de la muerte de Felipe II, la situación del Principado, en efecto, había sido bastante crítica. El poder virreinal no supo imponerse a las clases gobernantes; el bandolerismo se extendió, a expensas varias veces de los convoyes que cruzaban la tierra con la plata destinada a las tropas de Italia y que había que embarcar en Barcelona. Los escrúpulos legalistas obstaculizaban a menudo las gestiones de los funcionarios reales. El virrey Alburquerque, nombrado en 1616, reaccionó de modo enérgico contra los bandoleros, sin preocuparse mucho por las formas legales que imponían las Constituciones. El bandolerismo disminuyó en proporciones notables, pero se planteó una cuestión de fondo: ¿había que acatar las Constituciones, permitiendo el desorden, o acabar con el bandolerismo, violando las normas legales?

A esta polémica acompañaba otra: Olivares pretendía cobrar el quinto de todos los impuestos recaudados por las ciudades catalanas desde 1599, cosa que Barcelona consideraba como ilegal. Estas discusiones ocuparon la mayor parte de las sesiones de Cortes en 1626. Olivares estaba impaciente por llegar a lo que realmente le interesaba: la Unión de Armas, pero los delegados no hacían sino retrasar el problema con sus quejas y procedimientos jurídicos. Por fin, el rey, harto de tantas complicaciones y dificultades, salió de Barcelona sin clausurar las Cortes, que quedaron así simplemente suspendidas. Desde entonces, la tensión no cesó de crecer entre Olivares y los catalanes. Estos, aunque estaban inquietos ante los proyectos de castellanización, querían conservar la afección del rey y esperaban de él cualquier muestra de gratitud por los donativos que se le hicieron en varias ocasiones, pero Olivares estaba convencido de que los catalanes ponían mala voluntad en participar en la defensa común del territorio. Aragoneses y valencianos habían consentido en los sacrificios que se les pedían; solo los catalanes seguían tozudamente aferrados a sus Constituciones. En mayo de 1632, Felipe IV volvió a Barcelona y se reanudaron las Cortes interrumpidas en 1626, pero tampoco obtuvo entonces Olivares lo que quería. Hubo que suspender otra vez las Cortes. En 1635, siendo virrey el duque de Cardona, se volvió a agitar la cuestión de los quintos atrasados. Barcelona quiso mostrar su intención de colaborar sinceramente contribuyendo con 40 000 libras catalanas, equivalentes a otros tantos ducados castellanos; era, por cierto, una cantidad importante, pero menor de la que esperaba Olivares. Al parecer, se había exagerado mucho la riqueza del Principado: él contaba recoger 500 000 ducados...

En 1636 se produce un acontecimiento que se preveía desde cierto tiempo: la declaración de guerra de Francia. Desde aquel momento, Olivares está decidido a vencer las resistencias del Principado porque necesita todavía más hombres y dinero y porque Cataluña, por su situación en la frontera, puede convertirse en lugar de operaciones. Piensa concentrar en Cataluña un ejército de 40 000 hombres para atacar a Francia desde allí y aligerar de esta forma la presión que los enemigos mantienen en Flandes; por fin renuncia a su proyecto ante las dificultades que surgen por parte de las autoridades del Principado. Los catalanes no quieren de ningún modo servir al rey fuera de su tierra e invocan a cada paso sus Constituciones. Olivares replica que se trata de defender las fronteras de España y del mismo Principado. El año siguiente se piensa en una ofensiva en el Languedoc. Cataluña sería la base militar de aquella operación, para la cual se necesitan 15 000 soldados; el Principado, por su parte, debe contribuir con 6000.

1638 es un año clave: se nombra para suceder a Cardona en el virreinato de Cataluña a un noble catalán, don Dalmau de Queralt, conde de Santa Coloma, cuya preocupación principal será siempre acatar las órdenes de Olivares, sin llamarle suficientemente la atención sobre la situación exacta y el estado de opinión en el Principado. El mismo año se renueva la Diputación de Cataluña y salen favorecidos por el sorteo un canónigo de Urgel, Pau Claris, muy apegado a las tradiciones catalanas y enemigo personal del conde de Santa Coloma, y Francesc de Tamarit, también muy adicto a las leyes y privilegios de su patria. Por fin, la guerra se intensifica. Los franceses atacan Fuenterrabía. Olivares sugiere una diversión en el Languedoc, desde Cataluña, pero renuncia a causa de la tirantez de las relaciones con el Principado. Toda España se interesa por la suerte de Fuenterrabía; Aragón y Valencia participan en el esfuerzo común; Cataluña, no. Dicha actitud provoca la ira de Olivares. Se toman represalias económicas contra Francia, prohibiendo todo comercio; las autoridades del Principado no hacen caso.

Pero lo más preocupante es la situación creada por la presencia del ejército en Cataluña. Aquellas tropas, compuestas de mercenarios extranjeros y españoles, se comportan sin demasiados miramientos con las poblaciones por donde pasan o donde están acuarteladas. Por todas partes llueven quejas sobre robos, exacciones y abusos de toda clase. El más grave de aquellos incidentes se produce en Palafrugell, que las tropas estacionadas allí saquean despiadadamente. La Diputación encabeza las protestas y la resistencia a Madrid. La ciudad de Barcelona se une a ella. Así se forma una especie de unión nacional contra Olivares y los castellanos.

En 1639, la guerra se lleva a las fronteras catalanas. La fortaleza de Salses es tomada por los franceses y recuperada después de largo y penoso sitio. Se necesitan más soldados y dinero; la Diputación los da de mala gana. En Madrid, el Conde-duque está harto de los catalanes: «Si las Constituciones embarazan —exclama—, que lleve el diablo las Constituciones» [61, 333]. En carta de 29 de febrero de 1640 le escribe lo siguiente a Santa Coloma:

> Cataluña es una provincia que no hay rey en el mundo que tenga otra igual a ella... Ha de tener reyes y señores, pero que a estos señores no les han de hacer ningún servicio, ni aquel que es necesario precisamente para la conservación de ella. Que este rey y este señor no ha de poder hacer ninguna cosa en ella de cuantas quisiere, y lo que es más, ni de cuantas conviniere; si la acometen los enemigos, la ha de defender su rey sin obrar ellos de su parte lo que deben ni exponer su gente a los peligros. Ha de traer ejército de fuera, le ha de sustentar, ha de cobrar las plazas que se perdieren, y este ejército, ni echado el enemigo ni

antes de echarle el tiempo que no se puede campear, no le ha de alojar la provincia... Que se ha de mirar si la constitución dijo esto o aquello, y el usaje, cuando se trata de la suprema ley, que es la propia conservación de la provincia...» [61, 356].

Ya desde aquel momento Olivares parece decidido a emplear la fuerza para acabar con la resistencia de Cataluña. El diputado Tamarit es detenido. Al mismo tiempo se dan órdenes para que el ejército esté debidamente estacionado y alimentado. Los choques entre soldados y campesinos menudean; los más graves se producen en la región de Gerona. El virrey Santa Coloma, alentado por Olivares, decide represalias crueles contra los pueblos donde las tropas han recibido perjuicios o insolencias; algunos son saqueados e incendiados. La consecuencia es una insurrección general en la región de Gerona, debida al cansancio del campesinado, exasperado por las continuas exacciones de los tercios, por el hambre y las malas condiciones de la época. Los amotinados llegan a las puertas de Barcelona. La revuelta se extiende a la mayor parte del Principado. El 7 de junio de 1640, fiesta del Corpus, rebeldes mezclados con los segadores que venían a contratarse, entran en Barcelona; un altercado degenera en motín. Los insurrectos se ensañan contra los funcionarios reales y los castellanos; el propio virrey procura salvar la vida huyendo, pero ya es tarde. Muere asesinado. Los rebeldes son dueños de Barcelona.

Aquella agitación, nacida del campo catalán y de los barrios populares de las ciudades, expresión, por una parte, de antagonismos sociales y, por otra, de la impopularidad de la política castellana, planteó a las clases acomodadas y gobernantes del Principado un grave problema. Temían la anarquía y que los amotinados, después de ensañarse contra los castellanos y los funcionarios reales, se volvieran contra ellos si intentaban poner coto a sus desmanes bajo la acusación de «traidores» de la causa catalana. Por ello se negaron a colaborar con el nuevo virrey, el duque de Cardona, para buscar un compromiso aceptable. Prefirieron ponerse a la cabeza de la rebelión para mejor encauzarla. Así empezó una nueva etapa, más política, en la revolución catalana que, en realidad, como señala Elliott, fue doble: hubo primero una revolución social, más o menos espontánea, la de los pobres, de los desamparados y desocupados; hubo luego una revolución política, dirigida por la Diputación, cuya meta era la solución del largo pleito con el gobierno castellano [61, 413-414]. Una Junta de 36 miembros se encargó de dirigir el Principado. Ya no se tenía ninguna confianza en Olivares, quien había empezado las operaciones para restablecer la autoridad del rey en Cataluña; un ejército castellano avanzaba desde Tortosa y ocupó Tarragona en diciembre de 1640. Los catalanes buscaron contra él el apoyo de los franceses, quienes, naturalmente, vieron la oportunidad de aprovechar la coyuntura para asestar a España golpes decisivos. El Principado había roto con la monarquía católica; se pensó en transformar Cataluña en una república independiente bajo la protección de Francia. La solución pareció impracticable. No quedaba más remedio que ofrecer el Principado al rey de Francia, quien prometió respetar las constituciones y leyes de la tierra.

Cataluña no había hecho más que cambiar de señor, un señor que se portó tan mal con los habitantes como el anterior. Tropas francesas ocupaban las principales plazas fuertes y su comportamiento no era diferente del de los tercios castellanos antes de 1640. Tampoco los franceses se preocupaban mucho de respetar las constituciones. Cataluña se estaba convirtiendo en una colonia francesa, política y económicamente. A estos desengaños hay que añadir los trastornos que la guerra acarreaba en los campos y las ciudades y las terribles epidemias que azotaron el país en 1650-1654. Todo ello acabó por convencer a los catalanes de que no había ninguna esperanza de salir adelante con sus propósitos. En octubre de 1652, Barcelona se entregó al rey Felipe IV. Este otorgó un perdón general por lo que había pasado desde 1640 y prometió respetar las leyes y privilegios del Principado. Se había vuelto al *statu quo*. La paz con Francia no se firmó hasta 1659; fue bastante dura para el Principado, ya que el tratado de los Pirineos cedió definitivamente a Francia el Rosellón y Cerdaña; Cataluña perdía así una quinta parte de su población y de su territorio. Aparte de aquellas disposiciones territoriales, el tratado contenía una cláusula de suma importancia para el futuro: el enlace del rey de Francia Luis XIV con la infanta María Teresa, hija de Felipe IV. Esta cláusula fue la que debía llevar al cambio de dinastía después del reinado de Carlos II.

La revolución catalana no fue la única respuesta peninsular al proyecto de Unión de Armas. También en Portugal la resistencia desembocó en una sublevación que restauró la independencia de aquel reino. La unión con Castilla no era popular. Cuando se produjo, en 1580, Portugal ya tenía una larga historia de nación independiente y poseía un imperio colonial que le proporcionaba grandes ventajas económicas. Conforme a la tradición de los Austrias, no se cambió nada en las instituciones de Portugal, al menos hasta la época de Olivares. Este, como se sabe, estaba muy interesado en llevar a cabo una integración de la monarquía que significaba, en un primer tiempo, una mayor presión fiscal hasta llegar a una castellanización de la Península entera. Se habló de un proyecto de fusión entre Cortes castellanas y portuguesas. Contra las exigencias tributarias y militares de Olivares, que pedía siempre más dinero y soldados para su política europea, se produjeron revueltas en Oporto (1628) y Santarém (1629) y levantamientos populares en Évora (1637). Por otra parte, las clases altas (nobleza, clero, burguesía) veían con desagrado cómo las posesiones ultramarinas de Portugal quedaban amenazadas y perjudicadas por los enemigos de España. En Brasil, los holandeses ocupaban desde 1630 Olinda y Recife y se instalaban poderosamente en el país. El Conde-duque daba la impresión de resignarse a aquella situación. Hubo incluso un proyecto de cambiar Pernambuco por Breda, pero la Compañía holandesa de las Indias occidentales se negó a abandonar el Brasil, cuyas riquezas le interesaban sumamente.

En estas condiciones, nada tiene de extraño que Portugal pensara en independizarse. Varias conjuraciones nobiliarias se estaban preparando en torno al duque de Braganza, descendiente de uno de los contrincantes de Felipe II en 1580. Olivares intentó varias veces sacar al duque de Portugal, ofreciéndole el virreinato de Milán o un cargo en la corte, pero sin ningún resultado. Fueron los acontecimientos de Cataluña los que decidieron a los conjurados a dar el paso definitivo. Aprovecharon el hecho de que toda la atención y las fuerzas militares de Castilla estaban vueltas hacia el este, para levantarse en armas y proclamar al duque de Braganza como rey de Portugal con el nombre de Juan IV (1 de diciembre de 1640). Los tres brazos de las Cortes portuguesas no tardaron en reconocer a Juan IV como legítimo soberano y lo mismo hicieron los gobernadores de todos los territorios ultramarinos, con la sola excepción de Ceuta. El nuevo gobierno portugués encontró pronto fácil ayuda por parte de los enemigos de España. Francia le prestó apoyo ya en 1641; el mismo año se firmó una tregua con Flandes, y en 1642 se llegó a una alianza con Inglaterra que se confirmó y se amplió, en 1661, con el casamiento del rey Carlos II de Inglaterra con la infanta portuguesa doña Catalina.

Cuando murió Juan IV, en 1656, le sucedió sin ninguna dificultad Alfonso VI, que entonces solo tenía trece años. España puso especial empeño en tratar de recobrar Portugal, pero ya no podía atender debidamente a tantas obligaciones militares. Varios episodios marcaron aquellos intentos siempre frustrados, siendo uno de los más significativos la grave derrota que sufrió don Luis de Haro en Elvas (enero de 1659), al perseguir al ejército portugués que acababa de levantar el sitio de Badajoz. En aquella ocasión, el propio Luis de Haro confesó que, mientras los españoles peleaban sin ningún entusiasmo, los soldados portugueses lucharon «con resolución y desesperación de hombres que mostraban bien que tenía cada uno por propia suya la causa que venía a defender» [54, 180-181]. Otra derrota cruel fue la que recibió el ejército castellano en Montes Claros o Villaviciosa (1665). Ya no quedaba duda de que era imposible recuperar Portugal. Muerto Felipe IV, el gobierno español se inclinó y, en 1668, acabó reconociendo oficialmente la independencia portuguesa.

Corolario inmediato de la sublevación portuguesa fue la conspiración tramada en Sevilla por el duque de Medina Sidonia y el marqués de Ayamonte y que fue descubierta en el verano de 1641. El duque de Medina Sidonia era capitán general de Andalucía, y como tal, se le había mandado que acercara sus tropas a la frontera portuguesa para tomar parte en las operaciones destinadas a recobrar aquel reino. El duque, que era hermano de la duquesa de Braganza, nueva reina de Portugal, no cumplió las órdenes. Informaciones recogidas por medio de agentes dobles permitieron descubrir la conspiración, cuyas causas y objetivos reales son todavía misteriosos. ¿Se trataba realmente de transformar Andalucía en reino independiente, cuyo soberano hubiera sido el duque de Medina Sidonia? Parece difícil pensar que tal fuera la intención de los conjurados, ya que lo de Portugal era algo completamente distinto. Más plausible es achacar un plan tan descabellado al resentimiento del duque contra Olivares, que era primo suyo, y a las dificultades que conocía el poderoso magnate andaluz, dueño de un estado extenso, con rentas abundantes, pero acribillado de deudas a causa de la mala administración con que regía su señorío y de sus gastos enormes. De todas formas, los tratos con Portugal eran innegables. Los conjurados se vieron, pues, acusados de traición. Al marqués de Ayamonte, por haber sido el que ideó toda la conspiración, se le castigó más duramente, con cárcel severa, primero, y luego con pena de muerte, que le fue dada en 1648. El duque de Medina Sidonia, convocado en la corte, alcanzó perdón del rey; se le obligó a residir en la frontera portuguesa, y luego, cuando rompió el destierro para venirse a su villa de Sanlúcar, se le abrió proceso, se le encarceló en Coca y por fin se le condenó a perpetuo destierro de la corte, con confiscación de Sanlúcar y fuerte multa.

Años más tarde, en agosto de 1648, se descubrió otra conspiración en que también estaba implicado un poderoso magnate. Esta vez se trataba del duque de Híjar, noble aragonés, a quien Olivares siempre tuvo alejado de los grandes cargos y al que don Luis de Haro, que había sucedido al Conde-duque en el poder, tampoco quería mucho. Híjar estaba más o menos emparentado con la familia real, y hasta pretendía tener ciertos derechos a la sucesión, caso de no haber heredero directo. Otro noble, Carlos de Padilla, veterano de las guerras de Italia y resentido porque no se le habían dado las recompensas que creía merecer, parece haber sido el motor de la conspiración. Por lo visto, se trataba de separar a Aragón de la corona y de transformarlo en reino independiente, con Híjar como monarca. Para esto, se contaba con la ayuda de Francia, a la que se ofrecería el Rosellón y la Cerdaña, y la de Portugal, cuyo apoyo se compraría por la cesión de Galicia. Dos de los protagonistas, don Carlos de Padilla y el marqués de la Vega, fueron ejecutados en Madrid, en diciembre de 1648. Al duque de Híjar se le confiscaron los bienes y se le condenó a cárcel perpetua.

Tanto la conspiración de Andalucía como la de Aragón se caracterizan por la participación de elementos elevados del estamento nobiliario. Son síntomas evidentes de la descomposición del Estado a que había llevado la política imperialista de Olivares, y particularmente su proyecto de Unión de Armas. La integración de los varios componentes de la monarquía no solo fue un fracaso, puesto que Portugal recobró su independencia y Cataluña estuvo a punto de hacer lo mismo, sino que en una provincia como Andalucía, tan ligada desde siempre a Castilla, pudo surgir un proyecto como el del duque de Medina Sidonia.

Pero la política del Conde-duque no afectaba solo a las naciones asociadas y a los Grandes resentidos; tenía también, y sobre todo, implicaciones desastrosas para el pueblo y las clases bajas, sometidas a continuas presiones fiscales y a levas de soldados que venían a agravar una situación de por sí miserable, a causa de las malas cosechas, de las epidemias, de la opresión señorial, de las alteraciones monetarias... El siglo XVII ha sido en toda Europa una época de crisis y de revueltas campesinas, debidas tanto al hambre y a los abusos del sistema feudal como a la mayor presión tributaria ejercida por los soldados. El tema ha sido relativamente poco estudiado en España, pero los trabajos de Domínguez Ortiz permiten ver que España también participó de aquel movimiento europeo, con características propias. Ya en 1630, el jesuita sevillano Hernando de Morales se creía en la obligación de refutar

> las objeciones del vulgo de que, por haver venido los reyes por su culpa a pobreza no pueden quitar lo ajeno a los suyos, y que deje las guerras y perder a Flandes, que tanto ha empobrecido a España y de que tan poco útil se sigue, y tantos daños y gastos se recrecen [56, 45].

La frase no deja lugar a dudas sobre el cansancio de la nación y la impopularidad de la política oficial. Lo curioso es la extraordinaria paciencia y resignación con que las masas campesinas soportaron las consecuencias de tal política. Los incidentes más serios se produjeron entre 1647 y 1652 y fueron localizados, al parecer, en Andalucía. Varios alborotos acontecieron en 1647 en Lucena, en Ardales (Málaga), en Loja, en Comares, etc. El año siguiente ocurrieron en Granada disturbios más serios, provocados al principio por los sederos parados. Al grito de «¡Viva el rey y muera el mal gobierno!», los amotinados cambiaron el corregidor, nombrando en su lugar a un caballero de Calatrava, don Luis de Paz, cuya conducta compadeciente y caritativa con los pobres le había merecido la estimación del pueblo. En mayo de 1652 hubo sublevación en Córdoba, causada por el hambre, los precios excesivos del pan, la dificultad de ganarse la vida; durante varios días, el populacho fue dueño de la ciudad; la represión fue dura y marcada por varias sentencias de muerte. El mismo año y por los mismos motivos se alborotó Sevilla y, al saber lo que estaba ocurriendo en ella y en Córdoba, otro tanto hicieron en Osuna, Bujalance y otros lugares. En julio, la situación había vuelto a ser normal en todas partes, pero el descontento persistía, ya que sus causas profundas no habían desaparecido.

Domínguez Ortiz es quien, en su libro *Alteraciones andaluzas*, ha dado a conocer aquellos movimientos sociales, cuyas características resume de la manera siguiente:

—Son motines que mueven a obreros agrícolas y sobre todo a la plebe urbana (artesanos sin trabajo, parte de la clase media); las revueltas se desarrollan casi siempre en los núcleos urbanos, no en el campo.

—Los disturbios no tienen aparentemente ningún rasgo antiseñorial; son los impuestos, las alteraciones de la moneda, el alza de precios, los principales motivos de una situación gravísima para los pobres.

—«En conjunto, el pueblo amotinado mostró una gran moderación» [56, 165]: no se notan asesinatos, ni incendios; los saqueos existieron, pero fueron pocos. Dicha moderación no fue observada por las clases altas, dueñas de los regimientos; ellas, más que las autoridades centrales del Estado, ejercieron en más de una ocasión una represión despiadada.

Cataluña, Portugal, Andalucía, Aragón... Elliott ha señalado acertadamente el aspecto periférico de los disturbios que, a mediados de la centuria, se producen en el viejo cuerpo de la monarquía católica. Desde que, en 1621, a la indolencia de Felipe III la sustituye el dinamismo imperialista, integrador y castellanizante del Conde-duque, algo se desmorona en España. Los reinos y señoríos asociados a Castilla por lazos dinásticos temen verse envueltos en el hundimiento que conoce el centro. Así se confirma, en cierto modo, el sentido conservador de las revueltas catalana y portuguesa, apuntado por Domínguez Ortiz [56, 18]; se trata efectivamente, para Cataluña y Portugal, de conservar sus instituciones tradicionales, amenazadas por la Unión de Armas. Pero se trata también de algo quizá más esencial: espontánea e instintivamente, Cataluña y Portugal luchan por su propia existencia; procuran apartarse de Castilla en el momento en que esta, agotada, exhausta, pretende que participen en una política cuyos frutos ya se adivinan. En este sentido, la reacción de catalanes y portugueses tiene un aspecto positivo: se niegan a solidarizarse con Castilla, con su ideología y sus valores anacrónicos; quieren preservar sus fuerzas. Entran, pues, en la era moderna sin el resentimiento y la amargura propia de los castellanos, profundamente marcados por el fracaso de sus sueños universalistas. No deja de ser significativo el que, desde entonces, las provincias periféricas serán, más que las mesetas, aptas para aceptar las ideas, tendencias y conceptos del mundo moderno, un mundo que, a partir de 1648, parece apartarse no tanto de España como de los valores y del ideario que Castilla hizo suyos y defendió hasta su total agotamiento.

Las revueltas catalana y portuguesa afectan profundamente a Olivares, directamente responsable de la política que acaba de dar tan amargos frutos. A principios de 1643, Felipe IV autoriza al Conde-duque a retirarse a sus tierras; esto equivale a su desgracia. Le sucedió en la privanza el propio sobrino de Olivares, don Luis de Haro, aunque este nunca llegó a ejercer sobre el monarca la influencia avasalladora que tuvo el Conde-duque. En aquellas circunstancias, mientras estaba visitando el frente de Aragón, en julio de 1643, Felipe IV tuvo la curiosidad de visitar en Agreda una abadesa que gozaba de gran fama de mística y de santa. Fue el principio de una larga correspondencia con sor María de Jesús, sostenida hasta la muerte de la monja, en 1665. Cuando le escribía, Felipe IV dejaba siempre un amplio margen en las cartas para que sor María pudiera contestar a sus preguntas. Unas seiscientas cartas fueron así cambiadas entre el rey y la abadesa, que le daba consejos de toda clase, sobre su conducta pública y privada, y le animaba a gobernar personalmente, prescindiendo de validos; a firmar la paz con Francia, para dedicarse enteramente a la tarea de recuperar Portugal... Es probable que se haya exagerado algo la influencia de la abadesa de Agreda sobre Felipe IV. Lo cierto es que don Luis de Haro actuó como primer ministro; él fue quien debió liquidar la política imperialista de su tío, pero antes España tenía todavía que pasar por muchos sufrimientos y sacrificios que acabaron por destrozarla. Tres fueron las etapas principales de aquel calvario: 1643, 1648, 1659.

Felipe IV no se resignó a la pérdida de Cataluña y de Portugal, estados patrimoniales que había recibido en herencia, lo mismo que las otras posesiones de Italia o del norte de Europa, y que quería transmitir a su vez a sus sucesores. Este fue el motivo que le impulsó a continuar una guerra desastrosa para España y que solo interesaba ya a la dinastía. El sentido netamente patrimonial de aquella concepción aparece claramente expuesto en el testamento otorgado por el rey, a 14 de noviembre de 1665:

> Después que sucedí en estos reinos se me han ofrecido grandes y continuas guerras sin culpa mía, porque todas han sido para defender mis reinos y dominios, que me pertenecen y heredé de mis gloriosos padres, abuelos, bisabuelos y otros mis antecesores, de que me han pretendido despojar, imposibilitándome la defensa con la sublevación de algunos de mis reinos y vasallos y asistencias que para mantener la rebelión les han dado.

Se cumplían los temores de los comuneros de 1520: los intereses de la dinastía y los de la nación no eran idénticos; en realidad, en aquellas fechas, eran encontrados. Ahora había que vencer a Francia para asegurar lo que quedaba del patrimonio y recobrar Portugal.

La muerte de Richelieu y Luis XIII de Francia, la minoría de edad del nuevo rey de la nación vecina, Luis XIV, la difícil situación política y económica de Francia, todas aquellas circunstancias daban esperanzas de obtener la victoria a trueque de nuevos esfuerzos tributarios y militares. Se decidió emprender una ofensiva en el norte de Francia, desde

Flandes, donde, a la sazón, era gobernador don Francisco de Melo, asesorado en los asuntos bélicos por el conde de Fuentes, general de gran prestigio, pero ya anciano. En frente, el ejército francés estaba mandado por un joven de veintidós años, el duque de Enghien, futuro príncipe de Condé. El choque se produjo en Rocroi, el 18 y el 19 de mayo de 1643. Fue un desastre para España, que perdió allí definitivamente la reputación de hegemonía militar de que gozaban sus tercios desde principios del XVI. Derrota simbólica por más de un concepto, se debió sobre todo a la superioridad de la caballería y de la artillería francesas, «armas ricas, armas de ricos» [44, 62]; de esta manera, el triunfo francés ya era indicio del nuevo poderío económico de Francia y del agotamiento de España. En 1647, otro desastre, ocurrido en Lens, acababa de confirmar la debilidad militar española.

En 1645 se habían reunido en el valle de Westfalia los representantes de casi todas las potencias de Europa para tratar de poner fin a las discordias y llegar a un nuevo ordenamiento político. Las discusiones se prolongaron hasta 1648. Los primeros beligerantes en firmar la paz fueron España y Holanda (tratado de Münster, 15 de mayo de 1648). España reconocía entonces la independencia de las Provincias Unidas; conservaba las provincias católicas del sur (la Bélgica actual), pero en condiciones que acabarían en la ruina económica de Amberes y la expansión de Amsterdam. Así se terminaba la guerra emprendida en tiempos de Felipe II y que tantos sacrificios costó a España, y que tal vez tuvo parte principal en el desmoronamiento de las finanzas y de la economía peninsular.

Unos meses después, el 24 de octubre de 1648, las potencias europeas firmaban otro tratado, el de Osnabrück, que consagraba el nuevo equilibrio diplomático. El Imperio quedaba reducido a un conjunto de territorios autónomos: su jefe teórico, el emperador, ve su autoridad y sus poderes reducidos considerablemente, ya que no puede decidir nada sin el consentimiento de la Dieta y que en esta debe haber unanimidad, por lo menos en las cuestiones importantes. En Westfalia termina también la contienda nacida en el siglo anterior con la Reforma luterana. Los protestantes adquieren definitivamente, en sus estados, completa soberanía.

El ideal de Carlos V de una cristiandad unida ha muerto. Nace la Europa moderna, conjunto de naciones en que predominan las del norte, y que están unidas por un común acatamiento a valores nuevos: laicización del pensamiento, confianza en la razón y en la ciencia, en lo que se llamará en el siglo siguiente el progreso y la civilización. España se halla excluida del nuevo ordenamiento, que marca el fracaso de todo lo que ella había defendido desde tanto tiempo [149]; queda reducida desde entonces a un papel secundario en Europa.

Todavía no había renunciado totalmente Felipe IV a vencer a Francia, el último enemigo con quien luchaba. Para ello era preciso obtener la alianza de Inglaterra, o por lo menos su neutralidad. España fue, así, la primera nación de Europa en reconocer oficialmente el gobierno revolucionario de Cromwell, pero las negociaciones se prolongaron demasiado y, a fin de cuentas, Cromwell prefirió la alianza con Francia (1657). Ello suponía dificultades inmensas para España, ya que la flota inglesa constituía un peligro continuo para las comunicaciones con las Indias. Totalmente aislada, España sufrió una derrota grave en las Dunas, en el frente de Flandes. Felipe IV se resignó entonces a tratar con Francia. Fue la paz de los Pirineos (1659), de que ya se ha hecho mención.

3. EL COLAPSO DE LA DINASTÍA

La segunda mitad del siglo XVII y, especialmente, el reinado de Carlos II (1665-1700) son en general considerados como una de las épocas más tristes, si no la más triste, que haya conocido España. Sobran motivos para ello. El Conde-duque había podido ocultar hasta cierto punto la decadencia por el dinamismo de su política y sus constantes intervenciones en los asuntos europeos, que todavía obligaban a considerar a España como una potencia con la cual había que contar. A partir de Rocroi, y aún más, a partir de la paz de los Pirineos, ya no es posible disimular la magnitud del desastre. España está desmembrada; Portugal se ha separado de la monarquía; Cataluña ha sido recuperada, pero con un territorio amputado; ya no pelean los españoles con los flamencos, pero España es incapaz de resistir los ataques continuos de Francia. En el interior del país, la economía está arruinada; las alteraciones de la moneda no han cesado y han contribuido a paralizar la artesanía y el comercio, con la presencia de una doble moneda: la de plata, que solo sirve para las transacciones con el extranjero y se cotiza muy caro, y la de cobre, que se usa en la vida cotidiana y es objeto de devaluaciones continuas. De esta forma, los precios suben sin cesar. Los campesinos sufren las consecuencias de las levas de soldados, de los tributos crecidos, de las catástrofes meteorológicas, de las pestes que traen consigo el hambre y la miseria. En las ciudades, una población crecida se busca el sustento cotidiano como puede; el paro y el desempleo toman proporciones alarmantes; los mendigos y maleantes están en todas partes. Las clases privilegiadas dan el ejemplo del parasitismo, de la falta de escrúpulos y de la inmoralidad. Basta recorrer los escritos contemporáneos (Avisos de Pellicer, cartas de los jesuitas, noticias de Barrionuevo...) para darse cuenta del grado que ha alcanzado la inmoralidad en las grandes ciudades, y particularmente en Madrid: riñas, robos, asesinatos, desacatos a la juticia incapaz de imponerse, llenan las páginas de aquellos libros que constituyen unos documentos abrumadores.

En medio de aquel desastre, la corte conserva las costumbres de antaño: fiestas brillantes, lujo insolente, gastos enormes, que no se sabía cómo sufragar. En julio de 1680 ocurrió un hecho insólito: nada menos que una huelga de brazos cruzados del personal de Palacio, que desde hacía un año no cobraba sus sueldos... «Se dio el triste espectáculo de una Corte que vivía sumergida en el más extravagante derroche en medio de una nación empobrecida» [54, 89]. Las intrigas palaciegas ocupan amplio lugar en aquellos tiempos. Se ha perdido toda perspectiva de conjunto. Solo se trata de medrar como se pueda y de sacar el mejor partido posible de la situación, bajo los ojos de los extranjeros, que esperan el momento oportuno para repartirse los despojos de lo que fue el imperio más poderoso del mundo.

Este cuadro peca quizá de pesimismo. Mientras la investigación no haya dedicado más atención a aquel período, será difícil rectificarlo en tal o cual sentido. Los trabajos de Vicens Vives, Girard, P. Chaunu y Pierre Vilar invitan a hablar de cierta recuperación a partir de 1680. Por aquellas fechas, ya Cádiz empieza a sustituir a Sevilla como cabeza del comercio ultramarino y se notan síntomas inequívocos de mejora en varios aspectos demográficos, económicos y sociales. De todas formas, conviene repetirlo, la visión que tradicionalmente se tiene de la crisis del XVII se centra demasiado en Castilla; como ya se ha indicado, las regiones periféricas fueron menos afectadas. Para la misma Castilla, Domínguez Ortiz no se muestra, sin embargo, muy optimista; para este historiador, la aparente recuperación de fin de siglo no es más que coyuntural; no es sino la atenuación de los males (malas cosechas, pestes, hambre) que desolaron al país en aquella época [54, 199]. Así y todo, es muy posible, sin embargo, que se haya exagerado mucho la decadencia de los últimos años de la centuria: de ser así, no se explicaría bien la paulatina mejora que se nota a partir del reinado siguiente. No basta con cambiar la dinastía para que desaparezcan como por encanto las trabas y las causas de marasmo. Lo mismo puede decirse desde el punto de vista intelectual. Tradicionalmente se señalaba a Feijoo como punto de partida de una nueva era en los temas y las ideas: trabajos recientes permiten pensar que la renovación, aunque tímidamente, había empezado antes, en las últimas décadas del XVII [112 bis, 41-64]. Aquí también, las variaciones regionales tienen su importancia. No se puede hablar de España en general: conviene hacer distinciones según las provincias. La cronología de la decadencia no fue la misma en todas y tampoco la de la recuperación.

Semejante incertidumbre aparece en cuanto se trata de caracterizar la vida política de la época. Para la historiografía castellana tradicional, Carlos II es el «hechizado», el rey que preside la decadencia, no solo de

la dinastía, sino de España. En cambio, ciertos catalanes ven en él el mejor rey que ha tenido España. Y es que, después de la crisis de los años 1640, la monarquía tuvo buen cuidado de respetar escrupulosamente las autonomías y las constituciones de las provincias. Fue la época llamada del neoforalismo, cuyo hombre más representativo fue Juan José de Austria, hijo natural de Felipe IV, virrey y «vicario» de la corona de Aragón durante varios años. Como dice Elliott, la segunda mitad del siglo XVII fue realmente para la Monarquía la edad de oro de la autonomía provincial, una edad de respeto casi supersticioso hacia los derechos y privilegios regionales por parte de una Corte demasiado débil y demasiado tímida para protestar [61, 483].

La Junta de Gobierno que formó Felipe IV antes de morir para actuar durante la minoridad de edad de Carlos II, integraba a hombres procedentes de los distintos reinos y señoríos asociados, y en adelante no se volvió a ver nada semejante a los proyectos de Olivares.

Para Castilla, sin embargo, las perspectivas políticas fueron más bien sombrías. Felipe IV había quedado viudo y sin sucesión en 1649, y entonces se volvió a casar con su sobrina doña Mariana de Austria. De esta tuvo dos hijos: el infante Felipe, que murió a los cuatro años, y don Carlos, que nació en 1662. Desaparecido Felipe IV en 1665, el reino quedó, pues, confiado a la reina regente hasta la mayoría de edad de Carlos II. De este reinado ha escrito Cánovas del Castillo que se divide en dos partes: durante la minoridad del rey, «estuvo España entregada a una anarquía nobiliaria» y durante el reinado personal del soberano «se hizo total la anarquía» [25, 361].

Efectivamente, parece que ninguna institución quedara en pie. Cuando murió Felipe IV estaban reunidas las Cortes castellanas. La regente las disolvió: «Ha cesado la causa para que se sirvió convocarlas el rey, y no es necesaria esta función» [25, 322]. Fueron las últimas que se convocaron. Ya hacía tiempo que habían renunciado a desempeñar un papel en la vida política del país. Siempre se habían inclinado ante los deseos del monarca: habían prolongado el servicio de millones; habían aprobado la extensión de las alcabalas, las ventas de juros y los arbitrios sobre consumos. De ahí en adelante, la cobranza de los millones continuó y, en vez de reunir las Cortes para ello, se pidió licencia individualmente a cada una de las ciudades que tenían voto en ellas. Así acabó su existencia aquella institución que, en los demás reinos, supo defender los fueros y privilegios tradicionales, a veces anacrónicos, pero que en Castilla se había convertido, desde principios de la dinastía y aun ya en tiempos de los Reyes Católicos, en instrumento dócil de la corona.

La reina regente Mariana se guió primero por su confesor, el jesuita alemán Juan Everardo Nithard, a quien, después de naturalizado, nombró presidente del Consejo de la Inquisición y primer ministro. Nithard se enemistó pronto con la mayoría de los nobles y con el pueblo de Madrid. Encabezó la protesta don Juan José de Austria, hijo natural de Felipe IV y de la actriz María Calderón. Reconocido por su padre, había ejercido varios cargos militares en Nápoles (1647-1651), donde combatió una rebelión, y luego en Cataluña: en 1652, él fue quien venció la resistencia de Barcelona. Después estuvo de gobernador en Flandes (1656) y de general en la guerra con Portugal (1661-1664). En octubre de 1668 tiene que huir a Barcelona porque teme ser detenido por orden de la reina regente. Desde la ciudad condal escribe varias cartas a los reinos de la corona de Aragón, a las ciudades castellanas que tienen voz y voto en Cortes, a los Consejos, a la Junta de Gobierno, a la regente... En ellas, acusa a Nithard de ser «causa única y absoluta de todas nuestras calamidades y disipaciones de dominios»; lo presenta como un ministro extranjero cuya influencia en la política nacional es todavía más funesta que la de Chievres, a principios del reinado de Carlos V, causa inmediata de la rebelión comunera. La amenaza no podía ser más clara. En la corona de Aragón, don Juan goza de gran prestigio y popularidad, aunque los virreyes y principales autoridades queden fieles a Nithard, como nombrados por él. El Consell general de Valencia, sin embargo, se muestra oficialmente favorable a don Juan, lo mismo que en la corte otro valenciano, Cristóbal Crespí de Valldaura, vice-canciller de la corona de Aragón y miembro de la Junta de Gobierno [79]. El 4 de febrero de 1669, don Juan sale de Barcelona y se encamina hacia Madrid, con una tropa de trescientos caballos. Llega a Torrejón de Ardoz el 23 y exige que se destierre a Nithard. La regente, abandonada por los Consejos, firma el 25 el decreto de expulsión. Este fue, pues, el primer pronunciamiento de la historia moderna de España y merece subrayarse que se llevó a cabo desde la periferia, con la ayuda moral de los grupos sociales más relevantes de aquellas provincias. Por primera vez desde hacía siglos, la corona de Aragón intervenía de un modo indirecto en la solución de un problema político en Madrid. Lo que Olivares no pudo obtener se realizó a principios del reinado de Carlos II: los reinos de la corona de Aragón ya parecían interesarse por lo que pasaba más allá de sus fronteras, en Madrid, y prestaban apoyo a un político que disfrutaba en ellos de gran popularidad. La victoria de don Juan, sin embargo, no fue total. La regente se negó a ofrecerle el puesto de primer ministro y le nombró tan solo virrey de Aragón y vicario general de la corona de Aragón, magistratura moral de gran prestigio pero de escasa significación política.

La minoridad de Carlos II se acabó en 1675. La regente trató de prolongarla bajo el pretexto —no del todo infundado— de que su hijo no era aún capaz de hacerse cargo del gobierno. No salió completamente con la suya, pero sí se las arregló para conservar gran influencia en los negocios públicos. Fue entonces cuando subió la estrella de Francisco Valenzuela. Este había sido paje del virrey de Sicilia, duque del Infantado. Vino a Madrid, se casó con una criada de la reina (1661) y entró como caballerizo en Palacio. La reina regente le dio un hábito de Santiago (1671). Valenzuela gozó entonces de un poder más o menos oculto que le permitió enriquecerse, traficando con los cargos públicos. En 1675, la reina le confiere otra dignidad, la de marqués. Le hacen, además, capitán general del reino de Granada y, en 1676, el mismo Carlos II le nombra grande de España. Pero ya el valimiento de Valenzuela chocaba con la oposición de los nobles y del pueblo. Otra vez fue don Juan José de Austria, a la sazón virrey de Aragón, el que se creyó obligado a intervenir y presionar al rey para que apartara al valido y se decidiera a gobernar prescindiendo de la reina madre. Después de varias peripecias, Valenzuela tuvo que salir de Madrid, esconderse algún tiempo en El Escorial y marcharse de España mientras se le abría proceso por las riquezas que había acumulado (1677). Don Juan José de Austria gobernó entonces hasta su muerte, acaecida en 1679.

La influencia de la reina madre decayó notablemente, sobre todo después del casamiento de Carlos II con María Luisa de Orleans, sobrina de Luis XIV (1679). El duque de Medinaceli fue primer ministro hasta 1685. Le sucedió Oropesa, que se mantuvo hasta 1691. Los últimos años del reinado y de la centuria fueron ocupados por el problema de la sucesión, problema que mostró hasta qué punto España había perdido toda capacidad de resistencia frente a los apetitos de las potencias extranjeras.

Carlos II había sido un niño raquítico y durante toda su vida fue enfermizo y enclenque. Sus dotes intelectuales no parecen haber sido muy grandes, tal vez por el descuido con que se le educó: se dice que a los nueve años todavía no sabía leer ni escribir. Su primera mujer, la francesa María Luisa, murió en 1689 sin dejarle sucesión. Al año siguiente, Carlos casó con una austríaca, María Ana de Neoburgo, y pronto quedó claro que tampoco su segunda mujer le daría sucesión. La corona de España sería de esta forma objeto principal de la atención de las potencias. Desde la paz de Westfalia (1648), la política europea estuvo dominada por Francia. Luis XIV, siguiendo las orientaciones de Richelieu y Mazarino, se mostraba muy agresivo, arrebatando comarcas y plazas para conseguir las fronteras naturales de su nación. España y Holanda, ahora unidas, fueron víctimas de aquel expansionismo, del cual la primera salió cada vez peor parada. La paz de Nimega (1678) le arrebató el Franco Condado y varias plazas fronterizas en los Países Bajos. De la antigua herencia borgoñona de Carlos V, poco era lo que quedaba ya, a pesar de todos los sacrificios que se habían consentido para conservarla íntegra. Inglaterra formó con Holanda y España, en 1688, la liga de Augsburgo para tratar de contener los avances de Luis XIV. Pero ya este pensaba en algo más que en conquistas territoriales; lo que le interesaba era colocar en el trono de España un príncipe de su familia, alegando por ello los derechos de su esposa, María Teresa, hija de Felipe IV. Por su parte, el emperador Leopoldo trataba de hacer heredero a su hijo segundo, el archiduque Carlos; él también podía apoyarse en complicadas reglas sucesorias. A falta de una situación clara, todo dependía, pues, del testamento de Carlos II: a él le correspondía designar a su sucesor, ya que la sugerencia de reunir las Cortes con este motivo había sido descartada rápidamente. Los embajadores del emperador, conde de Harrach, y de Luis XIV, marqués de Harcourt, fueron, pues, respectivamente encargados de presionar sobre Carlos II para que redactara un testamento conforme a sus deseos.

Al llegar a este punto, no es posible silenciar un curioso episodio, dramático y grotesco a la vez, buen exponente del estado lamentable en que había caído la familia real y la situación de España en el mundo. Se decía que Carlos II era víctima de unos hechizos y que a ellos se debía el hecho que no podía tener sucesión. El propio monarca se acabó de convencer de ello y, en 1698, pidió a la Inquisición que averiguase el asunto. El Consejo de la Inquisición no hizo caso, pero el Inquisidor general, Rocaberti, y el confesor del rey, Froilán Díaz, tomaron la cosa muy en serio y se pusieron a cazar los hechizos. Había entonces en España un fraile asturiano, Antonio Álvarez Argüelles, que tenía gran fama de exorcista y pretendía hablar con los demonios. El Inquisidor general y el confesor del rey se cartearon con él, consultándole sobre los hechizos del rey. Los demonios con quienes conversó Argüelles confirmaron lo de los hechizos, pero los achacaron al partido austríaco; por lo visto, eran demonios franceses o afrancesados. Los alemanes se inquietaron y enviaron a España a un capuchino, fray Mauro de Tenda, para exorcizar al rey. Esta vez parecía que los demonios se inclinaban más bien por el partido del archiduque. Muerto Rocaberti, el nuevo Inquisidor acabó con aquella farsa encarcelando a Fray Mauro y desterrando de la corte al confesor Froilán Díaz.

¿Hasta qué punto influyeron los hechizos en la solución final del pleito sucesorio? Lo más probable es que se tratara de un mero episodio —con carácter de farsa— de la lucha entre los dos partidos, el francés y el austríaco. Portocarrero, primer ministro, consiguió por fin que Carlos II dictase testamento, el 2 de octubre de 1700, a favor de Felipe, nieto de Luis XIV. El 1 de noviembre moría el último descendiente de Carlos V y se abría una nueva era en la historia de España.

NOTAS DEL CAPÍTULO III

1. [91 bis, I, 21-23]. El mismo retroceso se da en la vida cultural y en el mercado de la librería: las casas editoriales de Italia, sobre todo las de Venecia, tan prósperas antes, se hunden a partir de 1620; los impresores de Leyden y Amsterdam aprovechan los últimos adelantos técnicos y formatos reducidos para bajar en 75 % el costo de los libros y se hacen así dueños del mercado europeo [130 bis].

2. Es un error hablar del conde-duque de Olivares, ya que tal título nunca existió; se trata de una confusión entre las dos dignidades que ostentó don Gaspar de Guzmán, que ya era conde de Olivares cuando se le creó además, en 1625, duque de Sanlúcar. Conviene, pues, atenerse al criterio de los contemporáneos, que le llamaron conde de Olivares o Conde-duque a secas, pero nunca conde-duque de Olivares [224].

BIBLIOGRAFÍA

1. AGUADO BLEYE, P., *Manual de historia de España*, 8.ª ed., 3 vols., Madrid, 1959.

2. ALBERI, E., *Le relazioni degli ambasciatori veneti*, 15 vols., Florencia, 1839-1863.

3. ALBI, F., *El corregidor en el municipio español bajo la monarquía absoluta*, Madrid, 1943.

4. ARNOLDSSON, S., *La leyenda negra*, Göteborg, 1960.

4bis. ASHLEY, V. M., *Le Grand Siècle. L'Europe de 1598 à 1715*, París, 1973.

5. ASTRAIN, A., *Historia de la compañía de Jesús*, 7 vols., Madrid, 1912-1925.

6. AZCONA, T. DE, *Isabel la Católica. Estudio crítico de su vida y reinado*, Madrid, 1964.

7. BALLESTEROS GAIBROIS, M., *La obra de Isabel la Católica*, Segovia, 1953.

8. BARON, SALO WITTMAYER, *Late Middle Ages and Era of the European Expansion. 1200-1650*, vol. XV de *A Social and Religious History of the Jews*, Nueva York y Londres, 1973.

9. BARRIONUEVO, J. DE, *Avisos*, vols. 95, 96 y 99 de la Colección de escritores castellanos, Madrid, 1892-1893.

10. BASAS FERNÁNDEZ, M., *El consulado de Burgos en el siglo XVI*, Madrid, 1963.

11. BATAILLON, M., *Erasme et l'Espagne*, París, 1937.

11bis. BATAILLON, M., «Les idées du XVIe siècle espagnol sur les pauvres, sur l'aumône, sur l'assistance», en *Annuaire du Collège de France*, 1949, pp. 209-214.

12. BAUER LANDAUER, I., *La marina española en el siglo XVI: Don Francisco de Benavides, cuatralvo de las galeras de España*, Madrid, 1921.

13. BELTRÁN DE HEREDIA, V., *Las corrientes de espiritualidad entre los dominicos de Castilla durante la primera mitad del siglo XVI*, Salamanca, 1941.

14. BENEYTO PÉREZ, J., *Historia de la administración española e hispanoamericana*, Madrid, 1958.

15. BENEYTO PÉREZ, J., *Historia social de España e Hispanoamérica*, Madrid, 1961.

16. BENITO RUANO, E., *Toledo en el siglo XV. Vida política*, Madrid, 1961.

17. BENNASSAR, B., *Valladolid au siècle d'or*, París, 1967.

18. BENNASSAR, B., *L'homme espagnol*, París, 1975.

18bis. BENNASSAR, B., «Etre noble en Espagne», en *Histoire économique du monde méditerranéen* (Hommage à Braudel), Toulouse, 1973.

19. BERNÁLDEZ, A., *Memorias del reinado de los Reyes Católicos*, ed. M. Gómez-Moreno y J. de M. Carriazo, Madrid, 1962.

20. BOISSONNADE, P., *Histoire de la réunion de la Navarre à la Castille*, París, 1893.
21. BRANDI, K., *Carlos V*, Madrid, 1943.
22. BRAUDEL, F., *La Mediterranée et le monde méditerranéen à l'époque de Philippe II*, 2.ª ed., 2 vols., París, 1966.
23. BULLÓN, E., *Un colaborador de los Reyes Católicos: el doctor Palacios Rubios y sus obras*, Madrid, 1927.
24. CABRERA DE CÓRDOBA, L., *Felipe II, rey de España*, 4 vols., Madrid, 1876-1877.
25. CÁNOVAS DEL CASTILLO, A. *Bosquejo histórico de la casa de Austria en España*, Madrid, 1911.
26. CARANDE, R., *Carlos V y sus banqueros*. I, *La vida económica en Castilla (1516-1556)*, 2.ª ed., Madrid, 1965.
27. CARANDE, R., II, *La hacienda real de Castilla*, Madrid, 1949.
28. CARANDE, R., III, *Los caminos del oro y de la plata*, Madrid, 1967.
29. CARDAILLAC, L., *Morisques et chrétiens. Un affrontement polémique (1492-1640)*, París, 1977.
30. CARO BAROJA, J., *Los moriscos del reino de Granada*, Madrid, 1957.
31. CARO BAROJA, J., *Los judíos en la España moderna y contemporánea*, 3 vols., Madrid, 1961.
32. CARO BAROJA, J., *Las brujas y su mundo*, Madrid, 1969.
33. CARO BAROJA, J., *Inquisición, brujería y criptojudaísmo*, Barcelona, 1972.
34. CARRERA PUJAL, J., *Historia de la economía española*, 5 vols., Barcelona, 1943-1947.
35. CARRERA PUJAL, J., *Historia política y económica de Cataluña, Siglos XVI al XVIII*, 4 vols., Barcelona, 1946-1947.
36. *Cartas de algunos padres de la Compañía de Jesús*, Memorial Histórico Español, XII-XIX.
37. CASTRO, A., *La realidad histórica de España*, 2.ª ed., México, 1962.
CEDILLO (CONDE DE), cf. López de Ayala y Álvarez de Toledo, J.
38. CEPEDA ADÁN, J., *En torno al concepto del Estado en los Reyes Católicos*, Madrid, 1956.
39. CÍSCAR PALLARÉS, E., y R. GARCÍA CÁRCEL, *Moriscos i agermanats*, Valencia, 1974.
40. CLEMENCÍN, D., *Elogio de la reina católica doña Isabel*, Madrid, 1821 (Memorias de la Real Academia de la Historia, VI).
40bis. *Colección de Documentos Inéditos para la Historia de España*, 112 vols., Madrid, 1842-1895 (reimpresión 1964-1966).
41. COLMEIRO, M., *Historia de la economía política de España*, 2 vols., Madrid, 1863.
42. COLMENARES, D. DE, *Historia de la insigne ciudad de Segovia...*, Segovia, 1637.
42bis. *Cortes de los antiguos reinos de León y Castilla*, publicadas por la Real Academia de la Historia, 5 vols., Madrid, 1882.
43. CHAUNU, PIERRE Y HUGUETTE, *Séville et l'Atlantique (1504-1650)*, 12 vols., París, 1955-1959.
44. CHAUNU, P., *La Civilisation de l'Europe classique*, París, 1966.
45. CHAUNU, P., *L'Espagne de Charles Quint*, 2 vols., París, 1973.
45bis. CHENU, M. D., «Orthodoxie et hérésie», en *Annales, E. S. C.*, 1963, 75-80.

46. DANVILA Y COLLADO, M., *La Germanía de Valencia*, Madrid, 1884.
47. DANVILA Y COLLADO, M., *El poder civil en España*, 6 vols., Madrid, 1885-1887.
48. DANVILA Y COLLADO, M., *Historia crítica y documentada de las Comunidades de Castilla*, 6 vols., Madrid, 1897-1900 (Memorial histórico español, XXXV-XL).
49. DÉFOURNEAUX, M., *La vie quotidienne en Espagne au siècle d'or*, París, 1965.
50. DELUMEAU, J., *La Civilisation de la Renaissance*, París, 1967.
51. DOMÍNGUEZ ORTIZ, A., *La clase social de los conversos en Castilla en la Edad Moderna*, Madrid, 1955.
52. DOMÍNGUEZ ORTIZ, A., *Política y hacienda de Felipe IV*, Madrid, 1960.
53. DOMÍNGUEZ ORTIZ, A., *Los judeoconversos en España y América*, Madrid, 1971.
54. DOMÍNGUEZ ORTIZ, A., *Crisis y decadencia de la España de los Austrias*, 2.ª ed., Barcelona, 1971.
55. DOMÍNGUEZ ORTIZ, A., *Las clases privilegiadas en la España del Antiguo Régimen*, Madrid, 1973.
56. DOMÍNGUEZ ORTIZ, A., *Alteraciones andaluzas*, Madrid, 1973.
57. DOMÍNGUEZ ORTIZ, A., y B. VINCENT, *Historia de los moriscos*, Madrid, 1978.
58. DOUSSINAGUE, J. M., *La política internacional de Fernando el Católico*, Madrid, 1944.
59. DOUSSINAGUE, J. M., *Fernando el Católico y el cisma de Pisa*, Madrid, 1946.
60. ELLIOTT, J. H., *La España imperial. 1469-1716*, Barcelona, 1965.
61. ELLIOTT, J. H., *La rebelión de los catalanes (1598-1640)*, Madrid, 1977.
62. ESCUDERO LÓPEZ, J. A., *Los secretarios de Estado y del despacho (1474-1724)*, 4 vols., Madrid, 1969.
63. ESPEJO DE HINOJOSA, C., *El Consejo de Hacienda durante la presidencia del marqués de Poza*, Madrid, 1924.
64. EZQUERRA ABADÍA, R., *La conspiración del duque de Híjar (1648)*, Madrid, 1934.
65. FERNÁNDEZ ÁLVAREZ, M., *Economía, sociedad y corona*, Madrid, 1963.
66. FERNÁNDEZ ÁLVAREZ, M., *Política mundial de Carlos V y Felipe II*, Madrid, 1966.
67. FERNÁNDEZ ÁLVAREZ, M., *La España del emperador Carlos V*, tomo XVIII de la *Historia de España* publicada bajo la dirección de R. Menéndez Pidal, Madrid, 1966.
68. FERNÁNDEZ ÁLVAREZ, M., *La sociedad española del Renacimiento*, Madrid, 1970.
69. FERNÁNDEZ DE RETANA, L., *Cisneros y su siglo*, Madrid, 1929.
70. FERRARA, O., *L'Avènement d'Isabelle la Catholique*, París, 1958.
71. FERRER DEL RÍO, A., *Decadencia de España. Parte primera. Historia del levantamiento de las Comunidades de Castilla*, Madrid, 1850.
72. FORONDA Y AGUILERA, M., *Estancias y viajes del emperador Carlos V*, S. l., 1914.
73. FRAGA IRIBARNE, M., *Don Diego de Saavedra Fajardo y la diplomacia de su época*, Madrid, 1956.
74. FUSTER, J., *Nosotros los valencianos*, Barcelona, 1967.
75. FUSTER, J., *Heretgies, revoltes i sermons*, Barcelona, 1968.

76. García Cárcel, R., *Las Germanías de Valencia*, Barcelona, 1975.
77. García Cárcel, R., *Orígenes de la Inquisición española. El tribunal de Valencia. 1478-1530*, Barcelona, 1976.
78. García Martínez, S., *Els fonaments del país valencià modern*, Valencia, 1968.
79. García Martínez, S., «Sobre la actitud valenciana ante el golpe de Estado de Don Juan José de Austria (1668-69)», en *Primer congreso de Historia del País Valenciano*, III, 1976, pp. 421-457.
80. García Martínez, S., *El patriarca Ribera y la extirpación del erasmismo valenciano*, Valencia, 1977.
81. García Martínez, S., *Valencia y la Casa de Austria*, Valencia, 1977.
82. García Martínez, S., *Bandolerismo, piratería y control de moriscos en Valencia durante el reinado de Felipe II*, Valencia, 1977.
83. Giménez Fernández, M., *Bartolomé de las Casas*, 2 vols., Sevilla, 1953-1960.
84. Girard, A., *Le Commerce français à Séville et à Cadix au temps des Habsbourg*, París, 1932.
85. González Alonso, B., *El corregidor castellano (1348-1808)*, Madrid, 1970.
86. González Alonso, B., *Gobernación y gobernadores*, Madrid, 1974.
87. González Palencia, A., *Gonzalo Pérez, secretario de Felipe II*, 2 vols., Valencia, 1914.
88. González Palencia, A., *La junta de Reformación, 1618-1625*, Valencia, 1932.
89. Goñi Gaztambide, J., *Historia de la bula de la Cruzada en España*, Vitoria, 1958.
89bis. Gordon Kinder, A., *Casiodoro de Reina*, Londres, 1975.
90. Grice-Hutchinson, M., *The School of Salamanca: Readings in Spanish Monetary Theory. 1544-1605*, Oxford, 1952.
91. Guilarte, A. M., *El régimen señorial en el siglo xvi*, Madrid, 1962.
91bis. Gusdorf, V. G., *La Révolution galiléenne*, 2 vols., París, 1969.
92. Gutiérrez Nieto, J. I., *Las Comunidades como movimiento antiseñorial*, Barcelona, 1973.
93. Gutiérrez Nieto, J. I., «La estructura castizo-estamental de la sociedad castellana del siglo xvi», en *Hispania*, 1973, núm. 125.
94. Hamilton, E. J., *American treasure and the price revolution in Spain. 1501-1650*, Cambridge, Massachusetts, 1934.
95. Herrero García, M., *Ideas de los españoles del siglo xvii*, Madrid, 1966.
95bis. Huerga, Álvaro, *Predicadores, alumbrados e Inquisición en el siglo xvi*, Madrid, 1973.
96. Hume, M., *La Corte de Felipe IV*, Barcelona, 1949.
97. Jover, J. M., *1635. Historia de una polémica y semblanza de una gobernación*, Madrid, 1959.
98. Jover, J. M., *Carlos V y los españoles*, Madrid, 1963.
99. Juderías, J., *La leyenda negra*, Madrid, 1914.
100. Kamen, H., *La Inquisición española*, Madrid, 1973.
100bis. Kamen, Henry, *La España de Carlos II*, Barcelona, 1981.
101. Keniston, H., *Francisco de los Cobos*, University of Pittsburgh Press, 1960.
102. Klein, J., *La Mesta*, Madrid, 1936.

103. LACARRA, J. M., *Aragón en el pasado*, Zaragoza, 1960.
104. LADERO QUESADA, M. A., «La esclavitud por guerra a fines del siglo XV: el caso de Málaga», en *Hispania,* núm. 105, 1967, pp. 63-88.
105. LADERO QUESADA, M. A., *Castilla y la conquista del reino de Granada*, Valladolid, 1967.
106. LADERO QUESADA, M. A., *Historia y economía en la guerra de Granada: el cerco de Baza,* Valladolid, 1964.
107. LALINDE ABADÍA, J., *La gobernación general en la corona de Aragón*, Madrid, 1963.
108. LALINDE ABADÍA, J., *La institución virreinal en Cataluña. (1471-1716),* Barcelona, 1964.
109. LAPEYRE, H., *Une famille de marchands, les Ruiz*, París, 1955.
110. LAPEYRE, H., *Géographie de l'Espagne morisque*, París, 1959.
111. LARRAZ, J., *La época del mercantilismo en Castilla. 1500-1700,* Madrid, 1944.
112. LEA, H. C., *A History of the Inquisition of Spain*, 4 vols., Nueva York, 1906-1907.
112bis. LÓPEZ, V. F., *Juan Pablo Forner et la crise de la conscience espagnole au XVIIIe siècle*, Burdeos, 1976.
113. LÓPEZ DE AYALA Y ÁLVAREZ DE TOLEDO, J., CONDE DE CEDILLO, *El cardenal Cisneros, gobernador del reino*, 3 vols., Madrid, 1921-1928.
114. LÓPEZ MARTÍNEZ, N., *Los judaizantes castellanos y la Inquisición en tiempos de Isabel la Católica*, Burgos, 1954.
115. LUNENFELD, M., *The Council of the Santa Hermandad*, University of Miami Press, 1970.
116. LYNCH, J., *Spain under the Habsburgs*, Oxford, 1964.
117. LLORCA, B., *La Inquisición en España*, Madrid, 1936.
117bis. MANTRAN, ROBERT, «L'écho de la bataille de Lépante à Constantinople», en *Annales, E. S. C.*, marzo-abril 1973, pp. 396-405.
118. MARAÑÓN, G., *Ensayo biológico sobre Enrique IV de Castilla y su tiempo*, 12.ª ed., Madrid, 1975.
119. MARAÑÓN, G., *Antonio Pérez*, 2 vols., Madrid, 1954.
120. MARAÑÓN, G., *El conde-duque de Olivares*, 4.ª ed., Madrid, 1959.
121. MARAVALL, J. A., *La teoría española del estado en el siglo XVII,* Madrid, 1944.
122. MARAVALL, J. A., *Carlos V y el pensamiento político del Renacimiento*, Madrid, 1960.
123. MARAVALL, J. A., *Las comunidades de Castilla,* Madrid, 1963.
124. MARAVALL, J. A., *Estado moderno y mentalidad social,* 2 vols., Madrid, 1972.
125. MARAVALL, J. A., *La oposición política bajo los Austrias,* Barcelona, 1972.
125bis. MARAVALL, J. M., «La imagen de la sociedad expansiva en la conciencia castellana del siglo XVI», en *Histoire économique du monde mediterranéen,* Toulouse, 1973, pp. 369-388.
126. MARCH, J. M., *Niñez y juventud de Felipe II,* 2 vols., Madrid, 1941-1942.
127. MARIANA, J. DE, *Historia general de España*, Madrid, 1854 (B. A. E., 30).
128. MARIÉJOL, J. H., *L'Espagne sous Ferdinand et Isabelle,* París, 1892.
129. MÁRQUEZ, A., *Los alumbrados*, Madrid, 1972.

130. MÁRQUEZ VILLANUEVA, F., «Conversos y cargos concejiles en el siglo XV», en *Revista de Archivos, Bibliotecas y Museos,* 1957.
130bis. MARTIN, H. J., *Livre, pouvoirs et société à Paris au XVIIe siècle (1598-1701),* 2 vols., Ginebra, 1969.
131. MATEU IBARS, J., *Los virreyes de Valencia,* Valencia, 1963.
132. MATILLA TASCÓN, A., *Declaratorias de los Reyes Católicos sobre reducción de juros y otras mercedes,* Madrid, 1952.
133. MAURA GAMAZO, G., *Carlos II y su corte,* Madrid, 1911.
134. MEJÍA, P., *Historia del emperador Carlos V,* ed. J. de M. Carriazo. Madrid, 1945.
135. MELO, F. M. DE, *Historia de los movimientos, separación y guerra de Cataluña, en tiempo de Felipe IV,* 3 vols., Madrid, 1879.
136. MENÉNDEZ PELAYO, M., *Historia de los heterodoxos españoles,* 8 vols., Madrid, 1963.
137. MENÉNDEZ PIDAL, R., *La idea imperial de Carlos V,* Madrid, 1946.
138. MENÉNDEZ PIDAL, R., *España y su historia,* 2 vols., Madrid, 1957.
139. MENÉNDEZ PIDAL, R., *El P. Las Casas y Vitoria,* Madrid, 1958.
140. MENÉNDEZ PIDAL, R., *Los españoles en la historia,* Madrid, 1959.
141. MENÉNDEZ PIDAL, R., *Los Reyes Católicos y otros estudios,* Buenos Aires, 1962.
142. MERRIMAN, R. B., *Carlos V: el emperador y el imperio español en el viejo y nuevo mundo,* Madrid, 1960.
143. MOREL-FATIO, A., *L'Espagne au XVIe et au XVIIe siècle,* Heilbronn, 1876.
144. MOREL-FATIO, A., *Historiographie de Charles-Quint,* París, 1913.
145. MOXO, S. DE, *Los señoríos de Toledo,* Toledo, 1971.
146. NADAL, J., *La población española. Siglos XVI al XX,* Barcelona, 1966.
147. NETANYAHU, B., *The Marranos of Spain from the Late 14th to the Early 16th Century,* Nueva York, 1966.
148. NIETO, J. C., *Juan de Valdés and the origins of the Spanish and Italian Reformation,* Ginebra, 1970.
149. PALACIO ATARD, V., *Derrota, agotamiento, decadencia en la España del siglo XVII,* 2.ª ed., Madrid, 1956.
150. PARKER, G., *The Army of Flanders and the Spanish Road. 1567-1659,* Cambridge, 1972.
151. PELLICER, J., «Avisos históricos», en *Seminario erudito,* XXXI-XXXIII.
152. PEÑALOSA, L. F. DE, «Juan Bravo y la familia Coronel», en *Estudios segovianos,* I, 1949, pp. 73-109.
153. PÉREZ, J., «Moines frondeurs et sermons subversifs en Castille pendant le premier séjour de Charles-Quint en Espagne», en *Bulletin hispanique,* LXVII, 1965, pp. 5-24.
154. PÉREZ, J., *L'Espagne des Rois Catholiques,* París, 1971.
155. PÉREZ, J., *L'Espagne du XVIe siècle,* París, 1973.
156. PÉREZ, J., *La Revolución de las Comunidades de Castilla (1520-1521),* Madrid, 1977.
157. PÉREZ, J., «Humanismo y escolástica», en *Cuadernos hispanoamericanos,* 1978, núm. 334.
158. PÉREZ BUSTAMANTE, C., *Felipe III. Semblanza de un monarca y perfiles de una privanza,* Madrid, 1950.
159. PFANDL, L., *Philippe II,* París, 1942.
160. PFANDL, L., *Carlos II,* Madrid, 1947.

161. PILES ROS, L., «Aspectos sociales de la Germanía de Valencia», en *Estudios de Historia social de España*, 2 (1955), pp. 431-478.

162. PINTA LLORENTE, M. DE LA, *La Inquisición española*, Madrid, 1948.

163. PINTA LLORENTE, M. DE LA, *La Inquisición española y los problemas de la cultura y de la intolerancia*, 2 vols., Madrid, 1953-1958.

164. PINTA LLORENTE, M. DE LA, *Aspectos históricos del sentimiento religioso en España*, Madrid, 1961.

165. PISKORSKI, W., *Las Cortes de Castilla en el período de tránsito de la Edad Media a la Moderna. 1188-1520*, Barcelona, 1930.

166. PRESCOTT, W. H., *Historia del reinado de Fernando e Isabel*, Madrid, 1845.

167. PULGAR, H. DEL, *Crónica de los Reyes Católicos*, ed. J. de M. Carriazo, 2 vols., Madrid, 1943.

168. RANKE, L., *L'Espagne sous Charles-Quint, Philippe II et Philippe III ou les Osmanlis et la monarchie espagnole pendant les XVIe et XVIIe siècles*, París, 1845.

169. REDONDO, A., «Luther et l'Espagne de 1520 à 1536», en *Mélanges de la Casa de Velázquez*, I, París, 1965, pp. 109-165.

170. REGLÁ, J., *Felip II i Catalunya*, Barcelona, 1956.

171. REGLÁ, J., *El bandolerisme català del barroc*, 2.ª ed., Barcelona, 1966.

172. REGLÁ, J., *Història de Catalunya*, 2 vols., Barcelona, 1969-1973.

173. REGLÁ, J., *Estudios sobre los moriscos*, 3.ª ed., Barcelona, 1974.

174. REGLÁ, J., J. FUSTER, T. SIMÓ, S. GARCÍA MARTÍNEZ, y J. CLIMENT, *De les Germanies a la Nova Planta*, Barcelona, 1975, vol. III de la *Història del País Valencià*.

175. REVAH, I. S., «Pour l'histoire des Marranes à Anvers», en *Revue des Etudes juives*, 1963, pp. 123-147.

176. REVAH, I. S., *Leçon inaugurale au Collège de France*, París, 1967.

177. REVAH, I. S., «La controverse sur les statuts de pureté de sang. Un document inédit: Relación y consulta del cardenal Guevara sobre el negocio de fray Agustín Saluzio», en *Bulletin hispanique*, LXXIII, 1971, pp. 263-306.

178. RÍOS, F. DE LOS, *Religión y estado en la España del siglo XVI*, México, 1957.

179. RODRÍGUEZ VILLA, A., *La corte y monarquía de España en los años de 1636 y 1637*, Madrid, 1886.

180. RUIZ MARTÍN, F., «Rasgos estructurales de Castilla en tiempos de Carlos V», en *Moneda y crédito*, 1966, pp. 91-108.

181. RUIZ MARTÍN, F., *Lettres marchandes échangées entre Florence et Medina del Campo*, París, 1965.

182. SALCEDO IZU, J. J., *El Consejo Real de Navarra en el siglo XVI*, Pamplona, 1964.

183. SALOMON, N., *La Campagne de Nouvelle Castille à la fin du XVIe siècle d'après les Relaciones topográficas*, París, 1964.

184. SALVADOR ESTEBAN, E., *La economía de Valencia en el siglo XVI (comercio de importación)*, Valencia, 1972.

185. SANABRE, J., *La acción de Francia en Cataluña (1640-1659)*, Barcelona, 1956.

186. SÁNCHEZ ALBORNOZ, C., *España, un enigma histórico*, 2.ª ed., 2 vols., Buenos Aires, 1956.

187. SÁNCHEZ MONTES, J., *Franceses, protestantes, turcos. Los españoles ante la política internacional de Carlos V*, Pamplona, 1951.

188. SANDOVAL, P. DE, *Historia de la vida y hechos del emperador Carlos V* (B. A. E.).
189. SANTA CRUZ, A. DE, *Crónica del emperador Carlos V*, ed. V. Beltrán y Rózpide, 5 vols., Madrid, 1920-1925.
190. SANTA CRUZ, A. DE, *Crónica de los Reyes Católicos*, ed. J. de M. Carriazo, 2 vols., Sevilla, 1951.
191. SANTA TERESA, D. DE, *Juan de Valdés*, Roma, 1957.
192. SELKE, A., *Los chuetas y la Inquisición. Vida y muerte en el ghetto de Mallorca*, Madrid, 1972.
193. SERRANO DE HARO, A., *Personalidad y destino de Jorge Manrique*, Madrid, 1966.
194. SCHÄFER, E., *El Consejo real y supremo de las Indias*, 2 vols., Sevilla, 1935-1947.
195. SICROFF, A. A., *Les Controverses des statuts de «pureté de sang» en Espagne du XVIe au XVIIe siècles*, París, 1960.
196. SOLANO, F., *Estudios sobre la historia de Aragón durante la Edad moderna*, Madrid, 1967.
197. SOLDEVILA, F., *Història de Catalunya*, 2.ª ed., 3 vols., Barcelona, 1962.
198. SUÁREZ FERNÁNDEZ, L., *Documentos... sobre expulsión de los judíos*, Madrid, 1964.
199. SUÁREZ FERNÁNDEZ, L., *Política internacional de Isabel la Católica*, 2 vols., Valladolid, 1965-1966.
200. SUÁREZ FERNÁNDEZ, L., y M. FERNÁNDEZ ÁLVAREZ, *La España de los Reyes Católicos (1474-1516)*, vol. XVIII de la *Historia de España* publicada bajo la dirección de R. Menéndez Pidal, Madrid, 1969.
201. SUÁREZ FERNÁNDEZ, L., y J. DE M. CARRIAZO, *La España de los Reyes Católicos (1474-1516)*, vol. XVII de la *Historia de España* publicada bajo la dirección de R. Menéndez Pidal, Madrid, 1969.
202. TALAVERA, H. DE, *Católica impugnación*. Intr. de F. Márquez Villanueva, Barcelona, 1961.
203. TELLECHEA IDÍGORAS, J. I., *Tiempos recios*, Salamanca, 1977.
204. TELLECHEA IDÍGORAS, J. I., *El arzobispo Carranza y su tiempo*, 2 vols., Madrid, 1968.
205. TELLECHEA IDÍGORAS, J. I., *Fr. B. Carranza: documentos históricos*, 3 vols., Madrid, 1962-1966.
206. THOMPSON, I. A. A., *War and Government in Habsburg Spain. 1560-1620*, Londres, 1976.
207. TOMÁS VALIENTE, F., *Los validos en la monarquía española del siglo XVII*, Madrid, 1963.
208. TORRE, A. DE LA, *Documentos referentes a las relaciones con Portugal durante el reinado de los Reyes Católicos*, 3 vols., Valladolid, 1959-1963.
209. TORRE, A. DE LA, *Los Reyes Católicos y Granada*, Madrid, 1946.
210. TORRE, A. DE LA, *Documentos sobre relaciones internacionales de los Reyes Católicos*, 4 vols., Barcelona, 1949-1954.
211. TREVOR-ROPER, H. R., *De la Réforme aux Lumières*, París, 1972.
212. ULLOA, M., *La hacienda real de Castilla en el reinado de Felipe II*, Roma, 1963.
212bis. VALDEÒN BARUQUE, J., *Los conflictos sociales en el reino de Castilla en los siglos XIV y XV, Madrid, 1975.*
213. VAN DURME, M., *El cardenal Granvela. Imperio y revolución bajo Carlos V y Felipe II*, Barcelona, 1957.

214. Vicens Vives, J., *Historia crítica de la vida y reinado de Fernando II de Aragón*, Zaragoza, 1962.

215. Vicens Vives, J., *El gran sindicato remensa (1488-1508)*, Madrid, 1954.

216. Vicens Vives, J., *Historia económica de España*, Barcelona, 1958.

217. Vicens Vives, J., *Historia social y económica de España y América*, 5 vols., Barcelona, 1957-1959.

218. Vicens Vives, J., «Estructura administrativa estatal en los siglos xvi y xvii», en *Obra dispersa*, II, Barcelona, 1967, pp. 359-377.

218bis. Vilar, Jean, *Literatura y economía. La figura satírica del arbitrista en el siglo de oro*. Madrid, 1973.

219. Vilar, P., *La Catalogne dans l'Espagne moderne*, 3 vols., París, 1962.

220. Vilar, P., *Crecimiento y desarrollo*, Barcelona, 1964.

221. Vilar, P., *Oro y moneda en la historia (1450-1920)*, Barcelona, 1969.

222. Viñas, C., «Notas sobre primeras materias, capitalismo industrial e inflación en Castilla durante el siglo xvi», en *Anuario de historia económica y social*, 1975.

223. Viñas Mey, C., *El problema de la tierra en España en los siglos xvi y xvii*, Madrid, 1941.

223bis. Wolf, Ph., «The 1391 progrom in Spain. Social crisis or not?», en *Past and Present*, núm. 50, febrero, 1971.

224. Zudaire, E., «Un error de inercia: el supuesto Conde-duque de Olivares», en *Hidalguía*, XI, núm. 60, 1963, pp. 599-610.

224bis. Zudaire Huarte, E., *El Conde-duque y Cataluña*, Madrid, 1964.

225. Zurita, J., *Anales de la corona de Aragón*, 4 vols., Zaragoza, 1578-1585.

TERCERA PARTE

ASPECTOS IDEOLÓGICOS

por

J. M. Pelorson

Preámbulo

PRECISIONES SOBRE EL TÉRMINO «IDEOLOGÍA»

La historia de España de la época de los «Austrias» ha sido identificada, durante mucho tiempo, con la historia de sus soberanos, de sus grandes personajes e, incluso, con la historia de ciertas ideas (la idea del Imperio, el ideal religioso, etc.).

En la actualidad, la concepción de la historia se ha ampliado y profundizado. La «intra-historia», de la cual hablaba el joven Unamuno, es decir, la historia económica y social, se ha convertido en el objeto de múltiples investigaciones, de vivificantes debates. Las páginas que preceden a las nuestras son un testimonio de esta renovación.

El estudio de las ideas, o, más exactamente, de las ideologías, es decir de las ideas vividas por las masas humanas, ¿ha llegado a ser, en virtud de lo anterior, algo superfluo?

Una interpretación superficial de la definición y de la crítica marxista de las ideologías[1] ha servido a veces para intentar justificar concepciones economistas o sociologistas de la historia: si se admite que las ideologías, en una época dada, son sistemas de concepciones sociales (políticas, jurídicas, filosóficas, etc.) que se consideran a sí mismas representaciones coherentes y rigurosas del mundo, pero que, paradójicamente, desconocen su propio origen (la base social de la cual son el «reflejo» en las conciencias contemporáneas) y su verdadera función (en la lucha de clases), entonces —piensan algunos— ¿para qué interesarse en estas «ilusiones»? ¿Por qué no estudiar directa y exclusivamente el modo de producción y las relaciones sociales, sin ocuparse de las correspondientes «formas de conciencia»?

En realidad, solo el análisis teórico puede, de este modo, hacer la distinción entre lo económico, lo social, lo político y lo ideológico. Pero, en lo histórico concreto, las realidades económicas, sociales y políticas nunca se presentan en estado de «pureza»: siempre ofrecen «aspectos ideológicos», y estos influyen sobre aquellas tanto como pueden explicarse por las mismas.

En suma, la dificultad consiste en pensar lo ideológico como algo no *independiente* del conjunto histórico, pero sí dotado de una *relativa autonomía*.

Para denunciar la ilusión de independencia de las ideologías, Marx y Engels llegaron a escribir (en *La Ideología alemana*) que estas no tienen historia. Pero, al mismo tiempo, los fundadores del materialismo histórico definieron la Ideología como un mecanismo de ilusión social objetivamente *necesario*, esbozando así la relación interna que une el problema del Conocimiento al problema de la historia de la sociedad.[2] Y textos ulteriores de Marx y Engels ofrecen, además, una concepción de la Ideología mucho más matizada: consta que, para ellos, bajo sus formas históricas precisas, los fenómenos ideológicos tienen una especificidad que siempre necesita ser apreciada en lo concreto de cada contexto.[3] La discusión que se ha seguido hasta ahora sobre el término de reflejo (que demasiado a menudo se ha interpretado de manera mecánica como una simple reproducción «especular» de la base social en las conciencias), o de la expresión «falsa conciencia» (que muy a menudo se ha identificado con el error absoluto y continuo) ha conducido a una comprensión mejor de la extrema dificultad que las ideologías plantean al historiador, y, al mismo tiempo, de la importancia capital del problema.

No se pueden estudiar estas ideologías sin una referencia constante al contexto histórico global del que son inseparables. Esto quiere decir que las líneas que siguen exigen la lectura previa de lo que precede en este volumen.

Pero no por eso dejan de tener estos aspectos ideológicos una especificidad que hay que precisar.

No tenemos la pretensión de relatar dos siglos de historia de España desde el punto de vista ideológico. Para eso sería necesario reconstruir todo, abarcar todo. Además de que un esfuerzo tal rebasa las capacidades individuales —las nuestras en todo caso— nada sigue siendo tan problemático como la posibilidad de construir una historia científica de las ideologías.

Nuestro objetivo será más modesto: mediante una serie de ejemplos precisos, hacer comprender la complejidad de las ideologías en la España llamada del «Siglo de Oro», y el esfuerzo que en la actualidad exige esta reconstrucción, no solo en razón de la distancia temporal y de los cambios acaecidos, sino también porque discursos ideológicos sobre estas ideologías han llegado a esquematizarlas al máximo y a desfigurarlas. Estudiar, pues, los modos de difusión y en su época, de esas ideologías lejanas; abordar, especialmente, el problema de la tradición oral y el de la tradición escrita, la «hibridación» entre una cultura popular y una cultura erudita en la literatura española clásica. Comprender mejor cómo se construyó la «identidad española» dentro de una polémica europea y mediante varias representaciones mentales del conjunto social.

Abordar las relaciones complejas que hubo entre la Iglesia española y las ideologías, así dominantes como dominadas. Plantear, por fin, el problema de la responsabilidad de las ideologías en la decadencia de España en el siglo XVII.

En las líneas que siguen, el lector no encontrará —quizá contra lo que él esperaba— respuestas definitivas, sino la problemática de interrogantes siempre abiertos. Pero la misma formulación de las preguntas intentará integrar las aportaciones de varios historiadores de las ideas e ideologías de la España clásica. Si es cierto que el espíritu enciclopédico, hoy más que nunca, debe ser abertura a la investigación, en lo que esta tiene de vivo y de colectivo, bastará que las líneas que siguen animen al lector a consultar, o volver a consultar, las obras fundamentales citadas para que hayamos logrado nuestro principal objetivo.

NOTAS DEL PREÁMBULO

1. El neologismo «ideología» fue acuñado por algunos filósofos franceses materialistas del siglo XVIII que quisieron construir una ciencia de las «ideas», reduciéndolas a un sistema de elementos sencillos e irreductibles: las sensaciones (Destutt de Tracy, adeptos del «sensualismo» de Concillac, etc.). Para la historia ulterior del término, los textos fundamentales de Marx y Engels, las discusiones en torno a la noción de reflejo, etc., véase [57].
2. Véase el prólogo de Gilbert Badia de la edición francesa [41].
3. Por ejemplo, en el *Manifiesto comunita* (1848), la distinción entre una fase ascendente y una fase decadente de la burguesía proyecta una luz doble sobre su ideología: en la primera fase, la pretensión de la burguesía de representar un interés general, más amplio que sus intereses de clase, corresponde a algo *real.* Véanse también las páginas que Marx dedica a la floración de formas artísticas refinadas (en la Grecia antigua, por ejemplo) a pesar del carácter primitivo de la vida social, etc.

Capítulo primero

Cultura escrita y cultura popular

La historia es ciencia de huellas, más especialmente de huellas escritas.

En la España de los siglos XVI y XVII, la inmensa mayoría no sabía leer ni escribir. Por eso, de la vida, del trabajo, del sentir y pensar de los que solían labrar la tierra, criar ganado, edificar casas, derribar árboles, fabricar barcos, pagar diezmos y la mayor parte de otros impuestos señoriales y reales, muy pocos son los vestigios que han llegado hasta nosotros, y, casi siempre, nos han llegado de manera indirecta: a través de los testimonios de la minoría que podía escribir.

¿Desaparecieron, pues, definitivamente, sin dejar «huella» alguna, las palabras, los diálogos cotidianos, las tradiciones orales de los millones de españoles iletrados de esos dos siglos?

En primer lugar, ellos compartían con la minoría erudita (no digamos «culta», pues no gozaba del monopolio de la cultura) una lengua, o mejor dicho, una pluralidad lingüística, de la que hoy día puede reconstituirse, hasta cierto punto, la historia evolutiva y diversificada. Pero tal historia debe pasar revista a documentos escritos, y solo gracias a ellos intentar aproximarse a los modos de hablar propios de la gente que no escribía.

¿Cómo se expresaría un verdadero aldeano del Siglo de Oro? Las palabras de Sancho Panza, en sus sabrosos y siempre imprevistos diálogos con don Quijote, el *sayagués* de la *Comedia* son, a las claras, lenguajes estilizados y, por lo tanto, sospechosos. En los documentos judiciales y fiscales, «dicen su dicho», sin poder firmarlo las más de las veces, humildes aldeanos interrogados por diligencieros, escribanos, jueces y recaudadores. Pero tales documentos, dispersos entre la masa enorme de legajos conservados en Simancas y en los archivos de las audiencias, distan mucho de haber sido investigados sistemáticamente y estudiados desde el punto de vista lingüístico. Además, puede sospecharse que, debido a las circunstancias, la gente no se expresaba ante un juez o un receptor con la soltura y naturalidad de la vida ordinaria. En cuanto a los acuerdos de personas analfabetas, dictados a algún copista y conservados hasta hoy, resultan ser escasísimos...[1]

Con muchas alteraciones propias de la tradición oral, y con frecuente contaminación debida a la cultura escrita, han venido perpetuándose hasta hoy, en España, refranes, anécdotas, cuentecillos, coplas, romances, etc., de la cultura popular. Pero para datar los jalones de tal tradición, a los folkloristas, romanceristas, especialistas de la literatura de cordel, de los refraneros, etc., no les queda más remedio que acudir a los textos que, en épocas remotas, aludían a la cultura popular, transcribiendo parte de su riqueza con más o menos fidelidad.

Por otra parte, esta antigua transmisión hoy se ha perdido casi por entero, como consecuencia de la alfabetización y de la creciente homogeneización introducida por los *mass-media.* Es de lamentar que los esfuerzos de Menéndez Pidal, Aurelio Espinosa, Rodríguez Marín y algunos otros investigadores, que recorrían las aldeas apuntando cuidadosamente cuentos, o refranes, adivinanzas y coplas, todo un material aún vivo en la tradición colectiva a principios de nuestro siglo, no hubiesen suscitado más émulos, ni gozado de mayor apoyo oficial, cuando todavía era tiempo.

La cultura popular en la España clásica no se limitaba a la tradición oral. También se expresaba a través de juegos, fiestas, costumbres del trabajo y del ocio, hábitos y trajes. De todo aquello quedan algunas huellas, pero, una vez más, indirectas: recogidas en textos escritos.

Sobre la cultura erudita de la minoría, en cambio, abundan los documentos. Amontónanse libros impresos y manuscritos de la época clásica en bibliotecas y archivos, oficiales y privados, ofreciendo un fondo casi inagotable y que a veces queda sin inventariar.

Tan aplastante desproporción es irremediable. Sin embargo, no perderá el tiempo quien reflexione sobre ella. Todo el que esté convencido de que la historia de las mentalidades y de las ideologías del Siglo de Oro no debe, sin correr el riesgo de graves mutilaciones, encastillarse en el mundo estrecho de la cultura escrita, no podrá dejar de interesarse sistemáticamente por todos los esfuerzos, ya hechos o por hacer, de reconstrucción de la cultura popular. Tanto más cuanto que la interpretación correcta de la misma cultura escrita exige el tener en cuenta sus relaciones con la tradición popular coetánea.

1. UN FENÓMENO DE HIBRIDACIÓN CULTURAL

En un libro apasionante sobre François Rabelais, Mijail Bajtin demuestra cómo, en la Francia renacentista, la cultura popular, lejos de vivir encerrada en sí misma y apartada de la cultura escrita, consiguió influir poderosamente sobre esta, y cómo tal influjo, aunque después fue decreciendo, se nota aún en épocas posteriores. En algunas páginas, el libro indica la existencia de un fenómeno similar en España [5].

España, en efecto, tanto y aun más que Francia, ofrece múltiples signos de dicha influencia. El citado historiador ruso se limita a rastrear la huella de la cultura popular en obras relativamente tardías como las de Cervantes y Quevedo. Pero, si nos remontamos al Renacimiento, son muchos los ejemplos que se pueden aducir ya en apoyo de la tesis general de Bajtin.

Gracias a Menéndez y Pelayo y, sobre todo, a Américo Castro y Marcel Bataillon, sabemos hoy cuán profunda fue la difusión del «erasmismo» entre las élites espirituales e intelectuales de la España de Carlos V. Ahora bien, el erasmismo prestaba mucha atención a la sabiduría popular y a la gracia de los refranes. Erasmistas fueron coleccionistas de refranes como el «Comendador Griego» Hernán Núñez y Juan Mal Lara. Ellos compartían la admiración del propio Erasmo por la concisión y el donaire de esas «joyas» del habla popular (ya presentes en la literatura española anterior a la «pre-Reforma», como se ve en las obras del Marqués de Santillana o en la *Celestina*). Más tarde, el recurso a los refranes, en la famosa novela de Cervantes, marcará una etapa nueva, en la que admiración e ironía se mezclan intrincadamente. Sancho hace llover refranes de tal forma que a veces nos reímos de él, con su amo. Pero el mismo don Quijote se maravilla de la maestría de su escudero en el manejo de los proverbios e intenta competir con él. Aun cuando Sancho «ensarta» refranes (procedimiento condenado por los erasmistas, pero que, dicho sea de paso, no correspondía a ningún uso real entre la gente del pueblo), la «retahíla» de los refranes no se convierte nunca en enumeración mecánica de fórmulas huecas (a diferencia de los razonamientos necios que Molière pondrá en boca de Sganarelle, lacayo de don Juan). Así, por ejemplo, si el escudero, aguijoneado por los reproches de su mujer y por su propia codicia, se vale de refranes en una escena famosa de la novela (D. Q., II, cap. VII), es porque con tales rodeos intenta decir cosas graves e incluso impertinentes: que don Quijote no es inmortal y que su servidor quiere un salario.

> Es el caso... que como vuesa merced mejor sabe, todos estamos sujetos a la muerte, y que hoy somos y mañana no, y que tan presto se va el cordero como el carnero... En fin, yo quiero saber lo que gano, poco o mucho que sea, que sobre un huevo pone la gallina, y muchos pocos hacen un mucho, y mientras se gana algo, no se pierde nada.

Don Quijote se niega a acceder al ruego de Sancho y le contesta con sorna:

> Si... vos gustáredes de estar a merced conmigo, *bene quidem*; y si no, tan amigo como de antes: que si al palomar no le falta cebo, no le faltarán palomas, y advertid, hijo, que vale más buena esperanza que ruin posesión y buena queja que mala paga. Hablo de esta manera, Sancho, para daros a entender que también como vos sé yo arrojar refranes como llovidos.

Como don Quijote, la sociedad española erudita sigue apreciando los refranes, bien entrado el siglo, y de 1627 data el inventario más completo de «refranes y frases proverbiales» de que hoy podemos disponer. Su autor, Gonzalo Correas [14].

Los refranes, pues... Pero también los romances anónimos de la creación popular. No solo se les colecciona durante el Siglo de Oro sino que escritores famosos —Lope de Vega, Góngora, entre muchos otros— se inspiran en ellos, imitándolos o recreándolos a su modo. ¿Qué poeta, qué dramaturgo de la época dejó de rendir homenaje a esa veta de la cultura popular? Tradición profunda que casi sin interrupciones se ha transmitido hasta hoy (pensemos en el *Romancero gitano*, y en el *Romancero de la guerra civil...*).

Los romances... Pero también anécdotas y cuentecillos, a menudo de origen popular, cuya presencia en la literatura ya advirtió Menéndez Pelayo (no sin un cierto desdén) y cuya importancia cuantitativa y cualitativa se aprecia hoy cada vez más. Gran parte de esas historietas proviene del fondo folklórico de la España medieval, crisol de tres civilizaciones. Cuando Lazarillo de Tormes, por ejemplo, cree que «la casa donde nunca comen ni beben» de la que habla una viuda en un entierro no puede ser sino la casa donde él vive con un amo avaro, el *quid pro quo*, tal y como aparece en la famosa novela anónima, a mediados del siglo XVI, recoge una situación graciosa del folklore arábigo medieval. En la comedia *El condenado por desconfiado* (quizá de Tirso de Molina), la historia de la conversión final y salvación de un bandido napolitano, asesino pero buen hijo, no solo desarrolla el tema cristiano del «buen ladrón» sino que da acogida al tema más amplio del culto filial y de sus méritos, también presente en las tradiciones de las civilizaciones y religiones judaica y musulmana, como demostró Menéndez Pidal en un ensayo apasionante [43].

En la *Comedia* española descuella también el tema del «rústico» o del «villano», con insistencia tal que Noël Salomon pudo declarar que en ningún otro país llegó a alcanzar semejante importancia [51]. Si, en un principio, la figura del rústico ofrece los rasgos sencillos y grotescos del «bobo» o de un mero payaso, en tiempo de Lope el personaje y sus circunstancias cobran ya una riqueza extraordinaria. El teatro rinde homenaje, en especial, a los valores estéticos del mundo campesino, a las fiestas, bailes y cantos de los aldeanos, estilizados y deformados por supuesto, pero llenos de una especie de simpatía estética.

¿Para qué multiplicar ejemplos? En la Europa de los siglos XVI y XVII, la literatura española es, sin duda alguna, la que ofrece muestras más numerosas y más duraderas de la fecundación profunda de una cultura escrita por una cultura popular.

2. EL CONTENIDO DE LA CULTURA POPULAR

Entre los historiadores modernos de la literatura española clásica, no faltan quienes se interesan por este fenómeno de hibridación con el fin exclusivo de poner de relieve los méritos estéticos de la cultura escrita. Por una parte, existía lo que ellos llaman «material folklórico»: cantos, anécdotas, decires, frases proverbiales, etc... En el medioevo, y más aún durante el Renacimiento y el Siglo de Oro, surgieron varios escritores que supieron labrar este material algo tosco, estilizándolo, «transmutándolo».

Tal tipo de demostración encierra muchas verdades. Es innegable, por ejemplo, que la estructura de conjunto de *Lazarillo de Tormes*, la gradación de los episodios, los juegos sutiles de simetrías y contrastes que se traban entre las experiencias sucesivas del joven Lázaro atestiguan una maestría artística que, a partir de las situaciones relativamente sencillas del folklore, crea algo nuevo y mucho más complejo, algo que anuncia la forma moderna de la «novela» [7; 33]. Asimismo, el inventario de las fuentes folklóricas del *Retablo de las Maravillas* puede servir para realzar la originalidad profunda de la reelaboración cervantina.

Pero la noción de cultura popular debe interpretarse como mucho más amplia y rica que la de material folklórico. El mérito esencial del libro de Bajtin, en nuestra opinión, consistió en recordar que dicha cultura popular, a través de sus variadas manifestaciones más o menos artísticas (cantos, cuentos, refranes, pero también fiestas, juegos, ritos, risas, etc.), era *toda una concepción de la vida y del mundo*. En este sentido, quienes hablan tan solo de material folklórico empobrecen la cultura popular y la vacían de su contenido.

Amor a la vida y a la tierra, fuente de vida, materialismo de los sentidos, exaltación de la abundancia terrenal, truculencia a veces erótica y hasta obscena (no por «perversidad» sino por confianza profunda en las fuerzas naturales, desbordantes e incluso diformes, que perpetúan la vida), risa generosa y comunicativa, invención lúdica de un mundo mejor, parodia sarcástica y superación utópica del mundo real, he aquí el contenido esencial, según Bajtin, de la cultura popular tal y como esta asoma en las obras de François Rabelais, miembro de la élite intelectual renacentista, pero, al mismo tiempo, escritor «popular».

En la literatura española de los siglos XVI y XVII, no faltan ejemplos análogos. El mismo Bajtin señaló algunos: la significación simbólica del apellido de Sancho (aquel «panzudo» Sileno manchego) o de episodios cervantinos tales como las bodas de Camacho, con su abundancia de vituallas, o como la pelea de don Quijote con las botas de vino.

El amor a la vida, a la tierra y a los placeres del cuerpo estalla en muchas otras obras españolas, pero quizá con más sobriedad de conjunto que en los escritos de un François Rabelais. Muchas veces, en aquella España, el tema obsesionante del hambre sirvió de contrapunto al de la abundancia. Pensemos en los placeres deliciosos que saca el pobre Lázaro de un mendrugo de pan, de unas cuantas uvas, o de algunos tragos de vino, saboreados a hurtadillas del amo, «la cara puesta al cielo, un poco cerrados los ojos por mejor gustar el sabroso licor». Pensemos en la golosía insaciable de Guzmán de Alfarache, de niño «cebado a torreznos, molletes y mantequillas y sopas de miel rosada», que, después de tener que salir de la casa materna, dedica casi todos sus esfuerzos y su creciente malicia a buscar el «sustento» y a demostrar su capacidad para organizar banquetes, robando, por ejemplo, gallinas, pollos y capones cuando sirve de furriel en una compañía que espera las galeras para ir a Italia, y trayéndole muy orgulloso al capitán su amo «pernil de tocino entero, cocido en vino, cada domingo». Sin embargo, no conviene esquematizar: la obsesión del hambre también aparece en la literatura francesa y, a la inversa, no faltan textos españoles que exalten una abundancia digna del país de Cocaña, sin el contrapunto del hambre, como cuando el Polifemo de Góngora evoca sus ganados, o cuando algún «villano rico» de la *Comedia* enumera, en tono complaciente, la abundancia de sus bienes.

Erotismo y obscenidad quizá no se encuentren tan masivamente en la literatura española impresa (por lo menos tras el Renacimiento) como en su homóloga francesa. Pero circulaban muchos manuscritos picantes, y si pocos autores se atrevieron a imitar obras tan audaces como *La Celestina* o *La lozana andaluza*, siguieron escribiéndose y a veces publicándose colecciones de letras, letrillas, villancicos, chaconas, etc., que recogían una poesía lírica amatoria de corte popular.

¡Qué fuerza tan lírica y maliciosa a la vez hay, por ejemplo, en este soneto anónimo!

> Aquel llegar de presto y abrazalla,
> aquel ponerse a fuerza él y ella,
> aquel cruzar sus piernas con las della,
> y aquel poder él más y derriballa;
>
> aquel caer debajo y él sobre ella,
> y ella cobrirse y él arrezagalla,
> aquel tomar la lanza y embocalla,
> y aquel porfiar dél hasta metella;

aquel jugar de lomos y caderas,
y las palabras blandas y amorosas
que se dicen los dos, apresurados;

aquel volver y andar de mil maneras,
y hacer en este paso otras mil cosas
pierden con sus mujeres los casados.[2]

Así en España como en Francia se toleraban fiestas populares (en Carnestolendas, por ejemplo) que invadían las calles y las plazas públicas. Por algunos días mandaba el pueblo, y se invertían los valores y las funciones de la vida real: de la boca del bufón salían destellos de sabiduría, mezclados con mil donaires grotescos; se remedaba la gravedad del juez, el énfasis del letrado, se multiplicaban las burlas.

Era la burla un fenómeno muy difundido entre todas las capas de la sociedad. Un sinfín de anécdotas demuestra su extensión al mundo de las universidades, como sus novatadas y vejámenes, al de los castillos y casas de los señores, con las facecias de los pajes, incluso al de la corte, en donde el mismo monarca apreciaba la compañía de bufones.

Aunque prohibidas y a veces castigadas duramente (cuando tenían un contenido profanador), las palabrotas del habla popular, desde los campos y las calles, cundían a todas partes. Los soldados solían soltar «votos y porvidas». Don Quijote reprende a Sancho por sus «hijos de p...», pero al mismo caballero andante se le escapa tal juramento cuando se enfada o exalta, y sabemos que, en este particular, Cervantes no hace sino ilustrar en su novela un fenómeno de contagio de la truculencia popular cuya existencia en la vida real consta en numerosos documentos.

La interpretación de los juramentos es delicada. Algunos comentaristas les atribuyen una intención blasfema. Otros, de modo más sutil y sin duda más exacto, ven en ellos la expresión de relaciones ambivalentes con ciertos valores religiosos, sociales, sexuales.

En todo caso, Bajtin, una vez más, parece acertar al indicar que podía haber un placer inventivo, lúdico, en el empleo de las palabrotas, placer muy próximo entonces al de las burlas, y forma condensada, en los diálogos, de una risa popular, familiar y comunicativa, sarcástica y cariñosa. Por eso, precisamente, hacían reir.

3. PUNTOS DE CONTACTO ENTRE LAS DOS CULTURAS

Parra comprender mejor el fenómeno de hibridación cultural, sería interesante investigar los varios puntos de contacto entre las dos culturas, clasificándolos.

La cultura escrita no se difundía fácilmente entre las masas iletradas.

Los organismos más potentes y más ramificados para conseguir tal difusión eran, por supuesto, los de la Iglesia española. Esta, por la catequización, la confesión y la predicación (a veces ambulante) propalaba entre las masas los rudimentos de la fe, acompañados de historias (como las de la *Leyenda Aurea*), consejos y exhortaciones. Sin embargo, la difusión de la fe cristiana tropezaba con varios obstáculos: el difícil acceso a algunas regiones inhóspitas (como la de las Hurdes), el reflujo de conventos rurales a los centros urbanos cuando se acentuó la pauperización del campo en muchas partes (siglo XVII), la resistencia de los labradores y ganaderos moriscos (a quienes hubo que expulsar a principios del XVII), la existencia de creencias populares profundamente arraigadas, y que a veces se orientaban hacia la práctica clandestina de la magia y de la hechicería.

Contra las ilusiones del derecho, conviene recordar, por otra parte, que la difusión de la ley escrita y la ramificación de las estructuras judiciales verticales distaban mucho de conseguir la adhesión popular. El analfabetismo, el particularismo regional, la fuerza de la costumbre, o del derecho consuetudinario, eran otros tantos obstáculos contra los que se estrellaban las pretensiones de los «legistas». En muchos pueblos, las tradiciones democráticas, tenazmente defendidas, mantenían como representantes de la justicia ordinaria, aunque iletrados, a varios alcaldes elegidos.

La literatura escrita podía, hasta cierto punto, difundirse por la tradición oral. Es difícil, cuando no imposible, comprobar hoy día si Cervantes se refería a prácticas reales al hacer mención de lecturas efectuadas en pleno campo ante campesinos atentos, o de representaciones teatrales organizadas en tal aldea por un estudiante de licencia de la universidad. En cambio, se sabe a ciencia cierta que algunas compañías de pobres «faranduleros» recorrían los pueblos y lugares; a veces representantes más famosos salían también de los centros urbanos para buscar los aplausos de los «rústicos». Sobre tales ambulaciones, nos dejó un libro el «autor» (en el sentido de director de compañía) Agustín de Rojas. Su título, *Viaje entretenido* (1603). Pero estas salidas al campo eran excepcionales y efímeras [49]. La *Comedia* se dirigía ante todo a un público urbano, en el que podía haber, es cierto, personas analfabetas. En conjunto, es obvio que la literatura escrita no era, no podía ser «popular», en el sentido de asequible al pueblo.

La difusión inversa de la cultura popular entre la minoría erudita podía tener, también, ocasiones excepcionales: danzas, cantos, dichos graciosos de fiestas públicas, en el campo y en las urbes, podían atraer la atención de la gente leída.

Pero el expansionismo de la cultura popular ha de explicarse sobre todo por la imbricación frecuente entre los dos mundos cuyos intercambios culturales intentamos comprender.

Existían en la Iglesia y en las escuelas y universidades posibilidades de promoción cultural para gentes de origen popular. Es cierto que la minoría que sabía leer y escribir en España representaba un porcentaje ínfimo de la población, pero un porcentaje que fue creciendo, dando a España el primer puesto entre los países coetáneos, en materia de educación. El anhelo reformador de Cisneros, a principios del XVI, las ambiciones educadoras del concilio de Trento (cuyas disposiciones fueron proclamadas en conjunto ley del reino en 1564), la fundación de la Compañía de Jesús y la multiplicación de sus colegios en España, marcan varios esfuerzos de la Iglesia española o de algunos sectores de ella por elevar el nivel cultural de sus miembros y hacerlos más dignos de sus funciones pedagógicas. Mientras tanto, se van fortaleciendo viejas universidades medievales como las de Salamanca y Valladolid, aparece la Complutense en Alcalá de Henares (gracias a Cisneros), se multiplican en los «estudios generales» de dimensión mediana, crece el número de estudiantes, sobre todo en las ramas jurídicas, siendo el reinado de Felipe II el momento culminante de este desarrollo universitario, cuya lenta decadencia en el siglo XVII no impide la elevación de la cultura de base en los centros urbanos a los que, como queda dicho, tienden a refluir parte de los conventos rurales.

Ahora bien, al principio, tanto monarcas como prelados favorecieron la promoción de estudiantes pobres. Disposiciones restrictivas les reservaban el acceso a las becas del Colegio de los Españoles en Bolonia (fundado por el cardenal Gil de Albornoz) y de los Colegios Mayores que luego fueron surgiendo en la misma Península. Una reacción social no tarda en amenazar esta relativa democratización de las masas estudiantiles: parte de la nobleza, desde la institucionalización del sistema de los mayorazgos (siglo XIV) había tenido que orientar a sus hijos segundones hacia los estudios y las carreras eclesiásticas. La dignidad conferida a las «letras» por los Reyes Católicos, y sobre todo por el «rey letrado» Felipe II, acelera la conversión a los estudios de los segundones, y aun de caballeros primogénitos que sueñan con servir al rey como oidores, corregidores, consejeros. Por otra parte, la concesión por Carlos V de la «nobleza personal» (exención vitalicia del pecho) a los doctores en derecho de las «tres Grandes» (Salamanca, Valladolid y, un poco más tarde, Alcalá) contribuye a atraer a dichos centros docentes a los hijos de una rica burguesía urbana. En tales condiciones se olvidan cada vez más los estatutos originales de los Colegios Mayores, que se convierten en semilleros de altos funcionarios de la Iglesia y del Estado, con exclusión creciente (complicada por la cuestión de la limpieza de sangre) de la gente «plebeya». Aun así, la Iglesia, que paga los estudios de sus miembros, sigue siendo un organismo de promoción relativamente democrática (si bien en ella no se repiten casos de ascenso fulgurante como el del famoso Silíceo, hijo de labrador, que llegó a arzobispo), mientras estudiantes «capigorrones» se empeñan en acudir a las aulas sin conseguir graduarse las más de las veces, pero con la esperanza de granjearse la protección de algún hijo de familia, o de servir en empleos subalternos, de alguaciles, oficiales de escribanías, procuradores de causas, etc.

En la organización interna del clero regular y del clero secular se reproduce la jerarquía fundamental de la sociedad, siendo generalmente personajes de noble estirpe los que dirigen los conventos, consiguen prelaturas y canonjías, o sirven de párrocos. Pero la vida comunitaria en los conventos favorece más que en la sociedad civil el roce de los dos mundos: todo un pueblo menudo de hermanos legos, «contentándose con la dichosa suerte de Marta, sirven a nuestro Señor ayudando en los oficios comunes de casa y descargan a los demás deste trabajo», como dice el jesuita Pedro Rivadeneira. Auxiliares de los párrocos y presbíteros son los bedeles y sacristanes, personajes de tipo popular, y tratados como tales en los entremeses del tiempo.

El dominio de la nobleza mantiene distancias sociales casi insuperables entre los soldados y marinos y sus jefes. Sin embargo, los viajes, conquistas y guerras, la vida en los cuarteles y presidios, los padecimientos en el cautiverio eventual estrechan a veces las relaciones humanas. Entre los primeros conquistadores, muy pocos eran los que sabían leer y escribir; algunos aplicaron al Nuevo Mundo palabras sacadas de su conocimiento de la antigüedad greco-latina (así recibió su nombre actual el río Amazonas), y los otros las adoptaron... Aunque excepcional, no deja de ilustrar un fenómeno de posible promoción el ascenso profesional y cultural de un corsario como Alonso de Contreras, el cual, pese a su origen humilde, llegó a caballero de la orden de San Juan y a capitán, y escribió un derrotero, y aun una autobiografía, alentado sin duda por la amistad de Lope de Vega, que le hospedara en Madrid, e incluso le dedicó una comedia.

En los organismos judiciales, dominados por «letrados» y «caballeros de capa y espada», tales oficiales subalternos como los alguaciles —no los de corte, ni los temibles auxiliares de los jueces de comisión, sino aquellos que desempeñaban funciones ordinarias de policía en las aldeas y mercados— solían ser pobres diablos, con los que se ensañaba la literatura satírica urbana pero que gozaban de cierta indulgencia, y aun de cierto aprecio, entre la gente común, si juzgamos por los refranes siguientes:

Alguacil del campo, cojo y manco.
Descalabrar al alguacil y acogerse al Corregidor.
Alguacil descuidado, ladrones cada mercado.

En los conventos, como queda dicho, y también en los castillos, solares, casas principales, en los hospitales de la corte, en las moradas algo acomodadas de los pueblos, trabajaban, más o menos dispersos y aislados de su medio originario, los criados sencillos, porteros, cocineros, lacayos, cocheros, jardineros, etc.

Pero tales ejemplos de imbricación de los dos mundos no bastan para comprender el fenómeno de hibridación cultural. Aun cuando dichos mundos tenían así puntos permanentes de contacto, podían vivir muy apartados, ignorándose mutuamente, o criar los temores y recelos, los desprecios y odios que nacían de la misma estructura de las relaciones sociales (modo de producción «feudal-burgués», sociedad estamental fundada en la desigualdad y los privilegios, régimen monarco-señorial) y de situaciones conflictivas.

4. CULTURA POPULAR E IDEOLOGÍA DOMINANTE

Dicho sea en otros términos, las tensiones ideológicas no dejaban de interferir en las relaciones culturales entre las masas y la minoría erudita. De aquí precisamente la dificultad para comprender la expansión de la cultura popular y la simpatía estética que por ella manifestaba a veces la minoría erudita.

A partir del instante en que se plantea así el problema, se debe andar con mucho cuidado: pues, si las relaciones culturales hasta aquí estudiadas tienen algo que ver con las tensiones que existían entre ideología dominante e ideologías dominadas en la España del Siglo de Oro, sería un grave error confundir los dos planos, y sustituir en adelante el término de cultura por el de ideología, como si tal cambio de enfoque no tuviera importancia alguna.

En aquella España, la cultura escrita era a menudo vehículo e instrumento de la ideología dominante. Si se admite que el acceso a tal cultura era, ya, en sí mismo, un privilegio (fruto de la «división del trabajo»), se comprende fácilmente cómo las «letras» (en el doble sentido, material y cultural, de la palabra) venían a ser casi el monopolio de las clases privilegiadas. Sin embargo, lo que hemos llamado «minoría erudita» no coincidía exactamente con los contornos más amplios de las «clases privilegiadas» y dentro de dicha minoría variaban las funciones ideológicas con los estatutos socioprofesionales de los que escribían.

Pueden distinguirse, esquemáticamente, un sector oficial, representado por sistemas teológicos y jurídicos, y no exento de contradicciones internas y de evoluciones, como veremos más lejos (capítulo IV), y un sector profano esencialmente ocupado por lo que hoy día llamamos «literatura» y que, entonces, no tenía nombre ni estatuto preciso.

En el sector oficial, existía una tendencia totalitaria a negar rotundamente el hecho específico y diferencial de la cultura popular. Culminaba tal tendencia con la exigencia de adhesión de toda la colectividad a una ley escrita que nadie, en teoría, debía ignorar pero que en la práctica no podía ser conocida de todos y se enfrentaba, además, con otras normas (costumbres), y a veces con resistencias abiertas. Sin embargo, la tendencia totalitaria no aparece siempre claramente en los textos oficiales, porque estos hubieron de tener en cuenta las resistencias a su aplicación. De aquí, por ejemplo, la fórmula «obedézcase pero no se cumpla» de varias disposiciones regias, la admisión del derecho consuetudinario como fuente jurídica, los compromisos «pactistas» firmados entre el poder central y los particularismos regionales, la codificación escrita de estos, etc. [31]. Por su parte, la teología y sus derivaciones (filosofía del derecho, filosofía política cristiana), solían «templar» las pretensiones totalitarias del poder político, recordando no solo el hecho diferencial de la Iglesia en tanto que jurisdicción autónoma, sino también la necesidad de una adhesión interiorizada a la ley, el valor del «fuero de la conciencia» y del «consenso popular». La idea metafísica, tan corriente en los tratados del Siglo de Oro, de que la «diversidad» agrada a Dios, puede ser considerada como expresión de la capacidad teórica de parte del sector oficial para adoptar una actitud flexible (aunque no laxista) frente a diferencias tenaces. En la difusión de la fe, en España misma y en el Nuevo Mundo, la Iglesia supo muchas veces orientar creencias populares hacia una integración progresiva, tolerándolas cuando su extirpación radical no parecía necesaria. Al escribir esto, no se intenta ocultar la actividad implacable de la Inquisición contra creencias «heréticas», pero se debe recordar que la Inquisición no era toda la Iglesia española, en la cual hubo, por ejemplo, casi hasta el final, un sector hostil a la expulsión de los moriscos, considerada por este como un fracaso de la deseada conversión por la «dulzura» (véase capítulo IV).

El antagonismo entre la cultura popular y el sector oficial de la cultura escrita no aparecía tampoco en todas las manifestaciones de aquella: por ejemplo, no todos los refranes expresan agresividad social. Muchos son consejos mnemotécnicos, o recetas relacionadas con el trabajo de la tierra, el ciclo de las estaciones, la lucha del hombre con la naturaleza, sin referencia explícita a los aspectos sociales de tal lucha.

Incluso cuando estalla el antagonismo, conviene a veces matizar la oposición: por ejemplo, solo esquemáticamente puede decirse que el «materialismo» de la cultura popular (en el sentido definido más arriba) se oponía al espiritualismo cristiano. En este punto, discrepamos un poco de las opiniones tajantes de Bajtin. En efecto, hay en el espiritualismo cristiano, desde su origen, mucha complejidad. En el Siglo de Oro, no se le puede reducir, sin graves deformaciones, a una actitud puritana y pudibunda, o a un desprecio sistemático del mundo y de la vida. Por supuesto, no faltaron representantes de tal tendencia. Pero el humanismo cristiano presentaba aspectos más risueños, no solo en la literatura, sino también en el sector oficial. No todos los teólogos eran gente «estirada». Sociológicamente, puede explicarse el hecho, hasta cierto punto, por el origen popular de gran parte del clero. Puede añadirse que la Iglesia española, en conjunto, vivía mucho más mezclada con «el siglo» que hoy día, y que, por lo tanto, ella venía a ser el medio privilegiado de la hibridación cultural indicada por Bajtin. Sin embargo, nos parece imprescindible recordar que, en la misma tradición milenaria del catolicismo, en la enseñanza evangélica, había una profunda ambigüedad, la cual, según las coyunturas, los caracteres específicos de tal o cual orden religiosa, las personalidades de los líderes espirituales, podía abocar a tensiones y choques con las tendencias de la cultura popular o, al revés, avenirse con ellas.

A la exaltación fanática del celibato, como modo superior de conseguir la salvación, muchos humanistas cristianos del Siglo de Oro —entre ellos los erasmistas—, opusieron la denuncia de varios defectos monásticos y la valoración del matrimonio, apoyada en las palabras de Cristo en las bodas de Caná. Por eso la sátira antimonástica de muchos refranes no puede interpretarse tan solo como manifestación de un anticlericalismo popular. Los mismos clérigos daban acogida a anécdotas maliciosas que corrían sobre ellos, y se divertían con ellas (desde el Arcipreste de Hita, por lo menos, atestigua la literatura española la existencia de un anticlericalismo clerical). Después de todo; ¿no fue acaso Erasmo, aquel aficionado a los refranes, quien solía repetir «Monachatus non est pietas»?

En cambio, la exaltación del placer erótico, y de la sensualidad, cobra un acento netamente antirreligioso, negando la noción de pecado y el carácter sagrado del matrimonio, en aquellos versos, citados más arriba, que proclaman que todos los deleites del amor «pierden con sus mujeres los casados».

En suma, no todos los ejemplos comprueban la oposición ideológica de las dos culturas en presencia. Por un lado, complica el problema la complejidad de la tradición cultural cristiana y de sus relaciones con la ideología dominante y con las creencias populares. Por otro lado, conviene tener en cuenta la interacción entre las dos ideologías, y no solo el expansionismo de la cultura popular, sino también los aspectos alienados de esta misma cultura. Aunque insistió mucho en dicha interacción, Bajtin se fijó ante todo, a través de la obra risueña de Rabelais, en el expansionismo popular. De aquí, en nuestra opinión, el carácter parcial de algunas afirmaciones.

Interesantísima y muy fecunda es, por cierto, la teoría de la risa popular, interpretada como una representación general del mundo, opuesta al «espíritu de seriedad» de la cultura oficial, y capaz no solo de criticar al mundo real sino de inventar utópicamente un mundo «al revés». Pero si la gente popular sabía, en ciertas ocasiones, reirse de los poderosos y verter sus aspiraciones en la fantasía de juegos, fiestas y burlas, también existía en las masas cristianizadas una angustia frente al problema de la salvación y del más allá. Podía manifestarse entonces, de modo general, una relación ambivalente con los temas y los valores religiosos. La risa y el miedo podían alternar y nutrirse mutuamente. Se temía al infierno, y al mismo tiempo los demonios, en tanto que personajes teatrales, actores en anécdotas o máscaras de fiestas, divertían. Por otra parte, hubo a lo largo del Siglo de Oro —problema no enfocado por Bajtin— el recurso frecuente a las prácticas de la magia y de la hechicería. Entonces la inversión de los valores, la imaginación de un mundo distinto, se hacían en el ambiente sombrío, clandestino, peligroso de los aquelarres. La misma transgresión del «pecado» por el erotismo no conseguía librarse de la obsesión de lo sagrado [12].

Todos estos reparos no tienden en absoluto a negar la validez *teórica* de la distinción de Bajtin entre dos culturas portadoras de ideologías fundamentalmente distintas y antagónicas, pero sí a matizarla teniendo en cuenta las relaciones dialécticas entre ideología dominante e ideologías dominadas, y la complejidad intrínseca de cada una de las dos culturas.

Para estudiar los aspectos paradójicos del fenómeno de hibridación cultural conviene, pues, elegir cuidadosamente los ejemplos. La contradicción profunda entre los dos mundos no aparece siempre con nitidez en el terreno cultural. Esta observación, ya necesaria cuando se estudian las relaciones de la cultura popular con el sector oficial, resulta aún más imprescindible cuando se pasa al examen de la hibridación en la literatura española clásica.

Tomemos el ejemplo de la literatura quevedesca. Desde un punto de vista ideológico fue Quevedo un escritor muy aferrado a la ideología dominante, y aun a sus aspectos más conservadores: defensor ultraísta de los valores aristocráticos tradicionales, campeón inteligente, pero reaccionario, de una línea política y económica opuesta a la del Condeduque, como consta en sus últimos panfletos, Quevedo fue antiburgués en una época en que el mundo feudal español tendía en parte a aburguesarse (por sus inversiones en tierras y rentas provechosas, a falta de conversión masiva al mercantilismo). Por otra parte, la fe y la devoción de Quevedo no admiten sospecha: campeón del culto a Santiago, autor grave de una *Política* deducida de la Sagrada Escritura, era Quevedo un católico empedernido. Ahora bien, este escritor que tanto despreciaba no solo a los advenedizos sino también a todos los trabajadores manuales (villanos, oficiales mecánicos, etc.), y que tal apego mostraba a los valores sagrados, fue también un escritor profundamente «popular»: abierto a la cultura popular, a sus aspectos jocosos, inventivos y a veces irreverentes.

En la fantasía de *Los sueños*, los diablos del infierno son personajes a la vez grotescos, monstruosos y simpáticos. Inventan castigos graciosos, salpicados de donaires. A hidalgos ufanos de no pagar pecho les dicen «pues pagad espaldas», pegándoles una paliza. A bufones y chocarreros «fríos» (en el sentido de «insulsos») les meten en una cueva húmeda para que tiriten de frío, etc. *Los sueños* fueron censurados. Sin embargo, la orientación ideológica de los castigos era perfectamente conformista: Quevedo castigaba a unos por sus pecados y a otros por ser... lo que eran: sastres, dueñas, etc. Ni su misoginia ni su desprecio por ciertos oficios podían chocar. *Los sueños* tenían, además, una intención edificante claramente expuesta. Lo que chocó no fue el tono jocoso en sí mismo, sino la *mezcla* de tonos.

«Con mayor exceso es culpado don Francisco de Quevedo por lo que dice... que en el infierno dan los condenados carcajadas de risa y que los demonios se ríen».

La censura podía tolerar una fantasía de tipo popular en determinadas ocasiones: fiestas carnavalescas, representaciones. También solían tolerarse incluso después del concilio de Trento, fantasías literarias sacadas de la mitología pagana. Precisamente tuvo Quevedo que paganizar su infierno sustituyendo la palabra Dios por la de «los dioses» y a Satanás por Plutón. Pero lo que había parecido intolerable era la *mezcla* de lo sagrado y de lo profano en un texto escrito.

Hay, en Quevedo, otros ejemplos de hibridación que no provocaron censuras. No por eso dejan de encerrar una contradicción paradójica. En *El Buscón*, por ejemplo (novela que quizá no deba incluirse en el género picaresco), culmina el desprecio aristocrático por el tipo social del «pícaro». Sobre Pablos de Segovia pesa una fatalidad implacable, desde su nacimiento. Su padre es ladrón, su madre, ramera. Para el hijo no hay ninguna posibilidad de mejora social y moral. Ahora bien, léase con atención la carta —muestra famosa de humorismo negro— en la que el tío de Pablos, verdugo de Su Majestad, anuncia cómo acaba de ahorcar a su propio hermano, padre del Buscón.

«Hijo Pablos —que por el mucho amor que me tenía, me llamaba así— las ocupaciones grandes desta plaza en que me tiene ocupado Su Magestad, no me han dado lugar a hacer esto; que si algo tiene malo el servir al Rey, es el trabajo, aunque se desquita con esta negra honrilla de ser sus criados.

Pésame de daros nuevas de poco gusto. Vuestro padre murió ocho días ha con el mayor valor que ha muerto hombre en el mundo; dígolo como quien lo guindó. Subió en el asno sin poner pie en el estribo. Veníale el sayo vaquero que parecía haberse hecho para él. Y como tenía aquella presencia, nadie le veía con los cristos delante, que no le juzgase por ahorcado. Iba con gran desenfado, mirando a las ventanas y haciendo cortesías a los que dejaban sus oficios por mirarle; hízose dos veces los bigotes; mandaba descansar a los confesores e íbales alabando lo que decían bueno.

Llegó a la N de palo, puso el un pie en la escalera, no subió a gatas ni despacio, y, viendo un escalón hendido, volvióse a la justicia, y dijo que mandase aderezar aquél para otro, que no todos tenían su hígado. No sabré encarecer cuán bien pareció a todos.

Sentóse arriba, tiró las arrugas de la ropa atrás, tomó la soga y púsola en la nuez. Y viendo que el teatino le quería predicar, vuelto a él, le dijo: «Padre, yo lo doy por predicado; vaya un poco de Credo, y acabemos presto, que no querría parecer prolijo.» Hízose así; encomendóme que le pusiese la caperuza de lado, y que le limpiase las barbas. Yo lo hice así. Cayó sin encoger las piernas ni hacer gesto; quedó con una gravedad que no había más que pedir. Hícele cuartos, y dile por sepultura los caminos. Dios sabe lo que a mí me pesa de verle en ellos, haciendo mesa franca a los grajos. Pero yo entiendo que los pasteleros desta tierra nos consolarán, acomodándole en los de a cuatro...

Hijo, aquí ha quedado no sé qué hacienda escondida de vuestros padres; será en todo hasta cuatrocientos ducados. Vuestro tío soy; y lo que tengo ha de ser para vos. Vista esta, os podréis venir aquí, que con lo que vos sabéis de latín y retórica, seréis singular en el arte de verdugo. Respondedme luego, y entre tanto, Dios os guarde.»

En este texto, el mundo picaresco aparece como fascinado por los valores morales y estéticos de la aristocracia y de la corte: el verdugo —eslabón entre los dos mundos— se muestra muy orgulloso de servir al rey, y saborea los tormentos deliciosos de la «negra honrilla». El «ahorcado» transforma voluntariamente su suplicio en un espectáculo digno de la etiqueta de la corte. Su hermano, muy ufano de tal comportamiento, concluye que el hijo merece ascender a verdugo. En esta carta, el mundo picaresco se sacrifica en aras ajenas y consiente, gozoso, en un ciclo de autodestrucción. El ladrón perturbador del orden social, da muestras de la mayor sumisión en el instante del castigo y de la muerte. El dinero robado por los padres del Buscón puede servir para que este llegue a castigar a ladrones...

Pero, al mismo tiempo, se nota una auténtica admiración por el valor del pícaro, por su «hígado», como él mismo dice. Y una curiosidad fascinada por la «lengua verde» (cf. la «N de palo») que también asoma en otros textos famosos de la literatura clásica (véanse los diálogos de Don Quijote y Sancho con los galeotes, el descubrimiento de la casa de Monipodio por Rinconete y Cortadillo, etc.). El pícaro muere con un valor digno de un gentilhombre y, efectivamente, años más tarde, cuando relate la muerte de don Rodrigo Calderón (privado del duque de Lerma, arrastrado en la desgracia de su amo), Quevedo se acordará de la carta del Buscón: «Admiraron todos el valor y entereza suya y cada movimiento que hizo lo contaron por hazaña, porque murió no solo con brío sino con gala, y si se puede decir, con desprecio... Acompañábanle dos religiosos y apenas el verdugo le ayudó a morir. No tuvo el cadalso luto ninguno, antes, habiendo cubierto la silla, vino orden que se quitase...»

«Anti-héroe», el pícaro podía, pues, cobrar aspectos heroicos en la misma literatura que introducía tal tipo social. Curiosidad, admiración... sí, estos sentimientos podían compaginarse con el desprecio ideológico más intenso.

Pero he aquí otro tema literario, aún más complejo y problemático: el del «rústico» en la *Comedia*.

A lo largo de la dramaturgia española clásica, desde las primeras farsas hasta el teatro de Calderón, el personaje del rústico aparece a menudo con rasgos cómicos. Villanos «bobos», alcaldes de pueblo necios forman una cadena ininterrumpida, y la risa que suscitan en un público esencialmente *aristocrático y urbano* no hace sino expresar el desprecio de la ideología dominante. Pero, en tiempos de Lope se enriquece el tema, apareciendo el campesino ejemplar y útil, el campesino pintoresco y lírico, y aun el campesino digno, capaz de nobleza moral, de «honra». La síntesis de Noël Salomon, fundada en investigaciones de primera mano, sobre la historia real del campesinado español, en una lectura fina de un inmenso repertorio de comedias, y en una metodología dialéctica que interpreta la literatura en la historia, sin olvidar jamás sus aspectos específicos, gira toda en torno al problema de la hibridación cultural. Lo más paradójico es que algunos dramaturgos, Lope y Calderón sobre todo, en una minoría de obras (después de los años 1608-1610 aproximadamente) llegaron a expresar *sin querer*, a través de la ideología aristocrática dominante, las luchas históricas del campesinado español. Por obras tales como *Fuenteovejuna*, *Peribáñez y el Comendador de Ocaña*, *El alcalde de Zalamea*, pasa el soplo de la historia popular, alcanzando entonces los campesinos héroes una verdad humana superior, capaz de conmover a públicos muy distintos de aquel para quien fueron creadas.

Noël Salomon no se limita a constatar el hecho, sino que lo explica. Pero su explicación es tan rica, tan matizada (en ella se tienen en cuenta, entre otras cosas, los caracteres específicos del campesinado y del «feudalismo» españoles en los umbrales de los tiempos modernos, la diferenciación interna del campesinado con sus jornaleros y braceros, y sus «villanos ricos», la sociología del público urbano y su trasfondo cultural, la decadencia de la agricultura y pauperización del campo a finales del XVI, la complejidad de una ideología dominante despectiva pero preocupada por la utilidad vital del villano, las luchas de clase —entre aldeanos e hidalgos, vasallos y señores, campesinos y soldados— y sus ecos difusos, la capacidad de simpatía estética excepcional de algunos escritores geniales...) sí, tan rica es esta explicación modélica que preferimos remitir a ella.

Al pasar de la problemática de Bajtin a la de Salomon, quisiéramos dejar abierto el interrogante sobre cuestión tan delicada como la de la hibridación cultural. El método de Bajtin es el de una arqueología de las formas culturales: en la literatura renacentista y posterior, se estudian los estratos o «fragmentos» que dejó la marea popular y su lento reflujo.

Tal método resulta fecundo, como hemos visto, para percatarse de la complejidad de la literatura española clásica, abierta —y ¡de qué manera!— a la influencia popular. Pero, en Bajtin, la distinción teórica entre cultura popular y cultura escrita, y el estudio dialéctico de sus relaciones, no están exentos de esquematismos. Por ejemplo, hay excepciones notables a la ley del reflujo posrenacentista de la influencia popular: si el fenómeno, en conjunto, parece cierto para la literatura francesa, acábase de ver que el tema del «rústico» en la *Comedia* no llega a cobrar su riqueza máxima hasta principios del siglo XVII. Por otra parte, Bajtin solo caracteriza a grandes rasgos las tendencias ideológicas respectivas de las dos culturas en presencia. Muy discutible, incluso para Francia, es su noción de «cultura burguesa». En todo caso, la expresión de «ideología aristocrática y urbana», propuesta por Noël Salomon, parece mucho más adecuada para el caso de España.

Pero dejemos de oponer dos grandes libros, animados ambos por un mismo amor, que les permitió percibir, a través de la literatura escrita de antaño, lo que tantos otros comentaristas e historiadores ignoran, ocultan o diluyen: las pulsaciones sordas, sorprendentes, de la savia popular.

NOTAS DEL CAPÍTULO PRIMERO

1. Puede ser que parte de las *Autobiografías de soldados del siglo XVII* reunidas por José María de Cossío en la B.A.E., t. 90 (1956) hayan sido dictadas. No, en todo caso, las de Contreras y de Duque de Estrada.

2. Cf. [2]. Sobre el «paganismo» y el erotismo del canónigo Góngora, magnífico ejemplo de la «hibridación» cultural aquí estudiada, son fundamentales los trabajos de R. Jammes [26], la edición crítica de las *Letrillas*, París, 1963, y, por supuesto, la obra de Dámaso Alonso [1] (si bien el enfoque de Jammes se acerca más al de Bajtin).

Capítulo II

La identidad española en el concepto de las naciones: en torno a la "leyenda negra"

Uno de los elementos que contribuyeron a la toma de conciencia, por parte de los españoles, de su propia identidad a comienzos de los tiempos modernos, fue, indudablemente, la imagen que, con respecto a España, se forjó en los demás países de Europa.

Imágenes a menudo tendenciosas y, por cierto, deformantes. Hasta se llegó a hablar de «leyenda negra» [3; 28]. Pero la expresión es doblemente equívoca, pues sugiere que España habría tropezado con una mala voluntad generalizada y que la propaganda antiespañola habría inventado todos sus reproches. Las cosas son más complejas.

En primer lugar, no hay que olvidar que los tiempos modernos, sobre todo la época del Renacimiento, fueron un momento de confrontación entre los pueblos sin precedente, un momento de expansión de horizontes, de curiosidad apasionada sobre la historia y geografía de los «otros». Los relatos de los peregrinos y viajeros, las mezclas humanas originadas por las migraciones de la mano de obra (por ejemplo, la de esos «gabachos» que iban a trabajar en España), el desarrollo del gran comercio, el cosmopolitismo de varias órdenes religiosas, los desplazamientos de tropas, las experiencias de los funcionarios, todo eso prolongó, completó y renovó, parcialmente, la imagen de España forjada por los países europeos y legada por la Edad Media.

Además, en las posesiones europeas del nuevo imperio español, en los países que hubieron de aliarse o transigir con él, e incluso en algunos de los que, de manera casi continua, le fueron adversos (Francia en particular [40]), el resplandor de la civilización española ejerció una suerte de fascinación, por el prestigio de su pensamiento teológico y espiritual, de sus costumbres, de su cultura, de la disciplina de sus ejércitos, etc.

Sin embargo, no es menos cierto que España, primera potencia mundial en la época que va de Carlos V a Felipe IV, y potencia todavía considerable en la segunda mitad del siglo XVII, inspiró también temores, desconfianzas e incluso odios violentos a la mayor parte de los países de Europa.

Después del cisma, los países protestantes, luteranos y calvinistas, vieron en España el enemigo principal. No hay que olvidar, sin embargo, para ser preciso, que sus relaciones con España no fueron siempre conflictos abiertos y rupturas totales. Así, la España de Felipe III firmó una tregua con los holandeses y con Inglaterra.

Por otra parte, las consecuencias del cisma no deben hacer perder de vista las disensiones internas de la Europa católica, los conflictos armados entre el «Rey cristianísimo» y el «Rey católico», por ejemplo, sus luchas de influencia en la misma Roma, la actitud recelosa del papado hacia Carlos V, sospechoso, sobre todo después del saqueo de Roma (1527), de querer instaurar una monarquía universal de la cual los Estados Pontificios, entre otros, habrían sido parte, las negociaciones difíciles, más de una vez comprometidas, del Concilio de Trento, las tendencias nacionales de las Iglesias católicas de Europa, la actitud antiespañola del partido galicano en Francia, especialmente en la época de la Liga...

En síntesis, las disensiones religiosas y los conflictos entre las «nacionalidades en ascenso» se combinaron de diversa manera, según los países y las épocas, para, muy a menudo, alimentar la propaganda antiespañola.

Sería conveniente distinguir varios niveles en esta propaganda: los análisis de los observadores políticos, que establecían periódicamente el panorama de las «fuerzas», pero también de las debilidades de España; así, las *Relazioni* de los embajadores venecianos; la xenofobia popular, atizada en Francia por los múltiples conflictos con el país vecino y por las luchas patrióticas contra el invasor español, o, en otros lugares (en Italia particularmente), por una convivencia mal aceptada —Benedetto Croce reconstituyó ciertos aspectos de la polémica antiespañola en Italia—; la utilización que la propaganda oficial de ciertos Estados hace de las quejas de los refugiados políticos o de las colonias de «marranos» diseminadas en Europa: es sabido que las quejas de Antonio Pérez en contra de su antiguo señor Felipe II fueron, un tanto a pesar suyo, transformadas en acusación contra España por las cortes de Londres y París; se sabe también que las colonias españolas de los puertos franceses del Atlántico, de Venecia, de Amberes, de Amsterdam y de Londres fueron a menudo, a causa de la gran proporción de «marranos» refugiados en esos lugares, puntos de partida de ofensivas en contra de la economía española y cajas de resonancia de la propaganda antiespañola.

A veces son conflictos limitados los que por algún tiempo desencadenan esta propaganda. Así, los choques de origen fiscal entre varios gobernadores españoles del Milanesado y la jurisdicción eclesiástica local protegida por Carlos Borromeo, y, posteriormente, por su sobrino Federico. El complicado asunto de las excomuniones tuvo tanta repercusión que Felipe II hubo de encargar a Antonio de Herrera la publicación de una apologética reseña histórica. Más tarde, en la época en que el Santo Oficio procura extenderse a Nápoles e impedir la implantación de la Inquisición española, no es por casualidad que la *Pietra del Parangone*, panfleto virulento que sume en el estupor a más de un lector español, haya sido publicada por Trayano Boccalini, quien fue gobernador de Benevento, es decir, de un enclave pontificio en el reino de Nápoles.

Al lado de esta propaganda hostil, España estuvo también confrontada a elogios embarazosos o a matizados análisis, que a veces rechazó o bien aceptó con desconfianza.

Pensamos, en particular, en el elogio de Fernando de Aragón hecho por Maquiavelo. Se sabe que los escritos del secretario florentino fueron prohibidos en España muy tardíamente. Bajo Felipe II, la filosofía política española se definió como un voluntarismo católico resueltamente antimaquiavélico. A finales del siglo, el jesuita Pedro de Rivadeneira fue el teórico más sistemático de dicha orientación. Sin embargo, el realismo de Maquiavelo tuvo, por vías apartadas, algunos ecos: por su presencia difusa en los escritos de Francisco Guicciardini, los cuales no fueron prohibidos, y también por el «tacitismo» (controversias entre humanistas sobre la interpretación de la historia y de la política, sacada de la obra de Tácito) [9; 54].

Pensamos también en el formidable éxito europeo de la *Raggion di Stato* y de las *Relazioni Universali* del piamontés Giovanni Botero, en la época de Felipe III. Servidor del duque de Saboya, es decir, de un aliado del rey Católico, pero un aliado a menudo descontento (particularmente en el momento del problema de la sucesión del trono en Portugal), Botero exalta la cooperación entre españoles e italianos durante el descubrimiento del Nuevo Mundo, el glorioso cometido de Cristóbal Colón, el heroísmo de los grandes capitanes españoles, el triunfo del catolicismo en España, frente a una Francia desgarrada por las guerras religiosas. Pero Botero señala también algunas debilidades: la indolencia castellana, la decadencia de la agricultura. Más tarde, al venir a la corte de Madrid junto con los príncipes de Saboya sobrinos de Felipe II, caracterizará la expulsión de los moriscos como algo «más necesario que útil». Sus escritos serán leídos en España con una mezcla de avidez e irritación. Aunque lo haya negado, Botero tenía una manera de pensar bastante próxima del realismo maquiavélico.[1]

De manera general, en la segunda mitad del siglo XVI, y a partir de ahí de modo creciente, los conflictos entre las nacionalidades y entre las confesiones provocan en Europa una propaganda ideológica sin precedentes. Ciertamente, se está bastante lejos todavía de las campañas conducidas en la actualidad por los *mass-media* y de las llamadas hacia una «opinión pública internacional». Se observa, sin embargo, en el momento del problema de la sucesión al trono de Portugal, de la Liga de Francia, o de la expulsión de los jesuitas por los venecianos (véase el capítulo IV), etc., una florescencia de escritos contradictorios en toda Europa. Panfletos, libelos, libros apologéticos, todo eso anuncia la próxima aparición de la prensa. Bajo Enrique IV, el *Mercure François*, y la *Chronologie septennaire* de Palma Cayet, que están llenos de anécdotas antiespañolas, preparan el terreno para la famosa *Gazette* de Théophraste Renaudot. El período 1580-1610 señala así un punto álgido de las luchas ideológicas que acompañan a las tensiones políticas entre España y los diversos países de Europa. Quizá los primeros signos de decadencia acentúen aún más estas luchas.

Por lo menos hasta la batalla de Rocroi, se continuará acusando a España de soñar con una monarquía universal. Sin embargo, la confirmación de la potencia marítima de Holanda y de Inglaterra, el fracaso español en la guerra de los Treinta Años, el ascenso de Francia inauguran una nueva etapa en las relaciones de fuerza entre los países europeos y, en la segunda mitad del siglo XVII, cuando la relativa decadencia española ya no es secreto para nadie, la propaganda antiespañola se atenúa un poco.

Pero, entre 1500 y 1650, se fue modelando un conjunto de estereotipos, a veces malintencionados, a menudo discutibles, en todo caso duraderos. En la imaginería de las «naciones», algunos de estos estereotipos han llegado hasta hoy.

Se vulgarizó un retrato típico del español: grave y solemne, orgulloso hasta la altanería, aferrado a su honra, belicoso e indolente, galante con las damas, un «melancólico» que ama la muerte, las corridas, la guerra, devoto hasta la intolerancia, autoritario y ambicioso. Ciertos aspectos de la historia de España y de su imperio fueron, igualmente, fijados hasta la caricatura: la codicia de los conquistadores, la solemnidad y altivez de los «requerimientos» (acerca de lo cual ironizó Montaigne), los autos de fe, el rostro austero de Felipe II, etc.

Algunos historiadores, animados por una pasión vengadora, se afanaron, hasta una época muy reciente, por denunciar lo que, en su opinión, sigue siendo una «leyenda negra». ¿Las masacres del Nuevo Mundo? Sirvieron de coartada para otros países colonizadores de Europa que no se condujeron en mejor forma y que, para denunciarlas, no vieron elevarse a un Bartolomé de las Casas. ¿Los autos de fe? El sabio catalán Miguel Servet fue quemado, pero por Calvino. ¿La expulsión de los moriscos? La conmiseración con respecto a ellos por parte de esos franceses que facilitaron su partida por el Languedoc hacia la Berbería (1610), los comentarios altivos realizados más tarde por Richelieu, ¿no son algo sospechosos, sobre todo si vienen de un país que perseguía a sus protestantes? Etc...

Sin embargo, la «leyenda negra» no inventó todo. Se apoyó en debilidades reales. Solo que, como todo discurso ideológico, procedió a generalizaciones esquemáticas. Encerró a España en algo así como una fatalidad fisiológica y moral. La «España eterna», tópico al cual se refieren todavía tantas ideologías reñidas de antemano con la Historia, fue inventada en el Siglo de Oro.

Cuando un español instalado en París hacia la época de los «casamientos españoles» (1615) quiso caracterizar las relaciones entre franceses y españoles en un libro publicado en 1617, empleó el término de «natural antipatía». Por cierto, su intención era mostrar que el matrimonio entre Luis XIII y Ana de Austria iba a consolidar una nueva era de paz y de comprensión mutua. Pero gran parte de su libro propone la imagen estereotipada de una España inmutable, y de un español enteramente definido, hasta en sus gestos mecánicos, como un «francés al revés»:

> Traen los Españoles la capa muy grande y del todo caída, y los Franceses muy corta, y tan rollada que casi no se ve della que el cabezón. Es imposible a un Francés llevar los brazos dentro de la capa por la calle, y el Español jamás los saca fuera. Acostúmbranse traer los Franceses la espada corta, y alzada la contera della, que casi viene a darles en el pescuezo; la de los Españoles al revés, larga y tan baja de punta que casi va rastrando la tierra. El Francés lleva siempre el puñal en medio de la pretina, el Español lo lleva al lado. El Francés cuando se sale a matar con otro, se quita el jubón, y aun la camisa; el Español se viste camisa, jubón, cuera de ante, y sobre ella un jaco. El Francés comienza a botonar *(sic)* el jubón por el cuello, y acaba en la cintura. El Español comienza en la cintura y acaba en el cuello. El Español se comienza a vestir por el jubón: y el Francés es lo último que se pone.»[2]

España estuvo confrontada a tales imágenes. La «leyenda» europea contribuyó a modelar su identidad. Mientras la literatura española se ocupó con frecuencia del tema del español frente a los tipos nacionales de otros países, el sector oficial de la cultura escrita dedicó muchos esfuerzos a la demostración de la «precedencia» de España y de su monarquía, en materia de nobleza y de fe. Contra la propaganda de Francia, en especial, se acumuló un montón de defensas (explicación del saqueo de Roma, de la presencia de «herejes» en las tropas de Carlos V, de una guerra temporal entre Felipe II y el papa Paulo IV) y de contraofensivas (alianza de los franceses con los turcos, castigo del maquiavelismo por las guerras de religión y por el asesinato de Enrique III). Se intentó demostrar la anterioridad de la fe entre los españoles, utilizándose, en particular, el descubrimiento famoso de las láminas de plomo del Sacro Monte. Se deploraba la decisión de Paulo IV que, al clausurarse el concilio de Trento, había dado precedencia al embajador francés sobre el español, provocando la protesta solemne de Requeséns. Se hacía constar que España había aplicado las disposiciones tridentinas, a diferencia de Francia; que los franceses se negaban a admitir el libro sexto de las Decretales; que juzgaban a los eclesiásticos por el brazo secular; en una palabra, que el rey de España merecía cien veces su nombre de «católico». Se exaltaban los poderes de traumaturgo del monarca, tan capaz de curar lamparones como el rey francés, y que podía, además, exorcisar. Se construía la genealogía de España, remontando hasta Tubal, etc.[3]

Así pues, parte de los españoles concebían su propia identidad dentro de una vasta polémica europea. Pero otros, más numerosos, sin haberse aventurado en naciones extranjeras, sin contemplarse en los espejos deformantes que les ofrecían los otros países, tenían conciencia de ser españoles. Es necesario, pues, examinar la historia ideológica interna de España, teniendo muy en cuenta que estuvo en constante interacción con los aspectos ideológicos de las relaciones entre países europeos que acabamos de esbozar.

NOTAS DEL CAPÍTULO II

1. La *Raggion di Stato* fue publicada por primera vez en Venecia en 1589, y traducida al español por Antonio de Herrera y Tordesillas. Las *Relazioni Universali* (Venecia, 1595) fueron traducidas por Diego de Aguilar y por Jaime Rebullosa. Sobre Botero, cf. [13; 24; 44].

2. Carlos García, *La oposición y conjunción de los dos grandes luminares de la tierra...*, París, 1617.

3. Véase, por ejemplo, Jaime Valdés, *De dignitate Regum regnorumque Hispaniae et honoratiori loco eis, seu eorum legatis a conciliis ac Romana sede jure debito*, Granada, 1602.

Capítulo III

¿Cómo se representaba a sí misma la "sociedad española" del "Siglo de Oro"?

Para remontar hacia esas representaciones mentales por medio de las cuales los españoles de los siglos XVI y XVII concebían su propia identidad, hoy es necesario realizar un esfuerzo considerable y, primeramente, tomar distancia con respecto a todo el aparato conceptual establecido posteriormente. ¿Qué más natural, para toda persona algo familiarizada con la historia de España y con su terminología, que la formulación del título del presente capítulo? Sin embargo, se da el caso de que «sociedad española», «Siglo de Oro» son nociones bastante posteriores a la época a la que se refieren.

1. LA NOCIÓN DE «SIGLO DE ORO»

En la actualidad, la expresión «Siglo de Oro» se emplea corrientemente para designar el resplandor de la civilización clásica española. Pero la mayor parte de los historiadores colocan esta expresión entre comillas y las razones de tal precaución son muchas.

En primer lugar, la palabra «siglo» es aquí un latinismo: no señala un período de cien años, sino un lapso indefinido de tiempo —que puede incluir una o varias generaciones— y está ligada a una caracterización histórica de la época considerada, por su estilo, por sus modos, su «espíritu». «Nemo enim illic vitia ridet, nec corrumpere et corrumpi *saeculum* vocatur», decía Tácito a propósito de las costumbres de la Germania: «Allá nadie se ríe de los vicios y corromper y ser corrompido es no ser de su siglo». Pero con la adjunción valorativa del epíteto «aureum», «saeculum», o su plural «saecula» —en el mismo Tácito o en Virgilio, entre otros—, se convertía en sinónimo de «aetas aurea» y remitía a la noción mítica de una «Edad de Oro», vivida por la humanidad en la noche de los tiempos, e irremediablemente perdida (tema legado por los griegos, desde Hesíodo).

Por medio de la expresión «Siglo de Oro» se ha querido, pues, designar una especie de supervivencia o de resurgimiento de la Edad de Oro en una civilización dada. Y conviene indicar que la fórmula no ha sido aplicada solamente a la España clásica. Se ha llamado «Siglo de Oro» a la época de Pericles y a la de Augusto. La expresión también se ha empleado, en nuestro siglo, con relación a la brillante generación de escritores y artistas españoles segada por la guerra civil. A veces se habla de Siglo de Oro a propósito de la brillante floración cultural que hoy ofrecen varios países de América Latina.

Tratándose de la España clásica, numerosas han sido las controversias a propósito de la extensión temporal que convenía atribuir a la expresión. La tendencia predominante incluye el período que va, aproximadamente, del reinado de Carlos V al de Felipe IV; pero algunos se remontan hasta los Reyes Católicos. Y no faltan quienes hablan, como José Simón Díaz, de «los siglos de Oro», para designar el conjunto de los siglos XVI y XVII.

Por otra parte, algunos historiadores han querido valorar allí todos los aspectos de la civilización española clásica. Pero otros —más lúcidos sin duda— han señalado que existían desajustes y contrastes entre estos aspectos. De modo que, como dijo Unamuno:

> Después de la vigorosa acción vino el rigor del pensamiento.

Dicho de otra manera, el apogeo del resplandor cultural y artístico fue posterior al apogeo de la potencia política.

Por lo demás, uno no puede sino preguntarse si este desarrollo político no fue en sí portador de contradicciones internas. ¿No hay, de modo general, un reverso del Siglo de Oro, con todo un conjunto de miserias?

Pero, *¿cuándo empezó a emplearse la expresión «Siglo de Oro» aplicándola a la España clásica?*

No es fácil la respuesta: a veces los historiadores se sirven de instrumentos conceptuales cuya historia desconocen y no se cuidan de reconstruir. Algunos, sin embargo, como F. Lázaro Carreter, Hans Juretschke, y, más recientemente, François López, han planteado el problema, aportando elementos de solución [29; 32; 35].

Antes de darles la palabra, he aquí algunas observaciones personales.

En primer lugar, conviene recordar que la creencia en una «Edad de Oro» originaria —época comunitaria vivida y luego perdida por la humanidad— tenía mucha difusión entre los españoles leídos de los siglos XVI y XVII, no solo por su presencia en textos greco-latinos, sino también porque esta creencia se *enseñaba en las Facultades de derecho*: en efecto, la teoría del derecho natural solía repetir que, en un principio, existió una «común posesión de todas las cosas», que no había «tuyo» ni «mío», y que luego, conforme fueron surgiendo las divisiones de la propiedad,

> pareciendo a los legisladores no ser conveniente a razón que el señorío de las cosas fuese incierto y sin conocido señor, [el derecho civil] introdujo la usucapión, y el derecho natural la aprobó como a recta razón.

A decir la verdad, si un jurista como Bermúdez de Pedraza, a quien acabamos de citar, reconciliaba así las innovaciones del derecho positivo con la «razón», otros opinaban diferentemente: expresaban de modo más nítido su repulsión ante el séquito de guerras, servidumbres, pleitos ruinosos que procedían de la «usucapión» (derecho de propiedad introducido por el uso) y manifestaban su nostalgia por la «edad áurea» perdida. Aspiraciones utópicas, pero que tuvieron a veces aplicaciones conmovedoras por su misma ingenuidad. Así, por ejemplo, cuando empezó la colonización del Nuevo Mundo, algunos españoles creyeron descubrir allí la supervivencia de la felicidad natural de la Edad de Oro. El magistrado don Vasco de Quiroga, asesor de Hernán Cortés y gran admirador de la *Utopía* de Tomás Moro, tenía esta visión idealizadora, que en su pensamiento tenía como contrapartida la idea de que los europeos habían «venido decayendo de ella y de su simplicidad y buena voluntad y venido a parar en esta edad de hierro» [6, II, 447]. El 5 de abril de 1528, una instrucción a Nuño de Guzmán había intentado, incluso, prohibir el paso al Nuevo Mundo de los abogados y procuradores de causas para evitar pleitos y gastos, como aún recuerda (después de Antonio de Herrera, Gómara y Boccalini) Juan de Solórzano Pereira en su *Política indiana*, escrita en pleno siglo XVII.

El sueño de encontrar o resucitar la Edad de Oro en el Nuevo Mundo fracasó. Pero en España misma hubo, a lo largo del siglo XVI, escritores optimistas que se valieron de la expresión para anunciar la llegada próxima de una era de nueva felicidad. Así se expresó —como señaló recientemente Joseph Pérez— Juan Rodríguez de Pisa, procurador de Granada en las Cortes de 1523, para cantar los loores de la paz que siguió a la sacudida de las Comunidades [45, 8]. Tales muestras de optimismo no desaparecieron por entero después del Renacimiento. Durante el reinado de Felipe II hubo, entre los juristas españoles, una tendencia triunfalista casi general: si el derecho civil había introducido divisiones y pleitos, no por eso debía considerarse a los «letrados» como agentes de la discordia; antes bien, gracias a ellos y a las leyes, triunfaba la paz entre los hombres. El prelado jurista Diego de Simancas, y a finales del XVI el ex corregidor Castillo de Bobadilla exaltan en este sentido «el sacro tesoro de las letras». Y, en 1586, Juan de Castilla y Aguayo, partidario de la conversión de los hidalgos y caballeros a los estudios jurídicos, exclama:

> ...verdaderamente, como dicen que hubo una era de oro y otra de plata, la que agora tenemos es de letras.[1]

Pero estas aplicaciones intermitentes de la expresión «edad» (o «era») «de oro» a una época futura o, incluso, presente, provenían de sectores sociales muy reducidos y no llegaron nunca a ilustrar una disposición mental general. Por supuesto, no se habla aquí de las masas iletradas, que no podían conocer frases sacadas de la antigüedad grecolatina (y aunque hubieran podido, parece difícil atribuirles el optimismo que reinaba entre algunos privilegiados). En realidad, casi nada sabemos a propósito de la manera cómo el pueblo español de esa época, el campesinado esencialmente, se ubicaba en el movimiento de la historia... Pero, volviendo a los españoles «leídos», lo que dominaba entre ellos era más bien el pesimismo: el «desengaño». Especialmente cuando se agudiza la crisis de la sociedad bajo el reinado de Felipe III. Entonces exclama el héroe de Cervantes en un famoso discurso:

> Dichosa edad y siglos dichosos aquéllos a quien los antiguos pusieron nombres dorados; y no porque en ellos el oro, que en nuestra edad de hierro tanto se estima, se alcanzase en aquella venturosa sin fatiga alguna, sino porque entonces los que en ella vivían ignoraban estas dos palabras de tuyo y mío.» (D. Q., I, cap. 11).

En estas líneas volvemos a encontrar la nostalgia de una época comunitaria anterior a las divisiones de la propiedad. Y también la idea de que el oro de las Indias no traía la felicidad.

Algunos arbitristas (véase capítulo V) sabían explicar de modo profundo las razones por las cuales la afluencia de los metales preciosos no constituía necesariamente un sinónimo de enriquecimiento general para España. Pero sus análisis, en su época demasiado aislados, seguían siendo teorías de especialistas. Muchos se reían de ellos, y Cervantes fue, junto con Quevedo, de aquellos que cedieron a la facilidad de esta burla. Y la nostalgia por una Edad de Oro se explica en gran parte por esta incomprensión de los trastornos económicos de los tiempos modernos. Nada había que no fuese citado y admitido con tanta frecuencia como el adagio de Jorge Manrique:

«Cualquier tiempo pasado fue mejor».

A este difuso sentimiento de «desengaño» vino a añadirse la creciente toma de conciencia de una decadencia histórica en el siglo XVII. Incluso entre los legistas reales tiende a desmayar el triunfalismo. De allí en adelante, muchos autores evocan con nostalgia el tiempo de los Reyes

Católicos, o de Carlos V, y deploran la decadencia del ideal militar o nobiliario. Al hablar de Isabel y Fernando, Baltasar Gracián escribe en *El Político* (1640): «Cada uno de los dos era para hacer un siglo de oro y un reinado felicísimo, cuanto más entrambos juntos.» En suma, puede decirse que la noción de «Siglo de Oro», solo aplicada de modo intermitente y excepcional durante los siglos XVI y XVII, no llegó a imponerse hasta el siglo XVIII.

Fernando Lázaro Carreter y H. Juretschke han estudiado e interpretado los distintos usos de la expresión, en la segunda mitad del siglo XVIII y en relación con una especie de complejo de inferioridad cultural sentido entonces por la literatura española. Para el primero, los españoles habrían buscado en su pasado un período capaz de soportar la comparación con la brillante época del clasicismo francés. Para el segundo, tal valoración del pasado habría procedido más de una reacción contra el «afrancesamiento» que de una imitación del modelo francés.

Recientemente, François López ha discutido estas interpretaciones en páginas interesantes que intentan demostrar, entre otras cosas, que la expresión «Siglo de Oro» empezó a aplicarse al esplendor de la civilización española clásica mucho más temprano de lo que se creía: desde la primera mitad del siglo XVIII, y aun quizá desde finales del XVII. López recuerda, en particular, estas líneas escritas en 1739 por Mayáns en la dedicatoria de su biografía de Cervantes:

> ...he hallado que la materia que ofrecen las acciones de Cervantes es tan poca, i la de sus escritos tan dilatada, que ha sido menester valerme de las hojas de éstos para encubrir de alguna manera, con tan rico i vistoso ropaje, la pobreza i desnudez de aquella persona dignísima de mejor siglo; porque, aunque dicen que la edad en que vivió era de oro, yo sé que para él i algunos otros beneméritos fue de hierro.

Nuestro comentario personal a esta cita es el siguiente:

Es obvio que Mayáns alude al discurso de don Quijote («Dichosa edad y siglos dichosos...») y al tema de la pobreza material del escritor más famoso de España, tema que ya había llamado la atención de comentaristas contemporáneos de Cervantes. En la aprobación de la segunda parte de *Don Quijote*, el licenciado Márquez Torres había evocado el asombro de unos caballeros franceses del séquito del embajador que, en 1615, viniera a tratar «cosas tocantes a los casamientos de sus príncipes y los de España»:

> Pues, a tal hombre, ¿no le tiene España muy rico y sustentado del erario público?

En tales condiciones, puede ser que, como cree López, la frase de Mayáns «aunque dicen que la edad en que vivió era de oro», indique una idealización, ya corriente en 1739, de la época cervantina, pero es difícil saber si la palabra «oro» remite al esplendor cultural, o tan solo a la riqueza material de aquella España de los galeones o a ambas cosas.

En todo caso, la profunda admiración de Mayáns por la cultura española del siglo XVI y por su prolongación y culminación en la obra cervantina, se niega enérgicamente a olvidar los aspectos contradictorios de ese esplendor: las dificultades y sufrimientos de una élite intelectual mal comprendida y mal protegida en su tiempo.

En los ejemplos posteriores inventariados por H. Juretschke se ve que la aplicación de «Siglo de Oro» al esplendor cultural de la España clásica se fue afirmando en la segunda mitad del siglo XVIII: se encuentra en 1754, en los *Orígenes de la Poesía Castellana*, obra de Luis José Velázquez. Reaparece en los escritos de los jesuitas exiliados Lampillas y Andrés hacia los años 1778-1789. Por fin, el historiador catalán Capmany amplía el concepto de «Siglo de Oro», dándole, según Juretschke, un significado «político-cultural», es decir asociando «a la idea de una época grande en las letras y ciencias la de un gran poder político, asociación semejante a la que vimos en las demás edades afortunadas».

François López, al citar este comentario de Juretschke, emite algunas dudas sobre el carácter innovador del empleo conceptual de Capmany, recordando que ya en el siglo XVI los españoles solían asociar la expansión cultural a la expansión política, como consta en la famosa frase de Nebrija: «Siempre la lengua fue compañera del imperio».

Sin embargo, al sugerir que «lengua» y «literatura» son inseparables y que, por lo tanto, la frase de Nebrija decía ya, en cierto modo, lo que dos siglos después dijo Capmany, François López salva un problema importante: y es que los españoles del siglo XVI tenían, con respecto a la antigüedad y a Italia, un sentimiento de inferioridad cultural que solo progresivamente consiguieron dominar. Poco a poco se va afirmando su confianza en la lengua castellana y en los escritos que la adoptan, pero durante mucho tiempo se admite que los italianos demuestran más capacidad para las «letras», y se lamenta, en especial, la falta o insuficiencia de crónicas y epopeyas en castellano que ilustren los cometidos de los grandes capitanes españoles. Y cuando, a finales del XVI, se declara ya que los españoles no sirven tan solo para «las Armas», son ante todo los escritos teológicos y jurídicos los que se invocan, o sea, las «letras», no en el sentido moderno de «literatura» sino en su acepción específicamente castellana de ciencia teológica y legal.

La valoración de la literatura y de las artes como manifestación privilegiada de una civilización, solo empieza con el siglo XVIII. Entonces, el idealismo del «Siglo de las Luces», antes de surgir el mismo concepto de civilización, tiende a representarse todos los sectores de una misma sociedad como animados de una impulsión común, de un «progreso» general y lineal («las naciones europeas no cesan de refinarse» escribía Montesquieu). A partir de entonces se estudian épocas grandiosas del pasado (la de Pericles, la de Augusto, la de Luis XIV) como bloques compactos y armoniosos erigidos al unísono por soldados, políticos, y escritores entusiastas. La confianza en el despotismo ilustrado, la toma de conciencia creciente de la fuerza del escritor-filósofo en un movimiento social prerrevolucionario explican en parte esta idealización del pasado. Pero con ella se borran muchas contradicciones efectivas, se presta a la literatura de siglos anteriores una dignidad y una potencia que distaba mucho de tener. La «asociación» que Juretschke cree hallar en las «edades afortunadas», fue, en gran parte, invención del siglo XVIII: por ejemplo, si bien existieron relaciones entre la potencia política de Luis XIV, su mecenazgo y el resplandor del «clasicismo» francés, no se debe olvidar que gran parte de la obra de Corneille precedió a dicha época (y por eso, precisamente, fue injustamente subestimada por muchos comentaristas); que Pascal fue, con sus amigos jansenistas, víctima de persecuciones religiosas y políticas; que la protección del rey no libró a Molière de los prejuicios que pesaban sobre los comediantes, etc. Observaciones análogas deben hacerse sobre el estatuto social de los escritores del «Siglo de Oro», tanto más cuanto que, como queda dicho, en España el apogeo cultural y artístico no coincidió con el momento de mayor fuerza económica y política.

De tales desajustes se percató, precisamente, Mayáns. De tal forma que el pasaje de su biografía de Cervantes no solo indica cómo, hacia la juntura entre los siglos XVII y XVIII, empezaron a emplearse «Siglo de Oro», «Edad de Oro», en tanto que idealización de un pasado nacional glorioso, sino que contiene el germen de una crítica lúcida (y, hasta cierto punto, fiel al espíritu mismo de la obra cervantina) de los espejismos del idealismo, los cuales, desde el Siglo de las Luces hasta nuestra misma época, llegan a borrar, en varios comentarios, los sufrimientos de esos escritores «beneméritos» y las contradicciones que ellos intuían entre las ilusiones doradas y la realidad de hierro de sus «edades afortunadas».

2. «SOCIEDAD», «ESPAÑA», «NACIÓN»

En el Siglo de Oro, las palabras «trato» y «sociedad» designaban solamente ciertos tipos particulares de relaciones entre los hombres: comerciales, o mundanas.[2] La delimitación de una sociedad en un zócalo geográfico e histórico, su especificación mediante la adjunción de un adjetivo que remite a una nacionalidad, no aparecieron sino en la época en que se impuso el concepto de «nación» en su acepción moderna. Entonces vemos a ciertos historiadores (como Guizot, en Francia) hablar de «sociedad romana», «sociedad germana», etc.

Con respecto a la palabra «nación», dado que abordamos su historia, puede decirse que se emplea ya en el Siglo de Oro, pero ella designa solamente a aquellos que han *nacido* en un mismo país, por oposición a los extranjeros. Así puede aparecer la expresión como una subdivisión dentro de una orden religiosa cosmopolita. La «nación española» también puede circunscribir el conjunto de españoles que viven en «colonia» (como se diría en la actualidad) en un territorio extranjero: este es el sentido en que Cristóbal Suárez de Figueroa, en el *Pusilipo*, habla de las reivindicaciones de la «nación española» de Nápoles, frente a las pretensiones de los «Regnícolos». Por fin, no faltan textos en que la expresión tenga una *extensión* moderna, como cuando la Inquisición de Zaragoza, en un proceso contra Miguel Servet, pide al arzobispo local su ayuda para sustentar «el honor de la nación española» [52]. Pero el *contenido* no es moderno: todavía se está lejos de ese podroso y razonado sentimiento de intereses comunes y de aspiraciones políticas revolucionarias cuyos portadores, en el Siglo de las Luces, serán las burguesías europeas en ascenso. Si algo, en la expresión «nación española», permitía a la España del Siglo de Oro pensar su propia identidad, no sería el sustantivo, sino el epíteto.

Se diría que abocamos a una perogrullada: España se pensaba a sí misma en tanto que España.

Se trata de una perogrullada que no es tal. Pues durante mucho tiempo el concepto de España, en alguna medida, se ha anticipado a su propia realidad. Legado por la Antigüedad («Hispania»), fue invocado muy tempranamente y con un formidable optimismo por algunos reyecillos medievales, de Asturias, de León, de Castilla, quienes, mucho antes de que la Reconquista apareciese como un fenómeno global e irreversible, se proclamaban reyes e incluso emperadores de España.

Estas proyecciones etéreas hubiesen podido, como tantas otras, hundirse en el olvido, si el término de la Reconquista, la alianza matrimonial entre Isabel y Fernando, la expulsión de los judíos y moros no hubieran acabado por darles consistencia, al colocar a un conjunto geográfico bajo el doble signo de una unidad religiosa y política.

¿«Acabado»? En realidad, incluso hoy, es bastante difícil para el historiador decir cuándo comenzó España y dónde se detuvo.

La España de los Reyes Católicos, nunca estará de más decirlo, distaba aún mucho de haber consumado su unidad. El pluralismo étnico, e incluso religioso, subsistió a pesar de las expulsiones. El particularismo regional seguía siendo poderoso, sobre todo con un pluralismo lingüístico cuya vitalidad puede ser evaluada mejor que nunca en nuestros días. Entre los respectivos reinos de las antiguas coronas de Aragón y Castilla podía rastrearse una impermeabilidad en varios dominios. Incluso se produce un fenómeno de «endurecimiento» castellano en ciertos períodos. No olvidemos que, a reserva de comprar la naturalidad castellana, los aragoneses no tenían acceso a los oficios y beneficios situados en la parte castellana.

¿Dónde se detuvo España? Algunos historiadores, basándose en el testimonio de ciertas declaraciones de la época, tanto de españoles como de portugueses, han hablado de un sentimiento de identidad *peninsular*. Sin embargo, la anexión de Portugal realizada *por la fuerza* bajo Felipe II, el levantamiento de 1640, la confirmación de la escisión hasta hoy constituyen serios desmentidos a esta ecuación propuesta entre España y la península Ibérica.

¿Dónde se detuvo España? No bien afirma la base política y religiosa de su unidad cuando la vemos dotada de un inmenso imperio y confrontada, las más de las veces de manera conflictiva, con los otros países de Europa y del mundo.

Por cierto, como se ha dicho más arriba (capítulo II), esta confrontación pudo contribuir a la consolidación de la toma de conciencia de la identidad española: fuesen castellanos o aragoneses, vascos o andaluces, esos soldados, sacerdotes o monjes, oficiales reales, etc., los que se aventuraban por los confines del imperio eran para los autóctonos, antes que nada, «los españoles».

Pero al mismo tiempo se planteaba el problema de la asimilación de los pueblos conquistados. ¿Españoles esos flamencos, holandeses, alemanes, habitantes del Franco Condado, etc.? ¿Españoles esos pueblos del Nuevo Mundo? En la ideología política española se manifiesta de modo duradero una tendencia imperialista hacia la integración lisa y llana. Pero muy pronto la distancia, el coste enorme de las expediciones y las guerras, las resistencias locales, obligan al rey Católico a renunciar a la identificación entre España y su imperio. Ya bajo el reinado de Carlos V se esboza una política que tiende a instaurar entre la metrópoli y los países conquistados vínculos análogos a aquellos que unían la Roma antigua con los pueblos «socios». Reivindicada por diversos teóricos (Furio Ceriol, Mariana, entre otros), y aplicada en forma discontinua por los monarcas ulteriores (sobre todo en su nivel más alto, es decir en la nominación de virreyes, gobernadores, embajadores, generales) esta política, más realista, no por eso dejó de subsistir en ella una ambigüedad fundamental, que se reveló peligrosa. Incluso después de la división de la casa de Austria en dos coronas distintas, Alemania, si bien no siguió siendo España, al menos continuó siendo el problema de España, con las desastrosas consecuencias que se conocen (guerra de los Treinta Años, etc.).

En el Nuevo Mundo, muy pronto se manifiesta una conciencia criolla (sobre la cual quedan por hacer muchas investigaciones) que opone a los descendientes de los primeros conquistadores con los funcionarios administrativos enviados por la metrópoli. Un día se presentarán en las Cortes de Cádiz delegados —liberales o no— de estos países, que con toda evidencia no se consideran españoles; y esto desde hace mucho tiempo, aunque piensen en español...

Las dificultades y peligros que tuvo que afrontar el expansionismo español originaron el repliegue sobre sí mismo. Se sabe, por ejemplo, que el peligro de la contaminación protestante condujo a Felipe II, a partir del comienzo de su reinado, a instaurar un «cordón sanitario», a detener brutalmente los intercambios humanos y culturales, tan fructíferos, entre España y Europa, al prohibir a los estudiantes y profesores españoles frecuentar universidades extranjeras (con excepción de algunos centros docentes de Italia y Portugal), y al controlar la importación de libros.

Es muy posible incluso que el expansionismo haya provocado un «corto circuito» en el progreso de la unidad interna. Tal es en todo caso la tesis del apasionante libro en el que Sánchez Albornoz se interroga sobre el «enigma histórico» planteado por España [52]. Tesis que presupone, de acuerdo con una visión bastante cercana a la de Unamuno, que, para realizar su unidad, España tenía necesidad de una confrontación con el extranjero, pero una confrontación bastante diferente de la que se produjo históricamente. Y tesis que, por otra parte, mide mejor que la de Unamuno la gravedad de las tensiones internas entre el centro y la periferia.

El sentimiento de ser español, proyección etérea durante la Edad Media, llegó a ser con los tiempos modernos una realidad mental expansiva. Pero los términos de «sentimiento nacional» o de «nacionalismo» nos parecen prematuros; por la experiencia reciente de la Reconquista, por la ampliación de horizontes originada en su movimiento, por la confrontación con el extranjero, por la elevación cultural de unos y los contactos que otros, aunque iletrados, podían tener con el concepto de España difundido por la ideología dominante, amplias capas de la población peninsular, a partir del Renacimiento pueden ya considerarse a sí mismas como españolas. Pero a menudo es todavía el estrecho horizonte de la «patria» (en el antiguo sentido de «patria chica») o de la región, el que predomina. Todavía muchos se sienten primordialmente castellanos, vascos, catalanes, etc. Y la ecuación propuesta por algunos entre Castilla y España tendrá un porvenir difícil.

La historia comparada de las ideologías diría quizá que este adelanto de los conceptos de nacionalidades sobre su realidad era un fenómeno general en Europa. Sin embargo, ¿no tiene razón Sánchez Albornoz al subrayar con fuerza la especificidad del problema, tal como lo han modelado los datos fundamentales y contradictorios de la historia de España, especialmente la Reconquista y la adquisición de un formidable imperio?

3. «MONARQUÍA», «ESTADO»

En un extremo de la cadena, encontràmos los escritos de filosofía política de numerosos teólogos y legistas que identifican España, el territorio español, con su régimen político, es decir, con una monarquía católica, presentado como un modelo en su género. «Monarquía española»: la expresión aparece incluso en el título de muchas de tales obras. Según estos autores, la unidad de España está simbolizada y encarnada por la persona del soberano. Como apoyo, se invoca al monoteísmo cristiano, pues, no lo olvidemos, la monarquía es, para esos teóricos, de derecho divino, y el monarca es virrey de Dios sobre la tierra. Para los más imperialistas, la noción de monarca católico desemboca en un sueño de monarquía universal.

Pero algunos, basándose en las viejas distinciones aristotélicas entre monarquía, oligarquía y democracia, analizan la diversidad de regímenes políticos de la Europa contemporánea. Algunos, entonces, llegan a manejar el concepto de «estado», que Maquiavelo fue uno de los primeros en acuñar en su acepción moderna: identificación de un dominio territorial a la potencia que lo domina, cualquiera que sea el régimen político particular por medio del cual esta potencia se define [56].

Sea la palabra «monarquía»o la de «estado» —más raramente— la que se encuentre empleada a propósito de España, lo que entonces se aborda es el problema político general de «aumento» o de «conservación» de esta monarquía o estado. En las obras de filosofía política, el vocablo «aumento» domina en un comienzo, pero a finales del siglo XVI y durante el XVII, la palabra «conservación» o «restauración» tiende a suplantarlo, lo cual es consecuencia manifiesta, en el nivel ideológico, del ahogo progresivo del expansionismo español, y de una incipiente mutación de signo.

Precisamente porque estos teóricos postulan de entrada la unidad interna, y porque se preocupan sobre todo del destino global de España frente a las otras potencias de Europa, por lo general no enfocan la descripción de la sociedad monárquica sino desde el punto de vista muy particular de sus «fuerzas»: de este modo, hablarán de su demografía, de sus riquezas naturales, de su agricultura y ganadería, de sus ejércitos y armadas, pero mucho más raramente de sus campesinos y pastores, de los habitantes de las urbes, de los señores y vasallos, etc. Así concebida, la evaluación de las «fuerzas», si bien pone de relieve una gran cantidad de observaciones concretas dignas de interés, no desemboca en una síntesis de las relaciones sociales.

Además, uno puede preguntarse si, en el otro extremo de la cadena, estos conceptos de filosofía política eran captados por las masas populares. Si uno debiera fiarse del tratamiento del tema campesino en la *Comedia* española, se podría creer que los «villanos», en su conjunto, cualquiera que fuese la jurisdicción que se ejercía directamente sobre ellos (tierras realengas, señoriales, eclesiásticas, mayorazgos, libre propiedad), se referían conscientemente a la autoridad suprema y a la justicia del monarca. La realidad debía ser más compleja. Tanto más cuanto que, después de 1550, la desmembración de gran parte del patrimonio real pudo ensanchar la distancia entre muchos campesinos y la protección regia.

4. DOS CONCEPTOS: «LO PÚBLICO», «LO CIVIL»

A fortiori puede sostenerse el mismo razonamiento en relación con otros conceptos de la filosofía política y del derecho, que solamente comenzaban a asomar, incluso en los medios restringidos de los teóricos y del mundo universitario.

No era fácil para una sociedad en la cual sobrevivían tantas maneras de pensar ligadas al régimen feudal y a su fragmentación, restablecer el antiguo concepto de «res publica». Para Diego de Simancas, es verdaderamente el monarca y sus magistrados quienes encarnan el «bien público». Para designar, por oposición, a aquel que no comprende nada de los quehaceres públicos, por falta de conocimiento y de formación, los más eruditos recurrieron al concepto grecolatino de «idiota». La vacilante definición que a este respecto propone Sebastián de Covarrubias, en un diccionario elaborado bajo el reinado de Felipe III [15], muestra cómo la distinción entre «público» y «privado» tiene dificultades para surgir:

> *Idiota*: en rigor vale el retirado, el particular, el que no se comunica con los demás, el que ni tiene magistrado, ni entra en comunidad. Los latinos llaman idiota al que no ha estudiado ni sabe más que sólo su lenguaje ordinario, común y vulgar, necesario para tratar sus cosas, sin meterse en lo que toca a ciencias ni disciplinas, ni en deprender otra lengua más que la suya. El español llama idiota al que teniendo obligación de saber, o latín o facultad, es falto e ignorante en ella, o al incapaz que intenta el arte o ciencia que no ha estudiado. De manera que esta palabra idiota siempre tiene respeto a alguna cosa de las dichas arriba.

En los «Estudios Generales» (Universidades), al lado de la enseñanza del derecho canónico, aparece a veces, aunque siempre de manera minoritaria, una enseñanza de las «leyes», llamada también «derecho civil». Pero esta enseñanza se basa esencialmente en el *Código* y el *Digesto* justinianos, es decir, en un *derecho romano* completado, desde el siglo XII en adelante, por glosas y comentarios de doctores italianos, y solo de modo indirecto se introduce la referencia a las leyes patrias y al derecho real (a veces llamado derecho municipal). El derecho civil no llegará a identificarse con el derecho nacional hasta el siglo XVIII. En tales condiciones, la predominación del derecho romano y del derecho canónico hacen difícil la toma de conciencia de lo que Maquiavelo llamaba el «vivere civile», y que más tarde se llamará «sociedad civil».

Civil [escribe Covarrubias]: todo lo que pertenece al derecho de ciudad. Derecho civil, el romano, y el secular en respeto del Derecho Canónico.»

5. «CIUDADANO», «POLÍTICA», «POLICÍA»

Sin embargo, el derecho real y las leyes patrias tienden a emanciparse del «derecho común», es decir, de la doctrina de los glosadores y comentadores, prohibiéndose desde los Reyes Católicos toda referencia a esta en los tribunales y limitándose la posibilidad de interpretación del juez, que, en caso de duda, ha de acudir al legislador supremo, o sea, al monarca.

Por otra parte, la existencia de grandes centros urbanos contribuye a favorecer una toma de conciencia política entre los «ciudadanos». Acabamos de ver que el derecho real se llamaba a veces municipal, y que «civil», para Covarrubias equivale a «todo lo que pertenece al derecho de ciudad». De manera general, puede decirse que la filosofía política y el derecho civil españoles tienden a menudo a tomar como modelos directivos los nuevos modos de relaciones humanas que se instauran en los grandes centros urbanos. Y eso por una razón de índole cultural: la filosofía política antigua, sobre todo la de los griegos, que, como se sabe, estaba centrada en la realidad de la «Polis». Pero también hay una razón histórica: la existencia y el desarrollo de ciudades, e incluso de villas, impresionantes (tal como Madrid) en el Siglo de Oro, que prolonga y renueva la intervención medieval de las urbes en la vida política.

En las deliberaciones de las Cortes de Cádiz, se verá, mucho más tarde, cómo se realiza la ecuación entre el ciudadano en cuanto miembro activo de la comunidad nacional y el ciudadano en cuanto miembro de una comunidad urbana (entre el «citoyen» y el «citadin», para emplear la cómoda distinción que permite la lengua francesa).

Pero, en el Siglo de Oro, la tentativa para pensar a toda la sociedad civil de acuerdo con el modelo de las grandes urbes se enfrenta con obstáculos inevitables.

La urbe impresiona por su densidad humana, por el desarrollo de sus barrios, por sus muchedumbres, por los aspectos refinados de sus modos de vida. Por «policía» se designa entonces lo que hoy se llama el urbanismo, es decir, una manera coherente de construir y adornar los edificios (convertida en corte, Madrid será dotada de una Junta de Policía, y de Aposentadores, arquitectos reales que vigilaban las construcciones); se piensa también en una manera de ser ligada a las nociones de disciplina, de elegancia y gusto. Otras palabras, tales como «urbanidad», «cortesano», cubren nociones análogas.

En este sentido, la ciudad es juzgada como superior (a la vanguardia, diríamos hoy, pero la sociedad del Siglo de Oro no se piensa todavía como una civilización en marcha) al campo y a su «rusticidad». Hasta cierto punto, ella puede servir de modelo.

Pero, en primer lugar, la ciudad o villa, de hecho, no detenta el poder político. Ella solo sirve de sede a este poder. En general, salvo durante un período del reinado de Felipe II, es un gran centro urbano el que recibe a la corte; en otras ciudades se instalan temporalmente o de manera estable los magistrados, los señores. Comerciantes ricos construyen y ejercen en la ciudad. Pero cuando Juan Costa, bajo el reinado de Felipe II, intenta trazar un programa de conciencia cívica, dirigido al «perfecto ciudadano» —concretamente a los funcionarios municipales: regidores o veinticuatros—, le es necesario reconocer que el poder político no está en los cabildos sino en esos corregidores temibles, representantes del rey, a quienes los regidores apenas se atreven a mirar de frente. La venalidad de los oficios municipales lleva consigo un sinfín de imperfecciones. En cuanto a los procuradores de Cortes, sabido es cómo se vendían y desacreditaban.

La ciudad es también un mundo complejo, contradictorio, a veces peligroso, con sus bajos fondos de pícaros, proletariado inflado por la pauperización de ciertas campiñas, la decadencia social de algunos vecinos de la ciudad, los desechos de los ejércitos. La *Guía* de Liñán y Verdudo, bajo Felipe III, ilustrará al mismo tiempo el orgullo y la angustia del habitante urbano ante la corte, Madrid, maravilla de refinamiento y piélago de perdición para el forastero.

En adelante, la ideología dominante no puede pensar en toda la sociedad sin referirse al marco urbano. Pero tampoco puede reducir toda la sociedad a ese marco. El campo, en el fondo, sigue siendo lo esencial. La ciudad depende de él. Y el elogio de aquella se convierte a menudo en «alabanza de aldea y menosprecio de corte».

De diversas maneras, pues, los conceptos a los que se acaba de pasar revista no permitían a la sociedad española pensarse en cuanto tal en su concreta integridad. «España», «Monarquía», «Estado» tienen una base territorial peninsular establecida ya de manera más o mejos fija, pero que, en las relaciones con el resto del mundo, oscila entre el expansionismo y el repliegue, y el problema de estas relaciones deja de lado el de la composición social interna, de la cual los teóricos se limitan generalmente a postular la unidad armoniosa personificada por el rey Católico. «Público», «Civil», «Policía» forman una red de nuevos conceptos que tienden a captar modalidades sociales originales en relación con las maneras de pensar de la época feudal, con la representación del mundo y la organización interna de la sociedad eclesiástica, con los modos rurales de vida, pero ninguno de estos conceptos puede pretender englobar todo en una generalidad superior.

6. LAS REPRESENTACIONES ORGANICISTAS

Como a menudo sucede en tales casos, fue por la vía metafórica cómo se imaginó lo que ningún concepto de la época llegaba a pensar: ocurre con frecuencia en la filosofía política española en el Siglo de Oro que España se representa por la imagen de un cuerpo humano, cuya cabeza es el rey.

Sin duda, el origen de esta representación es religioso: se sabe que la Iglesia era considerada a veces como un cuerpo espiritual, y el deber de todo cristiano era, como dice Alejo Venegas:

«hacerse miembro proporcionado, en cuanto pudiese, con su cabeza que es Cristo»[3].

En la aplicación profana que la filosofía política da a esta metáfora del «cuerpo místico» de la Iglesia, se propusieron variados esquemas, más o menos ingeniosos y detallados, para repartir entre diversas categorías sociales las funciones orgánicas que aseguran la vida del cuerpo social. En este punto, los médicos que se inmiscuyen en la política juegan un papel importante: Lobera de Ávila, Montaña de Montserrate, Andrés Laguna, bajo Carlos V; Cristóbal Pérez de Herrera, bajo Felipe III. Pero la alegoría del cuerpo humano es también manejada por otros, en especial por los escritores tales como Quevedo y Gracián en el siglo XVII.

Las consecuencias de esta representación alegórica no siempre son acertadas: a veces (como la medicina de la época no se disociaba de la astrología) los «diagnósticos» y «pronósticos» sobre la salud del cuerpo social hacen intervenir la influencia de los astros. Por ejemplo, para explicar el vuelco político inaugurado por los «casamientos españoles» en 1615, Carlos García invoca una «conjunción sideral» que sucede a una «oposición». Por otra parte, la integridad orgánica de este cuerpo que sirve de imagen de referencia, implica finitud y armonía interna. La imagen, al menos tal como era concebida por la fisiología de la época, no favorece la consideración de los cambios e innovaciones en la composición social, así como tampoco la de los conflictos sociales.

En un pasaje de *La hora de todos*, Quevedo muestra el palacio de un señor de Dinamarca asolado por un incendio. Los «arbitristas» proponen entonces soluciones insensatas, tales como demoler las torres y los techos, soplar el fuego. Es la intervención de los «vasallos, gente popular y justicia» la que salva la situación, y el señor, al constatar los destrozos provocados por los arbitristas, exclama:

Dais a comer a los príncipes sus pies, y sus manos y sus miembros y decís que le sustentáis, cuando le hacéis que se coma a bocados a sí propio. Si la cabeza se come todo su cuerpo, quedará cáncer de sí misma y no persona.

Quevedo, muy conservador en este pasaje, cree en un orden social natural; naturales deben ser las soluciones aportadas a las enfermedades o a las plagas eventuales; los arbitristas, con su espíritu de sistema que busca una causa profunda y propone eliminarla, introducen artificios que Quevedo juzga monstruosos. No se le ocurre que la imagen (digna de Jerónimo Bosco) de una cabeza devoradora de su cuerpo podría simbolizar no la solución arbitrista, sino la realidad social misma. El organicismo así concebido está, por adelantado, enteramente dirigido en contra de lo que un día afirmara Hobbes: la monstruosidad social del Leviatán.

Por grosero y anticientífico que sea el organicismo, debe admitirse, sin embargo, que tales analogías permitieron, a falta de conceptos más claros, una figuración global de la sociedad, y a veces intuiciones que incluso hoy invitan a la reflexión. Así, Giovanni Botero, al comparar España con Francia, congratula a la primera por haber sabido expurgarse de sus «humores pecantes», al enviar al Nuevo Mundo individuos díscolos que en la Península hubiesen podido ser causa de disensiones...

7. LAS REPRESENTACIONES JERÁRQUICAS DE LA SOCIEDAD

Este organicismo implicaba igualmente una jerarquización interna de las partes del cuerpo social. El papel directivo lo ejerce la cabeza, y las otras funciones vitales se imparten a los brazos, al corazón, al hígado, al bazo, etc., y cada uno de estos órganos se identifica con una categoría y función social, aunque con variaciones según los autores.

Pero había otras representaciones jerarquizadas de la sociedad, más tradicionales y más profusamente difundidas. Una, la estamental, era relativamente precisa, pero incompleta. Otra, la de los grandes, medianos y pequeños, era completa, pero imprecisa.

La representación estamental

Desde la Edad Media existía una distinción tripartita entre aquellos que rezaban, aquellos que guerreaban y aquellos que trabajaban la tierra.

Esta antigua distinción subtendía la jerarquía estamental: en el nivel superior, la función espiritual del clero, que velaba por la salvación de las almas; más abajo, la función guerrera de la nobleza, que salvaguardaba cuerpos y bienes; por último, la función alimenticia de los trabajadores de la tierra.

Esta referencia a la actividad productiva de los «laborantes» ha incitado a un comentador moderno a decir que tal jerarquía era lo más cercano, en la época, de lo que hoy puede ser una interpretación «clasista» de la sociedad [37]. Sin embargo, es necesario observar que la jerarquía estamental escamoteaba la contradicción fundamental entre los que producen y los que viven del trabajo ajeno.

Por otra parte, la jerarquía estamental no podía, tal como se esbozaba, sino necesitar retoques y complementos. De hecho, la jerarquía interna del estamento eclesiástico se establecía conforme a la jerarquía nobiliaria, en lo que respecta a lo esencial. Un alto prelado era, salvo excepción, hijo de una familia de la mediana aristocracia.[3] Un simple capellán (como Lope de Vega al servicio del duque de Sessa) no era sino una forma de «criado». Por otra parte, la noción de «laborantes», incluso concebida muy flexiblemente, no podía dar cuenta de toda la variedad social del tercer estamento.

La palabra «labrador» podía designar, de modo elástico, a todos los que vivían en el campo, como observa el lexicógrafo Covarrubias:

> *Labrador*: Se dice no sólo el que actualmente labra la tierra, pero el que vive en la aldea...

Así pues, no solo la agricultura, sino también la ganadería y, de modo general, el conjunto del campesinado podían verse incluidos en el vocablo. Pero tres mundos por lo menos quedaban al margen: el del comercio, el del artesanado urbano, y el de los funcionarios: jueces, abogados, magistrados, catedráticos, etc. No parece sino que la representación estamental se había olvidado de «las clases medias» de las villas y ciudades, o las había considerado implícitamente como relacionadas con el mundo de los *labradores*. De aquí controversias reñidas cuando se instauró la regla de la *mitad de oficios*: por una parte, se iba a reservar oficios municipales a hidalgos y escuderos; pero difícilmente podía aceptar el «estado llano» de las clases medias, en las ciudades y villas, el verse «empadronado» en el estado de labradores.

El concepto de «estado»

Es cierto que, para completar la representación estamental de base, la sociedad española disponía de un instrumento: el concepto de «estado».

Ya hemos visto la acepción política que se dio al término, hacia la época de Maquiavelo.

Pero, mucho antes, «estado», en singular o en plural, había servido para designar varias formas de existencia social, y esta diversidad de acepciones sigue viva en las representaciones mentales del Siglo de Oro.

Primeramente «estados» podía ser sinónimo de «estamentos», más especialmente de los dos primeros:

> Si nos espaciamos por los estados, ¿quién podrá pasar la anchura de los respectos que atormentaban, o mejor dicho tiranizan el sosiego del alma? ¿Quién podrá ponderar las guerras espirituales que andan por los grandes señores?[4]

escribe, en 1537, Alejo Venegas. Del contexto se deduce claramente que al hablar de «estados», dicho predicador piensa exclusivamente en los grandes de este mundo (prelados y señores altivos). En la Francia coetánea, la palabra «États» también podía tener tal acepción restrictiva. Todo pasa como si en algunos textos la ideología aristocrática dominante se hubiera adueñado, en provecho suyo, del término «estados», olvidándose de todo cuanto había en la jerarquía social «por abajo».

«Estado» permitía también distinguir entre el modo de vida «seglar» y el eclesiástico. «Tomar estado» significaba «casarse» o, a la inversa, ingresar en las órdenes.

> En la república, hay diversos estados, unos seglares y otros eclesiásticos, y déstos, unos clérigos y otros religiosos,

escribe Covarrubias, no sin precisar, como se ve, la distinción dentro de la Iglesia entre cleros secular y regular.

En forma plural, «estados» se abría a toda una gama de posibilidades sociales. Covarrubias prosigue así:

> En la república, unos caballeros, otros ciudadanos; unos oficiales, otros labradores, etc...

Nótese que aquí la palabra «ciudadanos», en un contexto donde se contrapone a «caballeros», tiene un valor muy próximo del francés «bourgeois» (y, en efecto, los traductores españoles de novelas francesas, como las de Le Sage a finales del XVII, solían traducir «bourgeois» por «ciudadano» a falta de algo mejor). Nótese también que los oficiales (mecánicos), es decir los artesanos, ejercían profesiones que a veces se llamaban «los estados». Por otra parte, es de advertir —olvido sintomático— que Covarrubias en su enumeración no mentó a los mercaderes y comerciantes. Por fin el mismo «etc...» al final de la definición tiene importancia: sugiere que la palabra «estado» permitía inventarios variados, *siempre abiertos*, de la sociedad.

En efecto, una de las características del concepto de estado es que facilitaba la representación general de la sociedad a través de una de sus partes, cualquiera que fuese:

«Cada estado tiene su orden y límite», escribe Covarrubias. Dicho de otro modo, el orden y la jerarquía del conjunto social están inscritos en cada estado particular. Por ejemplo, en lo bajo de la jerarquía están los mendigos y los pícaros. Ahora bien, unos y otros tienen sus «estatutos», su organización interna, y la sociedad de la época se maravilla de ese orden que reina entre esos mismos a quienes ella tiende a marginar. Véanse a este propósito las páginas en las que Cervantes evoca el mundo de los pícaros sevillanos regido por el todopoderoso Monipodio. Los mendigos tienen una función social reconocida, que es la de permitir el ejercicio de la caridad. Cuando el reformador Cristóbal Pérez de Herrera quiera agruparlos en asilos, dándoles trabajo, tendrá que tomar en consideración esta función, reservando en el horario previsto momentos de libre vagabundeo (véase capítulo IV). Así pues, en principio, no hay lagunas ni excedentes: cada uno está bien en su sitio, y de un estado a otro, todo va ordenándose de modo perfecto. Una etiqueta rigurosa, una contabilidad precisa de las prerrogativas y precedencias determinan la posición de cada uno en los séquitos, en las fiestas públicas, en las sesiones de los tribunales y audiencias, en las iglesias y en todo lo demás, hasta el mundo superior de la corte. Es precisamente porque cada estado particular constituye como una imagen miniaturizada del conjunto, por lo que los inventarios de estados resultan incompletos y como descuidados. Bastan unos cuantos eslabones para ilustrar la coherencia de la cadena.

Otra característica del concepto es que integra todo movimiento, toda novedad del orden social dentro de una supuesta inmutabilidad. «Estado», «estatutos», por esencia semántica, sugieren estabilidad.

Sin embargo, el movimiento de la realidad social sometía a dura prueba, no lo dudemos, esa representación tranquilizadora y estancada. Había, por ejemplo, ascensos y decadencias sociales. No pensamos tan solo en los que cambiaban de estado, sino también en aquellos que pretendían conseguir mayor aprecio de su posición social. Existía un deseo frenético de ennoblecerse mediante estudios, grados académicos y empleos honrosos entre los «togados» de origen pechero; ricos mercaderes (en especial los que hacían el comercio marítimo) reivindicaban la nobleza sin por eso renunciar a sus actividades. Unos y otros tenían sus ideólogos. También había esos hidalgos, escuderos y dueñas a quienes la pobreza rechazaba fuera de la aristocracia, condenándoles a una existencia hambrienta o a las humillaciones del servir, y que se aferraban a sus títulos, inmunidades y prerrogativas. También mediaba el juego perturbador de los matrimonios desiguales, en los que el amor y los intereses se combinaban de modo variado: casamientos entre caballeros y ricas burguesas, o hijas de villanos ricos. Cervantes y Lope fueron de los que prestaban atención al papel caprichoso de Amor «igualador de estados».

Pero esta literatura, así como los análisis de los arbitristas (también atentos, a su modo, a las mudanzas sociales) solo eran olas superficiales en las representaciones mentales de la época (por muy profundos que se mostrasen tales autores en la comprensión de fenómenos que la mayoría de sus contemporáneos percibía confusamente): el concepto de «estado» permanecía fundamental, ocultando poderosamente las innovaciones, los desórdenes y las contradicciones.

El concepto de «medianía»

Al lado de la jerarquía estamental y de su ramificación en estados, existía otra representación tripartita de la sociedad, al parecer más favorable a la consideración de contradicciones y conflictos sociales: desde la Edad Media, algunos teóricos distinguían entre «Grandes o Poderosos», «Pequeños o Humildes», y «Hombres Medianos».[5] El origen cultural de tal jerarquía se hallaba quizá en una página de Aristóteles sobre los «Mesoi». En todo caso, las ciudades medievales, en sus relaciones triangulares con los señores feudales, el rey y el pueblo, se creyeron a veces en el caso de ejercer una función mediadora, tendencia que podía verse fomentada o aprobada por los monarcas, los cuales también pretendían mantenerse en el «medio».

Socialmente, ¿qué es lo que podía significar esta noción de «medianía»? Aunque se carece de testimonios a este propósito, no se debe excluir el que la noción haya tenido una cierta difusión entre amplias capas de la población, no por su origen cultural, sino porque tal representación tripartita también podía esbozarse empíricamente, por su misma sencillez.

En todo caso, fueron sobre todo las «clases medias» de las urbes las que vivieron el concepto de «medianía», y, en especial, la categoría en ascenso de los «letrados», esos cuadros jurídicos y judiciales a quienes el afianzamiento de las estructuras del Estado monárquico y también la «pleitomanía» fueron multiplicando en España a partir de la época de los Reyes Católicos.

En una página de su *Guerra de Granada*, el humanista e historiador Diego Hurtado de Mendoza calificó de «gente media» a los letrados:

> Pusieron los Reyes Católicos el gobierno de la justicia y cosas públicas en manos de letrados, gente media entre los grandes y pequeños, sin ofensa de los unos ni de los otros; cuya profesión eran letras legales, comedimiento, secreto, verdad, vida llana y sin corrupción de costumbres; no visitar, no recibir dones, no profesar estrecheza de amistades, no vestir, no gastar suntuosamente; blandura y humanidad en su trato, juntarse a horas señaladas para oír causas o para determinarlas y tratar del bien público... Esta manera de gobierno, establecida

entonces con menos diligencia se ha ido extendiendo por toda la cristiandad y está hoy en el colmo de poder y autoridad...»[6]

Este trozo, escrito bajo el reinado de Felipe II, plantea muchos problemas. Sociológicamente, el concepto de «medianía» aplicado a los medios jurídicos del Siglo de Oro cubre una realidad bastante heterogénea: parte de los *letrados* provenían de la burguesía urbana; otros eran hidalgos y caballeros; y se nota en la segunda mitad del siglo XVI una tendencia creciente de la aristocracia de los títulos a orientar a sus hijos segundones, y aun primogénitos, hacia los estudios jurídicos. Económicamente, la promoción de estudiantes pobres, muy posible aún en la primera mitad del XVI gracias a las becas de los Colegios Mayores y a la protección del rey y de algunos prelados, deja progresivamente de alimentar el reclutamiento de los *letrados*, limitándose los «capigorrones» juristas de las facultades de derecho a acceder a los empleos subalternos de los tribunales, corregimientos, escribanías, etc. Y entre los *letrados* propiamente dichos, hay muchas diferencias económicas, según los recursos profesionales y privados, el acierto de las inversiones; se abre toda una gama de haberes (salarios, mayorazgos, bienes libres) desde letrados bastante pobres hasta «letrados ricos», siendo el famoso Gilimón de la Mota, a principios del siglo XVII, «protoletrado», como le llamó el viajero portugués Pinheiro da Vega, un representante de esta última categoría en ascenso. Ideológicamente, estos letrados, pese a su heterogeneidad social, viven todos aferrados a los valores aristocráticos, más exactamente a los valores de una variante nueva de la aristocracia, aburguesada a medias, la cual aprecia los títulos académicos, la nobleza de letras como complemento de la hidalguía o como medio para acceder a la misma, busca inversiones provechosas (en tierras, casas, censos, juros), ingresa en las órdenes militares. Los que no son nobles de nacimiento «viven como nobles», integrándose en las potentes cofradías, comprando regimientos y veinticuatrías, ascendiendo a familiares de la Inquisición, fundando mayorazgos. Cuando se sienten suficientemente seguros, algunos «prueban» su hidalguía ante los alcaldes de los hijosdalgo de Valladolid o de Granada, aprovechando sus conocimientos del derecho y sus relaciones profesionales.

Esta dependencia con respecto a la ideología aristocrática hace muy vulnerables a esos letrados. Políticamente, ¿constituyen ellos una «mesocracia», un poder real de la «gente media», contrapeso eficaz a la presión de la alta aristocracia? ¿Consiguen ser árbitros de los conflictos sociales «sin ofensa de unos y otros»? Para contestar a tales preguntas ambiciosas, sería preciso realizar una síntesis sobre el Estado monárquico en relación con la sociedad estamental, aprovechando las sugerencias del magnífico ensayo que el gran historiador Vicens Vives dedicó al problema, poco antes de morir [59] y las conclusiones de un trabajo reciente, y, por cierto, muy importante, de Janine Fayard sobre los «Consejeros de Castilla» (todos eran «letrados» desde la época de Felipe II) [20].

De algunas investigaciones personales limitadas al reinado de Felipe III, no sacaremos aquí ninguna respuesta tajante. Digamos tan solo, de modo conciso, que los «letrados», en la época de crisis profunda de ese reinado, distaban mucho de detentar todo el poder político. Lo compartían con teólogos y confesores, con una alta aristocracia que seguía dominando en el Consejo de Estado, en las embajadas y virreinatos, en todos los asuntos de política exterior; con «caballeros de capa y espada» en los corregimientos; con financieros en el Consejo de Hacienda y Contaduría Mayor de Cuentas. El poder de decisión lo conservaba a menudo, si no el rey —debido a la personalidad débil de Felipe III—, por lo menos el privado y sus hechuras (duque de Lerma, Rodrigo Calderón, etc.). Como *jueces* de las audiencias y de gran parte de los Consejos, los *letrados* constituían un elemento de ponderación y, hasta cierto punto, de equilibrio social: el poder real seguía sacando gran parte de su prestigio de sus intervenciones mediadoras entre «Grandes» y «Pequeños», de su lucha antifeudal bajo formas judiciales (control de la jurisdicción señorial en caso de «mengua»), e incluso de su pretensión tenaz a «alzar las fuerzas» en caso de abusos de la jurisdicción eclesiástica. Pero la utilización creciente de los letrados como instrumento de presión «para-fiscal», el recurso a la represión, cada vez más dura, frente al problema de la miseria y de los pícaros (a pesar de la tentativa inteligente de Cristóbal Pérez de Herrera, que fracasó), la multiplicación de los temibles «jueces de comisión» y de sus auxiliares, el descrédito de la legislación de las Cortes y aun de las leyes regias, mal obedecidas, y reemplazadas cada vez más por «pragmáticas» de corta inspiración, todo aquello pone a dura prueba la eficacia ideológica del concepto de «medianía». Entonces aparecen los letrados mucho más como miembros de una pesada *burocracia* que como garantes del concierto social. Entre la justicia en cuanto ideal, y la justicia en cuanto institución, se agrava el divorcio, denunciado por páginas sarcásticas de Quevedo, y por la meditación, más serena, pero no menos melancólica, de Cervantes. Muchas veces a la burocracia letrada solo le queda un papel instrumental de aplicación y de represión. También pudo ella servir de «cortina», ocultando los abusos de los «Grandes» y las quejas de los «Pequeños»...

Acábase de pasar revista a unos cuantos conceptos relacionados con el problema de las representaciones que la sociedad española del «Siglo de Oro» solía tener de su propia realidad. El inventario dista mucho de ser exhaustivo. Otros términos (como el de «concierto») merecerían, por cierto, un comentario detenido. Creemos, sin embargo, que todos estos conceptos resultarían tener características ideológicas convergentes: ni por separado, ni todos juntos dan cuenta de la integridad concreta del todo social. Cada uno expresa a su modo una convicción (en parte ilusoria) de estabilidad, de perennidad y de armonía interna. Todos, pues, vienen a ser muy representativos de la «ideología dominante».

NOTAS DEL CAPÍTULO III

1. Juan de Castilla y Aguayo, *El perfecto regidor*, Salamanca, 1586, f. 33 v-35 r.
2. La palabra que en el Siglo de Oro más se acerca al concepto moderno de «Sociedad» es «Comunidad». Francisco Suárez, *De legibus ac Deo legislatore*, Amberes, 1613, distingue así entre una comunidad natural, que es la del género humano, y comunidades políticas o místicas (la Iglesia, la Ciudad) llamadas «perfectas» en contraposición a la comunidad imperfecta, que es la «familia».
3. Alejo Venegas, *Agonía del tránsito de la muerte...*, Toledo, 1537.
4. Véase nota 3.
5. La distinción se encuentra ya en Francisco Eiximenis, *Regiment de la cosa pública* (finales del siglo XIV): «... la cosa pública se compone sumariamente de tres estamentos de personas, esto es, de menores, medianos y mayores».
6. Diego Hurtado de Mendoza, *Guerra de Granada...*, ed. de Lisboa, 1627.

CAPÍTULO IV

La Iglesia española y las concepciones de la "dominación"

No se intentará abordar aquí toda la serie de los problemas múltiples e inmensos que pudieron plantearse a propósito de la «ideología dominante» en la España de los siglos XVI-XVII. Nos limitaremos a enfocar uno que, a decir la verdad, tiene una importancia decisiva: el de las relaciones de la Iglesia católica española con la ideología dominante —y también con las ideologías dominadas, pues no se puede estudiar lo uno sin tener en cuenta lo otro— en la época considerada.

Como institución social, propietaria de extensos bienes de mano muerta, la Iglesia española de esa época tenía intereses de clase bastante próximos a los de los señores y demás propietarios. De modo directo e indirecto, mediante las rentas o la presión fiscal, el clero regular y seglar sacaba sus medios de subsistencia y, a veces, riquezas considerables de la explotación del campesinado y del trabajo manual. Colectas, ventas de bulas e indulgencias, legados y donaciones, dotes, tan solo constituían un auxilio secundario con respecto a esta fuente principal de rentas.

En su jerarquía interna, la Iglesia era dominada por el estamento nobiliario. Un estudio reciente de Domínguez Ortiz ha confirmado este hecho [17]. Ascensos espectaculares hasta la cumbre como el de Silíceo fueron excepciones. La mayoría de los canónigos, prelados, abades, superiores de conventos y párrocos solían reclutarse entre las familias de la aristocracia baja y mediana.

Pero esta Iglesia, al abrirse el siglo XVI, gozaba de una tradición cultural más que milenaria, que había atravesado distintos modos de producción, integrando en el intervalo, gracias a un esfuerzo fantástico de asimilación, varias aportaciones de las filosofías antiguas (piénsese en la adaptación del aristotelismo por Santo Tomás, en las corrientes neoplatónicas y neoestoicas que resurgieron en medios eclesiásticos de la Italia y de la España renacentistas...)

Desde las Escrituras Sagradas, la Biblia de los judíos, el Evangelio de los cristianos, un «espíritu» había venido perpetuándose y enriqueciéndose con los trabajos de la literatura patrística y las disposiciones de los pontífices y concilios, «espíritu del cristianismo», que difícilmente podría reducirse a un solo rasgo. Espíritu profundamente ambiguo que desvaloriza este mundo y exalta el amor, la fraternidad entre los hombres, que convida a la sumisión y expresa la miseria y la angustia humanas, que se niega a confundir lo espiritual con lo temporal, el derecho cesáreo y el derecho divino, actitud propicia a veces a la resignación, pero también a una interrogación crítica sobre los valores terrenales.

Por otra parte, si bien dominaba la aristocracia en la jerarquía interna de la Iglesia, esta no constituía, sociológicamente, una clase única. Ya hemos dicho (capítulo I) cómo figuraba en los conventos y entre los auxiliares de los párrocos un «pueblo menudo». Estrechamente mezclada con el «Siglo» (mucho más que hoy), esa Iglesia reproducía en su seno toda la diversidad social, con algunas peculiaridades. Hemos visto en especial cómo era ella la institución relativamente más democrática de la sociedad española del Antiguo Régimen.

Las funciones espirituales de esta Iglesia la ponían a la escucha permanente de la sociedad entera. Se dirigía así a los pobres como a los ricos. Solo ella, en esta época, daba una respuesta coherente a las interrogaciones sobre la vida y la muerte, manteniendo un diálogo casi cotidiano con las conciencias, e interviniendo en todos los momentos importantes de las existencias.

Al subrayar hechos tan conocidos —y quizá, como diría Unamuno, «olvidados por harto sabidos»— no se intenta sugerir que la ambigüedad del mensaje cristiano, la distanciación cultural, la complejidad sociológica y las funciones espirituales de la Iglesia bastaban para sustraerla a los intereses materiales. Lo que se quisiera recordar es que la «ideología cristiana», frente a problemas nuevos que surgieron con los tiempos modernos, *no se limitó a repetir siempre lo mismo.*

Es cierto que el peso de los intereses materiales, *en esa época*, hizo que la Iglesia española desempeñara un papel esencialmente conservador: prestó su ayuda al poder político y no puso a discusión el orden social fundamental.

Pero no por eso tuvo un lenguaje uniforme y como estancado. Hubo en su seno controversias reñidas, cuya evolución tuvo repercusiones importantísimas para la sociedad entera; la Iglesia llegó a tener a menudo un papel reformador, influyendo en las concepciones de dominación, dándoles más flexibilidad; frente a problemas nuevos que surgieron con los tiempos modernos, ella tuvo que *inventar* respuestas, buscadas por supuesto en la doctrina tradicional, pero, en cierto sentido, nuevas. En suma, hay una historia de las ideas religiosas en la España clásica, que no puede explicarse de modo etéreo fuera del conjunto histórico, pero que tampoco puede reducirse a una actitud ideológica monolítica y fija o a un «reflejo» mecánico de la base material.

Para hacer más claras estas afirmaciones veamos algunos ejemplos: ¿Cómo concibió la Iglesia española su propia dominación espiritual, en especial frente a otras religiones? ¿Cómo concibió el dominio social? ¿Qué actitud o actitudes mantuvo frente al poder político? Por fin, ¿qué opinó sobre ciertas «formas de conciencia» tales como el sentimiento de la «honra» o los prejuicios de «limpieza de sangre», de origen en parte religioso pero que llegaron a tener un desarrollo imprevisto?

1. DOMINACIÓN Y EVANGELIZACIÓN DEL NUEVO MUNDO

La bula de concesión por la cual el papa Alejandro VI había repartido el Nuevo Mundo entre españoles y portugueses hablaba de evangelización, lo que implicaba que se tratara a los indígenas como hombres legítimos dotados de alma.

Sin embargo, la Iglesia española tardó bastante tiempo en definir una posición oficial y coherente.

En el *clash* entre dos mundos que hasta entonces se ignoraban mutuamente, las representaciones mentales que se forjaron sobre «el otro» desempeñaron un papel importantísimo. Sabido es que en un principio, los indios creyeron que los conquistadores eran inmortales. Muchos de estos, por su parte, vieron en los pueblos indígenas, no sociedades humanas, sino «hordas de perros sarnientos» cuyos cráneos eran tan duros que las lanzas se estrellaban contra ellos. La «codicia» y «crueldad» de los conquistadores y colonos no les impedían creerse buenos cristianos. Disponían de una gama de justificaciones, cuando no frente a los oprimidos, por lo menos frente a la metrópoli. En un principio, se justificó la imposición de la servidumbre, los botines y confiscaciones por la resistencia armada de los indígenas, en nombre de una concepción del derecho a la «justa guerra» que había regido ciertas prácticas en España misma durante la Reconquista. Y no faltaron teólogos que establecieron un parangón entre el «Requerimiento» (elaborado por teólogos y juristas como Palacios Rubios en 1511) y aquel otro en el que Josué había convidado a la obediencia a los habitantes de Jericó, sugiriendo así la licitud de la matanza de los reacios. También se habían exportado al Nuevo Mundo los prejuicios de la limpieza de sangre, que tuvieron allí nuevos desarrollos, en particular frente al problema del mestizaje. Incluso aquellos que reivindicaban el principio de libertad para los indios solían admitir que la raza de los negros africanos (cuya trata organizaban los portugueses) era inferior, y que estos negros eran esclavos por naturaleza (idea que el mismo Las Casas aceptó, en un principio, si bien la rechazó después). Asimismo se invocaron las justificaciones anejas a la sociedad estamental, para respaldar la dominación en el Nuevo Mundo y contrarrestar la pretensión regia de suprimir el sistema de las encomiendas privadas. Los colonos solían declarar que al forzar a los indios al trabajo, enriquecían a la metrópoli, conseguían de ella los productos necesarios al sustento general a cambio de sus exportaciones, y enseñaban a los indígenas, tachados de ociosos y de holgazanes, los beneficios del trabajo. Este último argumento, que volverá a aparecer en todas las ideologías colonialistas, fue admitido incluso por los teólogos que más defendieron los derechos de los indios.

Esta ideología de la colonización, sublimación de intereses materiales, no dejó de influir en la misma Iglesia, como se acaba de ver. En 1617 todavía, Suárez de Figueroa cuenta que un «presbítero» recién llegado a Madrid desde México, pintaba a los indios como si fueran bestias.

El ideal de evangelización y de conquista de las almas por la dulzura llegó a ser la doctrina oficial de la Iglesia española en el siglo XVI, gracias al combate de algunos «dominicos de vanguardia». Entre ellos, Bartolomé de las Casas.

No se trata de negar aquí las preocupaciones espirituales y morales del gran dominico, su voluntad de evangelizar a las almas, de salvar a los mismos colonos, su sensibilidad humanitaria ante los padecimientos de los indios, su sentido de la justicia y de la caridad. Pero todo el que estudie de cerca su vida también comprenderá que aquel hombre, que fue primero un colono como tantos otros, con esclavos —algunos de ellos trabajaban en las minas—, no perdió jamás de vista, durante la evolución compleja de su conciencia después de haber ingresado en la orden dominicana, la idea de que la dominación violenta no era tan solo injusta, inmoral, sino también económicamente desastrosa.

Las resistencias armadas o pasivas de los indígenas y, sobre todo, la rarefacción rápida de la mano de obra, asolada por las epidemias, las matanzas, los malos tratos y los trabajos en las minas, habían conducido a una situación que provocó en ciertas conciencias una reacción no contra la misma dominación sino contra sus formas brutales: esta dominación había menospreciado los límites biológicos de la explotación. La busca frenética del provecho había olvidado la necesidad económica de dejar que se reconstituyera la fuerza de trabajo. Dicho de otro modo, se estaba matando a la gallina de los huevos de oro...

Las Casas insistió mucho en esta idea, no solo para convencer a los colonos y al rey de España de que le dejaran intentar su experiencia de evangelización y colonización por la dulzura en la Vera Paz, sino también porque él era un espíritu realista y abierto al porvenir (todo menos un «Quijote» de la conquista, contra lo que dijo Menéndez Pidal) [8; 27].

Al decir esto no queremos reducir, ni con mucho, la lucha de Las Casas a sus circunstancias económicas. Tal combate lleva el sello inconfundible, insustituible de una personalidad excepcional, generosa, inteligente y tenaz. Pero, así como no debe explicarse mecánicamente la protesta de Las Casas por la situación económica, tampoco conviene ver en ella una mera «aplicación» de la «ideología cristiana»: si, hacia 1535, en su tratado *De unico vocationis modo*, Las Casas desarrolló la idea de que la única forma de llamar a todos los pueblos a la religión verdadera era la propagación de la palabra evangélica, y si, a su vez, Francisco de Vitoria elaboró una teoría depurada de la «justa guerra», pidiendo que el recurso a métodos violentos contra los indios se limitase a casos de absoluta necesidad, es porque muchos cristianos en el Nuevo Mundo y en la metrópoli no sacaban conclusiones idénticas de la doctrina de la fe. Sabido es que Las Casas fue, durante mucho tiempo, minoritario en su misma orden, que tuvo que sostener duras polémicas con teólogos y juristas en España, que el pensamiento de Vitoria no agradó siempre a Carlos V, etc.

El estudio de la evangelización del Nuevo Mundo debe tener en cuenta estas controversias y los matices entre órdenes religiosas, así como los conflictos que opusieron a estas con el clero secular: hubo, por ejemplo, tensiones entre las órdenes mendicantes en la Nueva España (Franciscanos, Dominicos y Agustinos). Sus concepciones, no siempre convergentes, resultan además muy distintas de aquellas que introdujo posteriormente la Compañía de Jesús (por ejemplo, en el Paraguay.) Los primeros misioneros, aunque eran frailes, se habían acostumbrado a desempeñar las funciones propias de los sacerdotes, y a regañadientes se sometieron, después, a la autoridad de prelados. Si muchos de aquellos intentaron oponerse a la imposición del diezmo a los indios, no fue tan solo por caridad o compasión, sino porque la reforma fiscal anunciaba, al mismo tiempo, una normalización general, con exigencia de sumisión a los obispos.

Desde Las Casas hasta los teólogos —juristas de la «escuela de Salamanca», la doctrina oficial de la Iglesia católica española se fue precisando (no sin dificultades a veces con el mismo pontífice). Se reconoció la libertad fundamental del indio, sus derechos de primer ocupante, la obligación regia de «restituir» los límites teóricos de la justa guerra, y las *Leyes Nuevas* de 1542-1543 integraron gran parte de esta doctrina (aunque la aplicación dejó mucho que desear). Con razón alaba Lewis Hanke la «franqueza asombrosa» del lenguaje de aquellos hombres (Las Casas, Vitoria) que se atrevieron a llamar al rey y aun al papa a concepciones más «cristianas» respecto a la dominación de las almas. Pero esta misma franqueza implica una selección, una adaptación de los principios religiosos entonces vigentes, aunque hoy día parezca que el mensaje evangélico no podía llevar a otra actitud.

2. EL PROBLEMA DE LOS CONVERSOS EN ESPAÑA

En España misma, frente al problema de los conversos, la contradicción entre partidarios de la coerción y violencia, y los adeptos de la vía dulce, tomó otro sesgo [53].

Ya en el medioevo, la violencia había provocado conversiones masivas de judíos españoles. No se trataba, entonces, de una violencia religiosa, sino de progroms populares debidos a una miseria y a una presión fiscal que solían achacarse a los judíos. En 1492 no fue por la violencia, pero sí en circunstancias bastante apremiantes cómo parte de los judíos y moros llegaron a convertirse para permanecer en España.

Muchos «cristianos viejos» tacharon de insinceras tales conversiones. Se confió a la nueva Inquisición la tarea de vigilar estrechamente a los conversos, y de castigar a los relapsos. En suma, se reforzó la coacción en nombre del carácter sospechoso de las conversiones que esta misma coacción había logrado. ¡Homenaje, si se quiere, del espíritu represivo de la dulzura! Todos los argumentos de ese campeón de los estatutos de limpieza de sangre que fue el temible Silíceo, giran en torno a la idea de la vigilancia necesaria frente a conversiones siempre sospechosas, por haber sido más o menos forzadas.

La misma orden dominicana que había dado un Las Casas y un Vitoria, se encargaba en España de hacer funcionar el aparato inquisitorial. ¿Contradicción sorprendente? No exactamente: en efecto, los reparos de Vitoria contra el abuso de la guerra y de la violencia en las relaciones con los indios se fundaban en la idea de que esos pueblos recién conquistados correspondían a la segunda categoría de «infieles» definida por Santo Tomás, es decir, a aquellos que nunca habían conocido el cristianismo o se habían olvidado de la fe cristiana. La demostración de Vitoria, lejos de redundar en provecho de los conversos podía, pues, volverse contra ellos, ya que estos se veían incluidos en la primera categoría.

Podía... Pero en este punto tampoco hubo aplicación mecánica de la doctrina cristiana. Si la tendencia de Silíceo llegó a predominar, si la Inquisición se ensañó con los relapsos, hubo también en la Iglesia española una corriente minoritaria que opinaba que convenía mostrar mucha paciencia con los reacios, que la predicación y el ejemplo, conforme a la enseñanza de Jesucristo, eran los únicos métodos válidos, que la violencia y la coerción, además, podían ser contraproducentes. Esta corriente se manifestó en especial durante el reinado de Felipe III, intentando impedir o aplazar la expulsión de los moriscos, pero en vano [21].

3. LUTERANOS, ERASMISTAS Y ALUMBRADOS[1]

Al negar el mérito de las obras para la salvación, el agustino Lutero había lanzado una idea que llegó a adueñarse de las masas del campesinado, en varios países (en Alemania y en Francia, sobre todo) [18; 46]. Durante la primera mitad del siglo XVI, el protestantismo pudo encabezar así muchas luchas populares, si bien los líderes religiosos no tardaron en traicionarlas, ofreciendo su apoyo a los príncipes que se convertían a la nueva religión.

En España, el protestantismo no «cuajó». En los umbrales de los tiempos modernos, y como consecuencia de la historia específica de la Reconquista, el campesinado español se presentaba, en muchas regiones (como en Castilla la Nueva) mucho más libre que sus congéneres de otros países [50]. También pudieron contribuir a enervar la lucha de clases la conquista del Nuevo Mundo, la integración de los «díscolos» (como dice Giovanni Botero) en los ejércitos y armadas, y por fin las divisiones raciales entre «cristianos rancios» y moriscos. Después de 1550 la condición del campesinado español empeoró, pero ya había pasado el período de mayor «peligro» de las infiltraciones luteranas.

A falta de encontrar el protestantismo ecos en las masas rurales, en la España de los años 1520-1550 pasaron, como dice A. Redondo, algunos «soplos luteranos» [47]; de Alemania vinieron, con la corte del nuevo rey, algunos espíritus que admiraban a Lutero; también hubo importación clandestina de libros y de biblias protestantes. Y el pensamiento de Lutero no dejó de «contaminar» a algunos «alumbrados» y erasmistas.

La Inquisición, desde un principio, persiguó a los «luteranos». Muy pronto, en la lucha contra el protestantismo, incluyó a los erasmistas. Sin embargo, el erasmismo, entre los años 1527-1532, se había puesto al servicio de la política imperial, llegando casi a constituir una filosofía política oficial. Después viene un lento reflujo, la desgracia y persecución de los erasmistas, cuyo espíritu impregnará, sin embargo, profundamente el pensamiento religioso y aun la literatura española, más allá del concilio de Trento, corriente profunda que resurgirá en el siglo XVIII.

El erasmismo se difundió ante todo entre élites intelectuales urbanas, en concreto entre clérigos y laicos abiertos a las ideas europeas. Hubo también en las ciudades y villas castellanas un movimiento «castizo», cerrado a los soplos de afuera, y por lo tanto a la incipiente influencia de Erasmo: el movimiento de los Comuneros (entre los cuales hubo algunos frailes y clérigos). El erasmismo se instaló en Castilla precisamente sobre las ruinas morales de la revolución de las Comunidades. La postura a la vez matizada y conciliadora de Erasmo, en una época en que Carlos V se enfrentó duramente con el poder temporal del papa y, por otra parte, tuvo que buscar una solución de los conflictos con los luteranos alemanes, explica el momento efímero de favor oficial de que gozó el erasmismo en España. Sin embargo, este no debe interpretarse únicamente como una especie de solución intermediaria entre protestantismo y catolicismo *importada* a España. En cuanto a valoración de la fe viva, del ejemplo de Jesucristo, de un conocimiento más riguroso de la Sagrada Escritura, y en cuanto ideal de reforma monástica, el erasmismo español vino a insertarse en una corriente más amplia, que había empezado a principios del siglo XVI con la «Pre-Reforma» y con la obra de Cisneros [6].

De carácter más netamente popular fue el misticismo de los «alumbrados», que parece que se inició en España hacia 1510 por algunos frailes franciscanos. En diez años, adquirió una extensión considerable; sus adeptos llevaban a la extrema subjetividad la práctica religiosa, lo que inevitablemente les llevaba a chocar con la Iglesia. No es de extrañar que en la coyuntura de lucha eclesiática que produce la Reforma, el Poder estatal-eclesiástico español adoptase medidas draconianas contra los «iluminados» o «alumbrados», entre los que figuraban no pocas mujeres [55].

4. LENGUAJE REFORMADOR Y ORTODOXIA

La preocupación de la Iglesia española a lo largo del siglo XVI fue doble: por una parte, depurar y adaptar el lenguaje religioso; por otra, velar por la unicidad y ortodoxia de este lenguaje. Los dos objetivos resultaron a veces difíciles de compaginar.

La famosa empresa de la «Vera Paz» en Guatemala abordó de modo original este problema de lenguaje: cuando algunos dominicos, entre los cuales figuraban Las Casas, fray Rodrigo de Ladrada y fray Pedro de Angulo quisieron propalar la palabra cristiana por la «Tierra de Guerra» (zona aún mal pacificada), utilizaron la mediación de mercaderes indios que fueron cantando «trovas» en lengua quiché. Según la crónica de Remesal, el mensaje del Dios hasta ahora desconocido, llenó a los oyentes de asombro y maravilla. De modo general, el problema de la comunicación lingüística estuvo en el centro de las preocupaciones de los misioneros en el Nuevo Mundo. Gracias a los esfuerzos inteligentes de Las Casas, se superó la primera etapa, tan grosera, en la que soldados y colonos leían las palabras castellanas del «Requerimiento» ante indígenas que huían o no comprendían, espectáculo a la vez lastimoso y risible.

En España misma, como en toda Europa, la introducción de la imprenta había planteado en términos nuevos el problema del acceso a la Sagrada Escritura. Los progresos de la ciencia filológica suscitaron mayor exigencia que el cotejo de las lecturas con los manuscritos antiguos, y en la exégesis. Así nació, bajo la dirección de Cisneros, la Biblia Políglota (obra de un equipo que trabajó entre 1502 y 1517). Mientras Erasmo, más audaz, prescindió de la Vulgata en su *Novum Instrumentum* de 1516, apoyándose tan solo en el texto griego, el nuevo Testamento impreso en Alcalá presentó bajo dos columnas el texto griego y la Vulgata. La Políglota respondió, así, a los deseos del humanismo cristiano, pero sin adoptar todas sus audacias. Más allá de los círculos de humanistas eruditos surgieron a lo largo de un siglo de efervescencia y tensiones espirituales continuas, dos problemas esenciales: ¿cómo predicar a las masas? y ¿cómo enseñar, a los niños en particular, la doctrina cristiana?

Muchas respuestas aparecieron en la primera mitad del siglo XVI. Erasmo, Calvino y también Alonso de Valdés, entre otros, propusieron nuevos catecismos. Más tarde vino la respuesta del concilio de Trento, que impuso a todo el mundo católico un catecismo oficial único.

Con la época post-tridentina, llamada a veces, quizá de modo demasiado defensivo «Contrarreforma», no desaparecieron por completo las tensiones entre el lenguaje oficial de la Iglesia española y la búsqueda de formas originales de comunicación con la palabra divina. Del problema del estudio de la Sagrada Escritura se pasó al de la oración. A este propósito, fray Luis de Granada proponía la distinción siguiente: la oración puede ser «una petición que hacemos a Dios de las cosas que convienen para nuestra salud», pero también puede ser «cualquier levantamiento del corazón a Dios», es decir «ponerse a considerar lo que se cree». En este segundo sentido, sobre todo, la oración mental podía evadirse de los formularios, buscando caminos inauditos para hablar con Dios y contemplarlo: así surgieron los grandes místicos de la época de Felipe II. Pero su lenguaje interiorizado, sus intentos por decir lo indecible ni podían ni querían mantenerse fuera del control de la ortodoxia, tanto más cuanto que estos místicos solían ser personalidades activas y responsables: Santa Teresa hablaba de sus visiones a sus «hijas» en los conventos que fundaba y dirigía; y a sus confesores, que a menudo la reprendían; de Juan de la Cruz, «poeta del amor» según la frase de M. Tuñón de Lara, emanaba también una energía asombrosa; pero de su lucha amorosa con el lenguaje nacieron también para él numerosas dificultades y padecimientos.

5. LA INQUISICIÓN

La fusión armoniosa que Cisneros y la «Pre-Reforma» habían logrado entre la fe viva y las obras, resulta ya mucho más difícil en la segunda mitad del siglo.

En el intervalo había crecido la importancia de la Inquisición. Constantino, después de haber sido la gloria del púlpito sevillano, había sido quemado en efigie como luterano. Bajo la misma inculpación, Carranza, arzobispo de Toledo, pasó dieciséis años en la cárcel. Como dice Bataillon en la conclusión de su estudio del erasmismo español:

> Después de la derrota del Emperador, a raíz de la promulgación de los cánones de Trento, se lleva a cabo una polarización, lo mismo para España que para el resto de Europa, definitivamente dividida entre católicos y protestantes. La Inquisición sabe, desde ese momento, lo que tiene que hacer. Y lo hace inflexiblemente.

Desde un punto de vista ideológico, sería menester escribir muchas páginas para explicar el crecimiento de la nueva Inquisición española que nació bajo el reinado de los Reyes Católicos, su funcionamiento de mecánica represiva que sacaba sus recursos financieros de la misma represión, sus relaciones con el poder político (Gregorio Marañón demostró cómo Felipe II utilizó, por ejemplo, el aparato inquisitorial como instrumento político cuando aplastó la rebelión aragonesa, con motivo de la huida a Aragón del secretario Antonio Pérez), su concepción estrecha, recelosa de la ortodoxia, su actitud defensiva frente a todo lo que venía de fuera, y no solo de los países protestantes sino de la misma Italia, su temible extensión en la sociedad civil por medio de los «familiares», su afición a la delación, al tormento, a las reconciliaciones forzadas [22; 30; 34; 36].

Solo apuntaremos aquí que, si bien la Inquisición se enorgulleció de haber extirpado todas las herejías, en realidad su obra represiva fracasó en parte: no solo porque subsistieron sociedades cripto-judías en la España del siglo XVII, como demostró recientemente Caro Baroja, sino porque la unicidad del lenguaje oficial de la Iglesia española, en cierto modo, no pudo mantenerse en el siglo XVII: los jesuitas (y no hablamos aquí del fundador Ignacio de Loyola, ni del padre Mariana, ya aislado en su misma orden a principios del XVII, sino de las generaciones posteriores de la «nación española» de la Compañía de Jesús) introdujeron cada vez más una duplicidad de lenguaje, adaptando su predicación según los públicos, y proponiendo una reconciliación laxista y, por lo mismo, sospechosa, entre el ideal de pobreza de las órdenes mendicantes y la riqueza material de la Iglesia [11]. Pero ni la Inquisición ni la Compañía de Jesús fueron toda la Iglesia española. La corriente subterránea del erasmismo y del iluminismo subsistió a lo largo del siglo XVII, preparando entre otras cosas la recepción, en la España del siglo XVIII, de las ideas jansenistas...

6. IGUALITARISMO CRISTIANO Y JERARQUÍA SOCIAL

Beneficiaria de la jerarquía estamental, la Iglesia, en la época considerada, no solía poner a discusión el orden social. El fondo de su doctrina era un llamamiento a la sumisión de los servidores.

Esto no significa que la Iglesia hubiese concedido todos los derechos a los amos reservando los deberes tan solo a los servidores.

Como fundamento de la actitud relativamente matizada de la Iglesia, había la afirmación de la igualdad metafísica de las almas, legada por el mensaje evangélico, el paulinismo (y también el estoicismo reinterpretado por el cristianismo), y ya popularizado en la Europa del siglo VI por los escritos de Boecio (muy citado en el Siglo de Oro). Esta afirmación distaba mucho de conceder al servidor la igualdad *política* con el amo. Pero ante Dios, ante el problema de la salvación, ante los sacramentos, solo había almas a las que diferenciaba únicamente la contabilidad de los méritos y de las culpas. De la dignidad y «nobleza» del alma, era difícil no pasar a la admisión de otros derechos para los humildes. Y, de hecho, el mismo Santo Tomás, al adaptar el pensamiento aristotélico sobre la servidumbre a las condiciones nuevas del modo de producción feudal, admitía, por ejemplo, que el servidor no le debía al amo una obediencia absoluta, que aquel podía desobedecer en caso de tiranía manifiesta de este.[2]

No todos los teóricos de la Iglesia española del Siglo de Oro exploraron las consecuencias sociales de ese igualitarismo teórico. Casi todos se limitan a decir que el amo tiene derechos materiales y morales hacia el servidor. Algunos subrayan que la honra del amo es solidaria de la reputación de los que le sirven, que él puede, pues, poner en peligro su propia alma si por descuido deja a sus criados que pequen. De esta manera, los deberes de la caridad y los intereses de la casa pueden coincidir:

Las piezas o vasijas que tus criados te quebraren, si fueren pocas y no muy neciamente quebradas, pasa por ello y disimula: mas, si te quebraren muchas y muy a necias (que hay manos torpes y bestiales que do llegan dan la muerte) asiéntalas a la cuenta de su salario, porque abran los ojos; ya que son necios o bastardos, sea a su costa y no a la tuya; que aun las leyes humanas dicen que quien comete la culpa, ese mesmo y no otro sufra la pena. Mira mucho a las manos de tus criados para que no hurten ni te menoscaben la hacienda, que aunque sea poco lo que cada día toman, menudeando, muchos pocos hacen un mucho, y ya sería hurto y pecarían mortalmente; porque aunque cada cosa tomada por sí sola no sea materia de hurto, por lo poco que ella vale, ni aquel tomarla fuese pecado, mas tomándola junta con las otras cosas menudas que entre año se hurtan, ya hacen una suma y materia de hurto (que vale tres o cuatro ducados) y así pecarían mortalmente y serían obligados a restitución. No quiero decir que cada hurtillo de aquellos sea pecado venial y que todos juntos los del año hagan un mortal, porque ésta sería falsa doctrina, que cuantos veniales hay en el mundo (aunque fuesen más que las arenas de la mar) no harían un mortal, porque como Aristóteles nos enseña, de lo finito a lo infinito no hay proporción, mas quiero decir que aunque cada cosa de aquellas por si tomada no haga hurto ni pecado mortal, mas tomándola con intención actual o virtud de tomar otra y otra mañana y todas las veces que pudiere, la compañía de tantos pocos hace materia de hurto y pecado mortal... He querido extender algo esta materia porque es necesaria para los penitentes y para muchos confesores ignorantes que les parece que cuando el mozo o la moza toman algo de casa de sus señores, que por ser poca no hay pecado ni obligación de restituir. Acuérdense que hay trescientos y sesenta y cinco días en el año y que cada día valor de tres o cuatro maravedís que hacen tres o cuatro ducados por año.

Esta contabilidad minuciosa aparece en la quinta regla (de «Cómo se han de haber los señores para con los criados») de las *Reglas de bien vivir*, del reverendo padre fray Antonio de Espinosa, de la Orden de Predicadores (1552).

Aunque desea, él también, demostrar la convergencia entre los deberes hacia los criados y los intereses del amo, fray Luis de León emplea un tono muy distinto en *La perfecta casada*. En primer lugar, convida a las damas de la más alta nobleza a huir de la ociosidad, a ser «mujeres caseras». «Todas ellas, por más ricas y nobles que sean, deben trabajar y ser hacendosas». Luego les recomienda tener «un buen trato y apacible condición con sus sirvientes y criadas», y aquí es donde la referencia al igualitarismo cristiano (desde una perspectiva particular, propia de fray Luis) se hace insistente; al denunciar a los señores que hacen trabajar duramente a sus criados sin darles siquiera lo que necesitan para el sustento, fray Luis escribe:

El pecar los señores en esto con sus criados ordinariamente nace de soberbia y de desconocerse a sí mismo los amos. Porque si considerasen que así ellos como sus criados son de un mismo metal y que la fortuna es ciega, y no la naturaleza proveída es quien los diferencia, y que nacieron de unos mismos principios y que han de tener un mismo fin, y que caminan llamados para unos mismos bienes, y si considerasen que se puede volver el aire mañana, y a los que sirven ahora servirlos ellos después, y si no ellos, sus hijos o sus nietos, como cada día acontece, y que, al fin, todos, así los amos como los criados servimos a un mismo Señor, que nos medirá como nosotros midiéremos; así que, si considerasen esto, pondrían el brío aparte y usarían de mansedumbre, y tratarían a los criados como a deudos y mandarlos hían como quien siempre no ha de mandar.

Mirar por los criados es, para fray Luis, mirar por la propia honra:

Y así el tratarlos bien es no sólo seguridad sino honra y buen nombre. Porque han de entender los señores que son como parte de su cuerpo sus gentes, y que es como un compuesto su casa, adonde ellos son la cabeza y la familia los miembros, y que por el mismo caso que los tratan bien, tratan bien y honradamente a su misma persona.

Al portarse así, el amo al mismo tiempo «granjea las voluntades» de sus criados y mejora su hacienda. El autor cita el ejemplo de una dama principal que gastaba mucho dinero en tratar bien a sus sirvientes, y

haciendo estos gastos y otros de semejantes virtudes no sólo conservó y sustentó los mayorazgos de sus hijos, que estaban en su tutoría, y les venían de muchos abuelos de antigua nobleza, sino que también los acrecentó e ilustró con nuevos y ricos vínculos y así era bendita de todos.

¿Daban todos los confesores y predicadores este mismo consejo de «mansedumbre» hacia los servidores? Y, sobre todo, ¿escuchaban el consejo los amos? No faltan motivos para dudarlo. El mismo fray Luis advierte que lo que predomina en los señores es la severidad.

Sin embargo, la teoría del igualitarismo cristiano tuvo mucha importancia histórica en la España del Siglo de Oro. En algunos casos pudo contribuir para suavizar las relaciones de dominación, y sobre todo influyó en las formas de conciencia de los dominados: la Iglesia no podía hablar de la dignidad del alma tan solo a las clases privilegiadas. Veremos más lejos cómo el sentimiento de la «honra», al difundirse entre capas sociales no aristocráticas, fue en parte prolongación del igualitarismo cristiano.

Este desempeñó también un papel importante en la controversia sobre los estatutos de limpieza. Una imagen dominó el debate: la del cuerpo místico de la Iglesia, forjada por San Pablo (Rom. 12, 4-5 y 1.° Cor. 12, 12-13). Para algunos teólogos, la unidad de este cuerpo implicaba igualdad de derechos y deberes para todos los «miembros», y no solo en el dominio espiritual sino también en otras esferas. El argumento de la unidad del género humano (que acabamos de encontrar en una cita de fray Luis de León) solía invocarse como complemento. Por lo tanto, para estos autores, las discriminaciones entre cristianos viejos y nuevos debían rechazarse. Pero otros eclesiásticos como el obispo jurista Diego de Simancas, bajo Felipe II, desarrollaron la idea de que la unidad del cuerpo místico no impedía diversidad y jerarquía de las funciones y de los «miembros» y añadieron que la extensión del igualitarismo cristiano a dominios no espirituales podía resultar subversiva:

Si haec, inquam, et similia verba efficiunt ut omnes Christiani in rebus temporalibus cunctis aequeales esse debeant, jam servus et femina, Barbarus et Scytha, canonici Toletani esse debent,

ironiza Simancas. Es decir:

Si, como digo, con estas palabras y otras semejantes se intenta probar que todos los cristianos en todas las cosas temporales deben ser iguales, entonces el siervo y la mujer, el bárbaro y el escita deben ser canónigos de Toledo.

Y añade:

Addunt etiam injusta esse estatuta propter acceptionem personarum quod si verum est (sicut non est) jam omnia jura quae nobilibus favent et quae aliquos illegitimos excludunt et quae cetera similia statuunt, injusta sunt acceptione personarum».

O sea:

Añaden que los estatutos son inicuos por introducir acepción de personas, lo cual, si fuese cierto (como no lo es) significaría que todos los derechos que a los nobles favorecen y excluyen a otros por ilegítimos, y todo lo estatuído de semejante forma vale acepción de personas [53].

Una vez más, encontramos en el seno de la Iglesia española no una doctrina uniforme, sino una controversia interna en torno a la idea de la dominación y su figuración simbólica. La noción de igualdad no podía tener en la época de Simancas el alcance subversivo que este le atribuía, dramatizando adrede. Pero su extensión al dominio temporal, sin poner a discusión el orden social, podía proyectar luces acusadoras sobre ciertas discriminaciones.

7. MENOSPRECIO Y ALABANZA DEL TRABAJO

No menos compleja resulta la actitud de la Iglesia española del Siglo de Oro hacia el trabajo.

La presentación bíblica del trabajo como castigo del primer pecado humano podía en cierto modo subtender la jerarquía estamental y respaldar el desprecio aristocrático por los trabajadores.

Por otra parte, la exaltación de la caridad podía favorecer hasta cierto punto la conservación, y aun la extensión, de la mendicidad. En efecto, la Iglesia, en su mismo seno (órdenes mendicantes) y en la sociedad laica, atribuía un valor positivo al libre ejercicio de la caridad, y una función necesaria a la «limosna». En nombre de la caridad, muchos confesores y predicadores aconsejaban a los señores que de ninguna manera redujesen el número de sus criados, incluso cuando parte de estos no servían para nada.

Pero definir a la Iglesia de esa época como una institución *siempre* favorable a la extensión de los vagabundos, pícaros y ociosos sería caer en una exageración manifiesta. Varios elementos contribuyeron para matizar la actitud de dicha Iglesia hacia el trabajo.

Los conventos y hospitales eran células económicas, cuyo funcionamiento suponía el trabajo hacendoso de varios empleados (jardineros, cocineros, etc.), y aun actividades materiales de parte de los frailes y monjas de origen humilde. A los otros, de estirpe más noble, solo les incumbía orar y mandar. Sin embargo, algunos de estos «superiores» llegaban a «humillarse» asociándose a las tareas más bajas. Casos excepcionales, es cierto, como el de santa Teresa. Saludemos de paso el sentido de lo concreto y la afición a la actividad que colorean tantas páginas del *Libro de las Fundaciones*, como en aquel relato de una llegada nocturna al monasterio de Santa Ana, en Medina del Campo:

> Llegadas a la casa, entramos en un patio. Las paredes harto caídas me parecieron, mas no tanto cuando fue de día se pareció [...]. Visto el portal, había bien que quitar tierra de él, a teja vana, las paredes sin embarrar, la noche era corta, y no traíamos sino unos reposteros [...]. Yo, cuando vi tan buen aparejo, alabé al Señor, y ansí harían las demás; aunque no sabíamos qué hacer de clavos, ni era hora de comprarlos. Comenzamos a buscar de las paredes; en fin, con trabajo se halló recaudo. Unos a entapizar, nosotras a limpiar el suelo, nos dimos tan buena prisa que cuando amanecía estaba puesto el altar...

Más atenta que la aristocracia propiamente dicha a los aspectos concretos del trabajo manual, la Iglesia solía abogar por la utilidad y relativa dignidad de los «oficiales mecánicos». Así conseguía ella imponer su dirección espiritual a los «gremios» (con sus patronos, y su participación en las fiestas religiosas). La obra de un canónigo italiano llamado Garzoni sobre estos oficios (a los que él declara «nobles y antiguos») fue traducida al español, bajo Felipe III, por Suárez de Figueroa con el título de *Plaza universal*. El traductor y adaptador reivindica entre otras cosas el derecho para los oficiales mecánicos a «engalanarse» en los días festivos, contra la tendencia aristocrática que les negaba tal derecho quejándose de la «confusión» social así introducida...[4]

Ya hemos visto cómo la Iglesia favoreció hasta cierto punto la promoción de estudiantes pobres y cómo influyó en la ideología aristocrática, acelerando la conversión de parte de los hidalgos y caballeros a los estudios universitarios. También es de notar la actitud de la Iglesia hacia algunos empleos entre manuales e intelectuales, como el de los escribanos. Para el derecho civil, el escribano, heredero de los escribas esclavos de la antigüedad, era un oficial mecánico, y por lo tanto «ignoble», ya que vivía de un trabajo manual; pero el derecho canónico se mostraba menos despreciativo, admitiendo la posibilidad incluso para personas nobles de desempeñar efectivamente tales funciones.

En lo tocante al trabajo del campesinado, fuente principal de riqueza para la Iglesia, esta exaltó a menudo su utilidad vital. El elogio de la tierra y de los valores de la tierra se encuentra ya en los escritos del obispo de Mondoñedo, Antonio de Guevara, el cual puso de moda, bajo Carlos V, el lema «menosprecio de Corte y alabanza de Aldea». Cuando la decadencia de la agricultura y la pauperización de varias regiones rurales empiezan a preocupar seriamente a los propietarios y ciudadanos, hacia finales del siglo XVI, muchos eclesiásticos figuran entre los autores de una «literatura fisiocrática» que recuerda la utilidad del campesinado. Al tema religioso del trabajo-castigo, el padre Pineda, en su *Agricultura cristiana*, contrapone entonces la idea de que:

...también debéis ponderar que ansí las lecciones de los maitines como el Evangelio de hoy pintan a Dios ocupado en provecho del hombre, porque no se queje el hombre de se ver mandar trabajar, y si Dios eternalmente fue glorioso, no fue ocioso.

Y no fue por mera casualidad que la valoración del trabajo de la tierra culminó en 1619 con la beatificación de san Isidro, labrador, patrono de la villa de Madrid.

Muchas veces, en Castilla la Nueva por ejemplo, la Iglesia debía compartir el producto del diezmo (elemento principal de la presión fiscal, puesto que se ha calculado que en dicha región el diezmo representaba una exigencia de diez a veinte veces superior a la del conjunto de los derechos señoriales) con otras potencias sociales [50]. Este hecho contribuyó sin duda (además de la compasión suscitada por el espectáculo de la miseria) para que personalidades religiosas se elevasen contra los excesos del fisco real. Lo cual no implicaba que la Iglesia renunciase a sus propios derechos...

La tendencia creciente de la ideología aristocrática a aburguesarse buscando en la posesión de la tierra, en las rentas, en los juros y censos, un caudal provechoso no dejaría de afectar a la misma Iglesia. Quedan por hacer muchas investigaciones sobre las transformaciones de los métodos de explotación en los bienes de mano muerta a lo largo del Siglo de Oro. En todo caso, se sabe que muchos clérigos figuraban entre el número de aquellos que invertían su hacienda personal en compras de tierras o en préstamos a aldeanos y municipios.

La influencia de las concepciones burguesas se deja notar también en muchos textos de personalidades religiosas, relativos a problemas de gestión «casera», y de relaciones con los criados. Ya hemos citado algunos ejemplos. De modo esquemático puede decirse que, andando el tiempo, los viejos vínculos feudales (relaciones personales, mezcla de paternalismo y de descuido, ausencia de salario fijo, relaciones simbolizadas de modo ya anacrónico por la pareja literaria don Quijote-Sancho) tienden a dejar el sitio a una contabilidad mucho más cuidadosa y exigente. Hacia los años 1600, la proliferación de los ociosos y pícaros preocupa a muchos eclesiásticos, no solo porque las obras caritativas de la Iglesia —o sea, la transferencia de una parte de la colecta fiscal hacia la gente sin trabajo— no dan abasto, sino porque el fenómeno se ha convertido en un desastre para toda la sociedad.

Significativa resulta en tales condiciones la empresa de Cristóbal Pérez de Herrera. El no era un eclesiástico, sino un médico. Pero, al pedir que el Estado creara albergues públicos para vagabundos, tuvo que buscar la comprensión y el apoyo de personalidades religiosas. Tranquilizó a los teólogos demostrando cómo podían preverse en el horario de trabajo que debía dárseles a los huéspedes de los albergues (artesanía, fábricas) momentos de libre vagabundeo que permitiesen a los nuevos trabajadores seguir pidiendo limosna. Caridad y trabajo podían, pues, compaginarse.

En cambio de la oferta de trabajo, Pérez de Herrera preveía un control estricto, la persecución de los falsos mendigos, una policía interna para los albergues. A propósito de las mozas de servicio, escribió un texto que, además de ser un documento de excepcional interés sobre la existencia de un verdadero *racket* del trabajo casero, ilustra perfectamente la disposición mental del autor:

> Procurando también (siendo V. M. servido) que se escusen en estos reinos los padres y mozas de servicio, por los grandes inconvenientes que dello resultan, pues se dice que por dos reales que llevan de cada criada que acomodan, uno que les da el amo que la recibe, y otro la misma criada, les solicitan y persuaden a que si no se hallaren bien, les darán otra casa a su gusto; porque tantos reales de a dos llevan cuantas ellas mudan, demás de que con el refugio que tienen en la de los padres de mozas, se contentan con asistir allí dos o tres horas del día, y lo demás dél y las noches, acuden a sus vicios, y con esto se escapan de los alguaciles de vagabundos, con decir que asisten en estas casas esperando amo. Y suele haber mucho número dellas que como saben que tienen allí aquel acogimiento, piden muchos requisitos para entrar a servir, preguntando si hay en las casas donde las han de recibir niños pequeños, por el embarazo que dan, si hay escalera y pozo, y si es hondo, y si lavan en casa, y si tienen platos de peltre que limpiar, desconcertándose por cualquiera cosa déstas por trabajar poco. Y ha llegado a tal punto el desorden que piden un día feriado en la semana para acudir a sus libertades...[4]

En el prólogo de su edición crítica de los *Discursos del amparo de los legítimos pobres...* (Clásicos Castellanos, vol. 199), Michel Cavillac recuerda, entre otras cosas, las polémicas teológicas del siglo XVI en torno al problema de la mendicidad (concepciones opuestas de Soto y de Medina), la actitud de la Compañía de Jesús favorable al comercio y a las fábricas, y sitúa en tal contexto la tentativa de Pérez de Herrera. Esta, si bien consiguió un cierto apoyo oficial en los últimos años del XVI, fracasó durante el reinado de Felipe III, a quien Pérez de Herrera, arruinado, pidió en vano «ayudas de costa» e indemnización por sus gastos personales.

8. LA IGLESIA Y LA DOMINACIÓN DEL ESTADO

Se deformarían las relaciones ideológicas entre la Iglesia española y el poder real en el Siglo de Oro, si se quisiera reducirlas a una armonía perfecta y permanente, o si, a la inversa, solo se hablase de sus conflictos eventuales. La Iglesia aceptó y recusó al mismo tiempo la compenetración entre lo espiritual y lo temporal; y el poder real, a su vez, se fue reforzando gracias a la Iglesia, con ella, y también contra ella.

Por haber sido la Iglesia la institución que mejor resistiera a la fragmentación feudal, durante mucho tiempo sirvió de modelo para el poder real. Así, por ejemplo, el sistema de los oficios (tanto en España como en otros países europeos) fue concebido a imitación del de los beneficios. Durante mucho tiempo, los reyes encontraron en la Iglesia la mayor parte de sus consejeros y de sus cuadros jurídicos y judiciales.

Las preocupaciones espirituales influyeron, sin duda alguna, en la política exterior e interna de los monarcas españoles, así durante la Reconquista como en las épocas ulteriores (colonización del Nuevo Mundo, lucha contra la Reforma en Europa...).

Por lo tanto, la imagen y el mismo término de «Reyes Católicos», como campeones de la fe y fuertes gracias a esta, no son en sí mismos falsos. Pero llegan a serlo si no se ve más que ellos.

Sin poder prescindir nunca de la ayuda de la Iglesia, el Estado de los Austrias favoreció una secularización creciente de sus cuadros, como demostró recientemente Maravall [39]. Así se instituyó una separación teórica entre Fuero Real y Fuero Eclesiástico, no siempre guardada, pero que apartó a los eclesiásticos, cuando no de las audiencias y consejos reales, por lo menos de los corregimientos, de las escribanías públicas, etc.

Con sus bienes de mano muerta, sus exenciones fiscales, su jurisdicción autónoma, la Iglesia constituía una suerte de Estado dentro del Estado.

El poder real intentaba colocar a la Iglesia española bajo su control, o por lo menos compartir este control con el papa: por ejemplo, el «patronato regio» hacía depender, por concesión pontificia, el nombramiento de los obispos y arzobispos de la autoridad directa de la corona.

Los compromisos entre poder temporal y poder espiritual, la afirmación creciente en la Iglesia española de una tendencia nacional, opuesta al ultramontanismo (tendencia simétrica de la del galicanismo en Francia), no impidieron un sinfín de conflictos jurisdiccionales en España y por todo su imperio.

En la defensa de los bienes de la Iglesia frente a los diversos poderes laicos de la cristiandad solía manifestarse una solidaridad que rebasaba las fronteras, y si en las iglesias nacionales muchos aceptaban un compromiso con el Estado e incluso se convertían en propagandistas del

Fuero Real, siempre existía también una corriente ultraclerical que afirmaba la intangibilidad de los bienes y de las «libertades eclesiásticas».

Valga como ejemplo el de la expulsión de los jesuitas por el senado de Venecia en 1606. Bajo el pontificado de Clemente VIII, este senado había promulgado algunos decretos que tendían a someter a los monjes y sacerdotes delincuentes a la justicia laica, a impedir la creación de toda nueva congregación y a prohibir la donación de bienes al clero por toda la extensión de la república adriática. Pablo V exigió que los venecianos anulasen tales medidas y, ante su resistencia, lanzó, el 17 de abril de 1606, una bula de excomunión, y poco después un entredicho que suspendía el ejercicio del culto entre los venecianos. Solo los jesuitas se atrevieron a obedecer tales mandatos, y la República los expulsó. Una guerra estuvo a punto de estallar entre España, que apoyaba a Pablo V, y Francia, aliada de Venecia. Finalmente se llegó a un acuerdo.

Si Felipe III apoyaba así al Pontífice, era como consecuencia evidente de una política tradicionalmente antifrancesa y antiveneciana, y no porque tuviese el rey una simpatía particular por la jurisdicción eclesiástica en Italia. Esta, en los últimos años del siglo XVI, había desafiado a varios gobernadores españoles en el Milanesado. Carlos Borromeo, arzobispo de Milán, se había opuesto enérgicamente al duque de Alburquerque y, luego, a Requesens, a quien excomulgó. El sobrino de Carlos, Federico Borromeo, al llegar a arzobispo, había entablado, a su vez, una lucha espectacular contra el Condestable de Castilla a propósito de la extensión y de las exenciones fiscales de los arrozales que poseía la Iglesia. Ahora bien, sobre el nuevo asunto de Venecia, unos españoles ultraclericales emitieron juicios que, en cierto modo, por su alcance general, recordaban al mismo rey católico el necesario respeto a los intereses temporales de la Iglesia:

> «Statutum laicorum non potest de ecclesiasticis disponere».
> «Statuta civilia super rebus Ecclesiae non ligant».
> «Statutum laicorum non potest ligare ecclesiasticas personas».
> «Bona ecclesiae dicuntur patrimonium Christi...».

Tales son algunos de los títulos de capítulos de un libro que el jurista conquense Juan Bautista Velázquez publicó en 1608. Los clérigos, dice el autor, deben defender las libertades eclesiáticas «como su propia sangre» («ut sanguinem propriam»). Y el papa es solidario de su Iglesia siempre que se atacan estas libertades («Papa laeditur laesa libertate ecclesiastica»).[5]

Un año antes, el jesuita español Hernando de la Bastida había denunciado, asimismo, los «errores, dislates y engaños» de fray Paulo de Venecia, portavoz del senado, indignándose en particular de esta aserción del monje:

Si Cristo Nuestro Señor bajase hoy a Venecia visiblemente, el Duque y el Senado tendrían jurisdicción sobre él y podrían castigarle como cualquiera de sus vasallos.

Hernando de la Bastida rechaza los argumentos que fray Paulo había buscado en la historia de España: por ejemplo, si era cierto que órdenes religiosas nuevas no podían establecerse en Castilla ni construir allí edificios sin la licencia real, era porque el papa le había concedido al rey tal prerrogativa, mientras que Venecia hasta ahora no gozaba de semejante favor; y decir que los eclesiásticos que vivían sobre el territorio veneciano disponían de bienes veinticinco veces superiores a lo necesario y que debieran, pues, rehusar las donaciones de los laicos, era confundir, de modo grosero, posibilidad y obligación de renunciar a las riquezas de este mundo. Por fin, a fuerza de reivindicar un derecho de control sobre la propiedad eclesiástica para el duque y el senado de Venecia, fray Paulo daba argumentos a una legislación absolutista que pudiera, en definitiva, amenazar cualquier propiedad privada.[6]

A través de este ejemplo (y como este podrían citarse muchos) se ve que a menudo defendiendo intereses temporales fue cómo el clericalismo llegó a criticar el absolutismo del «Príncipe» (fuese este español o no).

9. MARIANA Y LA CONDENA DE LA TIRANÍA

Están en un error y en un error gravísimo cuantos creen que ha de despojarse a los eclesiásticos de su jurisdicción temporal y sus riquezas por ser para ellos una carga inútil y mal conforme con la naturaleza de su estado. ¿Cómo no han considerado que los obispos no sólo son jefes de las iglesias, sino también los primeros personajes del Estado?

exclama Mariana en su *De Rege*.

Esta cita no solo reivindica, de modo tradicional, la autonomía de la jurisdicción eclesiástica, sino que afirma de modo nítido la función política de los prelados (y demás jefes espirituales de la Iglesia).

Para Mariana, esta función implica favores, preeminencias, pero también altas responsabilidades, y, en especial, el deber de decirle la verdad al Príncipe y de «templar» sus tendencias absolutistas con respecto al conjunto de los súbditos.

Otros autores eclesiáticos más o menos coetáneos, como Diego de Simancas o el jesuita Rivadeneira, se fían del temor a Dios y de las leyes para imponer límites al absolutismo real. Pero Mariana va más lejos: se entera de que el contrapeso de las Cortes, como representación del «consenso popular» y como órgano legislativo, funciona ya muy mal en una época en que el monarca tiende a multiplicar las pragmáticas y a aumentar la presión fiscal, sin oír las quejas de los súbditos o sobornando a aquellos que las transmiten, es decir, a los procuradores de Cortes. Entonces Mariana recuerda una vieja doctrina según la cual el monarca, lejos de ser la fuente suprema de todo poder y de toda ley, sólo ejerce su autoridad por delegación del consenso popular, y caso de olvidarlo se convertiría en un tirano.

Después de presentar los argumentos de los que le niegan rotundamente al pueblo la posibilidad de sublevarse, escribe Mariana:

> Así hablan los que defienden al tirano; mas los patronos del pueblo no presentan menos ni menores argumentos. La dignidad real, dicen, tiene su origen en la voluntad de la república. Si así lo exigen las circunstancias, no sólo hay facultades para llamar a derecho al rey, las hay para despojarlo del cetro y la corona si se niega a corregir sus faltas. Los pueblos le han transmitido su poder, pero se han reservado otro mayor: para imponer tributo, para dictar leyes fundamentales, es siempre indispensable su asentimiento. No disputaremos ahora cómo deba éste manifestarse, pero consta que sólo queriéndolo el pueblo se puede levantar nuevos impuestos y establecer leyes que trastornen las antiguas. Creemos [...] que deben evitarse los movimientos populares para que con la alegría de la muerte del tirano no se entregue la muchedumbre a excesos y sea de todo punto estéril un hecho de tanto peligro y trascendencia; creemos que antes de llegar a ese extremo y gravísimo remedio deben ponerse en juego todas las medidas capaces de apartar al príncipe de su fatal camino. Mas cuando no pueda ya esperarse, cuando estén ya puestas en peligro la santidad de la religión y la salud del reino, ¿quién habrá tan falto de razón que no confiese que es lícito sacudir la tiranía con la fuerza del derecho, con las leyes, con las armas...? Este es mi parecer, hijo de un ánimo sincero, en que puedo, como hombre, engañarme.

El *De Rege*, y este trozo en particular no suscitaron ningún escándalo en el momento de su publicación (1599). La doctrina según la cual era lícito matar al tirano era perfectamente ortodoxa, si bien pocos autores solían recordarla. Para los lectores españoles de Mariana, a finales del XVI, tal doctrina no se aplicaba por supuesto a la situación española presente, y a nadie le pasó por la mente que Mariana convidase a una revolución o a acciones sangrientas en su propio país. La aplicación, si es que debía buscarse una, debía hacerse pensando en la historia reciente del país vecino, por ejemplo en la muerte del monarca francés Enrique III. Y, de hecho, así Mariana como Rivadeneira veían en el asesinato cometido por «Jaime Clemente» un castigo divino.

Sin embargo, a principios del siglo XVII, varios escritos de Mariana fueron censurados en España. Lo que chocó no fue directamente la condena del tirano sino la crítica del absolutismo ilustrada con ejemplos internos. El contexto internacional agravó el aislamiento de Mariana en su misma orden: la conspiración de la pólvora en Inglaterra, en 1605, y el asesinato de Enrique IV en la Francia de 1610 fueron atribuidos por muchos a las intrigas de la Compañía de Jesús. La Sorbona mandó quemar el *De Rege*, y Felipe III, deseoso de mantener relaciones pacíficas con los dos países citados, tuvo que darles algunas satisfacciones, expulsando, por ejemplo, al padre Cresuelo, alias Joseph Creswell, jesuita y director del Colegio de Irlandeses en Valladolid.

Pero, más allá de estas peripecias, el caso de Mariana muestra que la doctrina de la Iglesia con respecto al poder civil podía trascender las preocupaciones estrictamente clericales para elevarse a una crítica política en nombre de intereses más amplios. Con una franqueza y una nitidez impresionantes, Mariana recordó que para la Iglesia, o, por lo menos, para una cierta tradición de la Iglesia, la monarquía de derecho divino no tenía todos los derechos, que no era necesariamente portadora del interés público, que el bien público y el consenso popular eran en cierto sentido superiores a ella.

10. LOS VALORES CRISTIANOS Y SUS AVATARES SOCIALES: «HONRA» Y «LIMPIEZA DE SANGRE»

Mucho se ha escrito sobre formas de conciencia tan hispánicas y tan complejas como fueron el sentimiento de la honra y el orgullo de ser (o creerse) «limpio». Conforme a la perspectiva particular del presente capítulo, nos limitaremos a enfocar las relaciones mutuas entre la doctrina religiosa y estas formas de conciencia.

El sentimiento de la honra se refería a valores a la vez religiosos y sociales. Este dualismo podía resultar contradictorio. Para la ideología aristocrática, la honra pertenecía a la nobleza y había gente por definición incapaz de ganar o de perder la honra por vivir sin ella: por ejemplo los que trabajaban con sus manos, los pícaros, etc. Esta ideología solía admitir que la honra era un deber al par que un privilegio, y un bien frágil, vulnerable, siempre amenazado. La honra era lo más íntimo y lo más precioso de lo que podía poseerse, pero también algo que podía perderse no solo por la responsabilidad personal del sujeto sino por un sinfín de contingencias. Una conducta infame, indecorosa, podía privar al caballero a la vez de su honra y de su nobleza; pero lo mismo sucedía si alguien le «deshonraba», aplicándole, por ejemplo, un «tratamiento» indigno o poniendo en duda su nobleza y limpieza o las de sus deudos, y si entonces él no «volvía por su honra». La honra de un marido y amo de casa era un concepto extensible a la conducta de la mujer (e incluso de los criados). El que dirán, pues, y también la pobreza, con su séquito de menosprecios, podían «deshonrar». De aquí la necesidad de una vigilancia permanente y de acciones defensivas que podían acudir a la vía judicial pero a las que, en ciertos casos, no les quedaba más remedio que la violencia de la espada.

La literatura de la época abunda en situaciones de este tipo: caballeros que «meten la mano» (desenvainando la espada), maridos «médicos de su honra» que matan a los adúlteros, etc.

La honra no era, sin embargo, un bien privativo de la nobleza de sangre, porque otras categorías sociales ascendentes aspiraban a aquella, y de hecho, conseguían anexionársela. Como constata el lexicógrafo Covarrubias, la honra es «una reverencia (o) cortesía que [...] algunas veces se hace al dinero.» La burguesía urbana y aun rural compartió con la nobleza de sangre el disfrute (y los tormentos) de la «honra».

Por su parte, la Iglesia proponía una definición religiosa y moral de la honra, que tendía a ensanchar el alcance social del concepto y a criticar al mismo tiempo algunas de las formas que revestía. La «ideología cristiana» llegó, pues, a combatir doblemente a la «ideología aristocrática», pero puede notarse una diferencia muy interesante entre los dos combates.

Comencemos por la crítica de la honra aristocrática. La distinción entre la honra verdadera del cristiano virtuoso y la falsa (también llamada «negra») honra (u honrilla) mundana es una constante de la predicación a lo largo del Siglo de Oro.

> ¿Quién podrá ponderar las guerras espirituales que andan por los grandes señores? ¿Quién se podrá condolecer de la esclavitud voluntaria que padecen, que por sólo cumplir con los miradores ponen sus conciencias en detrimento?,

exclama, por ejemplo, Alejo Venegas en 1537.

El debate, como es sabido, invadió la literatura. Piénsese en la compasión que Lazarillo siente por los tormentos del escudero su amo, que tanto lucha y disimula por «sustentar su honra». Piénsese en el humanismo cristiano de Cervantes, que en los desenlaces de algunas novelas suyas parece preferir el perdón cristiano a la venganza marital, e inventa, en *Los trabajos de Persiles y Segismunda*, el caso de una pareja que se refugia en una isla nórdica para evitar la solución sangrienta que un lance de honor le hubiera impuesto.

¿Hasta qué punto esta crítica cristiana y el mandamiento «no matarás» consiguieron limitar efectivamente los estragos de la «negra honra»? Esta pregunta exigiría muchas investigaciones. Parece ser que el recurso a los «duelos» fue mucho menos sistemático en España que en Francia. Sin embargo, las riñas impulsivas abundaban y, paradójicamente, los que habían matado o herido al adversario podían acogerse al sagrado de alguna iglesia. La práctica de los tribunales en lo tocante a estas riñas y a las venganzas maritales era bastante fluctuante. En su autobiografía, el capitán Alonso de Contreras, bien entrado el siglo XVII, cuenta cómo mató un día, in fraganti, a su querida y a un amante, sin que por ello tuviese, al parecer, que rendir cuentas... El recurso a la venganza privada tiende a disminuir en el Siglo de Oro, en parte gracias a la creciente intervención judicial, pero el «machismo» de la ideología aristocrática sigue muchas veces desafiando los preceptos evangélicos de dulzura.

La exaltación cristiana de la nobleza del alma y el igualitarismo cristiano (véase *supra*) contribuyeron mucho a difundir entre capas sociales no aristocráticas el sentimiento de la honra. Y como la doctrina católica añadía que el bautismo acrecentaba la dignidad del alma, muchos campesinos españoles llegaron a fusionar en sus conciencias la pretensión a la honra y el orgullo de ser «cristianos viejos» (o «rancios»).

Hay una contradicción manifiesta entre las dos frases que acabamos de escribir: el igualitarismo cristiano, o, en todo caso, la interpretación más amplia del mismo, conducía a rechazar las discriminaciones étnicas. Los prejuicios de limpieza las admitían.

Ahora bien, esta contradicción fue *vivida* efectivamente por los campesinos cristianos viejos (o que creían serlo) y las consecuencias fueron también contradictorias.

Por una parte, como ya queda dicho, las discriminaciones raciales introdujeron una división profunda entre cristianos viejos y nuevos en las masas rurales. En este sentido, puede decirse que los conflictos con los moriscos hasta su expulsión falsearon poderosamente el eje de la lucha de clases, facilitando la dominación de los privilegiados. Al decir esto no se insinúa, de ninguna manera, que la Iglesia española favoreciera la extensión de los estatutos de limpieza para reforzar *conscientemente* una dominación de clase. La función de una ideología consiste precisamente en ocultar tales intereses, *incluso para aquellos que le sacan provecho*. Además, no debe olvidarse que, al margen de la contradicción fundamental entre masas rurales y clases privilegiadas, los estatutos de limpieza correspondían también a un conflicto secundario (pero no por eso anodino) entre la burguesía conversa (sobre todo de origen judío) y las otras clases dominantes.

Pero lo que a nuestro parecer confirma la interpretación clasista aquí propuesta del concepto ideológico de «limpieza», es la revisión crítica que se manifestó en el seno de la misma Iglesia y en su sector más encarnizado (la Inquisición) con respecto a los estatutos, cuando estos llegaron a perjudicar a la misma aristocracia: al crecer el aparato inquisitorial y, correlativamente, las sospechas y delaciones, el número de los «familiares», las informaciones y procesos de «limpieza», se difundió entre las masas urbanas y también rurales (pues los diligencieros solían acudir al testimonio de muchos campesinos, en especial en las provincias nórdicas) una actitud sarcástica hacia los orígenes «impuros» de muchos señores. Hacia los años 1600, la Inquisición se encuentra en la situación de un aprendiz de brujo que no consigue ya dominar las consecuencias de sus actos: entonces interviene personalmente el gran inquisidor para intentar salvar del escándalo a altos funcionarios reales

[48]. Felipe III y Felipe IV tomaron algunas medidas para tratar de contener la manía de la delación que, cual gangrena, se había apoderado del cuerpo social, amenazando ya a los de arriba [53]. En vano. Entre las capas no aristocráticas, la limpieza de sangre fue de doble manera una perversión de la lucha de clases. Debilitó las luchas de los de abajo, al dividirlas, y planteó problemas económicos en términos raciales, sustituyendo la resistencia abierta a los señores y propietarios por la «compensación» del orgullo burlón del cristiano viejo. Aun así, el movimiento fue tan poderoso como para inquietar y desbordar a la misma Inquisición.

NOTAS DEL CAPÍTULO IV

1. Véase segunda parte, cap. II, 6.1., donde se tratan otros aspectos relacionados con este epígrafe.

2. Santo Tomás, en la pregunta de la *Summa* «Utrum subditi teneantur suis superioribus in onmnibus obedire?». Citado y comentado por N. Salomón, *Recherches sur le thème paysan...*, op. cit., pp. 811-812.

3. Cristóbal Suárez de Figueroa, *Plaza Universal...* Madrid, Luis Sánchez, 1615, f.º 336 v.

4. C. Pérez de Herrera, *Discursos del amparo de los legítimos pobres, y reducción de los fingidos...*, Madrid, 1598.

5. J. B. Velázquez Valenzuela, *Defensio justititae et justificationis monitorii emissi et promulgati per S. S. D. N. D. Paulium Papam Quintum...*, Valencia, 1608.

6. Hernando de la Bastida, *Antídoto a las venenosas consideraciones de Fr. Paulo de Venecia...* León, 1607.

CAPÍTULO V

Ideologías y decadencia

La interconexión de los fenómenos históricos se ve con toda claridad en la trilogía política–economía–sociedad. Los fenómenos espirituales forman otra corriente, paralela, no desligada de la anterior, pero sí dotada de ritmo propio, menos dependiente de las infraestructuras, más sensible a las corrientes universales y a las genialidades individuales. No quiero decir que sean menos Historia, pero sí que son otra Historia, que puede descomponerse en disciplinas particulares porque su trabazón es menos rígida, mientras que la separación entre los miembros de la trilogía antes indicada es solo formal, es decir, un recurso expositivo [16].

Estas líneas, tan sugestivas, están sacadas del prólogo de un conjunto de ensayos sobre *Crisis y decadencia de la España de los Austrias*, debido al gran historiador Antonio Domínguez Ortiz. Su insistencia en la especificidad y relativa autonomía de los «fenómenos espirituales», es decir, entre otras cosas, de las ideologías, nos satisface plenamente. Y la idea —implícita en el citado trozo e ilustrada por los ensayos que siguen— de que la comprensión de la decadencia de España en el siglo XVII pasa esencialmente por el estudio de la economía, de la sociedad y de la política, también nos convence. Domínguez Ortiz reacciona contra una tendencia idealista que intentó explicar el estancamiento y el retroceso de España únicamente por consideraciones morales, o ideológicas. Tales aserciones, como las que atribuyen la responsabilidad de la decadencia a la apatía de los «Austrias menores», a su descuido en el nombramiento de los ministros, a la corrupción de los «privados», empiezan a escasear en la historiografía moderna. Tal tipo de explicación, indudablemente, tomaba efectos por causas profundas. Y aunque calaron un poco más hondo, también fracasaron por demasiado esquemáticos, los sistemas que achacaron la decadencia a un fenómeno espiritual aislado, tal como la represión inquisitorial, las reticencias religiosas frente al desarrollo del capitalismo mercantil y banquero, las insuficiencias culturales de la enseñanza universitaria, etc.

Sin embargo, la distinción de Domínguez Ortiz entre dos historias como «paralelas» y de ritmos distintos, si bien admite que no están «desligadas» una de otra, parece reservarles a los «fenómenos espirituales» una función puramente «epifenomenal», como si estos se limitasen a repetir, en su propio nivel, de modo más difuso (y más confuso), lo que en el dominio fundamental de la «trilogía» acontece.

Marc Bloch solía repetir que la historia de los hombres es única. Conforme a esta perspectiva, nos preguntaremos si no hay «interconexiones» (bilaterales no solo entre los sectores de la trilogía, sino también entre esta y los «fenómenos espirituales»).

1. CIENCIAS E IDEOLOGÍA EN LA ESPAÑA CLÁSICA

En el citado prólogo, y en los ensayos que le siguen, Domínguez Ortiz no habla de la evolución del conocimiento científico en la España de los «Austrias».

No abrumaremos al lector con una enumeración de científicos españoles que se ilustraron durante el Siglo de Oro. Precisamente porque la «leyenda negra» (desde los enciclopedistas hasta las tendencias sistemáticamente anticlericales de una cierta ideología liberal, reforzadas por aplicaciones mecánicas de las teorías —ya bastante esquemáticas— del positivismo de Auguste Comte) presentó a veces una imagen de la España clásica hundida en el oscurantismo de una «edad teológica», no faltaron defensores apasionados de la «Ciencia española», comenzando por Menéndez y Pelayo [42]. Con criterios algo distintos (no exentos de anticlericalismo, pero no menos nacionalistas), la Asociación Nacional de Historiadores de la Ciencia Española publicó en 1935, con prólogo de don Niceto Alcalá-Zamora, una serie de ensayos destinados a demostrar que incluso en el siglo XVII la decadencia de las ciencias en España no fue total [19]. Y, en *España un enigma histórico*, Sánchez Albornoz abordó la cuestión con mucho tino y con su acostumbrado sentido del matiz histórico. Remitiendo, pues, a estas obras al lector que quiera más detalles, solo diremos aquí que el desarrollo *europeo* de los conocimientos científicos y técnicos en la época clásica no puede estudiarse sin tener en cuenta la contribución de España. El descubrimiento y la explotación del Nuevo Mundo, la organización de su nuevo Imperio, la aparición de una vida urbana refinada en la Península supusieron adelantos teóricos y prácticos importantes, y, a su vez, hicieron posibles nuevos progresos: por ejemplo, en Náutica, en Cartografía, en las Ciencias Naturales, etc.[1]

En las sociedades europeas de los tiempos modernos, las ciencias y las técnicas tuvieron una importancia revolucionaria, que no conviene olvidar.

Se dirá quizá que, al hablar de las ciencias, nos estamos saliendo de los límites del presente estudio, por ser el conocimiento científico de índole distinta a la de las «ideologías», que se caracterizan precisamente por falsas evidencias y desconocimiento de la realidad. Pero, en primer lugar, la historia de las epistemologías hoy día se da cuenta, cada vez más, de la necesidad de pensar dialécticamente las relaciones entre los descubrimientos científicos y las representaciones ideológicas en una época dada. Por ejemplo, si Harvey, que tanto debió a Miguel Servet, descubrió el funcionamiento del corazón, no fue porque, instalado en un mundo puro y como etéreo de ideas científicas, el sabio médico inglés hubiese *aplicado*, sin más, ciertos adelantos de la física de su tiempo al dominio fisiológico. En realidad, Harvey debió a una representación mecanicista del mundo tanto sus aciertos como sus fracasos: «Por funcionar el corazón como una bomba, fue asequible a tal estudio. Cuando el mismo Harvey aborda el problema de la generación, que no depende de tal forma de mecanicismo, fracasa», comentaría Francis Jacob. En segundo lugar, los científicos, en cualquier época, necesitan recursos materiales, ayudas financieras y morales, que en gran parte dependen de las orientaciones ideológicas y de sus incidencias *políticas*.

En este sentido, también queda por escribir una historia de las ciencias y técnicas en la España clásica que integre sus interconexiones con la «trilogía» de la que habla Domínguez Ortiz. Historia compleja y a veces imprevista, como consta en un reciente estudio de Juan Vernet, que, pese a la modestia de su tamaño y de su tono, es una muestra magnífica de la renovación actual de la historiografía de las ciencias en España.

Al estudiar *Astrología y astronomía en el Renacimiento: la revolución copernicana*, Juan Vernet demuestra, entre otras cosas, cómo en la idea original de Copérnico no solo influyeron los pensadores griegos, sino también las ideas críticas del filósofo cordobés Averroes, conocidas en Cracovia, como mínimo, desde mediados del siglo xv. También recuerda, aprovechando un estudio reciente de E. Bustos, que si el copernicanismo fue condenado rápidamente por la Iglesia reformada, y si las teorías de Copérnico (cuando no sus procedimientos de cálculo) fueron rechazados inmediatamente por casi todos los países de Europa (incluyendo a Francia), en cambio estas teorías, paradójicamente, tuvieron acogida en la España de Felipe II, del «cordón sanitario» y de la Inquisición:

En los *Estatutos hechos por la muy insigne Universidad de Salamanca*, bajo la rúbrica del año 1561, en el título XVIII referente a cátedra de astrología, se establece claramente que, en el segundo curso, deben leerse seis libros de *Euclides* y *Aritmética* hasta las raíces cuadradas y cúbicas, y el *Almagesto* de Tolomeo o su *Epítome* de Monte Regio o Ceber o Copérnico, al voto de los oyentes. En la sustitución, la *Esfera*[...]. Salamanca precedió así a la misma Cracovia en la difusión del sistema heliocéntrico, sin sufrir intromisiones ni del poder real ni de la Inquisición. Desde 1582 se aplicaron sus doctrinas al cálculo de efemérides

(Vasco de Piña); Juan de Herrera, director de la Academia de Matemáticas, pidió en 1584 al embajador de Venecia que le enviara un lote de libros entre los cuales figuraba el de Copérnico «si ha sido traducido en lengua vulgar», y, lo que es más, un monje agustino, Diego de Zúñiga (1536-1597) en su *Comentario a Job* (1579) demuestra que, rectamente interpretadas, las Sagradas Escrituras no se oponen al movimiento de la Tierra... [58].

Solo fue después de la condena formal de Galileo por el Santo Oficio (Romano) en 1616, es decir, casi cien años después de la muerte de Copérnico, cuando las autoridades religiosas de la Península adoptaron la misma línea de conducta de las iglesias reformadas.

De este ejemplo no debe deducirse, a juicio nuestro, ninguna conclusión general sobre los méritos o fallos respectivos de España y de otros países, o del protestantismo y del catolicismo en lo que se refiere a la historia de la ciencia, sino tan solo —pero este «solo» significa mucho— que las relaciones entre ciencias e ideologías siempre deben estudiarse en contextos determinados y con un método dialéctico.

2. IDEOLOGÍA Y ECONOMÍA

El economista Ramón Carande señala, entre las causas precoces de la mala gestión financiera y económica de la hacienda española y del saqueo de España por banqueros extranjeros, la preponderancia en la administración central, desde los Reyes Católicos y Carlos V, de burócratas letrados (teólogos y juristas), «inexpertos en cuestiones económicas», y la escasez de «representantes de aquella burguesía de mercaderes y hombres de negocios que, a la sazón, destaca de la sociedad urbana en Inglaterra, Francia, repúblicas italianas y ciudades alemanas y flamencas» [10].

Este juicio penetrante de Carande hace intervenir, como se ve, el elemento ideológico, pero *sin aislarlo de las estructuras económicas y sociales*.

Gracias a esta visión sintética, Carande evita los esquematismos en los que habían incurrido muchos historiadores anteriores de la decadencia: en efecto, durante mucho tiempo, un conocimiento superficial del pensamiento de esos economistas primitivos que se llamaban «arbitristas» ha difundido (en la leyenda negra y en la representación que los mismos españoles se forjaban de su propia historia) la imagen falsa de una España clásica en la que, por culpa de las ideologías, y en especial del pensamiento teológica, nadie hubiera llegado a comprender las mudanzas económicas de los tiempos modernos, los comienzos del capitalismo mercantil y banquero, las leyes profundas del alza de los precios, etc. Hoy día se sabe cada vez mejor que la España clásica tuvo economistas inteligentes. Algunos, incluso, se anticiparon a las hipótesis de

Jean Bodin sobre la relación entre la inflación monetaria y el alza de los precios. A comienzos del siglo XVII no faltaron tampoco arbitristas lúcidos, que supieron discernir los síntomas de una crisis profunda, desentrañando, si no todas sus causas, en todo caso algunas que hasta hoy figuran en toda explicación de la decadencia (declinación de la agricultura, efectos negativos de la posesión del imperio...) y proponiendo remedios que no carecían de oportunidad. Ningún historiador moderno de la España del siglo XVII, al querer comprender la decadencia, puede prescindir de leer los escritos de González de Cellorigo, Gutiérrez de los Ríos, Lope Deza, Fernández Navarrete o Lope de Vega, entre otros. Y la predominación de la teología no solo impidió estos aciertos de la inteligencia teórica en materia económica, sino que figuraron a veces entre los arbitristas, teólogos y juristas. El padre Mariana, por ejemplo, se interesó por los problemas monetarios y supo plantear, a este propósito, problemas inteligentes.

Todo esto lo sabe más que nadie Ramón Carande. Cuando insiste, pues, en la formación teológica y jurídica de gran parte de los cuadros de la administración central en la España clásica, en cuanto elemento negativo para la gestión de la hacienda, no es porque atribuya a la formación de los «letrados» una incapacidad absoluta y, por decirlo así, congénita para dominar cuestiones económicas. De lo que se da cuenta es de que la inteligencia teórica de «genialidades individuales» (como diría Domínguez Ortiz) capaces de salirse de los límites de su formación profesional y de su medio sociológico no basta para transformar profundamente la estructura del Estado y la orientación política de los negocios, si estas genialidades quedan aisladas, es decir, si no son, o si no consiguen volverse, representantes de fuerzas sociales masivas.

En suma, entre las causas profundas de la decadencia, nos encontramos con la relativa debilidad de la burguesía española, fenómeno que, por supuesto, tiene aspectos ideológicos (Carande, en el fragmento citado, recuerda los prejuicios de limpieza, los «recelos que suscitaban ante la conciencia tradicional de los mejores, las personas [que se dedicaban] a la vida mercantil»; también podría hablarse de la preponderancia de la ideología aristocrática), pero que, en última instancia, ha de explicarse por causas más profundas, económicas, sociales y políticas (siendo el fracaso de las Comunidades un factor esencial).

3. IDEOLOGÍA Y POLÍTICA

Para todo el que quiera estudiar la evolución del pensamiento teórico español en materia de filosofía política durante el siglo XVII, es imprescindible leer un libro fundamental de José A. Maravall [38]. Después de las vigorosas construcciones teológicas y jurídicas del siglo anterior (cadena de la que Suárez constituye durante el reinado de Felipe III el último eslabón), la filosofía política española tiende al estancamiento. Se acentúa la burocratización no solo de los aparatos del Estado sino también de sus pensadores. Frente a los problemas incesantes de la realidad, las respuestas se hacen cada vez más voluntaristas y empíricas. La coherencia teórica se quiebra. Se multiplican los avisos políticos, las sentencias dispersas. Florecen las metáforas (emblemas, figuras morales). La afición a los conceptos y agudezas invade no solo la literatura sino el pensamiento político. El senequismo de Quevedo, el tacitismo cristiano de Saavedra Fajardo no se libran de tal tendencia, ofreciendo perlas barrocas (a veces deslumbrantes) de un collar ya roto.

La fragmentación del pensamiento político fue a la vez un efecto y un factor agravante de la crisis de la sociedad. La falta de iniciativas políticas y de orientaciones coherentes que tanto deplora Sánchez Albornoz a propósito de los «Austrias menores» y de sus «validos» (aunque el Conde-duque fue una excepción notable, sobre todo si se compara su actuación con la de Lerma, su predecesor) se debe mucho menos a defectos personales (morales o intelectuales) de los monarcas, de sus ministros y consejeros, que a un desaliento creciente de la ideología dominante, al divorcio cada vez más patente entre sus afirmaciones y la realidad práctica. La ausencia de una burguesía potente como contrapeso posible a la reacción señorial del siglo XVII [23] y, sobre todo, las luchas populares y regionales que se desarrollaron en España durante dicho período, pusieron a dura prueba muchas «evidencias» ideológicas. En tales condiciones, providencialismo, voluntarismo cristiano, empirismo solo fueron otras tantas facetas de una crisis profunda de la ideología dominante y, en especial, de la filosofía política española.

Crisis que no abocó en un «callejón sin salida». Porque, a partir de 1680, las fuerzas productivas empezaron a modificar el panorama. Entonces se hizo posible para españoles del siglo XVIII como Mayáns o Feijoo una lectura ideológica de los dos siglos anteriores, atenta a las construcciones del siglo XVI, crítica hacia lo que vino después, menos consciente quizá de que el siglo XVII, al repetir recetas ya caducas, había preparado, incluso en el dominio de las ideas, las condiciones para las transformaciones profundas que iban a trastornar a la sociedad del Antiguo Régimen.

Esto, creemos comprenderlo aún mejor hoy día. No solo gracias a las aportaciones de la historiografía, sino también porque en España las fuerzas productivas están dando un nuevo paso hacia adelante, recordándonos así que puede y debe renovarse la lectura del pasado, porque el pasado, en cuanto resultante viva de relaciones movedizas entre necesidad y libertad humana, es, como el porvenir, algo que siempre queda por escribir.

NOTAS DEL CAPÍTULO V

1. El lector encontrará en la cuarta parte de este volumen un estudio completo de la ciencia en la España de los siglos XVI y XVII realizado por el profesor López Piñero.

BIBLIOGRAFÍA

1. ALONSO, DÁMASO, *Estudios y ensayos gregorianos*, Madrid, 1955.

2. ALZIEU, PIERRE, YVAN LISSORGUES, y ROBERT JAMMES, *Poesía erótica del Siglo de Oro, con su vocabulario al cabo por orden de A.B.C.*, Toulouse, 1975.

3. ARNOLDSSON, S., *La leyenda negra. Estudios sobre sus orígenes*, Göteborg, 1960.

4. *Autobiografías de soldados del siglo XVIII*, reunidas por José M.ª de Cossío, vol. 90, Madrid, 1956.

5. BAKHTINE, MIKHAIL, *L'oeuvre de François Rabelais et la culture populaire au Moyen-Age et sous la Renaissance*, París, 1970 (trad. esp. MIJAIL BAJTIN, *La cultura popular en la Edad Media y en el Renacimiento. El contexto de François Rabelais*, Barcelona, 1974).

6. BATAILLON, MARCEL, *Erasmo y España*, 2 vols., México, 1950.

7. BATAILLON, MARCEL, *El sentido del Lazarillo de Tormes*, París, 1954.

8. BATAILLON, MARCEL, *Études sur Bartolomé de las Casas*, (IV 2), París, 1965.

9. BERTINI, G. M. «La fortuna di Machiarelli in Spagna», en *Quaderni Ibero-Americani*, I, 1946.

10. CARANDE, RAMÓN, *Siete estudios de Historia de España*, Barcelona, 1969.

11. CARO BAROJA, JULIO, *La sociedad criptojudía en la corte de Felipe IV*, Madrid, 1963.

12. CARO BAROJA, JULIO, *Las brujas y su mundo*, Madrid, 1966.

13. CLARETTA, GAUDENZIO, *Il principe Emmanuel Filiberto di Savoia alla corte di Spagna*, 1872.

14. CORREAS, GONZALO, *Vocabulario de refranes y frases proverbiales*, edición erítica de Louis Combet, Burdeos, 1967.

15. COVARRUBIAS, SEBASTIÁN DE, *Tesoro de la lengua castellana o española*, ed. de Martín de Riquer, Barcelona, 1943.

16. DOMÍNGUEZ ORTIZ, ANTONIO, *Crisis y decadencia de la España de los Austrias*, Madrid, 1969.

17. DOMÍNGUEZ ORTIZ, ANTONIO, *Las clases privilegiadas en la España del Antiguo Régimen*, Madrid, 1973.

18. ENGELS, F., *La guerre des paysans*.

19. *Estudios sobre la ciencia española del siglo XVII*, Madrid, 1935.

20. FAYARD, JANINE, *Les membres du Conseil de Castilla à l'époque moderne (1621-1746)*, tesis doctoral, París, 1977.

21. FERNÁNDEZ NIEVA, JULIO, *Los moriscos de Extremadura (1570-1614)*, 2 vols., Madrid, 1974.

22. García Carcel, Ricardo, *Orígenes de la Inquisición Española. El tribunal de Valencia 1478-1530*, Barcelona, 1976.

23. Gentil da Silva, José, *Desarrollo económico, subsistencia y decadencia de España*, Madrid, 1967.

24. Gioda, C. *La vita e le opere de G. B.*, Milán, 1895.

25. Green, Otis H., *Spain ant the Western Tradition. The Castilian Mind in Literature from «El Cid» to Calderón*, 4 vols., Madison, 1963-1964.

26. Jammes, Robert, *Études sur l'oeuvre poétique de don Luis de Góngora y Argote*, Burdeos, 1967.

27. Janke, Lewis, *La lucha española por la justicia en la conquista de América*, Madrid, 1959.

28. Juderías, Julián, *La leyenda negra*, Barcelona, 1917.

29. Juretschke, H., *Vida, obra y pensamiento de Alberto Lista* (III-1), Madrid, 1951.

30. Kamen, Henry, *La Inquisición Española*, Madrid, 1973.

31. Lalinde Abadía, Jesús, «La creación del derecho entre los españoles», en *Anuario de historia del derecho español* XXXVI, 1966.

32. Lázaro Carreter, F., *Las ideas lingüísticas en España durante el siglo XVIII*, Madrid, 1949.

33. Lázaro Carreter, F., *Construcción y sentido del Lazarillo de Tormes*, Madrid, 1969.

34. Lea, H. Ch., *History of the Inquisition of Spain*, 4 vols., Nueva York, 1922.

35. López, F., *Juan Pablo Forner et la crise de la conscience espagnole au XVIIIe siècle*, Burdeos, 1976.

36. Llorente, J. A., *Historia crítica de la Inquisición española*, Madrid, 1980.

37. Maravall, José, «La formación de la conciencia estamental de los letrados», en *Revista de Estudios Políticos*, núm. 70, 1953.

38. Maravall, José A., *La philosophie politique espagnole au XVIIe siècle*, París, 1965.

39. Maravall, José A., *La oposición bajo los Austrias*, Barcelona, 1972.

39bis. Maravall, José A., *Poder, honor y elites*, Madrid, 1979.

40. Martín, Jean-Henry, *Livre, pouvoirs et société à Paris au XVIIIe siècle*, 2 vols., Ginebra, 1969.

41. Marx, Karl, y F. Engels, *La ideología alemana*, París, 1968.

42. Menéndez Pelayo, Marcelino, *La ciencia española*, 3 vols., Madrid, 1887-1888.

43. Menéndez Pidal, R., *El condenado por desconfiado. Estudios Literarios*, Buenos Aires, 1944.

44. Orsi, P., *Saggio biografico e bibliografico su Giovanni Botero*, Mondovi, 1982.

44bis. Pelorson, Jean-Marc, *Les «Letrados» juristes castillans sous Philippe III*, Le Puy, 1980.

45. Pérez, Joseph, *L'Espagne du XVIe siècle*, París, 1973.

46. Porchnev, B. F., *Les soulèvements populaires en France de 1623 à 1648*, París, 1963.

47. Redondo, A., «Luther et l'Espagne», en *Mélanges de la Casa de Velázquez*, París, 1965.

48. Revah, Is., «Les controverses sur les statuts de pureté de sang...», en *Bulletin Hispanique*, LXXVII, 1971.

49. Salomon, Noël, «Sur les représentations théâtrales dans les «pueblos» des provinces de Madrid et Tolède, 1589-1640», en *Bulletin Hispanique*, t. 70, 1960, pp. 398-427.
50. Salomon, Noël, *La campagne de Nouvelle Castilla à la fin du XVIe siècle d'après les «Relaciones Topográficas»*, París, 1964 (*La vida rural castellana en tiempos de Felipe II*, Barcelona, 1973).
51. Salomon, Noël, *Recherches sur le thème paysan dans la «Comédie» au temps de Lope de Vega*, Burdeos, 1965 (hay traducción española).
52. Sánchez Albornoz, Claudio, *España, un enigma histórico*, 2 vols., Buenos Aires, 1956.
53. Sicroff, A. A., *Les controverses des statuts de «pureté de sang» en Espagne du XVe au XVIIe siècle*, París, 1960.
54. Tierno Galván, Enrique, «El tacitismo en las doctrinas políticas del Siglo de Oro español», en *Anales de la Universidad de Murcia*, 1948, pp. 895-988.
55. Tuñón de Lara, Manuel, *El hecho religioso en España*, París, 1968.
56. Uscastescu, George, *De Maquiavelo a la Razón de Estado*, Madrid, 1951.
57. Vadée, Michel, *L'idéologie*, París, 1973.
58. Vernet, Juan, *Astrología y astronomía en el Renacimiento: la revolución copernicana*, Barcelona, 1974.
59. Vicens Vives, Jaime, «Estructura administrativa estatal en los siglos XVI y XVII», en *Coyuntura económica y reformismo burgués*, Barcelona, 1969.

CUARTA PARTE

LA CIENCIA EN LA ESPAÑA DE LOS SIGLOS XVI Y XVII

por

José M.ª López Piñero

CAPÍTULO I

La actividad científica en la sociedad española del siglo XVI

1. POSICIÓN SOCIAL DE LOS CULTIVADORES DE LA CIENCIA

En la España del siglo XVI, como en el resto de las sociedades europeas de la época, no hubo institucionalización de la actividad científica, al menos en el sentido restringido en que Ben David ha utilizado este término en sus estudios de sociología histórica de la ciencia. Dicha actividad estaba entonces constituida por un conjunto de tareas tan heterogéneo, que resulta difícil objetivar su integración en la vida histórica real y, todavía más, exponerla en términos generales. Por ello, parece necesario partir de la posición social de las personas y los grupos que cultivaron de hecho las diferentes áreas científicas, conociendo en primer término sus relaciones con las ocupaciones y profesiones, con los núcleos de población y con la estratificación social.

La única ocupación de carácter científico que había cristalizado en una profesión *sensu stricto*, era la médica. Desde la Baja Edad Media existía una enseñanza reglamentada en la correspondiente facultad universitaria, y diversos modos de control de la titulación y de las normas de ejercicio profesional. La profesionalización, sin embargo, estaba limitada a los médicos propiamente dichos, ya que los cirujanos habían permanecido en organizaciones de tipo artesanal, de acuerdo con la separación tradicional entre ciencia y técnica. El Tribunal del Protomedicato era la institución encargada de autorizar y controlar el ejercicio de la medicina en la Corona de Castilla. Tras algunos precedentes, había sido creado en 1477 por una pragmática de los Reyes Católicos, siendo posteriormente reformado durante el reinado de Felipe II. En la Corona de Aragón y en el Reino de Navarra desempeñaban cometidos semejantes al Tribunal del Protomedicato otras instituciones, entre las que destacan las cofradías y colegios de médicos, cirujanos y boticarios, y los «examinadores» nombrados por las autoridades municipales.

Los boticarios estaban en una situación parecida a la de los cirujanos, aunque la necesidad del conocimiento del latín para concurrir a los exámenes del Protomedicato, las cofradías o colegios y los «veedores» nombrados por los municipios contribuyó a elevar algo su formación. En cuanto a los albéitares, procedían de los antiguos «ferradores» medievales, oficio desarrollado tras la introducción de la herradura de clavos. De su función original, la actividad de este oficio se fue extendiendo a la asistencia empírica de las enfermedades de los équidos, lo que condujo a la aparición de unos prácticos de la medicina veterinaria de nivel muy considerable. A partir de una pragmática de los Reyes Católicos en 1500, el ejercicio de la albeitería estuvo en Castilla reglamentado bajo la jurisdicción del Tribunal del Protoalbeiterato. Esta institución, privativa de España, funcionó de modo similar al Protomedicato, concediendo autorizaciones tras un examen teórico y práctico en condiciones paralelas a las que se exigían a los cirujanos. En el Reino de Navarra se creó asimismo otro Protoalbeiterato, y en la Corona de Aragón asumieron sus funciones examinadores de los gremios correspondientes.

El resto de ocupaciones relacionadas con la actividad científica en la España del siglo xvi, con la excepción de los pilotos, no solamente no alcanzó un nivel profesional, sino que careció incluso del tipo de reglamentación que tenían los cirujanos, los boticarios y los albéitares. Privadas de una socialización controlada a través de una enseñanza regular y de la existencia de títulos o autorizaciones equivalentes, su definición social resulta casi siempre muy imprecisa.

La actividad de los ingenieros estaba centrada en los «ingenios», es decir, en las máquinas o artificios mecánicos destinados a muy diversos usos. Los hombres que se ocuparon en esta tarea, de procedencia y formación diversas, pueden agruparse esquemáticamente en tres grandes tipos. El primero de ellos es el formado por los «mecánicos-ingenieros», herederos directos de los ingenieros bajomedievales, operarios carentes de estudios librescos pero que combinaban su experiencia práctica con nociones teóricas aprendidas casi siempre por transmisión oral, que en su mayoría procedían de la asimilación medieval de la obra de Arquímedes. Los «artistas-ingenieros», que integran el segundo grupo, eran al mismo tiempo arquitectos, orfebres, pintores o escultores. Tampoco tenían una formación científica regular, pero a menudo una amplia serie de lecturas los había familiarizado con la perspectiva y otros aspectos de las matemáticas «prácticas», con la historia natural y con algunas cuestiones de mecánica. En el tercer grupo figuran los que podemos llamar «científicos-ingenieros», que habían cursado estudios universitarios y contaban con una sólida preparación doctrinal en matemáticas, filosofía natural y cosmografía, de acuerdo con los patrones académicos.

El desarrollo de las armas de fuego, la creación de un ejército permanente y la importancia que la guerra tuvo para la España del siglo XVI, hicieron que los técnicos militares se convirtieran en una ocupación con personalidad propia. Conviene subrayar, sin embargo, la diversidad de su contenido. Su base estaba integrada por un amplio número de «artilleros» anónimos, prácticos provistos de una mera preparación empírica, revestida de sumarias nociones teóricas que proporcionaba la enseñanza que se impartía en las escuelas de artillería fundadas por la Corona. Junto a ellos, el ejército contaba de forma habitual, desde las campañas del Gran Capitán en Italia, con un número mucho más reducido de «ingenieros». Algunos de ellos fueron «mecánicos» civiles al servicio del ejército de forma transitoria o permanente, pero la mayoría era de procedencia militar, constituyendo en realidad el nivel superior de los «artilleros».

La ocupación de «cosmógrafo» fue un caso destacado de tarea científica que comenzó en este período a cobrar autonomía social. Su perfil fue concretándose a partir del período de los Reyes Católicos, principalmente en relación con los problemas náuticos y geográficos que planteó el descubrimiento y explotación de América. La importancia social de estos problemas permitió que un número creciente de personas pudiera ganarse la vida con una actividad basada en su sólida formación en cosmografía, y también en matemáticas, geografía y otras materias científicas afines. La mayoría había cursado estudios universitarios, aunque había también casos de autodidactas, en especial, antiguos marinos. Los más afortunados ocuparon los puestos de trabajo destinados a cosmógrafos que más adelante veremos se crearon en la Casa de Contratación de Sevilla, en el Consejo de Indias y en otras instituciones. Otros vivieron fundamentalmente de la fabricación y venta de instrumentos y de cartas para la navegación, asociada en mayor o menor grado a la práctica de la astrología.

Sin detenernos en otras ocupaciones relacionadas con la actividad científica, anotaremos, por último, la reglamentación a la que fueron sometidos los técnicos en el arte de navegar, al menos en relación con los viajes a América y a los demás nuevos territorios. La creación del título de «piloto de la Carrera de Indias» partió de una real cédula de 1508. La Casa de la Contratación de Sevilla fue la institución encargada, tanto de la enseñanza como de los exámenes para la concesión de dicho título.

El cultivo de la ciencia fue, en la España de esta época, una actividad propia de las comunidades urbanas. En los núcleos de población más pequeños, desconectados por completo de la cultura escrita, no había señal alguna de actividad científica, aunque se entienda esta última en el sentido más amplio. En las localidades de alguna importancia, la relación con la ciencia, en sus formas más modestas, quedaba reducida a un limitadísimo número de personas: el clérigo, con un bagaje mejor o peor asimilado de nociones teóricas y quizá con algún saber libresco sobre agricultura; el barbero sangrador, como representante del último escalón de la práctica médica, y, en algunos casos, el hijo de un hidalgo lugareño o de un labrador acomodado que había seguido estudios universitarios. Es decir, el cura, el barbero y el bachiller del lugar manchego inmortalizado en el *Quijote*, cuya representatividad histórica confirman fuentes como las *Relaciones topográficas* ordenadas por Felipe II. En las poblaciones algo mayores, sobre todo en las que desempeñaban la función de pequeñas capitales comarcales, el cuadro solía enriquecerse con la presencia de algún «maestro de escribir y contar», de un albéitar y de un cirujano «aprobado», quizá de un boticario y, en algunas ocasiones, incluso de un médico.

Todos los indicadores sociales que hemos podido obtener coinciden en que las cuatro quintas partes de la actividad científica desarrollada entonces se concentró en diez ciudades: en la Corona de Castilla, Sevilla de modo muy destacado, Madrid tras ubicarse allí la corte, las grandes ciudades universitarias de Salamanca y Alcalá, Valladolid, Toledo y Burgos; en la Corona de Aragón, Valencia y, a cierta distancia, Barcelona y Zaragoza. Entre los escenarios de segundo rango figuran capitales de varios reinos hispánicos como Granada, Palma y Pamplona, o de territorios coloniales, como México y Lima.

Los tres estamentos básicos de la sociedad española del siglo XVI participaron en la actividad científica de acuerdo con un patrón general que implicaba profundos cambios respecto del vigente durante el período medieval. La base social más importante estuvo integrada por los estratos medios urbanos, es decir, la parte del estado llano que agrupaba a mercaderes y artesanos, letrados y funcionarios, junto a los consagrados a las profesiones y ocupaciones relacionadas con la ciencia. La trayectoria que dichos estratos tuvieron en nuestro país es uno de los factores que explican el hecho de que el cultivo de la ciencia en España acabara apartándose de las condiciones propias del resto de la Europa occidental. En este contexto, hay que tener en cuenta la declinación económica —expresada a finales de la centuria en la ruina de la actividad precapitalista en las ciudades castellanas y en el marasmo de las comunidades urbanas de la Baja Andalucía y Valencia—, así como la disolución de su mentalidad de grupo y la crisis de valores impuesta por la moral contrarreformista.

Otra circunstancia desfavorable fue la actitud cada vez más agresiva y excluyente de la sociedad española ante los descendientes de los judíos conversos. La minoría judía había desempeñado un papel de extraordinaria importancia en la actividad científica, primero, de la España islámica y, luego, de los reinos cristianos peninsulares. Durante la Baja Edad Media, el cultivo de la ciencia se había desarrollado en España, según la expresión de Beaujouan, «a medio camino entre la aljama y la catedral». Por ello sufrió un duro golpe cuando la tolerancia fue sustituida por la persecución. Entre las matanzas de finales del siglo XIV y la expulsión de 1492 se produjo la emigración de buena parte de los judíos hispánicos, gracias a la cual se convirtieron, por ejemplo, en notables centros científicos varias localidades del sur de Francia. La segunda ola de exilios, que se produjo durante el siglo XVI, empobreció la vida intelectual y científica española, enriqueciendo por el contrario la de varias ciudades europeas, sobre todo de Italia y los Países Bajos. La mayoría de los científicos judeoconversos, sin embargo, permaneció en España sin más opción que ocultar su origen, borrando sus antecedentes con todos los medios a su alcance. A ello se debe precisamente la dificultad de los estudios históricos sobre este tema.

Muy diferente fue la relación del cultivo de la ciencia con la población de origen musulmán. Si se recuerdan las características de esta minoría, no resulta extraño que desarrollaran una actividad científica marginal, básicamente apoyada en restos empobrecidos de la tradición islámica medieval. Los moriscos fueron una minoría privada de sus dirigentes y humillada social y económicamente que, al no poder ser asimilada, provocó la creciente hostilidad de la sociedad española que culminaría con su expulsión. Sometida a estas duras condiciones, su cultura científica fue también un cuerpo extraño que resistió, tanto a la persecución abierta, como a los intentos de asimilación. La investigación histórica había prácticamente ignorado este tema hasta los recientes estudios de García Ballester, que ofrecen una lúcida reconstrucción de su vertiente médica.

El estamento clerical encarnaba el mantenimiento de la tradición científica en un doble sentido. Por una parte, el importante peso que continuó teniendo en este terreno durante el siglo XVI se explica por la persistencia de un patrón propio de la estructura feudal: la separación entre los clérigos como principales cultivadores del saber teórico y los simples artesanos encargados de las tareas prácticas. Esta norma no tenía ya plena vigencia, puesto que la burguesía urbana había pasado a ser la base social por excelencia de las tareas científicas, pero no era tampoco un mero fenómeno residual. La secularización del cultivo de la ciencia no alcanzó pleno desarrollo durante esta centuria, aunque consiguiera importantes avances. Por otra parte, el clero fue el núcleo más fuerte de la resistencia a la renovación. A pesar de que algunos de sus miembros fueron notables innovadores, tendió como grupo social a mantener las tareas científicas subordinadas a la teología y a la filosofía, frenando su conversión en actividades intelectuales autónomas. Además, este papel fue acentuado por la Contrarreforma durante la segunda mitad del siglo XVI y a lo largo del XVII.

2. LA ORGANIZACIÓN DE LA ACTIVIDAD CIENTÍFICA

En la actividad científica desarrollada durante el siglo XVI en las sociedades del Occidente europeo es posible distinguir, desde todos los puntos de vista, dos componentes: uno que representa el punto de partida de los patrones propios de la ciencia moderna, y otro que hay que considerar como un fenómeno residual de situaciones históricas anteriores. Esta distinción, comprobable en lo que respecta a los cultivadores de la ciencia, es todavía más clara en el terreno de la organización de la actividad científica.

En España, el componente «moderno» de la organización científica se apoyó en dos instituciones fundamentales: el poder real, como núcleo de cristalización del Estado moderno, y el municipio. Por el contrario, el componente «tradicional» continuó basándose en la Iglesia, y de modo complementario, en la nobleza.

Entre la multitud de atribuciones que correspondían a los municipios de la época, había muchas relacionadas con la actividad científica. Las más importantes pueden agruparse en tres epígrafes fundamentales: la enseñanza, la sanidad y las obras públicas.

La enseñanza primaria dependía, en mayor o menor grado, de los municipios, que solían subvencionar a maestros o concertar con clérigos seculares u órdenes religiosas el funcionamiento de escuelas elementales. Las poblaciones de cierta importancia mantenían, además, las llamadas «escuelas de gramática», que con muy diversa altura desempeñaban el papel de centros de tipo medio o secundario. Por último, algunas universidades estaban organizadas y mantenidas por ayuntamientos.

Las relaciones de los municipios con los problemas sanitarios estaban estructuradas de forma muy variable. Había poblaciones que contrataban uno o varios médicos bajo condiciones que, en general, incluían la obligación de rendir la asistencia gratuita a los pobres y la visita al resto de los vecinos con unos honorarios limitados. Dichos médicos se encargaban también de las medidas preventivas y asistenciales en caso de epidemia. Algunas grandes ciudades tenían una organización sanitaria más compleja, a base de varios cargos con funciones diversificadas. Valencia, por ejemplo, disponía de «examinadores» de médicos y cirujanos, que concedían los grados y los permisos para ejercer; de un «veedor» encargado de la visita de las boticas y del permiso de ejercicio a los boticarios; de un «desospitador», que asesoraba a la justicia en los casos en que era necesario el peritaje médico, especialmente en las causas por heridas; por último, de cirujanos que debían reconocer y curar a las prostitutas o «dones de partit». Buena parte de las cuestiones sanitarias dependían del «mustasaf», magistrado municipal de complejas funciones, entre ellas, la vigilancia de la higiene pública. Para ello, pedía informes a los médicos, principalmente en relación con problemas de contagios en epidemias y de adulteración de alimentos. No hay que olvidar que el abastecimiento de los artículos de primera necesidad estaba controlado por los municipios, que también solían participar directa o indirectamente en la gestión de los hospitales.

La mayor parte de las obras públicas se encomendaba a los ayuntamientos. Sus capítulos más frecuentes eran, por una parte, la construcción de edificios, de puentes y de caminos y, por otra, los trabajos destinados a la elevación, conducción y aprovechamiento de las aguas. Mientras que el primero de ellos se resolvió casi siempre de acuerdo con pautas sociales y técnicas tradicionales, los trabajos de ingeniería hidráulica encargados por los municipios permitieron el desarrollo de una de las parcelas más avanzadas de la técnica española de esta época. Como ejemplos muy destacados recordaremos el «artificio» para elevar el agua del Tajo que la ciudad de Toledo encargó a Juanelo Turriano, y los pantanos de Almansa y Tibi, que fueron los más importantes de su género en toda Europa hasta muy avanzado el siglo XVIII.

«Entre los municipios y señoríos y la cumbre del poder no había en Castilla nada sólido», ha afirmado Domínguez Ortiz. Desde nuestro punto de vista, la única institución de interés, como representación del reino y órgano de colaboración con el rey, fueron las Cortes. Aparte de sus atribuciones para conceder nuevos tributos, no tenían más que el derecho de presentar peticiones. Dichas peticiones emanaban de las oligarquías de las ciudades que tenían voto en Cortes, por lo que no pueden considerarse como representativas de todos los territorios que integraban la Corona de Castilla y mucho menos de los intereses populares. Con todas estas limitaciones, desempeñaron un papel en la organización de la actividad científica, bien porque el poder real accedía a conceder las peticiones, o simplemente porque eran una de las escasas vías para expresar un estado de opinión. Las peticiones de las Cortes de Castilla relacionadas con la actividad científica fueron muy numerosas, pero se limitaron a unos temas reducidos que, lógicamente, coinciden con los que acabamos de encontrar en los municipios. Como es sabido, las Cortes independientes de los reinos que integraban la Corona de Aragón fueron diferentes de las castellanas desde varios puntos de vista. No obstante, los temas relacionados con la actividad científica de los que se ocuparon fueron básicamente los mismos.

El papel desempeñado por el poder real en la organización de la actividad científica tiene que examinarse desde la perspectiva de los orígenes del Estado moderno. José Antonio Maravall, el gran estudioso del tema, ha puesto de relieve las implicaciones existentes entre el proceso de formación del Estado en la España del siglo XVI y el cultivo de la ciencia. Tareas como la unificación de pesos y medidas, o la indagación y control del comportamiento humano, adquirieron relevancia política al convertirse en instrumentos al servicio del Estado considerado como un «artificio». El interés por los aspectos cuantitativos y cualitativos de la población, por la organización interna de las comunicaciones y por los estudios acerca de los demás países, correspondió igualmente a la nueva estructuración del ámbito político. La ampliación de los fines de la organización política supuso nuevas actividades de gobierno directa o indirectamente relacionadas con el cultivo de la ciencia, las más importantes de las cuales fueron la aparición de una política económica de inspiración premercantilista, el control de los problemas sanitarios y de la realización de obras públicas, la racionalización y tecnificación del ejército, la intervención gubernativa de la imprenta y la atención estatal a la enseñanza desde una concepción pública de la educación.

La participación del poder real en la organización de la ciencia se refleja, más que en los códigos y en las leyes de mayor importancia, en las numerosas disposiciones relativas a necesidades y problemas circunstanciales. En primer lugar, en las Pragmáticas, promulgadas generalmente a petición de las Cortes, que regulaban con gran prolijidad los más diversos aspectos de la vida colectiva. Fueron casi siempre de poca eficacia, por lo que acabaron desacreditadas, convirtiéndose en blanco habitual de los escritores satíricos. En segundo término, en documentos como las Reales Cédulas, Provisiones, Instrucciones, etc. que correspondían más directamente a las órdenes del monarca. En tercer lugar, en las Ordenanzas y Constituciones concedidas a todo tipo de instituciones. Dentro de este marco, dicha participación puede seguirse en detalle a través del funcionamiento de las consultas y despachos, gracias a una documentación que, en el período de la burocracia creada por Felipe II, no tiene paralelo en la Europa de la época.

El poder real intervino en una gama de tareas científicas y técnicas mucho más amplia que la correspondiente a los municipios y a las peticiones de las Cortes.

El conocimiento de la realidad peninsular, especialmente desde el punto de vista geográfico, fue uno de los objetivos que se consideraron competencia de la corona. Esta fue quizá la razón fundamental por la que Carlos I ordenó en 1523 que Hernando Colón interrumpiera la *Descripción y cosmografía de España*, en la que venía trabajando desde seis años antes. Este tipo de estudios, por los que ya se habían preocupado los Reyes Católicos, culminó en un ambicioso programa encargado por Felipe II, que incluía la geografía humana, la geografía física y la cartografía peninsular. Los principales frutos del mismo, como veremos, fueron las célebres *Relaciones de los pueblos de España* y uno de los primeros ensayos de triangulación geodésica realizados en el mundo.

Todavía mayor fue la intervención del poder real en el estudio científico de América. La descripción sistemática de su geografía y de su historia natural se institucionalizó en el Consejo de Indias a través del cargo de «cosmógrafo cronista». Su cartografía fue centralizada en la Casa de Contratación de Sevilla. La iniciativa real en este campo condujo, por otra parte, a empresas científicas de carácter extraordinario. Entre ellas se encuentra la organización de observaciones astronómicas normalizadas «en las ciudades y pueblos españoles de las Indias», así como la primera expedición científica moderna: la que, dirigida por Francisco Hernández, estudió la historia natural mexicana desde 1571 a 1577.

Muy desigual fue la participación de la corona en la organización de los aspectos de la técnica directamente unidos a la actividad económica. El epígrafe más destacado fue, con gran diferencia, el relacionado con la navegación, sobre todo la correspondiente a América. La Casa de Contratación sevillana fue, por ello, aparte de sus otras funciones, un centro de ciencia aplicada y de formación profesional. Por otro lado, hubo un auténtico control estatal de la construcción naval y de otras vertientes técnicas de la navegación, que Lapeyre ha considerado peculiar del sistema político español. En Francia e Inglaterra, por el contrario, la insuficiencia del aparato estatal permitió a sus marinas un desarrollo más libre y, a la larga, más conveniente.

Las cecas y la actividad técnica desarrollada en ellas dependían también del poder real. Los monarcas dictaron numerosas disposiciones destinadas a unificar las medidas, los pesos y el valor de las monedas, generalmente a petición de las Cortes, y con una eficacia muy limitada. Sobre la minería ejercieron únicamente una labor de control, y sobre los diferentes aspectos técnicos del artesanado industrial y de la producción agrícola, una mera supervisión indirecta.

Las obras públicas encargadas directamente por la corona no fueron muy abundantes: fortificaciones en las fronteras peninsulares o en lugares estratégicos de las Indias, algunos monumentos y edificios públicos, y unos pocos caminos, puentes y canales. Los presupuestos de la hacienda real para este capítulo dados a conocer por Carande son muy modestos, aunque dicho autor advierte que las partidas mayores no se recogen en la documentación conservada. En cambio, a partir de los Reyes Católicos, el poder real reglamentó detalladamente las obras públicas a cargo de los municipios y fiscalizó su ejecución. La preparación de los arquitectos e ingenieros fue, por otra parte, uno de los objetivos de la fundación por Felipe II de la Academia de Matemáticas.

En el terreno sanitario, la administración real se ocupó fundamentalmente de controlar la titulación y el ejercicio de médicos, cirujanos, barberos y boticarios en la forma que ya hemos expuesto. Promulgó también disposiciones relativas a la limpieza de las ciudades, a medidas preventivas en caso de epidemias y a la asistencia hospitalaria. Una serie de grandes hospitales fueron fundaciones de los monarcas.

La organización de la técnica militar fue competencia de la corona, de la que dependían no solo las escuelas de artillería, sino también las fundiciones y otros establecimientos productores de material bélico, las «casas de munición» y todo el personal técnico al servicio del ejército. La promoción de la ingeniería militar fue asimismo otro de los motivos de la creación de la Academia de Matemáticas de Madrid.

El poder real influyó, además, en el desarrollo de la actividad científica a través de la reglamentación y el control de la impresión y venta de libros y de todos los niveles de la enseñanza. El creciente intervencionismo estatal en ambos terrenos fue un factor de decisiva importancia en la configuración del cultivo de la ciencia en nuestra sociedad.

Anotemos, por último, que la corte era en sí misma un elemento de gran relieve en la organización que nos ocupa. Por razones de muy distinto significado histórico, el monarca estaba rodeado por un nutrido grupo de cultivadores de la ciencia de todos los tipos. Trabajaban a su servicio personal, al de sus familiares y cortesanos o al de la administración real, médicos, cirujanos y barberos, boticarios, destiladores y alquimistas, preceptores y profesores, jardineros, albéitares y herradores, arquitectos e ingenieros, cosmógrafos y matemáticos.

Tal como hemos adelantado, el componente «tradicional» de la organización científica estaba basado en la Iglesia. Ya conocemos el importante peso del clero secular y de las órdenes religiosas entre los cultivadores de la ciencia. Como institución, la Iglesia participaba activamente en todos los aspectos de la vida española, y los relacionados con la actividad científica no constituían excepción. Además de intervenir, en mayor o menor grado, en el funcionamiento de las grandes universidades, disponía de un amplio número de colegios, seminarios y estudios conventuales, algunos de los cuales tenían privilegios universitarios. Buena parte de la educación media y elemental dependía de centros eclesiáticos, e incluso la impartida por seglares estaba sometida a la inspección de los obispos, que examinaban a los maestros y censuraban los textos. La Inquisición era un instrumento de control continuo de las publicaciones, de la enseñanza y de cualquier otra manifestación de las ideas científicas. En el mundo rural y en la mayor parte de los territorios ultramarinos, los clérigos continuaban siendo prácticamente los únicos depositarios del saber. El poderío socioeconómico de la Iglesia era la causa de que muchas tareas técnicas se desarrollaran a su servicio. Ya dijimos que la secularización del cultivo de la ciencia se produjo en la España del siglo XVI de manera parcial. Más adelante veremos que, a consecuencia del movimiento contrarreformista, dicho proceso no solamente se detuvo, sino que, desde algunos puntos de vista, retrocedió.

A pesar de la estructura básicamente feudal de la sociedad española de la época, el mecenazgo de la nobleza desempeñó un papel meramente complementario en la organización de la actividad científica. Al servicio de las grandes casas nobiliarias trabajaban, por supuesto, preceptores, médicos y cirujanos, albéitares y arquitectos. Por encima de esta relación de tipo pragmático, algunas figuras científicas fueron protegidas por aristócratas interesados en su obra. Por ejemplo, el conde de Tendilla, embajador en Roma, trajo a España en 1487 al italiano Pedro Mártir de Anglería, que durante algunos años dio en su casa de Valladolid enseñanzas que contribuyeron notablemente a la difusión de las ideas humanistas. También el duque de Gandía protegió a Juan Andrés Estrany, comentarista de Plinio, que en torno a 1530 dio en su palacio lecciones diarias de historia natural.

Menos frecuente fue que los nobles se convirtieran en mecenas de instituciones o de movimientos científicos. A este respecto resulta obligada la mención de la duquesa de Calabria, protectora del grupo renovador que en la década de los años cuarenta convirtió a la Universidad de Valencia en uno de los centros científicos más importantes de la Península, y que llegó a ofrecer dos mil quinientas libras de renta anual (casi un millón de maravedís) para pagar el salario de sus profesores. Otra figura destacada en el mismo sentido fue el conde de Ureña, que fundó en 1548 la Universidad de Osuna, dotándola con una renta de más de un millón de maravedís.

Forman un grupo aparte los pocos nobles que no solo se ocuparon personalmente de algún aspecto de la ciencia, sino que crearon en torno suyo ambientes favorables para su cultivo. El caso más conocido es, sin duda, el de Diego Hurtado de Mendoza, generalmente recordado como diplomático y literato, así como por su famosa biblioteca. Su interés por la ciencia se refleja, entre otras cosas, en su traducción castellana de la *Mecánica* de Aristóteles. Entre los científicos que trabajaron en su casa se encuentra el médico suizo Conrad Gessner, uno de los grandes naturalistas de la época y padre de la bibliografía moderna, que fue huésped suyo durante su estancia como embajador en Venecia.

Entre las instituciones relacionadas con la actividad científica, las más importantes fueron las universidades, la Casa de la Contratación de Sevilla y el Consejo de Indias, la Academia de Matemáticas de Madrid, las escuelas de artillería, la «botica» o laboratorio del Escorial, algunos hospitales y los jardines botánicos.

La estructura universitaria estaba integrada, como es sabido, por la facultad de artes, que tenía un carácter preparatorio, y por las cuatro facultades «mayores» de teología, cánones, leyes y medicina. La enseñanza científica estaba repartida entre la facultad de medicina y la de artes, a la que correspondía teóricamente la docencia en filosofía natural, cosmografía y matemáticas. En la práctica, sin embargo, eran muy pocas las universidades que disponían de cátedras independientes para estas materias.

De las tres grandes universidades castellanas, la de Salamanca, aunque centrada en la teología y el derecho canónico, llegó a atender de modo notable la enseñanza de materias científicas. Su facultad de medicina contaba con cátedras de «propiedad» y «cursatorias». Las primeras fueron dos hasta 1577, y tres a partir de entonces. Las segundas estuvieron al principio subordinadas a la concepción escolástica tradicional de la enseñanza médica, bajo el nombre de cátedras «de Avicena» y «de Artiçela»; por el contrario, durante la segunda mitad de la centuria se crearon otras que significaban una ruptura con dicha tradición: las de Anatomía (1551), Cirugía (1556) y «Simples» o botánica médica (1573). En la facultad de artes, la principal cátedra científica era la de Astrología. A lo largo de tres cursos se enseñaba en ella astronomía teórica y práctica, matemáticas y geografía. Esta es la cátedra en la que los Estatutos de 1561 señalaban que podía leerse a Copérnico, si así lo determinaba «el voto de los oyentes». Dicha posibilidad, sin embargo, no llegó a realizarse. La cátedra de Filosofía Natural tenía categoría «de propiedad» y era una de las más prestigiosas de la facultad de artes. Había, además, una cursatoria «de Físicas», destinada a exponer anualmente los ocho libros de la *Física* de Aristóteles.

En la Universidad de Alcalá, las cátedras de carácter científico de la facultad de artes —filosofía natural y matemáticas— tuvieron escaso relieve e incluso un funcionamiento irregular. Sin embargo, la personalidad excepcional de Nebrija, que no estuvo adscrito directamente a las mismas, creó un ambiente de interés hacia cuestiones de cosmografía, matemáticas e historia natural, al menos en los años de esplendor inicial de la Universidad. Mayor relieve alcanzó la facultad de medicina, que al principio disponía de dos cátedras que pronto se duplicaron con dos «menores», fundándose más tarde otras dos de significación renovadora: la de Anatomía (1550) y la de Cirugía (1594).

En la Universidad de Valladolid, la enseñanza de las disciplinas científicas en su facultad de artes estuvo limitada a la Filosofía Natural, ya que la cátedra de Matemáticas no se creó hasta 1599. La facultad de medicina contaba con cátedras de Prima, de Vísperas y de Método, a las que se añadió en 1594 otra de Cirugía.

La universidad más importante de la Corona de Aragón fue la de Valencia. Su facultad de medicina, que comenzó a funcionar solamente con dos cátedras, llegó a ser una de las mejor dotadas en la Europa de la época, con siete cátedras principales y dos «regencias» o «catedrillas». Tuvo las primeras cátedras españolas de Cirugía (1501), de Anatomía y de «Simples» o botánica médica (asociadas, desde 1501, y, en cátedras independientes, desde 1560), de Práctica (1548) y de «Práctica particular» (1574), de Hipócrates (1567) y de medicamentos químicos (1590).

La enseñanza de materias científicas en la facultad de artes se apoyó fundamentalmente en las cátedras de Matemáticas y Astrología.

En las demás universidades de los reinos hispánicos y sus territorios americanos fueron más modestos los recursos de la docencia científica, que incluso faltó por completo en las llamadas «menores» o «silvestres».

La Casa de Contratación de las Indias fue fundada en Sevilla, el año 1503, como órgano del poder real para controlar todo el movimiento de hombres y mercancías con América. Además de funciones de tipo administrativo, atendió, sin embargo, otras relacionadas con los problemas técnicos de la navegación, que la convirtieron en uno de los principales centros de la ciencia aplicada de este siglo.

El primer cargo técnico de la Casa de Contratación fue el de Piloto Mayor, creado por Fernando el Católico en 1508. Sus cometidos consistían en «examinar y graduar los pilotos y censurar las cartas e instrumentos necesarios para la navegación».

El desarrollo de las actividades de la institución hizo imposible que las tareas de tipo técnico fueran realizadas por una sola persona. En 1523 se fundó el puesto de Cosmógrafo Mayor, como máximo responsable de las cuestiones relativas a las cartas e instrumentos de marear. Aparte del que llevaba este cargo —cuyo perfil fue precisándose a lo largo de la centuria—, trabajaban en la Casa de Contratación otros cosmógrafos, que percibían salario y estaban autorizados a hacer las cartas e instrumentos que necesitaban los pilotos. Por otra parte, en 1552, se reorganizó la enseñanza y se creó la Cátedra de Navegación y Cosmografía. Durante el primer tercio de la centuria siguiente, cuando la Casa de Contratación había iniciado ya su decadencia, se dotaron otros dos puestos: el de Piloto Mayor Arqueador y Medidor de Naos y el de Catedrático de Artillería, Fortificaciones y Escuadrones.

Hasta 1552, la enseñanza estuvo a cargo del Piloto Mayor, que daba las clases en su domicilio sin demasiadas formalidades. Al crearse la Cátedra de Navegación, pasó a impartirse en los locales de la propia Casa y fue sometida a una detallada reglamentación. Para organizar la cartografía marítima se creó en 1512 un Padrón Real o arquetipo que se conservaba en la Casa. Era renovado continuamente, ampliándose o corrigiéndose de acuerdo con las novedades aportadas por los pilotos, que debían llevar un diario detallado de su navegación. Las rectificaciones eran discutidas en juntas que los cosmógrafos celebraban una o dos veces por semana, tras someter a crítica el contenido de los diarios y de los mapas y planos procedentes de los viajes.

Desde 1521, una sección especial del Consejo Real sirvió de eslabón intermedio entre el poder real y la Casa de Contratación. Tres años más tarde, Carlos I fundó el Consejo de Indias. Durante casi medio siglo, sin embargo, tan influyente organismo estuvo casi exclusivamente en manos de juristas, sin que existiera adscrito al mismo ningún cargo

científico o técnico. Desde la época de los Reyes Católicos, los monar
cas habían recurrido a cosmógrafos, como el catalán Jaime Ferrer y, má
tarde, Hernando Colón o Andrés de San Martín, en relación con pro
blemas planteados por América. Incluso se llegó a crear el puesto d
Cosmógrafo Mayor del rey, que ocupó desde 1539 el gran Alonso d
Santa Cruz. Entre sus funciones estaba la de profesor real en la materia
que Santa Cruz cumplió dando lecciones a las que asistían las más
destacadas personalidades de la corte e incluso el propio emperador. Por
otra parte, era un experto que realizó para el monarca innumerables
tareas de tipo astronómico, náutico y geográfico, en su mayor parte
relacionadas de modo directo o indirecto con los nuevos territorios. Sin
embargo, su actividad no estaba conectada con la del Consejo de Indias.

La reforma del Consejo efectuada en 1571 por iniciativa de Juan de Ovando creó, sin embargo, en su seno el cargo de Cronista Cosmógrafo que al año siguiente, ya fallecido Santa Cruz, ocupó Juan López de Velasco, otra personalidad científica de primer rango. De acuerdo con las ordenanzas, el escribano de cámara de gobernación debía facilitarle todas las relaciones y avisos procedentes de las Indias relativos a su trabajo, que incluía, no solo los aspectos cosmográficos e históricos, sino «la historia natural de las yerbas, plantas, animales, aves y pescados y otras cosas dignas de saberse». La tarea era excesiva para una sola persona, y en 1591 se separó el cargo de Cosmógrafo del de Cronista.

En relación con los cosmógrafos que trabajaban en torno al rey se creó en Madrid la Academia de Matemáticas. Rey Pastor consideró su fundación como «acontecimiento capital en la historia de las ciencias exactas en España», aunque el ilustre matemático no acertó a situarla adecuadamente, quizá por su tendencia a proyectar hacia el pasado los supuestos de la ciencia contemporánea. La Academia de Matemáticas surgió del ambiente creado en la corte por la convivencia de los cosmógrafos con los arquitectos e ingenieros civiles al servicio del monarca, y también con destacados artilleros o ingenieros militares. En la iniciativa pesó, en primer término, la preocupación existente en la España del último tercio del siglo por fomentar la enseñanza de las matemáticas, con vistas a sus aplicaciones de carácter pragmático. La idea de su fundación partió de Juan de Herrera, que fue también su primer director. Este puesto quedó asociado al cargo de arquitecto real y, por ello, tras la muerte de Herrera, lo ocuparon sucesivamente Francisco de Mora y Juan Gómez de Mora. Los arquitectos no monopolizaron, sin embargo, la Academia. Sus primeros profesores fueron Juan Bautista Labaña, cosmógrafo real; Pedro Ambrosio de Ondériz, primer cosmógrafo del Consejo de Indias, al separarse este puesto del de cronista, y Luis Georgio, que era cartógrafo. Más tarde, entre sus miembros más destacados figuraron cultivadores de la ingeniería militar como Cristóbal de Rojas y Julio César Firrufino.

Aprobada su fundación a finales de 1582, la Academia comenzó a funcionar en octubre del año siguiente en un edificio propio, cercano al alcázar real. Durante casi medio siglo se enseñaron en ella materias de carácter teórico, principalmente matemáticas *sensu stricto*, cosmografía y geografía mecánica, según «los tratados de Arquímedes», y también doctrina luliana. No obstante, desde el primer momento se atendió con especial cuidado a las enseñanzas de tipo técnico, en especial las del arte de navegar, arquitectura e ingeniería militar.

Por disposición real, la Academia se ocupó, además, de la traducción al castellano de textos científicos y de la publicación de obras originales de sus miembros.

Frente al ambicioso programa de la Academia de Matemáticas, las escuelas de artillería fueron instituciones que se limitaron a cumplir una finalidad muy concreta: la formación de las técnicas de tipo elemental que necesitaba el ejército. Aparte de los «ingenieros» que integraban el nivel superior de los técnicos militares, hacía falta un elevado número de prácticos capaces de resolver los problemas relacionados con las piezas de artillería y con la pólvora, así como con las fortificaciones y atrincheramientos. Para formarlos funcionaban, a principios de la década de los cuarenta, las escuelas de artillería de Burgos, Barcelona y Milán. En 1559 se fundó la de Mallorca y, en fechas posteriores, otras en general pobremente dotadas y de menor importancia.

Núcleos de actividad técnica fueron también otros centros militares, como las «fundiciones» de artillería —sobre todo, la de Málaga, la más importante entre las españolas de este siglo— y, a un nivel más modesto, las «casas de munición». Dicha actividad, sin embargo, discurrió al margen de cualquier esbozo de institucionalización. Lo mismo puede decirse de las minas y de las cecas, de gran relieve desde el punto de vista técnico. La Junta de Ensayadores, convocada por Felipe II en 1585, fue quizá el único intento de reglamentar una ocupación en estos campos.

Una institución de singular relieve fue la «botica» del Escorial. Tenía anejo un laboratorio de destilación, construido por orden personal de Felipe II y dotado de un magnífico equipo. En el último cuarto del siglo XVI, los «destiladores de Su Majestad» y varios boticarios y alquimistas desarrollaron en ella una intensa actividad. Llegó a convertirse no solo en un laboratorio famoso por sus «aguas» y «quintaesencias», sino también en un centro de gran prestigio para la formación de destiladores y boticarios. La importante labor científica allí realizada se reflejó en numerosos textos, entre los que destaca, como veremos, el tratado de destilación de Diego de Santiago.

Más compleja fue la función desempeñada por los hospitales, que, en su conjunto, eran todavía instituciones pertenecientes al gran capítulo de la asistencia social, más que centros de actividad científica. Como fundaciones eclesiásticas o reales, de la nobleza o de los burgueses, respondían en su mayor parte al patrón caritativo tradicional, en cuyo seno comenzaba a abrirse camino lentamente su futuro papel de escenario central de la asistencia, la enseñanza y la investigación médicas. Los primeros pasos en esta línea se dieron durante el siglo XVI en una serie muy reducida de hospitales, dentro de contextos singulares que no admiten generalizaciones. Nos limitaremos a anotar que en dicha serie figuran los hospitales del Monasterio de Guadalupe, el de Nuestra Señora de Gracia de Zaragoza, el del Cardenal de Sevilla y el General de Valencia.

Una institución científica típica de esta época fueron los jardines botánicos. Suele afirmarse que el primero que existió en España fue el de Aranjuez, fundado por Felipe II de acuerdo con la recomendación que Andrés Laguna le había hecho en la dedicatoria de su traducción castellana de la obra de Dioscórides (1555). La realidad histórica documentada es que Felipe II se interesó activamente por los jardines al menos desde 1550, fecha en la que, como regente del reino, dictó minuciosas instrucciones para plantar árboles en gran escala en Aranjuez. Desde su regreso a la Península en 1569, se preocupó de forma continuada de la organización y el cuidado de los jardines reales, principalmente en Aranjuez pero también en la Casa de Campo, El Pardo, Segovia y, más tarde, El Escorial. Dichos jardines estaban destinados al embellecimiento de los sitios reales y solamente el de «la isla de Aranjuez» parece haberse convertido, además, en un auténtico jardín botánico. Había también allí una importante colección de animales, sobre todo exóticos, en especial «toda clase de pájaros de diferentes países».

Un poco posterior a estas iniciativas reales fue la fundación del jardín botánico de la Universidad de Valencia, creado en 1567, al ocupar la cátedra de «Simples» Juan Plaza, principal figura de la materia en la Valencia del siglo XVI. También contaba con un jardín botánico el Monasterio de Guadalupe, que parece haber sido una mera versión modernizada de un «hortus sanitatis» medieval, aunque en él trabajaron naturalistas de talla como Francisco Hernández y Francisco Micó.

Por su privilegiada relación con América, Sevilla era lógicamente una ciudad especialmente apropiada para los jardines botánicos. Fue habitual, por supuesto, el cultivo ocasional y la aclimatación, con fines utilitarios, científicos o por simple curiosidad, de plantas exóticas. No hay que confundir esta costumbre con la fundación de auténticos jardines botánicos. Entre los existentes en la Sevilla del siglo XVI, el más importante fue, sin duda, el de Simón de Tovar, destacada figura de la medicina y otras áreas científicas, del que tendremos ocasión de ocuparnos. Su organización respondía a una finalidad científica moderna, claramente diferenciada del interés superficial del mero curioso. Tovar publicaba incluso catálogos anuales de plantas que distribuía entre los principales especialistas de Europa. También poseía un jardín botánico el cosmógrafo Rodrigo Zamorano, catedrático de la Casa de Contratación. Aunque también mantuvo amplias relaciones científicas, este jardín y un museo que citan sus contemporáneos parecen más bien responder a un móvil de coleccionista que a una actitud científica similar a la de Tovar. Algo parecido hay que decir de los museos de historia natural existentes en esta época, que eran fundamentalmente colecciones de curiosidades, en los que las plantas, los animales y las piedras se mezclaban sin orden establecido con objetos artísticos, joyas o monedas antiguas. El más conocido entre los españoles es el reunido en la misma Sevilla por Gonzalo Argote de Molina.

3. LOS SABERES CIENTÍFICOS

Durante el siglo XVI, la tradición de origen clásico continuó siendo la base general del cultivo de las diferentes áreas científicas en la Europa occidental. Sin embargo, comenzaron a adquirir importancia planteamientos enfrentados con ella, a partir de los cuales se constituirían posteriormente varias disciplinas científicas modernas.

El enfrentamiento tuvo muy diversas formas, que esquemáticamente pueden reducirse a tres grados. El primero se redujo a la reunión de observaciones y descripciones de datos nuevos, que de hecho desbordaban la capacidad interpretativa de los esquemas tradicionales, aunque no llegara a formularse su crítica abierta, ni siquiera la necesidad de reformarlos. El segundo consistió en rectificaciones de detalle, que no implicaban la ruptura con las doctrinas clásicas ni con los supuestos sobre los que se apoyaban. El tercero se presentó en forma de crisis parciales, que condujeron a renovaciones de fondo, aunque reducidas a sectores concretos de la actualidad científica.

La dialéctica entre la tradición y la renovación científicas estuvo asociada a la grandes corrientes intelectuales de modo tan complejo que se resiste a todo intento de interpretación simplista. Resulta especialmente engañosa la imagen maniquea de la ciencia europea de este período que valora de modo positivo a los humanistas, o auténticos «renacentistas», y de modo negativo a sus oponentes. La investigación no permite todavía un auténtico modelo, por lo que hay que limitarse a un mero esquema provisional que ordene los materiales disponibles.

Un primer plano estaría integrado por la dinámica de dos corrientes dominantes en la cultura científica académica, al menos durante la primera mitad del siglo XVI: el escolasticismo arabizado de origen bajomedieval, y el llamado «humanismo científico». El primero era el resultado de la asimilación del saber científico griego, helenístico e islámico por las universidades de la Baja Edad Media latina, a partir de las traducciones del árabe. El término «humanismo científico» suele utilizarse en la literatura especializada para designar el movimiento que intentó recuperar plenamente el saber de la Antigüedad clásica, conectando directamente con sus textos científicos mediante ediciones depuradas filológicamente y traducciones directas, libres de las incorrecciones que contenían las medievales. Ha quedado ampliamente demostrado que ambas corrientes, por motivos distintos, pesaron en el mantenimiento de la tradición científica, pero también la presencia en ambas de aspectos favorecedores de la renovación.

Por debajo de estas dos corrientes enfrentadas de la cultura científica académica, hay que tener en cuenta un segundo plano, integrado por las tendencias de lo que podemos llamar subcultura científica extraacadémica. La alquimia y, también, la magia natural eran, como veremos, sus principales núcleos de cristalización.

Todavía hay que contar con un tercer factor, constituido por la periferia técnica que formaban las actividades de tipo práctico parcialmente conectadas a la cultura científica a través del capítulo de las llamadas *artes*: arquitectura, ingeniería, arte de navegar, beneficio de minerales, arte militar, etc.

En el último tercio del siglo XVI, la ciencia académica llegó a un callejón sin salida. Entre las personas y los grupos más lúcidos, cundió la desilusión al ver frustradas las expectativas que había despertado el «renacimiento» de la ciencia a través del programa humanístico. Dicha situación abrió la puerta a diversos elementos procedentes de la subcultura extraacadémica y de la periferia técnica. Ello permitió, por ejemplo, que el movimiento paracelsista desempeñara un importante papel en la renovación de la medicina y en la preparación de las futuras ciencias químicas, y que problemas y experiencias de balística e ingeniería civil fueran uno de los fundamentos de las nuevas ciencias físicas.

Cabía, sin embargo, la alternativa del enquistamiento por motivos ideológicos, cuya más importante manifestación fue, sin duda, el neoescolasticismo contrarreformista. Bajo concretos condicionamientos socioeconómicos, políticos y religiosos, ofreció una reformulación de la ciencia tradicional que marginó los elementos renovadores, contenidos tanto en el escolasticismo arabizado como en el humanismo, y desconoció los procedentes de la subcultura extraacadémica y de las actividades técnicas.

Este esquema ordenador de las relaciones entre las grandes corrientes intelectuales y la renovación científica puede servirnos para situar la trayectoria propia de nuestro país.

España participó plenamente en la primera fase, centrada en el enfrentamiento entre escolasticismo arabizado y humanismo. Podemos simbolizar la plena incorporación del programa humanístico al terreno científico en la actividad desplegada por Nebrija en los últimos años del siglo XV y los primeros del XVI. Nos referimos, por supuesto, al que

Cotarelo llamó «Nebrija científico», es decir, al autor de un notable resumen de cosmografía, de lecciones acerca de la *Historia Natural* de Plinio, de «repetitiones» sobre medidas, pesos y números, de una *Tabla de la diversidad de los días y horas* y de una edición de Dioscórides complementada con un *Lexicon* de términos relativos al «ars medicamentaria».

Desde estas fechas hasta mediados de la centuria, la mentalidad humanística consiguió imponerse en muchas cátedras de artes y de medicina, al mismo tiempo que servía de supuesto a la actividad científica de un notable número de autores. El escolasticismo arabizado conservó, sin embargo, una importante influencia. Las iniciativas y movimientos renovadores se repartieron, por supuesto, entre ambas corrientes.

Con algunas salvedades, puede afirmarse que, en líneas generales, durante la segunda mitad de la centuria el programa humanístico perdió en España, como en toda Europa, su atractivo original, al resultar defraudadas las expectativas que en el terreno científico había despertado. Por otra parte, el escolasticismo arabizado quedó cada vez más reducido a un fenómeno residual.

Entre las dos alternativas que, como acabamos de ver, ofrecía esta situación, la actividad científica española se inclinó masivamente hacia la segunda. La crisis de 1557-1559 y la posterior trayectoria socioeconómica y política convirtió a nuestra sociedad en el escenario por excelencia del neoescolasticismo contrarreformista. La apertura de los elementos procedentes de la subcultura científica extraacadémica —que tenía en España profundas raíces y un evidente vigor— quedó limitada a episodios aislados y sin continuidad.

Los condicionamientos ideológicos y sociales fueron, por otra parte, una eficaz barrera para que la ciencia académica asimilara los problemas y las experiencias de lo que hemos llamado periferia técnica. Incluso las «artes» en las que la contribución española había ocupado una posición de vanguardia —como el arte de navegar— quedaron entonces desconectadas de sus bases doctrinales más inmediatas. De esta forma fue posible que contribuciones técnicas muchas veces brillantes, debidas en realidad al mero empirismo, se presentaran revestidas de unas formulaciones teóricas cada vez más anquilosadas y no pesaran en absoluto en la cerrada reestructuración del saber tradicional.

Por último, la actividad científica española —que hasta entonces había estado ampliamente comunicada con la del resto de Europa— quedó prácticamente aislada. Este aislamiento no fue mera consecuencia de unas duras medidas represivas. Hay que entenderlo desde un contexto más amplio, como una manifestación de un proceso que afectó a la sociedad española en su conjunto. Entre sus principales aspectos hay que destacar, por su especial relación con nuestro problema, la creciente incapacidad de integración de las minorías, las adversidades de las estructuras y de la coyuntura económica, el cambio regresivo de la mentalidad de los grupos políticos dirigentes, la vigencia social del fanatismo religioso y el retroceso de la secularización. La influencia negativa de la incomunicación es tan evidente que no necesita ser subrayada. Sin embargo, resulta inaceptable convertirla en una cómoda clave explicativa de la «decadencia» española, desconociendo el peso de los demás factores que condicionaron la marginación de nuestro país de la llamada Revolución Científica.

En un espacio reducido, no resulta posible dar noticia de la trayectoria de las áreas que integraban la actividad científica española durante este siglo. En especial, hay que renunciar a abordar los contenidos de los saberes y de las técnicas. Solamente parece factible intentar un cuadro esquemático del cultivo de dichas áreas y de sus principales corrientes.

La actividad en torno a las MATEMÁTICAS se desarrolló en la sociedad española de la época en dos líneas claramente distintas. En la primera fueron entendidas como una disciplina teórica en el seno de la cultura académica de tradición bajomedieval. En la segunda, como base de aplicaciones prácticas en diversos campos de la actividad económica y técnica. Nada más falso que la afirmación de Fernández de Navarrete de que fueron consideradas «como un estudio abstracto de pocas o muy remotas aplicaciones». Mientras que las matemáticas «especulativas» apenas consiguieron interesar, sus aplicaciones prácticas constituyeron un motivo de seria preocupación que la sociedad española mantuvo a lo largo de toda la centuria.

La línea académica utilizó siempre la lengua latina, ya que sus textos estaban exclusivamente destinados a una reducida minoría universitaria. Únicamente tuvo cierto vigor durante los años finales del siglo XV y las primeras décadas del XVI, gracias a un grupo que trabajó en las universidades de París, Salamanca, Alcalá y, secundariamente, en otros centros universitarios españoles. Sus obras corresponden plenamente a la corriente que procedía de los «calculatores» ingleses del siglo XIV, principalmente de Thomas Bradwardine y sus discípulos William Heytesbury y Richard Swineshead. Como fundador del grupo puede ser considerado el aragonés Gaspar Lax. Su figura más destacada fue, sin embargo, el también aragonés Pedro Sánchez Ciruelo, cuyas obras matemáticas reunieron, desde 1495 hasta 1528, diecinueve ediciones en España o Francia. También pertenecieron a la misma orientación Juan Martínez Silíceo, personaje histórico bien conocido por sus actividades científicas, y Tomás Durán, catedrático de la universidad de Valencia.

A partir de las décadas centrales del siglo, se impuso la orientación humanística en la enseñanza de las matemáticas para los estudiantes de las facultades de artes. Su iniciador había sido, en cierto modo, el propio

Nebrija y los textos más destacados los manuales, basados en Euclides, del catedrático valenciano Pedro Juan Monzó (1559) y del profesor de Alcalá Juan Segura (1566).

Entre todas las aplicaciones prácticas de las matemáticas, la que mayor importancia tuvo en la España del siglo XVI fue el cálculo mercantil. Nada menos que diecinueve obras distintas consagradas a las «cuentas» se publicaron a lo largo del período. El título inicial, generalmente ignorado por los historiadores españoles, fue la *Suma de la art de arismetica* de Francesc Sanet Climent, publicada en Barcelona en 1482. El segundo cronológicamente —el *Tratado subtilíssimo de Arismetica y de Geometria* (1512) de Juan de Ortega— es el más importante desde todos los puntos de vista. Tuvo cinco reediciones en castellano y fue traducido al francés (1515), siendo el primer texto de aritmética comercial publicado en Francia y en este idioma, así como al italiano (1522). A pesar de su carácter pragmático, el libro contiene una aportación teórica de interés, consistente en un método original de aproximación de raíces. Entre los manuales de «cuentas» posteriores, sobresalen los de Juan Andrés (1515), Joan Ventallol (1521), Diego del Castillo (1522) y, sobre todo, el de Juan Gutiérrez de Gualda (1539), reimpreso en numerosas ocasiones hasta bien entrada la centuria siguiente.

En la sociedad española del siglo XVI, el cultivo de las matemáticas no llegó a alcanzar autonomía, permaneciendo siempre sometido a las estrechas limitaciones que entonces imponían la enseñanza universitaria o las aplicaciones de carácter práctico. Las únicas excepciones que, relativamente, pueden señalarse corresponden a la actividad de algunos autores aislados como Aurel, Pérez de Moya y Rocha. Marco Aurel fue un alemán afincado en Valencia durante las décadas centrales de la centuria. Se dedicó a la enseñanza secundaria como «maestro» y publicó dos obras: un tratado de «cuentas» (1541) y el *Libro primero de Arithmetica Algebratica* (1552). Este último desempeñó la importante función de introducir en España la «regla de la cosa» o álgebra. El andaluz Juan Pérez de Moya estudió en Salamanca y, más tarde, residió largo tiempo en Alcalá, pero no fue profesor universitario, aunque se dedicó a la enseñanza en circunstancias que desconocemos. Publicó numerosos libros, en su mayor parte de tema matemático. Destaca entre todos el titulado *Arithmetica practica y especulativa* (1562), generalmente considerado como la obra matemática más importante de la España del siglo XVI. Reúne una excelente información claramente sistematizada, y expuesta de forma muy precisa y atractiva. Ello explica que, a pesar de estar escrita en castellano, alcanzara difusión en otros países y que Simon Stevin —el mejor aritmético de la época— la aconsejara para el estudio de la regla de tres y la citara al exponer la raíz cúbica. En España fue reeditada quince veces hasta finales de la centuria siguiente.

Menos relieve tiene la figura del catalán Antich Rocha, profesor en

Barcelona y autor, entre otras cosas, de una *Arithmetica* (1564) y traductor de un manual francés de cálculo mercantil. Pertenece, sin embargo, al reducido grupo de personas que centraron su actividad en las matemáticas y publicaron en castellano textos de carácter teórico de contenido incomparablemente superior, con todas sus limitaciones, a los manuales didácticos universitarios de la segunda mitad de la centuria.

La Academia de Matemáticas de Madrid no influyó seriamente en la autonomía del cultivo de la disciplina, al convertirse en una institución de carácter fundamentalmente técnico. Lo único que puede decirse es que favoreció la tendencia a utilizar el castellano. Es muy significativo que las primeras versiones castellanas de las obras de Euclides procedieran de la Casa de la Contratación sevillana y de la propia Academia.

En ASTRONOMÍA, la España del siglo XVI era heredera de la tradición ibérica medieval, especialmente brillante en el campo de la observación. El enlace con la tradición medieval puede personificarse en el judío salmantino Abraham Zacuto, autor de una obra de extraordinaria influencia en la transición de los siglos XV a XVI. Su libro más importante fue el *Hibbur ha-gadol* (El gran tratado). Su discípulo, el asimismo judío José Vecino o Vizinho, tradujo al latín y al castellano un resumen del mismo, que incluye un breve sumario de unas diez páginas del texto y de las tablas, solamente las efemérides del Sol, la Luna y los planetas. Dicho resumen, al que se debió la influencia de Zacuto en Europa, fue impreso por vez primera el año 1496 en la localidad portuguesa de Leiria con el título de *Almanach perpetuum*. Como todas las tablas astronómicas de la época, aparte de su contribución a la ciencia de los astros, permitía aplicaciones de tipo astrológico y también cronológico. No obstante, su relieve histórico se debe al importante papel que desempeñó en la introducción de observaciones astronómicas en el arte de navegar.

Entre los autores que hicieron que España ocupara todavía un digno puesto en la última etapa de la astronomía tradicional, recordaremos a Alfonso de Córdoba, que publicó tablas (1503) de gran difusión europea, y a estudiosos del astrolabio como Juan Martín Población (1526), Juan de Rojas Sarmiento (1550) y Juan Aguilera (1554), o del instrumento llamado «ecuatorio planetario», como Francisco Zarzoso (1526). La obra de Rojas dio a conocer en Europa la proyección ortográfica.

La astronomía práctica española de este siglo se basó en los supuestos de la cosmología tradicional. La única crítica importante la planteó Jerónimo Muñoz con sus observaciones de la *nova* de 1572, las más tempranas y exactas efectuadas en Europa. Su propósito explícito fue demostrar que estaba situada en el mundo celeste y que, por lo tanto, en este se producían cambios, frente a lo que suponía la doctrina aristotélica tradicional. Con la terminología imprecisa de la época, llamó a la *nova* «cometa», pero subrayando que «está en el cielo y tiene naturaleza o parentesco con las estrellas fijas». Lo importante es que lo demostró con sus observaciones, comprobando que su paralaje era tan pequeña que no podía ser «sublunar». La contribución de Muñoz fue ampliamente conocida en toda Europa y pesó en la preparación de la nueva astronomía.

La exposición escolar de la cosmografía teórica, en la España del siglo XVI, dependió, de forma más o menos directa, de la versión del sistema ptolemaico contenida en la *Sphera* de Sacrobosco. Fue un factor común de los textos en latín utilizados para la enseñanza en las facultades de artes y de los manuales en castellano procedentes de la Casa de la Contratación y otros centros técnicos.

Junto a las críticas que Jerónimo Muñoz basó en sus observaciones de la *nova* de 1572, el principal exponente del enfrentamiento con las doctrinas cosmográficas tradicionales fue la acogida que se dispensó a la obra de Copérnico y a su sistema heliocéntrico. Un primer hecho de importancia es la inclusión de la obra de Copérnico en los Estatutos de 1561 de la Universidad de Salamanca, única que hizo algo semejante en la Europa del siglo XVI. La decisión debió partir de Juan Aguilera, al que antes nos hemos referido y que fue titular de la cátedra astronómica salmantina desde 1551 hasta 1560. Por lo demás, la posibilidad de utilizar el texto de Copérnico en la enseñanza no llegó a cumplirse. Gracias a Manuel Fernández Álvarez, que ha publicado la lista detallada de «lecturas» de la cátedra de Astrología salmantina desde 1560 a 1641, se ha despejado una incógnita en torno a la cual se habían hecho las más diversas suposiciones. Por otra parte, hay que subrayar que, durante las décadas finales del siglo XVI, la obra de Copérnico fue ampliamente utilizada por los cosmógrafos españoles como una técnica matemática nueva y que algunos autores incluso defendieron que el heliocentrismo no era contrario a las Sagradas Escrituras y examinaron sus consecuencias desde un punto de vista exclusivamente físico.

La utilización pragmática de la obra de Copérnico, dejando aparte el heliocentrismo, consistió, como dice Víctor Navarro, en aprovecharla «como una técnica matemática nueva, superior en muchos aspectos a la de Ptolomeo y utilizable para la construcción de tablas y el cálculo de efemérides». Esta fue la actitud vigente durante las décadas citadas en los dos núcleos más importantes de la astronomía práctica española: el sevillano de la Casa de Contratación, y el existente en la corte en torno a los cosmógrafos reales y la Academia de Matemáticas.

La otra vertiente de la repercusión que la obra de Copérnico tuvo en España consistió, como hemos adelantado, en enfrentarse con la revolución cosmológica que planteaba. En esta línea, el texto de mayor importancia, y el único generalmente tenido en cuenta, es el incluido por el agustino Diego de Zúñiga en sus *In Iob commentaria* (1584). Al glosar el versículo «Conmueve la Tierra de su lugar y hace temblar sus columnas», Zúñiga defiende dos tesis. La primera de ellas es que el movimiento de la Tierra y, en general, al sistema heliocéntrico de Copérnico, no contradice las Sagradas Escrituras. La segunda consiste en defender la superioridad del sistema copernicano respecto del tradicional desde el punto de vista astronómico. No resulta extraño que el libro de Zúñiga compartiera con el de Copérnico los honores de la expurgación en el decreto de la Sagrada Congregación del Índice de 1616.

Hubo también críticos del copernicanismo desde la filosofía natural y la cosmología tradicionales, como Francisco Valles (1587) y Diego Pérez de Mesa (1596), así como eclécticos en la línea de Pedro Simón Abril (1589), que consideró el sistema copernicano y el ptolemaico como dos teorías igualmente válidas. Lo más interesante es que el mismo Diego de Zúñiga supo ver la crisis de la visión tradicional del mundo físico que suponía el movimiento de la Tierra. Como ha demostrado Víctor Navarro, ello llevó en su *Philosophia* (1597) a considerar insuperables las contradicciones que dicho movimiento implicaba con la experiencia mecánica basada en el sentido común y en los supuestos de la filosofía natural aristotélica.

El anteojo, futura arma de la nueva astronomía, fue inventado, a finales del siglo XVI, independientemente en varios lugares de Europa, uno de los cuales fue Barcelona. Desde hace tiempo se sabía que entre sus primeros constructores figuró la familia de artesanos catalanes encabezada por los hermanos Joan y Pere Roget, elogiosamente citados por Girolamo Sirturo, un seguidor de Galileo, en su libro *Telescopium* (1618). La investigación histórica posterior, aparte de precisar la información acerca de esta familia, ha dado a conocer la importancia que la fabricación de lentes alcanzó en Barcelona, demostrando documentalmente que, antes de 1593, los «ullerers» de dicha ciudad habían construido anteojos o «ulleres de llarga vista».

No hay que olvidar que, en la España del siglo XVI, el saber astronómico fue cultivado principalmente en conexión directa con sus aplicaciones al arte de navegar, la astrología y la cronología. En este último campo, el principal problema fue la reforma del calendario juliano, llevada a cabo finalmente bajo el pontificado de Gregorio XIII. En su preparación colaboraron de modo destacado varios españoles, entre ellos Juan Salom y Pedro Chacón.

La importante participación española en el desarrollo del ARTE DE NAVEGAR estuvo en relación directa con el descubrimiento de América. Colón utilizó en sus viajes el astrolabio náutico, aunque sin fruto, debido a su insuficiente conocimiento del mapa celeste en las latitudes bajas. Empleó la traducción castellana del *Almanach* de Zacuto, dibujó varias cartas de los territorios que había descubierto y realizó observaciones sobre el problema de la declinación magnética.

La gran institución que centralizó la actividad náutica fue, como sabemos, la Casa de la Contratación sevillana. En conexión con ella se escribió la mayor parte de los textos consagrados al arte de navegar, sin duda una de las principales aportaciones españolas a la literatura científica de la época. El primer texto de náutica impreso en España fue la *Suma de geographia que... trata largamente del arte del marear* (1519) del sevillano Martín Fernández de Enciso. En 1535 se publicó, también en Sevilla, el *Tratado del Esphera y del arte del marear* de Francisco Falero o Faleiro, cosmógrafo portugués al servicio del rey de España desde 1519. Alonso de Chaves, uno de los primeros que ocuparon el cargo de Piloto Mayor de la Casa de Contratación, escribió un *Quatri partitu en cosmographia pratica y por otro nombre llamado espeio de navegantes*, que quedó manuscrito. Ursula Lamb considera que probablemente es «el manual más antiguo destinado al marino y su instructor».

En la década central del siglo, las obras de Pedro de Medina (1545) y de Martín Cortés (1545) iniciaron una época radicalmente distinta en la historia de la literatura náutica, superando el nivel del «recetario» práctico o de manual escolar propio de los textos anteriores. Tanto por la altura científica de su contenido como por su estructura y extensión son, en efecto, auténticos tratados sistemáticos de arte de navegar.

La *Suma* de Enciso fue reimpresa dos veces en la propia Sevilla, y su parte geográfica traducida al inglés. El libro de Falero no pasó de la primera edición. En cambio, los tratados de Medina y Cortés alcanzaron en Europa una extraordinaria difusión e impusieron la imagen de la nueva disciplina. Está justificado el título del conocido estudio de Guillén Tato, *Europa aprendió a navegar en libros españoles.* El tratado de Medina alcanzó quince ediciones en francés entre 1554 y 1633, cinco en holandés desde 1580 a 1598, tres en italiano (1554, 1555 y 1609) y dos en inglés. El de Cortés, por su parte, tuvo diez ediciones en inglés entre 1561 y 1630.

Durante el reinado de Felipe II se publicaron todavía en España notables obras de náutica. En 1581, apareció por vez primera el *Compendio de la arte de navegar* de Rodrigo Zamorano, catedrático de la Casa de Contratación. Seis años después, Diego García de Palacio publicó en México su *Instrucción nauthica* (1587). El último título importante fue el *Regimiento de navegación* de Andrés García de Céspedes, que ocupó primero el puesto de Piloto Mayor en la Casa de Contratación y luego el de Cosmógrafo del Consejo de Indias, en la corte.

La declinación magnética fue uno de los grandes problemas del arte de navegar durante el siglo XVI. El hecho de que la extremidad de la aguja no apunte exactamente al polo geográfico era ya conocido, pero fue Cristóbal Colón, desde su primer viaje, el que descubrió la variabilidad del fenómeno en función del lugar. Su interpretación condujo a una larga serie de teorías y a la invención de numerosos instrumentos. La contribución más importante fue, sin duda, la formulación por parte de Martín Cortés del concepto de polo magnético, auténtico «clásico» en la historia de los estudios sobre el magnetismo terrestre.

Más importante todavía fue la dificultad planteada por la determinación de las longitudes, que comenzó a ser acuciante a consecuencia del Tratado de Tordesillas (1494). La trascendencia práctica de la cuestión explica el extraordinario esfuerzo científico y técnico que se desplegó para intentar resolverla. A mediados de siglo, Alonso de Santa Cruz le dedicó una lúcida revisión en su *Libro de las longitudes*. Al resultar imposible un transporte horario preciso, el problema continuó sin solucionarse, por lo que en 1598 se convocó un concurso dotado de un gran premio, al que aspiró, entre otros muchos, el propio Galileo.

La construcción naval motivó una larga serie de invenciones, la más importante de las cuales fue quizá el «ingenio» de Blasco de Garay «para mover los barcos en tiempo de calma, sin el auxilio de los remos», que fue experimentado entre 1540 y 1543. Considerado por Fernández de Navarrete como la primera aplicación del vapor a la navegación, fue en realidad la introducción de la rueda de paletas a la propulsión de barcos. Por otro lado, en este ambiente español apareció la primera literatura impresa consagrada a la técnica de la construcción naval, cuyos títulos iniciales fueron el cuarto «libro» de la *Instrucción nauthica* (1587) de Diego García de Palacio y el *Arte para fabricar, fortificar y aparejar naos* (1611) de Tomé Cano.

Los descubrimientos tuvieron, naturalmente, un peso decisivo en la GEOGRAFÍA española del siglo XVI. Sin embargo, no pueden entenderse adecuadamente sin tener en cuenta la influencia ejercida por el movimiento humanístico que, en este terreno, se centró en el llamado «renacimiento de Ptolomeo», es decir, en la recuperación y difusión de la *Geografía* de Ptolomeo. Ello provocó la reinstauración de la geografía «matemática» o «astronómica», caracterizada por señalar la longitud y latitud de cada lugar o accidente. Destacadas figuras de esta corriente fueron los españoles Elio Antonio de Nebrija, sobre todo por su manual titulado *In Cosmographiae libros introductorium* (1499), y Miguel Serveto, que preparó una edición latina comentada de la *Geografía* de Ptolomeo (1535), que mejoró en una reimpresión posterior (1541).

La primera noticia impresa del descubrimiento del Nuevo Mundo fue el texto de la carta que Cristóbal Colón, al final de su primer viaje, dirigió a Luis de Santángel. Publicada en Barcelona en 1493, antes de acabar el siglo había alcanzado ya dieciocho ediciones en cuatro idiomas. Fue el punto de partida de un extraordinario número de textos impresos y manuscritos en los que marinos y descubridores, conquistadores y militares, viajeros, funcionarios, misioneros y naturalistas fueron dando a conocer las realidades geográficas de América y de extensas zonas del Pacífico. Durante la etapa anterior a la creación del Consejo de Indias (1524), los estudios geográficos de conjunto sobre el Nuevo Mundo se debieron a la iniciativa particular. Destaquemos las noticias que Pedro Mártir de Anglería fue recogiendo en sus *De Orbe Novo Decades*, desde 1494 hasta 1526, y la parte geográfica de la *Suma* (1519) de Martín Fernández de Enciso. La fundación del Consejo de Indias cambió la organización de los trabajos sobre el tema, trayectoria que culminó con la reforma de esta institución en los años setenta por iniciativa de Juan Ovando. Aparte de crearse el puesto de Cosmógrafo Cronista, se puso entonces en práctica un gigantesco programa de investigación. Juan López de Velasco, primer titular del nuevo puesto, redactó el cuestionario básico, titulado *Instruction y memoria de las relaciones que se han de hazer para la descripcion de las Indias* (1577), así como otra *Instruccion* con métodos astronómicos sencillos para determinar las coordenadas geográficas de una amplia serie de lugares. Las primeras *Relaciones* llegaron al Consejo entre 1577 y 1588, y las más rezagadas, diez años después. Al ocupar su cargo, López de Velasco comenzó, además, a redactar una *Geografía y Descripción Universal de las Indias*, que terminó tres años más tarde (1574). No estaba, por lo tanto, basada en las *Relaciones*, sino en las fuentes disponibles con anterioridad, entre ellas los papeles de Alonso de Santa Cruz y materiales de Bartolomé de las Casas, Cieza de León y otros autores.

Los estudios sobre la geografía de la metrópoli fueron objeto de una actividad paralela a la que acabamos de resumir. Con algunos antecedentes a finales del siglo XV, el primer trabajo de conjunto fue acometido por Hernando Colón en 1517, quedando interrumpido por la prohibición del Consejo Real seis años más tarde. A mediados de siglo, Juan Páez de Castro formuló un proyecto más maduro, esta vez bajo los auspicios de la Corona, siendo el primero que elaboró un cuestionario. Felipe II y sus hombres de gobierno estuvieron particularmente interesados por el estudio geográfico de los reinos peninsulares. Hacia 1566, el monarca encargó a Pedro Esquivel, catedrático de matemáticas en Alcalá, una «descripción de España cierta y cumplida», que incluía la determinación de la posición exacta de los accidentes geográficos y de las poblaciones. La importancia de la labor que Esquivel y sus colaboradores llevaron a cabo reside en que fue uno de los primeros intentos de descripción geodésica de un país, y en el rigor científico y técnico con el que fue realizada. Otra vertiente de la investigación geográfica de la metrópoli bajo los auspicios de Felipe II consistió en la puesta en práctica, a partir de 1575, de un proyecto de *Relaciones* de los pueblos de España. Se utilizó un cuestionario análogo al de las Indias, aunque insistiendo todavía más en los datos cuantitativos de carácter demográfico y económico.

Aparte de los trabajos consagrados a América y a la propia península Ibérica, en la España del siglo XVI se publicaron numerosas obras dedicadas a otros territorios. Las más sobresalientes fueron el libro sobre China de Juan González de Mendoza (1585), que tuvo en menos de un siglo cincuenta y cuatro ediciones en siete idiomas, y la *Descripción general de Affrica* (1573-1599) de Luis Mármol Carvajal.

La cartografía española del siglo XVI tuvo dos escenarios principales. El primero estuvo integrado por varias ciudades mediterráneas en las que se mantuvo durante toda la centuria la tradición medieval de la escuela mallorquina. El segundo fue, naturalmente, la Casa de Contratación de Sevilla, que centralizó la actividad relacionada con el Nuevo Mundo.

La tradición de la escuela mallorquina fue conservada por familias, como los Prunes y los Oliva, y por algún cartógrafo aislado, como Joan Martines, que continuaron trazando cartas rígidamente atenidas a la técnica y al estilo característicos de su período de esplendor.

La cartografía americana, iniciada por el propio Colón, tuvo como primera figura importante a Juan de la Cosa, autor de un famoso mapamundi fechado en 1500. Desde 1512, se trazaron en la Casa de Contratación, según Guillén Tato, tres tipos de mapas: los «Padrones Reales» o arquetipos cartográficos continuamente renovados, que se conservaban como modelos oficiales en la Casa; los mapas y planos de cosmógrafos y pilotos que representaban la información y experiencia particulares que servían para ir rectificando los «padrones»; y las cartas, dibujadas con aprobación de los cosmógrafos de la institución, que se vendían a los pilotos.

Durante las primeras décadas del siglo, destacaron por su labor cartográfica Andrés de Morales, Juan Díaz de Solís, Nuño García Torreño y Diego Ribero. Un mapamundi de Ribero fechado en 1529, reproducción del Padrón Real del momento, ha sido considerado por Crone «la contribución fundamental hispanolusitana a la confección del mapa del mundo». La tarea fue continuada durante las siguientes décadas por Alonso de Chaves, Diego Gutiérrez, Alonso de Santa Cruz, Pedro Medina, Jerónimo de Chaves y, ya en la parte final del siglo, por Rodrigo Zamorano, Domingo Villarroel y Andrés García de Céspedes. La cartografía sevillana superó muy pronto la rigidez del estilo bajomedieval y las limitaciones del portulano. En lugar del pergamino, se impuso el uso del papel y el dibujo atendió menos a la presentación estética y más a la funcionalidad. Llevaban escala de latitudes y, desde el segundo lustro de la centuria, también meridianos graduados. Paulatinamente fueron introduciéndose detalles como las corrientes marinas, la dirección y frecuencia de los vientos, la evaluación de los fondos, etc. El modelo preferentemente utilizado fue el denominado «carta plana», trazada con paralelos equidistantes de acuerdo con la proyección rectangular de Ptolomeo. Sus limitaciones, que solamente superaría la proyección del holandés Mercator, fueron puestas de relieve por Alonso de Santa Cruz y Martín Cortés.

La FÍSICA, en el sentido moderno, no existía en el siglo XVI, aunque el término se utilizara como sinónimo de filosofía natural. Esta continuó básicamente ligada a planteamientos ideológicos de carácter especulativo, dependiendo, bajo distintas formas, de las doctrinas aristotélicas. No obstante, en su seno se produjeron algunas tendencias que introdujeron elementos favorables a acercamientos a la realidad próximos o preparatorios al científico. La más importante fue la que resultó de la integración de dos tradiciones bajomedievales: la doctrina del *impetus* de los nominalistas parisinos y la cinemática formalista de los «calculatores» de Oxford.

A finales del siglo XV y comienzos del XVI, dicha tendencia adquirió gran relieve en la Universidad de París, muy en primer término por las enseñanzas que en el Colegio de Montague dieron el español Jerónimo Pardo y el escocés John Mair. En este ambiente se formaron numerosos españoles que cultivaron la filosofía natural en el propio París y en las varias localidades de la Península, principalmente Salamanca, Alcalá y Valladolid en la Corona de Castilla, y Zaragoza y Valencia en la de Aragón. Sobresalen las obras del segoviano Luis Núñez Coronel (1511), del aragonés Juan Dolz de Castellar (1518), y sobre todo, la *Expositio* (1517) del valenciano Juan de Celaya, que incluye la formulación más clara de lo que Víctor Navarro ha llamado «prehistoria de la ley de inercia», además de contribuir a la matematización del estudio del movimiento local. Parecido relieve al libro de Celaya tienen las *Questiones phisicales* (1511) de Diego Diest, profesor en Zaragoza. Su nombre no había sido tenido en cuenta por los estudiosos de los orígenes de la mecánica moderna hasta los recientes trabajos de Wallace. En la exposición de las doctrinas de los nominalistas y de los «calculatores» acerca del movimiento local, Diest inició un enfoque peculiar de los centros españoles cuyo conocimiento ha contribuido poderosamente a esclarecer lo que para Koyré era todavía «el enigma de Domingo de Soto». La característica fundamental de dicho enfoque fue ejemplificar tales doctrinas de una manera sistemática, mostrando que sus conceptos tenían relación de alguna forma con el mundo físico. Lo mantuvieron después el profesor de Valladolid Diego de Astudillo (1532) y los de Salamanca Pedro Margallo (1520) y Pedro de Espinosa.

Toda esta trayecctoria culminó en la obra del dominico Domingo de Soto, discípulo de Celaya en París y de Ciruelo en Alcalá, relacionado, desde su puesto de profesor en Salamanca, con Astudillo, Margallo y

Espinosa. Con la intención de contribuir a la «restauración» del tomismo, escribió un curso de filosofía natural para la facultad de artes de Salamanca, del que apareció una versión incompleta hacia 1545 y otra definitiva seis años más tarde, que luego fue reeditada en España en varias ocasiones, y también en Francia e Italia. En esta obra lanzó críticas abiertas contra el nominalismo, pero al estudiar el movimiento local no se redujo a volver a las tesis aristotélicas tradicionales. Acertó, por el contrario, a aprovechar la tradición conjunta de la teoría del *impetus* y de la cinemática formalista de los «calculatores», para formular por vez primera la ley de caída de graves. El contexto en el que realizó esta contribución puede considerarse, en cierto modo, una combinación de los enfoques de Celaya y de Diest. Para los cálculos matemáticos aplicó entonces el teorema de la velocidad media, generalmente llamado «teorema de Merton».

Junto a la obra de Soto, los tratados de filosofía natural más influyentes del escolasticismo contrarreformista fueron los publicados por el valenciano Benito Perera (1562) y el cordobés Francisco de Toledo (1575), el primero de los cuales tuvo nueve reediciones y el segundo veinticuatro, en diversos países. Ambos volvieron a exponer el movimiento local de acuerdo con las doctrinas tradicionales, aunque con algunas disidencias por parte de Toledo. Galileo utilizó estos tratados y el de Soto en sus años de formación.

Entre los demás textos de filosofía natural, recordaremos únicamente la *Summa totius philosophiae et medicinae* (1536), que publicó en Valencia el mallorquín Pere d'Oleza. La primera parte de esta obra —de la que no se habían localizado ejemplares hasta fechas muy recientes— es una amplia exposición de la filosofía natural desde una terminante concepción atomista. La segunda se ocupa de aplicar el atomismo a la medicina.

Los textos de filosofía natural no son, sin embargo, las únicas fuentes de esta época que pueden proporcionar materiales de interés para la historia de la física. Los fenómenos físicos fueron también estudiados en relación directa con aplicaciones prácticas, de forma que la ingeniería civil y militar constituye un campo de tanta importancia para el tema como la filosofía. En el mismo problema de los orígenes de la dinámica moderna, tuvieron un gran relieve los estudios sobre balística de varios tratadistas españoles de arte militar que citaremos a continuación. Ejemplos destacados de aportaciones en otros contextos son la primera formulación conocida del polígono de sustentación por parte del cordobés Juan Bautista Villalpando, en los capítulos de mecánica de unos comentarios al libro de Ezequiel (1596-1605), o las investigaciones experimentales que en torno a los gases realizó el valenciano Juan Escrivá (1606), discípulo en Nápoles de Giambattista della Porta.

El cultivo de la INGENIERÍA en la España del siglo XVI estuvo condicionado por una nueva valoración positiva de la técnica, en contraste con la estimación negativa propia de la tradición procedente de la Grecia clásica. Los tres grandes tipos de ingeniero de la época («mecánico-ingeniero», «artista-ingeniero» y «científico-ingeniero») no tenían límites precisos con los maestros de obras y arquitectos, por un lado, y con los artilleros e ingenieros militares, por otro. Naturalmente, la nueva posición que la técnica fue alcanzando en la realidad económica y social tuvo como consecuencia que sus cultivadores pasaran, del anonimato característico del artesanado medieval, a protagonistas nominales de la historia, en casos destacados con la condición de grandes figuras. La actividad desarrollada por algunas de ellas puede servir de ejemplo representativo.

El prototipo de «mecánico-ingeniero» fue Juanelo Turriano, italiano de origen, que estuvo al servicio de Carlos I desde 1530, y luego al de Felipe II hasta su muerte, en 1585. Desarrolló una sobresaliente actividad en relación con muy diversos «ingenios» y «artificios». Construyó relojes y autómatas, así como molinos mecánicos. El aspecto más importante de su actividad fue, sin embargo, la ingeniería hidráulica. Participó en empresas como el canal de Colmenar o los grandes pantanos levantinos de los que después hablaremos y, sobre todo, construyó el «artificio» para elevar el agua del Tajo a la ciudad de Toledo, sin duda la más famosa obra de ingeniería de la centuria.

Poco antes de iniciar sus trabajos para el «artificio» toledano, Turriano terminó, al parecer, el tratado que lleva el título de *Los Veinte y Un Libros de los Ingenios y Maquinas de Juanelo*, desde que Juan Gómez de Mora, arquitecto mayor de Felipe III y Felipe IV, ordenó el manuscrito a mediados del siglo XVII. Se trata de cinco volúmenes en folio, con más de novecientas páginas, que incluyen muchos centenares de dibujos de elevada calidad técnica y artística, y sus explicaciones en un castellano entrecortado y lleno de italianismos. Su tema central es la ingeniería hidráulica, pero en torno a él se tratan otras muchas materias.

Juan de Herrera puede ser considerado como ejemplo sobresaliente de otro tipo de técnico: el arquitecto que era al mismo tiempo «artista-ingeniero». Su biografía es muy conocida, por lo que nada vamos a decir aquí acerca de ella. Recordamos solamente su condición de seguidor de la doctrina luliana, hecho que influyó en la creación de la Academia de Matemáticas de Madrid. Íñiguez Almech y Cervera Vera han estudiado una amplia serie de «ingenios» inventados por Herrera, entre los que destacan los siguientes: varias grúas de gran tamaño, de fundamento radicalmente distinto de las tradicionales, que construyó para el transporte y elevación de los enormes pesos que fue necesario mover en la construcción del Escorial; un conjunto de ocho instrumentos «para hallar la longitud y latitud de las regiones en cualquier tiempo y hora del día y lugar donde se hallaren y ansi mesmo para averiguar lo que nordestea o noruestea la aguja tocada con la piedra imán»; y un «ingenio» para cortar hierro que explotó en una ferrería cerca de Durango. Otro aspecto destacado de la actividad técnica de Herrera fue la ingeniería hidráulica. Se ocupó de los riegos del Jarama, las huertas de Picotajo y los jardines de Aranjuez, de la presa de Ontígola, así como del canal de Colmenar, iniciado en la época de Carlos I y terminado bajo su dirección.

Tanto Turriano como Herrera participaron en diversas fases de la traza y planificación del pantano de Tibi, el más célebre de una serie de pantanos valencianos y murcianos de los siglos XVI y XVII, cuyas dimensiones permanecieron inigualadas en toda Europa hasta la centuria ilustrada.

En la Academia de Matemáticas, resulta lógico que encontremos representantes destacados del tipo de técnico que hemos llamado «científico-ingeniero», como Juan Cedillo Díaz y Andrés García de Céspedes. El primero escribió, entre otras cosas, un tratado «para encaminar el agua por las cauzas y canchiles o molinos, fuentes y riberas», en el que presenta varios instrumentos de precisión inventados por él. García de Céspedes publicó un *Libro de instrumentos nuevos* (1606), que incluye un tratado de medición de alturas y distancias, otro de «conducir aguas» y una «question de artillería». Dejó también manuscrito un *Libro de mechanicas donde se pone la razón de todas las machinas.*

Junto a estas figuras paradigmáticas, pueden citarse, por supuesto, numerosos técnicos encuadrables en cualquiera de los tres tipos citados, aunque razones de espacio nos impidan hacerlo aquí.

La actividad desarrollada por «artilleros» e «ingenieros» militares, así como los «mecánicos» civiles contratados por el ejército, constituye un capítulo de extraordinaria densidad. La hegemonía militar española durante los reinados de los Reyes Católicos y Carlos I estuvo en gran parte basada en el esfuerzo técnico dirigido por brillantes ingenieros como Diego Vera, Pedro Navarro y Luis Pizaño. Las innovaciones, sobre todo en relación con las armas de fuego, fueron muy numerosas y notables. La literatura consagrada al tema tuvo su momento culminante en los últimos años de la centuria, cuando ya se había perdido la posición ventajosa anterior. Sus títulos más sobresalientes fueron los tratados de arte militar de Diego García de Palacio (1583) —primero impreso en América— y de Bernardino de Mendoza (1595), así como los tratados de artillería e ingeniería militar de Luis Collado (1586), Diego Álava (1590) y Diego Ufano (1613). Subrayemos la importante contribución de estos últimos a la balística, así como la difusión internacional de todos estos textos. El de Mendoza, por ejemplo, tuvo en un cuarto de siglo una edición en alemán, dos en francés, dos en inglés y tres en italiano.

Mención aparte merece la fortificación. Entre sus innovadores del primer tercio de la centuria, figuran españoles como Francisco Ramírez de Madrid y Pedro Luis Escrivá. A finales de la misma, su principal figura fue Cristóbal de Rojas, profesor de la Academia de Matemáticas y autor de *Teoría y práctica de fortificación* (1598), el más importante tratado sobre el tema publicado en la España de esta época.

El enfrentamiento con muchas cuestiones que hoy encuadraríamos en la QUÍMICA condujo a un desarrollado empirismo, que se intentó fundamentar conceptualmente con doctrinas que procedían de la filosofía natural académica y de la alquimia, en proporciones diversas. Los problemas de mayor relieve los plantearon las minas, la determinación de la ley de las monedas y la obtención de productos por destilación.

El principal motor del desarrollo técnico del beneficio de minerales fue, por supuesto, la explotación de los yacimientos americanos de metales preciosos. Agotados los minerales de elevada ley, el beneficio de los de mediana y baja solamente podía ser rentable con la aplicación de métodos apropiados. La respuesta a este reto fue el esfuerzo técnico desarrollado por la minerometalurgia española en América. Circula una imagen tópica acerca de dicho esfuerzo que demuestra la necesidad de que el estudioso de las cuestiones sociales y económicas conozca mínimamente los resultados de la investigación histórica sobre la ciencia y la técnica. La citada imagen implica no entender en qué consistían las técnicas de la época y en concreto lo que eran los métodos de amalgamación. Lo más grave, sin embargo, es que intenta explicar la revolución de la explotación minera americana a merced de un «descubrimiento» aislado, lo que supone caer en los ingenuos esquemas que ha arrinconado la historia social de la ciencia y de la tecnología. Frente a este simplismo hay que subrayar la gran complejidad del proceso. Eugenio Portela afirma que incluso la historiografía especializada «no recoge sino una mínima parte de los pequeños eslabones del progreso técnico de la época», y añade que «sería ingenuo pensar que el único aspecto técnico que limitaba la producción fueron los métodos de beneficio». Como un mero esquema didáctico puede decirse que los principales hitos fueron los siguientes: la primera aplicación industrial del método de amalgamación de menas de plata mexicanas por el «beneficio de patio», que hizo Bartolomé de Medina en Pachuca (1555); la adaptación de la técnica de amalgamación a los minerales peruanos, por Pedro Fernández de Velasco (1569); las mejoras técnicas del procedimiento de amalgamación, por Juan Capellín (1576) y Carlos Corzo (1587); la invención del método de amalgamación en caliente, «por cazo y cocimiento», debida a Álvaro Alonso Barba (1590); y la modificación de los hornos para destilación de minerales que supusieron el modelo llamado «de javecas», ideado por Pedro Contreras (1596), y los «busconiles» inventados por Lope de

Saavedra Barba. La exposición sistemática y, al mismo tiempo, la coronación de todo este esfuerzo fue el *Arte de los metales* de Álvaro Alonso Barba, uno de los grandes títulos de la historia de la minerometalurgia. Publicado por vez primera en 1640 y reimpreso en 1680, fue reeditado tres veces en la España del siglo XVIII y alcanzó cuatro ediciones en inglés, ocho en alemán y cuatro en francés.

La técnica de los ensayadores, terreno especialmente fértil para el desarrollo de métodos químicos en esta época, tuvo como principal figura a Juan de Arfe Villafañe, autor de una obra titulada *Quilatador de la plata, oro y piedras* (1572 y varias reediciones), que fue la primera monografía europea consagrada al tema.

Algo parecido puede decirse del *Arte separatoria* (1598) de Diego de Santiago en lo que respecta a la destilación, término que tenía en el siglo XVI un sentido más amplio que el actual y que, de acuerdo con Portela, debe entenderse como la obtención de productos por procedimientos químicos. Santiago fue, durante algún tiempo, uno de los «destiladores de Su Majestad» en el laboratorio de El Escorial. Estuvo muy influido por el paracelsismo, movimiento que tuvo en España seguidores como Lorenzo Cózar, que publicó un *Dialogus* (1589) preconizando la ruptura con los supuestos tradicionales y fue nombrado titular de una cátedra de medicamentos químicos en la Universidad de Valencia (1591-1592).

La HISTORIA NATURAL constituye uno de los aspectos más brillantes de la actividad científica española del siglo XVI. El Nuevo Mundo ofrecía unas posibilidades extraordinarias de enriquecer el acervo descriptivo heredado de la Antigüedad clásica y la Edad Media. Por ello, la principal contribución de los naturalistas españoles de la época fue incorporar a la ciencia europea las realidades americanas, iniciando el proceso que I.B. Cohen ha analizado bajo el rótulo de «The New World as a Source of Science for Europe».

La primera fase del estudio de la naturaleza americana consistió en la reunión de noticias descriptivas sin carácter sistemático. La inició el propio Colón y culminó en el *Sumario* (1526) y la *Historia General y Natural de las Indias* —cuya primera parte se publicó en 1535— de Gonzalo Fernández de Oviedo.

El interés pragmático que tenía el conocimiento de la naturaleza americana, sobre todo en relación con el aporte de nuevos productos curativos, motivó que a la fase de noticias descriptivas ofrecidas por personas de la más diversa condición, sucediera otra de estudios analíticos realizados por autores con la preparación científica adecuada. Algunos de dichos estudios dependieron de la iniciativa de particulares, mientras que otros fueron promovidos y planificados por la Corona. Entre los primeros recordaremos únicamente las tres partes de la *Historia Medicinal de las cosas que se traen de nuestras Indias Occidentales*

(1565-1574) del sevillano Nicolás Monardes, título clásico en la historia de la farmacognosia. El más importante de los segundos fue la organización, en 1570, de la que generalmente se considera como primera expedición científica moderna, destinada por Felipe II a investigar la «historia de las cosas naturales de nuestras Indias». Dirigida por Francisco Hernández, esta célebre expedición estudió durante seis años (1571-1577) la naturaleza mexicana, reuniendo «setenta y ocho talegas de simientes y raíces», una enorme cantidad de plantas vivas y secas, así como de dibujos y pinturas de animales y vegetales, y treinta y ocho volúmenes de textos, tres de ellos en náhuatl.

A finales del siglo XVI resultaba patente que las nuevas realidades americanas habían desbordado los esquemas tradicionales. Hacía falta superar el nivel puramente descriptivo o intentar una explicación de las mismas. En la obra de Juan de Cárdenas (1591) podemos ejemplificar la vertiente adocenada y conformista de esta tarea, que fue, por el contrario, realizada con gran altura e independencia por José de Acosta en su *Historia natural y moral de las Indias* (1590).

Los textos españoles sobre la historia natural americana tuvieron una gran difusión internacional. Por ejemplo, la *Historia* de Fernández de Oviedo alcanzó en su época quince ediciones en cinco idiomas, la obra de Monardes llegó a cuarenta y dos impresiones en seis lenguas, y la de Acosta, a treinta y dos en seis idiomas diferentes.

Se publicaron en la España de este siglo dos notables libros sobre la historia natural asiática, ambos dependientes de forma diversa de la gran obra del portugués García de Horta: los *Discursos* (1572) de Juan Fragoso y el *Tractado de las drogas, y medicinas de las Indias Orientales* (1578) de Cristóbal de Acosta.

Los estudios sobre la historia naural de la metrópoli carecieron del relieve histórico de los dedicados al Nuevo Mundo, aunque ello no excluye la presencia de trabajos científicos de altura. El más importante fue, sin duda, la traducción castellana, con comentarios, de la *Materia medica* de Dioscórides realizada por Andrés Laguna. Publicada por vez primera en 1555, continuó reeditándose en España hasta finales del siglo XVIII, por ser un libro ampliamente utilizado por boticarios y médicos. Pervivencia multisecular tuvieron también las dos obras cumbre de la AGRONOMÍA y la VETERINARIA españolas del Renacimiento: la *Obra de agricultura* (1513) de Gabriel Alonso de Herrera y el *Libro de albeyteria* (1547) de Francisco de la Reyna.

A comienzos del siglo XVI, los diversos reinos hispánicos no tenían una tradición homogénea en lo que respecta a la disección de cadáveres humanos y a la enseñanza de la ANATOMÍA. A lo largo de las dos centurias anteriores se había difundido a los principales núcleos médicos y universitarios de la Corona de Aragón el hábito, procedente del norte de Italia, de practicar regularmente disecciones. Por el contrario, continuaban siendo excepcionales en la Corona de Castilla, a semejanza de lo que sucedía en el resto de Europa. En cualquier caso, el saber anatómico vigente era todavía casi exclusivamente el heredado del galenismo bajomedieval, sobre el que comenzaban a aparecer algunas novedades que merecen el calificativo de renacentistas.

En la etapa prevesaliana ocupa una posición de particular relieve la *Anatomica methodus* (1535) del segoviano Andrés Laguna, que este publicó cuando realizaba sus estudios en París y que fue el primer texto impreso del ambiente anatómico parisino en el que Andrés Vesalio recibió su formación. El libro debe su relieve histórico a la energía con que criticó la forma tradicional de enseñar anatomía, que dejaba en manos de un barbero la práctica de la disección. Frente a ella, Laguna subrayó la necesidad de realizarla por sí mismo y de atenerse con rigor a los hechos cuidadosamente observados.

Aunque Vesalio residió en España entre 1559 y 1564 y tuvo relación muy directa con varias figuras médicas españolas a lo largo de toda su vida, no fueron estos los caminos a través de los cuales se difundió en nuestro país la renovación del saber anatómico por él encabezada. El centro del movimiento vesaliano español fue la escuela creada en Valencia por dos discípulos suyos: Pedro Jimeno y Luis Collado. Entre 1547 y 1549, Jimeno convirtió la Universidad de Valencia en una de las primeras de Europa en las que se impartía enseñanza anatómica de acuerdo con las ideas de Vesalio, publicó el primer texto anatómico que incorporó plenamente la nueva anatomía vesaliana (*Dialogus de re medica*, 1549) y la enriqueció, además, con el resultado de sus propias investigaciones, descubriendo el estribo, tercero de los huesecillos auriculares. Collado, su sucesor, fue el principal responsable de la consolidación de la escuela anatómica valenciana y de su firme adhesión a las ideas de Vesalio. De toda su obra, recordaremos únicamente el libro (1551) en el que defendió, por vez primera en Europa, a Vesalio y la nueva anatomía frente a los ataques de Silvio, antiguo maestro de Vesalio en París.

Bajo el influjo de Jimeno y Collado, la anatomía vesaliana se introdujo en las Universidades de Alcalá y Salamanca y en otras instituciones de menor importancia. Por el contrario, la crítica de Vesalio desde el galenismo la encabezó Alonso Rodríguez de Guevara, profesor en la Universidad de Valladolid y, más tarde, en la de Coimbra.

Desde ningún punto de vista puede encuadrarse en lo que hemos llamado movimiento vesaliano español la obra de Juan Valverde de Amusco *Historia de la composición del cuerpo humano* (1556). Aunque escrita en castellano por un médico nacido en España, fue resultado de una labor realizada enteramente en la Italia posvesaliana. Lo mismo que otros anatomistas que trabajaron en la Italia de estos años, Valverde asimiló los supuestos y las aportaciones de Vesalio, pero insistiendo en sus lagunas y errores. Las aportaciones de Valverde proceden de lo que «había visto en los cuerpos», casi siempre en colaboración con su maestro Realdo Colombo, o al menos con su respaldo. Destacan las relativas a los músculos, en especial los óculomotores, faciales y palmares.

La concisión y claridad expositiva de Valverde fueron, quizá, las principales razones por las que su obra fue el tratado anatómico del siglo XVI que mayor difusión alcanzó en toda Europa, por encima de las de Vesalio y Colombo, siendo reeditada dieciséis veces en cuatro idiomas.

Las doctrinas galénicas tradicionales acerca de las funciones del organismo humano continuaron vigentes durante el siglo XVI. La constitución de la FISIOLOGÍA como una disciplina independiente de los saberes anatómicos y apoyada en métodos experimentales, fue un largo proceso que se desarrolló a partir de la centuria siguiente. En esta solamente puede hablarse de reelaboraciones de los esquemas clásicos, y, a lo sumo, de aportaciones de detalle o de críticas parciales que, desde distintos ángulos, contribuyeron a preparar la crisis. La más importante fue la circulación pulmonar, formulada por Miguel Serveto en su célebre obra teológica *Christianismi Restitutio* (1553). Su descripción rompe con el esquema galénico que, por una parte, aceptaba el paso de la sangre del ventrículo derecho al izquierdo a través de unos hipotéticos poros del tabique interventricular y, por otra, consideraba que la «vena arteriosa» (arteria pulmonar) era un mero vaso nutricio, mientras que por la «arteria venosa» (vena pulmonar) solamente llegaba aire al corazón. El fanatismo de Calvino y de los inquisidores católicos consiguió destruir prácticamente la edición de la obra de Serveto, hasta el punto de que solo se conservan dos ejemplares completos y uno incompleto. Su difusión, por lo tanto, fue nula o muy escasa. El libro que dio a conocer la circulación pulmonar en toda Europa fue la *Historia de la composición del cuerpo humano* de Juan Valverde, que, como sabemos, apareció por vez primera en 1556. Valverde presenta la circulación menor como uno de los resultados de su colaboración científica con Realdo Colombo.

Otra línea que contribuyó a preparar la constitución de la fisiología moderna fue el planteamiento desde distintos ángulos de una nueva imagen del organismo humano. En ella participaron numerosos autores españoles, entre los que destacan Gómez Pereira con su defensa del automatismo de los animales (1554), Miguel Sabuco con su teoría del «jugo nérveo» (1587) y, sobre todo, Juan Huarte de San Juan, cuya conocida doctrina del «ingenio» supone que el cerebro es la base orgánica del comportamiento humano. Su *Examen de ingenios para las ciencias* (1575) es quizá el texto científico más reeditado de su época: hasta finales del siglo XVIII, tuvo ochenta y dos ediciones en siete idiomas.

El SABER MÉDICO vigente en la España del siglo XVI procedía, como el fisiológico, del galenismo tradicional. Sus doctrinas, sin embargo, fueron asumidas y expuestas de modos diferentes, de acuerdo con las varias corrientes intelectuales de la época.

El galenismo arabizado de origen bajomedieval continuó dominando la medicina española durante los años de transición del siglo XV al XVI y las tres primeras décadas de esta última centuria. El texto sistemático fundamental de esa medicina escolástica arabizada fue la traducción latina del *Canon* de Avicena. La tendencia avicenista pervivió, tanto en la enseñanza como en la inmensa mayoría de las publicaciones.

A partir de la década de los años treinta, los seguidores de la corriente humanística atacaron duramente a los «bárbaros» que manejaban las doctrinas médicas clásicas a través de las inexactas traducciones medievales y de las «corrompidas» interpretaciones de los árabes. Poco a poco fueron desplazándolos, tanto en la enseñanza como en las publicaciones, hasta conseguir imponerse de forma abrumadora en los años centrales del siglo. Alcalá y Valencia fueron los principales focos del humanismo médico español. Su gran figura fue Andrés Laguna, autor relacionado con Alcalá, pero cuya biografía y cuya obra se desarrollaron en un escenario auténticamente europeo. Ya nos hemos referido a su traducción comentada de Dioscórides y a su contribución anatómica. Entre sus publicaciones propiamente médicas destaca un *Epitomes omnium Galeni Pergameni operum* (1548), en tres volúmenes, muy apreciado en la Europa de su tiempo.

Del galenismo humanista procede otra corriente que puede ser llamada galenismo «hipocratista», que no solo se preocupó de depurar filológicamente los textos clásicos de acuerdo con los supuestos del humanismo, sino que subrayó la importancia de la observación clínica y permaneció abierto a las novedades. Uno de sus más destacados representantes fue el catedrático de Alcalá, Francisco Valles, autor de numerosas obras muchas veces editadas, que fueron citadas en Europa durante más de dos siglos. Su comentario al libro galénico *De locis patientibus* (1559) es uno de los más tempranos testimonios de la penetración del nuevo pensamiento morfológico en la patología. Valles recurrió a la ayuda del valenciano Pedro Jimeno para aplicar los métodos y los datos de la nueva anatomía a la comprobación o rectificación de la doctrina tradicional acerca de la localización de las enfermedades. Otra de sus obras más influyentes fue un comentario de las historias clínicas hipocráticas (1577), a base de observaciones propias.

El retorno a la escolástica propio de la Contrarreforma se manifestó con especial vigor en el saber médico. Su máxima figura europea fue Luis Mercado, catedrático en Valladolid, al que ya Kurt Sprengel llamó «el Santo Tomás de la Medicina». Aunque bien informado y excelente observador clínico, la producción científica de Mercado giró en torno a la ambiciosa tarea de reestructurar el saber médico tradicional a través de una exposición sistemática cerrada a las novedades. La ofreció entre 1594 y 1613 en los cuatro volúmenes de sus *Opera omnia*.

Un tema de gran importancia en la medicina del siglo XVI es el de las llamadas «nuevas enfermedades», es decir, dolencias que, con razón o sin ella, se pensaba que los antiguos no habían conocido. Sus descriptores se consideraban, de esta forma, liberados de la autoridad de los clásicos y realizaron observaciones clínicas independientes que contribuyeron a ir preparando la nosografía moderna. La aportación española a este capítulo fue muy notable, sobre todo en lo que se refiere a la sífilis, al «garrotillo» o difteria sofocante y al «tabardillo» o tifus exantemático. Entre los primeros sifilógrafos se encuentran los valencianos Gaspar Torrella (1497), Pedro Pintor (1500) y Juan Almenar (1502), así como el castellano Francisco López de Villalobos (1498). Luis Mercado fue uno de los más tempranos descriptores tanto del «garrotillo» como del «tabardillo», pero el mejor estudio clínico del primero lo publicó el profesor de Alcalá, Juan de Villarreal (1614), y el mejor acerca del segundo, el médico de Plasencia, Luis de Toro (1574).

Por otra parte, la peste era, como en la Antigüedad y la Edad Media, la enfermedad de más directa y visible repercusión social. Uno de sus más notables estudiosos fue Juan Tomás Porcell que, con motivo de la epidemia que sufrió Zaragoza en 1564, realizó autopsias sistemáticas de apestados, por primera vez en la historia. Su intención al practicarlas era conocer la naturaleza de la enfermedad sobre bases objetivas. Ello responde a una mentalidad moderna, que también se refleja en su interés por llevar cuidadosos registros estadísticos de los casos y sus características.

En cuanto a la cirugía, aunque comenzó a apoyarse en la nueva anatomía, fue básicamente empírica. «Invención quirúrgica como aventura» ha sido el título empleado por Laín Entralgo para caracterizarla. Por otra parte, el cirujano estaba, como sabemos, separado social y profesionalmente del médico universitario en casi todos los países europeos. Solamente en Italia y España la situación era algo distinta, ya que algunas universidades tenían cátedras de cirugía y, junto a los cirujanos propiamente dichos, existían médicos titulados que se consagraban a la práctica quirúrgica. Las principales figuras españolas de la época en este campo tenían dicha formación y desarrollaron su actividad en tres escenarios fundamentales: las propias universidades, el ejército y la asistencia hospitalaria. Solamente citaremos cuatro ejemplos muy destacados.

Andrés Alcázar, catedrático de la disciplina en Salamanca, fue uno de los más destacados cirujanos universitarios. Perfeccionó la técnica de la trepanación, ideó instrumentos para ejecutarla y publicó el mejor estudio del siglo acerca de sus indicaciones (1575).

El máximo representante de la cirugía militar fue Dionisio Daza

Chacón, que trabajó la mayor parte de su vida en los ejércitos de Carlos I. Las numerosas guerras de la época le permitieron reunir una amplia experiencia, que resumió al final de su vida en un influyente tratado (1582-1595). Fue uno de los primeros que adoptó el tratamiento «suave» de las heridas de armas de fuego, en contra de la doctrina tradicional del «pus loable». Describió numerosos casos clínicos, seguidos a veces de autopsias, entre los que se encuentra quizá el primero publicado de la que hoy llamamos «blast injury».

Una de las aportaciones originales de mayor relieve de la cirugía española del siglo XVI fue la llamada «vía particular desecante» de Bartolomé Hidalgo de Agüero (1584). Consistía en la cura por primera intención de las heridas de arma blanca, y hay también que encuadrarla en los métodos que se opusieron a la doctrina del «pus loable». Más interesante todavía es la forma en que Hidalgo demostró sus ventajas frente a la cura tradicional. Adujo para ello su experiencia durante más de veinte años en el Hospital del Cardenal de Sevilla, y llegó incluso a comparar los resultados de ambos métodos a base de datos numéricos, lo que constituye uno de los más tempranos intentos de utilización de las estadísticas hospitalarias.

Además de tratados de cirugía general, en esta época empezaron a publicarse otros dedicados a los problemas concretos que más tarde conducirían a la constitución de las modernas especialidades quirúrgicas. El más notable es el que Francisco Díaz escribió sobre las enfermedades de los riñones y de las vías urinarias (1588), generalmente considerado como el punto de partida de la urología moderna. Incluye varias novedades técnicas, entre ellas la invención de le uretrotomía anteroposterior, así como un rico contenido clínico. Díaz, que había estudiado anatomía en Valencia, practicó habitualmente la autopsia de sus casos interesantes.

La actividad científica que se desarrolló en la sociedad española del siglo XVI no se redujo a las tareas encuadrables dentro del marco académico o de actividades técnicas todavía limitadas a conjuntos de reglas empíricas. Por debajo de ambas existía una SUBCULTURA CIENTÍFICA EXTRAACADÉMICA que no se ajustaba a sus normas ni había sido asimilada por ellas. De forma esquemática, pueden distinguirse en su seno dos vertientes distintas, aunque muy relacionadas: la desarrollada en torno a la astrología judiciaria y la constituida en torno a la alquimia.

La astrología, como aplicación de la ciencia de los astros al pronóstico de los sucesos, era considerada una «lícita y verdadera ciencia». La astrología judiciaria era, por el contrario, un «arte falaz y supersticiosa», precisamente porque convertía al pronóstico en adivinación determinista, lo que suponía negar el dogma del libre albedrío del hombre e ignorar la azarosidad de muchos sucesos naturales. En consecuencia, fue perseguida por la Inquisición como contraria a la ortodoxia religiosa.

La alquimia fue una actividad marginada que hay que seguir fundamentalmente a través de una complicada serie de textos manuscritos, redactados en un lenguaje peculiar lleno de enrevesados símbolos y metáforas. La imprenta fue, en efecto, un medio de difusión monopolizado por la cultura académica, y para los alquimistas carecían de valor sus normas acerca de la comunicación de los saberes y el reconocimiento de las aportaciones individuales. La mayor parte de dichos manuscritos son colecciones anónimas de obras, fragmentos, recetas y anotaciones de muy diversa índole. En cambio, son muy escasos los textos originales firmados por su autor. El más notable fue, sin duda, el alquimista valenciano Luis de Centelles, autor de unas *Coplas sobre la piedra philosophal* (c. 1552), texto que alcanzó cierta difusión dentro y fuera de España.

CAPÍTULO II

La nueva ciencia en la sociedad española del siglo XVII

1. LOS TRES GRANDES PERÍODOS DE LA CIENCIA ESPAÑOLA DEL SIGLO XVII

A lo largo del siglo XVII se produjo el complejo fenómeno histórico habitualmente denominado «Revolución Científica», en cuya caracterización no vamos a detenernos por tratarse del tema más ampliamente expuesto —y debatido— por la bibliografía especializada. Baste recordar que supuso la ruptura abierta y sistemática con los métodos y los supuestos del saber tradicional, que fueron sustituidos por otros que sirvieron de fundamento a una «nueva ciencia». El proceso afectó a todas las áreas, aunque con importantes diferencias en cuanto al ritmo y la profundidad de la crisis. La cosmografía todavía descriptiva de Copérnico inició su transformación en mecánica celeste. La filosofía natural de origen clásico se vio desplazada por la nueva física, cuyos conceptos y métodos básicos empezaron a formularse con claridad a partir de la generación de Galileo. La alquimia, la destilación y el paracelsismo condujeron a la iatroquímica y a otras corrientes que prepararon la constitución de la química moderna. En matemáticas, se desarrollaron los campos abiertos a finales del siglo XVI —principalmente el álgebra literal y los logaritmos— y aparecieron otros nuevos, como la geometría analítica y el análisis infinitesimal. En ciencias biológicas, se realizaron los primeros conatos de taxonomía «natural» y se sentaron las bases de la fisiología experimental, mientras los estudios anatómicos continuaban las líneas posvesalianas e iniciaban la era de la indagación microscópica. La medicina galénica tradicional fue gradualmente sustituida por los nuevos sistemas iatroquímicos e iatromecánicos o por corrientes antisistemáticas, que encontraron en la nueva concepción de la especie morbosa un fundamento perdurable. La técnica, por último, superó definitivamente su tradicional divorcio de los saberes científicos e inició el espectacular desarrollo que le ha dado un lugar de excepción en el mundo moderno.

España no participó en ninguna de las primeras manifestaciones maduras de la ciencia moderna. Durante casi un milenio, nuestra Península había figurado entre los escenarios centrales del desarrollo de los saberes científicos en Europa. En esta época crucial, sin embargo, los obstáculos que habían ido creciendo durante el siglo XVI se convirtieron en auténticas barreras que aislaron la actividad científica española de las corrientes europeas y desarticularon su inserción en la sociedad. Al quedar marginada del punto de partida de la «Revolución Científica», esta tuvo que ser introducida con retraso a través de un penoso proceso de aculturación.

Desde el punto de vista de sus relaciones con la renovación, la ciencia española del siglo XVII puede dividirse en tres períodos distintos. Durante el primero, que corresponde aproximadamente al tercio inicial de la centuria, la actividad científica española fue una mera continuación de la desarrollada en el siglo anterior, prácticamente a espaldas de las novedades. El segundo período, que comprende a grandes rasgos los cuarenta años centrales del siglo, se caracterizó por la introducción de algunos elementos modernos de forma fragmentaria y aislada, que fueron aceptados como meras rectificaciones de detalle de las doctrinas tradicionales, o simplemente rechazados. Solamente en las dos últimas décadas del siglo, se produjo un movimiento de ruptura con el saber tradicional y sus supuestos. A partir de una conciencia explícita del atraso científico español, dicho movimiento renovador lanzó un programa de asimilación sistemática de la ciencia moderna, que serviría de base al período ilustrado.

En las primeras décadas de la centuria, el nivel de la actividad científica española fue todavía considerable Se realizaron contribuciones originales de relieve, que hemos expuesto junto a las del siglo XVI, ya que entre unas y otras no existió solución de continuidad. Por otro lado, el prestigio y la influencia de nuestros científicos se mantenían aún en los demás países europeos, especialmente en áreas como el arte de navegar, el beneficio de minerales, la ingeniería militar y la medicina. Ello no debe hacernos olvidar que esta fase final de la etapa científica anterior discurrió básicamente al margen de las nuevas corrientes que empezaban a imponerse en Europa, e incluso de los planteamientos renovadores de los propios científicos españoles del siglo XVI.

La actitud general ante las novedades fue desconocerlas, bien por falta de información, bien porque no interesaba enfrentarse con ellas. Naturalmente hubo excepciones, entre las que solamente anotaremos como ejemplos significativos la postura opuesta al paracelsismo del catedrático vallisoletano Antonio Ponce de Santa Cruz (1622), y la abierta de Benito Daza Valdés (1623) ante las observaciones astronómicas de Galileo.

En el segundo de los períodos citados, las circunstancias cambiaron radicalmente. Los científicos españoles no podían ya desconocer las nuevas ideas, y mucho menos realizar al margen de las mismas contribuciones de interés. Se vieron, en suma, obligados a enfrentarse con la ciencia moderna. Como antes hemos adelantado, algunos autores aceptaron las novedades que parecían innegables, pero como meras rectificaciones de detalle que no afectaban la validez general de las doctrinas tradicionales. Otros, por el contrario, prefirieron negar incluso lo innegable antes de comprometer en algo la coherencia de estas últimas. «Moderados» e «intransigentes» coincidían, no obstante, en su firme adhesión a los principios clásicos. Ofreceremos a continuación algunos ejemplos de ambas posturas.

En medicina y las ciencias afines, la figura más representativa del tradicionalismo «moderado» fue Gaspar Bravo de Sobremonte († 1683), catedrático de la Universidad de Valladolid y médico de cámara de Felipe IV y de Carlos II. Dedicó a la circulación de la sangre un escrito monográfico (1662), en el que defiende la doctrina de Harvey y también la «circulación» de la linfa. Incluso rebate, con los mejores datos anatómicos y fisiológicos de su tiempo, las objeciones que a la teoría circulatoria habían planteado el británico James Primerose y el italiano Emilio Parisano. Todo ello no obsta, sin embargo, para que, tras haber rectificado los errores de la angiología galénica, mantenga intocada el «arte esfígmica» del autor de Pérgamo. «La definición dada por Galeno explica completamente la naturaleza del pulso», afirma de modo terminante. No cabe duda que para Bravo de Sobremonte todas las novedades anatomofisiológicas no eran sino una mera rectificación de detalle del inconmovible edificio galénico. Otro tanto hay que decir de su actitud frente a la iatroquímica. Declara inaceptable su introducción en las doctrinas patológicas, llenando de insultos a Paracelso, a Van Helmont y a sus seguidores y, en cambio, acepta los medicamentos químicos.

Otros importantes galenistas españoles mantuvieron posturas semejantes a la de Bravo de Sobremonte. El sevillano Gaspar Caldera de Heredia († *ca.* 1670) defendió, con notable calor, el uso de los medicamentos químicos, en especial el de los derivados del antimonio, y citó numerosas veces a Paracelso y a varios de sus seguidores. En la obra de Pedro Miguel de Heredia († 1655), catedrático de la Universidad de Alcalá, empezó incluso a insinuarse la patología iatroquímica en medio de los esquemas galénicos, a pesar de que no citó explícitamente a Paracelso. En su *Medicinale patrocinium in sanguinis circulatione* (1678), el catalán Francesc Morelló defendió la doctrina circulatoria de

Harvey con datos y razones modernas, pero desde un esquema general todavía tradicional.

En las ciencias físicas, la actitud «moderada» estuvo representada por algunos tratadistas de filosofía natural que abandonaron el escolasticismo rígido. Antes anotamos que, a partir del triunfo de la mentalidad contrarreformista en el último tercio del siglo XVI, la filosofía natural española había vuelto en lo fundamental a los esquemas aristotélicos, abandonando la fértil línea crítica abierta por los «calculatores». Durante casi un siglo, la inmensa mayoría de los libros españoles de esta disciplina fueron ejemplos típicos del peor escolasticismo libresco. Entre las pocas excepciones que resulta obligado anotar destaca, en primer término, el *Cursus philosophicus* (1632) del jesuita riojano Rodrigo de Arriaga, profesor de Valladolid, Salamanca y Praga. Su parte dedicada a la filosofía natural continúa siendo básicamente un comentario de la obra de Aristóteles, pero introduce noticias aisladas de las nuevas corrientes científicas, asimilando algunas y rechazando otras.

En una línea parecida a la de Arriaga hay que situar las obras del también jesuita Sebastián Izquierdo (1664), del profesor salmantino Luis Rodríguez de Pedrosa (1666), y, sobre todo, la del converso Isaac Cardoso. Profesor primero en Madrid y Valladolid, y más tarde exiliado de España al volver al judaísmo, Cardoso publicó en Venecia una obra titulada *Philosophia libera* (1673), que alcanzó cierta notoriedad. Las doctrinas físicas que expone en ella corresponden al «atomismo» defendido por el francés Pierre Gassendi. Como este último, más que adscribirse a la física moderna, se inspira en ella para suplantar las formas aristotélicas por partículas o corpúsculos indivisibles que existirían en el vacío. Se trata de una concepción que intenta ofrecer una imagen cuantitativa del tiempo y del espacio, pero que descansa todavía fundamentalmente en los esquemas clásicos.

El principal aspecto positivo de los tradicionalistas científicos «moderados» de todas las épocas es que saben inclinarse, a pesar de todo, ante la evidencia. Su más grave limitación, que aceptan unos hechos y niegan sus corolarios inmediatos. Esta inconsecuencia fue advertida por otros científicos españoles de estos mismos decenios centrales del siglo XVII. Sin embargo, el resultado de acabar con ella fue muy distinto, según se estuviera decidido o no a romper con los esquemas tradicionales. Los que se decidieron por tal ruptura fueron precisamente los *novatores*, los primeros científicos modernos españoles en sentido estricto, de los que más tarde nos ocuparemos. Los que se aferraron a las doctrinas clásicas, por el contrario, prefirieron negar incluso lo innegable antes que comprometer estas últimas con rectificaciones de detalle que, con toda razón, consideraban gravemente peligrosas desde su punto de vista. Es innecesario decir que los representantes de esta postura fueron mucho más numerosos que los de la primera. Pero conviene no distorsionar la realidad histórica, creyendo que solamente la adoptaron hombres carentes de altura personal, o al menos ajenos al cultivo de cualquier método científico objetivo. Hubo, por el contrario, notables casos que reunían las dos características citadas y que, sin embargo, consagraron su vida y su obra a la más intransigente defensa de las ideas tradicionales. La polémica en torno a la doctrina de la circulación de la sangre, uno de los principales problemas en los que se produjo el choque entre la ciencia «antigua» y la «moderna», nos ofrece la muestra más típica e importante de este tradicionalismo intransigente. Dicha doctrina había merecido ya los ataques abiertos de galenistas de mentalidad tan cerrada como Juan de la Torre y Valcárcel (1666), que pretendió oponerse al «escándalo causado por Harvey» con argumentos pertenecientes al peor escolasticismo. Muy distinta a la de este oscuro autor es la personalidad de Matías García, el representante más destacado de la postura reaccionaria, y al mismo tiempo el caso que mejor permite descubrir su significado histórico. García era catedrático de anatomía de la Universidad de Valencia. La práctica de la disección no decayó durante el primer tercio del siglo XVII en el que había sido centro del movimiento vesaliano español, y tampoco lo hizo durante el magisterio de García, que se preocupó incluso de ampliar el anfiteatro anatómico. Sus argumentos contra la doctrina circulatoria en el texto que se le dedicó (1677) no fueron especulativos, sino extraídos de una práctica personal de autopsias y vivisecciones. La evolución del catedrático valenciano frente a la obra de Harvey no puede ser más significativa: «Debido a los abundantes y rigurosos experimentos (realizados por Harvey), permanecí durante largo tiempo admirado e irresoluto, sobre todo porque Bravo de Sobremonte, el más célebre de los médicos de nuestro tiempo, defendía esta doctrina en sus obras». Más tarde, sin embargo, llegó al convencimiento del «inmenso daño» que tal descubrimiento podía significar para los dogmas galénicos, llegando a compararlo con un veneno casi contagioso que podía «pervertir muchos preceptos médicos verdaderos». Consecuentemente, se consagró a su impugnación, pero atacando a Harvey, a Pecquet y a otros seguidores de la fisiología moderna en su mismo terreno: «Para manifestar mi opinión en una cuestión tan difícil, realicé numerosas investigaciones anatómicas en anguilas, ranas, palomas y otros animales... La forma en la que expongo la impugnación me ha costado gran trabajo, porque si Harvey se basa principalmente en experiencias anatómicas, yo prometo hacer lo mismo, de modo que mis seguidores no puedan lamentar que su doctrina ha sido rechazada por detalles sin importancia o con razonamientos filosóficos, sino con argumentos basados en vivisecciones». Sin duda, el máximo reaccionario del galenismo español había asimilado inadvertidamente la mentalidad metódica de sus enemigos.

La ruptura con los esquemas tradicionales y la asimilación sistemática de la ciencia moderna aparece ya en la obra de algunas figuras del período central del siglo, como los físicos, astrónomos y matemáticos Juan Caramuel, Vicente Mut y José Zaragoza. Las especiales circunstancias que concurrieron en sus biografías, que más adelante consideraremos, impidieron, sin embargo, que desempeñaran el papel de auténticas cabezas del movimiento de renovación. Este último se inició como fenómeno histórico años más tarde, en el tercero de los períodos en que esquemáticamente hemos dividido la ciencia del siglo XVII español. Su punto de partida fue la conciencia de que España había permanecido al margen del nacimiento de la ciencia moderna. Tal conciencia la expresaron públicamente por vez primera un grupo de científicos que en los últimos años del siglo rompieron abiertamente con los principios tradicionales, denunciaron el atraso científico español y proclamaron la necesidad de introducir en España, de forma íntegra, las nuevas corrientes. La sociedad en la que vivieron, y principalmente sus opositores aferrados a la tradición, los conoció con el nombre entonces despectivo de *novatores*.

2. LAS INSTITUCIONES CIENTÍFICAS

El panorama de las instituciones que durante estos años ofrecían puestos para el cultivo de la ciencia era un resto empobrecido y anquilosado del existente en el siglo XVI. No existían centros tan vitales como la Academia de Matemáticas de Madrid —desaparecida en 1625— y la Casa de Contratación sevillana, cuyas enseñanzas de náutica, astronomía y matemáticas degeneraron hasta prácticamente sucumbir en la parte central de la centuria. Las universidades seguían manteniendo en el papel las mismas cátedras científicas que en el siglo XVI, es decir, las de medicina, por un lado, y por otro, las de astronomía, matemáticas, física y filosofía natural dentro de la facultad de artes. No obstante, es indudable la decadencia en su conjunto de la enseñanza científica universitaria, especialmente en disciplinas como la cirugía, las matemáticas y la astronomía, incluidas en las siete cátedras llamadas «raras», casi nunca cubiertas por resultar difícil encontrar profesores con una mínima preparación y por la falta de interés del alumnado. La cátedra de filosofía natural y las más importantes de medicina estaban frecuentemente al servicio del peor escolasticismo, la primera a causa de un enfoque metafísico degradado a meros bizantinismos verbales, y las segundas por quedar reducidas a la glosa libresca de las doctrinas galénicas. Esta imagen es sobre todo aplicable a las tres grandes universidades castellanas de Salamanca, Alcalá y Valladolid, cuya decadencia en esta época se refleja incluso en la disminución del número de sus estudiantes. También estuvo dominada por científicos tradicionalistas, de postura intransigente, la Universidad de Sevilla. Aunque ocupó durante el reinado de Carlos II un lugar más destacado que los colegios-universidades existentes en dicha ciudad a lo largo del siglo XVI, debe su significación histórica a la dura oposición que mantuvo con el importante grupo de *novatores* sevillanos. En la Corona de Aragón el panorama universitario era, en parte, diferente. En primer lugar, la Universidad de Valencia, a pesar de ser el reducto de un extremado tradicionalismo durante casi todo el siglo, supo mantener un digno nivel en la enseñanza práctica de disciplinas como la botánica y la anatomía, e incluso incorporar algunos elementos innovadores en los últimos años de la centuria. Por otra parte, las Universidades de Barcelona y de Zaragoza, que habían tenido una azarosa existencia y muy escaso relieve durante el siglo XVI, llegaron a contar en la segunda mitad del siglo con facultades de medicina de relativa importancia dentro del empobrecido panorama español.

La única institución docente de relieve fundada en la España del siglo XVII habían sido los Reales Estudios del Colegio Imperial de Madrid. Su creación en 1625 fue una importante victoria para la Compañía de Jesús, acogida con hostilidad tanto por las universidades como por algunos ambientes científicos y técnicos. Significó la desaparición de la Academia de Matemáticas, cuyos medios e instalaciones pasaron a ser propiedad del nuevo centro. Destinado principalmente a la educación de los primogénitos de la nobleza, entre sus enseñanzas se encontraban la historia natural, la filosofía natural y las matemáticas. La de la primera tuvo muy poca duración, quedando en realidad reducida a la actuación del pintoresco P. Nieremberg. La de filosofía natural tampoco tuvo especial relieve, a pesar de que la dieron algunas figuras de cierta independencia, como Juan Bautista de Poza y Agustín Castro, y que entre los residentes figuró el antes citado Sebastián Izquierdo. La única cátedra de alguna importancia desde nuestro punto de vista fue la de matemáticas, regentada en primer lugar por el flamenco Juan Carlos de la Faille —traído a España por su discípulo Juan José de Austria—, y luego por otros extranjeros, hasta que en 1670 se hizo cargo de ella José de Zaragoza, importante astrónomo y matemático del que más tarde nos ocuparemos.

También es innegable la decadencia de otras instituciones que habían pesado considerablemente en la vida científica española del siglo XVI. Entre los grandes hospitales que habían figurado en la vanguardia científica durante esta última época, solo continuaron teniendo alguna importancia el de Guadalupe y el de Nuestra Señora de Gracia de Zaragoza. Por otro lado, el desarrollo alcanzado por Madrid a consecuencia de residir allí la corte, explica que su Hospital General iniciara en esta época el notable papel que desempeñaría durante el siglo XVIII.

Especialmente profunda fue la decadencia experimentada por los centros de ingeniería militar del siglo XVI. Suprimidas las «Escuelas de

Artillería» de Burgos y de Sevilla, repetidas disposiciones no acertaron a organizar adecuadamente una «Escuela de Matemáticas y Artillería» en Madrid, institución que arrastró una vida lánguida y estéril hasta ser absorbida, ya en las primeras décadas del siglo XVIII, por el Colegio Imperial de los jesuitas. Los técnicos del ejército procedían en su mayor parte de las academias militares que funcionaban en algunas localidades de los territorios españoles en Italia y los Países Bajos, principalmente en Nápoles, Ferrara y Bruselas. Aunque se dispuso en 1678 la creación de escuelas de técnica militar en Barcelona, Cádiz y San Sebastián, nunca llegaron a funcionar, según opinión de Almirante, como auténticas instituciones.

Al no tener prácticamente cabida en las instituciones existentes, los *novatores* tuvieron que depender de la protección de nobles y clérigos de mentalidad preilustrada, y agruparse en «tertulias» independientes o en torno a sus mecenas. Entre estos últimos destaca, por su importancia y, sobre todo, por su prioridad cronológica, el príncipe Juan José de Austria. Si se tiene en cuenta su papel dentro de la historia política española, resulta extraordinariamente ilustrativo conocer su interés por la ciencia moderna. Seguía con gran atención la producción astronómica y física de su tiempo, manejaba con gran destreza los instrumentos de observación astronómica, asistía con frecuencia a experimentos fisiológicos y químicos, y a disecciones anatómicas, y era un gran aficionado a la mecánica, llegando a construir personalmente varios aparatos. Su postura acerca de la aplicación de los nuevos conocimientos y técnicas a la resolución de los problemas colectivos, se refleja en dos significativas dedicatorias a su persona: la del *Discurso físico y político* (1679) de Juan Bautista Juanini, primer texto español en el que se utilizan los saberes médicos y químicos «modernos» para enfrentarse con un problema de higiene pública, y la *Arquitectura civil, recta y oblicua* de Juan Caramuel, fundamentación matemática al día de las técnicas de la construcción. Su apoyo es, sin duda, una de las claves explicativas de la pujanza del grupo de *novatores* y tradicionalistas moderados de Zaragoza.

Más conocidos como mecenas son los nobles en torno a los cuales se reunían las «tertulias» que sirvieron de núcleos a las ideas científicas modernas en Madrid: la interesantísima figura del marqués de Villena, el marqués de Mondéjar, el duque de Montellano, etc. Estas «tertulias» o «academias» no eran nuevas, pero hasta entonces habían sido caso exclusivamente de carácter literario y artístico. El paso a un primer plano de la ciencia en algunas de ellas es uno de los signos más claros de la incipiente mentalidad que conducirá a la Ilustración. En Valencia, otro de los focos de la renovación, las «tertulias» han sido muy bien estudiadas por S. García Martínez, que asimismo ha podido comprobar la evolución desde las de tipo exclusivamente literario, hasta las que se ocupaban también de temas científicos y técnicos —como las reunidas en torno al conde de Alcudia y al marqués de Villatorcas— e incluso a las exclusivamente científicas. Estas últimas, más que tertulias en torno a un mecenas fueron reuniones independientes de los propios científicos. La más importante, en Valencia, fue la que a partir de 1687 —nótese esta fecha— se celebraba en casa del matemático Baltasar de Íñigo para tratar de cuestiones físicas, astronómicas y matemáticas y para realizar experiencias de balística, contruir y utilizar telescopios y microscopios, etc. A ella asistían Tomás Vicente Tosca y Juan Bautista Corachán, dos personalidades de primera fila dentro de la renovación científica española. A este mismo tipo de «tertulias» pertenecía la que dede 1697 se reunía en Sevilla en casa del médico Juan Muñoz y Peralta. Como es sabido, al aprobar Carlos II sus «Constituciones» el año 1700, esta «tertulia» se convirtió en la «Regia Sociedad de Medicina y otras Ciencias», primera de las instituciones científicas españolas consagradas al cultivo de las tendencias modernas. La oposición de los tradicionalistas no pudo impedir esta trascendental fundación, del mismo modo que había hecho naufragar hasta entonces otras semejantes, como la academia de química en Madrid, ya propuesta por Juan de Cabriada en 1687 y por la que lucharon inútilmente a partir de 1693 Cristóbal de León y otros renovadores. Dentro de este contexto, resulta obligado anotar la fundación en 1681, también en Sevilla, del Colegio de San Telmo. Aunque careciera de una significación ideológica tan terminante como la Sociedad de Medicina, hay que considerarlo como un antecedente inmediato de las instituciones ilustradas, tanto por su organización como por su efecto renovador en la enseñanza de la náutica.

3. LA RESISTENCIA DE LA SOCIEDAD A LA RENOVACIÓN

El movimiento de renovación, como veremos más tarde, no se manifestó de modo uniforme en todos los campos científicos. Su configuración estuvo principalmente determinada por la conjunción de dos factores: el desarrollo que en la España de la época tuvo el cultivo de las diferentes disciplinas, y el tipo de resistencia que la sociedad opuso a las novedades en cada una de ellas. Conviene recordar que no se limitó a las llamadas «ciencias de la naturaleza» y sus aplicaciones, sino que en otras áreas del saber aparecieron también, durante los años finales del siglo XVII, corrientes innovadoras semejantes.

En las ciencias de la naturaleza, comenzó a perder vigencia la división en áreas procedente del siglo XVI. Aunque todavía no había cristalizado una estructuración claramente moderna, existían ya dos campos bien delimitados: el de las ciencias matemáticas, astronómicas, físicas y sus aplicaciones, y el de la medicina, con la iatroquímica y los saberes biológicos afines. Entre ambos se repartía la mayor parte de los españoles que cultivaban entonces la ciencia. Por lo tanto, la introducción de las ideas modernas hay que referirla a estos dos grandes grupos y a las circunstancias concretas de su integración social. Desde este último punto de vista, interesa especialmente señalar el diferente tipo de resistencia que la sociedad opuso a la renovación en uno y otro campo.

Las novedades médicas, químicas y biológicas encontraron una barrera que dependía casi exclusivamente de un simple proceso de inercia social. Las doctrinas tradicionales disponían del refugio casi inexpugnable de unas instituciones anquilosadas, que permanecían cerradas tanto en lo que respecta a la información de las contribuciones que se estaban realizando en el mundo, como en lo relativo a la selección de los hombres que las regían. Los intereses creados de estos últimos, y también los de los profesionales cuya formación se reducía al escolasticismo desfasado ofrecido por estos centros, se oponían naturalmente a una renovación que consideraban, con razón, perjudicial para su instalación socioeconómica. Ceder ante las novedades les hubiera significado, en efecto, o un esfuerzo de asimilación que difícilmente podían realizar desde su situación y su ambiente, o verse desplazados de sus cargos y sus puestos por los miembros de una nueva generación que había sabido ponerse al día. Por ello, la lucha en torno a las nuevas ideas, la polémica entre «antiguos» y «modernos», fue en gran parte un encuentro entre generaciones. Como símbolo de este último, después veremos que Juan de Cabriada, la cabeza indiscutible de los *novatores* en el campo de la medicina y las ciencias afines, era un médico joven, hijo del mejor amigo de Matías García, el máximo representante del galenismo intransigente de la generación anterior. Juventud e inexperiencia fueron acusaciones que lanzaron con frecuencia contra Cabriada y sus correligionarios sus oponentes maduros. En el terreno ideológico, por el contrario, el tradicionalismo médico, químico y biológico carecía del apoyo de una coacción social que explícitamente lo defendiera. Aunque la estrecha conexión del galenismo con los esquemas del aristotelismo escolástico cristalizados en torno de los dogmas religiosos favoreció innegablemente su defensa, esta nunca se expresó en forma de persecución abierta de los partidarios de las nuevas ideas. Esta realidad puede quedar enmascarada por hechos como los encarcelamientos que por parte de la Inquisición sufrieron, ya en las primeras décadas del siglo XVIII, algunas cabezas de la renovación médica del relieve de Diego Mateo Zapata y de Juan Muñoz y Peralta, primer presidente de la Regia Sociedad de Medicina y otras Ciencias de Sevilla. No obstante, estas figuras no fueron perseguidas por el temido Tribunal a causa de sus ideas, sino debido a su origen judío. Merck Luengo ha publicado la documentación relativa a la detención por parte de la Inquisición murciana de la familia de Zapata, compuesta de «conversos» de origen portugués, como la mayor parte de los que sufrieron procesos como «judaizantes» en la segunda mitad del siglo

XVII. Su padre sufrió larga prisión y confiscación de bienes, y a su madre se le aplicaron torturas que llegaron a ser consideradas excesivas por la Suprema. Cuando el propio Zapata terminó sus estudios de médico, no pudo ser examinado y aprobado por el Protomedicato, no a causa de sus ideas —que eran entonces cerradamente tradicionalistas— sino debido a que no podía disponer del certificado de «limpieza de sangre».

Muy distinta es la situación de los *novatores* pertenecientes al grupo de ciencias matemáticas, astronómicas y físicas. La renovación se encontró aquí con una barrera de otro tipo, puesto que sobre un elemento fundamental de la misma —la teoría heliocéntrica— pesaba una prohibición expresa sostenida por todas las fuerzas coactivas oficiales. En contraste con la libertad que a este respecto había existido en nuestro país durante el siglo XVI, a partir de la condena de 1633 se mantuvo con especial energía la prohibición del heliocentrismo incluso hasta fechas ya claramente «ilustradas». Todavía en 1748, al publicar sus *Observaciones astronómicas*, Jorge Juan tuvo por este motivo dificultades con la censura inquisitorial que, como ha puesto de relieve Peset Llorca, motivaron la intervención amistosa de Mayáns. En los años del reinado de Carlos II, la prohibición pesaba, como es lógico, con mayor fuerza. Ninguno de los innovadores, seguidores, como veremos, de la teoría heliocéntrica, se atrevió a defenderla abiertamente, ya que ello hubiera significado la completa seguridad de ser perseguido por la Inquisición. Recurrieron por ello a subterfugios de distinto carácter, y principalmente a considerar condenada «su actual realidad... pero no su posibilidad». Quizá la única excepción a esta regla, el franciscano siciliano Buenaventura Angeleres, que incluyó la teoría de Copérnico en su pintoresco sistema especulativo, sufrió una persecución que contrasta con la completa impunidad que gozaban los demás clérigos de la época metidos a sanadores desde ideas seudomodernas, siendo por último desterrado del país. Los renovadores de este grupo de disciplinas encontraron, por otra parte, el mismo género de resistencia que tenían los médicos. Algunas de ellas estaban, además, notablemente amplificadas por el hecho de que la nueva física tenía que enfrentarse con la aristotélica, elemento central de la visión tradicional del mundo que permanecía íntimamente ligada a la metafísica y, a través de esta, a las doctrinas teológicas, sin gozar del grado de autonomía que otras disciplinas —como las matemáticas o la medicina, por ejemplo— tenían desde hacía tiempo.

La diferente resistencia a la renovación explica en gran parte, como decíamos antes, la configuración concreta del movimiento *novator*, que se produjo de modo muy diverso en el campo de la medicina y los saberes químicos y biológicos con ella relacionados, y en el de las ciencias matemáticas, astronómicas y físicas. Por ello, vamos a considerarlas separadamente.

4. LA RENOVACIÓN DE LA MEDICINA Y DE LOS SABERES QUÍMICOS Y BIOLÓGICOS CON ELLA RELACIONADOS

Como antes hemos dicho, las más importantes e innegables novedades dentro de la química, la biología y la medicina habían empezado a difundirse en España durante los años centrales del siglo como rectificaciones aisladas de los esquemas tradicionales. Dentro de dichas disciplinas, el primer texto de que tenemos noticia en el que se rompe abiertamente con estos esquemas, se publica en nuestro país en 1679. Se trata de un libro llamado a tener cierta notoriedad europea: se titula *Discurso político y physico, que muestra los movimientos y efectos que produce la fermentación y materias nitrosas...* Su autor es Juan Bautista Juanini, italiano afincado en España hasta su muerte, acaecida en 1691. Fue médico y persona muy allegada de Juan José de Austria, al que va dedicado el *Discurso*, y del que haría incluso la autopsia para averiguar la causa clínica de su fallecimiento.

El *Discurso* es, ante todo, un detenido estudio de la *fermentación* aplicada especialmente a un problema de higiene pública: la impurificación del aire de Madrid como consecuencia de «las exhalaciones de excrementos y cadáveres animales». Las ideas químicas de Juanini revelan un conocimiento muy riguroso de las últimas novedades europeas. Ya Hoefer, en una fugaz alusión a esta obra, hizo notar que el médico hispano-italiano había sido uno de los primeros autores europeos en incorporar la doctrina del «espíritu nitro-aéreo» de Mayow, punto trascendental, como es sabido, en la evolución de la química, y paso previo para el descubrimiento del oxígeno y de su papel en los procesos orgánicos. La aplicación de estos saberes a un problema médico-social es otro mérito de la obra que comentamos, incluso ponderada a un nivel europeo. Por ello no debe extrañarnos que fuera traducida al francés en Montpellier, en 1685, y que alcanzara una segunda edición castellana en 1689.

Aparte del tema central, encontramos en este libro materiales de primer interés para el tema que nos ocupa. Hay numerosas referencias a autopsias y a experimentos químicos y fisiológicos, la mayor parte de ellas realizadas ante Juan José de Austria o en los anfiteatros anatómicos de las Universidades de Salamanca y, sobre todo, de Zaragoza. Especialmente estrecha debió ser la relación de Juanini con el grupo de galenistas moderados y de *novatores* zaragozanos, muy abiertos, como luego diremos, a las ideas iatroquímicas, asiduos cultivadores de la disección anatómica y los primeros en España en imponer la doctrina de la circulación de la sangre en la enseñanza universitaria. Esta doctrina es defendida también por el milanés, que ataca explícitamente a sus oponentes, sobre todo al catedrático valenciano Matías García.

El *Discurso* no fue el único libro publicado por Juanini. Escribió una ambiciosa *Nueva Idea Physica Natural demostrativa* (1685), el único intento realizado por la ciencia española de estos años de entender la realidad física en su conjunto desde los nuevos supuestos. Ideológicamente pertenece, desde luego, a la escuela iatroquímica, cuyas doctrinas cosmogónicas y cosmológicas le sirven de base. Publicó también un volumen (*Cartas*, 1691) consagrado a la morfología y a la fisiología normal y patológica del sistema nervioso.

La obra de Juanini constituye la primera manifestación pública del movimiento renovador de los saberes químicos, biológicos y médicos en nuestro país. Como proceso histórico de conjunto, dicho movimiento aparece abiertamente dentro de la vida española poco después de la publicación del *Discurso* del médico milanés. Si se desea escoger una fecha como punto de partida del mismo, puede señalarse el año 1687 como el momento en que cristaliza una evidente evolución previa, a nivel privado, de la que muy difícilmente podemos rastrear algunas noticias. La elección de esta fecha se justifica por tres acontecimientos de gran significación que tienen lugar en ella: da sus primeras señales de existencia el grupo renovador de Zaragoza; se traslada a París, enviado por la Universidad de Valencia, el grabador y microscopista Crisóstomo Martínez y, sobre todo, se publica el auténtico documento fundacional de la renovación científica española: la *Carta filosófico-médico-chymica* de Juan de Cabriada.

El ambiente científico de la Zaragoza de estos años estaba encabezado por los profesores de medicina de su Universidad. En 1687, el catedrático de anatomía Francisco San Juan y Campos introdujo la doctrina de la circulación de la sangre en la enseñanza universitaria española. San Juan era un galenista moderado, del mismo modo que Tomás de Longás, protomédico del Reino y otro de los médicos de cámara de Juan José de Austria, aunque este fuera también un decidido defensor de la circulación de la sangre y recurriera incluso a técnicas de base tan moderna como la inyección endovenosa. Esta es la razón de que ambos se opusieran a José Lucas Casalete, otro catedrático de la misma Universidad, cuando él y algunos de sus discípulos representaron una postura radicalmente renovadora. La anécdota que motivó este ataque no es representativa en sí misma: Casalete criticaba en sustancia la excesiva práctica de la sangría por parte de los galenistas, cosa que se había hecho ya antes repetidas veces, incluso dentro del siglo XVII español. Pero en la polémica promovida al respecto —en la que «censuraron» a Casalete nada menos que la totalidad de los claustros médicos de las Universidades de Salamanca, Alcalá, Valladolid, Valencia, Barcelona, Lérida y Huesca—, el catedrático de Zaragoza y, sobre todo, su discípulo Francisco de Elcarte extendieron la discusión a temas de mayor profundidad. Como auténticos *novatores*, se atrevieron a destronar por completo las teorías clásicas, sustituyéndolas por los esquemas de la nueva química.

La circulación de la sangre no era para ellos un importante detalle que había que rectificar, sino una de las bases de una visión radicalmente diferente de la fisiología y de la medicina. Que sus oponentes fueran unos galenistas tan abiertos y moderados como San Juan y Tomás de Longás, habla bien a las claras de la radicalidad con que se habían delimitado las posturas. Muy significativa es también la presencia de Casalete entre los prólogos aprobatorios del libro de Cabriada, del que después vamos a hablar.

Desde el 19 de julio del mismo año 1687 sabemos que estaba trabajando en París el grabador y anatomista valenciano Crisóstomo Martínez. No había ido allí por sus propios medios, sino con una importante ayuda económica que el rey Carlos II le había concedido un año antes, a petición de los catedráticos de medicina de la Universidad de Valencia, con el encargo de realizar un atlas anatómico. Martínez había grabado y grabaría todavía muy bellas láminas de anatomía macroscópica, en las que se refleja muy bien el doble carácter barroco de su obra, como morfólogo y como artista. Pero la parte más importante de su trabajo, en Valencia y en París, pertenece a un campo nuevo, apenas cultivado entonces por unos cuantos hombres de su misma edad en toda Europa: la investigación microscópica. La estructura íntima de los huesos y su más fina vascularización son el tema preferido de sus láminas microscópicas y de sus escritos científicos. El grabador valenciano aspiraba a la gloria científica de los descubridores de nuevas estructuras anatómicas. Explícitamente lo declara en la última carta que de él poseemos, refiriéndose a lo que él consideraba lo más importante de su obra: el descubrimiento de los «vasos adiposos». Pero no iba a ser este, por desgracia, su destino. Una grave enfermedad acabó poco tiempo después con su vida. El gran atlas planeado quedó inacabado y nunca llegó a publicarse. Nos quedan, sin embargo, diecinueve láminas del mismo, los primeros esbozos de unos textos que tampoco llegó a redactar y las cartas que escribió desde París a su valedor en Valencia, el catedrático Juan Bautista Gil de Castelldases. Todo ello nos permite reconstruir su esfuerzo, a la vez que constituye un gran esbozo de una obra en la que la anatomía macroscópica, la embriología y, sobre todo, la investigación microscópica están a la más exigente altura de su tiempo. Digamos, por último, que a través de las cartas es posible entrever el grupo de médicos valencianos que apoyó a Crisóstomo Martínez en su empresa. Por la índole de esta y por algunos detalles muy significativos, no resulta aventurado afirmar que fueron el núcleo inicial que permitió a la Universidad valenciana salir de la posición reaccionaria que la caracterizó durante el siglo XVII.

También durante 1687 publicó Juan de Cabriada su libro titulado *Carta filosófico-médico-chymica*, a la que antes hemos llamado documento fundacional de la renovación en nuestro país de las ciencias químicas, biológicas y médicas. La causa inmediata de su publicación fue el desacuerdo en una consulta entre varios maduros galenistas de la corte y el joven e innovador Cabriada. Al defenderse en esta disensión, rebasa ampliamente el tema concreto de su dictamen —la abusiva utilización de la sangría— y se lanza a exponer sus ideas acerca de la fundamentación totalmente «moderna» de la ciencia. Comienza por refutar reiterada y abiertamente la autoridad de los antiguos. Frente a ella, el único criterio «en las cosas naturales» es la experiencia. Todo un capítulo se consagra a defender esta nueva base. Su párrafo inicial no puede ser más terminante: «Es regla asentada y máxima cierta en toda medicina, que ninguna cosa se ha de admitir por verdad en ella, ni en el conocimiento de las cosas naturales, sino es aquello que ha mostrado ser cierto en la experiencia, mediante los sentidos exteriores. Asimismo es cierto, que el médico ha de estar instruido en tres géneros de observaciones y experimentos, como son: anatómicos, prácticos y químicos». En numerosos lugares de la obra hay una apasionada defensa de este modo de entender la ciencia, estando salpicado el texto de abundantes experimentos propios o ajenos. La circulación de la sangre, lejos de ser una rectificación parcial como en los tradicionalistas moderados, es llamada repetidas veces «nuevo sol de la medicina». La información de los nuevos datos e ideas europeas es muy completa y al día, en especial en lo referente a los descubrimientos anatomofisiológicos recientes, y a la química, a la que se elogia como el «arte de anatomizar la naturaleza».

Otro aspecto muy interesante del libro de Cabriada es la denuncia que hace del atraso científico de nuestra nación respecto a Europa: «Que es lastimosa y aun vergonzosa cosa que, como si fuéramos indios, hayamos de ser los últimos en recibir las noticias y luces públicas que ya están esparcidas por Europa. Y asimismo, que hombres a quienes tocaba saber esto se ofendan con la advertencia y se enconen con el desengaño. ¡Oh, y qué cierto es que el intentar apartar el dictamen de una opinión anticuada es de lo más difícil que se pretende en los hombres!». Cabriada es también quizá el primero en proponer la creación en Madrid de una Academia de Medicina y Ciencias Naturales, así como de un laboratorio químico en el que trabajasen destacados científicos extranjeros: «¿Por qué, pues, no se adelantará y se promoverá este género de estudio? ¿Por qué, para poderlo conseguir, no se fundará en la Corte del rey de España una Academia Real, como la hay en la del rey de Francia, en la del de Inglaterra y en la del señor emperador? ¿Por qué, para un fin tan santo, útil y provechoso, como adelantar en el conocimiento de las cosas naturales (sólo se adelanta con los experimentos físico-químicos) no habían de hincar el hombro los señores y nobles, pues esto no les importa a todos menos que las vidas? ¿Y por qué en una Corte como ésta, no había de haber ya una oficina química, con los más peritos artífices de Europa? Pues la Majestad Católica del Rey nuestro señor, que Dios guarde, los tiene en sus dilatados reinos, de donde se podrían traer los mejores. ¡Oh, inadvertida noticia! Y si advertida, ¡oh, inútil flojedad!».

Los prologuistas de Cabriada nos permiten descubrir información muy valiosa acerca de nuestros primeros *novatores*. Uno de ellos es el presbítero Antonio de Ron, representante típico de las tertulias avanzadas de la época y apasionado admirador del empirismo de Bacon. Otro es José de Casalete, el catedrático zaragozano del que antes hemos hablado. El tercero —Dionisio de Cardona, médico de la reina madre— es un auténtico innovador del mismo tipo de Cabriada. Su prólogo está dedicado a defender la libertad «en el filosofar y medicar» sobre la única base de la experiencia como criterio, y a poner de relieve la necesidad de conocer los hallazgos biológicos y químicos modernos. La clara conciencia moderna de Cardona lo lleva incluso a una terminante idea del progreso científico: «los científicos médicos [...] gastan todavía el calor de sus entendimientos sólo en defender doctrinas apolilladas de los primeros maestros de la Antigüedad, los cuales se deben alabar y respetar, pero en perjuicio de la verdad no se han de idolatrar, pues ignoraron mucho de lo que se ha descubierto después [...], los venideros se admirarán de nuestra ignorancia [...] que si en este siglo se saben muchas cosas, muchísimas más se sabrán en el venidero.»

Resulta lógico que la *Carta* de Cabriada motivara los ataques de los galenistas. En la polémica entablada con este motivo, aparte de la inacabable serie de folletos a favor y en contra, habitual en esta época, intervinieron indirectamente dos interesantes personalidades. El primero de ellos fue el veronés José Gazola, que defendió a Cabriada y a las ideas modernas. El segundo, Diego Mateo Zapata, todavía muy joven, atacó desde el galenismo a Gazola y a Cabriada. Muy pocos años más tarde, liberado de la tutela de los catedráticos de Alcalá, se convirtió en una de las grandes figuras de la segunda etapa de la ciencia moderna en nuestro país: la que se desarrolló durante las primeras décadas del siglo XVIII.

A los focos de *novatores* que tan rápidamente hemos caracterizado hay que añadir el sevillano, que, diez años después (1697) de la fecha en la que nos hemos centrado, consiguió el decisivo triunfo de fundar la primera institución moderna de nuestro país consagrada a las ciencias químicas, médicas y biológicas. La que desde mayo de 1700 se llamará «Regia Sociedad de Medicina y otras Ciencias» abre una etapa radicalmente nueva en el panorama científico español.

5. LA RENOVACIÓN DE LAS CIENCIAS MATEMÁTICAS, ASTRONÓMICAS, FÍSICAS Y SUS APLICACIONES

La renovación de la ciencia española en el campo de los saberes matemáticos, físicos, astronómicos y náuticos carece de la unidad de presentación histórica que tiene en las disciplinas que acabamos de exponer. Su punto de partida hay que localizarlo, hablando esquemáticamente, en tres figuras: Juan Caramuel, Vicente Mut y José Zaragoza.

Caramuel, nacido en Madrid, de ascendencia bohemia y flamenca, estudió primero en Alcalá, tomando después el hábito cisterciense y completando su formación en diferentes centros españoles y extranjeros. La mayor parte de su vida la pasó en Bohemia y, más tarde, en distintas localidades de los dominios españoles de Italia. Esto le permitió una mayor independencia y un contacto más vivo con las corrientes renovadoras europeas, pero es evidente que su ausencia de España le hizo perder influencia en nuestro ambiente intelectual y científico, a pesar de su continuada conexión con los problemas del país y su «acendrado españolismo», puesto de relieve por Ceñal. Su producción es famosa por su desmesurada fecundidad y por la universalidad de los temas en ella tratados. Ello repercute negativamente, como es lógico, en su calidad y solidez. También le perjudicó su desmedido afán de originalidad, que le llevó en ocasiones a defender auténticas extravagancias o falsas novedades basadas en débiles fundamentos. Todas estas limitaciones no le impidieron, sin embargo, ser autor de una notable obra, en especial en lo referente a la física y a las matemáticas. *Novator* convencido, su labor en estas disciplinas depende estrechamente de Descartes. Ceñal, que ha puesto muy agudamente de relieve esta dependencia en la esfera del pensamiento filosófico, no se ha limitado a recoger su relación directa con el gran filósofo y científico francés, sino que ha subrayado su pertenencia a una «órbita cartesiana» de autores europeos, entre los que se encuentra la compleja figura de Atanasio Kircher, de personalidad tan afín a la suya. En la física de Caramuel encontramos no solo una abierta ruptura con los principios clásicos, sino también una directa fundamentación en los datos de propia experiencia. De este modo, además de sumarse, por ejemplo, a la teoría cartesiana de las cualidades de los cuerpos y de los modos de la extensión, realizó y publicó experimentos relativos a la caída de graves y a otros problemas físicos. De su obra matemática, Garma destaca su estudio completo de los sistemas de numeración, la exposición de la teoría del número entero en forma analítica, el estudio detallado y moderno de la combinatoria y el planteamiento y resolución de los problemas planteados inicialmente por el cálculo de probabilidades. Publicó también las primeras tablas de logaritmos editadas por un científico español e ideó un sistema que denominó de «logaritmos perfectos». Aunque ya Zaragoza demostró que no representaban ninguna ventaja sobre los logaritmos de Briggs, esta invención coloca a Caramuel, en opinión de Sánchez Pérez, entre los antecesores del cálculo de los cologaritmos.

El mallorquín Vicente Mut era ya conocido como uno de los mejores observadores astronómicos de la España del siglo XVII. No obstante, su importancia como uno de los protagonistas de la introducción en nuestro país de la ciencia moderna ha pasado inadvertida hasta las recientes investigaciones que Víctor Navarro ha realizado sobre su obra. Mut se formó con los jesuitas, llegando a ingresar en la Compañía, aunque abandonó a los pocos meses la carrera religiosa por la militar, llegando a ser Sargento Mayor de la ciudad de Palma y, por otra parte, Cronista General del Reino de Mallorca. Como científico, mantuvo relación epistolar con numerosos autores españoles y extranjeros, entre ellos, Giovanni Battista Riccioli, que en su célebre *Almagestum novum* y en otros libros recoge ampliamente las contribuciones del mallorquín. El primer trabajo publicado por Mut, *De Sole Alfonsino restituto* (1649), está dedicado al diámetro del Sol, su paralaje y la anchura de la sombra terrestre. En su *Tratado de arquitectura militar* (1664), aparte de su interés propiamente técnico, se encuentra, según Navarro, «el primer intento de incorporación de la dinámica galileana para el estudio del tiro de proyectiles y las primeras referencias a la nueva mecánica de toda la literatura española del siglo XVII». Publicó más tarde sus estudios sobre el cometa de 1664, así como unas *Observationes motuum cælestium* (1666). La obra de Kepler le influyó de modo especial, por lo que dedicó gran atención a demostrar las ventajas del estudio de los movimientos planetarios utilizando elipses, aunque limitándolas al papel de meros artificios matemáticos.

El principal discípulo de Mut fue el valenciano José Zaragoza y Vilanova. Formado originalmente en la Universidad de Valencia, ingresó muy joven en la Compañía de Jesús. Tras residir en distintas localidades españolas, fue nombrado profesor en el colegio que los jesuitas tenían en Mallorca, donde estuvo en relación con Mut. Más tarde, fue trasladado al colegio de Valencia, ciudad en la que editó sus primeras obras y fue a su vez maestro, entre otros, del geógrafo José Vicente del Olmo y del ingeniero José Chafrión. Por último, fue nombrado catedrático de matemáticas en el Colegio de San Isidro de Madrid.

En la obra de Zaragoza, al contrario de lo que acabamos de ver en la de Caramuel, la parte más notable es la astronómica, mientras que la matemática está muy limitada por graves ausencias. Tiene esta última únicamente méritos a escala muy local. Zaragoza tuvo, por ejemplo, que hacer personalmente los caracteres tipográficos propios del álgebra, que faltaban en las imprentas españolas, para poder publicar su *Aritmética universal* (1669). Ello no puede hacer olvidar, sin embargo, la ausencia en esta obra y en el resto de sus escritos de los trascendentales progresos que el álgebra debía a Cardano, Vieta y Descartes. En astronomía, en cambio, realizó una valiosa labor ampliamente conectada con las nuevas corrientes. Fue, por una parte, un gran astrónomo práctico. Desde 1660, al menos, hizo observaciones con anteojos, que culminaron en las de los cometas de 1664 y 1667. El informe de la correspondiente al primero, remitido a la «Académie des Sciences» parisina, sería traducido parcialmente al francés al cabo de más de un siglo (1783). Su observación del cometa de 1677 fue la primera del mundo, y sus noticias fueron publicadas en el *Journal des Savants* y en las memorias de la «Académie des Sciences». Fue un apasionado constructor de instrumentos científicos, entre los que hay que destacar los dos anteojos con los que realizaba sus observaciones. A este intenso cultivo de la astronomía práctica, unía Zaragoza una magnífica información de los datos de la ciencia atronómica de su tiempo, que contrastan con la limitación de la correspondiente a sus obras puramente matemáticas. Ello le permitió publicar su excelente tratado *Esphera en común celeste y terráquea* (1675). Su ideología era claramente moderna, ante todo por la continua fundamentación de las hipótesis en datos de observación astronómica. En segundo lugar, por la explícita aplicación de los nuevos datos al derrumbamiento de las bases de la cosmología clásica: niega la incorruptibilidad de la sustancia celeste, admite la infinitud del espacio, niega el alma de los cielos, así como los orbes cristalinos o sólidos de Aristóteles o Santo Tomás, etc. Su única limitación de importancia es su actitud en el problema de los sistemas planetarios, cuestión en la que mantiene una extremada cautela que evita toda adhesión terminante. Esta cautela solo puede explicarse por su condición de partidario en secreto del heliocentrismo y el movimiento de la tierra. En varios pasajes se trasluce claramente su simpatía por tal ideario, que sirve luego, además, de base implícita a todas las teorías astronómicas parciales que defiende.

En los últimos años de la centuria, el movimiento *novator* tuvo en estas disciplinas varios núcleos de notable actividad. Uno de los más destacados fue el que, en Valencia, encabezaron Juan Bautista Corachán y Tomás Vicente Tosca, científicos formados en el ambiente creado por los discípulos de José Zaragoza. No nos corresponde ocuparnos aquí de su actividad, que se desarrolló en gran parte fuera de los límites cronológicos del período que nos ocupa. Otro núcleo estuvo localizado en Cádiz, y tuvo como principal figura a Antonio Hugo de Omerique, autor de la obra matemática de mayor altura realizada en la España del siglo XVII. Su libro *Analysis geometrica* (1698) significa un progreso real, no solamente en relación con los métodos clásicos, sino respecto a numerosos aspectos de los modernos de Descartes, Vieta y otros autores. Algunos estudiosos de nuestra tradición científica, más entusiastas que objetivos, se empeñaron en entender la contribución de Omerique considerándolo como uno de los creadores de la geometría analítica.

Este desenfoque impidió durante algún tiempo comprender la verdadera importancia de la obra del matemático gaditano, que consistió en ser una de las aportaciones centrales para la revalorización del análisis clásico. En esta línea tuvo varios importantes seguidores germánicos y británicos a lo largo del siglo XVIII, y a causa de ello mereció los elogios de Chasles y del propio Newton.

El único terreno dentro de estas ciencias en el que se puede hablar de un movimiento *novator*, con las características que hemos encontrado en los saberes químicos, médicos y biológicos, es la náutica. El esquema de los tres períodos de la ciencia española del siglo XVII se cumple paradigmáticamente en esta disciplina. En el primer tercio de la centuria, los grandes autores renacentistas continúan dominando la náutica europea. La parte central del siglo corresponde al hundimiento de los últimos restos de esta tradición, con la desaparición incluso de las enseñanzas de la Casa de Contratación sevillana y de la Academia de Matemáticas de Madrid. En la tercera etapa comenzó una nueva época con la fundación en Sevilla, el año 1681, del Colegio de San Telmo. Entre la primera producción escrita que salió de este centro, sobresale el libro *Norte de la navegación*, que publicó en 1692 Antonio de Gaztañeta. En el prólogo del mismo, el jesuita Gámez dice estas palabras casi increíbles: «...los españoles, que habían descubierto tantos mundos ignorados, satisfecha con esto su curiosidad, no cuidaron de enseñar a los venideros, con puntuales observaciones y reglas prácticas, el arte de la navegación». No puede darse una muestra más expresiva del completo olvido a que había llegado la gran tradición renacentista. Cuesta trabajo creer que estas líneas fueron escritas solamente sesenta años más tarde del momento en que la náutica española dominaba todavía el panorama europeo. Este olvido no es fortuito, sino que pertenece a la más profunda entraña del movimiento *novator* español. Este ofreció contribuciones de una trascendencia que no necesita encomio: los datos, las ideas y las técnicas de la nueva ciencia, los fundamentos metódicos que le servían de base, el derrocamiento del criterio de autoridad, la idea de progreso, una valiente denuncia del atraso científico español y las bases de un programa para superarlo. El precio que hubo que pagar por todo ello fue el olvido de la tradición científica española anterior al siglo XVII. El esfuerzo por comunicarse con Europa resultaba extraordinariamente difícil por la dura barrera de un siglo de aislamiento y de parálisis. El hecho histórico de este olvido tendrá caracteres irreversibles: a partir de entonces, la actividad científica española medieval y renacentista no podrá pesar como una auténtica tradición. El acercamiento a ella será pura arqueología, casi siempre, además, en rebusca de mitos o de utopías hacia el pasado, más que con el deseo de un conocimiento objetivo y veraz de los hechos.

BIBLIOGRAFÍA

1. ALBARRACÍN TEULÒN, A., *La medicina en el teatro de Lope de Vega*, Madrid, 1954.

2. ALMIRANTE, J., *Bibliografía militar de España*, Madrid, 1876.

3. ÁLVAREZ LÓPEZ, E., «La historia natural de Fernández de Oviedo». *Revista de Indias*, 17, 541-601, 1957.

4. ALZOLA Y MINONDO, P. DE, *Las obras públicas en España. Estudio histórico*, Bilbao, 1899.

5. ANTÓN RAMÍREZ, B., *Diccionario de Bibliografía agronómica y de toda clase de escritos relacionados con la Agricultura*, Madrid, 1865.

6. ASOCIACIÓN NACIONAL DE HISTORIADORES DE LA CIENCIA ESPAÑOLA, *Estudios sobre la ciencia española del siglo XVII*, Madrid, 1935.

7. BARGALLÓ, M., *La minería y la metalurgia en la América Española durante la época colonial*, México, 1955.

8. BARGALLÓ, M., *Miguel Serveto, su vida y su obra*, Madrid, 1970.

9. BEAUJOUAN, G., «La bibliothèque et l'école médicale du Monastère de Guadalupe à l'aube de la Renaissance». *Médecine humaine et vétérinaire à la fin du Moyen Age*, p. 365-468, Ginebra-París, 1966.

10. BEAUJOUAN, G.; E., POULLE, «Les origines de la navigation astronomique aux XIVe et XVe siècles». *Le navire et l'économie maritime du XVe au XVIIIe siècles*, p. 103-117, París, 1957.

11. BERENGUER Y BALLESTER, P. A., «Un geómetra español del siglo XVII. D. Antonio Hugo de Omerique». *El progreso matemático*, 5, 116-121, 1895.

12. CANTERA BURGOS, F., *Abraham Zacut*, Madrid, 1935.

13. CEÑAL, R., «Juan Caramuel. Su epistolario con Atanasio Kircher, S.I.». *Revista de la Filosofía*, 12, 101-147, 1953.

14. CEÑAL, R., *La combinatoria de Sebastián Izquierdo*, Madrid, 1974.

15. CERVERA VERA, L., *El «ingenio» creado por Juan de Herrera para cortar hierro*, Madrid, 1972.

16. COLMEIRO, M., *La Botánica y los botánicos de la Península Hispanolusitana. Estudios bibliográficos y biográficos*, Madrid, 1858.

17. COTARELO VALLEDOR, A., *Nebrija científico*, Madrid, 1947.

18. FERNÁNDEZ DIÉGUEZ, D., «Un matemático español del siglo XVII: Juan Caramuel». *Revista Matemática Hispanoamericana*, 1, 121-127, 178-189, 203-212, 1919.

19. FERNÁNDEZ DURO, C., *Disquisiciones náuticas*, 6 vols., Madrid, 1876-1881.

20. FERNÁNDEZ DE NAVARRETE, M., *Biblioteca marítima española*, 2 vols., Madrid, 1851.

21. FOLCH JOU, G., «Las primeras farmacopeas españolas». *Boletín de la Oficina Sanitaria Panamericana*, 35, 110-118, 1953.

22. García Ballester, L., *El ejercicio médico morisco y la sociedad cristiana*, Granada, 1975.

23. García Ballester, L., *Historia social de la medicina en la España de los siglos XIII al XVI. Volumen I. La minoría musulmana y morisca*, Madrid, 1976.

24. García-Diego, J. A., «The Chapter on Weirs in the Codex of Juanelo Turriano. A Question of Authorship». *Technology and Culture*, 17, 217-234, 1976.

25. García Franco, S., *Historia del arte y ciencia de navegar*, 2 vols., Madrid, 1947.

26. García Martínez, S., «La cátedra valenciana de anatomía durante el último tercio del siglo XVII». *Actas III Congreso Nacional de Historia de la Medicina*, vol. II, p. 167-185, Valencia, 1969.

27. Garma, S., *Aportaciones de Juan Caramuel al nacimiento de la matemática moderna*. Tesis de Valencia, 1978.

28. Glick, T. F., «On the influence of Kircher in Spain». *Isis, 62*, 379-381, 1971.

29. Granjel, L. S., *Cirugía española del Renacimiento*, Salamanca, 1968.

30. Granjel, L. S., «El ejercicio de la Medicina en la sociedad española renacentista». *Cuadernos de Historia de la Medicina española, 10*, 13-54, 1971.

31. Granjel, L.S., *El ejercicio de la Medicina en la sociedad española del siglo XVII*, Salamanca, 1971.

32. Guerra, F., *Nicolás Bautista Monardes. Su vida y su obra (ca. 1493-1588)*, México, 1961.

33. Guerra, F., *Historia de la materia médica hispano-americana y filipina en la época colonial. Inventario crítico y bibliográfico de manuscritos*, Madrid, 1973.

34. Guillén Tato, J. F., *Cartografía marítima española. En torno a varios de los problemas de su estudio*, Madrid, 1943.

35. Guillén Tato, J. F., «Los libros de náutica en los años del Emperador». *Revista General de Marina, 155*, 481-509, 1958.

36. Hernández Morejón, A., *Historia bibliográfica de la Medicina Española*, 7 vols., Madrid, 1842-52.

37. Íñiguez Almech, F., «Los ingenios de Juan de Herrera». *El Escorial*, vol. II, p. 181-214, Madrid, 1963.

38. Iriarte, M. de, *El doctor Huarte de San Juan y su Examen de Ingenios. Contribución a la historia de la Psicología diferencial*, Madrid, 1948.

39. Laín Entralgo, P., «La ciencia española». *Diccionario de Historia de España*, vol. I, p. 646-650, Madrid, 1952.

40. Laín Entralgo, P., «Más sobre la ciencia en España». *Once ensayos sobre la ciencia*, p. 131-144, Madrid, 1973.

41. Lamb, U., «The Quatri Partifu of Alonso de Chaves, an Interpretation». *Revista da Universidade de Coimbra, 24*, 3-9, 1969.

42. Lamb, U., *A Navigator's Universe. The Libro of Cosmographia of 1538 by Pedro de Medina*, Londres, 1972.

43. López Piñero, J. M., «La medicina del Barroco español». *Revista de la Universidad de Madrid, 11*, 479-515, 1962.

44. López Piñero, J. M., «La obra cardiológica de Joan d'Alós (1617-1695). Sus puntos de vista acerca de la fisiología circulatoria, la transfusión sanguínea y la anatomía patológica cardiovascular». *Medicina Española, 49*, 409-23, 1963.

45. LÓPEZ PIÑERO, J. M., *El Atlas anatómico de Crisóstomo Martínez, grabador y microscopista del siglo XVII*, Valencia, 1964.

46. LÓPEZ PIÑERO, J. M., «Giovanbattista Giovannini (1636-1691) e gli inizi in Spagna della medicina moderna e della iatrochimica». *Castalia, 21*, 83-98, 1965.

47. LÓPEZ PIÑERO, J. M., *La introducción de la ciencia moderna en España*, Barcelona, 1969.

48. LÓPEZ PIÑERO, J. M., «Harvey's Doctrine of the Circulation of the Blood in Seventeenth Century Spain». *Journal of the History of Medicine and Allied Sciences, 28*, 230-242, 1973.

49. LÓPEZ PIÑERO, J. M., «Paracelsus and his Work in 16th Century Spain». *Clio Médica, 8*, 113-141, 1973.

50. LÓPEZ PIÑERO, J. M., «La disección y el saber anatómico en la España de la primera mitad del siglo XVI». *Cuadernos de Historia de la Medicina Española, 13*, 51-110, 1974.

51. LÓPEZ PIÑERO, J. M., *Medicina moderna y sociedad española (siglos XVI-XIX)*, Valencia, 1976.

52. LÓPEZ PIÑERO, J. M., *El «Dialogus» (1589) del paracelsista Llorenç Coçar*, Valencia, 1977.

53. LÓPEZ PIÑERO, J. M., *Ciencia y técnica en la sociedad española de los siglos XVI y XVII*, Barcelona, 1979.

54. LÓPEZ PIÑERO, J. M.; F. BUJOSA; V. NAVARRO; E. PORTELA; M. L. LÓPEZ TERRADA; J. PARDO, *Los impresos españoles de los siglos XV y XVI. Inventario, bibliometría y thesaurus*, vol. 1, Valencia, 1981.

55. LÓPEZ PIÑERO, J. M.; J. GARCÍA SEVILLA, «Pere d'Oleza (Petrus Dolese) y el atomismo español del Renacimiento». *Cuadernos Hispanoamericanos, 256*, 195-200, 1971.

56. LÓPEZ PIÑERO, J. M.; V. NAVARRO BROTÓNS; E. PORTELA MARCO, *Materiales para la historia de las ciencias en España: s. XVI-XVII*, Valencia, 1976.

57. LÓPEZ PIÑERO, J. M.; L. PESET REIG; L. GARCÍA BALLESTER; M. L. TERRADA; J. R. ZARAGOZA, *Bibliografía histórica sobre la ciencia y la técnica en España*, 2 vols., Valencia-Granada, 1973.

58. LÓPEZ PIÑERO, J. M.; M. L. TERRADA, «La obra de Juan Tomás Porcell (1565) y los orígenes de la anatomía patológica moderna». *Medicina española, 52*, 237-250, 1965.

59. LORENTE Y PÉREZ, J. M., *Bibliografía y análisis de las obras de matemática pura de Pedro Sánchez Ciruelo*, Madrid, 1921.

60. LUANCO, J. R. DE, *La alquimia en España*, 2 vols., Barcelona, 1889-97.

61. MAFFEI, E.; R. RÚA FIGUEROA, *Apuntes para una Biblioteca Española de libros, folletos y artículos, impresos y manuscritos, relativos al conocimiento y explotación de las riquezas minerales y a las ciencias auxiliares...* 2 vols., Madrid, 1871-72.

62. MARAVALL, J. A., *Los factores de la idea de progreso en el Renacimiento español*, Madrid, 1963.

63. MARAVALL, J. A., *Estado Moderno y mentalidad social*, 2 vols., Madrid, 1972.

64. MARÍN, T., *Obras y libros de Hernando Colón*, Sevilla, 1970.

65. MELÓN RUIZ DE GORDEJUELA, A., «La geografía de Martín Fernández de Enciso». *Estudios Geográficos, 38*, 29-43, 1950.

66. MILLÀS VALLICROSA, J. M., «Nautique et cartographie de l'Espagne au XVIe siècle». *La science au siezième siècle*, p. 29-46, París, 1960.

67. NAVARRO BROTÓNS, V., «Contribución a la historia del copernicanismo en España». *Cuadernos Hispanoamericanos, 283*, 3-24, 1974.

68. NAVARRO BROTÓNS, V., *La revolución científica en España. Tradición y renovación en las ciencias físico-matemáticas*, Tesis de Valencia, 1977.

69. NAVARRO BROTÓNS, V., «Física y astronomía en la obra de Vicente Mut». *Llull, 2*, 43-63, 1979.

70. O'MALLEY, C.D., «Andrés Laguna and his 'Anatomica methodus'». *Physis, 5*, 65-69, 1963.

71. PAOLI, U. G., «Christobal Acosta e le sue opere». *Archeion, 19*, 315-346, 1937.

72. PEÑALVER Y BACHILLER, P., *Bosquejo de la Matemática española en los siglos de la decadencia*, Sevilla, 1930.

73. PESET LLORCA, V., «La doctrina intelectualista del delirio de Pedro Miguel de Heredia». *Archivo Iberoamericano de Historia de la Medicina, 14*, 133-206, 1962.

74. PESET LLORCA, V., «La Universidad de Valencia y la renovación científica española (1687-1727)». *Asclepio, 16*, 214-231, 1964.

75. PICATOSTE Y RODRÍGUEZ, F., *Apuntes para una Biblioteca Científica Española del siglo XVI*, Madrid, 1891.

76. PORTELA, E., «Nota previa sobre el 'Quilatador' (1572) de Juan Arfe Villafañe». *Actas del III Congreso Nacional de Historia de la Medicina*, vol. III, p. 275-277, Valencia, 1969.

77. PORTELA, E., «Un Valenciano en la metalurgia del siglo XVI: Mosén Antonio Boteller». *Primer Congreso de Historia del País Valenciano*, vol. III, p. 215-217, Valencia, 1971.

78. PORTELA, E., *Los orígenes de la química moderna en España*. Tesis de Valencia, 1977.

79. PULIDO RUBIO, J., *El piloto mayor de la Casa de Contratación de Sevilla. Pilotos mayores, catedráticos de cosmografía y cosmógrafos*, Sevilla, 1950.

80. RETI, L., «The Codex of Juanelo Turriano (1500-1585)». *Technology and Culture, 8*, 53-66, 1967.

81. REY PASTOR, J., *Los matemáticos españoles del siglo XVI*, Madrid, 1926.

82. RIERA, J., *Vida y obra de Luis Mercado*, Salamanca, 1968.

83. RIERA, J., *Gaspar Caldera de Heredia. Médico español del siglo XVII*, Salamanca, 1970.

84. RODRÍGUEZ CARRACIDO, J., *Estudios histórico-críticos de la Ciencia Española*, Madrid. 2.ª ed. Madrid, 1917.

85. SALVADOR, E., «Aspectos de la técnica naval en el comercio de importación valenciano del Renacimiento». *Actas III Congreso Nacional de Historia de la Medicina*, vol. II, p. 109-117, Valencia, 1969.

86. SÁNCHEZ PÉREZ, J. A., *Las matemáticas en la Biblioteca de El Escorial*, Madrid, 1929.

87. SÁNCHEZ PÉREZ, J. A., *El matemático portugués Juan Bautista Labaña*, Madrid, 1934.

88. SANTANDER RODRÍGUEZ, T., *Hipócrates en España (Siglo XVI)*. Madrid, Dirección General de Archivos y Bibliotecas, 1971.

89. SANZ EGAÑA, C., *Historia de la veterinaria española. Albeitería, Mariscalería, Veterinaria*. Madrid, 1941.

90. SIMÓN-GUILLEUMA, J. M., «Juan Roget, Optico español inventor del telescopio». *Actes du IXe Congrés International d'Histoire des Sciences*, 708-712, Barcelona, 1960.

91. Somolinos d'Ardois, G., *Vida y obra de Francisco Hernández.* (Fı cisco Hernández: *Obras completas*, I), México, 1960.

92. Terrada Ferrandis, M. L., *Anatomía microscópica en España (si xvii-xviii).* Salamanca, 1969.

93. Vernet, J., «Una versión árabe resumida del 'Almanach perpetuum' de Zacuto». Sefarad, 10, 115-33, 1950.

94. Vernet, J., «Copernicus in Spain». *Colloquia Copernicana, 1,* 217-291, 1972.

95. Wallace, W. A., «The Enigma of Domingo de Soto: Uniformiter difformis and Falling Bodies in Late Medieval Physics». *Isis, 59,* 384-401, 1968.

QUINTA PARTE

LA GUERRA DE SUCESIÓN (1700-1714)

por

Janine Fayard

Capítulo primero

La guerra

Carlos II, en su testamento del 2 de octubre de 1700, nombró sucesor suyo al candidato francés, aceptado al fin por el Consejo de Estado, el de Castilla y el papa. La totalidad del Imperio español recaía en las manos de Felipe duque de Anjou, hijo segundo del Delfín y nieto de Luis XIV. La noticia de la muerte de Carlos II, acaecida el 1.° de noviembre, así como el contenido del testamento, fueron conocidos por la corte francesa el 9 de noviembre. El 16 del mismo mes, aceptado el parecer de sus consejeros —entre los que se hallaba Torcy, secretario de Estado de Asuntos Exteriores—, Luis XIV presentó oficialmente el nuevo rey de España a la corte de Francia.

El acceso al poder de una nueva dinastía no resolvió todos los problemas económicos y políticos que España tenía al finalizar el siglo XVII. El gobierno, víctima de sórdidas intrigas de los grandes y de la corte, carecía de autoridad a la par que Carlos II no pasaba de ser un rey fantasma.

El 17 de febrero de 1701, Felipe V entró en la villa y corte de Madrid, capital de su nuevo reino. La acogida calurosa del pueblo madrileño no solucionó ninguno de los graves problemas que ante sí tenía el joven rey: restablecer su autoridad en un reino dividido por el testamento de Carlos II, y prepararse para la guerra. Las potencias marítimas, tanto Inglaterra y Holanda como el emperador, no aceptaban el testamento del difunto monarca, pues en comparación con los acuerdos de tratados anteriores de partición, les defraudaba, ya que acrecentaba de modo peligroso el poder de Luis XIV, dueño entonces del control del comercio de las Indias españolas, que era lo que más preocupaba a ingleses y holandeses; y por otra parte, no se excluía la posibilidad de la unión de ambas coronas, ya que Luis XIV, en virtud de cartas otorgadas por el Parlamento de París el 1.° de febrero de 1701, había cometido el error de mantener los derechos a la corona de Francia de su nieto y sus descendientes. En febrero del mismo año, el poco entusiasmo de los Estados Generales de los Países Bajos españoles por jurar al duque de Anjou como rey de España llevó a Luis XIV a ocupar las fortalezas de la «Barrière», lo que provocó un verdadero pánico en la Bolsa de Londres. La guerra era inevitable e inminente. El día 7 de septiembre de 1701 se firmó el tratado de la Gran Alianza entre el emperador, el rey de Inglaterra y los Estados Generales de las Provincias Unidas.

Ante esta situación tan crítica, ¿qué posibilidades tenía el nuevo gobierno español? Muy pocas. Pronto se hizo evidente que Felipe V no gobernaría nunca. El despacho le aburría, no sabía divertirse y al final de su vida este aburrimiento lo llevaría a sumirse en una inercia total, preso de una profunda melancolía patológica. Solo la guerra lo sacó por breves momentos de su apatía congénita, lo que le valió el sobrenombre de «animoso». Toda su vida estuvo dominado por sus familiares. Pronto aparecieron caricaturas alusivas. Una de ellas lo muestra guiado por el cardenal Portocarrero y el embajador de Francia, duque de Harcourt, con esta inscripción: «Anda, niño, anda porque el cardenal lo manda» [2, 51]. Portocarrero había sido el verdadero inspirador del testamento de Carlos II y el jefe del partido francés. Su capacidad política era mediana y, asustado ante la influencia francesa en el gobierno, no regateó esfuerzos para paralizarla. Integraba el consejo de Regencia, antes de la llegada de Felipe V, el gobernador del consejo de Castilla, Manuel Arias, verdadero hombre de estado pero a quien apartaron rápidamente por su oposición a la política francesa. Frente a esos dos personajes pro franceses, había un partido austríaco compuesto por hombres de valer, como el conde de Aguilar, pero sin un jefe, y la reina Mariana de Neoburgo, sin prestigio ante la opinión pública a causa de las intrigas del reinado anterior, y que muy pronto tuvo que partir al destierro.

Ante el vacío político provocado por la mediocridad de unos y la hostilidad hacia Francia de los demás, Luis XIV, desde el mismo mes de junio de 1701, se dio cuenta de que debía tomar las riendas del gobierno español. Decidió actuar directamente por cartas personales dirigidas a su nieto (400 cartas inventariadas desde 1701 hasta 1715) [2, 9] en las que fue pródigo en consejos políticos, incluso órdenes y lo hizo también indirectamente a través de su embajador. Nada más llegar Felipe V había aconsejado la creación de un consejo superior de gobierno, el consejo de Despacho, constituido por el rey, Portocarrero, Arias y el secretario del despacho universal don Antonio de Ubilla. Cuando la guerra fue inevitable, para armonizar mejor las dos políticas, Luis XIV impuso la presencia de su embajador en el consejo de Despacho. La situación era delicada para Francia. Los mismos que pedían ayuda al país vecino no estaban dispuestos a tolerar su injerencia en las costumbres españolas. Luis XIV estimaba, sin embargo, que debía emprender las reformas necesarias para poner a España en condiciones de sostener la guerra, aunque fuera atropellando las antiguas tradiciones hispánicas. El éxito de la guerra y, por lo tanto, la unidad del imperio español lo exigían. Luis XIV iba a actuar como el verdadero dueño de España. Para poner en marcha las reformas financieras, mandó a España, el 22 de junio de 1701, a un hombre oscuro, conocido, eso sí, de los medios financieros franceses, Jean Orry [2, 73]. Baudrillart explica la elección de este hombre en atención a los ministros españoles, que se hubieran sentido incómodos ante la llegada de un alto personaje, y para preservar así la autoridad del embajador de Francia, a quien Orry debía someterse. Hay que reconocer que este personaje tan aborrecido y odiado supo mostrarse en la guerra de Sucesión como un administrador eficiente y capaz de enfrentarse a las peticiones de dinero del gobierno. Resultó tan indispensable a Felipe V que este lo reclamó, aun cuando Luis XIV había decidido prescindir de sus servicios. En efecto, Orry se ausentó de Madrid desde agosto de 1703 hasta mayo de 1704, período que corresponde al destierro de la princesa de los Ursinos, y más tarde, desde julio de 1706 hasta 1713. Cuando llegó a Madrid, se ocupó de la situación de la hacienda española. Su objetivo fue la reforma de la administración centralizando los ingresos, recuperar los derechos y bienes enajenados por la corona y crear lo antes posible un nuevo sistema fiscal. Si bien algunas reformas se pusieron en marcha ya en 1703, la mayoría empezaron a tener efecto en 1713-1714. Se achacó a Orry la pretensión de haber salvado la monarquía borbónica [24,254]. Henry Kamen opina que su obra fue sobreestimada por los historiadores en comparación con la de Bergeyck o de Amelot.[1]

El propio Luis XIV negoció el casamiento de su nieto, sin consultarle, con la princesa de Saboya, María Luisa Gabriela, hija de Víctor Amadeo II y Ana María de Orleans. Con sus trece años y medio, amable y briosa, despejada y discreta, la joven reina dominó por completo al rey, si bien Luis XIV tomó las medidas necesarias para que le gobernara bien, y para ello colocó a su lado como camarera mayor a una persona de su confianza, doña Ana María de la Tremouille, princesa de los Ursinos. Fiel a Francia por su nacimiento y su educación, había vivido en España con su primer esposo, luego en Roma con el segundo [26, 41], había conocido a muchos personajes importantes de la época. En Roma conoció al cardenal Portocarrero: Rousset de Missy dice que el propio Portocarrero sugirió el nombre de la princesa al rey Luis XIV.[2] Con sus sesenta años, viuda por segunda vez, fue a recibir a su soberana a Villefranche y la acompañó hasta Barcelona, donde se celebraron las bodas reales. Pronto tuvo mucha influencia sobre la joven reina y, a través de ella, sobre el rey, pero sus intrigas le hicieron perder varias veces la confianza de Luis XIV. Recién celebradas las bodas, Felipe V salió de Barcelona hacia Italia, donde la guerra hacía ya sus estragos, y llegó a

Nápoles el 17 de abril de 1702. Dejó la regencia en manos de su joven esposa, que se dirigió hacia Madrid con la princesa de los Ursinos.

Felipe V fue después a los campos de batalla del norte de Italia, a Santa Vittoria y Luzzara, donde demostró tener un gran valor físico [2, 111]. «Felipe V era un príncipe más de guerra que de paz» [26, 35]. Tuvo que regresar rápidamente a España, pues los aliados empezaban a atacarla. Amenazaban Cádiz, y en aquella ocasión María Luisa, a pesar de su tierna edad, demostró el valor y firmeza que manifestaría en lo sucesivo a lo largo de la guerra. En octubre de 1702 la armada enemiga destruyó los galeones que regresaban de la Habana en la bahía de Vigo [23].

La situación de España a finales de 1702 era más crítica aún que en 1700. La princesa de los Ursinos, con realismo, escribía a Torcy que muchos españoles miraban con agrado la posible elección del archiduque de Austria como rey. Las divisiones en el gobierno español y, sobre todo, entre los franceses —el embajador de Francia se oponía a la princesa de los Ursinos —paralizaban la acción de Luis XIV y debilitaban la confianza de países hasta entonces neutrales hacia Felipe V. La Gran Alianza se vio reforzada el 16 de mayo de 1703 con la adhesión del rey de Portugal, y el 8 de noviembre con la del duque de Saboya, padre de la reina de España. El 12 de septiembre, el archiduque don Carlos había sido reconocido solemnemente en Viena como rey legítimo de España. El día 6 de mayo de 1704 desembarcó en Lisboa, donde fue recibido con los máximos honores; a partir de ese momento España tendría dos reyes.

Felipe V había salido de Madrid el 4 de mayo, esperando llegar antes que don Carlos a las puertas de Lisboa. Le decepcionó en extremo la noticia del desembarco de su rival, cuando él se encontraba todavía en Castilla. En esta primera campaña de la guerra de Sucesión llamada campaña de Extremadura destacó el mariscal de Berwick, hijo natural de Jacobo II de Inglaterra naturalizado en Francia, y que fue uno de los generales franceses, junto con el caballero de Asfeld, que mandaron los ejércitos españoles. Lograron algunas victorias para Felipe V, entre ellas la de Berwick en Portoalegre, pero sin conseguir abrirle el camino hacia Lisboa. Durante aquella campaña, después de las dificultades nacidas en el seno del gobierno, la princesa de los Ursinos tuvo que abandonar la corte. Permaneció fuera de Madrid desde mayo de 1704 hasta agosto de 1705. En abril de 1704, Luis XIV había mandado a Madrid un nuevo embajador, el duque de Gramont [2, 177]. La intromisión francesa en el gobierno era cada vez más insoportable para los españoles. Los consejos tradicionales de la monarquía no aceptaban ser desposeídos de todos los asuntos importantes en provecho del consejo de Despacho, en el que estaba presente el embajador de Francia.

El 4 de agosto de 1704 se produjo un acontecimiento que hasta hoy es tema conflictivo entre Inglaterra y España. La flota inglesa se apoderaba de la fortaleza de Gibraltar, que se rindió tras corta resistencia. La corte, aterrada, se sometía más que nunca a Luis XIV. Este, para dirigir las operaciones militares, reemplazar al mariscal de Berwick y reorganizar el ejército, mandó al mariscal de Tessé. También era preciso poner orden en el gobierno español, desestabilizado por la marcha de la princesa de los Ursinos y el despido de Orry, que la había acompañado. Poco a poco Luis XIV volvió a considerar que era preciso devolver a la reina su camarera mayor, ya que, después del destierro de esta, María Luisa, que dominaba por completo al rey, se mostraba muy poco obediente a las órdenes de su abuelo. La guerra exigía la presencia de colaboradores adictos a Luis XIV.

La princesa de los Ursinos logró de nuevo el favor del rey de Francia y fue ella quien eligió a sus futuros colaboradores en España. Pidió el regreso de Orry, así como la sustitución del confesor del rey, padre Daubenton, por el padre Robinet. También se cambió el embajador de Francia, duque de Gramont, por un consejero de Estado, trabajador, letrado, de origen relativamente modesto, Michel Amelot de Gournay [2, 220]. La princesa fue acogida triunfalmente al regresar a Madrid, el 4 de agosto de 1705. Este fue el equipo que permitió a Luis XIV gobernar España como verdadero amo, y realizar las reformas que la guerra exigía. España estaba totalmente bajo la tutela del rey de Francia.

Amelot emprendió en primer lugar la reorganización del ejército en tres aspectos: renovación de los mandos, sustituyendo los «grandes» por generales franceses; racionalización de la organización militar, y utilización de armas más adecuadas [24, 75]. En este sentido, en enero de 1705 el fusil con bayoneta sustituyó al mosquete, arcabuz y pica; en marzo se mejoró el reclutamiento al decidir el alistamiento de un hombre por cada cien de la población; y se nombró un director general de infantería. Desaparecía así la antigua tradición militar española. Por otra parte, ya el decreto del 28 de septiembre de 1704 era muy claro a este respecto: el antiguo vocablo de tercio fue sustituido por el nuevo de regimiento [24]; y el 24 de junio de 1704 se había creado una guardia real de cuatro compañías, con solo un 50 % de españoles. El período de la guerra de Sucesión marca el inicio de la integración de súbditos de las posesiones europeas españolas (valones e italianos), y de extranjeros en el ejército, fenómeno que prosigue a lo largo del siglo XVIII y cuya importancia cuantitativa convendría analizar. También fueron numerosos los extranjeros en el cuerpo de ingenieros que en 1711 se separó del de artillería bajo la dirección del flamenco Verboom. En cuanto al material de guerra, cuya producción era insuficiente en España, el gobierno recurrió a proveedores franceses. Se intensificó la industria textil para producir más telas de uniformes. El mercado de armas se abría a los franceses, pero la industria española en ciertos campos se vio también estimulada por la guerra.

También era preciso reformar la hacienda. Una manera de acrecentar los ingresos del Estado era extender las cargas fiscales de Castilla a las provincias que por tradición no las compartían. Esto implicaba el disgusto y la inquietud de esos reinos, que los llevó a alistarse en el bando del archiduque.

Durante el verano de 1705, los aliados montaron una expedición marítima para conducir el pretendiente austríaco desde Portugal a Cataluña. El 9 de octubre de 1705 Barcelona caía en manos de los partidarios del archiduque. Toda Cataluña reconocía al nuevo Carlos III. A fines del mismo año Valencia se sumó también al partido del archiduque. Los aliados desembarcaron en Altea el 10 de agosto, y después de un fracaso en Alicante, el día 17 se apoderaron de la fortaleza de Denia, luego, de las de Oliva y Játiva, el 12 de diciembre de Gandía y por fin, el 15, de Valencia.

Las amenazas que se acumulaban en contra de la independencia del reino de Valencia y del principado de Cataluña con la llegada al poder del nuevo gabinete, y el odio hacia los franceses, competidores peligrosos en asuntos comerciales, explican en gran parte el alzamiento de aquellas provincias. Respecto al reino de Valencia, en el que la documentación es abundante y buena, es preciso insistir en otra causa: la miseria y la rebelión del campesinado valenciano. La repoblación del reino después de la expulsión de los moriscos se había hecho bajo el control estricto de los señores, dueños de la casi totalidad de las tierras, que habían impuesto un régimen señorial muy fuerte. Una sublevación campesina en 1693 reveló ya el estado de tensión del reino, y ayuda a entender mejor, según H. Kamen, la rebelión de 1705 en la que tanto los campesinos como el bajo clero tuvieron una participación activa [24, 301]. Las clases altas permanecieron en general fieles a Felipe V.

Al finalizar el año 1705, la situación era grave para Felipe V. En aquel momento había dos cortes en España, una en Madrid, otra en Barcelona. En el terreno militar, Felipe V estaba amenazado en varios frentes: en el oeste, el peligro portugués; en el este, Aragón sublevado y en manos del archiduque, y la presencia inglesa en Gibraltar.

Felipe V marcharía al frente de sus tropas dejando una vez más la regencia en manos de la reina, quien mantuvo a Amelot como consejero. El rey quería recobrar la ciudad de Barcelona con la ayuda de un ejército llegado de Francia. La fortaleza de Montjuïch ya estaba en manos del ejército franco-español cuando, al enterarse de la llegada de una armada enemiga, el 10 de mayo, el conde de Toulouse y el mariscal de Tessé se retiraron [2, 254]. Al mismo tiempo, el ejército anglo-portugués iba entrando en Castilla: Moraleja, Coria caían en poder del enemigo. Mientras tanto la reina, sola en Madrid, demostró su valor indomable al conseguir dinero de la villa de Madrid y reclutar milicias. Felipe V, al regresar de Cataluña, bloqueado por las tropas del archiduque, pasó por Francia y Pamplona para volver a Madrid, donde llegó tras una marcha forzada el día 6 de junio de 1706. Poco tiempo permanecería el rey en la corte. El mariscal de Berwick, mientras esperaba el socorro de los refuerzos franceses, no había podido contener la marcha del ejército anglo-portugués al mando de Galloway. Después de la toma de Salamanca, y una vez superado el paso de Guadarrama, Galloway entró en Madrid, y el 25 de junio de 1706 hizo proclamar rey de Castilla al archiduque ante un pueblo resignado. Felipe V acababa de salir de la corte, y se dirigió hacia Fuencarral con sus tropas, mientras María Luisa con el gobierno salía hacia Burgos por Guadalajara. Veremos luego las consecuencias del viaje a Burgos al analizar el desarrollo de los consejos. La situación nunca había sido tan grave. Toledo y Alcalá habían reconocido al archiduque. Unos cuantos grandes le juraron fidelidad: así el conde de Gálvez, el de Oropesa, el de Haro y el de Lemos. Otros se retiraron a sus dominios esperando la evolución de los acontecimientos. Los tres ejércitos enemigos, el que llegaba de Zaragoza con el nuevo rey Carlos III, el que había conquistado el reino de Valencia y el anglo-portugués, que acababa de entrar en Madrid, se preparaban para juntarse en la corte. El ejército de Felipe V, con el marqués de Legal y Antonio del Valle, intentó un golpe con éxito contra Madrid y el 5 de agosto Felipe V volvía a su corte, en la que no logró entrar el archiduque. Este recibió la noticia en Guadalajara, y en medio de un pueblo cada vez más hostil, emprendió la retirada.

El año 1707 se inició con mejores auspicios. El 28 de abril, los ejércitos del archiduque mandados por Galloway y Las Minas chocaron contra el ejército franco-español de Berwick en Almansa. La victoria de Felipe V fue deslumbrante. El ejército enemigo perdió 9000 hombres, que cayeron presos. La consecuencia más importante de esta victoria fue la reconquista de los reinos de Valencia y Aragón. El 8 de mayo, la ciudad de Valencia se sometió a Berwick y el 26 del mismo mes, el duque de Orleans, que había venido a reunirse con las tropas francesas, entró en Zaragoza, proclamando el perdón general, lo que no gustó al gobierno de Madrid, decidido a suprimir los fueros de los reinos de la corona de Aragón. Uno de los episodios más sangrientos de la reconquista del reino de Valencia fue el cerco de la ciudad de Játiva, fiel hasta el final al archiduque. La resistencia de los habitantes desde el 26 de mayo al 6 de junio fue heroica. En represalia, a pesar de la intervención del duque de Orleans, así como de numerosas personalidades del reino de Valencia, la ciudad fue destruida y quemada por el ejército al mando de Claude Bidal, caballero de Asfeld [13; 20]. El 29 de junio, Felipe V dio el decreto aboliendo los fueros aragoneses. Asfeld fue nombrado comandante general del reino de Valencia y con Macanaz inició la reorganización de los reinos conquistados. Otro acontecimiento fortaleció también la posición de Felipe V; fue el 25 de agosto de 1707, cuando la reina María Luisa dio a luz un hijo llamado Luis [2, 285].

Cuando Felipe V alcanzó los primeros éxitos militares, Francia empezó a sentirse agotada por la guerra que mantenía en los Países Bajos, Alemania, Italia, España y en el mar. Luis XIV intentó entonces hacer entender a la corte de Madrid que la paz no sería posible sin una partición de la monarquía española. Luis XIV no podía al mismo tiempo mantener tropas en Italia y España, y decidió abandonar el Milanesado. Tampoco ayudó a su nieto a transportar tropas al reino de Nápoles, lo que provocó que en agosto de 1707 los imperiales se apoderaran de aquel reino. El marqués de Villena, antiguo protector de Macanaz, resistió heroicamente en Gaeta, pero la causa de Felipe V estaba ya perdida en Italia.

El año 1708 no fue muy favorable a los ejércitos franco-españoles. Cerdeña cayó en manos de los imperiales, Sicilia se vio amenazada, y Menorca fue conquistada. Lille, sitiada por el príncipe Eugenio de Saboya, capituló en octubre, lo que provocó una intensa emoción en Versalles. Más que nunca la paz era imprescindible para los franceses. Luis XIV empezó a negociar con los holandeses, que le impusieron sus condiciones: la exclusión de Felipe V de la sucesión española, la cesión de Dunkerque a los ingleses, la constitución de la «Barrière» de los Países Bajos. Luis XIV intentó conseguir a cambio una compensación para su nieto: la cesión del reino de Nápoles. Pero este se negó a ello con gran fuerza declarando que únicamente dejaría España muerto. Luis XIV rehusó la humillación que quisieron imponerle los aliados, de unirse a sus enemigos para guerrear contra su nieto. No había más solución que seguir la guerra. En abril de 1709, Luis XIV decidió abandonar a España, y para demostrar a los aliados la verdad de sus propósitos, hizo regresar a sus tropas. Tampoco manejaría el gobierno de España. En septiembre de 1709, Amelot se marchó de Madrid. El nuevo representante francés, Blécourt, no tuvo más que la categoría de enviado extraordinario y no la de embajador [2, 365]. Sin embargo, la princesa de los Ursinos seguía en la corte, mientras Orry se iba también. Los trágicos meses de otoño e invierno de 1708-1709, que vieron renacer el fantasma del hambre, y las dificultades de las plazas financieras de León de Francia y Ginebra, que acarrearon la ruina del banquero francés Samuel Bernard, explican en gran parte la crisis militar y política del año 1709.

Luis XIV, mientras tanto, seguía negociando con los aliados. Al iniciarse el año 1710, el mariscal de Huxelles y el abate de Polignac se encontraron con los delegados holandeses en la pequeña fortaleza de Geertruidenberg, al norte de Breda. Las condiciones impuestas por los aliados eran todavía más duras. Luis XIV no conseguiría la paz sino comprometiéndose a guerrear solo contra el rey de España para obligarle en dos meses a abandonar España y las Indias. El portavoz de Felipe V ante los aliados, el conde de Bergeyck, intentaba llevar a cabo su propia política, no muy considerada por los aliados que todavía la creían dictada por Versalles.

H. Kamen pone de relieve la figura de Jean de Brouchoven, conde de Bergeyck [37], antiguo tesorero general de los Países Bajos nombrado en 1702 superintendente general para Guerra y Hacienda [24, 63]. Se retiró a Francia cuando los aliados se apoderaron de Bruselas, en 1706. En 1711, después de representar a Felipe V en las negociaciones de paz, volvió a Madrid, donde fue miembro del consejo de Despacho y realizó varias reformas, entre ellas la de los intendentes, que analizaremos en próximos capítulos.

La campaña de 1710 se desarrolló primero en Aragón bajo la dirección del marqués de Villadarias, después de la marcha de los generales franceses. El 3 de mayo, Felipe V se puso al frente de sus tropas. Las derrotas se acumularon: el día 27 de julio, el ejército de Felipe V fue derrotado en Almenara y tuvo que retirarse hacia Zaragoza. Perseguido por el ejército al mando de Stahremberg, de nuevo fue vencido el día 20 de agosto delante de Zaragoza, que fue ocupada por el archiduque; este, dueño del reino de Aragón, tenía abierto el camino hacia Madrid. El día 4 de septiembre los aliados entraron en Calatayud. Por segunda vez, los reyes abandonaron de repente Madrid y se dirigieron hacia Valladolid, adonde llegaron el día 16 del mismo mes. El día 17 se reunían con los generales franceses, duques de Vendôme y de Noailles, mandados por Luis XIV quien, en vista de los peligros que amenazaban a Felipe V, había decidido intervenir de nuevo. Noailles fue enviado a Cataluña, mientras Vendôme, al mando de las tropas españolas, actuaba en Castilla.

El día 21 de septiembre de 1710, los aliados, con el ejército inglés de Stanhope, penetraron en un Madrid aún más desierto que el de 1706. El 26 de septiembre, el archiduque recibió en Canillejas el homenaje del arzobispo de Valencia Folch de Cardona, y el día 28 entró en Madrid. Por segunda vez, la corte estaba en poder de los aliados. Pero a pesar de la jura de unos cuantos títulos y grandes, como el conde de Palma, el de Paredes y el duque de Hijar, el triunfo del archiduque tenía un sabor amargo. La corte estaba en su mayor parte vacía y el ambiente era hostil. Los soldados no podían andar solos, sin riesgo de su vida. El pueblo castellano no admitía la presencia del ejército de los aliados, que saqueaban las iglesias y vendían los objetos sagrados [26, 144]. La actitud impía de la tropa influyó en el brote de la guerrilla, que paralizó los ejércitos de los aliados y favoreció la causa de Felipe V, pues el pueblo recordaba con emoción su piedad y la de su mujer. La guerra se tornaba cruzada religiosa. El archiduque era más o menos considerado como hereje, según lo testifica uno de los muchos libelos que circularon el año 1710:

Estanope (Stanhope) vino no a traernos a Carlos sí a Calvino, Españoles católicos ¿qué es esto?... Alarma, al arma acudamos presto, a vengar del hereje la insolencia. Viva la fe de Cristo verdadero, viva Felipe y el Hereje muera! [8, 80].

Los libelos, panfletos y la propaganda realizada en los dos bandos han sido estudiados por María Teresa Pérez Picazo [36].

Al salir para Valladolid, Felipe V había dejado dos destacamentos para vigilar los alrededores de la corte bajo el mando de dos guerrilleros, José Vallejo y Feliciano de Bracamonte [26, 146]. Estimulando la hostilidad de los moradores de la región, lograron impedir la comunicación de las tropas aliadas entre Madrid y Cataluña. Carmen Martín Gaite demuestra que esta actuación facilitó mucho la del duque de Vendôme, que el 8 de diciembre de 1710 obligó a Stanhope a capitular ante Brihuega. Los ingleses tuvieron trescientos muertos y casi dos mil prisioneros, entre los cuales se hallaba el mismo Stanhope. Dos días más tarde, Stahremberg, sin saber que Stanhope ya se había rendido, al esperar un socorro que ya no podía llegar, fue derrotado a su vez por el propio duque de Vendôme en la batalla de Villaviciosa. La monarquía borbónica estaba definitivamente salvada. Madrid no estuvo ya más en peligro y se empezaba la reconquista de las provincias del reino de Aragón. El día 6 de enero se tomó Zaragoza y el ejército de Noailles obtenía éxitos en Cataluña. Sitiada el 15 de diciembre, la fortaleza de Gerona se rindió el 25 de enero de 1711. Los aliados solo conservaban bajo su mando el triángulo delimitado por Igualada, Tarragona y Barcelona.

Felipe V prácticamente había ganado ya en el terreno militar y había eliminado al archiduque cuando la discordia se apoderó del campo aliado. Villaviciosa había hecho reflexionar a los ingleses, que creían vencida a España. Los partidarios de la guerra, entre ellos Marlborough, fueron apartados del poder y reemplazados por un gobierno tory decidido a negociar, tanto más cuanto que la situación internacional había cambiado. El 17 de abril moría el emperador José I. Su heredero era el propio archiduque Carlos, pretendiente al trono de España, que si hubiera logrado conservar en su poder la corona de España, hubiera reconstruido el imperio de Carlos V. ¿Iban a combatir por ello ingleses y holandeses? Se volvió a negociar. Muy pronto quedó claro que Inglaterra estaba dispuesta a negociar sobre la base de dejar en poder de Felipe V España y las Indias, a cambio de la entrega de Gibraltar y el puerto de Mahón, así como de ciertas ventajas comerciales en las Indias.

Felipe V fijó su corte en Zaragoza. Pasaría casi todo el año 1711 en Aragón, primero en la capital, luego en Corella, en el palacio del conde de Perelada, a donde se trasladó la corte, ya que la salud de la reina era de cuidado. La instalación en Aragón tenía como propósito hacer olvidar al archiduque a los aragoneses. Pero esta estancia solo sería un remedio de corta duración sin lograr que los aragoneses aceptaran la abolición de los fueros de su reino [26, 149]. Macanaz tenía que aprovechar esta abolición para acrecentar el erario del rey, y se le confió la administración de la fábrica de moneda de Zaragoza.

Las negociaciones de paz se iniciaron en Utrecht el día 29 de enero de 1712. Los ingleses, como punto de partida, plantearon el problema de la sucesión de la casa de Borbón en Francia, pues el 16 de abril de 1711 había muerto el hijo de Luis XIV, el Gran Delfín, su nieto el duque de Borgoña falleció el 18 de febrero de 1712, y poco después, el 8 de marzo, su bisnieto el duque de Bretaña, y el heredero del trono, hermano menor de este, tenía solo dos años. Era muy posible, pues, que la herencia de Francia recayera en Felipe V que mantenía su derecho a la misma. Para impedirlo los ingleses exigieron que Felipe V renunciara a la corona de Francia. Lo hizo el 8 de julio de 1712, y a su vez, los duques de Berry y de Orleans renunciaron a la corona de España.

Mientras Francia negociaba con Inglaterra, los imperiales seguían la lucha. El príncipe Eugenio de Saboya se apoderó de Le Quesnoy el 14 de julio y de Landrecies el 17, amenazando París. El 24 de julio, la victoria del mariscal de Villars, en Denain, sobre los imperiales modificó la situación a favor de Luis XIV. El 22 de agosto se firmó una tregua franco-inglesa. Una de las condiciones fue que el Parlamento de París y las Cortes aceptaran la renuncia oficial de Felipe V a la corona francesa. Portugal aceptó la paz en noviembre, y el duque de Saboya en marzo de 1713. El 11 de abril, Francia firmó el tratado de paz con Inglaterra, Holanda, Portugal, Saboya y el rey de Prusia en Utrecht. El emperador se negó a firmar, pero abandonado por los ingleses, perdió toda esperanza de recuperar el trono de España; a cambio, reclamó todas las posesiones españolas en Europa y una zona fronteriza con Francia, con la inclusión en ella de Estrasburgo, y la independencia de Cataluña, que le había permanecido fiel.

La cuestión catalana fue, en efecto, el obstáculo principal para resolver el conflicto entre España y el emperador. El archiduque Carlos, ya emperador, había vivido cinco años entre los catalanes, y restableció sus fueros. Carlos se había marchado de Barcelona en 1711 para ir a recibir la corona imperial, pero había dejado allí a su esposa la emperatriz Isabel Cristina. Los ingleses habían intentado arreglar el asunto catalán, pidiendo para ellos, considerados rebeldes por Felipe V, no solo la amnistía sino la restauración de los fueros. Felipe V se indignó ante el premio que quería darse a la rebelión y ante esta intervención extranjera en los asuntos propios del Estado. Únicamente concedió la amnistía.

Al fin, el 13 de julio de 1713, Felipe V firmó la paz con Inglaterra y el duque de Saboya, y el 26 de junio de 1714 con Holanda. Felipe V tuvo que abandonar Gibraltar y Menorca, y concedió al duque de Saboya Víctor Amadeo la posesión de Sicilia, a Inglaterra el privilegio de mandar cada año a la América española un navío de quinientas toneladas llamado navío de permiso, así como el asiento, o sea el monopolio de la trata de negros. En virtud del artículo VII acordado el 11 de abril en Utrecht por Francia y los Estados Generales de las Provincias Unidas, Luis XIV debía entregarles los Países Bajos españoles con la condición de remitirlos al emperador. Finalmente, Luis XIV firmó la paz con el emperador el día 6 de marzo de 1714 en Rastatt. Pero España no estaba incluida en esta paz, que de hecho, disponía de ella. Luis XIV aceptó la entrega al emperador de Nápoles, del Milanesado y de los presidios de Toscana, así como de los Países Bajos españoles, además de Tournai, Ypres y Furnes. La amargura, en Madrid, fue enorme. Jamás Felipe V hubiera pensado que su abuelo tratase con el archiduque sin obligarle a renunciar a la monarquía española; incluso considerando que las pérdidas territoriales de España no eran «desfavorables ni política ni económicamente» [24, 34], el dolor de España era grande ante la desmembración de su imperio. Humillada, la monarquía española no renunció con facilidad a sus territorios, y la reconquista de parte de las posesiones italianas condicionó la política de España durante todo el reinado de Felipe V.

Para terminar la guerra solo faltaba que la monarquía borbónica recuperara Barcelona, abandonada por la emperatriz en julio de 1713. La capital catalana se aprestó para la última lucha. El 30 de julio de 1713, los catalanes declararon la guerra a los Borbones. La influencia de la burguesía urbana había sido predominante. La nobleza estaba dividida, pues si la pequeña nobleza era de origen catalán, las grandes familias desde hacía mucho tiempo se habían castellanizado por vía de casamiento. En cuanto al clero, si bien favorecía la lucha, criticaba por otra parte la política financiera de la ciudad. De hecho, fue la clase media, mercaderes y artesanos, el alma de la resistencia. En julio de 1714, las fuerzas de los españoles aliadas con las de los franceses se unieron contra Barcelona, cortándole el paso hacia Mallorca, que le mandaba ayuda. El 11 de septiembre, empezó el asalto final, rindiéndose la ciudad el día 15. El 16, el mariscal de Berwick tomó el mando general de los ejércitos, y Patiño, de todos los poderes civiles en el Principado. El estado catalán, de hecho, había desaparecido, y la confirmación oficial fue el decreto de la Nueva Planta de 1716. «Les Corts, la Generalitat», el Consejo de Ciento y el sistema fiscal desaparecieron. Se habló del fin de la nación catalana, pero la desaparición de las instituciones políticas no hizo desaparecer la comunidad catalana y el pueblo no abandonó su lengua. La guerra de Sucesión es para Pierre Vilar un ejemplo que pone de manifiesto el espíritu político catalán, que se manifiesta siempre que hay un desequilibrio entre las capacidades y las necesidades de los grupos sociales catalanes, por una parte, y las decepciones y recelos que les inspira la política del estado español [39, 676].

La reina María Luisa Gabriela no iba a gozar de la paz a duras penas conseguida. Falleció a los 26 años, el 14 de febrero de 1714 [2, 573]. Había sido el alma de la resistencia contra el enemigo y su gran popularidad había contribuido en gran medida a la consolidación de la monarquía borbónica. Su muerte no puso fin a la omnipotencia de la princesa de los Ursinos, que permaneció en el poder e incluso en 1714 apoyó las reformas concebidas por Macanaz y Orry.

La elección de otra esposa para Felipe V se inclinó, con el beneplácito de la princesa de los Ursinos, hacia la princesa de Parma Isabel Farnesio. Los méritos de esta princesa italiana habían sido alabados en especial por el abate Alberoni, uno de los muchos italianos que merodeaban por la corte española. Secretario del duque de Vendôme, Alberoni había llegado a la corte para anunciar la muerte de su señor ocurrida cerca de Valencia el 10 de junio de 1712. Logró atraerse la benevolencia de Luis XIV, de la princesa de los Ursinos, del cardenal Giudice y de Macanaz, y se quedó en Madrid como enviado de la corte de Parma. El casamiento por poderes se celebró el 16 de septiembre de 1714. Estaba previsto que la joven reina viajara por barco hasta Alicante. Ella, poniendo ya de manifiesto su indomable genio, prefirió ir hasta Génova, pasando luego por Francia, lo que le permitió visitar en Bayona a su tía la reina madre Mariana de Neoburgo, que achacaba a la princesa de los Ursinos la culpa de su destierro. El día 19 de diciembre de 1714, la princesa de los Ursinos salió de Madrid al encuentro de su nueva soberana, esperando poder ejercer sobre ella la autoridad que tuviera sobre María Luisa. La entrevista tuvo lugar el 23 de diciembre en Jadraque [2, 611], y tras una violenta disputa, la princesa salió para el destierro. Después de su victoria sobre la princesa de los Ursinos, Isabel iba a dominar también a su esposo. Las bodas se celebraron el 24 de diciembre de 1714 en Guadalajara. La caída de la princesa de los Ursinos arrastró con ella la del gabinete ministerial. Macanaz y Orry caían en desgracia el 7 de febrero de 1715, y el padre Robinet salió el 7 de marzo. Solo Grimaldo, del antiguo gabinete, permaneció en el poder.

La princesa de los Ursinos ha provocado opiniones diversas. Intrigante para unos, aparece en el libro de Baudrillart como una mujer juiciosa, ambiciosa tanto para la monarquía borbónica como para ella misma. En los momentos difíciles supo mantener el ánimo de los reyes de España. Con su destierro empezó una nueva fase de la historia política del reinado de Felipe V.

NOTAS DEL CAPÍTULO PRIMERO

1. Para pronunciarnos de modo indiscutible sobre el papel de Orry, es preciso esperar el estudio que está preparando Denise Ozanam.

2. *Histoire publique et secrète de la Cour de Madrid*, Colonia, 1719, p. 24.

CAPÍTULO II

Regalismo y relaciones entre España y Roma: Macanaz

Las primeras disensiones entre España y la Santa Sede surgieron por la actitud ambigua del papa ante la nueva dinastía. Era evidente que en Italia los súbditos de Felipe V esperaban la investidura del rey por el papa Clemente XI. Este demoraba su decisión por miedo a las tropas imperiales que circundaban sus estados. A lo largo de la guerra de Sucesión el papa se encontró en una posición muy delicada que explica en parte sus vacilaciones. Otra explicación también está en el recelo de Clemente XI ante las tendencias regalistas del nuevo gobierno. Las razones para reafirmar estas tendencias, propias siempre de la monarquía española, eran sobre todo de orden económico. La guerra había incrementado las necesidades del tesoro real.

El regalismo no era ninguna novedad al iniciarse el siglo XVIII, llamado a veces «extranjerizante» [19, 126]. No hay sino continuidad con los siglos pasados y el fenómeno no es propio de España. La originalidad del regalismo español, según Teófanes Egido, reside más bien en el hecho de que la monarquía española tardó más en conseguir lo que otras consiguieran antes. Es preciso evocar el problema con equilibrio. No se trata de condenar o aprobar a los partidarios del regalismo. Teófanes Egido habla de la «inventada heterodoxia del regalismo borbónico» cuya responsabilidad tiene Menéndez y Pelayo [19, 129]. No cabe oponer a los austríacos píos los Borbones rodeados de ministros volterianos.

El regalismo puede definirse como la defensa de las regalías del rey, como el forcejeo constante y secular por atribuir a la potestad real los derechos que se creen inherentes a su soberanía. Las regalías no son derechos concedidos por el papa sino derechos propios de la soberanía real que le permiten intervenir en los asuntos eclesiásticos del reino [19, 159].

Hacía ya bastante tiempo que la monarquía se oponía a los abusos de la curia romana en España. En 1633, don Juan Chumacero de Sotomayor y el obispo de Córdoba, Domingo Pimentel, habían redactado un *Memorial sobre reforma de abusos de la Curia eclesiástica*. Pasaban lista a las múltiples fuentes de ingresos de la curia: colación de beneficios, las dispensas matrimoniales —numerosas en un país donde los matrimonios consanguíneos en las familias nobles se daban a menudo—, los espolios y vacantes, las invasiones jurisdiccionales del tribunal de la nunciatura instalado en Madrid. El rey quería tener conocimiento exacto de las atribuciones e ingresos de la Inquisición, así como de las relaciones existentes entre Roma y el Santo Oficio, y en especial entre la Suprema y el tribunal de la nunciatura. Claro está que Felipe V necesitaba la Inquisición para su propaganda. Le interesaba muchísimo ver transformarse la guerra de Sucesión en cruzada. Pero la abundancia de las riquezas de la Iglesia, muy criticadas por los arbitristas, sin resultado, no podía sino incitar a la monarquía a sacar su parte de provecho.

Antes de examinar las diferentes fases de las relaciones entre Roma y la corte madrileña durante la guerra de Sucesión, hay que analizar los teóricos regalistas de este período. Resulta difícil separar en el siglo XVIII la teoría de la práctica, y aquí reside sin duda alguna la originalidad del regalismo de este siglo frente al de los siglos anteriores. No era más radical sino que intentó poner en práctica la teoría.

Don Francisco de Solís [17], obispo filipista de Lérida, escribió en 1709 una violenta diatriba contra los abusos de la curia, cuya fuerza asombró al propio Mayáns. Su doctrina era un verdadero episcopalismo regalista, al insistir en el poder de los obispos [19, 142]. Según él, la Iglesia española debía recuperar las libertades de que gozaban en tiempo de los godos con sus concilios nacionales, el rey y los obispos sin intervención directa de Roma. El *Dictamen... sobre los abusos de la Corte romana*, redactado cuando Solís estaba en la junta encargada de los asuntos eclesiásticos, pudo aparecer como obra de circunstancia cuya violencia se explica por la coyuntura de guerra. Sin embargo, ponía de manifiesto ideas ya antiguas y siempre vivas entre los regalistas. La fama de Solís, presentado después de la redacción de este opúsculo para el obispado de Ávila, fue oscurecida por la de Macanaz, hombre más de acción que teórico.

La reciente tesis de Carmen Martín Gaite [26] puso de relieve la importancia de aquel personaje, que tuvo parte en todas las reformas o tentativas de reformas de los primeros años del reinado de Felipe V. Nacido en Hellín, Melchor Rafael de Macanaz era hijo de un regidor. Había estudiado en Salamanca, como manteísta. Ya abogado, encontró a don Juan Manuel Fernández Pacheco y Zúñiga, marqués de Villena, del cual pasó a ser secretario [26, 29]. Gracias a este encuentro, pudo entrar en contacto con Montalto, presidente del consejo de Indias, y con el cardenal Portocarrero y, por lo tanto, con el gabinete en el poder. En 1706 pasó a ser uno de los consejeros del todopoderoso embajador Amelot.

El equipo ministerial en el poder al volver la princesa de los Ursinos en agosto de 1705, incitaba a la ruptura con el papa, que consideraba muy grave el reemplazo del padre Daubenton, jesuita muy favorable a Roma, por el padre Robinet. La primera tentativa regalista tuvo lugar en 1707, cuando se pidió un subsidio al clero. Clemente XI se opuso a cualquier entrega de dinero sin su beneplácito. El clero español se encontraba entre dos mandos completamente contradictorios. ¿A quién obedecería? El papa negaba al rey el derecho de considerar a los clérigos como meros súbditos. Unos cuantos prelados se destacaron por su oposición a las órdenes del rey, y por sus posiciones antiregalistas: a saber, los arzobispos de Toledo, Sevilla, Santiago, Valencia. Pero el alto clero, en su mayoría filipista, si bien se hizo de rogar, acabó por pagar. Hemos de decir ante todo que las mismas necesidades impuestas por la guerra a ambos príncipes les llevaron a practicar la misma política frente a la Iglesia [34]. El archiduque Carlos siguió una política parecida, regalista en extremo, en Cataluña, al controlar los ingresos de la Iglesia, como bien lo demostró Pedro Voltes Bou [44, 112].

El conflicto regalista iba a ampliarse a propósito de los asuntos de Valencia. El 5 de octubre de 1707, Macanaz fue nombrado juez de confiscaciones [26, 86], cargo de circunstancias creado para despachar los procesos tocantes a valencianos rebeldes, indemnizando a las familias que permanecieran fieles a Felipe V. Dada la importancia de la resistencia de Játiva, Macanaz empezó a desempeñar su cargo en aquella población, a fin de confiscar bienes y reconstruir la ciudad, a la que se iba a imponer el nuevo nombre de San Felipe. El 5 de diciembre de 1707, Macanaz hacía pregonar el famoso bando que provocaría su primer choque con la Iglesia. Todos los eclesiásticos debían presentarse ante la autoridad política para declarar los derechos y rentas que gozaban, en el plazo de un mes, plazo que pareció cortísimo, dadas las perturbaciones acarreadas por la guerra. Las apelaciones de los fallos de Macanaz solo podían llegar ante el consejo de Castilla. El arzobispo de Valencia, Antonio Folch de Cardona, hijo natural del almirante de Aragón, poderoso y respetado prelado, apoyándose en una institución delegada de la Nunciatura, la junta del Breve, consiguió la supresión del bando de Macanaz. La publicación del bando constituía un agravio hecho a sus derechos en su diócesis. Folch de Cardona tachó a Macanaz de anticlerical ante el consejo de Castilla. Incluso llegó a excomulgarlo por haberse enfrentado a la inmunidad eclesiástica. El 12 de noviembre de 1708, Macanaz tuvo que pedir el perdón al prelado. Folch de Cardona declaró que iba a consultarlo con el papa. El bando de Macanaz fue considerado como primer intento de desamortización. La corte estaba dividida en torno a qué decisión debía tomarse. Se desarrollaba una lucha en el seno del gobierno entre el bando de las reformas, que incluía a la reina María Luisa, al secretario de Estado Grimaldo, Amelot y la princesa de los Ursinos, y el bando opuesto a las reformas, formado en torno al consejo de Castilla, y en particular en torno al gobernador Ronquillo y al fiscal don Luis Curiel.

Mientras tanto, la actitud del papa seguía siendo ambigua. Sin romper de modo formal con Felipe V, había reconocido al archiduque como rey católico en la parte de los territorios de España ocupados por él —esencialmente Nápoles y el Milanesado—, a la par que consideraba a Felipe V como rey de las posesiones que ocupaba él. España tuvo entonces dos nuncios. Esta situación exasperó a Felipe V, que decidió romper las relaciones con la Santa Sede en abril de 1709. El duque de Uceda, embajador en Roma, recibió la orden de volver a Madrid. Se expulsó al nuncio Zondadori, y el día 22 de abril se cerró el tribunal de la Nunciatura por incompatibilidad con los derechos del rey. Más que unas represalias, esta medida debe considerarse como un acto propio de la política regalista de Felipe V. Es de notar que esta es una de las pocas veces en que una decisión importante fue tomada por el propio rey, no por sus consejeros. Incluso se opuso al propio Luis XIV, quien le había aconsejado una actitud moderada.

Esta expulsión abrió una fuerte polémica. En noviembre salió a la luz el Memorial antirregalista del obispo de Murcia, don Luis de Belluga, muy hostil al cierre de la Nunciatura, a pesar de ser fiel partidario de Felipe V y haberlo demostrado con las armas en la mano. El 21 de diciembre de 1709, las maniobras de Cardona concluían con el anuncio definitivo de la excomunión de Macanaz, que volvió a Madrid para justificarse [26, 123]. Pero la traición de Folch de Cardona, que reconoció al pretendiente austríaco el 26 de septiembre de 1710, liberó pronto a Macanaz de su gran enemigo.

La ruptura entre Madrid y Roma perturbó en gran manera la vida de la Iglesia española. A propósito de los matrimonios, muchas parejas no habían esperado la llegada de la dispensa y hacían vida matrimonial ilegítima. Muchos obispados permanecían sin titular. En 1713, doce sedes castellanas estaban vacantes. Se formó una junta en Madrid para examinar los negocios pendientes en Roma. Formó parte de ella el nuevo Inquisidor general, que pertenecía a una poderosa familia genovesa, el cardenal Francisco del Giudice, cuyo nombramiento y acceso al cargo había satisfecho al papa. No tardó en estallar un conflicto entre él y Macanaz, quien, fundándose en las leyes del reino, se opuso a la presentación del cardenal Giudice para el arzobispado de Toledo por ser extranjero.

Al acercarse la paz general, se urgía terminar la disensión entre Roma y Madrid. El papa rogó su mediación a Luis XIV, quien, por conocer el poder moral de la Santa Sede, predicaba sin cesar la moderación a su nieto. Pero Felipe V, sordo a los consejos de Luis XIV, se negaba a que el enviado del papa pisara tierra española. Así fue como las negociaciones tuvieron lugar en París, en terreno neutro. Macanaz fue llamado para ser el representante de España. Pero su idea base era que el nuncio no debía tener más poderes jurídicos que los de cualquier embajador. Macanaz, pues, se negó a desempeñar la misión y el rey le necesitaba a su lado para tareas importantes, tales como la reforma del Consejo de Castilla. Por eso nombró él mismo a uno de sus mejores amigos, don José Rodrigo Villalpando, miembro de la audiencia de Zaragoza, más tarde marqués de la Compuesta como premio de aquellas negociaciones con Roma, para ir a discutir en 1713 con Aldobrandi, enviado del papa en París.

En el mes de diciembre de 1713, ante las dificultades para concertar las opiniones de ambas partes, el rey quiso informarse de todos los problemas, así como de la causa del estancamiento de las negociaciones. Macanaz redactó entonces para el rey y el consejo de Castilla, que debía dar su parecer en el asunto, el célebre *Pedimento* (de los cincuenta párrafos) *sobre abusos de la Dataria* [26, 207]. La intención de aquel texto era fundamentalmente de tipo económico, para impedir que la curia siguiera sonsacando dinero a España. Los españoles se consideraban explotados igual que indios. Opuesto a la jurisdicción del nuncio y para evitar que los pleitos salieran de España, el *Pedimento* recogía casi al pie de la letra el *Memorial* de Chumacero y Pimentel. Desde luego, Macanaz lo tenía a la vista cuando redactó en menos de cinco días el *Pedimento*. Los párrafos más originales se referían a las cuestiones tantas veces llevadas y traídas por los arbitristas y recogidas por la desamortización: la reducción progresiva de la amortización de los bienes de la Iglesia, causa de un fraude constante para el fisco y el control del número, excesivo en su opinión, de clérigos, que incluso quería reglamentar. Incluso propone

> que en un pueblo haya una casa de religiosos y otra de religiosas de la misma orden y no más y que en un pueblo que no pase de mil vecinos o pecheros lo más que pueda haber sean dos conventos (párrafo 47).

Parece que estamos oyendo ya a los ministros de Carlos III.

El cardenal Giudice había sido mandado a París en abril de 1714, porque querían alejarle de Madrid en el momento en que el gobierno pensaba reformar la Inquisición. Desde París, el 31 de julio de 1714, Giudice mandó proclamar un edicto de la Inquisición española que condenaba tres obras regalistas: el libro de John Barclay, el de Omer Talon y un texto anónimo que no era sino el *Pedimento* de Macanaz. Este texto, que solo era un borrador destinado únicamente al consejo de Castilla, recordémoslo, nunca hubiera debido llegar a París en manos del

Inquisidor. Luis Curiel, el antiguo fiscal del consejo de Castilla, sustituido por Macanaz, era el autor de la traición. Fue exiliado. El gobierno quedó muy disgustado por ese asunto y el consejo de la Inquisición tuvo que reconocer lo ilegal de la publicación de un edicto inquisitorial en Francia. El padre Robinet declaró el *Pedimento* perfectamente ortodoxo, mientras Belluga, ya en lucha contra Macanaz desde 1713 a propósito de un impuesto sobre la sal que Macanaz quería imponer al clero, llegó incluso a escribir a Luis XIV para mostrarle los peligros que amenazaban a España y a la religión. Pedía el despido del padre Robinet y su reemplazo por el padre Daubenton. Por intermedio del príncipe Pío de Saboya, el gobierno español hizo saber al cardenal Giudice que no recuperaría su cargo de Inquisidor general, al volver a Madrid, sino anulando el edicto que condenaba el *Pedimento*. Habiéndose negado Giudice, fue sustituido por el obispo Gil de Taboada y Macanaz elaboró un proyecto de reforma de la Inquisición.

La llegada de la nueva reina Isabel Farnesio, al provocar el destierro de la princesa de los Ursinos, invirtió la situación. El 7 de marzo de 1715 se despidió el padre Robinet y fue sustituido por Daubenton. El 18 de marzo el cardenal Giudice, rehabilitado ya, fue nombrado ayo del príncipe de Asturias. Iba a vengarse de su enemigo, Macanaz, caído en desgracia desde el 7 de febrero. El 4 de agosto de 1715, el cardenal mandó procesar a Macanaz, refugiado ya en París. La Suprema entabló contra él un informe de limpieza de sangre que no tuvo efecto. El 28 de junio de 1716 tuvo lugar el llamamiento ante el tribunal de la Suprema. Macanaz, entonces en Pau, no se presentó. Se le embargaron los bienes y se le condenó, el 4 de octubre de 1716. Poco tiempo después, descontenta la reina Isabel de Giudice, se le desterró, pero no por eso se mejoró la situación de Macanaz. El rey se limitó a mandar una carta a la Inquisición, el 22 de septiembre de 1717, en la cual decía que Macanaz estaba en Pau por orden suya. Fue una de las pocas delicadezas de Felipe V a favor de quien le sirviera con fidelidad en los difíciles inicios de la monarquía borbónica.

Macanaz, así como el regalismo del siglo XVIII, han dado origen a una variedad de opiniones. Para Ferrer del Río, Macanaz fue un mártir; para Menéndez Pelayo, el «progenitor del liberalismo español». O sea, dos actitudes radicalmente opuestas [19, 146]. El libro de Carmen Martín Gaite nos propone un retrato más matizado y humano [26]. Profundamente convencido de la necesidad de un Estado fuerte, Macanaz se mostró a menudo duro, intransigente, acumulando contra él odios durante toda su vida. Había visto concitarse en contra suya todos los enemigos de un Estado centralizado y reformista: aristocracia, colegios mayores, clero e Inquisición. Sus escritos, en especial el *Pedimento*, fueron la base del regalismo de la Ilustración.

El rey de España y la Santa Sede llegaron a un acuerdo: «mezquino ajuste», según Ferrer del Río [19, 170]. El acuerdo de 1717 apenas se refería a los problemas graves, solo se limitaba a restablacer relaciones normales entre Felipe V y la curia. En realidad, ambas cortes dependían la una de la otra en el plano material y económico. Como bien lo subrayó Antonio Domínguez Ortiz: «ni el Papa podía recibir dineros de España sin el consentimiento del rey, ni el rey percibir tributos de su clero sin consentimiento del Papa» [9, 363]. En 1717, la monarquía obtenía la concesión regular de los breves de cruzada, diezmos, excusado, millones, subsidio, además de 150 000 ducados para la guerra contra los turcos. En cambio, Roma conseguía la reapertura del tribunal de la Nunciatura, tal como existiera antes. El problema de fondo seguía sin resolver. Este acuerdo presentaba más ventajas para Roma que para Madrid, pero Alberoni conseguía el capelo de cardenal.

La guerra provocó nueva disensión entre Roma y Madrid en febrero de 1718. Hubo que esperar la firma del Concordato de 1753 para que Macanaz, poco antes de su muerte (1760), viera triunfar varias de sus ideas.

Capítulo III

Las reformas administrativas: hacia el centralismo

La causa profunda de las reformas fue la necesidad de poner el país en condiciones para aguantar la carga económica de la guerra. Primero era preciso sanear la situación financiera del Estado, totalmente deficitaria a la muerte de Carlos II; aumentar sus ingresos mejorando el rendimiento de los impuestos ya existentes, creando incluso otros y, sobre todo, haciendo contribuir al esfuerzo financiero nacional, según las teorías de Macanaz, a las provincias y categorías sociales que hasta ahora se habían librado de ellos en su mayoría, en especial los países de la corona de Aragón y el clero. Para imponer las reformas, mal aceptadas por el clero, y sostener la guerra, se precisaba un gobierno central fuerte que supiera hacerse obedecer en cualquier punto del territorio.

En los siglos XVI y XVII, el gobierno de la monarquía se fundaba en el sistema de los consejos: polisinódico y colegial. El enlace entre el rey y la complicada maquinaria de los consejos estaba a cargo del secretario del despacho, creado en 1621, que trataba de los asuntos del despacho del rey, y de hecho hacía de mediador entre el «núcleo decisorio rey-valido» y el aparato de los consejos [11, 26]. Al llegar Felipe V, se planteó el problema de saber con quién gobernaría. Necesitaba un consejo. Como no era cuestión de gobernar con el consejo de Estado, en manos de los grandes, ni con el consejo de regencia, creado por el testamento de Carlos II pero entregado a rivalidades internas, creó el consejo de Despacho, del cual ya hemos hablado. Los miembros de este integraban el consejo a título personal y no según el cargo desempeñado. Varió el personal en función de las fluctuaciones de la política. Solo se mantuvo el secretario del despacho universal, don Antonio de Ubilla. Muy pronto fue evidente que el rey no podía despachar con un secretario solo. Había que dividir entre dos el cargo, por no recurrir a los secretarios de los diferentes consejos, ya que el gobierno borbónico quería apartarlos de los negocios importantes.

El 11 de julio de 1705, la secretaría del despacho se dividió entre una secretaría de Guerra y Hacienda y otra para los demás negocios [11, 41]. La unión de Guerra y Hacienda tenía su causa lógica en la situación presente de guerra. Esta decisión quitó importancia a las secretarías de los consejos. El 2 de octubre de 1706, las dos secretarías del consejo de Estado se redujeron a una sola, así como las del consejo de Guerra. El 1 de mayo de 1717, ambas secretarías de ambos consejos se redujeron a secretaría única. En 1705 se encargó a José Grimaldo la secretaría del despacho de Guerra y Hacienda, y al marqués de la Mejorada, la otra. La reforma de 1705 se completó por el famoso e importante decreto del 30 de noviembre de 1714 que creó cuatro secretarías del despacho llamadas secretarías de Estado y del despacho [12, 300]. Hubo una de Guerra, una de Marina e Indias, otra de Estado y otra de Justicia y gobierno político. Los titulares fueron, respectivamente: Miguel Fenández Durán, Bernardo Tinajero, José Grimaldo, Manuel Vadillo. Además, hubo un veedor general, cargo confiado a Orry, quien, con ayuda de un intendente universal, despachaba los asuntos de hacienda. El gobierno borbónico prefiguraba con esto los despachos ministeriales. Los acontecimientos políticos que siguieron a la salida de la princesa de los Ursinos, de Orry y Macanaz acarrearon cambios en la organización, variando el número de secretarías: tres en 1717, cuatro en 1720 y, por fin, cinco en 1721: Guerra, Marina e Indias, Estado, Justicia y Hacienda. Estos fueron los despachos ministeriales a lo largo del siglo XVIII.

Esta reforma de las secretarías, en la mente de Orry y Macanaz era pareja de la pérdida de importancia de los consejos. Ya en 1701, el gobierno, para ahorrar gastos, había reducido el número de ministros y oficiales al suprimir las plazas supernumerarias, por ejemplo. La cámara de Indias fue suprimida. La guerra impidió al rey ocuparse de la reforma de los consejos, cuya actitud ante las tropas del archiduque en Madrid, en junio de 1706, no fue del todo leal. El consejo de Indias cayó en el error de reunirse, convocado por el representante del archiduque. Gildas Bernard recalca el hecho de que el consejo, al actuar de esta forma, preparó su propia desaparición [4, 3], pero de todos modos su evolución era ineludible, ya que todos los consejos estaban condenados, y no solo el de Indias, pues se les acusaba de querer reducir los poderes del rey. No olvidemos lo que, ya el 1 de febrero de 1703, Orry había escrito en su *Plan pour la régie des affaires du roi d'Espagne* a propósito de los consejos: «Son ellos los que dirigen el Estado al disponer de todos los empleos, de todas las mercedes y todos los ingresos del reino, de modo que, en general, su propósito es que el rey no tenga, en realidad, ninguna parte activa en el gobierno» [15, 171]. Esto es lo que permite afirmar que, ya al iniciar su actuación, el gobierno borbónico proyectó la reforma de los consejos, limitando su poder al mero ejercicio de la justicia y reduciendo su papel en materia de gobierno. Aprovechó los acontecimientos de 1706 para hacer entrar en el consejo personas adictas a Felipe V. Para el solo consejo de Castilla hubo ocho nombramientos el 20 de septiembre de 1706, cinco en enero y junio de 1707 y cinco más en julio de 1707. En 1707 y 1708, nuevas tandas de consejeros renovaron casi por completo el personal del de Indias.

El 10 de noviembre de 1713 se publicó la Nueva Planta de los consejos. Uno de los puntos principales de la reforma que afectaba a todos los consejos, era la desaparición de la presidencia única, sustituida por una presidencia colegial, para menoscabar su prestigio y su papel político al acrecentar las rivalidades internas. En adelante hubo cinco presidentes en el consejo de Castilla y en el de Indias y cuatro en el de Hacienda, habiéndose suprimido la cámara de Castilla. Se aumentó el número de los consejeros para mejorar la eficacia del trabajo y activar el examen de los asuntos, en especial de los pleitos que se acumulaban en estos organismos. El consejo de Castilla tuvo veinticuatro consejeros, y treinta y dos en diciembre de 1714; el consejo de Indias veinte, diez de capa y espada y diez togados. El consejo de Castilla se puso bajo la tutela del fiscal general, verdadero jefe del consejo, cuyo cargo, más político que administrativo, fue confiado a Macanaz, responsable con Orry de la reforma [14].

El 9 de junio de 1715, la Nueva Planta de los consejos se suprimió a causa del despido de los autores de la reforma. Pero los consejos no iban a salir ilesos de la reforma. A pesar de la restauración de las antiguas estructuras, se quedaron como organismos de mera ejecución, relegados a un papel judicial. Poco a poco, con las secretarías de Estado se estableció un sistema paralelo al sistema polisinódico, y así, al desarrollarse las secretarías de Estado y reducirse el sistema de los consejos, el orden administrativo se impuso al orden judicial. De hecho, en la España de los primeros años del reinado de Felipe V se produjo el equivalente de la revolución administrativa francesa de 1661. Estaba ya todo dispuesto para el despotismo ministerial de la segunda mitad del siglo XVIII.

Una de las principales consecuencias de la guerra de Sucesión fue la supresión de los fueros del antiguo reino de Aragón, por el decreto del 29 de junio de 1707. En esta reforma, Macanaz tuvo un papel capital. El derecho de conquista y el poder absoluto del rey fueron la base del nuevo orden político. Las antiguas provincias del reino fueron sometidas a las leyes y prácticas de Castilla. El consejo de Aragón se suprimió el 15 de julio y los negocios a despachar se transmitieron al de Castilla. Se crearon audiencias a imitación de las de Castilla y la mitad de sus jueces fueron castellanos [31]. Se transformaron, pues, en chancillerías: el 2 de agosto, la de Valencia, y el 7 de septiembre, la de Aragón. Mercader Riba ha puesto de relieve un hecho importante: aunque el propósito teórico del gobierno fue gobernar los reinos de Aragón como los de Castilla «sin la menor diferencia en nada», la administración de Aragón denotó una fuerte impronta militar incluso después de terminar la guerra [30, 14 y 78]. El 3 de abril de 1711, tras la recuperación del reino por Felipe V, la chancillería de Aragón fue reducida a audiencia, siendo su presidente el comandante general de este reino. La Nueva Planta del 16 de enero de 1716, después de la reconquista de Barcelona, organizó las audiencias de Cataluña y Mallorca a imitación de la anterior, y el presidente fue el capitán general, comandante general de las armas. La autoridad militar y los letrados de la audiencia formaron un «Real Acuerdo», a quien tocaba gobernar el reino [32, 174]. El mismo año la chancillería de Valencia redujo su rango transformándose en audiencia y a causa del sistema del «Real Acuerdo». Para evitar conflictos que pudieran surgir en Valencia entre el capitán y la chancillería en 1707, el tribunal pasó igual que los demás bajo el control militar. El carácter militar de las instituciones civiles se acentuó en el transcurso del siglo, acabando por extenderse a Castilla. Un decreto de 1800 sometió las audiencias, e incluso las famosas chancillerías castellanas de Valladolid y Granada, a la autoridad del capitán general de la provincia, nombrado presidente de las mismas [31, 76].

La tónica militar dominante se nota también en lo referente a la nueva institución de la intendencia [21]. Se ha dicho a menudo que el intendente tenía su raíz en la figura castellana del superintendente de rentas [29]. No es nuestro propósito examinar los orígenes de esta institución, únicamente diremos que en 1703 Orry había pensado dividir España en diecisiete provincias, poniendo al frente de cada una un gobernador y un intendente, responsable solo ante el consejo de Castilla. Pero fue Bergeyck quien realizó la reforma, al nombrar, el 1 de diciembre de 1711, a los primeros intendentes, entre ellos José Patiño para Extremadura. Aunque al principio se nombrara a varios letrados, la institución conservó un cariz militar por las obligaciones del cargo y su reclutamiento, que se hizo más bien entre los comisarios de guerra. La institución sufrió muchas vicisitudes, pero constituyó un vivero de buenos administradores para la monarquía borbónica.

Hacienda también sufrió la impronta de la guerra. Primero fue preciso centralizar los ingresos, lo que hizo Orry ya en 1703, al crear la Tesorería Mayor de Guerra. Con muchas dificultades, este organismo sobrevivió a la guerra y a su autor, siendo el receptor incluso de los ingresos de todos los reinos de Castilla y de Aragón. Los franceses pusieron algo de orden en las cuentas. Hacienda misma reconocía que, en rigor, no podían aumentarse los impuestos existentes. Había que encontrar dinero en otra parte. El gobierno puso su interés en las enajenaciones [24, 238]. El decreto del 10 de noviembre de 1704 mandó a los dueños de bienes enajenados por la corona la paga del cinco por ciento de su valor. Numerosos decretos siguieron a este y se creó la junta de Incorporación. Este impuesto, que fue una fuente apreciable de ingresos, había disgustado a numerosos grandes, lo que explica a veces su actitud favorable hacia el archiduque. Los ingresos que provenían de la Iglesia tampoco eran de despreciar. A los donativos añadiremos los ingresos de las sedes episcopales vacantes, punto de litigio entre Roma y Madrid. Tampoco hay que olvidar el embargo de bienes de los rebeldes. Veamos ahora en que consistió la contribución de los reinos de Aragón.

Henry Kamen calculó que en 1713 estos ingresos de la corona de Aragón no ascendieron sino al 1,8 % de las rentas reales totales [24, 245]. ¿De qué se componían? Amelot había mandado a Macanaz estudiar las finanzas del reino de Valencia. En 1707 se introdujeron allí los impuestos de Castilla, la alcabala y el papel sellado. La introducción de la alcabala fracasó y Macanaz, en 1713, suprimió este impuesto y lo sustituyó por una especie de «capitación». Igual que los arbitristas, Macanaz llegó a la teoría de un impuesto único. En 1715 vemos aparecer en Valencia lo que se llamó el equivalente, que sustituyó a los impuestos castellanos. La alcabala tampoco tuvo éxito en Aragón. De hecho, durante el período de guerra Aragón contribuyó a la hacienda estatal entregando los ingresos de los monopolios del tabaco, la sal y el papel sellado, y sobre todo por la paga de fuertísimos impuestos militares, ya que los aragoneses debían mantener las tropas borbónicas. Parece que en 1714 fue cuando el impuesto, conocido a partir de 1718 con el nombre de única contribución, se introdujo para reemplazar los impuestos militares. En aquella fecha, H. Kamen estima los ingresos de la corona de Aragón en la décima parte de todos los ingresos del gobierno borbónico.

La guerra había obligado al gobierno a poner orden en la contabilidad y a aumentar sus ingresos. Las reformas afectaron más al funcionamiento de la hacienda que al propio sistema de imposición. El sistema de financiación por juros no se suprimió. Pero la centralización de los ingresos, así como una exacta administración financiera en la que los intendentes fueron partes, permitieron a España el fomento de su Marina y la participación en numerosas guerras a lo largo de todo el siglo. La idea de única contribución, que se había intentado aplicar en Aragón en 1718, fue recogida en 1749 por el marqués de la Ensenada.

CAPÍTULO IV

Las consecuencia de la guerra de Sucesión

Tanto Campomanes como Jovellanos recalcaron los aspectos positivos de la guerra de Sucesión. Si bien el historiador no puede aceptar plenamente su punto de vista, es decir, el crecimiento de la circulación monetaria, sin embargo, sí debe plantear la cuestión de saber si la guerra de Sucesión fue o no beneficiosa al país.

La guerra no ocasionó ninguna despoblación grave en general; fuera de algunas excepciones —la cruel represión del caballero de Asfeld en el reino de Valencia—, los dos bandos, filipista y austríaco, con la preocupación de atraerse la población, en gran medida intentaron evitar saqueos y matanzas. No olvidemos tampoco que buena parte de los soldados que combatieron en España no eran españoles sino extranjeros. Las epidemias, a pesar de la guerra, fueron escasas durante aquel período, y esporádicas (Orihuela en 1707, Sevilla en 1709, Cartagena en 1713).

Los precios permanecieron estables. Se constata una lenta subida de los mismos desde 1680. Las medidas tomadas en 1680 y 1686 habían estabilizado la moneda y esto salvó a España de la inflación producida por la guerra. No debe atribuirse esta estabilidad a la llegada del oro y plata de América, ya que en buena parte este oro y plata fue desviado hacia Francia.

Los franceses intentaron controlar la economía española. Primero quisieron impedir el establecimiento de nuevas industrias, sobre todo de tipo textil. Se mostraron reacios frente a Bergeyck cuando este quiso instalar a flamencos en España para dar nuevo impulso a la industria textil. Consiguió, sin embargo, crear la célebre fábrica de Valdemoro [24, 154]. En segundo lugar, los franceses intentaron conseguir monopolios comerciales. Lograron un cierto éxito con el comercio lanar, e intentaron también apoderarse del comercio de Indias. Pero a pesar de la superioridad naval francesa, del control del asiento del que se aprovecharon antes que los ingleses, y a pesar de la participación activa que tuvieron en el contrabando y el comercio ilegal en América [24, 174], los franceses no consiguieron controlarlo.

A pesar de este fracaso, el comercio francés en España salió reforzado de la guerra de Sucesión. El número de súbditos franceses instalados en España creció de modo apreciable, sobre todo en la colonia de Cádiz, y el índice del comercio franco-español pasó de 50 en 1716 a 140 en 1750 [24, 152].

Los sectores económicos españoles que más progresaron entre 1700 y 1715 y en el período siguiente, fueron las industrias relacionadas con la guerra. Henry Kamen nota, por otra parte, que Felipe V, durante todo el reinado, hizo de la guerra «la base de sus finanzas, su administración y su política extranjera» [24, 414]. La marina había de beneficiarse mucho de esta orientación política. Advirtamos, por fin, que si bien España parece haber sufrido poco a causa de la guerra en el plano económico es porque su economía iba en camino de recuperarse desde 1680.

La guerra no acarreó grandes trastornos a la sociedad. Conviene, sin embargo, citar la situación de la nobleza. El poder económico de la alta nobleza salió casi íntegro de la guerra de Sucesión, aunque casi un tercio de los grandes y títulos más prestigiosos, como los condes de Oropesa, de Cifuentes, el duque de Medina de Rioseco, almirante de Castilla, habían traicionado al rey y cayeron en desgracia. En efecto, el gobierno castigó a los rebeldes y traidores embargando sus bienes, sin tocar el poder socio-económico del conjunto de la alta nobleza. Puso, sin embargo, especial cuidado en apartar a los grandes del poder político y de la administración.

Cuando se estudia el personal de los consejos, escogido en el siglo XVII no entre los grandes sino en la mediana y pequeña nobleza, se notan también unas diferencias. El nivel nobiliario va bajando, y este fenómeno se hace más patente entre el 10 de noviembre de 1713 y el 9 de junio de 1715, cuando los decretos de la Nueva Planta intentaron la reforma de los consejos [15, 156]. Macanaz, con su mero origen manteísta, se esforzó por apartar de los consejos a los colegiales, que pertenecían en general a la aristocracia local de los regidores y veinticuatros, o eran segundones de familias ricas y conocidas. Con el desarrollo de las secretarías de Estado y del despacho, frente al cursus administrativo tradicional con salida a los consejos, única garantía de la ascensión social de los letrados, aparecieron otras posibilidades de carrera para hombres de origen bastante modesto, que los llevaron a veces a éxitos deslumbrantes coronados por la concesión de un título, como el de un Floridablanca. Con la distribución de títulos por servicios prestados, Felipe V quiso demostrar que la existencia de una clase noble radicaba, ante todo, en el servicio a la monarquía y a la nación. Las concesiones de títulos a militares que destacaron durante la guerra de Sucesión fueron, claro está, muy numerosas. Guerra y Marina, al recuperar importancia, iban a ofrecer cargos interesantes y lucrativos. Por ello, la guerra, base de la política de Felipe V, incidió también en la evolución de la sociedad. El ideal militar sustituyó al administrativo. Los hijos de la nobleza prefirieron ingresar en el ejército antes que en la administración. En el siglo XVI, el letrado había reemplazado al soldado; a partir de la guerra de Sucesión, el soldado tuvo precedencia sobre el letrado [15, 344].

El Estado de los borbones salió de la guerra de Sucesión más fuerte de lo que era en 1700, a pesar de la humillación sufrida por la pérdida de los territorios europeos del Imperio español. La unificación política del país, la hacienda saneada, el crecimiento de los ingresos del Estado, la reorganización del ejército, el estímulo de industrias de guerra, la mayor eficacia de la administración, el alejar la alta nobleza del poder, fueron las ganancias con que el gobierno borbónico salió de la guerra de Sucesión.

Nos queda por plantear una cuestión. ¿Cuál fue el papel de Francia en la restauración del Estado español? A menudo se tachó a los franceses de imperialismo en aquella ocasión, al poner de relieve su deseo de apoderarse del comercio con las Indias, así como el papel político de la princesa de los Ursinos, Amelot y Orry. Pero cabe recalcar que Luis XIV nunca quiso dominar a España. En cuanto a las reformas, no fueron todas planeadas por franceses, y por otra parte consiguieron la adhesión de numerosos españoles. ¿Acaso no recuperaban las teorías defendidas por los mismos arbitristas? En efecto, se nota a menudo una continuidad entre el pensamiento arbitrista del siglo XVII y el de los reformistas del siglo XVIII, especialmente evidente en el terreno de las relaciones entre la Iglesia y el Estado.

Tampoco hay que olvidar que el principal autor de las grandes reformas desde 1707 hasta 1715 fue el español Macanaz, a quien ni siquiera puede considerarse francófilo ya que varias veces puso de manifiesto su desconfianza hacia Francia. Sin duda alguna, Macanaz fue quien más trabajó por la restauración del poder borbónico y mucho le deben los ministros ilustrados de la segunda mitad del siglo XVIII.

BIBLIOGRAFÍA

1. BACALLAR Y SANNA, VICENTE, MARQUÉS DE SAN FELIPE, *Comentarios de la guerra de España e historia de su rey Felipe V, el animoso hasta la paz general del año 1723*, ed. Carlos Seco Serrano, B.A.E., t. 99, Madrid, 1957.

2. BAUDRILLART, ALFRED, *Philippe V et la Cour de France*, 5 vols., París, 1880-1901.

3. BELANDO, FR. NICOLÁS DE JESÚS, *Historia civil de España, sucesos de la guerra y tratados de paz desde el año 1700 hasta el de 1733*, 3 vols., Madrid, 1740.

4. BERNARD, GILDAS, *Le secrétariat d'État et le conseil espagnol des Indes (1700-1808)*, Ginebra-París, 1972.

5. BOIX, VICENTE, *Xátiva, memorias, recuerdos y tradiciones*, Játiva, 1857.

6. CAMPS I ARBOIX, JOAQUÍM, *El decret de Nova Planta*, Barcelona, 1963.

7. COMBES, FRANÇOIS, *La princesse des Ursins, essai sur sa vie et son caractère politique*, París, 1858.

8. DÍAZ-PLAJA, FERNANDO, *El siglo XVIII (la historia de España en sus documentos)*, Madrid, 1955.

9. DOMÍNGUEZ ORTIZ, ANTONIO, *Las clases privilegiadas en la España del Antiguo Régimen*, Madrid, 1973.

10. DOMÍNGUEZ ORTIZ, ANTONIO, *La sociedad española en el siglo XVIII*, Madrid, 1955.

11. ESCUDERO, JOSÉ ANTONIO, *Los orígenes del consejo de ministros en España*, 2 vols., Madrid, 1979.

12. ESCUDERO, JOSÉ ANTONIO, *Los secretarios de Estado y del despacho*, 4 vols., Madrid, 1969.

13. FAYARD, JANINE, «Les Bidal d'Asfeld, l'ascension sociale d'une famille de bourgeois parisiens au XVIIème siècle», en *Bulletin de la Société de l'histoire de Paris et de l'Ille-de-France*, 1963, p. 83-110.

14. FAYARD, JANINE, «La tentative de réforme du conseil de Castille sous Philippe V (1713-1715)», en *Mélanges de la Casa de Velazquez*, t. II, 1966, pp. 259-281.

15. FAYARD, JANINE, *Les membres du conseil de Castille à l'époque moderne (1621-1746)*, Ginebra-París, 1979.

16. FERNÁNDEZ ALONSO, J., «Un período de las relaciones entre Felipe V y la Santa Sede (1707-1717)» en *Anthologica Annua*, t. 3, 1955, pp. 9-88.

17. FERNÁNDEZ ALONSO, J., «Francisco de Solís, obispo intruso de Ávila (1709)», en *Hispania Sacra*, t. 13, 1960, pp. 175-190.

18. GASCÓN PELEGRÍ, VICENTE, *La región valenciana en la guerra de Sucesión*, Valencia, 1956.

19. *Historia de la Iglesia en España*, t. IV, *La Iglesia en la España de los siglos XVII y XVIII*, dirigido por Antonio Mestre Sanchís, Madrid, 1979.

20. JADART, H., *Claude-François Bidal, marquis d'Asfeld, maréchal de France (1667-1743)*, Arcis-sur-Aube, 1881.

21. KAMEN, HENRY, «El establecimiento de los intendentes en la administración española», en *Hispania*, t. 24, 1964, pp. 368-395.

22. KAMEN, HENRY, «Melchor de Macanaz and the foundations of Bourbon power in Spain», en *English Historical Review*, 1965, pp. 699-716.

23. KAMEN, HENRY, «The destruction of spanish Silver Fleet at Vigo en 1702», en *Bulletin of the Institute of Historical Research*, 1966, pp. 165-173.

24. KAMEN, HENRY, *La guerra de Sucesión en España (1700-1715)*, Barcelona, Buenos-Aires, México, 1974.

25. MACANAZ, MELCHOR DE, *Testamento político. Pedimento fiscal. Noticia biográfica*, ed. F. Maldonado Guevara, Madrid, 1972.

26. MARTÍN GAITE, CARMEN, *El proceso de Macanaz. Historia de un empapelamiento*, Madrid, 1970.

27. MARTÍN MARTÍNEZ, ISIDRO, *Fundamentos de la política antirreglista de Belluga*, Murcia, 1960.

28. MERCADER RIBA, JUAN, «La ordenación de Cataluña por Felipe V, la Nueva Planta», en *Hispania*, t. 11, núm. 43, pp. 257-366, 1951.

29. MERCADER RIBA, JUAN, «Un organismo piloto en la Monarquía de Felipe V: la superintendencia de Cataluña», en *Hispania*, 1966, pp. 382-409, 526-578 y 1967, pp. 116-157, 354-376.

30. MERCADER RIBA, JUAN, *Felip V i Catalunya*, Barcelona, 1968.

31. MOLAS RIBALTA, PEDRO, «Las audiencias borbónicas en la corona de Aragón, aportación a su estudio», en *Estudis* (Valencia), núm. 5, 1976, pp. 59-124.

32. MOLAS RIBALTA, PEDRO, «Militares y togados en la Valencia borbónica», en *Actes du 1er colloque sur le pays valencien à l'époque moderne*, 1980, pp. 171-186.

33. PÉREZ APARICIO, CARMEN, «El austriacismo en Valencia, un nuevo intento de sublevación en 1710», en *Estudis*, núm. 4, 1975, pp. 179-189.

34. PÉREZ APARICIO, CARMEN, «El clero valenciano y la guerra de Sucesión», en *II simposio sobre el P. Feijoo y su siglo*, Oviedo, 1976.

35. PÉREZ GOYENA, A., «Teólogos antifranceses en la guerra de Sucesión», en *Razón y Fe*, t. 91, 1930, p. 326.

36. PÉREZ PICAZO, MARÍA TERESA, *La publicística española en la guerra de Sucesión*, 2 vols., Madrid, 1966.

37. SCHRYVER, REGINALD DE, *Jan von Brouchoven, graaf von Bergeyck* (1644-1725), Bruselas, 1965.

38. SERRA RUIZ, RAFAEL, *El pensamiento social y político del cardenal Belluga*, Murcia, 1963.

39. VILAR, PIERRE, *La Catalogne dans l'Espagne moderne*, 3 vols., París, 1962.

40. VOLTES BOU, PEDRO, *El archiduque Carlos de Austria, rey de los catalanes*, Barcelona, 1953.

41. VOLTES BOU, PEDRO, «La jurisdicción eclesiástica durante la dominación del archiduque Carlos en Barcelona», en *Hispania Sacra*, t. 9, 1956, pp. 111-121.

42. VOLTES BOU, PEDRO, «Felipe V y los fueros de la Corona de Aragón», en *Revista de Estudios políticos*, núm. 84, 1956, pp. 97-120.

43. VOLTES BOU, PEDRO, «Las dos ocupaciones de Madrid por el archidu-

que Carlos de Austria», en *Boletín de la Real Academia de la Historia*, 1962, pp. 61-110.

44. Voltes Bou, Pedro, *Barcelona durante el gobierno del archiduque Carlos de Austria*, 3 vols., Barcelona, 1963-1970.

45. Voltes Bou, Pedro, *La guerra de Sucesión en Valencia*, Valencia, 1964.

CRONOLOGÍA

AÑOS	HECHOS ECONÓMICOS
	R E Y E S
1474	
1475	Ordenamiento del sistema monetario. Creación del «excelente» de oro.
1476	
1477	
1478	
1479	
1480	
1481	
1490	
1491	Se revoca la ordenanza de Ávila permitiendo adehesar las heredades de media yeguada y hacerles términos redondos.
1492	
1493	
1494	
1496	
1497	Se adopta la metrología del ducado aragonés. Se proclama la libertad de los carreteros para andar por todos los términos de los pueblos. Esta ley se renueva en 1516-17, 1526 y 1553.
1499	
1500	
1500-1525	Crecimiento de las exportaciones de lana.
1502	Tasa del pan (trigo-cebada) en 110 mrs y 60 mrs la fanega.
1503	Creación del «horno de San Nicolás» en Málaga para fundir balas de hierro.
1503-1530	Crecimiento paulatino de las remesas metálicas de Indias: ciclo del oro.
1504	
1505	

HECHOS POLÍTICOS	CULTURA
C A T Ó L I C O S	
Isabel, reina de Castilla.	
Guerra con Portugal.	
Cortes de Madrigal.	
	Pragmática por la que se crea el Tribunal del «Protomedicato» en Castilla, reformado después por Felipe II.
Fundación de la Inquisición castellana.	
Fernando, rey de Portugal. Paz con Portugal.	
Cortes de Toledo.	
Empieza la guerra de Granada.	
	Tirant lo Blanch.
Sitio de Granada.	
Rendición de Granada. Expulsión de los judíos. Primer viaje de Colón.	Nebrija: *Gramática castellana.*
Tratado de Barcelona.	
El papa Alejandro VI confiere a Fernando e Isabel el título de Reyes Católicos. Tratado de Tordesillas.	
Liga Santa.	
Doña Juana, hija de los Reyes Católicos, casa con Felipe el Hermoso.	
Muere el príncipe don Juan, hijo mayor de los Reyes Católicos. Ocupación de Melilla.	
Rebelión en el Albaicín de Granada.	*La Celestina.*
Rebelión de las Alpujarras. Nace Carlos de Gante, futuro rey y emperador.	Creación de la Universidad de Valencia. Tribunal del «Protoalbeiterato».
Cortes de Toledo. Conversión forzosa de los moros de Granada	
Creación de la Casa de la Contratación de Sevilla. Victorias del Gran Capitán en Italia: Ceriñola, Garellano.	
Muere Isabel la Católica.	
Cortes de Toro.	

AÑOS	HECHOS ECONÓMICOS
1506	
1507	
1508	Peste en Barcelona y Sevilla.
1509	
1510	Crisis económica general, patente en el sector textil.
1510-1550	Los contemporáneos atestiguan la subida de los precios.
1510-1560	Los municipios castellanos reglamentan la actividad artesanal por la promulgación de numerosas ordenanzas gremiales.
1511	Pragmática sobre el obraje de los paños.
1512	
1513	Arreglo de la ferrería de Oriva en Fuenterrabía para la fundición de balas de hierro.
1515	
1516	

M O N A R Q U Í A

AÑOS	HECHOS ECONÓMICOS
1517	
1518	Ley sobre montes en provecho de la ganadería, renovada en 1537.
1519	Peste en el reino de Valencia y Zaragoza. Cifra máxima de las cabezas de merinos mesteños: 3 177 669.
1520	
1521	
1522	
1523	
1524	Peste en Sevilla.
1525	Batalla de Pavía. Edicto contra los mudéjares.

HECHOS POLÍTICOS	CULTURA
Muere Felipe el Hermoso. Primera regencia de Cisneros.	
Regencia de Fernando el Católico.	
	Amadís de Gaula. Creación de la Universidad de Alcalá de Henares. Real Cédula creando el título de «Piloto Mayor».
Conquista de Orán.	
	Hernando del Castillo: *Cancionero general.*
Incorporación de Navarra.	Casa de las Conchas (Salamanca).
	Gabriel Alonso de Herrera: *Libro de Agricultura.*
Batalla de Marignan.	
Muere Fernando el Católico. Segunda regencia de Cisneros. Tratado de Noyon.	
H I S P Á N I C A	
Carlos I llega a España Lutero publica sus tesis.	Se termina la edición de la *Biblia Políglota.*
Cortes de Valladolid.	
Carlos I, elegido rey de romanos, futuro emperador. Cortés empieza la conquista de México.	Primer texto de náutica impreso en España: *Suma de geografía* ... de Fernández de Enciso.
Cortes de Santiago-La Coruña. Comunidades y Germanías. Carlos V coronado en Aquisgrán.	
Batalla de Villalar. Dieta de Worms. Invasión francesa en Navarra.	
Carlos V regresa a España.	
Se crea el Consejo de Indias.	
	Creación del cargo de Cosmógrafo Mayor.
	Alonso de Covarrubias: Hospital de la Santa Cruz de Toledo.
	Se inician las obras de la catedral de Segovia dirigidas por Juan Gil de Hontañón.

AÑOS	HECHOS ECONÓMICOS
1526	
1527	
1528	Peste en Aragón.
1529	Segunda pragmática sobre el obraje de los paños.
1530	Peste en Barcelona.
1530-1570	Subida de los precios; crecimiento del sector textil.
1531	
1531-1560	Remesas metálicas de Indias: sigue el ciclo del oro, y empieza el ciclo de la plata.
1532	
1533	Peste en Aragón.
1534	Acuñación inicial del escudo de oro.
1534-1630	Papel primordial de la herrería de Eugui (Navarra) en la fundición de municiones para artillería.
1535	
1536	
1538	
1540	
1541	
1542	«Peste» de langostas, sobre todo en Castilla la Vieja. Doctor Sarabia de la Calle: *Instrucción de mercaderes*.
1543	
1544	
1545	
1546	Cristóbal de Villalón: *Tratado de cambios y contrataciones de mercaderes y reprobación de usura*.
1547	Invasión de langostas en Andalucía.
1549	Tercera pragmática sobre el obraje de los paños.
1550	

HECHOS POLÍTICOS	CULTURA
az de Madrid. ledidas restrictivas contra los moriscos.	Gonzalo Fernández de Oviedo: *Historia general y natural de las Indias*. Disputa sobre los libros de Erasmo.
aco de Roma. ace el príncipe Felipe, futuro Felipe II.	Alonso Berruguete: retablo de Olmedo.
oncordia con los moriscos de la Corona de Aragón.	Diego de Siloé inicia la catedral de Granada.
az de Cambray.	
arlos V coronado en Bolonia.	Prohibición de la entrada de libros luteranos. Pedro Machuca inicia la construcción del Palacio de Carlos V en Granada.
	Luis Vives: *De disciplinis*.
	Miguel Servet: *Diálogos*.
gnacio de Loyola funda la Compañía de Jesús.	
xpedición contra Túnez y Argel.	
	Valdés: *Diálogo de la Lengua*.
ortes de Toledo.	
	Se funda la Universidad de Granada.
olítica antiturca. Fracasa la expedición contra Argel.	
latrimonio del príncipe Felipe con María de Portugal.	Florián de Ocampo: *Crónica general*. Juan de Juni: *Santo Entierro* y *Piedad*.
	Se crea la Universidad de Santiago de Compostela.
	Se inicia el concilio de Trento.
luere Lutero. e inicia la guerra entre el emperador y los protestantes alemanes.	Se abre en Gandía el primer colegio de jesuitas.
atalia de Mühlberg.	
	Rodrigo Gil de Hontañón: Universidad de Alcalá.
	Jardín botánico de Aranjuez.

AÑOS	HECHOS ECONÓMICOS
1551	Peste en Valencia.
1552	Cuarta pragmática sobre el obraje de los paños. Se reducen a pasto las dehesas rotas desde hace ocho años para el ganado ovejuno y 12 años para el ganado vacuno.
1553	
1554	
1555	
1556	*Comentario resolutorio de cambios*, de Martín de Azpilcueta. Plaga de langostas en la Península.
1557	
1558	Tasa del pan (trigo-cebada) en 320 mrs y 140 mrs la fanega. Peste en Barcelona y Murcia. *Memorial para que no salga dinero del Reino*, del contador Luis Ortiz.
1559	
1560	Se inicia la encuesta sobre la población, los padrones de pecheros y la riqueza nacional.
1561	
1562	
1563	
1564	Descubrimiento de las minas de azogue de Huancavelica en el Perú. Peste en Zaragoza. Tasa del pan (cebada) en 187 mrs la fanega.
1565	
1566	Acuñaciones de los doblones de plata, llamados pistoles en el extranjero.
1567	
1568	Peste en Sevilla. *El despertador que trata de la gran fertilidad que España solía tener y la causa de los daños y falta con el remedio suficiente* de Juan de Arrieta.
1569	*Suma de Tratos y Contratos* de Tomás de Mercado.
1571-1577	
1571	Tasa del pan (trigo) en 374 mrs. la fanega.

HECHOS POLÍTICOS	CULTURA
	Se crea la cátedra de Navegación y Cosmografía. Fray Bartolomé de las Casas: *Brevísima relación de la destrucción de Indias*.
Se vigoriza la Inquisición: se da al Tribunal completa independencia jurídica.	
El príncipe Felipe casa con María Tudor, reina de Inglaterra.	*El Lazarillo de Tormes*.
Paz de Augsburgo. Creación del Consejo de Italia.	
Abdica Carlos V. Cesión de Castilla, Aragón, Flandes, Sicilia e Indias a Felipe II.	
Batalla de San Quintín.	Francisco de Vitoria: *De Indis et iure belli*.
Carlos V abdica en su hermano Fernando I el poder imperial. Muere Carlos V.	
Paz de Cateau-Cambrésis. Autos de fe de Valladolid y Sevilla. El arzobispo de Toledo, Carranza, detenido.	Alonso de Covarrubias: Puerta de la Bisagra de Toledo.
Se inicia en Flandes el movimiento de oposición a Granvela.	
	Jerónimo de Zurita: *Anales de la Corona de Aragón* (1.er vol.).
	Juan de Herrera inicia la construcción de El Escorial por encargo de Felipe II.
Termina el concilio de Trento. Política antiturca. Conquista del Peñón de la Gomera.	
Se agrava el problema de los Países Bajos: oposición político-religiosa: compromiso de Breda.	
El duque de Alba en Flandes.	
Felipe II hace ejecutar a Egmont y Horns. Sublevación del príncipe de Orange. Muere el príncipe don Carlos, hijo de Felipe II, Sublevación de los moriscos de Granada.	
Juan de Austria, nombrado capitán en jefe de las tropas reales contra los moriscos.	Alonso de Ercilla: *La Araucana*.
	1.ª expedición científica dirigida por Francisco Hernández que estudió la historia natural mexicana.
Lepanto. Expulsión de los moriscos de Granada.	

AÑOS	HECHOS ECONÓMICOS
1573	
1574	
1575	
1575-1580	
1576	
1578	
1579	
1580	
1581	Peste en Andalucía y Extremadura.
1582	Fundación en Segovia del «Nuevo Ingenio de la Moneda». Tasa del pan (trigo-cebada) en 476 mrs y 224 mrs la fanega.
1583	
1583-1589	Brotes epidémicos en toda la Península.
1584	
1585	
1586	
1588	
1589-1590	Peste gravísima en Barcelona: 11 792 muertos.
1590	Se crea el «Servicio de Millones» para aliviar el déficit presupuestario.
1591	
1592	
1593	
1596	Acuñaciones de vellón sin liga de plata en el Nuevo Ingenio de la Moneda segoviano, con consecuencias inflacionistas.
1598	Tasa del pan (cebada) en 258 mrs la fanega.

HECHOS POLÍTICOS	CULTURA
Destitución del duque de Alba. Nombramiento de Luis de Requesens.	
Negociaciones entre Requesens y el príncipe de Orange.	
	Felipe II funda la Academia de Matemáticas.
	Relaciones topográficas de los pueblos de Castilla la Nueva, ordenada por Felipe II.
Juan de Austria, gobernador de los Países Bajos.	*Repertorio de Caminos* de Alonso de Meneses, correo.
Fracaso de la política de Juan de Austria. Nombramiento de Alejandro Farnesio. Batalla de Alcazarquivir; muere don Sebastián, rey de Portugal. Asesinato de Escobedo.	
Prisión de Antonio Pérez y la princesa de Éboli.	Se establece en Madrid el primer teatro permanente.
Incorporación de Portugal a la corona de Castilla.	Bernal Díaz del Castillo: *Historia verdadera de la conquista de Nueva España*.
Apología de Guillermo de Orange.	
	Fray Luis de León: *La perfecta casada* y *Los nombres de Cristo*.
Ruptura diplomática con Inglaterra.	
	Santa Teresa de Jesús: *El camino de perfección*.
Oposición hacia la Compañía de Jesús en Castilla.	El Greco: El entierro del conde de Orgaz.
Fracaso de la Armada invencible.	
Intervención de Felipe II en Francia.	
Motín de Zaragoza. Ejecución de Lanuza, justicia mayor de Aragón.	
	Padre Mariana: *Historia de rebus Hispansae*.
Reglamentación del Consejo de Hacienda.	
Paz de Vervins. Muere Felipe II. Se inicia el gobierno de los validos con la privenza del duque de Lerma.	Lope de Vega: *La Arcadia*.

AÑOS	HECHOS ECONÓMICOS
1598-1600	Peste gravísima de Castilla; ruptura del crecimiento demográfico.
1599	
1600	Tasa del pan (trigo-cebada) en 612 mrs y 306 mrs la fanega. *Memorial de la política necesaria y útil restauración de la República de España y Estados della y desempeño universal de estos reinos* de Martín González de Cellorigo.
1600-1630	Estancamiento de la producción agrícola con tendencia negativa, y estancamiento de la población.
1600-1611-1657-1674	Leyes suntuarias prohibiendo cierto lujo en los trajes.
1601	
1602	
1603	Exclusión de los estantes de los privilegios de la Mesta.
1604	Subida de la moneda de vellón al doble y resello de las piezas.
1605	
1606	
1608	
1609-1610	
1609-1611	Decadencia de las técnicas de regadío y de cultivo de las hortalizas en la Penísunla, efecto de la expulsión de los moriscos.
1610	Brotes de garrotillo en la Península.
1611	
1612	
1615-1618	
1617	
1618	*Gobierno político de agricultura* de Lope de Deza
1619	Peste en Levante. *Restauración política de España y deseos públicos* de Sancho de Moncada.
1620	Desarrollo del cultivo del maíz en las Vascongadas y el Cantábrico.
1621	
1623	*Conservación de las monarquías* de Pedro Fernández Navarrete.

HECHOS POLÍTICOS	CULTURA
	Mateo Alemán: *Guzmán de Alfarache.*
Derrota española de las Dunas.	
Sitio de Ostende.	
Luchas civiles en Cataluña. Se convoca el somatén contra los bandoleros.	
Rendición de Ostende.	
	Cervantes: *El ingenioso hidalgo don Quijote de la Mancha* (1.ª parte). Gregorio Fernández: Cristo de El Pardo.
Guerra con Holanda.	
	Creación de las Universidades de Oviedo y Pamplona.
Expulsión de los moriscos.	
	Juan Gómez de Mora: portada de la Encarnación en Madrid. Luis de Góngora: *Fábula de Polifemo y Galatea. Soledades.*
Problema de Monterrato.	
	Muere el jesuita P. Suárez, autor de *Tratabus de legibus et Deo legislatore.*
	Lope de Vega: *Fuenteovejuna.* Sancho de Moncada: *Restauración política de España.*
Rebrote de las luchas civiles en Cataluña. Motín de La Bisbal.	
Muere Felipe III. El Conde-duque de Olivares, privado de Felipe IV.	

AÑOS	HECHOS ECONÓMICOS
1624	
1625-1630	Decrece la inmigración francesa en Cataluña.
1625	
1626	Inundaciones en toda España.
1626-1627	
1628	Puesta en funcionamiento de dos altos hornos en Liérganes (Santander).
1629	*Libro de las cinco excelencias del español que despueblan a España para su mayor potencia y dilatación* de F. Benito de Peñalosa y Mondragón.
1629-1631	Peste en Rosellón y Cataluña. Sequía general. Plaga de langostas.
1630	Efectivos de los rebaños mesteños: dos millones de cabezas. Las lanas de Segovia y Molina de Aragón se cotizan en la Bolsa de Amsterdam.
1630-1660	Disminuyen las remesas americanas de plata.
1630-1670	La población y la producción agrícola alcanzan los niveles mínimos del siglo.
1631	*Restauración de la abundancia de España, o prestantisimo, único y fácil reparo de la carestía general* de Miguel Caxa de Leruela.
1633	
1634	
1634-1635	
1635	
1636	Se dispone que el premio del oro y de la plata sobre el vellón no exceda el 25 %.
1637	Erección de dos altos hornos en La Cavada (Santander).
1640	
1640-1680	El mercado exterior español en manos de extranjeros. Las importaciones superan las exportaciones.
1641	El premio del oro y la plata sobre el vellón sube al 50 %.
1642	Puesta en funcionamiento del alto horno de Corduente (Molina de Aragón).
1643	
1644	
1646	
1647-1652	Epidemia gravísima de peste en la parte oriental y meridional de la Península. Plaga general de langostas y sequías fuertes. Hambre en todas partes.

HECHOS POLÍTICOS	CULTURA
Los holandeses ocupan Santos.	
Rendición de Breda.	Creación en Madrid de los Reales Estudios del Colegio Imperial de S. Isidro dirigidos por la Compañía de Jesús.
	Quevedo: *El Buscón*.
	Se publican las obras del poeta Luis de Góngora.
	Alonso Carbonell: Cárcel de Corte en Madrid.
Los holandeses ocupan Pernambuco.	
Rebelión de Vizcaya contra el estanco de la sal.	Alonso Carbonell: Palacio del Buen Retiro en Madrid.
	Calderón de la Barca: *El gran teatro del mundo*.
Se agrava la discordia entre el Conde-duque y los catalanes: problema del *quinto*.	
	Velázquez: *La rendición de Breda*.
Francia declara la guerra a España.	Calderón de la Barca: *La vida es sueño*.
Se inician los disturbios en Portugal: motín de Évora.	María de Zayas: *Novelas ejemplares y amorosas*.
Rebelión de Cataluña. Sublevación de Portugal.	
Rebelión en Andalucía.	
Retirada de Olivares. Desastre de Rocroi.	
	Velázquez: retrato de Felipe IV.
Se inicia la sublevación en Sicilia y Nápoles.	

AÑOS	HECHOS ECONÓMICOS
1648	
1650-1660	*Memoriales y discursos* de Francisco Martínez de Mata.
1651	
1656	
1659	
1660	Intento de estabilización de la moneda de cobre. Consumo de vellón. Acuñación de una nueva moneda de cobre ligada con plata.
1660-1700	La tendencia de las remesas de plata y oro es positiva.
1665	
1668	
1669	
1672	Fuerte sequía en toda la Península.
1675	
1676	Peste en Cartagena, Murcia, Granada, Valencia, La Mancha.
1678	
1679	
1680	Se reduce la moneda de vellón ligada a la cuarta parte de su valor nominal. Éxito de esta deflación drástica.
1680-1700	Reacción del gobierno para controlar los mercados. Inicio de reconstrucción de una industria textil en la periferia septentrional y oriental de la Península.
1684	
1685	
1686	Reajuste del sistema monetario-oro y plata. Acuñación de un real de a 8 de ley inferior, denominado «María».
1689	
1697	
1698	
1700	

HECHOS POLÍTICOS	CULTURA
Tratados de Westfalia.	
Conspiración separatista en Aragón.	
	Baltasar Gracián: *El Criticón*.
	Velázquez: *Las Meninas*.
Paz de los Pirineos.	
Muere Felipe IV.	
Desastre de Villaviciosa.	
Paz de Aquisgrán.	
Paz con Portugal.	
Destitución del P. Nithard.	Donoso: Casa de la Panadería en Madrid.
Fin de la minoría de Carlos II.	
Intrigas en la corte entre Valenzuela y D. Juan José de Austria.	
Paz de Nimega.	
Enlace de Carlos II con M.ª Luisa de Orleans.	Juan Bta. Juanini: *Discurso físico y político*.
Paz de Ratisbona.	
	Nueva Idea Physica Natural demostrativa.
Liga de Augsburgo.	
Nuevo enlace de Carlos II con Mariana de Neoburgo. Triunfo del partido austríaco.	
Paz de Ryswick.	
Primer testamento de Carlos II a favor de José Fernando de Baviera.	
Testamento de Carlos II nombrando heredero a Felipe de Anjou.	Se funda en Sevilla la Regia Sociedad de Medicina y otras Ciencias.

AÑOS	HECHOS ECONÓMICOS
	G U E R R A D E
1701	Pánico en la bolsa de Londres ante la entrada de tropas francesas en los Países Bajos españoles. Tratado de comercio con Francia: privilegio del «asiento».
1702	Se funda la real fábrica de paños de Chinchón.
1703	Creación de la Tesorería Mayor de Guerra por iniciativa de Orry. Real fábrica de paños de Talavera.
1704	Impuesto a los dueños de bienes enajenados por la corona. Real fábrica de tapices en Madrid.
1705	Se crea la Junta General de Comercio.
1706	
1707	
1709	
1710	
1711	
1712	
1713	
1714	Traslado de las aduanas situadas entre las Coronas de Castilla y Aragón a la costa y frontera francesa.
1715	Acuerdo anglohispano que equivalía a la legalización del convenio privado de Eminente.
1716	

HECHOS POLÍTICOS	CULTURA
S U C E S I Ó N	
Felipe V entra en Madrid. Luis XIV manda a España a Juan Orry. «Gran Alianza» integrada por el Imperio, Inglaterra y Holanda frente a España y Francia.	
Casamiento de Felipe V con M.ª Luisa de Saboya.	
El archiduque Carlos de Austria es reconocido solemnemente en Viena como rey de España. Se amplía la «Gran Alianza» con la adhesión del duque de Saboya.	
El archiduque desembarca en Lisboa. Inglaterra se apodera de la fortaleza de Gibraltar. Decreto por el que se reorganiza el ejército.	
Creación de dos Secretarías de Despacho: «Guerra y Hacienda» y «Asuntos generales».	
Galloway entra en Madrid y proclama rey de Castilla al archiduque. Felipe V entra en Madrid. Macanaz, consejero de Amelot. Reforma del Consejo de Estado.	
Victoria de Felipe V en Almansa, iniciando la reconquista de los reinos de Valencia y Aragón. Decreto aboliendo los fueros del reino de Aragón. Nace el príncipe Luis, primogénito de Felipe V.	
Luis XIV decide abandonar a España. Felipe V rompe sus relaciones con la Santa Sede. Cierre de la Nunciatura en Madrid.	José Churriguera: Palacio de Nuevo Baztán.
Derrota de Felipe V en Almenara. El archiduque llega a Madrid.	
Los ejércitos de Felipe V toman Zaragoza, y Gerona se rinde. Muere el emperador José I, siendo su heredero el archiduque Carlos. Nombramiento de los primeros intendentes, entre ellos J. Patiño para Extremadura.	
Se inician las negociaciones de paz en Utrecht. Renuncia de Felipe V a sus derechos a la corona de Francia.	Fundación de la Biblioteca Nacional.
Francia firma en Utrecht la paz con Inglaterra, Holanda, Portugal, Saboya y el rey de Prusia. Felipe V firma la paz con Inglaterra y el duque de Saboya. Establecimiento de la Ley Sálica. Cataluña declara la guerra a Felipe V. Nueva Planta de los Consejos.	
Muere la reina M.ª Luisa de Saboya. Luis XIV firma la paz con el emperador en Rastatt. Felipe V y Holanda firman la paz. Ataque del ejército de Felipe V sobre Barcelona. Matrimonio de Felipe V con Isabel de Farnesio.	Se funda la Real Academia de la Lengua Española y la Biblioteca Real.
Inicio del proceso de Macanaz.	Traslado de la Universidad de Barcelona a Cervera.
Nueva Planta para Cataluña y Mallorca.	

Índice onomástico

‘Abd-Allāh el Zaquir, 163
Abencerrajes, 165.
Abraham, Rabí, 162.
Abril, Pedro Simón, 380.
Abul Hasán Alí (llamado Muley Hacén), 163, 164.
Acosta, Cristóbal de, 391.
Acosta, Juan de, 391.
Acuña, Hernando de, 189.
Adriano VI, papa, 152, 154.
Adriano de Utrecht, cardenal, 170, 179, 180.
Aguilar, Conde de, 428.
Aguilar, Diego de, 293.
Aguilar, Tomás de, 123.
Aguilera, Juan, 378, 379.
Aixa, 163, 164.
Álava, Diego, 388.
Alba, Duque de, 188, 189, 194, 198.
Alberoni, Julio, 439, 447.
Alberto, archiduque, 229.
Albornoz, Gil de, 275.
Alburquerque, Duque de, 141, 232, 337.
Alcalá Zamora, José, 66, 108.
Alcalá-Zamora, Niceto, 346.
Alcázar, Andrés, 395.
Alcudia, Conde de, 407.
Aldobrandi, 445.
Alejandro VI, papa, 321.
Alejandro Magno, 144.
Alfonso V de Portugal, 140, 142.
Alfonso VI de Portugal, 237.
Alfonso XIII, 138.
Alfonso, infante, 140, 141.
Alfonso, infante portugués, 143, 166.
Alfonso de Aragón. Véase *Villahermosa, Duque de.*
Almenar, Juan, 395.
Almirante, 406.
Alonso, Dámaso, 285.
Alonso Barba, Álvaro, 389, 390.
Alonso de Herrera, Gabriel, 391.
Álvarez Argüelles, Antonio, 249.
Álvarez de Toledo, 183.
Amelot de Gournay, Michel, 429, 431, 432, 434, 443, 444, 453, 457.
Ana de Austria, 291.
Ana María de Orleans, 429.
Andrés, Juan, 300, 377.
Anés, Gonzalo, 14, 46, 101, 104, 110, 116, 124.
Angeleres, Buenaventura, 409.
Anglería, Pedro Mártir de, 367, 383.
Angulo, Fray Pedro de, 326.
Anjou, Casa de, 167.
Anjou, Duque de, 427, 428.
Antich Rocha, 377.
Antonio, prior de Crato, 197.
Arcipreste de Hita, 279.
Arévalo, Duque de, 141.
Arfe Villafañe, Juan de, 390.
Argote de Molina, Gonzalo, 373.
Arias, Manuel, 428.
Arias Dávila, 22.
Aristóteles, 314, 330, 367, 368, 402, 417.
Arquímedes, 358, 371.
Arriaga, Rodrigo de, 402.

Asfeld (Claude Bidal), Caballero de, 430, 433, 455.
Astudillo, Diego, 385.
Asturias, Príncipe de, 446.
Augusto, 296, 301.
Aurel, Marco, 377.
Austria, Archiduque de, 430.
Austria, Casa de, 12, 193.
Austrias, 56, 137, 188, 196, 198, 202, 221, 230, 236, 263, 345, 346, 350.
Averroes, 347.
Avicena, 394.
Ayamonte, Marqués de, 237, 238.
Aytona, Marqués de, 200.
Azcona, Tarsicio de, 147, 152-154, 174.
Azpilcueta, Martín de, 74.

Bacon, Francis, 414.
Badia, Gilbert, 266.
Bajtin, Mijail, 269, 271-273, 278, 280, 283-285.
Bande, Jorge de, 107.
Barbarroja, 189.
Barclay, John, 445.
Barreiros, Gaspar, 33.
Barrionuevo, 243.
Bastida, Hernando de la, 337, 338, 344.
Bataillon, Marcel, 193, 215, 269, 328.
Baudrillart, Alfred, 429, 439.
Bazán, Álvaro de, 198.
Bedmar, Marqués de, 229.
Beltraneja, Véase *Juana la Beltraneja.*
Belluga, Luis de, 444, 446.
Ben David, Joseph, 357.
Benavente, Conde de, 141, 219.
Bennassar, Bartolomé, 14, 62, 79, 90, 92, 186.
Bergeyck (Juan de Brouchoven), Conde de, 429, 435, 452, 455.
Bermúdez de Pedraza, Francisco, 297.
Bernal, Antonio Miguel, 103.
Bernáldez, Andrés, 204.
Bernaldino, licenciado, 209.
Bernard, Gildas, 450.
Bernard, Samuel, 434.
Bernuy, 57.
Berry, Duque de, 437.
Bertaut, Francisco, 101.
Berwick, Mariscal de, 430, 431, 433, 438.
Bidal, Claude. Véase *Asfeld.*
Bilbao, Luis María, 104.
Blanca de Navarra, 140.
Blécourt, 434.
Bloch, Marc, 436.
Boabdil, 163-165.
Boabdil el Chico. Véase *'Abd-Allāh el Zaquir*
Boccalini, Trayano, 289, 297.
Bodin, Jean, 72, 74, 82, 349.
Boecio, Ancio Manlio, 329.
Bonvisi, 79.
Borbón, Casa de 437.
Borbón, Condestable de, 191.
Borbón, Enrique de (príncipe protestante), 195.
Borbones, 12, 107, 438, 441.
Borgoña, Casa de, 166, 178.
Borgoña, Duque de, 437.
Borromeo, Carlos, 289, 337.
Borromeo, Federico, 289, 337.
Bosco, Jerónimo, 310.
Botero, Giovanni, 289, 293, 310, 325.
Boyd-Bowmann, Peter, 23.
Bracamonte, Feliciano de, 436.
Bradwardine, Thomas, 376.
Braganza, Duque de, 237.
Braganza, Duquesa de, 197, 238.
Braudel, Fernand, 14, 213.
Bravo, Juan, 180.
Bravo de Sobremonte, Gaspar, 401, 403.
Bretaña, Duque de, 437.
Briggs, 416.
Brouchoven, Jean de. Véase *Bergeyck, Conde de.*
Brumont, Francis, 46, 104.
Burgos, Alfonso de, 147.
Burgos, Pedro de, 171.
Bustos, E., 347.

Cabantous, René, 75.
Cabrera, 152.
Cabriada, Juan de, 407, 409, 411-414.
Caldera de Heredia, Gaspar, 401.
Calderón, María, 246.
Calderón, Rodrigo, marqués de Siete Iglesias, 224-226, 282, 316.
Calderón de la Barca, Pedro, 223, 283.
Calabria, Duquesa de, 367.
Calvino, Juan, 290, 327, 393, 436.
Campomanes, Pedro R., 455.
Canals, Salvador, 137.
Cano, Melchor, 215.
Cánovas del Castillo, Antonio, 225, 246.
Capellín, Juan, 389.
Capmany, Antonio de, 300.
Caramuel, Juan, 404, 406, 415, 416.
Carande, Ramón, 14, 16, 58, 64, 70, 72, 79, 85, 87, 90, 348, 349, 365.
Cardano, 417.
Cárdenas, Juan de, 391.

Cardona, Dionisio de, 414.
Cardona, Duque de, 233-235, 444.
Cardoso, Isaac, 403.
Carlos, archiduque, 248, 436, 437, 443.
Carlos I, 46, 138, 143, 159, 168, 170, 172, 173, 177, 178, 189, 364, 369, 387, 388, 398. Véase también, *Carlos V.*
Carlos II, 13, 92, 106, 108, 110, 112, 113, 119, 123, 221, 236, 237, 244, 246, 249, 401, 405, 407, 409, 412, 427, 428, 449.
Carlos II de Inglaterra, 237.
Carlos III, 432, 433, 445.
Carlos V, 12, 17, 23, 54, 66, 69, 77, 92, 137-139, 152, 155, 168, 177, 179, 182, 186, 188, 190-193, 195, 196, 198, 199, 201, 213, 219, 221, 223, 225, 231, 243, 247, 249, 269, 275, 288, 291, 296, 299, 303, 309, 323, 325, 333, 348, 436. Véase, también, *Carlos I.*
Carlos VIII, 166, 167.
Caro Baroja, Julio, 66, 67, 203, 207-209, 220, 328.
Carranza, arzobispo de Toledo, 212, 213, 329.
Carrillo, Alfonso, 141, 142, 151, 153.
Casalete, José Lucas, 411, 412, 414.
Casas, Bartolomé de las, 290, 322-324, 383.
Casey, Jaime, 46, 98, 104.
Castilla y Aguayo, Juan de, 298, 318.
Castillo, Álvaro, 18, 116, 117.
Castillo, Diego del, 74, 377.
Castillo de Bobadilla, Jerónimo, 219, 297.
Castro, Agustín, 405.
Castro, Américo, 204, 269.
Catalina, duquesa de Braganza. Véase *Braganza, Duquesa de.*
Catalina, infanta portuguesa 237.
Cavalli, Mariano, 82.
Cavillac, Michel, 218, 335.
Caxa de Leruela, Miguel, 50, 102, 103, 228.
Cazalla, 212.
Cazalla, María, 209.
Ceber, 347.
Cedillo Díaz, Juan, 388.
Calaya, Juan de, 385, 386.
Cellorigo. Véase *González de Cellorigo, Martín.*
Centelles, Luis de, 397.
Centurione, 79.
Ceñal, Ramón, 415.
Cerda, Ana de la, 58.
Cerda, Gaspar, 58.
Cervantes Saavedra, Miguel de, 28, 207, 218, 223, 228, 269, 273, 274, 298, 299, 301, 313, 316, 341.
Cervera Vera, Luis, 387.
Cienfuegos, Bernardo de, 101, 456.
Cieza de León, Pedro, 383.
Ciscar Pallarés, Eugenio, 27, 58, 59.
Cisneros, Francisco Jiménez de, 138, 154, 165, 168-172, 175, 178, 205, 214, 215, 275, 326, 327.
Claris, Pau, 234.
Clemencín, Diego, 139.
Clemente, Jaime, 339.
Clemente VIII, papa, 337.
Clemente XI, papa, 441, 443.
Cobos, 171, 172.
Cobos, Francisco de los, 187, 189.
Cock, Enrique, 33-35.
Cohen, I. Bernard, 390.
Colombo; Realdo, 393.
Colón, Cristóbal, 289, 380, 382, 384, 390.
Colón, Hernando, 364, 370, 383.
Collado, Luis, 388, 392.
Collantes, Esteban, 112, 113.
Collantes de Terán, Antonio, 39, 47.
Compuerta, Marqués de, 445.
Comte, Auguste, 346.
Conchillos, 171, 172.
Condé, Príncipe de, 242.
Condillac, 266.
Constantino, 328.
Contarini, Gaspar, 33.
Contreras, Alonso de, 276, 285, 341.
Contreras, Pedro de, 389.
Copérnico, 347, 348, 368, 379, 380, 399, 409.
Corachán, Juan Bautista, 407, 417.
Córdoba, Alfonso de, 378.
Corneille, Pierre, 91, 223, 301.
Coronel. Véase *Seneor, Abraham.*
Correas, Gonzalo, 270.
Corro, Antonio de, 212.
Cortés, Hernán, 65, 297.
Cortés, Martín, 381, 382, 385.
Corzo, Carlos, 389.
Cosa, Juan de la, 384.
Cossío, José María de, 285.
Costa, Joaquín, 137.
Costa, Juan, 308.
Cotarelo Valledor, Armando, 375.
Covarrubias, Sebastián de, 103, 306, 307, 311-313, 341.
Cózar, Lorenzo, 390.
Cranmer, 212.
Crespí de Valldaura, Cristóbal, 247.
Cresuelo, padre (alias Joseph Creswell), 340.

Creswell, Joseph. Véase *Cresuelo*.
Croce, Benedetto, 288.
Cromwell, Oliverio, 243.
Croy, Guillermo de. Véase *Chievres*.
Cruz, Isabel de la, 209.
Cueva, Beltrán de la, 140, 141.
Curcio, Juan, 107.
Curiel, Luis, 444, 446.

Chacón, Pedro, 380.
Chacón Jiménez, Francisco, 48.
Chafrión, José, 416.
Chasles, 418.
Chaunu, Pierre, 14, 22, 70, 75, 88, 156, 244.
Chaves, Alonso de, 381, 384.
Chaves, Jerónimo de, 384.
Chievres (Guillermo de Groy), Señor de, 172, 178, 190, 247.
Chinchón, Conde de, 152, 203.
Chumacero de Sotomayor, Juan, 442, 445.

Dams, Jean, 75, 115, 118.
Dato, Leonardo, 82.
Daubenton, Padre, 431, 443, 446.
Daza Chacón, Dionisio, 395.
Daza Valdés, Benito, 401.
Delafosse, Marcel, 84.
Denia, Marqués de. Véase *Sandoval y Rojas, Francisco*.
Descartes, René, 415, 417.
Deza, Diego de, 154.
Deza, Lope de, 228, 349.
Díaz, Francisco, 396.
Díaz, Froilán, 249.
Díaz, José Simón, 296.
Díaz de Solís, Juan, 384.
Diest, Diego, 385, 386.
Dioscórides 372, 375, 391, 394.
Dolz de Castellar, Juan, 385.
Domínguez Ortiz, Antonio, 14, 90, 93, 96, 103, 123, 160, 223, 226, 227, 239, 240, 244, 319, 345-347, 349, 363, 447.
Donato, Leonardo, 33, 199.
Doria, Andrea, 78.
Drake, Francis, 195.
Dubois, Jacques. Véase *Silvio*.
Durán, Tomás, 376.

Éboli, Princesa de, 200.
Éboli, Príncipe de. Véase *Gómez da Silva*.

Egidio, doctor. Véase *Gil de Castelldases, Juan Bautista*.
Egido, Teófanes, 441.
Egmont, Conde de, 194.
Eiras Roel, Antonio, 104.
Eiximenis, Francisco, 318.
Elcarte, Francisco de, 411.
Elliott, J.H., 198, 201, 225, 235, 240, 245.
Engels, Federico, 264.
Enghien, Duque de, 242.
Enrique, cardenal infante, 196, 197.
Enrique II de Francia, 192.
Enrique III, 291, 339.
Enrique IV, 12, 68, 72, 139-141, 143, 147, 148, 161.
Enrique IV de Francia, 195, 290, 339.
Enrique VIII de Inglaterra, 191.
Enríquez, 183.
Ensenada, Marqués de la, 453.
Erasmo de Rotterdam, 210, 211, 269, 279, 325, 327.
Escobedo, Juan de, 200.
Escrivá, Juan, 386.
Escrivá, Pedro Luis, 389.
Espejo, Carlos, 80.
Espina, Fray Alonso de, 161.
Espinosa, familia, 80.
Espinosa, Aurelio, 268.
Espinosa, Fray Antonio de, 330.
Espinosa, Pedro de, 385, 386.
Esquivel, Pedro, 383.
Estanope o Stanhope, 436.
Estrany, Juan Andrés, 367.
Euclides, 377, 378.
Eugenio de Saboya, príncipe, 434, 437.
Exmelin, Jean-Baptiste, 109.

Fabricario, 67.
Faille, Juan Carlos de la, 405.
Falero o Faleiro, Francisco, 381.
Farnesio, Alejandro, 194, 195.
Farnesio, Isabel (princesa de Parma), 439, 446.
Fayard, Janine, 121, 316.
Federico, elector, 230.
Feijoo, Benito J., 244, 350.
Felipe, duque de Anjou. Véase *Anjou, Duque de*.
Felipe, infante, 225, 246.
Felipe, príncipe inglés, 194.
Felipe II, 12, 17, 20-23, 25, 27, 33, 39, 45, 54, 58, 66, 67, 69, 80, 82, 87, 88, 92, 121, 137, 138, 155, 177, 187, 188, 192-201, 206, 214, 219, 221, 222, 224,

225, 229, 231, 232, 242, 275, 288, 289, 291, 297, 303, 304, 308, 315, 316, 327, 328, 331, 347, 357, 360, 364, 365, 371, 372, 381, 383, 387, 391.
Felipe III, 120, 121, 206, 221, 224, 226, 229, 240, 288, 289, 298, 306, 308, 309, 316, 324, 333, 335, 337, 340, 343, 387.
Felipe IV, 12, 103, 122, 123, 211, 221, 224-226, 230, 231, 233, 236, 237, 240-243, 245, 247, 288, 296, 343, 387, 401.
Felipe V, 249, 427-430, 432-439, 441-443, 445-447, 449, 451, 452, 456, 457.
Felipe el Hermoso, 143, 166, 168, 169.
Fernández Álvarez, Manuel, 379.
Fernández de Córdoba, Gonzalo (Gran Capitán), 167, 223, 359.
Fernández Durán, Miguel, 450.
Fernández Enciso, Martín, 381, 383.
Fernández de Navarrete, Martín, 228, 349, 376, 382.
Fernández de Oviedo, Gonzalo, 390, 391.
Fernández de Pinedo, Emiliano, 104.
Fernández de Velasco, Pedro, 389.
Fernando, infante, 169, 170, 230.
Fernando II, emperador, 230.
Fernando el Católico, 137, 139, 140, 142-144, 146, 148, 152, 156, 160, 164-170, 174, 189, 190, 229, 289, 299, 302, 303, 308, 369. Véase, también, *Reyes Católicos*.
Ferrer, Jaime, 370.
Ferrer del Río, 446, 447.
Firrufino, Julio César, 370.
Folch de Cardona, Antonio, 435, 443.
Fonseca, 171, 172.
Fontana Tarrats, José María, 42-45, 99.
Fragoso, Juan, 391.
Francisco, San, 214.
Francisco I, 72, 74, 190, 191.
Francisco de Borja, San, 216.
Fúcares. Véase *Fugger*.
Fuentes, Conde de, 242.
Fugger, 22, 79.
Furio Ceriol, Fadrique, 303.

Galeno, 401.
Galileo, 348, 380, 382, 386, 399, 401.
Gálvez, Conde de, 433.
Galloway, 433.
Gámez, jesuita, 418.
Gandía, Duque de, 367.
Garay, Blasco de, 382.
García, Carlos, 293, 309.
García, Matías, 403, 408.
García Ballester, Luis, 361.
García de Céspedes, Andrés, 381, 384, 388.
García Fernández, Jesús, 36, 37.
García Martínez, Sebastián, 406.
García de Palacio, Diego, 381, 382, 388.
García Sanz, Ángel, 14, 25, 34, 46, 59, 101, 104.
García Torreño, Nuño, 384.
Garma, Santiago, 415.
Garzoni, Thommaso, 333.
Gassendi, Pierre, 402.
Gattinara, Mercurino de, 188, 189, 211.
Gazola, José, 414.
Gaztañeta, Antonio de, 418.
Gentil da Silva, José, 85, 122.
Georgio, Luis, 370.
Germana de Foix, princesa, 168.
Gessner, Conrad, 367.
Gil de Castelldases, Juan Bautista, 211, 212, 412.
Gil Farrés, Octavio, 68.
Gil de Taboada, 446.
Giralt, Emilio, 22, 23.
Girard, Albert, 118, 244.
Girón, Pedro (conde de Salvatierra), 170, 180.
Giudice, Francisco del, 439, 444-446.
Golfin, 65.
Gómara, Francisco López de, 297.
Gomes de Elvas, Antonio, 85.
Gomes de Elvas, Luis, 85.
Gomes de Elvas, Manuel, 85.
Gómez Arias, Samuel, 219.
Gómez Mendoza, Josefina, 56.
Gómez de Mora, Juan, 370, 387.
Gómez Pereira, 393.
Gómez da Silva, Rui (príncipe de Éboli), 187, 188, 200.
Góngora, Luis de, 91, 124, 223, 270, 272, 285.
González, Tomás, 16.
González Alonso, Benjamín, 149.
González de Cellorigo, Martín, 74, 227, 228, 349.
González de Mendoza, Juan, 384.
González de Mendoza, Pedro, 141.
Gracián, Baltasar, 124, 299, 309.
Graciano, 208.
Gramont, Duque de, 430, 431.
Gran Capitán. Véase *Fernández de Córdoba, Gonzalo*.
Granvela, cardenal, 194.
Gregorio XIII, papa, 380.
Gresham, Thomas, 89, 121.

Grimaldo, José, Marqués de, 439, 444, 450.
Guevara, Antonio, 333.
Guicciardini, Francisco, 31, 289.
Guilarte, Alfonso María, 57.
Guillén Tato, Julio, 381, 384.
Guillermo de Nassau, 194.
Guillermo de Orange, 219.
Guizot, Francisco, 301.
Gustavo Adolfo, 230.
Gutiérrez, Diego, 384.
Gutiérrez de Gualda, Juan, 377.
Gutiérrez de Madrid, Alonso, 171.
Gutiérrez Nieto, J. I., 204.
Gutiérrez de los Ríos, Gaspar, 349.
Guzmán, familia, 183.
Guzmán, Gaspar de. Véase *Olivares, conde-duque de*.
Guzmán, Nuño de, 297.

Habsburgo, Casa de, 12, 91, 166, 187, 196, 230.
Hamilton, Earl John, 70-72, 109, 110.
Harcourt, Duque de, 428.
Harcourt, Marqués de, 249.
Haring, Clarence Henry, 70.
Haro, Conde de, 180, 433.
Haro, Luis de, 237, 241.
Harrach, Conde de, 249.
Harvey, William, 347, 401-403.
Hawkins, John, 195.
Heredia, Pedro Miguel de, 401.
Hernández, Francisco, 365, 372, 391.
Herrera, Antonio de, 289, 297.
Herrera, Juan de, 67, 348, 370, 387, 388.
Herrera y Tordesillas, Antonio, 293.
Herrero Martínez de Azcoitia, Guillermo, 24, 90.
Hesíodo, 296.
Heytesbury, William, 376.
Hidalgo de Agüero, Bartolomé, 396.
Híjar, Duque de, 238, 435.
Hipócrates, 368.
Hobbes, Tomás, 310.
Hoefer, Ferdinand, 410.
Hojeda, Fray Alonso de, 161.
Horns, Conde de, 194.
Huarte de San Juan, Juan, 393.
Huetz de Lemps, Alain, 37, 38, 47, 105.
Humboldt, Alejandro, 109.
Hurtado de Mendoza, Diego, 181, 314, 318, 367.
Huxelles, mariscal, 434.

Ibáñez de Segovia, Juan, 102.
Ibáñez de Segovia, Mateo, 102.
Ignacio de Loyola, San, 215, 328.
Infantado, Duque del, 204, 209, 219, 247.
Inocencio VIII, papa, 208.
Institor, 208.
Íñigo, Baltasar de, 407.
Íñiguez Almech, Francisco, 387.
Iradiel Mugaguren, Paulino, 63.
Isabel, emperatriz de Portugal, 197.
Isabel, infanta, 143, 166, 168.
Isabel I de Inglaterra, 195.
Isabel la Católica, 137, 139, 140-143, 148, 152, 154, 156, 161, 165, 168, 174, 178, 189, 299, 302. Véase, también, *Reyes Católicos*.
Isabel Clara Eugenia, infanta, 229, 230.
Isabel Cristina, emperatriz, 437.
Isabel de Portugal, 140.
Isidro, San, 334.
Izquierdo, Sebastián, 402, 405.

Jacob, Francis, 347.
Jacobo II de Inglaterra, 430.
Jammes, Robert, 285.
Jimeno, Pedro, 392, 394.
Jorge Juan, 409.
José I, emperador, 436.
Josué, 321.
Jovellanos, Gaspar M., 455.
Jover, J.M., 189.
Juan, infante, 168.
Juan II de Aragón, 69, 142.
Juan II de Castilla, 140, 144.
Juan IV de Portugal, 237.
Juan de Austria, 193, 194, 200, 206.
Juan de la Cruz, San, 216, 327.
Juan José de Austria, 245-248, 405, 406, 410, 411.
Juan Manuel, 157, 170.
Juana, esposa de Enrique IV, 140.
Juana la Beltraneja, 140-143.
Juana la Loca, 12, 143, 166, 168, 169, 174, 178-180.
Juanini, Juan Bautista, 406, 410, 411.
Juretschke, Hans, 296, 299-301.

Kamen, Henry, 429, 432, 453, 456.
Kepler, 416.
Kircher, Atanasio, 415.
Klein, Julius, 50, 102.
Koyré, A., 385.

Labaña, Juan Bautista, 370.
Labrit, Casa de, 191.
Ladero Quesada, Miguel A., 85, 86, 165.
Ladrada, Fray Rodrigo de, 326.
Laguna, Andrés, 309, 372, 391, 392, 394.
Laín Entralgo, Pedro, 395.
Laínez, Diego, 214.
Lamb, Úrsula, 381.
Lampillas, 300.
Lanuza, Juan de, 200, 201.
Lapeyre, Henri, 14, 73, 79, 80, 93, 95, 365.
Larruga, Eugenio, 27.
Lax, Gaspar, 376.
Lázaro Carreter, Fernando, 296, 299.
Le Sage, Alain René, 312.
Lea, H. C., 208.
Legal, Marqués de, 433.
Leiva, Antonio de, 191.
Lemeunier, Guy, 103.
Lemos, Conde de, 170, 433.
León, Cristóbal de, 407.
Leopoldo, emperador, 248.
Lerma, Duque de, 206, 224-226, 282, 316, 350.
Leroy-Ladurie, Emmanuel, 42.
Lesparre, general francés, 191.
Liñán y Verdugo, Antonio, 308.
Lira, Manuel de, 106.
Lobera de Ávila, 309.
Longás, Tomás de, 411, 412.
Lope de Vega Carpio, Félix, 155, 223, 270, 276, 283, 311, 313, 349.
López, François, 296, 299, 300.
López de Ayala, Diego, 175.
López de Mendoza, Íñigo (conde de Tendilla), 165, 367.
López Pacheco, Diego, 141.
López Piñero, José M.ª, 351.
López de Velasco, Juan, 370, 383.
López de Villalobos, Francisco, 395.
Lorca, Isidro de, 48.
Luis (hijo de la Princesa de Saboya), 434.
Luis XI de Francia, 142, 143, 166.
Luis XII de Francia, 167, 168.
Luis XIII de Francia, 219, 241, 291.
Luis XIV de Francia, 91, 236, 241, 248, 249, 301, 427-431, 434, 435, 437-439, 444-446, 457.
Luis de Alcalá, Fray, 74.
Luis de Granada, Fray, 327.
Luis de León, Fray, 330, 331.
Luján, Rodrigo de, 171.
Lutero, Martín, 191, 192, 214, 325.
Macanaz, Melchor Rafael de, 434, 437, 439, 441-447, 449-451, 453, 456, 457.
Mair, John, 385.
Mal Lara, Juan, 269.
Maldonado, Francisco, 180.
Maldonado, Pedro, 180.
Malestroit, 72, 82.
Manrique, Alonso, 211.
Manrique, Jorge, 174, 298.
Manuel de Portugal, 166, 168, 197.
Maquiavelo, Nicolás, 289, 305, 307, 311.
Marañón, Gregorio, 221, 225, 329.
Maravall, José A. 336, 349, 363.
Margallo, Pedro, 385.
Margarita de Parma, 194.
María, infanta, 166.
María Ana de Neoburgo, véase *Mariana de Neoburgo.*
María de Aragón, 140.
María de Jesús, Sor, 241.
María Luisa Gabriela. Véase *Saboya, Princesa de.*
María Luisa de Orleans, 248.
María de Santo Domingo, Sor, 215.
María Teresa, infanta, 236, 248.
María Tudor, 192, 195, 196.
Mariana, Juan de, 187, 303, 328, 338-340, 349.
Mariana de Austria, 246.
Mariana de Neoburgo, 248, 428, 439.
Marlborough, Duque de, 436.
Mármol Carvajal, Luis, 384.
Márquez Torres, 299.
Márquez Villanueva, Francisco, 160, 175, 219.
Martín Gaite, Carmen, 436, 442, 446.
Martín Muñoz, M. C., 26.
Martín Población, Juan, 378.
Martines, Joan, 384.
Martínez, Crisóstomo, 411, 412.
Martínez de Mata, Francisco, 116, 227, 228.
Marx, Karl, 264, 266.
Mayans y Siscar, Gregorio, 299-301, 350, 409, 442.
Mayow, John, 410.
Mazarino, cardenal, 248.
Medina, Bartolomé de, 389.
Medina, Fray Juan de, 184, 185, 335.
Medina, Pedro de, 381, 384.
Medina de Rioseco, Duque de, 456.
Medina Sidonia, Duque de, 60, 170, 182, 237-239.
Medinaceli, Duque de, 248.
Mejorada, Marqués de, 450.
Melo, Francisco de, 242.

Mendoza, familia, 183, 219.
Mendoza, Álvaro de, 204.
Mendoza, Ana de. Véase *Éboli, Princesa de*.
Mendoza, Bernardino de, 388.
Mendoza, Pedro de, 204.
Mendoza y Bobadilla, Francisco, 161, 162, 203.
Menéndez y Pelayo, Marcelino, 270, 346, 441, 446.
Menéndez Pidal, Ramón, 189, 268, 270, 322.
Meneses, Alonso de, 75.
Mercader Riba, Juan, 451.
Mercado, Luis, 394, 395.
Mercado, Tomás de, 74.
Mercator, G., 385.
Merck Luengo, José Guillermo, 408.
Merton, 386.
Michelet, Julio, 219.
Micó, Francisco, 372.
Miguel, 168.
Milán, Duque de. Véase *Sforza, Francisco*.
Minas, Las, 433.
Molas Ribalta, Pedro, 64, 107.
Molière, 269, 301.
Molina, Luis de, 216.
Molinos, Miguel de, 210.
Monardes, Nicolás, 391.
Moncada, Sancho de, 96, 102, 227, 228.
Mondéjar, Marqués de, 406.
Montaigne, 290.
Montalto, Duque de, 442.
Montalvo, Alonso Díaz de, 148.
Montaña de Montserrate, 309.
Monte Regio, 347.
Montellano, Marqués de, 406.
Montesquieu, 301.
Monzó, Pedro Juan, 377.
Mora, Francisco de, 370.
Morales, Andrés de, 384.
Morales, Hernando de, 239.
Morelló, Francesc, 401.
Moret, Michèle, 118.
Morineau, Michel, 109.
Mota, obispo, 179.
Mousnier, Roland, 14.
Muley Hacén. Véase *Abul Hasán Alí*.
Muley Mohamed, 196.
Münzer, Jerónimo, 28-31, 33, 34.
Muñoz, Jerónimo, 378, 379.
Muñoz y Peralta, Juan, 407, 408.
Mut, Vicente, 404, 415, 416.

Nadal, Jordi, 14, 22-24, 90, 97.
Nahon, G., 219.
Navajero, Andrés, 31, 66.
Navajero, Bernardo, 82.
Navarrete. Véase *Fernández de Navarrete, Martín*.
Navarro, Pedro, 388.
Navarro, Víctor, 379, 380, 385, 416.
Nazaríes, 163.
Nebrija, Elio Antonio de, 144, 300, 368, 374, 375, 377, 382.
Nef, John U., 67.
Newton, Isaac, 418.
Nieremberg, Juan Eusebio, 405.
Nithard, Juan Everardo, 246, 247.
Noailles, Duque de, 435, 436.
Nola, Ruperto de, 60.
Núñez, Hernán, 269.
Núñez Coronel, Luis, 385.

Olagüe, Juan Ignacio, 42, 91.
Oleza, Pere d', 386.
Oliva, 384.
Olivares, Conde-duque de, 13, 80, 102, 121, 122, 201, 224-226, 229-241, 243, 246, 247, 250, 280, 350.
Olmo, José Vicente del, 416.
Omerique, Antonio Hugo de, 417.
Ondériz, Pedro Ambrosio de, 370.
Orange, Príncipe de, 194.
Orleans, Duque de, 433, 437.
Oropesa, Conde de, 106, 248, 433, 456.
Orry, Jean, 429, 431, 434, 439, 440, 450-452.
Ortega, Juan de, 377.
Ortiz, Luis, 74, 89.
Osuna, Duque de. Véase *Téllez Girón, Pedro*.
Ovando, Juan de, 65, 370, 383.
Ozanam, Denise, 440.

Pablo V, papa, 337.
Pacheco, María, 180.
Padilla, Carlos de, 238.
Padilla, Juan de, 72, 179, 180.
Páez de Castro, Juan, 383.
Palacios Rubios, Juan López de, 321.
Palencia, Alonso de, 175.
Palma, Conde de, 435.
Paracelso, 401.
Pardo, Jerónimo, 385.
Paredes, Conde de, 435.
Parisano, Emilio, 401.

Parma, Princesa de. Véase *Farnesio, Isabel.*
Patiño, José, 438, 452.
Patoulet, 119.
Patricio Merino, José, 112, 113.
Paulo III, papa, 215.
Paulo IV, papa, 291.
Paz, Juan, 80.
Paz, Luis de, 239.
Pecquet, 403.
Pelorson, Jean-Marc, 121.
Perera, Benito, 386.
Pellicer, 243.
Pérez, Antonio, 13, 187, 200, 328.
Pérez, Gonzalo, 187.
Pérez, Joseph, 14, 45, 297.
Pérez de Herrera, Cristóbal, 184, 185, 218, 309, 313, 316, 334, 335, 344.
Pérez de Mesa, Diego, 380.
Pérez Moreda, Vicente, 14, 92-94, 103.
Pérez de Moya, Juan, 377.
Pérez Picazo, María Teresa, 436.
Pericles, 296, 301.
Pescara, Marqués de, 191.
Peset Llorca, Vicente, 409.
Pimentel, Domingo, 183, 442, 445.
Pineda, padre, 334.
Pinheiro da Vega, Bartolomé, 315.
Pintor, Pedro, 395.
Piña, Vasco de, 348.
Pío de Saboya, príncipe, 446.
Pizaño, Luis, 388.
Plaza, Juan, 372.
Plinio, 367, 375.
Polignac, Abate de, 434.
Ponce de la Fuente, Constantino, 212.
Ponce de Santa Cruz, Antonio, 401.
Ponsot, Pierre, 46.
Porcell, Juan Tomás, 395.
Porta, Giambattista della, 386.
Portela, Eugenio, 389, 390.
Portocarrero, Luis Fenández de, 249, 428, 429, 443.
Poza, Juan Bautista de, 405.
Primerose, James, 401.
Prunes, familia, 384.
Ptolomeo o Tolomeo, 347, 379, 382, 385.
Pulgar, Hernando del, 151, 155, 158, 160.

Queralt, Dalmau de (conde de Santa Coloma), 234.
Quevedo, Francisco de, 91, 96, 99, 108, 122, 223, 228-230, 269, 280-282, 298, 309, 310, 316, 350.
Quintana, Pedro de, 189.
Quintanilla, Alonso de, 15, 147.
Quiroga, cardenal, 213.
Quiroga, Vasco de, 297.

Rabelais, François, 269, 272.
Ramírez de Madrid, Francisco, 389.
Ramusio, Juan Bautista, 32.
Rassow, Peter, 188.
Rebullosa, Jaime, 293.
Redondo, Augustín, 325.
Reina, Casiodoro de, 212, 220.
Remesal, A., 326.
Renaudot, Théophraste, 290.
Requesens, Luis de, 194, 292, 337.
Revah, J. I., 203.
Rey Pastor, J., 370.
Reyes Católicos, 15, 21, 65, 68, 72, 77, 85, 86, 89, 113, 137-139, 142, 143, 145, 146, 148, 150-154, 156, 157, 160-166, 168, 169, 171, 173, 174, 182, 187, 188, 196, 201, 203, 247, 275, 296, 299, 302, 307, 314, 328, 336, 348, 357-359, 364, 365, 370, 388. Véase, también, *Fernando el Católico; Isabel la Católica.*
Reyna, Francisco de la, 391.
Ribero, Diego, 384.
Riccioli, Giovanni Battista, 416.
Richelieu, cardenal, 91, 230, 241, 248, 290.
Ringrose, David, 114.
Rivadeneira, Pedro, 276, 289, 338, 339.
Robinet, padre, 431, 439, 443, 446.
Rocaberti, inquisidor general, 249.
Rodrigo Villalpando, José, 445.
Rodríguez de Guevara, Alonso, 392.
Rodríguez Marín, Francisco, 268.
Rodríguez de Pedrosa, Luis, 402.
Rodríguez de Pisa, Juan, 297.
Roget, Joan, 380.
Roget, Pere, 380.
Rojas, Agustín de, 274.
Rojas, Cristóbal de, 370, 389.
Rojas Sarmiento, Juan de, 378.
Ron, Antonio de, 414.
Ronquillo, gobernador, 444.
Rousset de Missy, 429.
Ruiz, familia, 73, 81, 84.
Ruiz, Simón, 80.
Ruiz de Alcaraz, Pedro, 209.
Ruiz Almansa, Juan, 16.
Ruiz Martín, Felipe, 14, 53, 63, 78-80, 85, 88, 122.

Saavedra Barba, Lope de, 390.
Saavedra Fajardo, 350.
Saboya, Duque de, 289, 430, 437.
Saboya, Princesa de, 429-431, 433, 434, 438, 439, 444.
Saboya, Principes de, 289.
Sabuco, Miguel, 393.
Sacrobosco, 379.
Sagasta, Práxedes Mateo, 138.
Sajonia, Mauricio de, 192.
Salmerón, Alfonso, 214.
Salom, Juan, 380.
Salomon, Noël, 25, 37, 39, 59, 90, 270, 283, 284, 344.
Salvador, Emilia, 76.
Salvatierra, Conde de. Véase *Girón, Pedro.*
San Juan y Campos, Francisco, 411, 412.
San Martín, Andrés de, 370.
Sánchez Albornoz, Claudio, 124, 137, 156, 304, 346, 350.
Sánchez Albornoz, Nicolás, 74.
Sánchez Ciruelo, Pedro, 376, 385.
Sánchez Pérez, José Augusto, 416.
Sandoval y Rojas, Francisco (marqués de Denia), 224.
Sanet Climent, Francesc, 377.
Sanlúcar la Mayor, Duque de. Véase *Olivares, Conde-duque de.*
Santa Coloma, Conde de. Véase *Queralt, Dalmau de.*
Santa Cruz, Alonso de, 370, 382-385.
Santa María, Pablo de, 161.
Santángel, Luis de, 382.
Santiago, Diego de, 371, 390.
Santillana, Marqués de, 141, 269.
Sarabia de la Calle, 73, 74.
Savonarola, Jerónimo, 215.
Sebastián, rey de Portugal, 196.
Segura, Juan, 377.
Seneor, Abraham, 162.
Sentaurens, Jean, 61, 90.
Servet o Serveto, Miguel, 290, 302, 347, 382, 393.
Sessa, Duque de, 311.
Sforza, Francisco (duque de Milán), 167, 191.
Siete Iglesias, Marqués de. Véase *Calderón, Rodrigo.*
Silíceo, Juan Martínez, 203, 204, 275, 319, 324, 376.
Silvio (Jacques Dubois, llamado), 392.
Simancas, Diego de, 219, 297, 306, 331, 332, 338.
Sirturo, Girolamo, 380.
Sixto IV, papa, 161.
Smith, Robert, 120.
Solimán, sultán, 191.
Solís, Francisco de, 442.
Solórzano Pereira, Juan de, 297.
Soto, Domingo de, 184, 185, 214, 215, 335, 385, 386.
Spínola, Ambrosio, 229, 230.
Sprengel, Kurt, 394.
Sprenger, 208.
Stahremberg, 435, 436.
Stanhope. Véase *Estanope.*
Stevin, Simón, 377.
Suárez, Francisco, 318.
Suárez, Luis, 72, 350.
Suárez Fernández, Luis, 157, 162, 174.
Suárez de Figueroa, Cristóbal, 302, 322, 333, 344.
Swineshead, Richard, 376.

Tácito, C.C., 289, 295.
Talavera, Fray Hernando de, 152, 154, 155, 158, 161, 165, 175, 205.
Talon, Omer, 445.
Tamarit, Francesc de, 234, 235.
Tanguy, Jean, 84.
Téllez Girón, Pedro, 225, 229.
Tenda, Fray Mauro de, 249.
Tendilla, Conde de. Véase *López de Mendoza, Íñigo.*
Teresa de Jesús, Santa, 214, 216-218, 327, 333.
Tessé, mariscal, 431, 432.
Tinajero, Bernardo, 450.
Tirso de Molina, 270.
Toledo, Francisco de, 386.
Tolomeo. Véase *Ptolomeo.*
Tomás, Santo, 208, 319, 324, 329, 344, 417.
Tomás Moro, Santo, 297.
Torcy, 427, 430.
Toro, Luis de, 395.
Torquemada, Antonio de, 218.
Torre y Valcárcel, Juan de la, 403.
Torrella, Gaspar, 395.
Tosca, Tomás Vicente, 407, 417.
Toulouse, Conde de, 432.
Tovar, Simón, 372, 373.
Tracy, Destutt de, 266.
Trastamaras, 144.
Tremouille, Ana María de. Véase *Ursinos, Princesa de los.*
Trevor Roper, H. R., 208.
Trocmé, Étienne, 84.
Tubal, 292.

Tuñón de Lara, Manuel 327.
Turriano, Juanelo, 363, 387, 388.

Ubilla, Antonio de, 428, 449.
Uceda, Duque de, 444.
Ufano, Diego, 388.
Ulloa, Modesto, 14, 58, 70, 85, 87, 88.
Unamuno, Miguel de, 203, 263, 296, 304, 320.
Ureña, Conde de, 367.
Ursinos, Princesa de los (Ana María de la Tremouille), 429-431, 439, 443, 444, 446, 450, 457.
Ustariz, Gerónimo de, 124.

Vadillo, Manuel, 450.
Valdeón Baruque, Julio, 159.
Valdés, inquisidor general, 212.
Valdés, Alfonso de, 189, 211.
Valdés, Alonso de, 327.
Valdés, Jaime, 293.
Valenzuela, Francisco, 247, 248.
Valera, Cipriano de, 212.
Valverde de Amusco, Juan, 392, 393.
Valle, Antonio del, 433.
Vallejo, José, 436.
Valles, Francisco, 380, 394.
Van Helmont, 401.
Van Oudegherste, Peter, 80, 121.
Vargas, familia, 171.
Vargas, Alonso, 200, 201.
Vargas, Francisco de, 212.
Vassberg, Daniel E., 54-56.
Vasto, Marqués del, 191.
Vázquez de Prada, Valentín, 64, 83.
Vecino o Vizinho, José, 378.
Vega, Marqués de la, 238.
Velasco, familia, 183.
Velázquez, Diego Rodríguez de Silva y, 91, 92, 124, 223, 230.
Velázquez, Luis José, 300.
Velázquez Simancas, 219.
Velázquez Valenzuela, Juan Bautista, 337, 344.
Vélez de Guevara, 228.
Vendôme, Duque de, 435, 436, 439.
Venecia, Fray Paulo de, 337, 338.
Venegas, Alejo, 309, 312, 318, 341.
Ventallol, Joan, 377.
Vera, Diego, 388.
Verboom, 431.
Vergara, Juan de, 211.
Vernet, Juan, 347.
Vesalio, Andrés, 392, 393.
Vicens Vives, Jaime, 14, 21, 139, 244, 315.
Víctor Amadeo. Véase *Duque de Saboya.*
Víctor Amadeo II, 429.
Vidal, Juan José, 46, 104.
Vieta, François, 417.
Vilar, Jean, 228.
Vilar, Pierre, 14, 27, 47, 70, 80, 90, 104, 110, 113, 145, 244, 438.
Villadarias, Marqués de, 435.
Villafranca, Marqués de, 229.
Villahermosa, Duque de, 106, 147.
Villalba, Joaquín de, 25.
Villalón, Cristóbal de, 73.
Villalpando, Juan Bautista, 386.
Villarreal, Juan de, 395.
Villarroel, Domingo, 384.
Villars, Duque de, 98, 437.
Villatorcas, Marqués de, 407.
Villena, Marqués de, 141, 151, 406, 434, 442.
Villugas, Juan de, 75, 76.
Vincent, Bernard, 21, 47, 90.
Viñas y Mey, Carmelo, 25, 53, 184.
Virgilio, 295.
Vital, Lorenzo, 31.
Vitoria, Francisco de, 215, 323, 324.
Vizinho, José. Véase *Vecino, José.*
Voltaire, 174, 219.
Voltes Bou, Pedro, 443.
Vozmediano, familia, 171.

Wallace, W. A., 385.
Welser, familia, 22, 79.
Wolff, Philippe, 159.

Yúsuf, 163.

Zacuto, Abraham, 378, 380.
Zagal, El, 164.
Zamorano, Rodrigo, 381, 384.
Zapata, Diego Mateo, 408, 409, 414.
Zaragoza y Vilanova, José de, 404, 405, 415-417.
Zarzoso, Francisco, 378.
Zegríes, 164.
Zondadori, nuncio, 444.
Zoraya, 164.
Zúñiga, Diego de, 348, 380.
Zurbarán, Francisco, 91.

Índice toponímico

África, 143, 157, 165, 167, 178, 188, 193.
África del Norte, 75, 115, 117, 119.
Ágreda, 35, 241.
Aguilar, 33.
Águilas, 11.
Álava, 66.
Albacete, 56, 58.
Albaicín, 164, 165, 205.
Albuera, 143.
Alcabón, 41.
Alcaçovas, 143.
Alcalá de Henares, 19, 33, 35, 187, 211, 212, 215, 275, 327, 360, 368, 376, 377, 383, 385, 392, 394, 395, 401, 404, 411, 414, 415, 433.
Alcántara, 51, 203.
Alcarria, La, 39, 47.
Alcázar de San Juan, 19.
Alcira, 29, 181.
Alcudia, 51, 102.
Alegría, 66.
Alejandría, 21.
Alemania, 22, 57, 79, 81, 83, 118, 179, 188, 194, 196, 216, 231, 303, 325, 434.
Alhama, 163.
Alicante, 29, 75, 116, 117, 119, 432, 439.
Almagro, 32.
Almansa, 363, 433.
Almenara, 435.
Almería, 29, 64, 84, 164.
Alora, 164.
Alpes, Cordillera de los, 44, 75, 166.
Alpujarras, Las, 36, 47, 48, 64, 165.
Altea, 432.
Amazonas, río, 276.
Amberes, 13, 75, 83, 194, 212, 219, 222, 242, 288, 318.
América, 23, 89, 117, 171, 174, 215, 219, 359, 365, 369, 370, 380, 383, 384, 389, 405, 437, 455, 456.
América Central, 22, 109.
América Latina, 296.
Ampurdán, 100.
Amsterdam, 102, 120, 122, 242, 250, 288.
Andalucía, 15, 17, 19, 23, 31-33, 39, 41, 46-48, 50, 55, 58, 60, 64, 75, 80, 82, 92, 95, 98, 104, 105, 111, 116, 119, 162, 180, 182, 223, 237-240, 360.
Angola, 76.
Antillas, 119.
Aquisgrán, 178.
Arabia, 117.
Aragón, 13, 16, 17, 21, 33, 34, 41, 58, 64, 66, 68, 69, 84, 92, 95, 105, 123, 137, 139-146, 149, 156, 158, 160, 161, 166-172, 177, 184, 198-201, 205, 206, 230-232, 234, 237, 240, 241, 247, 248, 328, 358, 360, 368, 385, 391, 432, 433, 435, 436, 443, 449, 451-453.
Aranda de Duero, 79.
Aranjuez, 224, 372, 388.
Ardales 239.
Argel, 189, 190.
Asturias, 16, 19, 21, 39, 67, 68, 101, 183, 302.
Atlántico, océano, 13, 74, 76, 115, 117, 119, 120, 142, 189, 222, 288.
Audenarde, 83.

Augsburgo, 192, 248.
Austria, 80, 196.
Ávila, 17, 19, 38, 47, 49, 56, 64, 103, 140, 141, 150, 179, 180, 184, 187, 442.
Avilés, 77.
Aviñón, 78, 119.
Azores, islas, 84.

Badajoz, 56, 203, 237.
Baeza, 19, 79, 210.
Balaguer, 34.
Baleares, islas, 21, 146, 196.
Báltico, mar, 115, 117.
Barcelona, 22, 25, 28, 33, 63, 69, 75, 78-80, 105, 115, 117, 120, 121, 166, 178, 196, 220, 231-235, 246, 247, 360, 371, 377, 380, 382, 405, 406, 411, 429, 432, 436-438, 452.
Basville, 120.
Bayona, 13, 75, 77, 219, 439.
Baza, 164.
Beleña, 170.
Bélgica, 242.
Benavente, 30.
Benevento, 289.
Berbería, 117, 290.
Berna, 67.
Betanzos, 19, 227.
Bilbao, 75, 77, 78, 81, 93, 115, 120, 145.
Bohemia, 68, 415.
Bolonia, 60, 275.
Borgoña, 177, 190, 191.
Brasil, 84, 236, 237.
Breda, 229, 237, 434.
Bretaña, 75, 83, 115, 116, 118.
Brihuega, 436.
Brujas, 82, 83, 106, 145.
Bruselas, 169, 406, 435.
Bujalance, 239.
Burdeos, 120.
Bureba, 46.
Burgos, 19, 35, 56, 57, 62, 69, 78, 79, 81, 96, 104, 141, 142, 145, 150, 159, 171-173, 179-181, 184, 187, 218, 360, 371, 406, 433.

Cabo Verde, Isla de, 84.
Cáceres, 19, 23, 56, 58.
Cádiz, 52, 55, 56, 75, 77, 84, 96, 115, 118, 120, 244, 307, 406, 417, 430, 432, 433, 456.
Calatayud, 30, 33, 36, 435.
Calatrava, 50.
Cambray, 191.
Canarias, Islas, 16, 84, 154, 167.
Canillejas, 435.
Cantábrico, mar, 60, 65.
Cariñena, 33.
Carrión, río, 35.
Carrión de los Condes, 31.
Cartagena, 19, 75, 77, 92, 115, 117, 455.
Castellón, 34.
Castilla, 13, 15, 16, 18, 20, 21, 27, 29, 32, 35, 37, 45, 46, 48, 50, 51, 58, 59, 64, 74, 75, 77-80, 85, 87, 89, 90, 92, 95, 99, 103, 104, 107, 109, 111, 113, 114, 121, 122, 137, 138, 140-147, 149-151, 153, 158, 160, 163, 166, 168-173, 177-182, 184, 186-188, 196, 198-201, 205, 209, 221-223, 226, 227, 230-232, 236, 237, 239, 240, 244, 246, 302, 304, 325, 337, 338, 357, 358, 360, 363, 385, 392, 427, 428, 430, 432, 433, 435, 443-446, 451-453, 456.
Castilla la Nueva, 19, 23, 39, 47, 58, 59, 210, 325, 334.
Castilla la Vieja, 19, 23, 25, 35-37, 39, 46, 50, 55, 65, 102.
Cataluña, 16, 17, 21, 22, 27, 31, 33, 34, 36, 39, 41, 43, 47, 58, 92, 95, 98-100, 104-106, 113, 114, 117, 120, 123, 146, 196, 198-200, 205, 223, 232-237, 239-241, 243, 435-437, 443, 452.
Cateau-Cambrésis, 192, 195.
Cavada, La, 107, 108.
Cebreros, 35.
Ceclabín, 84.
Celiabín, 47.
Cerdaña, 116, 166, 199, 236, 238.
Cerdeña, 434.
Ceriñola, 167.
Ceuta, 237.
Cinca, río, 34.
Ciudad Real, 36, 39, 56, 58, 66.
Ciudad Rodrigo, 19.
Coca, 35, 238.
Coimbra, 143, 392.
Colmenar, 387, 388.
Colonia, 83, 440.
Comares, 239.
Constantinopla, 21.
Corbie, 91, 223, 230.
Cordillera Cantábrica, 40, 42.
Cordillera Central, 51.
Córdoba, 19, 25, 55, 56, 65, 79, 92, 143, 147, 150, 164, 184, 187, 196, 203, 210, 216, 239.
Corduente, 108.
Corea, 194.
Corella, 436.

Coria, 432.
Coruña, La, 19, 69, 77, 106, 168, 179, 227.
Cracovia, 347.
Crepy, 191.
Cuenca, 17, 19, 20, 51, 52, 56, 58, 62, 64, 66, 69, 96, 105, 108, 145, 150, 153, 171, 184, 187.

Chiloeches, 94.
China, 384.
Chipre, 193.

Danubio, río, 28.
Daroca, 33.
Denain, 437.
Denia, 75, 116, 117, 432.
Dinamarca, 309.
Dueñas, 35, 147.
Duero, río, 47.
Dunas, Las, 107, 229, 243.
Dunkerque, 75, 106, 115, 118, 434.
Durango, 67.

Ebro, río, 28, 31, 33, 36, 41, 44, 100.
Egipto, 117.
Elche, 29.
Elvas, 237.
Epila, 32.
Escorial, El, 65, 201, 224, 248, 367, 371, 372, 387, 390.
Espinar, El, 34, 39, 49, 53.
Estados Pontificios, 288.
Estella, 35, 191.
Estepona, 11.
Estrasburgo, 437.
Eugui, 67, 107.
Europa, 12, 22, 27, 44, 79, 83, 107, 108, 110, 117, 118, 122, 145, 156, 157, 177, 188, 189, 191-193, 207, 208, 221, 222, 224, 225, 229, 239, 241, 243, 271, 287, 290, 304, 305, 326, 328, 329, 336, 347, 360, 363, 364, 368, 372, 373, 375, 378, 381, 388, 392-394, 400, 412, 413, 418, 437.
Europa Central, 12, 13.
Europa del Norte, 122, 145.
Europa occidental, 12.
Évora, 236.
Extremadura, 17, 19, 23, 32, 36, 39, 51, 95, 104, 142, 227.

Felm, 83
Ferrara, 406.
Fez, 167, 196.
Finisterre, 99.
Flandes, 12, 13, 44, 57, 68, 74, 75, 78, 79, 81, 82, 85, 102, 106, 115, 118, 145, 168-170, 172, 177, 178, 188, 193-196, 201, 212, 219, 226, 229, 230, 231, 233, 237, 239, 241, 243, 246.
Florencia, 63, 83, 85.
Fraga, 34.
Francia, 12, 14, 42, 69, 72, 74, 75, 78, 81, 83-85, 91, 110, 115, 117-120, 142, 163, 166, 167, 184, 190, 191, 194, 200, 210, 213, 223, 230, 231, 233, 234, 236-238, 241-243, 248, 269, 273, 284, 287-290, 292, 301, 310, 316, 325, 336, 337, 339, 341, 347, 365, 376, 377, 386, 413, 427-435, 437, 439, 446, 455, 457.
Franco Condado, 75, 196, 248, 303.
Fregenal de la Sierra, 36.
Fuentelcésped, 101, 105.
Fuenterrabía, 67, 107, 191, 234.
Furnes, 438.

Gaeta, 434.
Galicia, 16, 19, 21, 30, 36, 39, 40, 85, 101, 104, 106, 142, 149, 227, 237.
Gállego, río, 31.
Gandía, 181, 216, 432.
Gante, 106, 178.
Garellano, 167.
Gascuña, 31.
Geertruidenberg, Fortaleza de, 434.
Génova, 75, 83, 117, 119, 120, 191, 439.
Germania, 295.
Gerona, 25, 100, 235, 436.
Gibraltar, 431, 432, 436, 437.
Gibraltar, Estrecho de, 60, 167, 170.
Giloca, río, 31, 33.
Ginebra, 119, 434.
Ginestar, 28.
Goleta, La, 193.
Gordión, 144.
Granada, 11, 17, 21, 25, 29, 31, 41, 47, 49, 56, 64-66, 69, 84, 86, 90, 92, 101, 107, 143, 148, 150, 154, 162-166, 184, 187, 196, 205, 206, 239, 247, 293, 297, 315, 360, 452.
Grecia, 222, 266, 387.
Gredos, Sierra de, 30.
Groenlandia, 44.
Guadalajara, 16, 17, 19, 47, 55, 56, 58, 75, 150, 179, 184, 187, 209, 219, 433, 439.

Guadalquivir, río, 12, 32, 36, 48, 118.
Guadalupe, 32, 146, 163, 405.
Guadalupe, Monasterio de, 372.
Guadalupe, Sierra de, 30.
Guadarrama, Puerto de, 34, 433.
Guadiana, río, 50.
Guadix, 29, 164.
Guatemala, 326.
Guipúzcoa, 32, 67, 86, 203.

Habana, La, 76, 430.
Haya, La, 106.
Hellín, 442.
Hita, 35.
Holanda, 106, 119, 120, 242, 248, 290, 427, 437.
Hondschoote, 63.
Huancavélica, 74.
Huesca, 411.
Hungría, 83, 189.
Hurdes, 274.

Idria, 83.
Igualada, 436.
Indias, 12, 22, 23, 25, 60, 65, 70, 74, 75, 78, 88, 109, 115, 123, 143, 196, 201, 216, 370, 427, 436, 442, 450, 452, 455, 457.
Indias Orientales, 119.
Inglaterra, 12, 57, 75, 106, 115-117, 194-196, 212, 288, 290, 365, 427, 428, 431, 436, 437.
Italia, 69, 74, 79, 81, 83, 115, 163, 166, 167, 188, 190, 191, 195, 201, 214, 222, 224, 226, 229, 231, 232, 238, 250, 300, 304, 320, 359, 361, 386, 392, 395, 406, 415, 429, 430, 434.

Jadraque, 439.
Jaén, 19, 32, 55, 56, 150, 184, 187, 210.
Jalón, río, 30, 31.
Jarama, río, 388.
Játiva, 29, 181, 432, 433, 443.
Jerez de la Frontera, 79.
Jericó, 321.
Júcar, río, 104.

Landrecies, 437.
Languedoc, 75, 120, 233, 234, 290.
Laredo, 77, 78.
Lejía, 47, 84.
Lens, 242.
León, 15, 16, 19, 23, 36, 37, 39, 51, 52, 56, 64, 66, 99, 102, 144, 150, 180, 183, 187, 196, 302, 344.
Lepanto, 13, 193.
Lérida, 33, 34, 411, 442.
Letrán, 174.
Leyden, 250.
Lieja, 107.
Lierganés, 107, 108.
Lille, 119, 434.
Lima, 360.
Linares, 32.
Liorna, 75, 78, 117.
Lisboa, 75, 85, 116, 222, 318, 430.
Lochronan, 118.
Logroño, 35, 56, 191.
Loja, 164, 239.
Lombardía, 230.
Londres, 145, 288, 428.
Lorca, 29.
Lorena, 75.
Lübeck, 122.
Lucena, 239.
Lugo, 67, 227.
Lyon, 119, 167.

Llerena, 210.
Llobregat, río, 100.

Madrid, 12, 16, 19, 20, 22, 30, 33, 34, 35, 47, 55, 56, 58, 64, 69, 75, 79, 82, 96, 114, 115, 122, 139, 150, 179, 180, 184, 187, 191, 201, 224, 225, 229, 234, 238, 243, 246-248, 276, 289, 307, 308, 322, 334, 344, 360, 366, 367, 370, 378, 387, 402, 404, 407, 410, 413, 415, 416, 418, 427, 429, 430-434, 436, 438, 439, 442, 444-447, 450, 453.
Madrigal, 142, 147, 162.
Málaga, 30, 55, 56, 67, 77, 84, 120, 163, 164, 170, 371.
Malinas, 83.
Malta, 75, 193.
Mallorca, 46, 92, 116, 204, 371, 416, 438, 452.
Mancha, La, 17, 21, 25, 37, 39, 46, 47, 50, 51, 95, 115.
Manchester, 83.
Manila, 76.
Manises, 66.
Mantua, 63.
Marruecos, 167.

Marsella, 116, 117.
Matanzas, 109.
Mazarrón, 84.
Medina del Campo, 12, 19, 35, 38, 47, 62, 67, 69, 73, 78, 80, 81, 145, 179, 180, 333.
Medina de Río Seco, 19, 81, 180, 209.
Mediterráneo, mar, 11-12, 13, 60, 76, 114, 167, 177, 189, 222, 223.
Melilla, 167.
Menorca, 434, 437.
Mérida, 143.
México, 74, 109, 322, 360.
Milán, 68, 75, 83, 191, 229, 230, 237, 371.
Milanesado, 191, 289, 337, 434, 438, 444.
Miño, río, 43.
Miranda de Ebro, 47.
Mohacs, 189.
Molina de Aragón, 102, 108, 120.
Molucas, islas, 189.
Moncayo, 101.
Mondoñedo, 333.
Montaña Cantábrica, *véase* Cordillera Cantábrica.
Montes Claros, 237.
Montes de Toledo, 50.
Montes Universales, 51, 102.
Montjuich, Fortaleza de, 432.
Montpellier, 410.
Monzón, 33, 34, 198.
Moraleja, 432.
Morlaix, 118.
Mosa, río, 83.
Moscovia, 83, 117.
Motril, 116.
Mühlberg, 79, 192, 219.
Münster, 242.
Murcia, 15, 17, 19, 25, 29, 39, 44, 50, 56, 64, 65, 84, 92, 95, 96, 100, 103, 150, 184, 187, 196, 444.

Nájera, 35.
Nantes, 13, 75, 81, 84, 119, 145.
Nápoles, 22, 75, 102, 115, 116, 117, 143, 167, 169, 191, 196, 198, 289, 302, 386, 406, 430, 438, 444.
Navarra, 16, 31, 47, 66, 67, 70, 106-108, 113, 143, 163, 166, 167, 172, 190, 191, 196, 198, 208, 229, 246, 358, 434.
Nicaragua, 22.
Nimega, 248.
Nombre de Dios, Puerto de, 76.
Nördlingen, 107, 230.
Normandía, 118.
Norte, Mar del, 115, 117.
Noruega, 118.
Novi, 121, 122.
Nueva España (México), 69, 76, 196, 323.
Nuevo Mundo, 11, 216, 276, 280, 289, 290, 297, 303, 310, 321-323, 325, 326, 336, 346, 382-384, 390, 391.
Nüremberg, 192.

Ocaña, 66.
Olinda, 237.
Oliva, 432.
Olmedo, 35.
Ontígola, 388.
Oporto, 236.
Orán, 167.
Orense, 19, 66.
Oria, río, 66.
Orihuela, 29, 44, 455.
Osera, 33.
Osma, 51.
Osnabrück, 242.
Ostende, 229.
Osuna, 30, 239, 367.
Oxford, 385.

Pacífico, océano, 11, 76.
Pachuca, 389.
País Valenciano, 36.
País Vasco, 36, 39, 41, 66, 120.
Países Bajos, 75, 82, 106, 169, 194, 195, 200, 230, 248, 361, 406, 428, 434, 438.
Palafrugell, 234.
Palatinado, 230.
Palencia, 17, 19, 24, 25, 98, 180, 227.
Palma, 360, 416.
Pamplona, 31, 32, 35, 191, 360, 433.
Panamá, 76.
Paraguay, 323.
Pardo, El, 224, 372.
París, 215, 230, 288, 291, 376, 385, 392, 411, 412, 427, 437, 445, 446.
Parma, 439.
Pastrana, 58.
Pau, 446.
Pavía, 191.
Pedraza, 114.
Perelada, 436.
Pernambuco, 237.
Perpiñán, 28, 78, 166, 199.
Perú, 196.
Piacenza, 82.
Picardía, 118.

Picotajo, 388.
Piedrahíta, 215.
Pirineos, 22, 31, 41, 108, 243.
Plasencia, 12, 19, 121, 122, 395.
Poblet, Monasterio de, 34.
Pontevedra, 170.
Portillo, 38.
Portoalegre, 430.
Portugal, 12, 16, 30, 84, 87, 101, 116, 117, 142, 143, 166-168, 180, 189, 196-198, 201, 216, 223, 230, 231, 236-241, 246, 289, 290, 303, 304, 430, 432, 437.
Potosí, 74.
Praga, 402.
Provenza, 75, 85, 115-117.
Provincias Unidas, 122, 242, 428, 438.
Prusia, 437.
Puente del Arzobispo, 30.
Puente de la Reina, 35.
Puy, Le, 119.

Quesnoy, Le, 437.
Quintanajuar, 104.
Quirós, 191.

Rastatt, 438.
Ratisbona, 28, 192.
Recife, 237.
Revengo de Campos, 31.
Ribagorza, 200.
Rioja, La, 35, 47, 101, 105.
Rioseco, 104.
Rocroi, 91, 223, 242, 243, 290.
Rochela, La, 75, 84.
Roma, 161, 165, 167, 191, 212, 213, 222, 225, 288, 291, 303, 367, 429, 441-445, 447, 453.
Roncesvalles, 31.
Ronda, Serranía de, 30, 164.
Rosellón, 117, 166, 199, 236, 238.
Ruán, 75, 118, 145.

Saboya, 117, 437.
Sacro Monte, 291.
Sada, 106.
Sagunto, 34.
Saint Malo, 115.
Sajonia, 192.
Salamanca, 19, 25, 37, 38, 47, 56, 62, 73, 74, 96, 150, 153, 154, 179, 180, 184, 187, 203, 215, 224, 275, 323, 347, 360, 368, 376, 377, 379, 385, 386, 392, 395, 402, 404, 410 411, 433, 442.
Salónica, 21, 122.
Salses, 234.
Salvatierra, 32, 66.
San Felipe, 443.
San Juan de Luz, 75.
San Leonardo, 75.
San Mateo, 34.
San Quintín, 87, 192.
San Sebastián, 75, 77, 406.
Sanlúcar, 238.
Sant Feliu de Guíxols (Gerona), 24.
Santa Fe, 165.
Santa Sede, 87, 161, 193, 441, 444-446.
Santander, 16, 67, 78, 107, 108, 183.
Santarém, 236.
Santiago de Compostela, 19, 30, 50, 51, 79, 179, 227, 443.
Segarra, La, 100.
Segovia, 14, 17, 19, 20-22, 25, 34, 35, 38, 39, 46, 47, 49, 51, 52, 56, 58, 60, 62, 63, 65, 68, 75, 77, 79, 96, 99, 101, 102, 104, 105, 109, 114, 120, 139, 140, 144, 145, 150, 151, 171, 179, 180, 184-187, 372.
Segre, río, 34.
Sepúlveda, 38.
Setúbal, 84, 116.
Sevilla, 11, 19, 20, 30, 39, 51, 55, 56, 61, 66, 67, 69, 70, 72, 74-81, 88, 89, 96, 107, 115, 118, 120, 121, 143, 145, 149, 150, 153, 161, 184, 196, 203, 210-212, 220, 226, 237, 239, 244, 359, 360, 365, 367, 369, 372, 373, 381, 384, 396, 405, 406-408, 418, 443, 455.
Sicilia, 75, 85, 116, 141, 167, 191, 196, 247, 434.
Sierra Bermeja, 205.
Sierra Carpetovetónica, 51, 102.
Sierra Morena, 148.
Sigüenza, 33.
Simancas, 267.
Smalkalda, 192.
Somalia, 117.
Soria, 19, 35, 51, 52, 56, 64, 75, 150, 184, 187.
Spira, 192.
Suecia, 107.

Tajo, río, 50, 75, 363, 387.
Talavera de la Reina, 19, 26, 30, 32, 64, 66.
Tarazona, 35, 101, 201.
Tarragona, 33, 235, 436.
Tepuzque, 69.
Terranova, 119.

Tibi, 363, 388.
Tierra de Campos, 25, 31, 47, 72, 180.
Tirol, 83.
Toledo, 15-17, 19, 30, 32, 39, 55, 56, 58, 60, 64, 69, 79, 96, 107, 141, 143, 145, 150, 152, 165, 174, 178-180, 184, 185, 187, 196, 203, 204, 209, 210, 211-214, 318, 328, 331, 360, 363, 387, 433, 443, 444.
Tolfa (Italia), 84, 117.
Tolosa, 74.
Toloseta, 66.
Tomar, 198.
Tordesillas, 31, 35, 38, 141, 169, 179, 180, 189, 382.
Toro, 19, 38, 142, 150, 152, 168, 180, 182, 184, 187.
Toros de Guisando, 141.
Torquemada, 35.
Torre de Juan Abad, 99.
Torrejón de Ardoz, 247.
Torrelobatón, 180.
Torremormojón, 72.
Tortosa, 34, 44, 235.
Toscana, 438.
Tournai, 438.
Tours, 119.
Trento, 192, 207, 212-214, 275, 281, 288, 291, 325, 327, 328.
Trujillo, 19, 23.
Túnez, 69, 190, 193.

Úbeda, 19, 210.
Ubrique, 52.
Urgel, 33, 100, 234.
Utrecht, 437, 438.

Valderas, 38.
Valencia, 13, 16, 17, 21, 27, 28, 39, 41, 44, 46-48, 56, 58, 59, 64, 70, 75, 79, 80, 84, 85, 92, 93, 95, 98, 100, 104, 107, 111, 113, 115-118, 123, 146, 177, 181, 182, 196, 198-200, 205, 206, 231, 232, 234, 247, 344, 360, 367, 368, 372, 385, 390, 394, 396, 403, 405-407, 411, 412, 416, 417, 432, 433, 439, 443, 451-453, 455.
Valtelina, 75, 230.
Valladolid, 17, 19, 20, 34, 35, 38, 55, 56, 62, 69, 79, 81, 96, 141, 147, 148, 150, 171, 178, 180, 184, 186, 187, 203, 209, 211, 212, 215, 219, 221, 275, 315, 340, 360, 367, 368, 385, 392, 394, 401, 402, 404, 411, 436, 452.
Vascongadas, 16, 21, 23, 39, 43, 106, 107.
Vélez-Málaga, 30.
Venecia, 63, 82, 167, 191, 193, 222, 229, 250, 288, 293, 337, 338, 348, 367.
Venialbo, 38.
Vera Cruz, 76.
Versalles, 434.
Vervins, 195.
Viana, 35.
Vich, 100.
Viena, 189, 430.
Vietnam, 194.
Vigo, 19, 430.
Villa de los Arcos, 35.
Villacastín, 39, 49, 53.
Villafrades, 170.
Villafranca del Bierzo, 30.
Villalar, 180-182, 185.
Villalón, 81.
Villanueva de los Infantes, 99.
Villaviciosa, 237, 436.
Villefranche, 429.
Villena, 149, 174.
Vitoria, 32.
Vizcaya, 66, 67, 86, 120, 183, 203.

Westfalia, 223, 242, 248.
Worms, 192.

Yanguas de Eresma, 75.
Ypres, 438.
Yuste, 65.

Zahara, 60, 163.
Zamora, 19, 30, 37, 38, 55, 56, 61, 141-143, 150, 180, 184, 187, 433.
Zaragoza, 30, 31-33, 52, 69, 80, 189, 200, 201, 415-417, 436, 437, 445.

ÍNDICE DE MAPAS Y GRÁFICOS

I. Población de Castilla en 1541 18
II. Población de Castilla en 1591 18
III. Participación controlada de las provincias españolas en la emigración a América........ 23
IV. Evolución de los bautizos en la parroquia de Sant Feliu de Guíxols (Gerona)........ 24
V. Evolución de los bautizos en la ciudad de Palencia 24
VI. Evolución comparada de los bautizos en algunas parroquias de Talavera de la Reina 26
VII. Organización del terrazgo en la Montaña Cantábrica........ 40
VIII. «Hierbas» y cañadas de la Mesta 51
IX. Ventas de baldíos 57
X. Evolución de precios y salarios, 1500-1650........ 71
XI. Evolución del conjunto salarios-precios en escala semilogarítmica........ 71
XII. Los caminos principales de España. 1530 76
XIII. Geografía de la peste de 1596-1602 93
XIV. Movimientos demográficos provocados en Chiloeches por la peste de 1599........ 94
XV. La implantación morisca en vísperas de la expulsión 95
XVI. Evolución de nacimientos en cuatro ciudades catalanas. Siglo XVII 97
XVII. Evolución de los nacimientos en Palencia. Siglo XVII 98
XVIII. Precios e inflación en la segunda mitad del siglo XVII 111
XIX. España en 1512 (después de la incorporación de Navarra) 172
XX. El imperio de Carlos V 191
XXI. La monarquía de Felipe II en 1580 (después de la incorporación de Portugal) 197
XXII. España en 1700........ 245

ÍNDICE GENERAL

PRIMERA PARTE

LOS ASPECTOS ECONÓMICOS DE LA ESPAÑA MODERNA

PREÁMBULO: PRECISIONES CONCEPTUALES 11

CAPÍTULO PRIMERO: EL SIGLO XVI, UN CRECIMIENTO INACABADO. EL TIEMPO DE LAS ILUSIONES 15
1. La población 15
   1.1. El movimiento demográfico global 20

2. El mundo rural: agricultura y ganadería 27
   2.1. El paisaje 27
   2.2. El habitat 36
   2.3. Los sistemas de cultivo 37
   2.4. El problema del clima 42
   2.5. Producción y productividad 46
   2.6. La ganadería 48
   2.7. Un parámetro fundamental: la tierra 53

3. La pesca 60
4. Artesanía e industria 60
5. Las relaciones comerciales 68
   5.1. La moneda 68
   5.2. Las remesas: el oro y la plata de Indias.................. 70
   5.3. Rutas y transportes 75
   5.4. El comercio local 77
   5.5. El comercio nacional e internacional 77
   5.6. Las mercancías 82

6. La Hacienda Real 85
NOTAS 90

CAPÍTULO II: EL SIGLO XVII, UN ESTANCAMIENTO SUPERADO. EL TIEMPO DE LOS ARBITRISTAS Y DEL VELLÓN 91

1. El drama demográfico 92
2. Agricultura y ganadería 99
3. Artesanía e industria 105
4. Las relaciones comerciales 108

BIBLIOGRAFÍA 125

SEGUNDA PARTE

ESPAÑA MODERNA (1474-1700):
ASPECTOS POLÍTICOS Y SOCIALES

SIGNIFICADO DEL PERÍODO 137

CAPÍTULO PRIMERO: REYES CATÓLICOS (1474-1516) 139

1. La guerra de sucesión (1474-1479) 139
2. La creación del Estado moderno 143
   2.1. La doble monarquía y la Corona de Aragón 143
   2.2. La Corona de Castilla 146
   2.3. Política religiosa 155

3. La expansión española 163
   3.1. La guerra de Granada 163
   3.2. La rivalidad franco-española 166

4. Las regencias de don Fernando y de Cisneros (1504-1517) 168

NOTAS 174

CAPÍTULO II: EL IMPERIO ESPAÑOL (1516-1598) 177

1. Comunidades y Germanías 177
2. La sociedad estamental 182
3. Rey y reino 185
4. España y Europa 188

4.1. La política imperial 188
4.2. La preponderancia española 193

5. La monarquía católica 196
6. La democracia frailuna 202
6.1. Conversos, moriscos y brujas 203
6.2. Alumbrados, erasmistas y luteranos 209
6.3. La Reforma católica 213

NOTAS 218

CAPÍTULO III: LOS AUSTRIAS MENORES (1598-1700) 221

1. Primeros asomos de la decadencia (1598-1643) 224
1.1. Reyes y validos 224
1.2. Consejos y Juntas 225

2. La crisis de los años 1640 228
3. El colapso de la dinastía 243

NOTAS 250

BIBLIOGRAFÍA 251

TERCERA PARTE

ASPECTOS IDEOLÓGICOS

PREÁMBULO: PRECISIONES SOBRE EL TÉRMINO «IDEOLOGÍA» 263

NOTAS 266

CAPÍTULO PRIMERO: CULTURA ESCRITA Y CULTURA POPULAR 267

1. Un fenómeno de hibridación cultural 269
2. El contenido de la cultura popular 271
3. Puntos de contacto entre las dos culturas 273
4. Cultura popular e ideología dominante 277

NOTAS 285

Capítulo II: LA IDENTIDAD ESPAÑOLA EN EL CONCEPTO DE LAS NACIONES: EN TORNO A LA «LEYENDA NEGRA» ... 287

Notas ... 293

Capítulo III: ¿CÓMO SE REPRESENTABA A SÍ MISMA LA «SOCIEDAD ESPAÑOLA» DEL «SIGLO DE ORO»? ... 295

1. La noción de «siglo de oro» ... 295
2. «Sociedad», «España», «nación» ... 301
3. «Monarquía», «Estado» ... 305
4. Dos conceptos: «Lo público», «lo civil» ... 306
5. «Ciudadano», «política», «policía» ... 307
6. Las representaciones organicistas ... 309
7. Las representaciones jerárquicas de la sociedad ... 310

Notas ... 318

Capítulo IV: LA IGLESIA ESPAÑOLA Y LAS CONCEPCIONES DE LA «DOMINACIÓN» ... 319

1. Dominación y evangelización del Nuevo Mundo ... 321
2. El problema de los conversos en España ... 324
3. Luteranos, erasmistas y alumbrados ... 325
4. Lenguaje reformador y ortodoxia ... 326
5. La Inquisición ... 327
6. Igualitarismo cristiano y jerarquía social ... 329
7. Menosprecio y alabanza del trabajo ... 332
8. La Iglesia y la dominación del Estado ... 336
9. Mariana y la condena de la tiranía ... 338
10. Los valores cristianos y sus avatares sociales: «honra» y «limpieza de sangre» ... 340

Notas ... 344

Capítulo V: IDEOLOGÍAS Y DECADENCIA ... 345

1. Ciencias e ideología en la España clásica ... 346
2. Ideología y economía ... 348
3. Ideología y política ... 349

Notas ... 351

Bibliografía ... 352

CUARTA PARTE

LA CIENCIA EN LA ESPAÑA DE LOS SIGLOS XVI Y XVII

CAPÍTULO PRIMERO: LA ACTIVIDAD CIENTÍFICA EN LA SOCIEDAD ESPAÑOLA DEL SIGLO XVI 357

1. Posición social de los cultivadores de la ciencia 357
2. La organización de la actividad científica 362
3. Los saberes científicos 373

CAPÍTULO II: LA NUEVA CIENCIA EN LA SOCIEDAD ESPAÑOLA DEL SIGLO XVII 399

1. Los tres grandes períodos de la ciencia española del siglo XVII 399
2. Las instituciones científicas 404
3. La resistencia de la sociedad a la renovación 407
4. La renovación de la medicina y de los saberes químicos y biológicos con ella relacionados 410
5. La renovación de las ciencias matemáticas, astronómicas, físicas y sus aplicaciones 415

BIBLIOGRAFÍA 419

QUINTA PARTE

LA GUERRA DE SUCESIÓN (1700-1714)

CAPÍTULO PRIMERO: LA GUERRA 427

NOTAS 440

CAPÍTULO II: REGALISMO Y RELACIONES ENTRE ESPAÑA Y ROMA: MACANAZ 441

CAPÍTULO III: LAS REFORMAS ADMINISTRATIVAS: HACIA EL CENTRALISMO 449

CAPÍTULO IV: LAS CONSECUENCIAS DE LA GUERRA DE SUCESIÓN 455

BIBLIOGRAFÍA 458

CRONOLOGÍA 462

ÍNDICE ONOMÁSTICO 481

ÍNDICE TOPONÍMICO 493

ÍNDICE DE MAPAS Y GRÁFICOS 501